U0557651

范仲淹论稿

李丛昕 著

南京大学出版社

图书在版编目(CIP)数据

范仲淹论稿 / 李丛昕著. -- 南京 : 南京大学出版社，2025. 6. -- ISBN 978-7-305-29212-5

Ⅰ. K827=441

中国国家版本馆 CIP 数据核字第 2025HP7106 号

出版发行 南京大学出版社
社　址 南京市汉口路 22 号　　邮　编 210093

书　名 范仲淹论稿
FANZHONGYAN LUNGAO
著　者 李丛昕
责任编辑 张靖爽　　编辑热线 025-83593947

照　排 南京南琳图文制作有限公司
印　刷 江苏凤凰数码印务有限公司
开　本 718 mm×1000 mm 1/16 印张 30 字数 548 千
版　次 2025 年 6 月第 1 版 2025 年 6 月第 1 次印刷
ISBN 978-7-305-29212-5
定　价 98.00 元

网址：http://www.njupco.com
官方微博：http://weibo.com/njupco
官方微信号：njupress
销售咨询热线：(025) 83594756

序

我与李丛昕先生相识甚早，堪称有缘。

1998年9月8日，由浙江文艺出版社出版的先祖《范文正公全集》首发式和中国范仲淹研究会筹委会在庄严的北京人民大会堂隆重召开。这部范氏岁寒堂藏版文集的影印出版，引起了海内外的普遍关注和强烈反响。

1999年夏日，安徽蚌埠市人大常委会李丛昕先生一行到浙江考察图书馆建设，顺道与我会面，说起了他多年来对范文正公的敬仰、研究与思考。我邀请他退休后来杭州一起筹备成立中国范仲淹研究会的工作，并参与我正在主持收集编纂的二十世纪大型资料汇编《范仲淹研究文集》。他欣然应允，我们相谈甚欢。

“君子之约，定不负卿。”2001年春月，李丛昕先生如期赴约，与范方暾、洪雅英、朱小英等一起，开始了研究文章的收集编纂工作。在浩瀚如海的文史旧帙中收集散见于各地的研究文章，在互联网搜索尚未普及的时期，绝非一件易事。他们不辞劳苦，跑遍了京、沪、杭大大小小的图书馆、资料室，穷三年之功，完成了收集工作。为大型《范仲淹研究文集》的正式出版和全国性范仲淹研究工作的开展打下了基础、付出了辛劳、作出了贡献。额手相庆，他总是乐呵呵地讲：“友情演出！”

李丛昕先生是中国范仲淹研究会创会理事、中国范仲淹研究会文史委员会副主任，他擅长做范仲淹的文史资料研究。2003年11月，人民出版社出版发行的这部大型《范仲淹研究文集》收录了李丛昕先生的三篇研究论文《范仲淹之祖籍与出生时间地点考》《范仲淹与包公戏》《范仲淹与安徽》。之后20余年他又陆续撰写了《范仲淹复姓更名考》《范仲淹自署“高平”考》《富弼〈范仲淹墓志铭〉探微》《试论范仲淹对于北宋诗文革新运动的贡献》《简论范仲淹对于宋代学术的开创之功》等 30 余篇论文，分别在第一至八届范仲淹国际学术大会上发表。这些论文善于发掘、勇于论述、深入浅出、通俗易懂，受到学界好评。并且，作为基础性、开创性的研究，其观点能引起讨论，甚至争论，其实是难能可贵的。

范仲淹研究是一座富矿。20 世纪大型《范仲淹研究文集》收录了学术论文 286 篇，涉及思想、政治、军事、教育、经济、文学、历史等方面。从 1998 年中国范仲淹研究会筹备成立至今，凡 20 余年，我们已举办范仲淹国际学术大会八届，召开全国和省市学术研讨会 32 次，发表论文 1 200 余篇。该项研究取得丰硕成果，其广度和深度有较大的拓展，研究的方法和质量有较大的提高，在思想、哲学、政治、教育、军事等重点领域有较大的突破。

范仲淹是一位值得后世敬仰和学习的古代圣贤。他在布衣为名士、在州县为能吏、在庙堂为贤相、在边疆为明帅、在教坛为宗师、在文场为大家。朱熹更称颂他谓“天地间气，第一流人物”。

范仲淹作为北宋杰出的思想家，将儒家积极进取的文化、道家遵循自然的文化、佛家无私奉献的文化融为一体，为宋学后来发展为理学各个流派（张载的关学、二程的洛学，三苏的蜀学，司马光的朔学和陆九渊的心学、朱熹的闽学）奠定了基础。冯友兰先生把宋学称之为新儒学，称范仲淹为北宋儒学复兴的倡导者。

范仲淹崇尚“不以物喜，不以己悲”“居庙堂之高则忧其民，处江湖之远则忧其君”“先天下之忧而忧，后天下之乐而乐”的思想信念，把忧患意识与担当精神完美地结合起来，“穷则独善其身，达则兼济天下”，做“内圣外王”之人。他的弟子张载受范公思想的影响，提出了：“为天地立心，为生民立命，为往圣继绝学，为万世开太平。”范仲淹的思想，充实了儒学内容，引领了中华思想文化近千年。

范仲淹的新儒学具有完备的思想体系，诸如他的忧乐思想、富民强国思想、军事战略思想、民族平等思想、制度变革思想、节俭廉政思想、法制建设思想、大爱友善思想，至今闪烁着哲理的光芒，与当今的社会主义核心价值观和精神文明建设有着十分重要的内在关联。我们应在范仲淹思想和哲学领域，集合中外研究力量，进行新的探索与突破。

李丛昕先生的研究文章将结集出版了，这是他几十年来研究范仲淹的心血结晶，对过去、现在和将来的范仲淹研究来说，都称得上一项基础性成果。我们期待他老当益壮，不断有新作问世，并就此致以崇高的敬意和祝贺！

范国强

2021 年 7 月于北京钓鱼台

（作者系范仲淹三十世孙，中国范仲淹研究会会长，北京大学博士、教授）

目　录

【生平概述】

【生平考证】

【交游寻踪】

【宦履觅迹】

【旧案新说】

【诗文考辨】

【高风亮节】

【千秋伟业】

生平概述

天地间气，第一流人物*

——范仲淹千年祭

1989年是北宋杰出的政治家、军事家、文学家和教育家范仲淹诞生的一千周年。范氏一生出将入相，足迹遍中原，“忠义满朝廷，事业满边陲，功名满天下”①。他生前虽然历经坎坷，屡遭打击，但自从去世以后，便成了中国历史上不可多得的“无争议人物”。鲁迅先生曾说：“我们从古以来，就有埋头苦干的人，有拼命硬干的人，有为民请命的人，有舍身求法的人……虽是等于为帝王将相作家谱的所谓‘正史’，也往往掩不住他们的光耀，这就是中国的脊梁。”鲁迅先生所列几种人的作为，范仲淹可谓一身而兼备。范氏的成就、思想和品德，为我们留下一笔宝贵的精神财富。认真开展对范仲淹的研究和介绍，对我们弘扬民族精神，反对民族虚无主义，推进今天的改革开放具有一定的现实意义。

一

范仲淹，字希文，吴县（今江苏苏州）人，北宋太宗端拱二年（989）八月初二生于徐州②。其父范墉，随吴越王钱俶归宋，为武宁军（驻节徐州）节度掌书记以卒。母亲谢氏，本为范墉侧室，范墉一死，贫无所依，改适淄州士人朱文翰，

* 本文为1989年10月苏州市召开的纪念范仲淹诞生的一千周年学术研讨会而作。间气：以五行附会人事，谓帝王、臣民各受五行之气以生。天地间气，意谓天生大臣。这是朱熹称赞范仲淹之语，本文借作标题。

① ［宋］范仲淹著，李勇先、王蓉贵校点：《范仲淹全集》附录六，成都：四川大学出版社，2002年，第1170页。

② 此为沿袭旧说。仲淹生日实为989年10月1日（旧历八月二十九日），详见下文《范仲淹出生时间、地点考》。

为仲淹取名朱说。宋真宗大中祥符八年(1015),以第九十七名进士及第,授广德军(治今安徽广德)司理参军。天禧元年(1017)权集庆军(治今安徽亳州)节度推官,复姓更名为范仲淹。累官至枢密副使、参知政事。仁宗皇祐四年(1052),在从青州徙任颍州(今安徽阜阳)的路上病逝于徐州。终年64岁,谥文正。

仲淹自幼胸怀大志,"以天下为己任"。终其一生,在力所能及的范围内最大限度地发挥了他的政治才干,为人生历史留下了光辉的一笔。

封建社会的黑暗腐败,在折狱断案上表现尤为突出。仲淹首任司理参军,不过一名管理刑狱的小官,但他不"以官微而轻民命","日抱具狱与太守争是非。守数以盛怒临之,公未尝少挠,归必记其往复辩论之语于屏上。"[①]当他离任时,"贫止一马",他"鬻马徒步而归"[②]。后来监泰州西溪盐税,他发现当地因海潮为患,人民生活困苦,便上书修复捍海堰,得到了淮南发运副使张纶的支持,报请朝廷任命他为泰州兴化县令,专主其事。中间几经波折,筑成海堤146里,解除了海潮之患。为感念仲淹盛德,不少人改姓为范,这道海堤也被后人称为范公堤。在大理寺丞任上,仲淹上书言事,呼吁朝廷"救文弊、复武举、重三馆之选、赏直谏之臣及革赏延之弊"[③]。仁宗天圣五年(1027),仲淹在丁母忧期间,冒哀给朝廷上万言书,历陈朝政得失和民间疾苦,系统地提出了他的政治见解和主张。苏东坡和《宋史》本传都把它与诸葛亮的隆中对策相提并论。

由于王曾和晏殊的举荐,仲淹入朝担任了秘阁校理。因直言贾祸,外放为河中府(今山西永济)通判。其间他依然关心时政,多次"附驿上书"。听说朝廷要大兴土木,建造太乙宫、洪福院,马上提意见说:"今又侈土木,破民产,非所以顺民心、合天意。"要求仁宗皇帝"罢修寺观、减常岁市木之数,以蠲除积负"[④]。明道二年(1033),仲淹任右司谏。京东和江淮两路发生蝗旱灾害,老百姓死者相藉,朝廷派他前往救灾。仲淹所到之处,开仓赈济,收葬饿殍,蠲除

---

① [宋]范仲淹著,李勇先、王蓉贵校点:《范仲淹全集》附录五,成都:四川大学出版社,2002年,第1106页。

② [宋]范仲淹著,李勇先、王蓉贵校点:《范仲淹全集》附录二,成都:四川大学出版社,2002年,第867页。

③ [宋]范仲淹著,李勇先、王蓉贵校点:《范仲淹全集》附录二,成都:四川大学出版社,2002年,第869页。

④ [元]脱脱等撰:《宋史》卷三百一十四,北京:中华书局,1985年,第10268页。

赋税，回来交差时上《救弊八事》，并把灾民吃的一种野菜乌昧草(野燕麦)带回京城，要求仁宗“昭示后宫，以戒侈心”[①]。不久，又因言获罪，第二次被赶出朝廷，贬知睦州，后改知苏州。苏州地滨太湖，水患严重。仲淹到任，招募游民疏浚五条河道，导积水入江达海。

由于治水有功，景祐二年(1035)冬，仲淹升任尚书礼部员外郎、天章阁待制。宰相这时派人暗中警告他：“待制为皇上近臣，以后说话可得注意点。”仲淹回答：“帮助皇上谋虑国家大事，正是侍从官的本分，我敢不以此自勉！”宰相见他软硬不吃，便建请仁宗任命他权知开封府事。一则陷他于烦剧政务，无暇再发议论；二则巴着他忙中出错，以便借机将他搞掉。仲淹知开封府，从维护王朝根本利益出发，历诋大臣不法者，首先拿那些蠹国虐民的官吏开刀，使得“京师肃然称治”。次年春天，仲淹接连五次上书，要求改革弊政，都被朝廷搁置下来。仲淹对这种因循腐败的风气深有感触，他以一种超人的胆量做出一次石破天惊之举：将当朝官员的升迁次序列成一幅《百官图》，上报仁宗皇帝，指斥宰相吕夷简擅权误国，用人不公。此举深深激怒了吕夷简，在仁宗面前控告仲淹“越职言事、荐引朋党、离间君臣”，仲淹也“交章辨析不已”[②]。为了平息这场轩然大波，仲淹第三次被贬出京城。仲淹晚年还镇守过杭州。当时正值吴中饥馑，仲淹以超人的智慧想出了一种“以工代赈”的办法：荒岁工价低，正可开仓募民，完成一些平时不大容易举办的工程，“既已恤饥，因之以成就民利”[③]。他的这一做法，后来作为救灾经验而被“著为令”。

范仲淹政治上的作为，以推行“庆历新政”达到顶点。庆历三年(1043)，仲淹从抵御西夏的西北前线调回，先后被任命为枢密副使、参知政事。在仁宗皇帝的一再催促下，他拿出了兴利除弊的十条施政纲领——《答手诏条陈十事》：一曰明黜陟、二曰抑侥幸、三曰精贡举、四曰择长官、五曰均公田、六曰厚农桑、七曰修武备、八曰减徭役、九曰覃恩信、十曰重命令[④]。经过廷议，大部分被采

---

① [宋]李焘撰，上海师范大学古籍整理研究所、华东师范大学古籍整理研究所点校：《续资治通鉴长编》卷一百一十二，北京：中华书局，2004年，第2623页。

② [宋]范仲淹著，李勇先、王蓉贵校点：《范仲淹全集》附录二，成都：四川大学出版社，2002年，第883页。

③ [宋]范仲淹著，李勇先、王蓉贵校点：《范仲淹全集》附录二，成都：四川大学出版社，2002年，第908页。

④ [宋]范仲淹著，李勇先、王蓉贵校点：《范仲淹全集》政府奏议卷上，成都：四川大学出版社，2002年，第523－538页。

纳，有些著为政令，颁行天下。十条改革措施，以改革吏治为中心，牵涉利益格局的重新调整。触犯到哪部分人的利益，必然会遭到他们的反对。朝廷派出一批按察使对各地官员进行考察，仲淹根据考察结果，对那些不合格的官员一笔勾销。连一向比较激进的富弼也在一旁叹道："范六丈则是一笔，焉知一家哭矣！"仲淹回答："一家哭，何如一路哭耶？"[①]为了一路百姓免受其害，仲淹对那些昏庸贪渎之辈毫不顾惜。

在政治比较清明的时候，历代王朝对那些祸国殃民的贪官污吏惩治起来都是比较严厉的。及至因循姑息、官官相护的腐败风气已经形成，即便还有少数所谓的"明君贤相"想励精图治，重振国威，已是冰冻三尺，为时已晚。这既是历史上变法革新大多归于失败的原因所在，也是造成历史上不断改朝换代、王朝更迭的基本原因。

仲淹的革新措施，"任子之恩薄，磨勘之法密，侥幸者不便"，特别是派出的按察使"多所举劾"，使得那些贪渎冗滥、昏聩庸劣之辈"人心不自安"[②]，这就必然要遭到他们的激烈反对。有人甚至采取极其卑劣的手段伪造诏书，诬陷革新派人士图谋废掉仁宗皇帝。仁宗虽未深信，但已动摇了对改革派的信任，于是一场轰轰烈烈的变法改革草草收场，仲淹被第四次排挤出京。

新政虽然流产，但北宋王朝的各种积弊并未消除，各种社会矛盾和问题还在继续加剧。而统治阶级内部一些有识之士，必然会继之而起。范仲淹所主持的庆历新政，为王安石变法开了先河。

二

宋太祖赵匡胤是通过发动军事政变上台的。他担心手下将领对他也会来这么一手，于是采取了一些限制和削夺武将兵权的措施。从那以后，宋太祖多用文官担任武职，甚至连兵书战法也被列为禁书。有一利必有其弊。其结果虽然对巩固中央集权起到了很大作用，但同时也导致了北宋王朝的武备废弛，将弱兵虚，边患频仍。仲淹长期担任地方官，熟知这方面的情形，所以他平时

---

① [宋]范仲淹著，李勇先、王蓉贵校点：《范仲淹全集》附录二，成都：四川大学出版社，2002年，第899页。

② [宋]范仲淹著，李勇先、王蓉贵校点：《范仲淹全集》附录二，成都：四川大学出版社，2002年，第900页。

很关注国家的武备建设。在他就任参知政事不久，曾发生过这么一件事：山东王伦率众造反，从京东打到淮南一带，官军不能抵敌，有些地方守令弃城逃走。高邮知军晁仲约做得更为出格：他要富民拿出牛酒去慰劳这些造反队伍。这件事让朝廷十分恼火，许多人主张严惩。独仲淹极力为之开脱："平时讳言武备，寇至而专责守臣死事。"[①]这公道吗？仁宗被他说服，赦免了这些守令的死罪。在《答手诏条陈十事》中，仲淹提出了"修武备"的一些具体措施。比如针对当时一般士人耻于习武的风气，他建议在国子监增设武学课程，还建议选拔忠良之士，"令经略部署司讲说兵书"[②]。

仲淹的军事思想和战略眼光，在防范辽国入侵和抵御西夏的战争中得到了充分体现。

宝元元年（1038）冬，西夏赵元昊反，袭扰边境，杀掠边民，引起朝廷忧恐。国难思忠良。仲淹从东南越州被调往西北守边。仲淹守边，不急近功小利，从筑城寨、抚士卒、改兵制和戎羌入手，屯田实边，安定民心，实行以加强实力为基础的积极防御战略。赴边不久，朝廷催促几路士兵联合讨贼。仲淹以隆冬出师不利，请求缓期，并且提出对西夏应采取怀柔政策，保留鄜延一路，示以恩信，不要关死和谈大门。次年元昊大举进犯，大将葛怀敏战死，关中震恐，仲淹闻讯，亲率大军驰援，人心得以安定。守边三年，"士勇边实，恩信大洽"[③]，终于迫使元昊求和称臣。

早在澶渊之盟以后，面对辽国的南侵威胁，北宋朝廷长期存在迁都之议，有主金陵，有主成都。景祐三年（1036）五月，仲淹在开封知府任上，面对迁都之议，提出了自己的见解和主张："国家太平，岂可有迁都之议？但西洛帝王之宅，负关河之固，边方不宁，则可退守。然彼空虚已久，绝无储积，急难之时，将何以备？宜以将有朝陵之名，渐营廪食。陕西有余，可运而下，东路有余，可运而上，数年之间，庶几有备。太平则居东京通济之地，以便天下；急难则居西洛险固之宅，以守中原。"[④]及至后来仲淹坐镇延安防御西夏之时，闻讯辽国亦将

---

① ［元］脱脱等撰：《宋史》卷三百一十四，北京：中华书局，1985 年，第 10273 页。

② ［宋］范仲淹著，李勇先、王蓉贵校点：《范仲淹全集》政府奏议卷上，成都：四川大学出版社，2002 年，第 552 页。

③ ［宋］范仲淹著，李勇先、王蓉贵校点：《范仲淹全集》附录一，成都：四川大学出版社，2002 年，第 838 页。

④ ［宋］范仲淹著，李勇先、王蓉贵校点：《范仲淹全集》文集卷二十，成都：四川大学出版社，2002 年，第 454－455 页。

有南侵之意，他再次上言："请陛下速修东京，高城深池，军民百万，足以为九重之备……我若修完京师，使不可犯，则是伐彼之谋，而沮南牧之志矣。"[①]可叹仲淹渐营西京、速修东京的建议都未被采纳。假如这些主张都能付诸实施，加上兵备改革的推行，80余年后的徽钦二帝，说不定就无缘尝到当俘虏的滋味。

三

尽管后世有人惋惜"文正之文学不更文字之职，世尤以为歉也"[②]（意指不曾进过翰林院，做过文学侍从），其实，在他一生主要从事政治、军事、教育等活动的同时，在文学领域同样取得了巨大成就。早在天圣三年（1025），仲淹在《奏上时务书》中就提出了"救文弊"的主张。他所推行的庆历新政，把改革科举制度、改变文风作为一项重要内容。以欧阳修为主将在文坛上所发起的诗文革新运动，既是庆历新政的一部分，也是为了配合政治改革的顺利推行。对于这场诗文革新运动，我们完全可以说是仲淹倡之于前、力行于后，并以自己的创作实践力扫文坛积弊，恢复和发展了中国文学现实主义的优良传统。

仲淹的诗，一扫晚唐五代之柔靡乃至西昆体的浮艳之风，用朴实无华、清新流畅的语言抒发怀抱、讽喻世态、反映人民疾苦。比如他的小诗《江上渔者》，通过食鱼者和捕鱼者的鲜明对比，寄托了对劳苦人民的深切同情。《赴桐庐郡淮上遇风三首》虽为贬谪途中的即兴之作，也足见仲淹平时的扶危济困之心。其他如《射阳湖》"纵横皆钓者，何处得嘉鱼"[③]；《欧伯起相访》"劲草不随风偃去，孤桐何意凤飞来"[④]；《出守桐庐道中十绝》"雷霆日有犯，始可报君亲"[⑤]等，托物起兴，感慨良多，都写得清新明丽，真挚感人。其《野色》诗："非烟亦非雾，幂幂映楼台。白鸟忽点破，夕阳还照开。肯随芳草歇，疑逐远帆来。

---

① [宋]范仲淹著，李勇先、王蓉贵校点：《范仲淹全集》文集卷二十，成都：四川大学出版社，2002年，第459－460页。

② [宋]叶梦得撰，宇文绍奕考异，侯忠义点校：《石林燕语》卷七，北京：中华书局，1984年，第106页。

③ [宋]范仲淹著，李勇先、王蓉贵校点：《范仲淹全集》文集卷第四，成都：四川大学出版社，2002年，第74页。

④ [宋]范仲淹著，李勇先、王蓉贵校点：《范仲淹全集》文集卷第四，成都：四川大学出版社，2002年，第78页。

⑤ [宋]范仲淹著，李勇先、王蓉贵校点：《范仲淹全集》文集卷第五，成都：四川大学出版社，2002年，第93页。

谁谓山公意，登高醉始回。”[①]正如梅尧臣所说：“状难写之景如在目前，含不尽之意见于言外。”[②]其手笔之大，立意之高，蕴藉之深，历来为诗家所称道。

仲淹并不以词名家。他的词作文集不收，完整流传下来的不过五首。但仅从这五首看，从题材、内容到风格，都为宋词的健康发展开拓了新的领域和意境。他的《渔家傲》一词，摹写边塞风光，苍凉悲壮，开豪放派先河，在北宋词坛上独树一帜。其《苏幕遮》《御街行》两词，前者首句“碧云天，黄叶地”[③]为王实甫《西厢记》所化用；后者末句“都来此事，眉间心上，无计相回避”[④]，实为李清照《一剪梅》所本，可见其对婉约派影响之深。

作为文学体裁的赋，到宋代已基本上失去了生命力。但仲淹除了为应试士子作些律赋范文之外，他所作古赋如《秋香亭》等，依然饶有趣味。

仲淹“泛通《六经》，长于《易》”[⑤]，且具有深厚的生活基础、渊博的学识和“以天下为己任”的远大志向。发于文章，不仅其忧国忧民、正道直行的气势充溢其间，而且说理透彻、逻辑严密，充满了以《易》理为核心的辩证思想。他的散文，不仅《岳阳楼记》成为传诵千古的名篇，其他如《严先生祠堂记》《清白堂记》《邠州建学记》同样表现了他的高尚情操和博大胸襟。由于仲淹正色立朝、直言敢谏，论事不虚美、不含混、不遮掩、不回避，因而形成的书札、奏议等一些政论文章，同样是理直气壮，如决江河，具有极强的说服力和感染力。

有人会问：以范仲淹的文学成就，为什么未被列入“唐宋八大家”呢？笔者以为，单就其一篇《岳阳楼记》而言，即可与“八大家”的任何一篇文章相媲美。综观其一生，其成就主要不在文学方面，若仅将其作为文学家看待，多少还有点降低其历史地位。

---

① ［宋］范仲淹著，李勇先、王蓉贵校点：《范仲淹全集》文集卷第四，成都：四川大学出版社，2002年，第76页。

② ［宋］梅尧臣著，朱东润编年校注：《梅尧臣集编年校注》移录二，上海：上海古籍出版社，2020年，第1423页。

③ ［宋］范仲淹著，李勇先、王蓉贵校点：《范仲淹全集》补编，成都：四川大学出版社，2002年，第734页。

④ ［宋］范仲淹著，李勇先、王蓉贵校点：《范仲淹全集》补编，成都：四川大学出版社，2002年，第735页。

⑤ ［元］脱脱等撰：《宋史》卷三百一十四，北京：中华书局，1985年，第10267页。

四

范仲淹对于教育的贡献，人们论述尚不多。其实，在中国教育史上也应留有其光辉一笔。

仲淹认为："夫善国者，莫先育材，育材之方，莫先劝学。"[①]又说："国家之患，莫大于乏人。人曷尝而乏哉？……诚教有所未格，器有所未就而然耶！"[②]基于这种思想，仲淹始终把为国家培养教育人才作为自己毕生的事业。在其地方官任内，所到之处，几乎都留有他热心教育的足迹。

早在他任泰州兴化县令时，富弼弱冠来谒，仲淹给以很高的称誉，以后收入门下，给以良好教育，使之终成一代贤相名臣。天圣五年(1027)，仲淹在丁母忧期间，应晏殊之聘，任教于他曾经苦读五年的南京应天(今河南商丘)书院。他以书院为家，以身垂范，教学有方。连学生作文，自己也先写一篇作为示范。有个穷秀才孙复，仲淹生活上给以周济，又亲自授以《春秋》，使之终成一代大儒。仲淹任家乡苏州知州，本来买地准备建房，有人称赞是块风水宝地，他反而捐出来用于办学。即便在西北守边期间，他也不忘为国育才。先后"导张载以入圣人之门"，发现并培养出狄青、郭逵、种世衡、杨文广等一代名将。

仲淹对待人才，"多取气节，阔略细故"[③]，尤其注意从犯过错误、受过贬谪的人中荐拔人才。他引用唐代张说的话："活人于死者，必舍生而报恩；荣人于辱者，必尽节而雪耻。"[④]这里需要说明的是，当时向朝廷举荐人才有个规定：荐主对于所荐之人要负责。如果被荐者不如所荐，犯有贪污受贿等罪，荐主须负连带责任，有人因此而丢官降职。仲淹甘愿"同罪"而热心举荐人才，足见其一颗公忠爱国之心。

---

① [宋]范仲淹著，李勇先、王蓉贵校点：《范仲淹全集》文集卷第十，成都：四川大学出版社，2002年，第237页。

② [宋]范仲淹著，李勇先、王蓉贵校点：《范仲淹全集》文集卷第八，成都：四川大学出版社，2002年，第195页。

③ [宋]范仲淹著，李勇先、王蓉贵校点：《范仲淹全集》附录十一，成都：四川大学出版社，2002年，第1483页。

④ [宋]范仲淹著，李勇先、王蓉贵校点：《范仲淹全集》续补卷第一，成都：四川大学出版社，2002年，第774页。

仲淹对于教育的最大贡献，是他的庆历兴学。在我国几千年的历史上，教育制度经历了不少演变。真正由皇帝下诏全国各州县普遍建立学校，并且成为一种制度，则是从范仲淹庆历新政开始。

五

北宋王朝的建立，结束了残唐五代以来的战乱局面，又经过七八十年的和平安定，便到了范仲淹生活的北宋中期。这时的社会生活表面上歌舞升平，一派盛世景象，实际上各种社会矛盾正在日益加剧，在繁荣的表象下潜伏着深重的社会危机。一方面是统治者普遍享有优厚的特权待遇，寻欢作乐，挥霍无度，奢靡之风日益滋长，另一方面则是广大劳动人民生活的贫困恶化。北宋官僚机构的臃肿庞大是空前的，加上空前庞大的军费开支，再加上年年岁岁向辽国的纳贡，要维持这些开支，只能是加重对人民的横征暴敛。加上凶年荒岁，往往死者相枕，饿殍遍地。如果哪位官员能够救活一些饥民，及时掩埋一些尸骨，即可被作为"德政"而载入史册。"金樽美酒千人血，玉盘佳肴万姓膏。烛泪落时民泪落，歌声高处怨声高"，宋人笔下这种鲜明而强烈的对比，即为当时社会生活的真实写照。

仲淹自幼流落民间，备尝艰辛，深知人民疾苦。现实生活的苦难与不平，激发了他的忧国忧民之志，劳动人民淳朴善良品德的哺育，加上中国传统文化的熏陶，形成了他高尚的人格和精神。然而，不知出于何种原因，除了他那"先忧后乐"的名句被人提起以外，仲淹多少是一位被人冷落了的人物。当我们认真考察一番他的生平言行以及对于当时和后世的影响，便不难发现，在中国漫长的历史上，范仲淹确实是一位光彩照人的杰出人物。这里仅举其荦荦大端，以见其高尚品德。

勤奋好学，刻苦自励。仲淹二岁而孤，以朱说之名苦读于长白山醴泉寺，留下了"划粥断齑"的苦学佳话。二十三岁时"知其家世，感泣辞母，去之应天府"[①]求学。《宋史》本传称他在那里发愤苦读，"昼夜不息，冬月惫甚，以水沃

① ［宋］范仲淹著，李勇先、王蓉贵校点：《范仲淹全集》附录一，成都：四川大学出版社，2002 年，第 851 页。

面，食不给，至以糜粥继之。人不能堪，仲淹不苦也”[①]。当时南京留守的儿子与他同学将仲淹清苦的情形告诉其父，其父让他给仲淹送些公厨美食。数日后，食物竟放至馊败。留守儿子责怪仲淹，他赶忙道歉说：“不是我不感谢厚意，只是我吃惯了粗食，吃了这些美食，只怕以后再吃粗食就不习惯了。”[②]其时正值真宗皇帝进谒亳州太清宫，途经应天府，学生纷纷前往观驾，惟独仲淹苦读不辍。有人唤他同往，仲淹淡淡回答：“以后再见，为时未晚。”[③]经过五年苦读，他终于在二十七岁时考中进士。

仲淹少有志操，在刻苦求知的同时，十分重视道德品质的修养。进入仕途以后，更加注意砥砺节操。“每感激论天下事，奋不顾身。一时士大夫矫厉尚风节，自仲淹倡之。”[④]经过二十余年的励志笃学，仲淹从道德和学识两个方面为日后施展才干打下了坚实基础。

自奉节俭，轻财好施。仲淹自幼过惯了艰苦生活，养成了一生节俭的美德。北宋官员的俸禄是比较优厚的。据仲淹天圣六年《上资政晏侍郎书》称，他在担任秘阁校理时，“官小禄微，然岁受俸禄仅三十万……以丰歉相半，则某岁食二千亩之入矣”[⑤]。后来官当大了，俸禄自然更加丰厚。还有天子的赏赐，动辄黄金上百两，白银上千两。而仲淹始终保持着艰苦朴素的生活。本传称他“非宾客不重肉，妻子衣食仅能自充”[⑥]，甚至“诸子至易衣而出”[⑦]。据传，仲淹晚上就寝以前，经常会盘算自己一天所做的事情，能否对得起自己的俸禄。如果两者相称，便酣然入睡；如果不能相称，则辗转思考如何补上。仲淹的儿子纯仁准备结婚，女方系相门千金，传说进门时将以罗绮为帷幔遮道，仲淹听后说道：“罗绮岂帷幔之物耶？吾家素清俭，安得乱吾家法，敢持归吾家，当火于庭！”[⑧]据钱公辅《义田记》，仲淹“虽位充禄厚，而贫终其身。没之日，身无以

---

① [元]脱脱等撰：《宋史》卷三百一十四，北京：中华书局，1985年，第10267页。

② [宋]范仲淹著，李勇先、王蓉贵校点：《范仲淹全集》附录二，成都：四川大学出版社，2002年，第866页。

③ 同上。

④ [元]脱脱等撰：《宋史》卷三百一十四，北京：中华书局，1985年，第10268页。

⑤ [宋]范仲淹著，李勇先、王蓉贵校点：《范仲淹全集》文集卷第十，成都：四川大学出版社，2002年，第233页。

⑥ [元]脱脱等撰：《宋史》卷三百一十四，北京：中华书局，1985年，第10276页。

⑦ [元]脱脱等撰：《宋史》卷三百一十四，北京：中华书局，1985年，第10268页。

⑧ [宋]范仲淹著，李勇先、王蓉贵校点：《范仲淹全集》附录十一，成都：四川大学出版社，2002年，第1479页。

为殓，子无以为丧”[①]，赖朝廷的褒恤和友人的资助，才得以安葬。史称其“遗奏不干私泽”[②]，就是说，在他临终给皇帝所上的遗表中，关注的依然是国家百姓，没有为自家子孙提出任何要求。

那么，仲淹平时那么丰厚的收入都做什么了呢？本传称他“泛爱乐善”“好施予”“尝推其俸以食四方游士”[③]“置义庄里中，以赡族人”[④]。钱公辅称他“平生好施与，择其亲而贫、疏而贤者咸施之。”[⑤]说具体些，就是派了如下一些用场：一是周济勤奋好学的贫寒学子，如孙复等人。二是周济清贫至死的官员遗属，如吴遵路、尹洙等。在邓州时，仲淹因开销较大，遣子纯仁去苏州搬取麦子五百斛，后来纯仁竟空手而归。原来路遇仲淹的老友石曼卿，三丧未葬，羁旅丹阳，于是纯仁便把麦子连同船只悉数给了石曼卿(石延年)。仲淹听后极表赞许，留下了“麦舟助丧”的佳话。三是为边帅时所得赏赐，他以皇帝的意旨全部分发部下将士，让他们对皇上感恩戴德，为国家效死出力。四是晚年将平生之积蓄在家乡苏州买下良田千亩，号曰“义田”，建立“义庄”，兴办“义学”，用以赡养孤贫族人，教育本族子弟。

舍身忘家，尽忠为国。自从踏入仕途，仲淹便把自己的一切奉献给了大宋王朝的江山社稷。在他为官的数十年中，曾数十次上书言事，渴望能为国家兴利除弊，谋致太平。早在天圣三年的《奏上时务书》中，他开头便说：“臣闻巧言者无犯而易进，直言者有犯而难立。然则直言之士，千古谓之忠；巧言之人，千古谓之佞。今臣勉思药石，切犯雷霆，不遵易进之途，而居难立之地者，欲倾臣节，以报国恩。耻佞人之名，慕忠臣之节，感激而发，万死无恨。”[⑥]天圣五年，在居母丧期间所上的《万言书》开头也说：“忠孝者，天下之大本也。其孝不逮矣，忠可忘乎？此所以冒哀上书，言国家事，不以一心之戚而忘天下之忧。”[⑦]在他以后的上书中，其忧天下致太平之心，始终充溢于字里行间。仲淹有一句

---

① 阴法鲁主编:《古文观止译注(修订本)》，北京:北京大学出版社，2001年，第651页。

② [宋]范仲淹著，李勇先、王蓉贵校点:《范仲淹全集》附录一，成都:四川大学出版社，2002年，第824页。

③ [元]脱脱等撰:《宋史》卷三百一十四，北京:中华书局，1985年，第10268页。

④ [元]脱脱等撰:《宋史》卷三百一十四，北京:中华书局，1985年，第10276页。

⑤ 阴法鲁主编:《古文观止译注(修订本)》，北京:北京大学出版社，2001年，第650-651页。

⑥ [宋]范仲淹著，李勇先、王蓉贵校点:《范仲淹全集》文集卷第九，成都:四川大学出版社，2002年，第199页。

⑦ [宋]范仲淹著，李勇先、王蓉贵校点:《范仲淹全集》文集卷第九，成都:四川大学出版社，2002年，第211页。

名言:“公罪不可无,私罪不可有”,他不仅这样说,而且终其一生身体力行。开封府为京畿之地,素号难治,难就难在皇亲国戚、达官显贵倚仗权势横行不法。仲淹知开封府,拼上身家性命,以必死的决心投入整顿治理,终使豪猾敛迹。他上《百官图》,抨击当朝宰相,需要何等的胆识与气魄!因为进谏言事,仲淹屡次遭贬,而他则是“屡谏屡黜、屡黜屡谏”,甚至在贬谪途中,他还表示:“雷霆日有犯,始可报君亲。”[①]当时的著名诗人梅尧臣把他比作一只“啄木鸟”,称赞他“啄尽林中蠹,未肯出林飞”[②]。这在那帮只知固位邀宠、谋私肥己的小人看来,对于范仲淹的这些作为,当然是无法理解的。

仲淹出守西北边防,可谓受任于败军之际,奉命于危难之间。由于王师新败,关中震恐,当时的延安是孤城危悬,一夕数惊。朝廷选派大臣前往戍守,大臣要么借故推辞不去,要么去了也不安心。而仲淹自告奋勇,主动请求兼知延州。三年戍边,稳定了局势,仁宗决定调他回京担任要职,仲淹则担心边事未宁,五次上表恳辞,请求继续留在那里。他说:“三年塞下,日劳月忧,岂不愿闻纳和,少图休息?非乐职矢石之间。盖见西贼强梗未衰,挟以变诈……臣等是以不敢念身世之安,忘国家之忧。须罄刍荛,少期补助。”[③]这又是何等的胸襟和气魄。

殚精竭虑,亲政爱民。仲淹从儒家的民本思想出发,特别痛恨那些昏聩贪酷、蠹政害民的官吏,认为他们是致乱之阶、祸国之贼。在他推行的新政中,始终把整顿吏治作为核心问题。在他自己担任地方官期间,则“为政尚忠厚,所至有恩”[④],把为民兴利除弊当做本分任务。他的宦迹遍及今天的皖、苏、豫、赣、浙、陕、晋、鲁等省,所到之处,都留下一些令人怀念的政绩。在他调离邓州时,老百姓遮道挽留;在他驻防西北期间,当地人民为他建造生祠。“死之日,四方闻者,皆为叹息”[⑤],连西北少数民族的首领,也有数百人聚集到他的祠庙中祭奠,“哭之如父,斋三日而去”[⑥]。往事越千年,在他生前任职的地方,范公

---

① [宋]范仲淹著,李勇先、王蓉贵校点:《范仲淹全集》文集卷第五,成都:四川大学出版社,2002年,第93页。

② [宋]梅尧臣著,朱东润编年校注:《梅尧臣集编年校注》卷八,上海:上海古籍出版社,2020年,第138页。

③ [宋]范仲淹著,李勇先、王蓉贵校点:《范仲淹全集》附录十一,成都:四川大学出版社,2002年,第1494-1495页。

④ [宋]范仲淹著,李勇先、王蓉贵校点:《范仲淹全集》附录一,成都:四川大学出版社,2002年,第850页。

⑤ 同上。

⑥ 同上。

堤、范公桥、范公祠、怀范楼、景范楼、思范亭、忠烈庙、褒贤寺等，遗迹遍布，有许多留存至今。关于他的逸事佳话，在各地民间更是一代代口口相传。为人民做过好事的，人民永远不会忘记。

六

范仲淹的高风亮节，光照后人，令人感奋，促人上进，直可使贪者廉、懦者立。然而在当时，他却是一位悲剧人物。

趋正避邪、远恶向善，是人的美德；而趋安避危、趋利避害，又是人的本能。在每个人的一生中，美德与本能，两者都会经常发生矛盾冲突。关键时刻如何取舍，则可判断一个人的人格高下。仲淹为人，欧阳修称他“于富贵、贫贱、毁誉、欢戚，不一动其心……其事上遇人，一以自信，不择利害为趋舍”[①]。他的言行，不仅砥砺了一代士风，而且影响了一代世风。但是，就是这么一位人物，当时却是“为众所疾”，屡次遭受排挤打击。当他因为触怒当朝宰相而被贬的时候，人们从各自的利害安危考虑、从善恶正邪观念出发，决定自己的趋避取舍，使得世态人情，一时毕现。由于畏惧宰相的权势，满朝文武很少有人再敢与仲淹公开往来。特别是那班谏官、御史们，一个个噤若寒蝉，无一人敢站出来为他说话。然而，人间自有正气真情，一时乌云不可能永远遮住道义的光辉。龙图阁直学士李纮、集贤校理王质不顾个人安危，照样设宴为仲淹饯行。当时王质病休在家，有人劝他正可借病推辞，何必自陷朋党？王质回答：“范公天下贤者，若得为其党人，那是厚待我王质了！”[②]闻者为之缩颈咋舌。有人为他担心：“你们席间一言一语，只怕已被人探知。将来实行党锢，你王质将是头一名。”王质回答：“我们畅谈了三个晚上，如果有人打小报告给皇上，说不定是天下苍生之福，何止是我王质一人的幸运！”仲淹既贬，集贤校理余靖为之力辩，被贬监筠州酒税。接着馆阁校勘尹洙上言：“余靖与仲淹交情不厚，犹以朋党遭贬；我与仲淹义兼师友，理当从坐。”[③]结果被贬监唐州酒税。馆阁校勘欧阳修先是上书为之辩护，后又移书右司谏高若讷，责骂他身居谏职而不论救，

① [宋]欧阳修著，李逸安点校：《欧阳修全集》卷二十一，北京：中华书局，2001年，第333页。

② [元]脱脱等撰：《宋史》卷二百六十九，北京：中华书局，1985年，第9245页。

③ [宋]尹洙撰，时国强校注：《尹洙集编年校注》附录一，北京：中华书局，2019年，第396页。

“不复知人间有羞耻事”①，结果被贬为夷陵县令。随后，西京留守推官蔡襄作《四贤一不肖诗》（四贤，指仲淹、靖、洙、修；不肖，指高若讷），一时风传于坊肆旅邸之间。仲淹贬赴饶州，沿途经十余州军，除了知扬州的陈执中以外，其他过往州军无人接待。但也有不怕风险的人如梅尧臣等，或迂道往访，或致书问候，或诗词慰勉。甚至有人对他的三次遭贬分别以“极光”“愈光”“尤光”相称赞。正义的呼声、志同道合者的勉励，益发振作了仲淹匡时救弊的勇气和重拾了自信，以至形成仁宗一朝以范仲淹为旗帜的一股浩然正气。

南宋理学大家朱熹评价范仲淹，称赞他“振作士气之功为多”，“宋朝忠义之气，却是自范文正公作成起来”②，推崇他为“天地间气，第一流人物”③，“其心量之广大高明，可为百世之师表”④，并且追溯“本朝道学之盛，亦有其渐，自范文正以来已有好议论”⑤。金代大文学家元好问称赞他“在布衣为名士，在州县为能吏，在边境为名将。其材、其量、其忠，一身而备数器……求之千百年间，盖不一二见，非但为一代宗臣而已”⑥。

然而，范仲淹毕竟生活在近千年前的封建专制时代。他的爱国与忠君密不可分。他所要报效的国家，无非是赵宋一家的天下。阶级的和历史的局限性，注定了他的悲剧角色。在专制社会，以皇帝为代表的地主阶级与广大农民的矛盾，是社会的主要矛盾。在安享了七八十年和平安定生活之后，剥削阶级的贪残本性日益暴露。他们无休止地聚敛财富，必然加重对农民的压榨盘剥。矛盾的双方，施事者与受事者，有什么共同的利害、共同的忧乐可言？范仲淹从儒家“民为邦本”的教义出发，想做到既爱国又爱民，从道理上讲好听，从现实中根本不可能做到。因为向来“肉食者鄙，未能远谋”，他们所考虑到的，无非是竞相奢华，相互攀比，花天酒地，纸醉金迷，哪里还会想到什么长远、顾及

---

① ［宋］欧阳修著，李逸安点校：《欧阳修全集》卷六十八，北京：中华书局，2001 年，第 990 页。

② ［宋］黎靖德编，王星贤点校：《朱子语类》卷第四十七，北京：中华书局，1986 年，第 1188 页。

③ ［宋］范仲淹著，李勇先、王蓉贵校点：《范仲淹全集》附录十，成都：四川大学出版社，2002 年，第 1344 页。

④ ［宋］范仲淹著，李勇先、王蓉贵校点：《范仲淹全集》附录十，成都：四川大学出版社，2002 年，第 1304 页。

⑤ ［宋］黎靖德编，王星贤点校：《朱子语类》卷第一百二十九，北京：中华书局，1986 年，第 3089 页。

⑥ ［宋］范仲淹著，李勇先、王蓉贵校点：《范仲淹全集》附录九，成都：四川大学出版社，2002 年，第 1256 - 1257 页。

什么载舟覆舟？仲淹如果为人民的利益考虑多了，首先就会在他所属的那个阶级内部遭到强烈反对而陷入极度孤立。庆历新政之所以很快归于失败，其基本原因正在这里。另一方面，作为“忠君爱国”的范仲淹，他也不可能背叛本阶级的利益转而代表人民。他明知是“官逼民反”，其阶级属性还会驱使他主张镇压起来造反的农民。在这个基本问题上，可以说仲淹的人格是分裂的，言行是相悖的，内心是痛苦的，事业的失败和理想的破灭也是必然的。“先忧”有份，“后乐”无期，他只能永远陷入忧国忧民的巨大矛盾之中。这便是范仲淹最大的人生悲剧。

有人说，范仲淹的失败主要是由于他锋芒过露而树敌过多，也有人说他是由于“好名”而速其祸。连朱熹老夫子在评论朋党之争时也说：“负天下之令名，非惟人情不堪，造物亦不吾堪尔。吾而以贤自处，孰肯以不肖自名？吾而以夔、契自许，孰肯以大奸自辱？吾而以公正自褒，孰肯以邪曲自毁哉？如必过为别白，私自尊尚，则人而不仁，疾之已甚，攻乎异端，斯害也已，安得不重为君子之祸！”[①]这话从事理、人情上道破了处在群邪包围之中的一些忠贞之士必然归于失败的原因，固然有一定道理，但这只是表层原因。况且，这话也未必符合仲淹本人的实际。仲淹在《与省主叶内翰书》（叶内翰即叶清臣）中是这样说的：

> 国之安危存亡，系于其人。正人安则王室隆，正人危则天下忧。故君子安其身而后动，易其心而后语。所以身安而国家可保，岂特厚于己耶？汉李膺之徒，黑白太明而禁锢戮辱，虽一身洁清，千古不昧，奈何邪正相激，速天下之祸，汉室亦从而亡之。仆以为与国同忧之人，宜弗为也……前者数君子感遇激发，而高议直指，不恤怨谤。及群毁交作，一一斥去，虽自信于心，未足为耻，使太上用忠之意，谓吾道无可信者，此不为重乎？道卿（叶清臣字）能不鉴此？宜其与国同忧，无专尚名节，而忘邦家之大。[②]

① ［宋］范仲淹著，李勇先、王蓉贵校点：《范仲淹全集》附录十，成都：四川大学出版社，2002 年，第 1346 页。

② ［宋］范仲淹著，李勇先、王蓉贵校点：《范仲淹全集》文集卷第十一，成都：四川大学出版社，2002 年，第 263 页。

看，仲淹把人情事理看得多么透彻，把自身之安危所系看得多么重要，并且诚恳劝诫叶清臣以“李膺之徒”和“前者数君子”为鉴，难道他自己就不知道以此自警吗？

后人在为春秋贤相孙叔敖所立的碑上这样写道：

> 贪吏而不可为而可为，廉吏而可为而不可为。贪吏而不可为者，当时有污名；而可为者，子孙以家成。廉吏而可为者，当时有清名；而不可为者，子孙困穷，被褐而负薪。贪吏常苦富，廉吏常苦贫。独不见楚相孙叔敖，廉洁不受钱。[①]

这段话从人们的道德观念和“物质利益原则”两个方面，道破了历史上的清官廉吏一则何以凤毛麟角、二则偶尔出现几个也难以站住脚的深刻原因：图后世之虚名，招眼前的忧患，对于那些只知以一己之私利为趋舍的专制统治者来说，有几个甘愿拼上自己的一生和子孙后代的幸福，去充当那种人格分裂、言行相悖、精神痛苦、生活贫困的悲剧角色呢？哪里若真出现一个，对于周围的贪官污吏来说，势必构成一种巨大威胁，势必引起他们的忌恨，势必采取各种手段来对付这一官场“另类”，势必要除之而后安，直至造成一种“无官不贪”的局面，大家才好“彼此彼此”，拱手相安。在有对抗阶级存在的剥削社会里，这是一个死结，一个永远解不开的难题。

不过，事情并不是永远那么悲观。即便在那乌云翻滚、浊雾弥漫的专制社会，中华民族的浩然正气也是不绝如缕，一脉相承，为国为民而舍身忘家者，代不乏人。远的不说，从范仲淹到包拯，再到“人生自古谁无死”的文天祥，从于谦到海瑞，再到“苟利国家生死以，岂因祸福避趋之”的林则徐，他们的高风亮节，如光风霁月，如电光石火，总能让人看到一线希望和光明，给人以感奋和力量。如果社会腐败到让这等人无能为力的地步，大约也就到了绿林好汉大显身手的时候。两千多年以来，中国社会就是在这种不断地改朝换代、政权更迭中，跌跌撞撞地走进了现代。

只有到了现代，到了中华人民共和国成立以后，我们消灭了以私有制为基础的剥削制度，人民成了国家的主人。爱民即爱国，爱国即爱民，两者才有了

① ［清］沈德潜辑，孙通海校点：《古诗源》卷一，沈阳：辽宁教育出版社，1997 年，第 10 页。

一致的前提。在几十年的革命和建设事业中，既有无数革命先烈为之奋斗献身，更涌现出无数热爱祖国、热爱人民的英雄模范。在他们身上，爱国和爱民实现了完美的统一。这是时代的骄傲，是生活在剥削制度下的人们享受不到的幸运。但是，无可否认，在今天的现实生活中，确实还有极少数高居于人上者，他们不讲奉献，只顾索取，既不忧国，也不忧民。范仲淹当年因受时代和阶级的局限，想做到既爱国又爱民而不可得，今天能够做到了，有些人偏偏又不去做。这到底出现了什么问题？难道还不值得我们深长思之吗？

当我们隆重纪念范仲淹诞生一千周年的时候，但愿从中能获取更多教益。

1989 年 9 月 12 日

生平考证

范仲淹身世考*

范仲淹留给后人最为宝贵的精神财富、最为后世所称道者，便是他的“先忧后乐”思想。但是，这种思想境界是怎样形成的？历代学者，罕有论及。究其原因，主要是对他的家世、身世特别是对其青少年时期的生活情形不甚了解。从搞清其身世入手，深入研究其思想的形成与发展，以便更好地继承这笔精神财富，这无疑是当前精神文明建设中一个很有现实意义的课题。基于这种想法，笔者近年结合工作之便，沿着范仲淹当年的足迹，先后到了苏、鲁、豫、皖的一些地方，考察有关遗迹，查阅有关方志，走访范氏后人，特别留心对范氏家谱资料的搜求，从而获取了一些一般书斋中难以见到的珍贵资料。笔者以此为基础，结合有关历史文献，对范仲淹的身世进行了一些考索。现将所得陈述于后，以求得方家指教。

一、历史的疑团

在有关范仲淹身世的基本史料中，除了范氏文集、《宋史》本传、欧阳修所撰之《神道碑》、富弼所撰之《墓志铭》以外，最集中、最系统介绍其生平身世的，大约首推南宋参知政事、四明人楼钥所撰之《范文正公年谱》（以下简称《年谱》）。可惜此谱始详于范仲淹二十岁入长白山醴泉寺读书，而对于此前的生活情形，或语焉不详，或略而未及。

根据上述材料，我们大体可知的是：范仲淹，字希文，吴县人（今江苏苏州），唐相范履冰之后，生于宋太宗端拱二年（989）。其父范墉于太宗时从吴越

---

* 本文最初发表于1990年《苏州大学学报》增刊，后经补充修改，正式发表于《北京社会科学》1996年第3期。

王钱俶归宋，历任武宁军(驻节于今江苏徐州)节度掌书记以卒。其时仲淹两岁。其母谢氏，贫而无依，再适长山朱氏。仲淹从朱姓，名说。既长，询知家世，乃感泣辞母，赴南都(今河南商丘)应天书院读书。宋真宗大中祥符八年(1015)，以朱说名进士及第，授广德军司理参军，始迎其母归养。天禧元年(1017)迁文林郎、权集庆军节度推官，始奏准复姓更名为范仲淹。

上述情况表明，仲淹身世坎坷。同时也为我们留下一个难解之谜：仲淹本为累世仕宦之家，其父官虽不大，毕竟算得上有一定身份地位的人。丈夫一死，子未成年，生活的重担自应落到谢氏夫人肩上，负起支撑家业、育孤成人的责任才是。何以很快便贫无所依、更适他人，以至于流落他乡的地步？对于这段经历，不仅楼钥《年谱》失记，仲淹本人以及他的同代人和后代人，也都闪烁其词，讳莫如深，以至于让后代学人无从考索。我们知道，一个人的家庭环境、特别是青少年时期的生活经历以及所受教育情形，对于其道德品质的培养和世界观的形成，关系极大。解开这个疑团，便成了范仲淹思想研究中一个具有关键性的问题。

二、珍贵的家谱

笔者在近年的走访考察中，得以见到不同地区、不同支派的范氏后人续修于不同时期的家谱(大部为清代所修，亦有续修于民国年间者)七八种。除一部苏州岁寒堂续修于清代的《范氏家乘》(以下简称《苏谱》)见于苏州市博物馆以外，其余均见于各地民间，为范氏后人所收藏。如安徽怀远范氏依据其迁来之地河南巩县(今河南巩义)《忠宣房支谱》(仲淹次子范纯仁谥忠宣，其后世支派即分为忠宣房)所修的《怀远范氏宗谱》(以下简称《怀谱》)，安徽广德的《桐川范氏宗谱》(广德旧时别号桐川，以下简称《桐谱》)，安徽宣城的《宛陵范氏宗谱》(宣城古代曾称宛陵，以下简称《宛谱》)，河南伊川的《范氏宗谱》(以下简称《伊谱》)，河南虞城《虞邑助麦堂范氏族谱》，等等。

这些家谱虽然支派不同，体例各异，有的甚至错谬百出(例如《桐谱》，由清代一位乡间谱匠将居住在广德境内的文正公范仲淹和文穆公范成大两支范氏后人“合族联宗”，从而将两支谱系都给弄乱)。但是，这些家谱同时也都各具特色和优点，其中有一个惊人的相似之处，就是对于从范履冰到范仲淹这十世的“始祖世系”记载得相当一致。其间虽有不同，可能是在长期流传过程中经过多次续修、传抄、翻刻所致。但从总体上看，明显表现出一种同源关系。这个“源”在哪里呢？笔者以为它们的最初底本，很可能为范仲淹当年手定。

范仲淹生活的北宋中期，正是相对和平安定的盛世，士大夫之家续修家谱之风甚盛。不仅欧阳修、苏洵等各自为本家族创修了“欧式”和“苏式”宗谱，范仲淹为此也曾倾注过极大心力。为了证明这个问题，笔者可举出如下依据：

第一，《范集·尺牍·家书》中有与其兄范仲温一书，要求仲温“寻访祖宗文字，及于老人处访问，且于诸房更求先代官诰文书，并三哥自传闻事，亦旋旋抄来”[①]。看来，此书信与仲淹搜集资料、准备续修家谱有关；

第二，据楼钥《年谱》，皇祐三年正月八日，仲淹曾作《续家谱序》一篇[②]；

第三，文渊阁四库全书《范文正集》之《补编》卷二收有这篇序文；

第四，笔者所见几种范氏家谱，亦多收此文，文字互有异同，当系传抄所致；

第五，欧阳修所撰《范仲淹神道碑》云：“其世次、官爵，志于墓，谱于家，藏于有司者。”[③]可知其家中藏有家谱。

由此大体可以断定，笔者所见几种范氏家谱中的“始祖世系”部分(有的称“宗源世纪”，有的称“河内源宗”)，很可能就是当年范仲淹本人修定的家谱。尽管在长期流传过程中出现不少错讹，仍然不失为我们研究范氏家世、身世不可多得的重要资料。

三、范仲淹有两位母亲

欧阳修之《神道碑》只提到仲淹的母亲为谢氏。富弼《墓志铭》称：“朝廷以公贵，用太保、太傅、太师追赠三代，又择徐、许、越、吴四大国追封王妣陈氏、妣

① [宋]范仲淹著，李勇先、王蓉贵校点：《范仲淹全集》尺牍卷上，成都：四川大学出版社，2002年，第654页。

② [宋]范仲淹著，李勇先、王蓉贵校点：《范仲淹全集》附录二，成都：四川大学出版社，2002年，第908页。

③ [宋]范仲淹著，李勇先、王蓉贵校点：《范仲淹全集》附录一，成都：四川大学出版社，2002年，第816页。

陈氏、谢氏为太夫人。”[①]仲淹自称“陈家是两世外家”[②](《范集·尺牍卷上·家书》)。富弼所列追赠的三代应为曾祖、祖、父，那么三世受封的太夫人究竟为谁？让人迷惑。从几种家谱可以得知，仲淹曾祖母、祖母、嫡母，均为陈氏。

苏辙《栾城集》卷三十一载封赠范纯仁三代的告词七篇，依次为曾祖父、曾祖母、祖父、祖母、祖母、父、母[③]。由此可知范纯仁有两位祖母，这就是说，范仲淹有两位母亲。《栾城集》中之告词，当系据底稿所编，对三代受封人均未明书姓字，皆以“某”“某氏”代之，让人搞不清究竟各为某某。

而在范氏家谱中，对此记载则一目了然。如《苏谱·左编·告敕志》所收这七篇告词，大约是依据正本原件收录，因而纯仁这两位“祖母”的姓氏都赫然在目：前者为陈氏夫人，后者为谢氏夫人，即仲淹生母谢氏。在其右编“始祖世纪”中，对此记载得更为清楚：

> 八世　赞时……
>
> 九世　墉　赞时第三子，文正公之父也。始仕吴越，从钱俶归宋，历任武德、武信、武宁三军节度掌书记，赐绯。宋太宗淳化元年庚寅(990)卒于徐州官舍。……娶陈氏，历封越国、楚国、周国太夫人，合葬(苏州)天平山。继娶谢氏，仁宗天圣四年(1026)卒，追封颍川郡夫人，历封吴国、秦国太夫人，葬河南府洛阳县(今属伊川县)万安山。

前几年，笔者曾先后去苏州天平山、洛阳万安山两处范氏墓地实地考察。在苏州，还查阅了《苏谱》所收范墉与陈氏合葬的墓穴图；在伊川，则于秦国夫人谢氏的墓碑旁摄影留念，从而进一步确认了仲淹的这两位母亲。

四、仲淹生母为其生父之侧室

陈氏、谢氏两位夫人之间是什么关系呢？谢氏是在陈氏去世之后“继娶”

---

① [宋]范仲淹著，李勇先、王蓉贵校点：《范仲淹全集》附录一，成都：四川大学出版社，2002年，第817－818页。

② [宋]范仲淹著，李勇先、王蓉贵校点：《范仲淹全集》尺牍卷上，成都：四川大学出版社，2002年，第654页。

③ [宋]苏辙著，曾枣庄、马德富校点：《栾城集》卷三十一，上海：上海古籍出版社，2009年，第668－671页。

的正室夫人吗？这是我们需要明晰的一个至为关键的问题。

据《苏谱》所载，范墉“娶陈氏”，“继娶谢氏”；也有谱称为“原配”“继配”者。但在《怀谱》《伊谱》等家谱中，使用的却是“再娶”一词，这引起了笔者的注意。我们知道，在封建社会里，士大夫之家续家谱，是与皇家修史、地方修志同等严肃的大事。范氏对于本族本宗始祖先贤的生身母亲，有些家谱居然没有使用“继配”“继娶”“续配”“续娶”之类的传统正规的修谱用语，以标明其正统的“继室”地位，而是使用了一个含混不清、捉摸不定的字眼“再娶”，这种做法的本身就很耐人寻味。

要解开这个谜，当从范墉的几个儿子入手。首先要搞清的是，范墉究竟有几个儿子？仲淹究竟排行第几？《神道碑》未提此事，《墓志铭》称仲淹为“掌记之第三子也”[①]，《年谱》也记作“书记第三子”[②]。有的范氏家谱和后世的不少史籍，一般也都沿袭了这一说法。

其实，范墉有五个儿子，仲淹排行第五。对此，仲淹自己曾有交代。他在为其仲兄范仲温所作的《墓志铭》中说：“先公五子，其三早亡。惟兄与我，为家栋梁。”[③]以此可证。值得注意的是，在《苏谱》左编第九册（卷七）中，也收有楼钥所编《文正公年谱》。在其标题之下的署名为：“显谟阁直学士、大中大夫、提举江州太平兴国宫、奉化县开国男、食邑三百户　四明楼钥编次　文正六世孙之柔校正。”这位文正六世孙范之柔，南宋人，曾任礼部尚书，谥清宪。经他“校正”过的楼钥《年谱》，已将范仲淹改为“周国公第五子”。

对此记载最为明确的，还是范氏家谱。有的家谱虽然沿袭了三子说，但不少谱中还是详列了五子。仍以《苏谱》为例，在其右编《始祖世纪》的范墉名下，详细列出：“五子：仲温、镃、仲淹，其二失名。”（笔者按：范镃，《怀谱》等作仲镃，笔者以为仲滋为是。兄弟排行用字为仲，取名皆从氵，符合宋人习惯）。在其右编《世系卷一》“第一世仲字号”下开列更详：

① ［宋］范仲淹著，李勇先、王蓉贵校点：《范仲淹全集》附录一，成都：四川大学出版社，2002 年，第 817 页。

② ［宋］范仲淹著，李勇先、王蓉贵校点：《范仲淹全集》附录二，成都：四川大学出版社，2002 年，第 862 页。

③ ［宋］范仲淹著，李勇先、王蓉贵校点：《范仲淹全集》文集卷第十五，成都：四川大学出版社，2002 年，第 371 页。

□□　墉长子，文正兄，早亡，失名无考。

仲温　墉次子，文正公兄，为中舍房祖。

镃　　墉第三子，文正公兄，宋仁宗天圣二年甲子及第，未仕卒……

□□　墉第四子，文正公兄，早亡，失名无考。

始祖文正公仲淹　墉第五子，字希文……

至此，范墉共五子，当可无疑。

然后，让我们来考察这几个儿子的年龄。

据《年谱》，仲淹生于宋太宗端拱二年（989）八月，薨于宋仁宗皇祐四年（1052）夏五月二十日，享年64岁。各谱记载，大体相同。再看其仲兄范仲温的生卒年月。据其《墓志铭》称仲温“皇祐二年（1050）九月十三日，以疾不起，享年六十有六”①。由此上推其生年，当为公元985年，即宋太宗雍熙二年。这就是说，老二仲温仅仅年长于老五仲淹4岁。那么，老三范镃（仲滋）呢？那位失名无考的老四呢？他们又当分别为几岁？我们还知道，旧时所修家谱，一般只列子嗣，不列生女情形。但这并不排除陈氏和谢氏在这期间还会生有女儿的实际可能。根据这些情况，稍具生育常识的人就会从这么稠密的生育率推断：谢氏不是继陈氏夫人之后“再娶”的“正室”，而是与陈氏共同生活在一起的小妾侧室。

有人根据《宋史》卷三百三十七《范镇传》等载，范镇有兄名范镃，且有一段近乎传奇的故事，而怀疑仲淹有兄名镃的真实性，认为有可能系仲淹后人所附会误入。其实这并不影响笔者上面的考察。因为仲淹在为仲温所作的墓志铭中，不仅有“先公五子”的话，还明确指出仲温“即太师仲子”②。这说明在仲温之后，范墉肯定还有三子、四子，至于叫什么名字，有没有成年，对于我们的考察来说，都是无关紧要的。

关于仲淹生母谢氏的侧室地位，还可从谢氏的葬地加以考虑。谢氏虽然改适朱家，后来毕竟因仲淹而回归范家。如果她原为范墉正妻，仲淹理应将她

① [宋]范仲淹著，李勇先、王蓉贵校点：《范仲淹全集》文集卷第十五，成都：四川大学出版社，2002年，第370页。

② [宋]范仲淹著，李勇先、王蓉贵校点：《范仲淹全集》文集卷第十五，成都：四川大学出版社，2002年，第369页。

与先父合葬于苏州天平山。可是，事实却是仲淹将她孤零零地另葬于洛阳。仲淹这么做，似有他的苦衷。当初出于什么样的考虑，在他与从兄弟范仲仪的信中曾经述及："昔年持服，欲归姑苏卜葬，见其风俗太薄。因思曾高本北人，子孙幸预缙绅，宜构堂，乃改卜于洛。"[①]看来，仲淹并非不想将生母与生父合葬，只是顾忌姑苏"风俗太薄"而未能如愿。中间究竟经历了怎样的交涉和权衡过程，我们今天已无从得知，想来当与谢氏在范家本来就没有正室地位有关。

五、谢氏改嫁经过及其原因辨析

谢氏究竟是在什么时间、什么地点改嫁的呢？一般认为，是在范墉死后不久即改嫁于徐州。从《苏谱》"当日中舍（仲温）还苏、文正（仲淹）依母"的话来看，似乎也是这么认为。其实，谢氏是在仲淹四岁时改嫁于苏州。《怀谱》对此有较为详细的记载："公生于官舍，二岁而孤。母夫人谢氏，扶柩归葬于吴。公时年四岁，母夫人贫无所依，时有淄州长白山朱氏宦游江南而娶之。"《桐谱》所载，基本相同。《怀谱》附录清初长山县（今属山东邹平）人刘孔怀所作《范文正公流寓长山考》一文，从长山士人朱文翰宦游江南的经历考证了娶谢氏北归的经过尤详。下文还将叙及，此不赘述。

关于谢氏改嫁的原因，通常认为，范墉一死，家计无着，贫而无依，只好改嫁。其实这个说法只是表面的饰词，经不起推敲。因为它并没有道出问题的实质。

首先，从范氏的家世看。

据《神道碑》《墓志铭》《年谱》记载，特别是从大量家谱资料来看，仲淹出身于历代仕宦之家。其十世高祖范履冰，武周时曾任宰相；九世祖范冬芬，曾任宣州刺史；六世祖范远，为唐代高士；五世祖范隋，以将仕郎任幽州良乡县主簿，后迁处州丽水县丞，并徙家于苏州；四世祖范梦龄，仕吴越，为中吴军节度判官（《神道碑》《墓志铭》皆作苏州粮料判官）；祖父范赞时，任吴越朝散大夫、秘书监，率子坚、埛、墉、埙以及侄埴、昌言等，从钱氏归宋，分别被授予官职。范墉之长兄范坚，在范墉死后的第三年，即太宗淳化三年（992），还曾"再除宣

① ［宋］范仲淹著，李勇先、王蓉贵校点：《范仲淹全集》尺牍卷下，成都：四川大学出版社，2002年，第704页。

德郎、充泉州观察支使”；次兄范埛，任太子洗马，转殿中丞，有《吴越备史》传世；四弟范坶，任渭州推官，无后。仲淹出生于这样一个官僚家族，尽管范墉去世，难道仲淹的这几位伯叔（尤其是那位无后的范坶）会眼看着仲淹孤儿寡母啼饥号寒吗？由此可见，如果是在正常的情况下，范墉虽死，仲淹母子是不会很快便弃到“贫无所依”地步的。

其次，从范氏的家产看。

从高祖范隋徙家苏州，至范墉一代已历四世，曾在苏州购置些宅舍田产自在情理之中。从范仲淹的五言古诗《岁寒堂三题》亦可见一斑：

> 吾家西斋仅百载，二松对植，扶疏在轩……不出户庭，如在林壑。某少长北地，近还平江，美先人之故庐，有君子之嘉树，清阴大庇，期于千年……因命其西斋曰“岁寒堂”，松曰“君子树”。树之侧有阁焉，曰“松风阁”。美之以名，居之斯逸，由我祖德，贻厥孙谋，昆弟云来，是仰是则……惟吾家之旧物，在岁寒而后知。[①]

由祖德“贻厥孙谋”的“旧物”，仅一片西斋就这么令人欣羡神往，可见其规模之大，绝非一般小康之家所能拥有。既然有这么丰厚的家产，怎么可能会“贫无所依”“更适他人”呢？可见“贫无所依”云者，表面饰词而已。

那么，原因究竟何在？笔者认为，要搞清谢氏改嫁的真实原因，还得从谢氏的侧室地位说起。

我们知道，在古代社会，小妾如同奴婢，其家庭地位是相当低下的。当丈夫在世的时候，有的小妾还有可能得宠于一时，一旦丈夫去世，妻妾之间往往也就水火难容。这不仅是因为平时生活中积累的矛盾此时容易爆发，而且更重要的是还面临着家庭生计、子女抚养、遗产分配等等现实问题。在妻妾嫡庶之间的利害冲突和矛盾争斗中，其封建家族从固有的正统观念出发（况且，正妻娘家的门第一般也都高于小妾的家庭出身），当然是站在正妻嫡子一方而排斥小妾庶子。这样一来，在范家自然也就没有了仲淹母子的立足之地。由此推想，谢氏的改嫁，很可能就是这种家庭矛盾造成的。说得更直白一点，很可

---

① ［宋］范仲淹著，李勇先、王蓉贵校点：《范仲淹全集》文集卷第二，成都：四川大学出版社，2002年，第33－34页。

能就是被正妻陈氏逐出了家门。

对于这个问题，笔者可以举出两条证据。

第一条，从仲淹认祖归宗的过程来看。据《年谱》：

> （仲淹）初任广德军司理，后迎侍母夫人至姑苏，欲还范姓，而族人有难之者。公坚请云："止欲归本姓，他无所觊。"始许焉。至天禧元年，为亳州节度推官，始奏复范姓。①

仲淹当初若为继室正妻所生，家产自当有他一份，根本不存在"觊"的问题。现在仲淹中了进士、做了朝廷命官，由母亲陪同前往认祖归宗，还遭到族人刁难，怕他有所"觊"，直到奏请皇帝批准，本人表态"无所觊"之后，才得以实现。问题解决竟至于如此困难，究竟说明什么问题？由此正可反证仲淹母子当初在范家所处之地位。

第二条，从仲淹对待两位母亲的不同态度看。

史称仲淹"性至孝"。天圣四年（1026），仲淹生母谢氏去世。直至改授京官七年之后、正式安葬母亲之前的天圣九年，仲淹始上《求追赠考妣状》，要求将自己应得的"磨勘改转官恩泽，乞先移赠考妣"。《状》中对于母亲的鞠育之恩作了泣血陈诉：

> 窃念臣襁褓之中，已丁何怙，鞠养在母，慈爱过人，恤臣幼孤，悯臣多病，夜叩星象，食断荤茹，逾二十载，至于其终。又臣游学之初，违离者久，率常殒泣，几至丧明。而臣仕未及荣，亲已不待，既育之仁则重，罔极之报曾无，夙夜永怀，死生何及！②

仲淹悲亲哀痛之情，充溢字里行间，读之催人泪下。可是相比之下，对于先考的原配、自己的"先嫡母"陈氏夫人，仲淹的态度如何呢？仲淹当然不会说她的坏话，但从来也未见说她一句好话。即使是在向皇帝上《求追赠考妣状》

---

① ［宋］范仲淹著，李勇先、王蓉贵校点：《范仲淹全集》附录二，成都：四川大学出版社，2002 年，第 863 页。

② ［宋］范仲淹著，李勇先、王蓉贵校点：《范仲淹全集》文集卷第十九，成都：四川大学出版社，2002 年，第 430 - 431 页。

这样严肃而重大的问题上，仲淹对她居然也是只字未提。这样鲜明的态度对比，难道还不足以说明问题吗？

六、仲淹随母至朱家以后之生活情形

清初长山人刘孔怀所作之《流寓考》，着重考辨仲淹当年流寓的长山系淄州之长山，而非池州之长山。此文的重要价值，在于它为我们了解仲淹早年的生活情形集中提供了一些珍贵资料：

> 范仲淹……二岁而孤。母夫人谢氏贫无依，服除，长山朱氏文翰宦游平江，遂改适焉。时甫四岁，随母来长山。试以商贾技艺，一无所乐。读书长白山醴泉寺，日煮粟米二升，作一罝，画以四块，断齑数茎，入少盐以啖之。如此者三年。
>
> 性至孝。虽改姓还吴，仍念朱氏顾育恩，乞以南郊封典赠朱氏父太常博士，朱氏子弟以荫得补官者三人。并于孝妇河南置义田四顷三十六亩，以赡朱氏。
>
> 帅青日，道经长山，父老迎拜郭西，下车相见，礼参甚恭，赋五言诗一律为别，后人因名其地为礼参坡。
>
> 初，母居秋口（原注：即益都县颜神镇。笔者又注：在今淄博市博山区），去读书处百里，时往来省亲。及知青州，优人戏曰："落霞与孤鹜齐飞，秋口到长山一百"，辄感泣下。
>
> 薨于皇祐四年夏五月二十日甲子。……越十三年，邑人韩泽知长山县事，为之建祠立碑。及忠宣（按指仲淹次子范纯仁）巡抚山东，又置祭田一顷三十亩于孝妇河北云。

刘孔怀的这些考证是否可信？笔者认为是相当可信的。理由有三：

第一，据嘉庆六年之《长山县志》记载，刘氏出生于长山名门望族，顺治甲午拔贡，隐居不仕，潜心读书，是一位德高望重、著述甚丰，被门人弟子私谥为"文正"的饱学宿儒。

第二，他的考证皆有所本。作者在文末按语中说："公道德勋名载在《宋史》者甚详。不过采辑旧书，录其长山事迹耳，阅者勿谓舍大志小。"作者作此文时，除韩泽所立之碑（碑文已收入《长山县志》）可能尚存以外，其他考证文字在“旧书”中亦皆有迹可循。除《年谱》曾引《涑水记闻》《东轩笔录》等书以外，例如北宋英宗四年进士、临淄人王辟之《渑水燕谈录》卷七记云：“范文正公未免乳丧其父，随母嫁淄州长白山朱氏……仕宦四十年，晚镇青，西望故居才百余里，以诗寄其乡人曰：‘长白一寒儒，登荣三纪馀……鼓吹前迎道，烟霞指旧庐。’”[①]此当即刘孔怀所称乡人礼参之后所作的五律。在其第八卷中又记：“淄州淄川县梓桐山石门涧……范文正公早居长白山，往来于此。”[②]

第三，他的考证得到了当时学者闻人的认可。《流寓考》前有当时长山知县南之杰于康熙十二年所作的序言，内称：“刘君博雅嗜古，悉从公年谱、本传、志集中考订，精详辨析，宁有疑义欤？得益州孙相国（按指清初大学士孙廷铨）、淄州高少司寇（指高珩）两先生之论定而益著。”文末另附一小注：“新城大司寇王士祯《长白山录续编》中亦辟之甚力。”在孙廷铨所著《颜山杂记》的序言中也有这样的记述：“余幼读书，谈乡里事，尝有二疑：一、龙图范老本吴人，尝守青州，青州至今有范井，固也；何颜城僻在深山，乃亦有范泉？……后读宋史，乃知范仲淹少长于长山……而此泉亦其寄迹，非宦迹也。”[③]在其“范泉”条中又说：“以秋谷之接迹长白，实为胜地，伏读栖寻，其有由然。”[④]

万有文库本《范集》附有《长白山图》一幅。1991 年夏，笔者曾携图前往进行了一次实地考察。长山县已于 1956 年并入邹平，其县城现为邹平县长山镇，孝妇河由南而西绕城而过。朱家庄（当地称之为朱家老庄）即位于镇西南之孝妇河南岸，有宋治平年间韩泽始建的范公祠尚存。此地西去邹平约十千米，中有地名礼参坡（今为礼参乡政府驻地），相传即为乡人礼参仲淹之所。长白山醴泉寺（废墟仅存，为日军 1939 年清明节大扫荡所焚）在县城西南方向十余千米处，而秋口（又名秋谷）则位于东南方向百里之外的淄博境内（雍正十二年，以颜神镇为县治建博山县，现为淄博市博山区）。

在邹平，笔者还查阅了《长山朱氏家谱》，在其《朱氏三支二门支谱世表》中查得，朱文翰，字苑文，原配初氏，生二子，继配谢氏，又生三子。

从《流寓考》的记述看来，仲淹母子来长山以后，似乎并没有住进朱家庄，

---

① ［宋］王辟之撰，吕友仁点校：《渑水燕谈录》卷七，北京：中华书局，1981 年，第 89 页。

② ［宋］王辟之撰，吕友仁点校：《渑水燕谈录》卷八，北京：中华书局，1981 年，第 100 页。

③ ［清］孙廷铨著，李新庆校注：《颜山杂记校注》自序，济南：齐鲁书社，2012 年，第 4－5 页。

④ ［清］孙廷铨著，李新庆校注：《颜山杂记校注》卷一，济南：齐鲁书社，2012 年，第 24 页。

与朱氏家族生活在一起，而是单独住在秋口。仲淹虽自称“少长北地”，但他并没有一直生活在那里。在他 21 岁入醴泉寺读书前，还曾离开山东到外地游历过一段时间。这在他的《鄠郊友人王君墓表》一文中曾有记述：“祥符纪号之初载(公元 1008 年，20 岁)，某薄游至止……相与啸咏于鄠、杜之间。”并且说明自己是从那里“东归长白山”①。

可是，入醴泉寺读书不过两三年，仲淹又离开那儿，去了应天府(今河南商丘)书院。促使仲淹再次离开的契机是什么？据其《年谱》转引《家录》说：

> 公以朱氏兄弟浪费不节，数劝止之。朱兄弟不乐，曰：“吾自用朱氏钱，何预汝事?”公闻此疑骇。有告者曰，公乃姑苏范氏子也，太夫人携公适朱氏。公感愤自立，决欲自树立门户，佩琴剑，径趋南都。谢夫人亟使人追之，既及，公语之故，期十年登第来迎亲。②

仲淹母子何以住不进朱家庄？朱氏兄弟对仲淹为什么敢于如此无礼？这说明朱文翰的原配夫人初氏很可能还健在，谢氏并未取得主持家政的资格，朱氏兄弟才会如此有恃无恐。要不然，很难找到其他合乎情理的解释。

如此看来，谢氏依然不是朱文翰续娶的正妻。因此，在朱氏家族里，比当初在范家更没有容留仲淹母子立足的余地。其间不知几经辗转，谢氏住到了百里之外的秋口。至于仲淹本人，虽然取名朱说，但他在朱氏家族里的实际地位，不仅比不上朱氏兄长，甚至远远比不上他的同母弟弟。至此，我们对于他不得不住进寺院与山僧为伴，过着一种“划粥断齑”的艰苦生活，也就不难理解了。仲淹晚年出守青州，因优人戏语勾起当年的伤心事，以 60 余岁高龄“辄感泣下”，由此亦足见当年生活的屈辱与艰辛。

七、是欧、富二公将仲淹的身世掩饰了千年

先看富弼之《范文正公仲淹墓志铭》：

---

① [宋]范仲淹著，李勇先、王蓉贵校点：《范仲淹全集》文集卷第十五，成都：四川大学出版社，2002 年，第 373 页。

② [宋]范仲淹著，李勇先、王蓉贵校点：《范仲淹全集》附录二，成都：四川大学出版社，2002 年，第 865－866 页。

> (范墉)博学善属文,累佐(吴越)诸王幕府。端拱初,随钱俶纳国,终武宁军节度掌书记。公即掌记之第三子也。朝廷以公贵,用太保、太傅、太师追赠三代,又择徐、许、越、吴四大国追封王妣陈氏,妣陈氏、谢氏为太夫人。公讳仲淹,字希文。不幸二岁而孤,吴国太夫人以北归之初,亡亲戚故旧,贫而无依,遂再适朱氏。公既长,未欲与朱氏子异姓,惧伤吴国之心,姑姓朱。后从事于亳,吴国命,始奏而复焉。①

这段志文,至少掩饰了四个基本事实:

第一,掩饰了范墉从钱氏归宋的确切时间。钱氏归宋,是北宋初年的一件大事,各种相关史籍多有记载,实为宋太宗太平兴国三年(978)之事,而富弼却把它下推十年,说成了端拱初年(988)。富弼为什么要这样"擅改历史"?其用意显然是为下文张目:"以北归之初,亡亲戚故旧,贫而无依,遂再适朱氏。"富弼这么一改,使得谢氏之改嫁既顺理成章,又值得同情,这就轻而易举地掩饰了谢氏改嫁的真实原因。

第二,掩饰了范墉儿子数量和仲淹之兄弟排行。富弼将仲淹由范墉之第五子说成第三子,这就让人难以从其兄弟之间的年龄差距上推算出谢氏的侧室身份。

第三,朝廷以太保、太傅、太师追赠的三代,为曾祖、祖、考,母系三代则相应为曾祖妣、祖妣、妣。而富弼列出了四大封国以示荣耀,却只列出了三位受封夫人。这一做法,显系掩饰未尽的痕迹。

第四,从《家录》可知,仲淹从"询知家世"之日起,决欲"感愤自立"。富弼这里却说仲淹"惧伤吴国之心","吴国命,始奏而复焉",把复姓的主动权完全归于谢氏,显然也有矫饰过分之嫌。

再看欧阳修《范文正公神道碑》对这些问题是怎样处理的:

> 公讳仲淹,字希文。五代之际,世家苏州,事吴越。太宗皇帝时,吴越献其地,公之皇考从钱俶朝京师,后为武宁军掌书记以卒。公生

---

① [宋]范仲淹著,李勇先、王蓉贵校点:《范仲淹全集》附录一,成都:四川大学出版社,2002年,第817-818页。

二岁而孤，母夫人贫无依，再适长山朱氏。既长，知其世家，感泣去之南都。入学舍，扫一室，昼夜讲诵。其起居饮食，人所不堪，而公自刻益苦。居五年，大通六经之旨，为文章论说必本于仁义。祥符八年举进士，礼部选第一，遂中乙科。为广德军司理参军，始归迎其母以养。及公既贵，天子赠公曾祖苏州粮料判官讳梦龄为太保，祖秘书监讳赞时为太傅，考讳墉为太师，妣谢氏为吴国夫人。①

在这段碑文中，欧公采用了与富公完全不同的写法。对于仲淹的身世，欧公没作一句粉饰，没讲一句假话。但对于诸如范墉归宋的具体时间、仲淹究竟排行第几之类容易引发猜疑的敏感问题，欧公一句也没有正面触及，不是使用“模糊语言”一语带过，就是干脆回避，略而不提。仲淹受封的三代，交代其父系甚详，母系不便明言，他便只列出生母谢氏一人。这样一来，欧公便把仲淹身世中几个具有关键性的敏感问题，掩饰得天衣无缝，不露痕迹。

据明人叶盛《水东日记》说：“欧阳公撰《范文正神道碑》，富韩公以差叙官次为言，公以为：‘此碑直叙事系天下国家之大者耳，后人固不于此求范公官次也。’”②耐人寻味的是，碑文结尾处有这样几句话：“及其世次、官爵，志于墓、谱于家、藏于有司者，皆不论著。著其系天下国家之大者，亦公之志也欤！”③其实，这是几句冠冕堂皇的题外话。其用意何在？笔者以为，一则可以看作欧公对富公“以差叙官次为言”的答复，二则也是对富公所作《墓志铭》的回护和照应，三则更是在于以此手法可以彻底回避掉仲淹身世中几个难于讳言的问题。单从《神道碑》对于这几个难题的处理来看，欧公不像富公那样“有其意而无其词”，其文笔之高妙，让我们不能不叹服。

笔者认为，在所有诸如行状、墓志、祭文、诔文、神道碑文之类的实用文体中，最为难写的是神道碑文。因为其他几种文体，无论在灵前宣读、随时焚化，还是“志于墓、谱于家、藏于有司”，都是局限于一定的时间和一定的范围之内，甚而至于秘不外传，惟有神道碑文是要勒诸贞珉、公之于世，接受来自各个方

① [宋]范仲淹著，李勇先、王蓉贵校点：《范仲淹全集》附录一，成都：四川大学出版社，2002年，第812页。

② [明]叶盛撰，魏中平校点：《水东日记》卷七，北京：中华书局，1980年，第76页。

③ [宋]范仲淹著，李勇先、王蓉贵校点：《范仲淹全集》附录一，成都：四川大学出版社，2002年，第816页。

面、长时间的评判和挑剔。正因为如此，神道碑的真实可靠性，即其史料价值，也就相对较高。对于撰修宋史《范仲淹传》来说，当时的史家虽然可能有不少皇家档案和民间史料可据，但无论从欧、富二公的地位、名望，还是从二公与范公的亲密关系来看，二公的文字，尤其是出自欧公的《神道碑》，无疑是最具权威性的首选资料。这样一来，由《碑》《志》而写成的《宋史》本传，便将范仲淹的身世掩饰了千年。

通过以上考察，我们对于范仲淹的身世总算有了一个大体的了解。由此可知，仲淹的身世是不幸的，幼年的生活是悲惨的。这种不幸和悲惨，不仅在于他幼年丧父，更在于他的妾生子地位；不仅在于母亲改嫁，更在于他随母改嫁所造成的双重卑贱身份；不仅在于生活上的悲惨凄苦，更在于精神上的压抑与屈辱。然而，世间一切事物无不具有两重性。正是这种卑贱、屈辱的身世，将仲淹陷入人生的逆境；正是这种卑贱、屈辱的身世，将他推入社会的最底层。使他从小感受到的不仅是自己与生俱来的屈辱，尤其深切感受的是社会的黑暗与腐败，民间的苦难与不平。所谓“逆境成才”，就是说，当一个人身处逆境之中，更容易激发他的自尊心和上进心，为改变不利的生存环境、改变卑贱的社会地位而付出超乎常人想象的努力。在这种主客观情势之下，仲淹一旦接受中华优秀传统文化的教育和熏陶（教育和熏陶他的第一位老师，应该就是他的生母谢氏），便会在他幼小的心灵中深深种下“以天下为己任”“先天下之忧而忧，后天下之乐而乐”这一光辉思想的种子。正如仲淹晚年屡经风波之后写给好友韩琦的信中所轻松表述的那样：“天将授任，必拂乱之，增益所能尔。”[①] 搞清了仲淹的身世问题，可以说为我们深入研究其先忧后乐思想的形成与发展，找到了一把钥匙，提供了一个可靠的前提和基础。

① [宋]范仲淹著，李勇先、王蓉贵校点：《范仲淹全集》尺牍卷中，成都：四川大学出版社，2002年，第674页。

附记

北京市社科院历史研究所研究员所长吴建雍、研究员副所长尹钧科两位先生给本文的评价

《范仲淹身世考》于《北京社会科学》正式发表后，责任编辑许树森先生写信告诉我，文章已被中国人民大学报刊资料复印中心收录；不久又告诉我，中国社科院历史研究所研究员、中国史学会会长张海鹏先生于 1997 年《历史研究动态》发表综述文章，认为拙文的发表是上一年历史人物研究的一个成果。

接着是笔者所在城市举办社科成果评奖。为了参评，我想请责编许树森先生给拙文写一评语。令我没想到的是，许先生竟转请北京市社科院历史所研究员、所长吴建雍先生，研究员、副所长尹钧科先生分别为我写了长篇评语。大约正是张、吴、尹、许诸位先生的垂青和揄扬，使得该文在本市这次社科成果评选中获得一等奖。

其中张海鹏、吴建雍、尹钧科三位先生，我至今缘悭一面，连一句感谢的话也未曾表达过。现在责编许树森先生、南大卞孝萱老人都已作古，其他几位先生不知是否健在，我只能借此书出版的机会，向他们表达我的衷心感谢和深切怀念。

现将吴建雍、尹钧科两位先生的评语敬录如下：

一、吴建雍先生对《范仲淹身世考》的评语

北宋中期著名政治家范仲淹提出的“先忧后乐”思想，为世代所传诵，成为中华传统文化的宝贵财富。作为精神财富，其产生离不开思想资料的传承，更与时代和提出者的经历、社会实践有着直接的关系。

李丛昕同志的《范仲淹身世考》，从考察范氏的家世、身世入手，探究其思想形成的基础，具有新意，填补了此前研究的空白。

由于封建正统观念的影响，古代为名人作传者，往往讳言其身世的卑微。因而造成正史资料语焉不详，甚或与事实相违。世代相传，遂酿成聚讼。有关范仲淹早年身世的记载，即属此类。本文作者，通过对大量史料的梳理勾稽，探微索密，找出疑团；又通过严谨考证，得出令人信服的结论，入情入理。例如，作者由范仲淹生母谢氏改适提出问题，又从“再娶”与“继配”等词的不同含

意以及对范氏排行的考证，论证谢氏的侧室地位，辨析其改嫁原因、经过；再由改嫁后谢氏母子的生活和居处状况，说明其处境并未得到丝毫改善。最后，得出结论：正是这样卑贱、屈辱的身世，将范仲淹推入社会最底层，使他从小就深切地感受到了社会的黑暗与腐败，民间的苦难与不平。为其后来形成的爱民思想，播下了种子。在这环环紧扣的辨析中，体现了作者严谨的学风和考证的功底。

本文的成功，与作者的求实精神和辛勤劳动分不开。为了搞清范仲淹的家世、身世，作者不囿于现成的资料，先后到苏、鲁、豫、皖的一些地方，走访范氏后人，遍查家谱、方志。在他收集到的七八种范氏家谱中，只有一种得自博物馆，其余均为民间所收藏。这说明，作者在挖掘新史料方面，取得了可贵的进展。此外，作者还沿着当年范仲淹及其亲人的足迹进行了实地考察，例如，他依据《范文正公集》所附的《长白山图》，对朱家庄和秋口的地理位置进行了勘测。他还先后去苏州天平山、洛阳万安山两处范氏墓地实地考察，从而为其论文提供了重要的论据。

我认为《范仲淹身世考》是一篇优秀的史学论文，兼具学术价值和现实意义。谨此推荐参加评奖。

北京市社会科学院历史所　吴建雍(签名)

1998 年 6 月 6 日

二、尹钧科先生对《范仲淹身世考》的评价

李丛昕所撰《范仲淹身世考》一文(见《北京社会科学》1996 年第 3 期第 93－101 页)，是一篇立意新颖、考证精深、结论正确、价值颇高的优秀论文。分述如下：

(一) 作者抓住宋范仲淹“先忧后乐”的思想精髓，从这一思想对加强精神文明建设的现实意义的高度出发，为揭示范氏这一思想形成的原因，追本溯源地深入考证了范仲淹的身世。可见该文立意不凡，居高望远，见精思深。

(二) 作者运用范氏本传、墓志、神道碑、年谱、文集、书信、诗词以及诸多范氏家谱等珍贵资料，对范仲淹的身世进行全面深入地考证，得出范仲淹是其父范墉的第五子；范仲淹生母是范墉的侧室小妾谢氏；范墉死后，谢氏携子更适长山朱氏是因家庭矛盾所致，很可能就是被正室陈氏逐出家门。之后范仲淹(改名朱说)与其母谢氏仍然过着屈辱艰辛的生活等等结论。这些结论有的

纠正墓志碑文之讹，有的弥补史籍之缺，为正确认识和理解范仲淹"先忧后乐"的思想形成提供了有力的根据。说明作者对范仲淹身世的考证是颇为精深的。特别值得称道的是，作者为了搞清范仲淹的身世，不仅广泛搜求各种文献资料，而且跑了很多地方，作了大量的实地调查访问，这是十分难能可贵的，也是一般史学家难以做到的。这一点，不仅大大加深了这一研究的深度，增加了这篇论文的分量，而且充分说明作者具有的严谨、求实、探索、创新的优良学风。

（三）作者通过深入考证，认为："仲淹的身世是悲惨的，幼年的生活是十分不幸的。这种悲惨和不幸，不仅在于他的幼年丧父，更在于他命定的妾生子地位；不仅在于他的随母改嫁，更在于随母改嫁所造成的双重卑贱身份；不仅在于生活上的悲惨凄苦，更在于精神上的压抑与屈辱。……正是这样卑贱、屈辱的身世……使他从小就深切地感受到了社会的黑暗与腐败，民间的苦难与不平。一旦接受中国优秀传统文化的教育和熏陶，便会在他幼小的心灵中深深种下'以天下为己任''先天下之忧而忧，后天下之乐而乐'这一光辉思想的种子。"这一结论是很有说服力，令人相信的。

（四）这篇论文的重要价值在于，不仅进一步搞清了范仲淹的身世，把欧阳修、富弼这两位宋代大家分别为范仲淹撰写的《神道碑》与《墓志铭》中掩饰范仲淹身世达千年之久的历史迷雾彻底廓清，而且为今后深入研究范仲淹思想的形成和发展，提供了可靠的前提和基础。

（五）作者采用的"沿流溯源"的研究方法和论述方法也是可取的。文章结构紧凑，思路明晰，语言精练，文笔流畅，也是该文的突出优点。

以上管见，未必妥当，供参考。

北京市社会科学院历史所研究员　尹钧科(印)

1998年5月20日

范仲淹祖籍考*

关于范仲淹的祖籍,《宋史》本传是这样记载的:"范仲淹,字希文,唐宰相履冰之后。其先,邠州人也,后徙家江南,遂为苏州吴县人。"①据此,范仲淹祖籍邠州,便为千古成说,至今少有怀疑。

然而笔者近年发现,范仲淹之祖籍居然与邠州毫无关系。所谓邠州云者,实为幽州之误。就是说,范氏之祖籍在今天的北京市。

一、是邠州还是幽州?

(一) 仲淹自述

1. 仲淹《岁寒堂》诗:"我先本唐相,奕世天衢行。"②范氏这里自称唐相履冰之后,与本传相合。换言之,范履冰之籍贯即可视为仲淹之祖籍。然而,范履冰之籍贯与邠州毫无关系。

2. 仲淹晚年准备续修家谱,曾致书于其仲兄范仲温,内称:"请寻访祖宗文字,及于老人处访问,且于诸房更求先代官告文书,并三哥自传闻事,亦旋旋抄来。或闻祖先元是蓝田人,不知记否? 此一事切在心寻去。访十二姑,亦必有记得事。"③(《与中舍书》)由此看来,仲淹在着手续修家谱之初,对于祖宗之

---

* 本文原载《北京社会科学》1995 年第 4 期,与下文《范仲淹出生时间、地点考》合并发表。收入本书时将两文重新分开,并做了一些修改。

① [元]脱脱等撰:《宋史》卷三百一十四,北京:中华书局,1985 年,第 10267 页。

② [宋]范仲淹著,李勇先、王蓉贵校点:《范仲淹全集》文集卷第二,成都:四川大学出版社,2002 年,第 34 页。

③ [宋]范仲淹著,李勇先、王蓉贵校点:《范仲淹全集》尺牍卷上,成都:四川大学出版社,2002 年,第 654 页。

籍贯出处，尚不是十分清楚，且为此下过一番考证功夫。

3. 据南宋楼钥所作之《范文正公年谱》，仲淹晚年，于皇祐三年正月八日作《续家谱序》一篇。此文《范集》未收，而范氏后人所修之多种家谱以及所辑之《范集·补编》则收录之，各种家谱所载文字略有异同。兹据笔者所见《河南巩县忠宣房支谱》（忠宣房系仲淹次子范纯仁一支）所载摘录于后：

> 吾祖，唐相履冰之后，旧有家谱。咸通十一年庚寅，一枝渡江，为处州丽水县丞，讳隋。中原乱离，不克归，子孙遂为中吴人。

据《旧唐书》卷一百九十中《元万顷传附范履冰等传》[①]称，履冰为怀州河内人。仲淹此处自称“吾祖，唐相履冰之后”，显然是从履冰之后的这位“吾祖”算起。不知出于何种考虑，仲淹在这篇序言中既然点出这位“吾祖”的名讳范隋，却未对其里贯作出交代。

4. 仲淹在为范仲温所作的《墓志铭》中这样自述家世：

> 府君讳仲温，字伯玉。四代祖讳某，幽州人也。唐末为处州丽水县丞，中原乱离，遂家于苏台。[②]

兄长范仲温的四代祖，当然也就是仲淹本人的四代祖。仲淹在此明确告诉我们：其四代祖范隋为“幽州人”。而在他所有涉及自家籍贯的记述中，从来没有涉及邠州。

（二）宋人记述

1. 欧阳修为范仲淹所作之《神道碑》，应该说是我们研究范氏生平家世最为重要的基本史料。但是，碑中只说范氏“五代之际世家苏州”[③]，未再向上溯及，当然也就不涉及邠州。

---

① [后晋]刘昫等撰：《旧唐书》卷一百九十中，北京：中华书局，1975年，第5011页。

② [宋]范仲淹著，李勇先、王蓉贵校点：《范仲淹全集》文集卷第十五，成都：四川大学出版社，2002年，第368页。

③ [宋]范仲淹著，李勇先、王蓉贵校点：《范仲淹全集》附录一，成都：四川大学出版社，2002年，第812页。

2. 富弼为范仲淹所作之《墓志铭》称：

> 公之先，始居河南，后徙于长安。唐垂拱中，履冰相则天，以文章称，实公之远祖也。四代祖随，唐末尝为幽州良乡县主簿。遭乱奔二浙，家于苏之吴县，自尔遂为吴人。①

富弼所称“始居河南，后徙于长安”，系指范履冰之前的籍贯。至四代祖范隋，虽未明言其籍贯，但已点明了范隋与幽州的关系，并且明确告诉我们，范隋是从幽州良乡县主簿的任上“徙家江南”。

3. 楼钥《范文正公年谱》记载：

> 公昔远祖博士范滂为清诏使。裔孙履冰为唐丞相、鸾台凤阁平章事，世居河内。四世祖上柱国隋，懿宗朝咸通二年任幽州良乡主簿，诰书犹存。至十一年，迁处州丽水县丞，一支渡江。中原乱离，不克归，子孙遂为中吴人。②

这里一直上溯到汉代博士范滂，也无一字涉及邠州。虽未明言范隋占籍幽州，但从其在幽州做官十年而又“不克归”的话看来，显然说明他有家在幽州。

（三）追溯范履冰籍贯

1.《旧唐书·范履冰传》记载：

> 范履冰者，怀州河内人。自周王府户曹召入禁中，凡二十余年。垂拱中，历鸾台、天官二侍郎，寻迁春官尚书、同凤阁鸾台平章事，兼修国史。③

---

① [宋]范仲淹著，李勇先、王蓉贵校点：《范仲淹全集》附录一，成都：四川大学出版社，2002年，第817页。

② [宋]范仲淹著，李勇先、王蓉贵校点：《范仲淹全集》附录二，成都：四川大学出版社，2002年，第862页。

③ [后晋]刘昫等撰：《旧唐书》卷一百九十中，北京：中华书局，1975年，第5011页。

范履冰原为怀州河内人，身为武则天的“北门学士”，在朝二十余年，徙家长安的可能性很大。富弼所称“后徙长安”，所指可能就是这个时候。仲淹所称“或闻祖先元是蓝田人”，或许亦与此有关，因为蓝田即位于长安附近，且隶属长安。

2.《新唐书·宰相世系表》如是介绍范姓宰相：

范氏出自祁姓，帝尧裔孙刘累之后，在周为唐杜氏，周宣王灭杜，杜伯之子隰叔奔晋，为士师。曾孙士会，食采于范，其地濮州范县也，子孙遂为范氏。至后汉博士滂，世居河内。唐有履冰。履冰，相武后。冬芬，宣州刺史。履冰裔孙隋，丽水丞。①

新旧唐书这两条史料，从范氏得姓之前一直说到范隋，上下几千年，从中也见不到这一支范姓之籍贯与邠州有关。

(四) 范氏后人自报家门

1. 河南伊川(范仲淹葬地)范氏守墓后人所藏清代手抄本《范氏宗谱》一部，收有仲淹十七世孙、伊川廪生范善道于明代万历二年(1574)所作修谱序文一篇，内称：

按世谱，范氏始于陶唐……(以下大致同新唐书宰相世系表，引文从略)其后一支唐相履冰，世居河内。六世孙隋，徙居幽州，官良乡主簿。

这里既称范隋“徙居”幽州，当然就有入籍安家的可能。

2. 安徽怀远范氏后人于清代所修《范氏宗谱》，收有苏州仲淹十九世孙范弥龄于万历丁丑(1577)年所作《续修家谱叙》，内称：

吾家自唐相履冰世居幽州，至六世孙隋一枝渡江，以中原乱离，不克归，子孙遂为中吴人。

---

① [宋]欧阳修、宋祁撰：《新唐书》卷七十四上，北京：中华书局，1975年，第3153页。

这里把范隋渡江以前一直上溯至履冰，统统称“世居”幽州，虽然加深了同幽州的关系，显笼统不确，要说范隋“世居幽州”，则大有可能。

3. 在笔者近年所见其他多种范氏家谱中，对于其先祖籍贯的记载，有详有略，大同小异，或略同仲淹《年谱》《墓志铭》，或取之于《新唐书》，有云“世居河内”，有云“世居幽州”，但其中无任何一谱认为先世曾居邠州。

4. 四库文渊阁本《范集》收有《补编》五卷，据四库《提要》介绍，系“国朝康熙中仲淹裔孙范能濬搜辑”而成。其卷二有仲淹家传一篇，内称“其先邠州人也”。而后作一夹注：“濬按：唐宰相，怀州河内人；丽水丞，幽州人。今云邠州人，当是丽水丞之先世复迁居于此。”在此，范能濬明确指出范隋为幽州人。“当是”云者，疑然难决的揣测之词也。为什么会作这种揣测？面对《宋史》本传和家传上的两处“邠州”，又见不到其他可信的证据，故不得不尔。由此恰可证明邠州之说存疑而不可相信。

综上所述，仲淹本人也好，其同代人及其后人也好，都认为其祖上为幽州人。自范隋徙家江南以后自不必说，即使从范隋上溯至范氏得姓以前，从中也找不到仲淹祖籍与邠州的丝毫关系。

退一步说，假定如范能濬所言，丽水县丞范隋的某世先人确曾居住过邠州，因之而称仲淹祖籍为邠州也是不妥的。这不仅是因为从仲淹上溯到范隋已经四代，有没有必要这样无休止地追溯上去，更为重要的是，范隋这一代完成了由幽州徙家江南。即使最蹩脚的史家，哪有将完成迁居徙家过程者撇置不顾而从更加遥远且寂寂无闻、与徙家江南无关的一代算起的道理呢？

明乎此，我们便可基本断定，《宋史》本传所称之邠州，显系幽州之误；所称之“其先”，不可能是指别人，只能是指从幽州徙家江南的范隋。

二、幽州怎么变成了邠州？

那么，仲淹祖籍的幽州，怎么变成了《宋史》本传中的邠州呢？在无迹可寻的情况下，一个偶然的契机启发笔者，似可从文字演变的角度考虑。

笔者在查阅苏州博物馆馆藏一部清代范氏岁寒堂家刻本《范氏家乘》时，忽然有一发现：其中所收苏州守祠孙范弥龄于明万历五年所作那篇《续修家谱叙》，在其“自唐相履冰世居幽州”一语之后，又见一小字夹注：“当是豳州之误。”这里把通常使用的“邠”字写成了古体的“豳”字。

为存疑而作的两处夹注和一个“豳”字的出现，自然会启发笔者如是考虑问题：幽州、豳州、邠州，三者之间会不会具有某种联系？

我们知道，唐宋时期邠州之地，即陕西邠县一带，中华人民共和国成立以后，已将其县名邠县改作常用字彬县（今陕西彬州）。须知在唐代以前，使用的则是与彬、邠同音的一个“豳”字。唐玄宗开元十三年，因其字形容易与“幽”字相混，才下令将“豳州”改作“邠州”[①]。

汉字有一个很奇特的属性，就是其顽强的生命力：一经创制出来并为人们所接受所认可以后，就很难再用行政手段人为地将其消灭。即如二十世纪五六十年代宣布废除的几批繁体字和异体字，不仅在许多场合、在许多人笔下依然使用，时至今日更有大量复活之势。这种情形，古代亦然。即以范仲淹本人为例，即使在同一篇诗文中，“邠”“豳”二字往往也是混用。

例一：《范集》卷四，载仲淹七律一首，标题作《依韵酬邠州通判王稷太博》，首句则作“南豳日日接英标”；

例二：《范集》卷七，载仲淹名篇《邠州建学记》，文内则作“明年春，予得请为豳城守”。

有鉴于此，在破解仲淹祖籍幽州是如何演变为邠州的时候，我们应考虑如下三个因素：

其一，仲淹祖籍幽州，这在宋代，似乎并无异议；

其二，“幽”“豳”形近，而“豳”“邠”音义全同，前两者容易相误，而后两者则往往混用；

其三，仲淹曾经两次镇守邠州，那里留有他的政绩、诗文和一些优美传说。人地有缘，人们乐道其事，容易将仲淹与邠州联系起来。

基于以上三个原因，当人们提及仲淹祖籍的时候，始则有可能因字形相近而误“幽”为“豳”，继则有可能因字义相通而将“豳”字又写成了当时已由官方规范化了的“邠”字。由此一误再误，便造成了《宋史》上的“邠州”。人们对此错误一般也就不再多疑深究，于是便使“邠州”之说得以流传。至于范氏后人，当然会发现祖传家谱与《宋史》上的这一不同。怎么办呢？他们既不敢擅改老谱以屈就《宋史》，又不能置正史记载于不顾，最好的办法就是如同范能濬那样，作个夹注以示存疑。正是受到了这两处夹注的启迪，使得笔者作此逆向推

① ［宋］欧阳修、宋祁撰：《新唐书》卷三十七，北京：中华书局，1975 年，第 967 页。

想:《宋史》本传上的“邠州”,当为“豳州”之误。

有人提出:范集《补编》中的家传,亦作“邠州”,它与《宋史》上的“邠州”相同,作何解释?笔者以为,家传出自仲淹后人之手,自应作“豳州”。问题出在长期流传的过程中。无非两种可能:《家传》若在《宋史》成书之前,有可能为其某代持谱子孙在传抄和翻刻过程中致误,而这一错误又有可能被《宋史》误采;若是出在《宋史》成书之后,则有可能是被其某代持谱莽夫为取得与“正史”的一致而率意妄改。总而言之,仲淹家传在收入四库之前只在私家流传,对于其中的“邠州”之说,明清之际的范能濬已经存疑,今天我们怎能再据此去肯定《宋史》上的“邠州”之说呢?

范仲淹出生时间、地点考*

关于范仲淹出生的时间和地点，欧阳修所撰之《范文正公神道碑》和富弼所撰之《范文正公墓志铭》，都语焉不详。楼钥《范文正公年谱》在前言中说，文正公"讳仲淹，字希文，端拱二年己丑(989)八月癸酉二日丁丑以辛丑时生，二岁而孤。"①其正文部分一开头又说："太宗皇帝端拱二年己丑秋八月丁丑，公生于徐州节度掌书记官舍。"②欧阳修《范文正公神道碑》、富弼《范文正公墓志铭》都称仲淹二岁而孤。其父范墉卒于武宁军(武宁军驻节于徐州)节度掌书记任所。这就自然会给人一种印象：范仲淹出生于徐州。各种范氏家谱对此也略无异词。苏州《范氏家乘》所收经过其后人"校正"的楼钥《年谱》，同样明确记载："太宗皇帝端拱二年己丑秋八月癸酉二日丁丑以辛丑时生于徐州节度掌书记官舍。"于是，后人沿袭这一说法，便成为千古定论。

然而，笔者发现，关于范仲淹出生的时间和地点，以上说法都不确切。他的出生时间，应为端拱二年的八月二十九日(公元 989 年 10 月 1 日)；出生地点，应为北宋河北路的真定府(今河北正定)。

一、范仲淹出生时间

1991 年 5 月，山东邹平举办纪念范仲淹学术研讨会，由此引起了笔者细

---

* 本文原载《北京社会科学》1995 年第 4 期，与前文《范仲淹祖籍考》合并发表。收入本书时按原稿加以分开，并做了修改。

① [宋]范仲淹著，李勇先、王蓉贵校点：《范仲淹全集》附录二，成都：四川大学出版社，2002 年，第 862 页。

② [宋]范仲淹著，李勇先、王蓉贵校点：《范仲淹全集》附录二，成都：四川大学出版社，2002 年，第 864 页。

究范仲淹生日的兴趣。

查《宋史·太宗本纪》《续资治通鉴长编》《续资治通鉴》等，皆不载端拱二年八月之干支，只得借助工具书。查《中国史历日和中西历日对照表》：端拱二年己丑八月朔日之干支为己酉[①]。故“八月癸酉二日丁丑”显然隐含着一个很大的错误：既然八月癸酉之朔日为己酉，则二日不可能为丁丑。

仲淹生日若为初二，当为庚戌而非丁丑；若为丁丑，则非初二而应为八月二十九。既然楼钥《年谱》两次认定为丁丑日，那么生于丁丑日（即旧历八月二十九）的可能性最大。为端拱二年八月的哪一日？尚待进一步确证。

查宋祁《景文集》卷三十二载《赐参知政事范仲淹生日诏》，其题下赫然标注：“八月二十九生。”[②]至此，可知范仲淹的确切生日，当为宋太宗端拱二年八月二十九日，亦即公元989年10月1日。

二、范仲淹出生地点

仲淹出生的时间，既然史载有误，那么楼钥所记之出生地点，是否准确呢？笔者以为更值得怀疑。

最为可靠的说法，应当是仲淹自述。《范仲淹全集》卷一有《岁寒堂三题》，仲淹在诗前小序中自称“某少长北地，近还平江”[③]；《范仲淹全集》别集卷第四《移苏州谢两府启》称“窃念某生于唐虞，学于邹鲁”[④]；《让枢密直学士右谏议大夫表》称“窃念臣齐鲁诸生”[⑤]；楼钥《年谱》载仲淹登第后有诗曰“长白一寒儒”[⑥]。可是，“北地”也好，“唐虞”也好，“齐鲁”也好，只给我们提供了一个区

---

① 方诗铭、方小芬编著：《中国史历日和中西历日对照表》，上海：上海辞书出版社，1987年，第486页。

② [宋]宋祁撰：《景文集·五》卷三十二，王云五主编：《丛书集成初编》，北京：商务印书馆，1936年，第411页。

③ [宋]范仲淹著，李勇先、王蓉贵校点：《范仲淹全集》文集卷第二，成都：四川大学出版社，2002年，第33页。

④ [宋]范仲淹著，李勇先、王蓉贵校点：《范仲淹全集》别集卷第四，成都：四川大学出版社，2002年，第518页。

⑤ [宋]范仲淹著，李勇先、王蓉贵校点：《范仲淹全集》文集卷第十八，成都：四川大学出版社，2002年，第412页。

⑥ [宋]范仲淹著，李勇先、王蓉贵校点：《范仲淹全集》附录二，成都：四川大学出版社，2002年，第867页。

域概念，并无确指。即便范围最小的“长白”山区，也横跨齐、淄二州。可以肯定的是，所有这些说法，皆可排除仲淹生于徐州。

我们知道，范仲淹与韩琦是一对生死相知、患难与共的挚友。庆历新政失败以后，两人分别被排挤到外地，但他们依然保持着通信联系。庆历八年五月，韩琦由郓州调知定州[①]（见《续资治通鉴长编》卷一百六十四）。其时仲淹留任邓州（见仲淹《年谱》），闻讯后曾有一信致韩琦，内称：“真定名藩，生身在彼，自识别以来，却未得一到，谅多胜赏也。”[②]这几句夫子自道，再清楚不过地表明，他“生身在彼”的地方，是韩琦即将赴任的“真定名藩”，而不是楼钥所记生于“徐州节度掌书记官舍”。这个说法是否可信？可用其父范墉的仕履行踪加以验证。

范墉初仕吴越钱氏，后随钱俶纳国而归宋。但归宋以后的仕历，《神道碑》《墓志铭》和《年谱》皆未载。四库本《范集·补编》之《家传》，范能濬将范墉归宋后的行踪曾以夹注形式作简要介绍：“自冀而蜀，而徐。”

记载较为详细的，当数范氏家谱。

安徽广德《桐川范氏宗谱》载：“墉公，字维城，号果亮，后五代晋高祖天福丁酉年(937)八月十二日辰时生。仕吴越，宋太宗太平兴国三年从钱俶归朝，历仕成德、武宁、信阳三军节度掌书记，赐绯，淳化元年(990)卒。”据此《年谱》可知，范墉卒于武宁军任所，而此处所言历任成德、武宁、信阳三军节度掌书记，其时间顺序显然有误。可贵之处是它记载了范墉的生年，如可信，据此则可推知其卒年为54岁。

怀远《范氏家谱》记载：“(墉)字弗克，仕吴越，从钱氏归国，任武德、武信、武宁三军节度掌书记，赐绯，淳化元年卒于任。”

苏州《范氏家乘》记载与怀谱略同，唯武德军作成德军。

查《宋史地理志》《宋史兵志》，均不见此时尚存武德军建制，而成德军则为北宋前期防守宋辽边境前线的重要军区。看来当以成德军为是。河北路之成德军，驻节于真定府，即今之河北石家庄所属的正定。由此可知，仲淹自谓“生身在彼”的“真定名藩”，应当是真实可信的。

---

① [宋]李焘撰，上海师范大学古籍整理研究所、华东师范大学古籍整理研究所点校：《续资治通鉴长编》卷一百六十四，北京：中华书局，2004年，第3947页。

② [宋]范仲淹著，李勇先、王蓉贵校点：《范仲淹全集》尺牍卷中，成都：四川大学出版社，2002年，第676页。

综上所述,我们还可大体获知范墉归宋后的足迹。其先后顺序并非如范能濬所言“自冀而蜀,而徐”,而是应如《苏谱》所言,先蜀后冀,而徐,并且是在仲淹出生后不久,即挈妇将雏调离真定而赴任徐州。

史称仲淹“二岁而孤”,这是按照中国传统的虚岁算法。仲淹在《求追赠考妣状》中说:“臣襁褓之中,已丁何怙。”[1]。父亲去世时,仲淹既然尚在“襁褓之中”,可知充其量不过半岁左右。由此再推测范墉去世的时间,当在淳化元年之初,赴任徐州后不久。

---

① [宋]范仲淹著,李勇先、王蓉贵校点:《范仲淹全集》文集卷第十九,成都:四川大学出版社,2002年,第430页。

范仲淹复姓更名考*

范仲淹二岁而孤，当其四岁时，母亲谢氏携其改适淄州长山朱氏，从朱姓，取名朱说(悦)。及长，询知家世，认祖归宗，复姓更名为范仲淹。但是，他究竟于何时复姓更名？又为何更名为“范仲淹”？文献记载或语焉不详，或说法不一，以致今天依然存在不小的争议。笔者拟就这两个问题谈谈自己的看法，并以此就教于方家。

一、关于复姓更名的时间

《宋史》本传称仲淹：“举进士第，为广德军司理参军，迎其母归养。改集庆军节度推官，始还姓，更其名。”①

本传这一说法，大约来自富弼的《范文正公墓志铭》：“公既长，未欲与朱氏子异姓，惧伤吴国(按，其母谢氏死后被赠吴国夫人)之心，姑姓朱。后从事于亳，吴国命，始奏而复焉。”②富弼的说法，当源于仲淹行状，而行状多为可靠人撰写，且经其家人过目，一般不会在此类问题上出现差错。楼钥《范文正公年谱》沿用了这一说法：“天禧元年丁巳，年二十九。迁文林郎，权集庆军节度推官，始复范姓。”③按说，仲淹复姓更名的时间，据此即可定案。

但是，宋代重要文献中含糊其词乃至还有不同说法。比如欧阳修《范仲淹

---

* 本文于2017年7月7日发表于上海《文汇报·学林》，发表时有删节，此文据原稿收录。

① [元]脱脱等撰：《宋史》卷三百一十四，北京：中华书局，1985年，第10267页。

② [宋]范仲淹著，李勇先、王蓉贵校点：《范仲淹全集》附录一，成都：四川大学出版社，2002年，第818页。

③ [宋]范仲淹著，李勇先、王蓉贵校点：《范仲淹全集》附录二，成都：四川大学出版社，2002年，第867页。

神道碑》，只说仲淹："二岁而孤，母夫人贫无依，再适长山朱氏。"[①]至于初名朱说、而后复姓更名，事涉隐私，一概不提。较早为其立传的北宋史官张唐英说："(仲淹)幼孤，母适朱氏。祥符八年，登进士第，曰朱说者是也。"[②]他点出了朱说之名，却未提何时复姓更名。

唐宋八大家之一的曾巩，其《隆平集·范仲淹传》则说："仲淹二岁丧父，而母改适长山朱氏，故从继父姓。大中祥符八年登进士第，曰朱说。后丧母，服除，始复其姓，而改今名。"[③]曾巩向以文章名世，且为仲淹内侄女婿，受过仲淹亲炙，对于仲淹的身世应该说是较为了解的。既然曾巩称仲淹复姓更名的时间是在"丧母，服除"之后，自然影响深远，于是成为纷纭异说的肇端。南宋王称撰《东都事略》，便沿袭了曾巩的说法："仲淹二岁而孤，母贫无依，改适长山朱氏，故冒朱姓，名说……母丧去官……及终丧，乃归宗，易今名。"[④]

这样一来，仲淹何时认祖归宗、复姓更名，便出现了三说：一说是在生母谢氏在世时的天禧元年(1017)，一说是在丧母之后的天圣六年(1028)，一说是在"终丧""服除"之后。三者孰是孰非，便成了一个各自持之有故而不易扯清的话题。

笔者认为，古今争论，似乎都较多地关注时人和后人的记载，却忽略了仲淹自身有关的几个关键性问题：

一是仲淹生母谢氏的身份。据《范氏家乘》特别是苏州范氏总谱可知，仲淹有两位母亲：嫡母陈氏、庶母谢氏，仲淹实为庶出。其父范墉死于徐州，嫡母陈氏带着亲生的仲温回了老家苏州。而仲淹母子作为侧室庶子，在范家已难于立足。所谓"贫而无依、更适他人"，不过是一种委婉的饰词而已，谢氏被迫改嫁的真实原因，应在于她的侧室身份。

二是谢氏改适朱氏之后的家庭地位。据《长山朱氏家谱》，仲淹养父朱文翰原配初氏，亦生有数子。另据司马光《涑水纪闻》卷十，仲淹"与朱氏兄弟俱

① [宋]范仲淹著，李勇先、王蓉贵校点：《范仲淹全集》附录一，成都：四川大学出版社，2002年，第812页。

② [宋]范仲淹著，李勇先、王蓉贵校点：《范仲淹全集》附录一，成都：四川大学出版社，2002年，第825页。

③ [宋]范仲淹著，李勇先、王蓉贵校点：《范仲淹全集》附录一，成都：四川大学出版社，2002年，第828页。[宋]曾巩撰，王瑞来校证：《隆平集校证》卷八，北京：中华书局，2012年，第249页。

④ [宋]王称撰，孙言诚、崔国光点校：《东都事略》卷第五十九上，济南：齐鲁书社，2000年，第465页。[宋]范仲淹著，李勇先、王蓉贵校点：《范仲淹全集》附录一，成都：四川大学出版社，2002年，第833-834页。

举学究”[①]。由此看来，他与朱氏兄弟的年龄似乎相差不大。如果谢氏为初氏去世之后而继娶的正室，那么谢氏自应成为家庭主妇。但是，事实是谢氏并没有住进朱家。据清初新城（今山东桓台，与长山相邻）王士禛（即渔洋山人）之《颜山杂记》，其时谢氏住在颜神镇（今淄博市博山区）。清代《长山县志》载有邑人刘孔怀所著《宋范文正公流寓长山事迹考》，更明确指出谢氏住在颜神镇之秋口。谢氏为什么住不进朱家？朱氏兄弟可以过一种“浪费不节”的奢侈生活，而“朱说”却要住进醴泉寺去“划粥断齑”。两相对比，显而易见的原因是初氏夫人尚在，谢氏依然没有取得正室地位。

三是继父朱文翰去世的时间。据常理，仲淹之认祖归宗，只应在其继父朱文翰去世之后。《宋会要辑稿》仪制一〇之一六载有仲淹奏请朝廷回赠其继父朱文翰一官的一道奏章，内称朱为“故淄州长山县令”[②]，这应该是朱文翰的最后一任官职。说明他是在任职长山期间或者此后不久去世。另据仲淹《文集》及其《年谱》，皆无仲淹入仕以后为其继父丁忧的记载，说明早在仲淹入仕之前朱文翰已经去世。笔者曾经这样说过：朱文翰宠爱仲淹母子，不等于朱氏全家都宠爱仲淹母子；朱文翰在世时全家都宠爱仲淹母子，不等于他去世之后还都继续宠爱仲淹母子。恰恰相反，一旦朱文翰去世，作为侧室和异姓庶子的仲淹母子，很可能不久即陷入困境。因为仲淹毕竟是范家骨血，此时与朱家已无任何关系，故其境遇之尴尬和悲惨，很可能甚于在范家之时。现实之境遇，迫使他不得不力求尽快脱离。

最值得我们注意的，便是《年谱》转引《家录》的那段话：“公以朱氏兄弟浪费不节，数劝止之。朱氏兄弟不乐，曰：‘吾自用朱氏钱，何预汝事？’公闻此疑骇，有告者曰：‘公乃姑苏范氏子也，太夫人携公适朱氏。’公感愤自立，决欲自树立门户，佩琴剑，径趋南都。谢夫人亟使人追之，既及，公语之故，期十年登第来迎亲。”[③]

这段话为我们提供的信息量很大：

其一，楼钥《年谱》将此事系于大中祥符四年（1011），仲淹离开长山去南都（今河南商丘）求学之时。其时仲淹23岁，说明此事对他刺激很大，成为他“感

① [宋]司马光撰，邓广铭、张希清点校：《涑水记闻》卷第十，北京：中华书局，1989年，第181页。

② [清]徐松辑：《宋会要辑稿》仪制一〇之一六，北京：中华书局，影印本，1957年，第2012页。

③ [宋]范仲淹著，李勇先、王蓉贵校点：《范仲淹全集》附录二，成都：四川大学出版社，2002年，第865－866页。

愤”而离开的契机。

其二，此“朱氏兄弟”可作两解：一是单就朱氏而言，既曰朱氏兄弟，说明不止一人，其生母皆为初氏；二是就仲淹而言，如果其中有的仲淹称兄，有的称弟，那就可以证明谢氏到了朱家之后，初氏还在继续生育，由此亦可断定谢氏在朱家仍为侧室。

其三，朱氏兄弟之所以敢于当面抢白揭短，无非出于两种可能：一是其生母初氏尚在，他们有恃无恐；二是朱文翰已经去世，他们失去管束，才敢于如此出言不逊。在笔者看来，两种情形应该兼有。

其四，由仲淹之“感愤”，其母子此时处境之屈辱和艰难，可想而知。

其五，这位“告者”为何多事？他之所以将隐私道破，很可能是出于同情，对于仲淹母子的境遇已经看不下去。

其六，最为关键的是“期十年登第来迎亲”，这一句不可小看。当时朱文翰如果尚在，或者谢氏已经成为家庭主妇，仲淹断断不会立此誓言。如果是那样，仲淹单单要把母亲接走，岂不是既拆散了一个好端端的家庭，又拆散了一对老夫老妻？由此恰可反证：一、谢氏并未成为朱家主妇，二、朱文翰已经去世，三、其时仲淹母子的处境已经到了越早脱离越好的地步。

四是认祖归宗与复姓更名的关系。两者密切相关，顺序有先有后。就是说，必须是仲淹首先有认祖归宗的意愿，并且征得苏州范氏家族的同意，而后方可复姓更名。仲淹提出意愿的时间和交涉经过，据楼钥《年谱》：“祥符八年，年二十七岁，举进士礼部选第一，遂中乙科，初任广德军司理。后迎侍母夫人至姑苏，欲还范姓，而族人有难之者。公坚请云：‘止欲归本姓，他无所觊。’始许焉。至天禧元年，为亳州节度推官，始奏复范姓。”[①]楼钥记述的这段交涉经过，与前揭“期十年登第来迎亲”相呼应，正可反映仲淹意欲脱离朱家而认祖归宗的迫切心情。

对此，我们还应作进一步思考：古人不仅重视本家族的人丁兴旺，尤其讲究其家族血统的纯正。即便无子嗣者选择入嗣之人，一般也会首先从血缘远近考虑。试加设想，一个陌生男子贸然远道而来，要求加入范氏族籍，请问何凭何据？苏州范氏家族又会如何对待此事？不经认真核实，他们是绝对不会

---

① [宋]范仲淹著，李勇先、王蓉贵校点：《范仲淹全集》附录二，成都：四川大学出版社，2002 年，第 862－863 页。

轻易接纳的。仲淹为何一定要请母亲陪同前往？因为她是此事最直接、最重要的当事人和见证人，从法律上说她是“关键证人”。仲淹有母亲陪同，尚且受到族人刁难，假如母亲已经去世，等于“关键证人”消失，请问世间还有谁能为此事做证？如果真是那样，说不定历史上只会有一个朱说，再也不会有“范仲淹”这个人名。作为虑事缜密的朱说，当初不会不考虑到这一层。这就是说，当初朱说由母亲陪同前往苏州认祖归宗，顺理成章；而曾巩、王称等人认为其母亲去世以后始去认祖归宗，此说不合情理，不可采信。

五是仲淹自己的奏表。其一是仲淹请求复姓更名的奏表。在中国，对于一个改从外姓的人来说，认祖归宗、复姓更名，是件大事。作为朝廷命官，还必须获得朝廷核准。《年谱》载仲淹复姓更名的时间为天禧元年(1017)，其时仲淹迁文林郎、权集庆军节度推官。《年谱》摘录其奏表说：“其表略云：‘名非霸越，乘舟偶效于陶朱；志在投秦，入境遂称于张禄。’用事最为亲切。”[①]对此，难免会引起我们的好奇：奏表究竟说了些什么？其《文集》为何不加收录？同时我们也不难想象：奏表既然专为请求朝廷批准他复姓更名之事，那么，他当初离开范家的原因、经过，以及请求认祖归宗的理由，就必须向朝廷如实报告。这就必然要涉及仲淹身世方面的那些难言之隐。请想一想，这些隐私，除了不得不向朝廷如实报告之外，他绝不希望向世人公开，以“苦出身”作为炫耀资本。所以说，不论其奏表写得多么文采斐然，哀婉动人，不论他用典如何工巧，仲淹及其儿孙决不会将它收入文集。不过，所可留意者，这里还有“偶效”“遂称”两个词语。作为文言虚词的“偶”“遂”，在时序表述上都含有“短暂”“不久”之义，也可说明仲淹入仕不久即向朝廷提出了申请。据此也可推定，仲淹认祖归宗的时间，只可能尽快、尽早，不大可能拖延到入仕十多年以后。

其二是仲淹为其好友石延年(字曼卿)《太清宫九咏》所作的序。开头就说：“谯(谯郡，即亳州)有老子庙，唐为太清宫。……余友曼卿，将命斯来，实董宫事。”[②]从其用语看，“斯来”用今天的话说就是“到这儿来”，可知此序当作于仲淹“为谯郡从事”之时。其时母亲尚在，而文末署名为“高平范仲淹”，可证其时已经复姓更名。

---

① [宋]范仲淹著，李勇先、王蓉贵校点：《范仲淹全集》附录二，成都：四川大学出版社，2002年，第867页。

② [宋]范仲淹著，李勇先、王蓉贵校点：《范仲淹全集》文集卷第八，成都：四川大学出版社，2002年，第177页。

其三是仲淹写给本家兄弟范仲仪的信。据其《尺牍》卷下《与仲仪待制》第三帖云："昔年持服，欲归姑苏卜葬，见其风俗太薄。因思曾高本北人，子孙幸预缙绅，宜构堂，乃改卜于洛。"[①]这段话明白无误地坦陈了他当初考虑如何安葬母亲的心路历程。就是说，昔年持服期间，仲淹不是不想把母亲安葬于苏州范氏祖茔。只是由于那里"风俗太薄"，才不得不改葬于洛阳。对此，我们必须考虑办事的顺序：按照常情常理，仲淹只能是在认祖归宗之后，才有可能提出将母亲归葬于范氏祖茔。假如此时尚未认祖归宗，他怎么可能提出将母亲"卜葬"苏州的要求？

二、"朱说"为何更名为"范仲淹"？

有人问："范仲淹"一名，是当初范家早年拟就，还是复姓后仲淹自取？笔者认为，不可能是早年取名，只能是仲淹自取。因为在古代，小儿出生后只取乳名（小名），一般到了入学年龄才取学名（大名）。一般平民百姓没有上学机会，许多人一辈子没能混上一个大名。仲淹四岁离开范家，尚没到入学年龄，不可能为他及早取下"范仲淹"这个大名。

不少学者认为，"朱说"之所以更名为"范仲淹"、字"希文"，与他推崇、希慕隋末大儒文中子王通（字仲淹）有关。笔者对此不敢苟同。理由有二：一是王通在范仲淹心目中并非值得崇拜和希慕的人物。二是没有证据能证明范仲淹崇拜、希慕文中子王通。

（一）王通在范仲淹心目中并非值得崇拜和希慕的人物

在此，不妨让我们先了解一下王通其人：王通（584—617），字仲淹，隋代绛州龙门（今山西河津）人，即初唐四杰之一王勃的祖父。王通卒后，被其门人薛收等私谥为"文中子"。王通自幼好学，仕隋为蜀郡司户书佐。文帝仁寿间至长安，上太平十二策。其谋不为朝廷所用，乃弃官退居于河汾间，以讲学著书为业。受业者尝以千数，世称"河汾门下"。隋唐之际风云际会，不少将相名人如薛收、李靖、房玄龄、魏征等，皆曾从其受王佐之业。王通尝仿《春秋》作《元

① ［宋］范仲淹著，李勇先、王蓉贵校点：《范仲淹全集》尺牍卷下，成都：四川大学出版社，2002年，第704页。

经》，又依《孔子家语》《扬子法言》体例著有《中说》，世称《文中子》。但是，两《唐书》并未给王通单独立传，可见其历史地位在后人的心目中并不是太高。其《中说》的有些言论，也不为儒者所称。且因其多有隋唐之际将相名臣请益之语，有人怀疑为其侄王福畤依据时事而附益成书。

如此看来，王通年轻时虽曾留心于治道，但纵观其短暂的一生，不过是留下一些言论、教授出一批高徒而已。

从生平经历和性格志向来看，两人有着很大不同。《宋史》本传称范仲淹"内刚外和"[①]。欧阳修《范文正公神道碑》称其："少有大节，其于富贵、贫贱、毁誉、欢戚，不一动其心，而慨然有志于天下。"[②]反观王通，远没有这种"以天下为己任"的胸怀和刚毅不拔之意志。一次上书不用即退居山林，以教授为业而终其一生，意志何其脆弱，眼光何其短浅，心胸何其褊窄，有什么值得"朱说"仰慕和崇拜的呢？故而笔者认为，"朱说"不大可能把王通当作自己崇拜的偶像。"朱说"之所以更名为"范仲淹"，与王通之字"仲淹"不过是一种巧合，说不上他特别崇拜"王仲淹"。

（二）没有证据能证明范仲淹希慕文中子"王仲淹"

朱说如果特别崇拜文中子王通，应该有两个方面的证据：一是他自己对此应当有所表白。即便没有专门表白，在相关的诗词文章中也应有所流露。但是，我们遍检《范仲淹全集》，见不到他特别称美王通的文字。即便在别人给他的书信中提到文中子王通，他在复信时一带而过，也没有表现出特别的尊崇[③]。二是范仲淹如果特别推崇文中子，其同代人和稍后者中，也应有人知晓此事。但是，我们从宋人著作中也见不到有人提到"范仲淹"特别崇拜"王仲淹"。

有人认为，范仲淹的字"希文"，亦可作为仰慕文中子的佐证。这种看法，似更牵强。"希"者，固然有希冀、企望、仰慕、推尊、崇拜之义，问题在于他所"希"的，究竟是哪个"文"？这个"文"字，在中国古代汉语中称得上一个极其崇

---

① [元]脱脱等撰：《宋史》卷三百一十四，北京：中华书局，1985年，第10276页。

② [宋]范仲淹著，李勇先、王蓉贵校点：《范仲淹全集》附录一，成都：四川大学出版社，2002年，第812－813页。

③ 比如《范仲淹全集・与欧静书》。[宋]范仲淹著，李勇先、王蓉贵校点：《范仲淹全集》文集卷第十，成都：四川大学出版社，2002年，第240－242页。

高而又含义丰富的好字。第一，先就古代《谥法》而论："经天纬地"谓之"文"、"道德博洽"谓之"文"、"慈惠爱民"谓之"文"、"勤学好问"谓之"文"、"博闻多见"谓之"文"、"修德来远"谓之"文"、"刚柔相济"谓之"文"、"德美才秀"谓之"文"等；第二，就古代最值得仰慕的历史人物而论：有"文武周公"之"文"，有"大成至圣先师文宣王"之"文"，有历代圣主明君庙号"孝文"之"文"，都是极其崇高而美好的尊号；第三，以仲淹本人而论：他先忧后乐、忧国忧民，苦心孤诣奋斗一生，盖棺论定，最终追求，他"希"到了人臣的最高美谥"文正"，首字还是这个"文"①。总而言之，"郁郁乎'文'哉"，"文"之为义大矣哉。其崇高美好，无以复加，没有哪个汉字能够超过它。仲淹怎么可能丢下这么多的"文"于不顾，单单去崇拜、去希慕一位被其门人所私谥的"文中子"呢？由此可见，当年的朱说由于希慕文中子王通而取名"范仲淹、字希文"的说法虽然流传甚广，但笔者认为此说于事实无据，于情理不合，不大可信。

（三）"朱说"为何更名为"范仲淹"

在笔者看来，这个问题，说破了其实很简单。朱说既然回归范家，就要改为"范"姓，没有余地；"仲"字是范家既定的辈分排行，他也别无选择；可供他选择的只有第三个字，余地也很有限。因为宋人取名有一习惯：亲兄弟小排行通常是从汉字的同一部首中取名。比如刘沪、刘涣、刘湜兄弟，尹洙、尹源、尹湘、尹沂兄弟，尹洙之子尹朴、尹构兄弟等。既然范家兄长仲温、仲滋等取名从"氵"，那么他也只能从"氵"。"氵"部可选字虽多，让他最终选中的，应该只有这个"淹"字。为什么？因为这个字内涵丰富，义兼褒贬，最能切合"朱说"的实际。一方面，淹迟、淹泊、淹没、淹留、淹滞、淹塞、淹蹇等，最能反映他的坎坷不幸；另一方面，淹贯、淹通、淹识、淹博、淹该、淹雅、淹穆、淹华等，最能代表他的志向和追求。一字之选，内涵丰富，褒贬双关，既可反映他的过去，又可代表他的将来，既可反映他的不幸，又可代表他的企盼，真可谓匠心独运，妙不可言。笔者认为，他这里有可能受到王通字仲淹的启发，但主要还应归结于他的睿智、博学和巧思。

---

① 古代帝王的庙号、人臣的美谥，莫过于"文"；自北宋始，人臣的极美之谥又加一"正"，然终宋之世，获谥"文正"者，不过四五个人。

结 语

胡适之先生有句名言:“大胆的假设,小心地求证。”①它对人们解放思想、开拓创新、勇于探索无疑具有激励作用。但是,“大胆”与“小心”,分寸很难把握,在实际操作中很难兼顾。一不小心,就有可能失之毫厘,谬以千里。在对历史人物和历史事件的考证中,正确的逻辑推理固不可少,但是,须知许许多多历史事件并非按照逻辑顺序发生发展,往往超出常情常理,带有诸多非理性因素。相比之下,我更赞成胡适之先生的另一句话:“有几分证据,说几分话。”②社会上还流行另一句经典名言:“细节决定成败。”对于范仲淹何时复姓更名,笔者从仲淹身世中的一些关键细节入手,认定其认祖归宗、复姓更名的时间应在宋真宗天禧元年,而不可能推迟到十多年后的仁宗天圣六年,乃至更晚的时间。这中间笔者运用逻辑,但靠的主要是细节考证。其中是否有证据鉴别不精和逻辑运用不当之处,还望方家给以教正。

---

① 胡适:《读书与人生》,沈阳:万卷出版公司,2014年,第11页。

② 严云受编:《胡适学术代表作(下卷)》,合肥:安徽教育出版社,2007年,第455页。

范仲淹自署“高平”考*

范仲淹为文，自署“高平”，其同代人亦以“高平公”相称；其子范纯仁曾先后被封为高平县开国男、高平郡开国侯；清代黄宗羲、全祖望编纂《宋元学案》，也将仲淹之学列为《高平学案》。“高平”何谓也？依据常识，当为其郡望。查《郡名百家姓》可知，范姓之郡望确有高平。

那么，作为郡望的“高平”，究竟何所指？范姓为何又将它作为自己的郡望？这些问题对古人来说，也许皆为常识，不值一提，但对笔者来说，却是苦思冥想而长期未得其解。兹将探索所得的刍荛之见略陈如下，以就教于方家。

一

2005 年 5 月，河南范县举办首届“世界范氏宗亲联谊会暨范姓始祖范武子受姓 2600 周年纪念大会”。其邀请函称，春秋时期，晋国士会“平定了赤狄之叛和周王室之乱，被周定王享以诸侯之礼，赐予国爵，加封太傅、高平侯，遂以范为姓，高平为郡，范氏即由此诞生”。

范氏得姓，与晋国大臣士会受封于范地（今河南范县）有关，此事史有明载，无可怀疑。但是，若说士会被周王天子封为侯爵，恐不确切。士会（即范武子）事迹，《左传》等先秦典籍多有记载。因功而被周王享之以较高礼遇，可以理解；既然通称范武子，可知当为子爵。至于其采邑“范”地，与“高平”是什么关系？究竟是以范地为“高平郡”，还是“高平郡”包括范地或者另有所指？这些问题都没能得到解决。

最为穿凿附会的，大约要数苏州方健先生：“考《文选・吴都赋》李善注引

* 本文为提交给 2006 年 9 月洛阳范仲淹思想研讨会的论文。

《越绝书》:‘大城中有小城,周十二里,亦有水陆门,皆阖闾宫,在高平里。’小城,又称内城、子城,即春秋吴国的宫城。高平里即子城所在地名,成为姑苏郡望的指代。宋人作文喜高古,疑范仲淹自署高平,本于此。”①

何谓郡望?郡望者,后世士大夫指认其先祖曾为某郡望族之谓也。指认郡望之风,大约盛于汉魏。某姓指认某地为郡望,大都与其祖上最初得姓之地或受封之地有关。但是,中国汉族姓氏来源复杂,所指认的郡望并不都是其祖上得姓之地或受封之地。况且,许多汉姓人士祖上的封地虽然名曰“封国”,实际上不少“封国”不过相当于后世的一个县境,甚或更小的范围。其后世子孙既然兴旺发达,成为一方望族,他们所指认的郡望,一般不会再满足于祖上所受封邑。总起来看,确认郡望一般须具备三个条件:一是此地须具备一定的规模,至少应为州县以上之名区。如果规模过小,则不足以彰显其祖上之显赫荣耀,说不定还会被讥为一方土豪;二是该姓与该地有较深的渊源,不仅应为受封得姓的发祥之地,还应为其家族生息繁衍乃至成为当地名门望族;三是该族于该地还应出过值得其后代引以为豪的代表性人物。比如陇西李氏、天水赵氏、清河张氏、太原王氏、汝南周氏、弘农杨氏、颍川陈氏、博陵崔氏等,莫不如此。以此对照方健先生的说法,人们难免会问:其一,百家姓中可曾有过以某乡某“里”为郡望的先例?其二,苏州什么时候曾以“高平里”作为“郡望的指代”?其三,具体到范仲淹,其五世祖范隋,自幽州良乡县主簿而迁任处州丽水县丞,因中原乱离而不克北归,始为定居吴中的一世祖;四世祖范梦龄,任职不过是地方割据政权吴越国的中吴节度判官;祖父范赞时,终于吴越国的秘书监;父亲范墉随吴越王归宋,最高官职不过是节度掌书记。其家族到仲淹定居苏州虽已五世,实在算不上苏州的名门望族。即便上溯范仲淹之前的历史长河,范姓在苏州似乎也不曾有过声势烜赫的世家大族。历史上虽说曾经有过一位“沼吴”的范蠡,此人既不是苏州的原住民,更算不得苏州的骄傲。如此看来,将苏州说成范姓的郡望“高平”,显属无稽。

二

高平为范姓郡望,并非始于仲淹。唐代林宝撰《元和姓纂》,在其自序中说

① 方健:《范仲淹评传》,南京:南京大学出版社,2001 年,第 9 页。

到编纂此书的缘起，目的就是为了朝廷给功臣拟封时有所遵循，不至于出现“封乖本郡”的错谬[①]。由此可见，封地应与其郡望相一致，此前已是一项应当遵循的规则，只是有些士族不愿遵循而已。其卷七纂述范姓之源流云：“帝尧刘累之后，在周为唐杜氏。周宣王灭杜，杜伯之子隰叔奔晋，为士师。曾孙士会，食采于范，遂为范氏。”[②]以下列举了几支范姓闻人的居地：顺阳、钱塘、汝南、河内、敦煌等，都曾被后世作为范姓的郡望。在其“河内”条下有“状云滂之后，唐春官尚书范履冰，侄冬芬，宣州刺史。”[③]这里涉及范仲淹颇引以为荣的远祖范履冰，称其为“河内”人，但未涉及高平。不过，自从此书问世，朝廷拟制分封功臣，似重新有所遵循而趋于规范。对于范姓来说，也就可以见到受封于高平的情形。例如《旧五代史》卷三《梁书·太祖纪三》：“追尊四代庙号：……祖妣高平县君范氏，追谥宣僖皇后。”[④]卷七十七《晋书·高祖纪第三》：“范延光……改封高平郡王。”[⑤]由此可知，远在范仲淹之前，高平已被作为范姓受封之地，而根据“不乖本郡”的原则，可知高平为范姓之郡望无疑。

在笔者所见多种范氏家谱中，其郡望虽然标明高平，但是，历史上曾被称作高平的地方甚多。作为范氏郡望的高平，究竟在哪里？为什么将高平作为范氏郡望？可惜这些家谱皆未言及。

三

要弄清这一问题，范氏家谱还是有迹可循的。范仲淹创建的《范氏家谱》列有“范氏得姓源流引”：“上古之时，人无姓分，唐虞以后，始明姓氏。厥后或因名因地，或分封分土之不同，因以为姓氏也。范氏出自祁姓，帝尧裔孙刘累之后，在周为唐杜氏。周宣王灭杜，杜伯之子隰叔奔晋，为士师。曾孙士会，食采于范（原注：其地濮州范县也），子孙遂以为氏焉。”[⑥]有可能是出自范仲淹之手的这段考证文字，似本于《元和姓纂》，但就其遣词用语而言，其文字叙述显

---

① ［唐］林宝撰，岑仲勉校记：《元和姓纂》原序，北京：中华书局，1994 年，第 1 页。
② ［唐］林宝撰，岑仲勉校记：《元和姓纂》卷七，北京：中华书局，1994 年，第 1151 页。
③ ［唐］林宝撰，岑仲勉校记：《元和姓纂》卷七，北京：中华书局，1994 年，第 1154 页。
④ ［宋］薛居正等撰：《旧五代史》卷三，北京：中华书局，1976 年，第 49 页。
⑤ ［宋］薛居正等撰：《旧五代史》卷七十七，北京：中华书局，1976 年，第 1019 页。
⑥ 笔者所见各谱所载这段文字大同小异，此文引自安徽广德范氏后人珍藏之《桐川支谱》。

然比《元和姓纂》更精确严密。我们不妨再将它与《新唐书》卷七十四之《宰相世系表》作一比较。后者是这样绍述范姓宰相的："范氏出自祁姓，帝尧裔孙刘累之后，在周为唐杜氏。周宣王灭杜，杜伯之子隰叔奔晋，为士师。曾孙士会，食采于范，其地濮州范县也，子孙遂为范氏。至后汉博士滂，世居河内，唐有履冰。"[①]在其所列之"世系表"中，第一栏为"履冰，相武后"，第二栏为"冬芬，宣州刺史"，第三栏空阙，第四栏为"履冰裔孙隋，丽水丞"[②]。所可注意者，此处所列之丽水县丞范隋，即始迁苏州的范仲淹五世祖。以一县丞之资格而得入正史中之《宰相世系表》，显然与他为范仲淹之五世祖有关。由此看来，欧阳修等撰《新唐书·宰相世系表》，其中涉及范姓宰相者，除了参阅《元和姓纂》，很可能还直接采用了范仲淹所撰范氏家谱资料。

这段"得姓源流引"，把范氏得姓缘由和得姓之地都说清楚了。但是，依然没有涉及其郡望高平。所好者，范氏后人续修的家谱为此提供了一些线索。比如苏州范氏岁寒堂续修的《范氏家乘》，其左编卷九《诰敕志》保存有宋哲宗元祐三年四月四日《除范纯仁特授太中大夫守尚书右仆射兼中书侍郎进封高平郡开国侯加食邑实封余如故制》一篇，内称："咨尔在廷，咸听朕命：中大夫、同知枢密院事、上柱国、高平县开国伯、食邑九百户、食实封二百户，赐紫金鱼袋范纯仁……可特授大中大夫、守尚书右仆射、兼中书侍郎、进封高平郡开国侯、加食邑七百户、食实封三百户，勋如故。"这道封诰，终将仲淹次子范纯仁之封地与高平直接联系起来。然而，高平在哪里？依然是个谜。

另据笔者所见安徽怀远范氏家谱等记载："《千姓编》高平范氏：按《九域志·泽州》，高平郡有高平县。"由此可知，作为郡望，宋代已将"高平范氏"定型化，并且将它定位于泽州高平。然而，查今本《元丰九域志·泽州》，却没有关于范氏郡望的记载[③]；倒是《太平寰宇记》卷四十四《泽州·高平郡·姓氏》列有高平郡之六大著姓：朱、范、巴、翟、过、独孤[④]，可证郡望在泽州高平者确有范氏。这就是说，范纯仁受封之高平，当指泽州之高平，即今山西省晋城市之高平。

---

① [宋]欧阳修、宋祁撰：《新唐书》卷七十四上，北京：中华书局，1975年，第3153页。

② 同上。

③ [宋]王存撰，王文楚、魏嵩山点校：《元丰九域志》附录卷四，北京：中华书局，1984年，第603页。

④ [宋]乐史撰，王文楚等点校：《太平寰宇记》卷四十四，北京：中华书局，2007年，第916页。

四

地望虽然初步坐实，问题依然没有解决：范氏后人为什么要将自己的郡望定为高平？

看来此事还得从春秋时期说起。范仲淹撰“范氏得姓源流引”，把得姓于范地的士会认定为自己的始祖，虽有《元和姓纂》等作参考，但其主要依据应为《左传》等先秦典籍。我们的考索亦应从这里开始。史载“隰叔奔晋”以后，其子士蔿曾帮助晋侯削除内患，稳定政局；士蔿之孙士会（即得姓之范武子）及其以下士燮（范文子）、士匄（范宣子）、士鞅（范献子）、士吉射（范昭子）等，先后握重权、秉晋国国政长达将近一百五十年之久，在晋国形成家世显赫、群星灿烂的局面。特别是士匄秉政时期，范氏更成为晋国六卿之首。这是范氏家族史上最为辉煌的时期，也是范氏后人最值得引以为荣的时期。后世士大夫兴起追寻“郡望”之风，而“郡望”往往与其最初的封国、封邑有着最为直接的关系。后世的一些名门望族追寻“郡望”，往往首先考虑其祖上的封地而又不限于其封地。对于范氏后人来说，只把它局限于食采之地“范县”，显然不够，既称“郡望”，自应扩大范围。

范氏老祖宗中最值得一提的，当然是这位得姓之始祖士会。士会在晋楚城濮之战中崭露头角，初建大功。此战发起之时，晋文公曾经一度犹疑动摇，幸赖群臣给以鼓励开导。据四库全书文渊阁本《左传注疏·僖公二十八年》：“夏四月戊辰，晋侯、宋公……次于城濮。楚师背酅而舍，晋侯患之。听舆人之诵，诵曰：‘原田每每，舍其旧而新是谋。’公疑焉。子犯曰：‘战也。战而捷，必得诸侯。若其不捷，表里山河，必无害也。’”在“舆人之诵”下有杜预注：“高平曰原。喻晋君美盛，若原田之每每然，可以谋立新功，不足念旧惠。”很显然，这里“原田每每”的“高平”，当指“表里山河”的晋国都城，亦即秦汉时期的太原郡。

此事文渊阁本《尚书·禹贡》可证：“冀州，既载壶口，治梁及岐；既修太原，至于岳阳。”其下为孔安国所作之“传”：“高平曰太原，今以为郡名。岳，太岳，在太原西南。”再下为孔颖达之“疏”：“太原，原之大者，《汉书》以为郡名。‘传’欲省文，故云‘高平曰太原，今以为郡名’，即晋阳县是也。”此外，郑玄《毛诗谱·唐谱》对此地作了更为全面的介绍：“唐者，帝尧旧都之地，今曰太原晋阳，是尧始居此，后乃迁河东平阳。成王封母弟叔虞于尧之故墟，曰唐侯。南有晋水。至子燮，改为晋侯。其封域在禹贡冀州，太行、恒山之西，大原大岳之野。至曾孙成侯，南徙，居曲沃，近平阳焉。"①

请注意，当初士会被封在范地作为他的采邑，一开始并未成为他的姓氏，人们依然以士会、随会称之；是他的后人逐渐以封地为姓氏，称其为范武子。由此看来，后世范氏指认郡望，当然首认范地但不会再局限于范县一地。他们不仅可以上溯到士会，更因其身为"帝尧裔孙刘累之后"而可以追溯到"尧始居""尧之故墟""帝尧旧都之地"。况且，后来还有身为六卿之首的范氏执掌晋国权柄，荣显一国，以当年晋国之都城太原乃至晋国之中心地带作为范氏的郡望，不都是名正言顺的吗？方健先生说："宋人作文喜高古。"既然古有"高平曰太原，今以为郡名"的说法，此语之"高古"，不正是最佳的郡望之选吗？

回头再看泽州之高平，本为秦汉长平之地，即秦赵长平之战中秦将白起坑杀降卒四十万之所。北魏永安中改平高县，北齐又改平高为高平。另据《太平寰宇记》卷四十四："后周并（高都、平阳）二郡为高平郡，隋初郡废，置泽州。"②由此可知，此高平郡之得名，乃合高都、平阳二郡而成。究其语源语义，无论此高平县也好，高平郡也好，与称美晋侯之"舆人之诵"所言"高平"，似乎没有直接关系。这就是说，它与前引《左传注疏》《尚书·禹贡》之孔安国传、杜预注、孔颖达疏所称之"高平"其含义皆有所不同。若说其相同者，是它与"高平曰太原"之高平，都属于当年晋国之中心区域。由此看来，认为范氏郡望指此泽州之高平县、高平郡，虽有一定道理，但范围似乎太狭小，证据亦不足。若把它们与"高平曰太原"之高平一并视作"尧始居"之地，从而作为范氏的郡望，不是更值得范氏后人引以为荣耀吗？

综上所述，"高平为郡名"虽起于太原，却不限于今之太原。在范氏心目中，"高平"应非实指，而为泛指。它应该包括以今之太原为中心的广大晋国之地，即今山西省中南部的广大地区。甚至还应包括今天河南范县一带，因为那里当年不仅属于晋国，还是范氏得姓发祥之地。

至于高平被确定为范姓之郡望，据林宝《元和姓纂》推想，可能是在重新确立"不乖本郡"原则的中唐以后。至于始自何时、缘于何人，恐一时更难索得其解了。

---

① ［汉］毛亨传，［汉］郑玄笺，［唐］陆德明音义，孔祥军点校：《毛诗传笺》附录·诗谱，北京：中华书局，2018年，第506页。

② ［宋］乐史撰，王文楚等点校：《太平寰宇记》卷四十四，北京：中华书局，2007年，第915页。

关于新出土范纯粹生母《宋故冯翊郡太君张氏墓志铭》的几个问题*

2006年秋，洛阳召开范仲淹思想研讨会，洛阳范仲淹研究会秘书长、范氏后裔范章先生曾告诉我：在范公墓地附近新出土一方墓志，被当地村民盗卖，后被洛阳千唐志斋博物馆追回。据他说，此为文正公夫人张氏墓志，是否属实，未得其详。这件事从此萦绕于心，以未得一睹为憾。同年年底，中国范仲淹研究会在北京成立，我在会上问及此事，仍未知其真伪。

中国宋史研究会在昆明的会议（2008年7月底召开的第十三届年会）上，我得以拜读先生大作《〈宋故冯翊郡太君张氏墓志铭〉考》①，真乃大喜过望。

长期以来，人们根据范公《尺牍》的"家书"中多次提到"聂舅""聂升"，一般认为范公在夫人李氏去世以后，继娶夫人当为聂氏。但苦于没有旁证，此事只能存疑。范公在收容张氏之前，或许确曾娶一位聂氏夫人，也未可知。而先生之大作，不仅详录了范文正公夫人张氏墓志全文，且以大量无可辩驳的史料论证了这方新出墓志的真实性，可破千古之疑。如果说，此方新出墓志为研究范仲淹身世及其家族增添了一份珍贵史料，而先生的考证文章，则使得研究者从此尽可将它作为毋庸置疑的确凿史料而放心使用。先生考证之功，是显而易见的。此志的价值极高。就我之所感，再举一例：从墓志可知，仲淹当年领兵戍边，镇守庆阳，是把妻孥一并带往边境前线的；多年以后，延州缺帅，朝廷认

* 本文为笔者致中国宋史研究会会员、上海人民出版社原社长李伟国先生的一封信。

① 此文后来又作为会议论文参加了2008年第二届中国范仲淹国际学术论坛，并做了修改。见李伟国：《〈宋故冯翊郡太君张氏墓志铭〉考》，中国范仲淹研究会、北京大学历史文化研究所：《第二届中国范仲淹国际学术论坛论文汇编》，2008年，北京：中国范仲淹研究会，第120－132页；后来又收入书中，读者可参见李伟国著：《中古文献考论——以敦煌和宋代为重心》，上海：上海古籍出版社，2022年，第192－217页。

为非其子范纯粹莫属。而其时纯粹之母张氏年已七十，“感风痹之疾”而卧床八年，闻知朝命，依然不顾羸老之躯，随纯粹“力疾以行”，直到一年后病逝于延安。联系先生所列相关史料还可得知，纯粹为母守丧未满，即以戴罪之身重返延安为国戍边。范仲淹的尽忠报国、张氏的深明大义、范纯粹的忠孝两全，无不令人感叹嘘唏。由此自然会让人联想到后世小说、戏曲、舞台、荧屏上满门忠烈的杨家将，是不是也会融进“范家将”的真实事迹。

不过，拜读之下，意犹未尽，现不揣固陋，提出几点补充看法。姑妄言之，仅供参考：

一是关于“两个张亢”。先生关于“两个张亢”之说，实为不刊之论。先生主要是从其不同的籍贯、身世，论证有两个同名同姓而互不相干的张亢，固然论证有力。而我以为，若将此钱塘张氏与临濮张亢从年龄上再加以比较，从中则可进一步得出“此亢非彼亢”的结论。据韩琦《安阳集》之张亢《墓志铭》：临濮张亢卒于嘉祐六年(1061)，享年63岁，逆推其生年当为真宗咸平二年(999)；亢有九子，除一人早夭，至亢卒时皆已入仕；四女，至亢卒其三适人，夫婿皆有名有姓，唯有一幼女在室。而据此钱塘张氏墓志：此张氏夫人卒于元祐七年(1092)，享年71岁。逆推其生年，当为真宗乾兴元年(1022)。两相比较可知：一、临濮张亢仅比钱塘张氏大23岁。二、在钱塘张氏出生前，不到23岁的张亢已经生有九男三女，显然不合常理；要说钱塘张氏即为此临濮张亢在23岁时所生之第四女，亦不合情理。三、临濮张亢卒时，钱塘张氏已40岁(虚岁)，且已归于范家30年，由此亦可推知，钱塘张氏绝无可能是临濮张亢唯一待字闺中之幼女。四、临濮张亢为北宋名臣名将，年龄比仲淹小10岁。仲淹镇守延州时，张亢为鄜延路兵马钤辖，兼知鄜州，仲淹“以国士待公，凡深谋大议，公必预焉。”要说小仲淹10岁的张亢后来成了范公的老丈人，实在不合常理。由此只能得出“此亢非彼亢”的结论。

二是关于张氏夫人葬地。据先生转引河南千唐志斋博物馆馆长赵根喜先生介绍，这方墓志出土地点位于范仲淹墓园东侧1.5千米处，乃因地面塌陷得见。并表示张氏何以葬在范园之外，不得而知。据我所知，赵根喜先生此说有误。范章先生曾告诉我，经他询问那位发现并出售此方墓志的本村村民，出土地点是在范仲淹“墓东侧”约30米处，而不是“墓园东侧”1.5千米处。我本人前些年曾亲往范园实地踏看并对照苏州范氏总谱所载祖茔图谱，可知河南伊川万安山前之范氏墓园，分为前后两域。前域葬范仲淹、范母谢氏、长子纯祐等;后域葬纯仁、纯礼、纯粹等。对于张氏葬地,窃以为先生似可做进一步考证。我的粗浅看法是:此墓志出土处即为张氏原葬之地,并未经过迁葬或者扰动。由墓志铭文最后两句:“异窆联域,从于文正。”可证。那么,张氏为什么没有与范仲淹“同域同窆”而实行“异窆联域”的葬法呢?这应该与张氏在范家的名分以及当时的丧葬规制有关,也可能与当时墓园中的实际安葬情况有关。张氏归文正“凡二十年”,以文正去世之皇祐四年(1052)上推20年,当为公元1032年,其时张氏年方10岁左右,而仲淹原配夫人李氏尚在。可知张氏初入范家之时,显然只能是侍婢之类。后来张氏封县太君、郡太君,与文正无关,皆因“母以子贵”而得。及至张氏安葬之日,能不能与李夫人并列,实行同穴合葬,既与礼法有碍,实际操作上恐亦多有不便。在这种情况下,实行“异窆联域”,则是较好的处置。

三是关于“曹氏”夫人。自程应镠老先生《范仲淹新传》提出范仲淹继室夫人“曹氏说”[①],似已为学界普遍认可。而我始终认为,此说极为可疑,很可能系以讹传讹。此事应从其史源上根究。程老先生“曹氏说”的依据,是《宋会要辑稿》仪制一〇之二七中的两条大同小异的史料:“(元丰五年)四月七日,上批:仲淹新妇文安郡夫人曹氏,昨以太皇太后遗恩进封,增给俸钱等。有司自陈,以为误支,可依旧支破。”[②]此处所记为“元丰五年(1082)四月七日”之事,而此时距范仲淹去世(1052)已30年,何来“范仲淹新妇”?若说系追记范仲淹当年之事,当年又何来“太皇太后遗恩进封”?所以说,此处所记之事,显然与范仲淹风马牛不相及。至于“太皇太后遗恩进封”一语,倒会使人联想到崩于元丰二年冬的宋仁宗之曹皇后,有可能“遗命”对当时的娘家人有所进封。而这时的遗命恩泽,不论这位沾恩者曹氏是谁,有一个极大的可能是,在纂修《宋会要》时被张冠李戴,将其夫误为范仲淹;当然也有可能因原书残缺漫漶难于辨认,而为清代之徐松在辑录时所误录。于是以讹传讹,终成市虎。总而言之,我认为《宋会要辑稿》的这两条史料,无论从时间上还是从事件上来看,均与范仲淹无涉,不足为据。

在2008年10月底举办的“第二届中国范仲淹国际学术论坛”上,李伟国

① 程应镠:《范仲淹新传》,上海:上海人民出版社,1986年,第162页。

② [清]徐松辑:《宋会要辑稿》仪制一〇之二七,北京:中华书局,1957年,第2017页。

先生提出，“新妇”一语古人不仅用指妻子，且常被用于指称“儿媳妇”，此说极是[①]。这就是说，辨析“范仲淹新妇”一语，不仅要考虑仲淹本人，还得顾及他的儿媳妇。由此可见先生思虑之缜密。其实，据苏州《范氏家乘》记载，仲淹四个儿子中并无一人娶妇为曹氏。长子纯祐，娶妻李氏，系仲淹妻李夫人之侄女；纯仁、纯礼兄弟，皆娶王氏，系仲淹挚友王质的两个女儿；四子纯粹，原配邢氏、再娶晁氏。对于仲淹四子的婚配情况，不仅范氏宗谱所载甚明，从宋人文集（特别是碑铭行状之类）中皆不难找到佐证[②]。由此可知，《宋会要辑稿》中“范仲淹新妇”一语，系指曹氏为其“儿媳妇”的可能性也可排除。

先生提交这次“论坛”之修订稿又提出新见，认为《辑稿》所谓“范仲淹新妇”云者，很可能系赵氏宗室“仲潦”之误[③]，其细致扎实的考证功夫，让人钦敬。陕西师范大学李裕民先生则又提出，这位赵仲潦之妻是否为曹氏，还必须进一步考证清楚。在李裕民先生看来，似乎不搞清此事，就不足以洗刷这位曹氏夫人与范仲淹父子的关系。在我看来，这一问题与本案已基本无关，再花功夫大可不必。因为此种想法虽然可取，但是费时费力，未必会有结果。所以我认为只要用“排除法”将这位“曹氏夫人”与范仲淹及其诸子撇清关系就足够了。

---

① 李伟国：《〈宋故冯翊郡太君张氏墓志铭〉考》，中国范仲淹研究会、北京大学历史文化研究所：《第二届中国范仲淹国际学术论坛论文汇编》，北京：中国范仲淹研究会，2008年，第131页。

② 比如《范仲淹全集》所载仲淹为王质所作墓志铭，称王有二女，长适范纯仁，次女尚幼。

③ 李伟国：《〈宋故冯翊郡太君张氏墓志铭〉考》，中国范仲淹研究会、北京大学历史文化研究所：《第二届中国范仲淹国际学术论坛论文汇编》，北京：中国范仲淹研究会，2008年，第130页。

有关范仲淹身世的几个问题*

——兼答李裕民先生

一、仍从"再娶"说起

北宋名臣范仲淹，以其一生躬行"先忧后乐"而赢得千秋敬仰。然而，由于我们对其出身经历、特别是青少年时期的生活情形知之甚少，因而在探究其崇高思想的形成时，难以下手。在其同代人曲笔回护、史载阙如的情况下，笔者有如考古发掘一般，只能将一些"文物碎片"加以补苴连缀，以期力求复原其本来面目，于是完成了一篇拙文《范仲淹身世考》，推定范仲淹生母谢氏本为其生父范墉的侧室。最初触发笔者产生这一想法的契机，是有几种《范氏家乘》将谢氏夫人写成了范墉的"再娶"。

我们知道，旧时世家修谱，处理谱主妻、妾有一通例：凡是明媒正娶的妻室，不论是原配还是续弦，一般都会入谱，并且标明原配还是继室。对待其侧室小妾则不然。凡无子者，一般没有入谱资格，有子者始得列入，但须标明其子的庶出身份。

正是根据这一修谱常识，笔者在《范仲淹身世考》中才这样写道："在封建社会里，士大夫家续家谱，是与皇家修史、地方修志同等严肃的大事。对于本族本宗始祖先贤的生身母亲，有些家谱居然没有使用'继配''继娶''续配''续娶'之类的传统正规的修谱用语，以标明其正统的'继室'地位，而是使用了一个含混不清、捉摸不定的字眼'再娶'，这种做法的本身就很耐人寻味。"我既然

* 本文于2004年7月30日定稿，后来提交给2009年11月于杭州召开的范仲淹研究会第三届年会。李裕民先生的《范仲淹家世考》《再谈范仲淹生母谢氏的身份问题——答李丛昕先生》，两文见李裕民：《宋史考论》，北京：科学出版社，2009年，第99页-112页。

认为“耐人寻味”,便决定循此思路探寻下去。

所谓“传统正规的修谱用语”,是指那时修谱所使用的规范语言。这种规范语言,有的家谱在其谱例中有所说明,有的虽未加说明,遵循的也是约定俗成原则。它的专门性和规范性,好比今天某些专业术语、法律用语与日常用语之区别。有些词语看起来尽管与日常用语“意思完全相同”,但在使用场合、适用对象上则未必“完全相同”。即便有些家谱并未完全遵用,即便古代文人在其日常涉世文字(包括为他人写作碑铭、墓志之类文字)中大量混用,我们也不能以此否定这些专门用语的严肃性和规范性。举一个“死”字的例子来说,《礼记·曲礼》规定:“天子死曰崩,诸侯曰薨,大夫曰卒,士曰不禄,庶人曰死。”① 降至后世,除了皇家修史、地方修志大体遵此规范之外,请问在日常涉世文字中还有几人完全遵行?反过来说,即便后世并不完全遵行,我们也不能以此否定当初的规范性。再比如“考妣”二字,按照《曲礼》之制,“生曰父曰母,死曰考曰妣”②。旧时最常见的,是孝子为父母所立墓碑,亦以此二字作为规范标准(近世间或可见使用“先父”“先母”者),尽管它与父母、爸妈、爹娘以及其他方言土语中的称谓语“意思完全相同”,却很少见到有人在墓碑上使用“父母”“爸妈”“爹娘”之类。当初“再娶”二字之所以引起我注意,正属这种情形。而李裕民先生大量征引范仲淹、欧阳修、苏轼、毕仲游等人的日常涉世文字,不厌其烦地反复论证“再娶”就是“继娶”,“意思完全相同”。这么做,意义并不大。就算例证列举到十万条,也不能排除谢氏的侧室地位。此其一。

其二,尽管我感到“再娶”二字有点“另类”,但我从来没有将它作为立论的依据。我之所以由“再娶”说起,因为它是触发我探讨问题的契机,仅此而已。

二、关于范仲淹生母谢氏的侧室地位

关于范仲淹生母谢氏的侧室地位,史无明载。我认定谢氏侧室地位的理由,并非像李裕民先生在其《范仲淹家世考》中替我归纳的那么多条,也不像他的《再谈》所说是我“凑了两条”。我的“关键证据”只有一条。这就是我在《范仲淹身世考》中所言:“要解开这个谜,当从范墉的几个儿子入手。”我是从比较

① [清]孙希旦撰,沈啸寰、王星贤点校:《礼记集解》卷六,北京:中华书局,1989年,第155页。

② [清]孙希旦撰,沈啸寰、王星贤点校:《礼记集解》卷六,北京:中华书局,1989年,第157页。

范仲淹及其兄、姊数人的年龄差距中发现问题，而后再辅之以其他佐证。

(一) 复述一遍"关键证据"

从多种《范氏家乘》以及仲淹为其兄范仲温所做的《墓志铭》可知：仲温排行第二，生于985年；仲淹排行第五，生于989年，老二比老五仅仅年长四岁。况且，我在《范仲淹身世考》中还指出：尽管旧时家谱一般不载生女情形，但这并不排除谱主还有生女的实际可能。事实上，仲淹不仅有姐姐，有史可考者即有两位。假如仲淹的姐姐都是仲温的妹妹，那么从仲温算起，至少是五年生六个。由于生女的数量和次序难定，所以我在论述时只算男丁，即可基本推知谢氏不是范墉原配陈氏去世以后继娶的正室，只能是妻妾同处的侧室。

可是，李裕民先生不这么看，他认为不能以此断定陈氏与谢氏是妻妾关系。他在《范仲淹家世考》中说："从人的生理上说，三年生两个并非不可能。"接着他举出武则天连续两年生子李弘、李贤为证。其实，"从人的生理上说"，从分娩、哺乳之后，到再排卵、再受孕、再分娩，这样的一个生育周期，一般总得一年有余。由此可知，不仅三年可生两个，三年生三个亦属可能。此等实例，在实行计划生育以前的中国现实中不难寻找，何必花费气力去从故纸堆中寻找例证。而我这里想强调的是：母鸡生蛋尚且有个"歇窝"的间歇期，妇女"一年一窝"的高频率是不可持续的。

除了老二仲温之外，老大、老三、老四皆为陈氏所生。这不仅为多种范氏家谱明载，亦为李裕民先生的《范仲淹家世考》所认定。而李先生的《再谈范仲淹生母谢氏的身份问题》却说："假如老三、老四不全是陈氏所生，也不能排除是其他妾生的可能性。"您既已肯定陈氏"生四子"在先，又作这个"假如"，请问有何依据呢?

李裕民先生既然写出了《范仲淹家世考》，应该知晓其家世。范墉生前已非势族高官，归宋以后只不过是一名长期沉沦下僚的幕职小吏，焉能妻妾成群？我在前边说过，在旧时所修的家谱中，凡是谱主所生儿子，不论嫡出庶出，都会依据惯例标出其生母姓氏。请问李裕民先生：老三、老四究系某姓小妾所生?

(二) 从谢氏娘家的社会地位推断谢氏在范家的身份

古人结亲很讲究门当户对。妇女在夫家的地位，很大程度上取决于其娘家的社会地位。高门大户之女，除非特殊原因极少会为人做妾；反之，小户人家之女嫁入高门大户，亦很少能成为正妻。范墉作为世家子弟，原配陈氏的娘家门第不低，这从仲淹《尺牍·家书》中所称陈长官、陈家是“两世外家”[①]之类话语便可获取一些信息。但就血缘和亲情而言，生母谢氏的娘家才是仲淹真正的外家。但是，我们从仲淹所有的文字中从未见到他提到自己真正的“外家”——生母谢氏的娘家。为什么？说明谢氏娘家之社会地位很可能相当卑下，甚至已经衰微到娘家无人。我们可以由此联想到《红楼梦》里的探春。她和贾环虽然同为赵姨娘所生，但在探春心目中，“外家”便是王夫人的娘家；至于生母赵姨娘的娘家，反倒尽量避讳。我们切莫视探春为“势利眼”，这是那时的制度规定和礼仪习俗使然。

（三）没有证据能证明谢氏在范家是“主中馈”的家庭主妇

笔者前已说过，如果谢氏是范墉继娶的正妻，那就只能是在陈氏去世之后，方可成为家庭主妇。倘得如此，范墉一死，她就理应挑起家庭重担，支撑家业，育孤成人。既然是一个大家庭的女主人，怎么可能舍弃子女和偌大的家业而“贫无所依”？怎能舍弃“主中馈”的大任而另寻“所爱”、另嫁他人？由此恰可反证，她的再嫁，正因为范墉死时，尚有陈氏在室，她并没有取得家庭主妇的地位。

笔者在《范仲淹身世考》中称，仲淹在《求追赠考妣状》（以下简称《求赠状》）中没有提到范墉之原配、自己的嫡母陈氏，由此可见仲淹对待两位母亲的不同态度。这篇《求赠状》载于《范仲淹全集》卷第十九[②]，全文不过三四百字，究竟有没有提到陈氏，可以任人翻检查对。平心而论，在事关家族荣誉面前，仲淹生前还是将嫡母陈氏列入求赠名单的，富弼的《墓志铭》可以作证。富弼所称“朝廷以公贵……又择徐、许、越、吴四大国追封王妣陈氏、妣陈氏、谢氏为太夫人”[③]，其中被封为越国夫人的，便是嫡母陈氏。按照常识，仲淹的《求赠

---

① ［宋］范仲淹著，李勇先、王蓉贵校点：《范仲淹全集》尺牍卷上，成都：四川大学出版社，2002年，第654页。

② ［宋］范仲淹著，李勇先、王蓉贵校点：《范仲淹全集》文集卷第十九，成都：四川大学出版社，2002年，第430-431页。

③ ［宋］范仲淹著，李勇先、王蓉贵校点：《范仲淹全集》附录一，成都：四川大学出版社，2002年，第817-818页。

状》标题中"考妣"二字，既包括亡父，也应包括两位亡母，只是正文中对于父亲和嫡母陈氏没有再提而已，至于求取封赠的人员名单，应当另附。李裕民先生说仲淹"不提父亲"，"是否表明他也在怨恨父亲呢？"由此又生发出仲淹对于陈氏的诸多"怨恨"，生发出陈氏如何可怨可恨，如此情绪化、极端化，实不足取。

三、关于仲淹嫡母陈氏去世的时间

李裕民先生为了把谢氏说成续娶的正妻，就必须说成原配陈氏死得早，范墉方可"再娶"。

李裕民先生的《范仲淹家世考》援引《范仲温墓志铭》，说是其中"已透露陈氏在范墉（再娶谢氏）之前已经去世的信息"[①]。怎么"透露"的呢？李裕民先生给出的理由有二：

其一是说，仲温"幼孤，还苏台，与诸从兄弟居"就是证据。他说："如果陈氏还活着，为什么还会撇开母亲、撇开小家庭，和诸从兄弟居呢？"对于范仲温来说，父亲死了，弟弟仲淹随生母离开了，作为一个五六岁的孩子，随生母陈氏回到苏州大家庭中，"与诸从兄弟居"、与诸从兄弟一起嬉戏玩耍，不是再正常不过吗？

其二是说，《范仲温墓志铭》中没有关于他解官回家守丧的记载，也"透露"出其嫡母陈氏死得早。李裕民先生为了说明这个问题的重要性，除了不厌其烦地解说宋代官员遇到父母去世须得解官丁忧的常识之外，又举出滕宗谅丁忧为例。直截了当来说，这里需要搞清的问题其实有两个：一是陈氏究竟何时去世，二是范仲温何时外出做官。对于前者，《范仲温墓志铭》给不出答案；对于后者，倒是给出了明确答案："景祐二年（1035），以某（仲淹自称）遇乾元节恩，例补试将作监主簿。"[②]范仲温始得外出做官。要知道，范墉死时（990），仲温不过四五岁；景祐二年仲温补官时年已五十。其间长达四十五年之久，难道陈氏就没有在这期间去世的可能？其时仲温一直布衣家居，尚未外出做官，谈何丁忧"解官"？李裕民先生则以范仲温"没有回家丁忧的记载"为由，推论其

---

① "再娶谢氏"四字为笔者以意所补，不然讲不通。

② ［宋］范仲淹著，李勇先、王蓉贵校点：《范仲淹全集》文集卷第十五，成都：四川大学出版社，2002年，第369页。

生母陈氏死得早。早到什么时候呢？不仅要早到仲淹出生之前，还必须早到继娶谢氏之前。他引用的这条史料，为什么偏要略去“景祐二年”这一明确的时间节点？

我们需要注意当时的礼法制度：丧礼和婚礼。先说丧礼。夫妻一方丧偶，妻为夫须守丧三年，夫为妻则须一年。在这一规定期限内，丧偶之人是不允许再行嫁娶的。儒家制定的这一礼法制度，中国人遵循了两千多年。如果说，平民百姓可以马虎一些，“礼不下庶人”嘛，那么读书人、特别是公职人员则必须严格遵守。既然李裕民先生认定陈氏死得早，那么，范墉就必须按照礼法规定为亡妻陈氏持服期年。再说婚礼。范墉持服期满之后，要想“续弦”，就得明媒正娶，就得经过纳彩、问名、纳吉、迎娶等程序。这样一来，问题就会变得更加明显：当我们将这两段时间扣除以后，再考虑范墉所生子女甚为稠密的问题，间距还得再行压缩。这样一来，谢氏为“再娶正妻”的论点，就会让李裕民先生更加难以自圆其说。只有认同范墉与陈氏、谢氏为“一妻一妾同处一室者”，问题方可迎刃而解。

如果一定要弄清仲淹嫡母陈氏去世的时间，我以为按照仲淹的仕履行踪查考更为靠谱，因为仲淹履历中也没有为嫡母陈氏解官丁忧的记载。由此可以断定，陈氏去世的时间，只能是在仲淹随母离开范家之后而到他认祖归宗、恢复范姓之前这一时段。

四、关于谢氏再嫁的原因辨析

关于谢氏再嫁的原因，欧阳修为范仲淹所作的《范文正公神道碑铭》（以下简称欧《碑》）说是“公生二岁而孤，母夫人贫无依，再适长山朱氏”①；富弼为仲淹所作的《范文正公墓志铭》（以下简称富《志》）也归之于“贫而无依”②。从此以后，“贫无所依”便成为《宋史》本传的立传依据，沿袭千年而从无异辞。笔者的《范仲淹身世考》则认为，所谓“贫而无依”云者，不过是表面饰词而已，其真实原因还在于范墉的去世和谢氏的侧室地位。换言之，谢氏改嫁，迫不得已，

① ［宋］范仲淹著，李勇先、王蓉贵校点：《范仲淹全集》附录一，成都：四川大学出版社，2002 年，第 812 页。

② ［宋］范仲淹著，李勇先、王蓉贵校点：《范仲淹全集》附录一，成都：四川大学出版社，2002 年，第 818 页。

实出于丈夫去世而引发的家庭矛盾。

笔者认为，范墉一死，其家庭经济状况虽然会有所下降，但还不至于降到谢氏不改嫁就难以存活的地步。若非另有原因，谢氏是不会带着年幼的仲淹主动改嫁的。笔者作此断言，基本理由有四：其一，范氏家族作为历代仕宦之家，苏州尚有大宗家产，完全可供仲淹母子维持日常用度；其二，仲淹的伯、叔中尚有数人做官，他们不会眼看着孤儿寡母啼饥号寒而不伸援手；其三，假如陈氏较早去世，继娶谢氏成为正妻，此时丈夫死了，子女皆未成年，支撑家业的重担自应落到谢氏肩上，作为一位称职的母亲，她自应承担起主持家政、育孤成人之责，不可能置范家偌大的家业于不顾，置社会道义于不顾，置范墉与其前妻所生的几个未成年子女于不顾，唯独携自己所生的幼子仲淹另嫁他人；其四，古人很注重家族观念，看重家族的血脉繁衍。谢氏如果是范墉的继室正妻，仲淹便是范家的嫡亲骨肉，其时仲淹年已四岁，即便如李裕民先生所言谢氏另去追求“自己的家庭婚姻生活”，作为范家的嫡亲骨血，其家族也不会任由谢氏把仲淹带走。

但是，李裕民先生不认同以上理由。他在其《范仲淹家世考》中提出：“究竟贫不贫，需要做具体分析。首先应该确定好鉴别的标准。”然后他就“鉴别标准”议论，最终也没能让人弄明白他的用意所在，究竟是想肯定还是想否定笔者关于“表面饰词”的说法；他“鉴别”的结果，也没能让人弄明白他是想证明谢氏丧夫后究竟家贫还是不贫。

李裕民先生《范仲淹家世考》中说：“（苏州范氏家族的）‘岁寒堂’是房产，不是田产，不能生产粮食，看家庭经济好坏，不能以此作标准。再说岁寒堂乃是范氏祖业，属范氏家族所有，不是范仲淹小家庭独有的，无权随便变卖。”这段话说得“实在离奇”。其一，笔者《范仲淹身世考》引范仲淹诗《岁寒堂三题》为证，说明范氏家族在苏州有大片家产。仲淹诗所吟咏的，是岁寒堂及其附属物，没有涉及田产，李裕民先生据此怎能断定范家在苏州只有房产而无田产？其二，范氏祖业固然属于家族共有，共有的族产难道就不该有“范仲淹小家庭”一份？按照李裕民先生的说法，“范仲淹小家庭”在苏州只有族产而无家产、只有房产而无田产，既无田地生产粮食，又无权变卖房产，几位伯叔又不会伸出援手，那么，谢氏夫人除了携子另嫁，再也没有活路。李裕民先生这里想说的，显然是谢氏因贫而嫁。

可是，李裕民先生紧接着又认为谢氏并非因贫而嫁，而是出于婚姻自主、改嫁自由，想去另外追求“自己的家庭婚姻生活”。他说：“探讨谢氏再嫁，不要忘了时代。宋与明、清不同，明、清强调贞节，不到无米时是不能再嫁的，甚至宁愿饿死，决不再嫁。宋人的观念就大不相同了，他们认为妇女应该有自己的家庭婚姻生活，再嫁是合法的，人们普遍认同的。”[①]接下来，李裕民先生便以古人墓志为据，列举了参知政事李邴有两个女儿再嫁，列举了参知政事吴育由于没将寡居的弟媳再嫁而遭到弹劾，列举了金华姚氏初欲守志、后又自主再嫁的诸多事例。李裕民先生还嫌不够，在其《再谈》中又举出了仲淹长媳李氏再嫁、包拯儿媳崔氏拒绝再嫁两例，说明她们都不是因贫再嫁，且有嫁与不嫁的自由。

对于李裕民先生这番高论和一大堆例证，我认为确有必要郑重其事地做些辨析。

第一，关于古代妇女的再嫁问题。

所谓“宋与明、清不同，明、清强调贞节，不到无米时是不能再嫁的，甚至宁愿饿死，决不再嫁”。这一论断，并非李裕民先生发明，近世以来几成定论。

在中国两千多年的传统社会里，在统治者的提倡和卫道士们的高调鼓吹下，“宁愿饿死，决不再嫁”，甚至于殉夫而死的情形，不仅明清，历代都有。别说正妻中有，小妾殉夫而死者，大千世界亦不乏其人。其中尤为著名者，前有晋之绿珠、唐之关盼盼，后有清之柳如是，等等。但是，笔者在此所要强调的是，“宁愿饿死，决不再嫁”的情形，尽管曾被高调宣扬，不论唐宋还是明清，只能是社会中的极少数特例，绝非孀妇中的多数，绝非社会的主流。

古代既属男权社会，笔者便从男方立论。请加设想，如果世间所有的孀妇都“宁愿饿死，决不再嫁”，也就等于说，世间许多男人，即使打光棍一辈子，或者说即使年纪轻轻死了妻子，也休想娶到女人。如果哪朝哪代真的实行这一主张、作出此类规定，岂不要弄到举国上下遍地皆是不得结合的痴男怨女？仅此一事，又会酿出多少社会问题？其结果必将会弄到民怨汹汹，国无宁日。历代统治者不论多么专制独裁、多么残忍暴虐、多么昏庸愚昧，从来没有、也不可能有人做出这么荒唐的规定。所以说，“宁愿饿死，决不再嫁”，虽然曾有卫道士高调鼓吹过，但它只不过是针对某些特定情况、特殊人群而言，无论哪个朝代都不会作为制度而在全社会推行。因为它实在是一种违背最基本人性的荒谬主张，任何社会都不可能行得通。如果把它说成社会的普遍现实或曰社会

① 见李裕民著《范仲淹家世考》。

主流，不论唐宋还是明清，不论是从解决男人的实际生活需要而言，还是从解决社会现实问题而言，不论是从对孀妇严格限制的角度而言，还是从孀妇的生活出路而言，都是一套违背历史事实的歪理邪说，都是一道彻头彻尾的伪命题。

从总体上看，在男权居于主导地位的古代中国，到了明清时期已是专制王朝的末世，对于妇女的限制和约束，确有逐渐趋严的一面。但从另一面看，这种逐渐趋严恰恰反映了广大妇女社会地位的不断提高和女权意识的逐渐觉醒。这就是说，在女权问题上，限制与反限制、约束与反约束的博弈，到了明清时期有明显加剧的趋势。这种现象反映到文艺作品中，便是在宣扬孝女节妇的同时，还出现大量赞美才女、奇女、侠女乃至赞美巾帼英雄的作品，特别是赞美大户女儿以抛彩球、比武艺、对诗联等方式自主择婿的戏曲、小说和民间故事，都是绝好的证明。至于公子落难、小姐私奔、“小姐赠金后花园、公子赶考中状元”、最后实现“大团圆”结局之类的故事，更成为明清以后小说和戏曲的创作“模式”和“俗套”。凡此种种，可知明清社会对于妇女的限制和约束，从来没有达到李裕民先生所说的那种程度。只是由于几十年间“以阶级斗争观点研究历史”，才把问题弄到那么极端的地步。这种极端荒谬的观点，倘若允许解放思想，作反向思考，其实不难戳破。

在笔者看来，在对待妇女改嫁问题上，不同朝代虽有差异，但为了减少社会矛盾，维护正常的社会秩序，不论唐宋还是明清，历代统治者实行的基本上都是一套“相反相成”的礼法制度，或曰“双重标准”。这就是：在男权居于支配地位的前提下，一方面在“道德层面”强调贞节，提倡、旌表、褒奖妇女守节守志，另一方面则是在“生活层面”又允许、动员乃至鼓励其改嫁行为。至于所涉及的具体对象，则会因人而异，一是就大多数孀妇而言，是否改嫁，拥有一定的自主权，包括选择权和决定权；二是就其中年纪较轻而又无子者来说，她们一旦“塌了天”，不仅生活无靠，情感无托，将来也无“养儿防老”，则选择改嫁者居多，而社会对于她们的改嫁则多持同情、宽容、赞成、支持的态度；三是年轻而又无子者，当然也有少数守节不嫁的，其最终归宿要么是遁入空门，要么是以兼祧、过继、收养之类补救措施来解决其现实困难和晚年生活；四是有的孀妇虽然年轻，但有子息，现实困难和晚年生活已有指靠，又担心由于自己的改嫁而造成子女受歧视，因而守节不嫁，这种情形远比无子而守节者居多。这种人即便改嫁，大都会单身出门，而将孩子留给夫家。对照谢氏来看，不论是否像李裕民先生说的“她还年轻”，可以肯定的是她已有子(说不定在生下仲淹之前还生有女儿)，且有一定家产，现实和晚年生活已有指靠。假如身为正妻，显然没有主动选择改嫁的必要；即便像李裕民先生所说她执意要去另寻“自己的家庭婚姻生活”，也会将早已免乳的仲淹留给范家。

第二，由此不能不说到中国古代妇女的社会地位。

人类脱离母系社会而进入男权社会，其实是一种巨大的历史进步，是社会生产力发展到一定水平而实行的一次更为合理的社会分工。从形式上看，男权居于社会的支配地位而女性居于从属地位，从实质上看，这如同“战争让女人走开”一样，正是出于对妇女的保护和尊重，是一种更为进步、更为合理的社会分工。历史上虽然不乏“男尊女卑”“三从四德”的说教，但说教归说教，它与“天尊地卑”“男左女右”“左文右武”“左昭右穆”一样，在大多数情况下只不过是出于某种“排序”需要，甚至可以说只具有某种“排序意义”。这就如同区分天地、阴阳、上下、左右、东西、南北一样，谁又能从中区分出高低贵贱的含义？两者之间更说不上什么压迫与被压迫、剥削与被剥削的阶级关系。我们不要忘记，历代统治者向来提倡“以孝治天下”。就“孝”的对象而言，历来包括父母两系，更多的则是倾向于母系。即以流传千年的《二十四孝》而论，其中讲孝父者六例，父母皆孝者四例，专讲孝母者达十四例。请问李裕民先生，您对此如何解释？远古时期，既有赞美盘古(男性)开天辟地的神话，也有赞美女娲(女性)炼石补天的传说，既有黄帝发明舟车，也有嫘祖教民养蚕。即便以北宋时期的几位太后为例：且不多说始祖杜太后在太祖太宗两朝的权威、章献刘太后在垂帘听政时的权威，单说曹太后对英宗、高太后对神宗和哲宗、向太后对徽宗的位登大宝，所起的作用也是不容小觑的。那么，是不是“宋与明清不同”呢？事实上，明清时期的夫妻关系，同样也是“夫贫妻贱”“夫荣妻贵”、休戚与共的命运共同体。而清末慈禧太后的专权跋扈，也足以说明女人的权威。再以反映清代社会现实的《红楼梦》为例，声名显赫的贾政，名义上是荣国府的最高主宰者，但掌握实权的却是贾母、王夫人、王熙凤、贾探春等一批女流。再以范仲淹本人为例，他极力谏阻宋仁宗废郭皇后，所争的难道不是女人的权利？为此他被贬睦州，但他坚持的还是“重父必重母，正邦先正家”[①]。这里哪有半

① [宋]范仲淹著，李勇先、王蓉贵校点：《范仲淹全集》文集卷第四，成都：四川大学出版社，2002年，第91页。

点男尊女卑、重男轻女之意？大千世界，当然会有各种特例：既有遭遇虐待和歧视的妇女，也有遭遇“河东狮吼”的男人。但这两种情形都属少数，绝对不是社会的常态和主流，也不会受到社会的认可和赞许，受到的同样是法律的制裁和道德的谴责。当然，男权与女权，在不同的历史时期和不同的历史节点上，会彼此消长，但从总体上看，两者始终是一种对立统一、相辅相成的和谐关系。男权、女权之争，只是到了“以阶级斗争为纲”的年代，强调“亲不亲阶级分”“爹亲娘亲不如阶级亲”，才把问题推向极端，甚至把家庭中的男女也说成压迫与被压迫、剥削与被剥削的阶级关系。中国民间向来有“多年媳妇熬成婆”的说法，请问李裕民先生：家庭地位由“媳”到“婆”的这种转换，可是阶级斗争学说所能解释的？

综上，笔者无非是想说明：其一，中国古代虽然属于阶级社会，但它从来不可能以男女区分阶级；其二，中国古代属于男权社会，女人处于从属地位，但从属地位绝不等于受压迫、受剥削、受奴役的地位；其三，社会只有进入近现代以后，随着生产力的发展和社会的文明进步，广大妇女才有可能从繁重的家务劳动中解放出来，才有条件实行更为合理的社会分工，从而实现真正的男女平等。所以笔者认为，李裕民先生关于“明清强调贞节……宁愿饿死，决不再嫁”的那一套说教，不符合任何朝代的历史事实。

第三，回到谢氏再嫁问题。

李裕民先生说：“探讨谢氏再嫁，不要忘了时代。”这话说得极好。然而在这个问题上，李裕民先生恰恰忘了时代，忘了当时社会的等级制度。

我这里所说被李裕民先生忘了的，包含两层意思：

其一，数千年的传统社会，虽然强调贞节、强调“宁愿饿死，决不再嫁”，但是强调归强调，实际做不到。或者说，对于这种“宁愿饿死，决不再嫁”的高调，即便在上流社会、在少数士大夫之家可以勉强推行一二，但不要忘了中国自古就有“礼不下庶人”的老话，即便明清时期，这种反人性的主张，在大量平民百姓中间根本没有推行，也不可能普遍推行。

其二，李裕民先生恰恰忘了中国宋代属于等级森严的阶级社会。除了统治阶级之外，还有为数更多、范围更广的被统治阶级；除了士农工商、各色人等即一般自由民之外，还存在着一个为数不小的奴仆婢妾阶层。而所有的奴仆婢妾都是其主人的附属物，没有独立的人格和独立的社会地位。与其主人相比，他们并不能享有同等的人身权利，更谈不上什么婚姻自主、改嫁自由。即以李裕民先生所列举的一大堆例证而言，有四例属于参知政事家中守寡的少奶奶，其身份地位，怎可与奴仆婢妾相提并论。所举金华姚氏，虽说其前夫廖某生前官职不大，起码也得是个自由民吧。而笔者在《范仲淹身世考》中所要揭示的，正是谢氏在范家的侧室小妾身份。她既没有想守志就能守志的选择权，也没有想改嫁就能改嫁的决定权，怎能与您所列举的那几位高门贵妇相比？可是，李裕民先生列举了古往今来那么多事例，无非是想拿身为侧室小妾的谢氏与一大批名门贵妇相比。他说："谢氏在家守了两年丧，开始也可能像姚氏那样想守志，正在此时，出现了朱文翰，朱……力求娶她，而她还年轻，家'贫'，又觉得朱不错，也就再嫁了，这是很自然的事。"[①]这种类比，直接把那个时代当成了可以自由恋爱的现代社会！李裕民先生想象力丰富，但他恰恰忘了时代、忘了当时社会上存在不同的等级。

笔者《范仲淹身世考》认为，谢氏之所以离开范家，更适另嫁，最大可能是由于侧室地位而产生的家庭矛盾，是出于无奈，出于被动和被迫。但是，家庭矛盾形形色色，笔者绝不认为有矛盾必有坏人。至于矛盾发展到什么程度，谢氏离开的具体原因和过程，史无明载，笔者不敢妄加推测。李裕民先生却另有高见。他说："倘若陈、谢氏真是妻妾关系，而陈又狠毒，要将谢逼走，那肯定是下手得越快越好，让谢氏越难受越好。也就是说，肯定会将谢氏当下逐出家门，让她沦落街头或者被逼为娼。怎么会让她平平稳稳的在家守丧两年，而且还专门等到有身份的朱官人来苏州，将她好好的娶走呢？"[②]平心而论，中国古代社会，长期实行的都是一夫一妻制。有些家庭虽然纳有小妾甚至不止一个小妾，但妻妾之间基本上都可和睦相处，相安无事。有的小妾甚至是由正妻劝丈夫、代丈夫纳娶，以至于成为正妻的左膀右臂，成为最亲近最可信赖的心腹，比如王熙凤身边的平儿。但是，当家中出现大的变故，特别是当丈夫一旦去世，"塌了天"，情况就大为不同了。一些平时相安无事的妻妾们，"大限来时各自飞"，不得不考虑各自的生计和出路。笔者在《范仲淹身世考》中曾说："一旦丈夫去世……不仅是因为平时生活中积累的矛盾此时容易爆发，而且更重要的是还面临着家庭生计、子女抚养、遗产分配等现实问题。"在这种情况下，谢氏被迫离家另嫁，完全可以理解，甚至本在情理之中。再从范氏家族方面考

① 见李裕民著《范仲淹家世考》。

② 见李裕民著《范仲淹家世考》。

虑，古代高门大族及其家庭主妇，其文化、教养一般也都较高，处人做事比较讲究体面，看重道德礼义，他们何尝不会考虑为即将离开范家的谢氏寻找一个较好的归宿？还有一点需要注意，谢氏是在仲淹四岁时，也就是说在她为丈夫守丧期满以后才改嫁的。这就足以表明，范氏家族和谢氏本人哪怕处在不幸之中，也不会造次乱来，而是能严守礼法，深明大义。笔者甚至猜想，谢氏最终得嫁“宦游江南”的朱官人，很可能即为范家族人从中促成。不管怎么说，笔者从来没有，也不忍心对范氏家族以及陈氏夫人作如此惨无人道灭绝人性的推测。

五、关于谢氏与朱氏家族

当仲淹四岁时，谢氏为夫守制期满，有士人朱文翰宦游江南而娶之。据淄州长山《朱氏家谱》记载，朱文翰为宋太宗端拱二年(989)进士，时为平江府(苏州)推官。按照常情常理，作为一位登第仅四年的现任官员，娶一名孀妇作正妻的可能性不大。况且谢氏本来就是其前夫范墉的侧室，况且还带着一名四岁的孩子。据此推想，谢氏即便到了朱家，仍然很难成为正妻。不过，仲淹母子此后的生活情形，我们同样知之甚少，只能根据零星资料作些大体推测。从《范仲淹全集·尺牍卷》与朱氏书信中多次提到永城、宁陵等处有庄田，且提及朱氏家族中亦有多位做官之人来看，朱氏似亦为家产不菲的大族。从《年谱》及其转引《家录》记述仲淹因劝说朱氏兄弟而遭受奚落来看，朱氏兄弟可以“浪费不节”，而仲淹却去寺院与山僧为伴，过一种“划粥断齑”的艰苦生活，这里充分反映了仲淹与朱氏兄弟在家庭地位上明显的不平等。

而李裕民先生《范仲淹家世考》则认为仲淹到了朱家以后：“谢氏与范仲淹并没有受到虐待，朱文翰到各地当官经常带着谢氏和范仲淹的。”朱文翰曾带着仲淹母子到澧州安乡做官的记载是否可信？即便可信，也不能排除如下情形：朱文翰本人善待仲淹母子，并不等于朱氏家人都善待仲淹母子；朱文翰在世时善待他们，并不等于朱文翰去世后其家族仍然善待他们。笔者在《范仲淹身世考》中曾说：“当丈夫在世的时候，有的小妾还有可能得宠于一时，一旦丈夫去世，妻妾之间往往也就水火难容。这不仅是因为平时生活中积累的矛盾此时容易爆发，而且更重要的是还面临着家庭生计、子女抚养、遗产分配等现实问题。”笔者以为，这些话不仅适用于范氏家族，同样适用于朱氏家族。仲淹当初在范家不论是否受歧视，毕竟是范家的骨血，但到朱家就不同了。他与朱家本来就没有血缘关系，假如养父朱文翰一旦去世，仲淹母子势必会陷入比在范家更加孤苦难堪的境地。谢氏住不进朱家，仲淹去僧舍苦读，后来更因为受不了欺负而去了应天府，正可说明这个问题。仲淹做官以后，“感念朱氏顾育恩”，从而与朱家建立起良好的关系（更何况朱家还有仲淹同母异父的弟妹以及他们的子孙），只能说明仲淹看重亲情、不计前嫌的博大胸怀，怎能以此反证当年与朱氏兄弟在家中“地位平等”？

仲淹母子到朱家以后，从其生活陷入困顿，推测朱家很可能遭遇了变故。这个变故，最大可能便是朱文翰的去世。对此，我们可从如下几个方面加以推定：

第一，仲淹当初可能因为受到朱氏兄弟奚落而受到刺激，进而询知家世，离家出走。揆情度理，这场家庭风波只应在朱文翰去世以后才会发生。笔者《范仲淹身世考》对此已作分析，不再赘述。这里还应考虑的是，当仲淹询知家世，“佩琴剑，径趋南都”[①]之时，其母闻知而亟使人追之。家中发生孩子出走这么一件大事，作为一家之长的朱文翰是不容置身事外的。然而我们却见不到他当时作何表示、取何态度。由此亦可反证，此时的朱文翰已不在人世。

第二，仲淹离家出走时，不仅自己义无反顾，还对追及他的人表示：“期十年登第来迎亲。”[②]后来仲淹登第得官，果然及时兑现诺言而将母亲接走。由此便带来一连串问题：一是仲淹当初离家出走时，如果继父还在，仲淹尽可自己离开，为何非要发誓要把母亲接走？如果是出于一时愤激而说了过头话，后来为何果真将母亲接走？那岂不是活活拆散一对老夫老妻、拆散了一个好端端的家庭？以仲淹的至仁至孝，做事怎会如此不近情理？谢氏怎会轻易离开家庭？二是如果谢氏在朱家处于正妻地位，不论朱文翰去世与否，家政都得由她主持，如果仲淹将她强行接走，家务又将委诸何人？即使勉强将她接走，丢下了她为朱文翰所生的几个子女，岂不是让她牵肠挂肚？三是从宁陵、永城等地都有其庄田来看，朱家的经济状况不会太差。那么，仲淹接走母亲，究竟是想让她“享福”，还是想让她“受罪”？仲淹初入仕途，加上生性好施，生活不会宽裕。既然不能让她“享福”，为什么还要执意接走？由将母亲单独接走这一

---

① [宋]范仲淹著，李勇先、王蓉贵校点：《范仲淹全集》附录二，成都：四川大学出版社，2002年，第866页。

② 同上。

事实,也可反证其母当时在朱家的处境只会比在范家更糟。而在一个比较富裕的家族中生活反而"更糟",这又说明什么问题?总而言之,如果朱文翰尚在人世,如果谢氏取得正妻资格,如果是生活在一个安逸的家庭中,仲淹是决不会将她单独接走的。谢氏也决不会舍弃丈夫、舍弃家庭、舍弃她与朱文翰所生的子女,而独自离家去跟随仲淹过一种宦海漂泊的生活。由此可以得出的合理解释,只能是:其一,朱文翰已经不在人世;其二,谢氏在朱家依然没有取得主母地位。只有具备这两种情况,仲淹才会义无反顾地将她单独接走。

第三,仲淹自赴南都读书以至进入仕途以后,《年谱》中从来没有关于他为朱文翰丁忧守制的记载,同样可以证明朱文翰此前已经去世。

第四,仲淹本人的文字最具说服力。《宋会要辑稿》仪制一〇之一六保存下来仲淹为朱文翰求取异姓恩泽的奏章,内称:"继父故淄州长山县令朱文翰"[①]云云,这就明白无误地告诉我们:其一,朱文翰生前的最终官职为长山县令;其二,仲淹奏章并没有提到"致仕"二字,说明朱文翰很可能系任上去世;其三,仲淹母子随朱文翰最后的生活,是在他任职长山期间。由此我们便可进一步推知如下三个问题:一是宋代任命州县主官有回避制度,一般不能任职原籍,朱文翰既然任职长山县令,说明他的原籍很可能不在长山;二是宋代地方官员实行任期制,一般不超过三年,朱文翰既然于长山县令任上去世,说明他任职的时间不会太长;三是那时地方官员在任上去世,无力扶柩归乡而就地安葬者不少,其遗属也就随之入籍而成为当地人。《长山朱氏家谱》尊朱文翰为一世始祖,恰可证明朱文翰的原籍不在长山。

朱文翰究竟去世于何时?绝非无迹可寻。除了以上分析,我们还可将如下两条史料加以排比:

一是据丁黼《池州范文正公祠堂记》:"朱氏之谱,则文翰以景德初尝任淄州长史。"[②]朱文翰景德元年(1004)尝任淄州长史,说明其去世时间是在卸任淄州长史之后、就任长山县令时。

二是据仲淹《鄠郊友人王君墓表》(见《范集》卷十五),仲淹曾有过一次远

---

① [清]徐松辑:《宋会要辑稿》仪制一〇之一六,北京:中华书局,影印本,1957年,第2012页。

② [宋]范仲淹著,李勇先、王蓉贵校点:《范仲淹全集》附录五,成都:四川大学出版社,2002年,第1109页。

赴陕西的“薄游”:“祥符纪号之初载,某薄游至止……相与啸咏于鄠、杜之间。”①另据《年谱》,仲淹“薄游”归来,即入长白山醴泉寺读书,接着便是因与朱氏兄弟发生口角而询知家世,发愤出走应天府。我们知道,作为人子,在为父母丁忧期间是不能外出远游的。仲淹外出“薄游”,啸咏于鄠、杜之间,说明其时他已守丧期满。

仲淹外出“薄游”,其时是在“祥符纪号之初载”(1008),由此上推三年为景德二年(1005),说明朱文翰去世只能是在此前。由此推知朱文翰去世的时间,只能是在景德初、二两年之间。这就表明,他是在卸任淄州长史、就任长山县令之后,不久去世于任所。

古人所谓“宦游”某地,一般即指曾在某地为官。史称朱文翰“宦游平江”“宦游江南”,就是说他曾在那里做过官,范氏宗谱亦有称朱文翰曾任苏州推官者。据此,我们可大致勾画出仲淹母子依随朱文翰的路线图:当仲淹四岁时(公元992年,太宗淳化三年),朱文翰于苏州做推官时娶谢氏,后来“有可能”携仲淹母子去湖南安乡做过一任知县,以后北归,曾任淄州长史,再任长山县令。当仲淹十六七岁时,文翰去世于长山。由此可知,文翰对仲淹有十多年的养育之恩,自当有较深的父子感情。明乎此,对于仲淹后来为继父求取异姓恩泽也就不难理解了。

谢氏虽然改嫁朱家,后来毕竟随着仲淹的复姓归宗而回归范家,成为名正言顺的“范母”,并且随仲淹生活十余年后去世。因此,仲淹欲将其与生父范墉合葬自在情理之中。但是,李裕民先生却说:谢氏不应再与范墉合葬,因为后夫朱文翰还活着,他们“并没有离婚”。②

另有人提出,宝元元年(1038),仲淹由饶州移知润州,曾致书朱氏,议及“翁翁葬事”,认为:“如文翰当时去世未久,应已是七八十岁的老人了。”③笔者对此大不以为然。宝元元年,仲淹年届五十,其母谢氏去世已十余年,正式安葬于洛阳亦已数年。此时所议“翁翁葬事”,不可能是指朱文翰新丧,很可能是指称其迁葬、改葬,或许朱家曾提出将其与谢氏合葬的要求。如前所述,朱文翰早已于景德初、二年间于长山县令任上去世,没有任何证据证明朱文翰能活

① [宋]范仲淹著,李勇先、王蓉贵校点:《范仲淹全集》文集卷第十五,成都:四川大学出版社,2002年,第373页。

② 见李裕民著《范仲淹家世考》。

③ 方健:《范仲淹评传》,南京:南京大学出版社,2001年,第14页。

到宝元年间。

仲淹为朱文翰求取封赠，在庆历五年(1045)仲淹罢政之后。我们知道，古人为自己的亲族求取朝廷封赠，是很讲究亲疏尊卑次序的。朱文翰去世不论早迟，仲淹为其求取“异姓恩泽”，只能是将时间放在自己直系三代之后。我们决不能因为仲淹为其求取封赠是在庆历五年，就认为朱文翰“去世未久”。

六、关于谢氏安葬之地

据仲淹《年谱》，其母谢氏卒于仁宗天圣四年(1026)，地点应在当时仲淹监粮料院的楚州。但是，谢氏卒后并未及时安葬。仲淹既未能将她与生父范墉合葬于苏州天平山，也没有与继父朱文翰合葬于淄州长山，而是扶柩远行，暂厝于南京应天府。正式安葬的时间，应在仲淹上《求赠状》并获得朝廷封赠以后。据《年谱》，仲淹上《求赠状》事在天圣九年(1031)①。该状称：“除持服月日外，亦以四年余两个月。”②为什么会拖延这么久？其中一个重要原因，就是在葬地问题上遇到了麻烦。他丁忧守制并没能回原籍苏州，而是去了南京应天府。

笔者《范仲淹身世考》认为，谢氏虽然改嫁朱家，后来毕竟因仲淹而回归范家。根据“母以子贵”的传统习惯，与范墉合葬应该顺理成章。而李裕民先生《范仲淹家世考》则认为：“一般来说女人再嫁后，应和后夫葬在一起。”接着又举出一大串例证。再嫁女但凡与前夫家族一刀两断而再无瓜葛者，“和后夫葬在一起”皆属当然。但是，世事并非都那么简单。有的在前夫家留有亲生子女，就难免藕断丝连。恕我未能像李裕民先生那样旁征博引，仅举在仲淹葬母前后发生的三件事：

第一件，短命状元张唐卿(宋史《文苑传》误作孙唐卿)初做官时审理的一桩“盗窃案”。“民有孀母，再适人而死。及葬父，而痛母之不得祔于其尊也，乃从继父圹中盗母之丧而归，与父同瘗焉。事败，时君(按指张唐卿)权府事，有

① [宋]范仲淹著，李勇先、王蓉贵校点：《范仲淹全集》附录二，成都：四川大学出版社，2002年，第875页。

② [宋]范仲淹著，李勇先、王蓉贵校点：《范仲淹全集》文集卷第十九，成都：四川大学出版社，2002年，第430页。

司请论如法。”[①]张唐卿认为，此人不过是想为父母尽孝罢了，与一般盗窃财物不同。一顿杖责之后，将他释放，并将处理结果上报朝廷，大家都称赞他处置得体。此事被韩琦写进他为张唐卿所作的墓志铭，其中特别提到：“文正范公亦知君为深，常与余评论人物，喟然谓余曰：‘张某……立朝可知矣！使今而在，必以直道为一时名臣。’其推重如此。”[②]

第二件，曾受知于杜衍的苏寀，也审理过一起类似案件。“民有母改嫁而死，既葬，辄盗其柩归祔，法当死。寀曰：‘子取母祔父，岂与发冢取财等？’请而生之。”[③]这两起案件都是因为“盗墓”。“盗墓”在那时可是大罪。为什么都被从轻发落？显然情况特殊。案件虽然都因“盗墓”而起，判决则从情理出发，考虑的是当事人的“孝心”。再嫁女人应与哪个丈夫合葬，既无法律规定，也非约定俗成，只能由当事各方依据人情事理，协商解决。假如以上两事能够事前协商解决，“盗墓”案件就不会发生。

第三件，便是被后世列入“二十四孝”的朱寿昌。寿昌扬州天长（今属安徽）人。生母刘氏，本为其生父朱巽之妾（注意是“妾”），寿昌还在腹中时，生母刘氏被其父朱巽出嫁民间。寿昌生数岁复归朱家，母子不相闻五十年。寿昌入仕以后，历知岳州、阆州、广德军、鄂州等地。富弼、韩琦为相，遣使四出宽恤民力，择寿昌使湖南，所至多有政绩。后弃官，刺血写《金刚经》，行走四方以访求其母，得之于同州（今陕西大荔），乃迎母并二弟（可以肯定，系同母异父之弟）归。此事熙宁时曾受朝廷褒奖，自王安石、苏颂、苏轼以下，士大夫争为诗以美其事[④]。寿昌父母合葬墓至今犹在，被天长人引以为荣。可见妇女虽曾再嫁，死后与前夫合葬者不乏其例。值得一提的是，中华书局 1983 年出版之魏泰《东轩笔录》，为李裕民先生点校，其卷十亦载有此事。不知李裕民先生是否有意回避？

李裕民先生《范仲淹家世考》说：“如果将她（谢氏）与初婚的父亲葬在一起，显然不合适，朱、范两家都可能接受不了，如与后夫葬在一起，复姓后的范

---

① ［宋］韩琦著，李之亮、徐正英笺注：《安阳集编年笺注》，成都：巴蜀书社，2000 年，第 1500 页。

② ［宋］韩琦著，李之亮、徐正英笺注：《安阳集编年笺注》，成都：巴蜀书社，2000 年，第 1500 - 1501 页。

③ ［元］脱脱等撰：《宋史》卷三百三十一，北京：中华书局，1985 年，第 10650 页。

④ ［宋］李焘撰，上海师范大学古籍整理研究所、华东师范大学古籍整理研究所点校：《续资治通鉴长编》卷二百一十二，北京：中华书局，2004 年，第 5143 - 5144 页；另见《宋史》卷四五六，［元］脱脱等撰：《宋史》卷四百五十六，北京：中华书局，1985 年，第 13404 - 13405 页。

仲淹感情上接受不了，择地另葬显然是最好的选择。”对照以上三例，可知李裕民先生的高见代表不了范仲淹，只能代表他自己。

仲淹既已回归范家，谢氏也就重新成为名副其实的“范母”。范仲淹当初欲归姑苏葬母的心路历程，在他与族人范仲仪的信中表露得很清楚：“昔年持服，欲归姑苏卜葬，见其风俗太薄……乃改卜于洛。”[①]可见当初仲淹不是不想将母亲与生父合葬，只因协商遇阻，不得已才另葬洛阳。

笔者《范仲淹身世考》详考谢氏“择地另葬”，目的即在于通过姑苏遇阻，分析其另葬原因，以佐证谢氏生前的侧室地位。这里的关键问题是仲淹的要求为什么得不到苏州族人应允？笔者认为，最根本的原因，在于按照那时的礼仪制度，谢氏究竟如何入葬，缺少正当的“名分”。而李裕民先生《范仲淹家世考》却说：“‘另葬’不能说明身份必定是妾”“择地另葬显然是最好的选择”。请问李先生，仲淹当初“欲归姑苏卜葬”而受阻的情节，您为什么要曲意回避？

七、关于欧、富二公的曲笔回护

如果说，古代妇女改嫁是迫不得已的选择，是摆脱不幸的无奈之举，一般都会得到社会的理解、同情和宽容，而身份低下的侧室小妾则有所不同。不论改嫁与否，都会为社会所轻。如果说，古代对于妇女改嫁问题不大避讳，而对于妾生庶子的身份，人们决不会引以为荣。毫无疑问，仲淹既为妾生子，其双重卑贱身份，绝不会因其“出身贫苦”而作为“炫耀资本”。

中国一向有“为尊者讳，为亲者讳，为贤者讳”的古训。作为北宋“第一流人物”的范仲淹，这“三讳”都足以当之。人们出于对范公的尊重，对其真实身世只会予以回避、隐讳和淡化，而不会着意宣扬。然而，此事毕竟“敏感”。只要我们留心相关载籍，于各种隐晦掩饰之中仍可发现一些蛛丝马迹。比如：

第一件，楼钥《年谱》记载仲淹，从二十岁入长白山醴泉寺读书开始，逐年详载，而此前二十年间，则语焉不详。这既给人以遗憾，也容易引人怀疑。

第二件，《年谱》等相关史料记载仲淹登第得官之后，迅即将母亲接离朱家。其急不可待之状，反映其间必有隐情。

---

① ［宋］范仲淹著，李勇先、王蓉贵校点：《范仲淹全集》尺牍卷下，成都：四川大学出版社，2002年，第704页。

第三件，关于仲淹的复姓更名。揆情度理，仲淹向朝廷上奏章，要求认祖归宗，对其前因后果以及复姓更名的理由，都得如实报告。这就必然要涉及其间隐情。仲淹这道表章情真意切，文采斐然，其中名句“名非霸越，乘舟偶效于陶朱；志在投秦，入境遂称于张禄”[①]，为当世称道，对于揭示仲淹身世亦极具价值。而《范集》弃而不收，启人疑窦。

第四件，仲淹由母亲陪同前往苏州认祖归宗，此事名正言顺，却遭到族人刁难。刁难他的原因和理由，不见著录。其间隐情，亦启人疑窦。

第五件，仲淹料理母亲丧葬事宜中的一些环节和细节，亦颇令人生疑。仲淹请求封赠考妣以及为母亲选择葬地之事，前文已述。此外，关于谢氏真实身份，在范墉墓志和谢氏墓志中也都应该有所反映。范墉墓志，除天平山地下可能埋有石头原件之外，世上已只字无存；至于谢氏墓志，以仲淹的孝心和才华，在安葬前不会想不到撰写墓志。可是，当我们检遍《范集》发现，一向喜为亲友撰写碑、志的范仲淹，竟没有给生母留下一篇墓志，甚至连一篇祭文也没有保存。其中是不是有难言之隐？

第六件，关于仲淹的《行状》。皇祐四年(1052)五月二十日，仲淹病逝于徐州。其时老友孙沔卸任徐州知州而尚未离开，不仅为仲淹主持了丧事，还为仲淹撰写了《行状》。我们知道，“行状”系旧时为逝者向朝廷请封定谥的基本依据，也是为其撰写墓碑、墓志、传记等的基础，因而在记述死者的身世履历方面，较墓碑、墓志、传记等应该更为详细。然而非常可惜，范氏后人将欧《碑》、富《志》以及张唐英所撰的范公传记等都作为附录收进了范公文集，唯独不收孙沔所作的《行状》。这还很容易让人联想到孙沔的为人：直言快语，豪侈粗疏。所作《行状》很可能也少有顾忌。范集唯独不收《行状》，同样引人生疑。

然而，以上种种猜疑，今天只能存疑。因为我们今天所能见到的相关权威史料，只有富《志》和欧《碑》。两者究竟隐含哪些奥妙，笔者已于《范仲淹身世考》中重点作了些发覆探微。

欧、富二公作为与仲淹志同道合、相知甚深的同僚挚友，尽管有孙沔的《行状》作为参考，但在动笔撰写《神道碑》和《墓志铭》时，对于有碍仲淹声誉的“敏

---

① 《范集》未收此文，但楼钥所撰《年谱》曾称引此句。[宋]范仲淹著，李勇先、王蓉贵校点：《范仲淹全集》附录二，成都：四川大学出版社，2002 年，第 867 页。

感问题”，还得遵循“讳”的古训而加以曲笔回护，用今天的话说，就是需要做一些“脱敏”处理。坦率地说，在《范集》有些文章应收未收的情况下，正是欧《碑》富《志》的曲笔回护，增强了笔者的好奇心和寻根究底的兴趣，并且在《范仲淹身世考》中专列一节加以辨析。为了醒目，还将题目标作《是欧、富二公将仲淹身世掩饰了千年》。假如仲淹为正室所出，并无需要隐讳之处，不待富弼发话，欧《碑》自会按照撰碑常规将其“世次、官爵”之类如实列出，无须使用“皆不论著”的模糊语言；富《志》也就大可不必弄虚作假，将仲淹由范墉第五子改作第三子，将范墉归宋的时间下推十年，如此等等。

李裕民先生对于富《志》中上述明显可疑之处，仅以“粗心”二字论之；对于欧《碑》中使用曲笔的一些“模糊语言”，来个避而不谈；对于《范集》抽掉的一些重要文章不加深究；对于《年谱》中已经触及的“敏感问题”视而不见。这样研究问题，恐怕算不得严肃的治学态度。

结　语

关于范仲淹的庶出身份，史载阙如，找不到任何一条直接证据。此事好比法官断案，在缺少“直接证据”的情况下，只能凭借一些“间接证据”进行推断。这里的关键在于，这些“间接证据”能否形成一条无懈可击的证据链。笔者所列证据链条计有：

1. 从范墉所生子女甚为稠密来看(这是最基本的证据)；
2. 从仲淹生母谢氏不正常的离家另嫁来看；
3. 从苏州范氏家族刁难仲淹认祖归宗来看；
4. 从苏州范氏家族拒绝谢氏与范墉合葬来看；
5. 从仲淹《求赠状》未言及嫡母陈氏来看；
6. 从仲淹生母谢氏娘家社会地位卑微来看；
7. 从《范集》不收仲淹复姓更名的奏章来看；
8. 从《范集》不收仲淹为其生母所撰祭文、墓志来看；
9. 从《范集》附录《碑》《志》而不录其《行状》来看；
10. 从欧《碑》、富《志》的曲笔回护来看。

如果说，范氏家谱“再娶”二字是笔者引发怀疑的起因，而欧《碑》、富《志》的曲笔回护，则是促使笔者决意深究下去的最重要动因。

在笔者看来，拙作《范仲淹身世考》通过对以上证据碎片的补苴连缀，对于认定谢氏的侧室地位。当然，笔者向来不敢过于自信，其中若有牵强附会乃至纰漏错谬，随时盼望方家包括李裕民先生继续给予批评指教。

交游寻踪

毁誉千载滕子京*

——兼为范仲淹辩诬

人们提到岳阳楼，便会想到范仲淹的千古名篇《岳阳楼记》，读《岳阳楼记》，便会想到那位重修名楼的滕子京。

然而有些人写文章，揭发滕子京是个贪官。此事又牵连到范仲淹，说他为贪官修楼作记，起码是“办了一桩糊涂事”云云。先是有些地方小报如是说，后来《法治日报》《光明日报》等也先后发表此类专文。人们恨贪官、骂贪官，可以理解，但是不论怎么指桑骂槐，也不该骂到滕子京头上。笔者拟就这一问题作些剖析，还滕子京一个清白，兼为范仲淹辩诬。

一、边帅遭贬

滕子京（990—1047），名宗谅，以字行于世，北宋河南府（今河南洛阳）人。宋真宗大中祥符八年（1015），与范仲淹同榜考中进士，历任潍、连、泰三州幕僚。天禧五年（1021），仲淹监泰州西溪（今江苏东台）盐仓，宗谅为泰州推官，二人诗酒唱和，相知日深。不久，仲淹任泰州兴化县令，主持修筑捍海堰工程，宗谅佐其役甚力。有一天夜里，海上忽然刮起大风暴，正在修筑的海堤被汹涌而上的海涛冲垮，人员死伤百余。一时之间谣言纷起，兵民惊恐，独宗谅镇定自若，从容指挥。仲淹由此了解了这位同年的才干。后来，宗谅改任大理寺丞，先后知当涂、邵武两县，迁殿中丞、左正言、左司谏。以直言进谏得罪了仁宗皇帝，黜知信州，再贬监池州榷酤，起而通判江宁，知湖州。时值西北边境宋夏战争失利，守边将领很难挑选，于是宗谅受仲淹举荐，被调往边境前线，知泾

* 原载《蚌埠社会科学》1994 年第 1 期。

州(今甘肃泾川)。不久发生了宋夏定川之战,宋军大败,大将葛怀敏战死,震惊沿边数州。泾州地处前沿,此时城中空虚。宗谅召集数千进城避难的边民,晓以利害,换上军服,登城防守,人心得以安定下来。宗谅又花重金招募智勇之士,刺探敌情,并且把得来的情报及时通报给邻近各州。其时仲淹坐镇西北,为环庆路(今甘肃环县至庆阳一带)经略安抚招讨使,兼知庆州。闻知定川之败,亲率大军分三路前往驰援。途中遇到十余日阴雨,人困马乏,士气低落。三路人马会集于泾州(当时属泾原路),宗谅张鼓作乐,大设牛酒迎劳,使得士气复振。定川战死的将士有不少是泾州人,宗谅将他们的姓名全部登记造册,设上灵位,供于佛寺,亲往祭奠,并且从优抚恤其遗属。经此数事,仲淹对宗谅的才干有了进一步了解。不久,仲淹奉调回京,遂荐宗谅以自代。宗谅离开泾州之日,数百人号哭为他送行。到庆州以后,宗谅将军务、政务都处置得井井有条,深受各族边民和部下将士的爱戴。

仲淹返京不久,掀起了一场轰轰烈烈的改革运动——史称庆历新政。任何政治改革,其实都是一次利益格局的重新调整,难免遇到阻力。反对派给以仲淹为首的改革派扣上一顶"朋党"的帽子,凡热心支持改革者都被列入"范党"而加以排挤打击。他们不顾国家大局,甚至连远在千里之外的守边将领也不放过,像狄青、滕宗谅等这些曾经亲受仲淹提拔、举荐过的人更是在劫难逃。

正当宗谅一心一意致力于边防之际,从京城派下来的监察御史梁坚,不顾敌情,不去查看其防务,却劾奏他"用度不节,耗用公使钱十六万贯,有数万去向不明,显系侵吞入己。"查不出他庆州的问题,就去查他当初在泾州时的问题。结果发现他将"公使钱"用于馈赠。

所谓"公使钱",就是后世所称政府首长的"公用经费",或曰"机动经费",其使用范围本无严格规定。兼之战时的边境前线,其开支范围更加宽泛,可以用于宴饮、犒赏,也可以用于安抚、馈赠、间谍和刺探。有些地方军政长官甚至直接拿它放高利贷,或者作为做生意(时称"回易")的本钱。只要不是"侵吞入己",都被允许,也较为普遍。宗谅身为边帅,置身于塞外苦寒、锋镝血刃之间,非厚劳重赏何以抚慰将士?非从丰馈遗何以安抚当地熟羌?至于馈遗过往游士,宗谅亦出自其豁达好施的天性。然而,负责审理此案的太常博士燕度,秉承执政者的意图,借机大肆株连,逼迫宗谅交代出所有接受馈赠之人,"枝蔓勾追,囚系满狱,人人嗟怨",甚至连朝廷派去巡视边防的韩琦也被传讯,镇守边疆的重要将领狄青、种世衡等人一并受到株连。宗谅终归是一位豪迈跅弛之士，“恐连逮者众，因焚其籍以灭姓名”[①]。就是说，为了不再牵连别人，他干脆把账本子烧了，任凭穷追鞫讯，他甘愿蒙受牢狱之苦，慨然以身当之。

对于这桩公案，宰相章得象暗中怂恿，御史中丞王拱辰咬住不放，参知政事范仲淹据理力争，谏官欧阳修犯颜直谏，仁宗皇帝只得折中处理，将宗谅降职知虢州。而王拱辰认为处罚太轻，攻之不已，并以“家居，求自贬”[②]相要挟。仁宗不得已，只好将宗谅再贬知岳州。这场官司，实质上是以范仲淹为首的革新派同章得象等人为首的守旧派之间的一场激烈的政治斗争。由于守旧势力的强大，宗谅的这一结局实在必然之中。

二、岳阳政绩

“庆历四年春，滕子京谪守巴陵郡（即岳州）。越明年，政通人和，百废俱兴。乃重修岳阳楼”，并请当时已被排挤到邓州的范仲淹为之作记。

岳阳楼为岳阳西门之城楼，下临八百里洞庭。于烟波浩渺之中一楼雄峙，蔚为壮观。相传，这里原是三国时东吴名将鲁肃训练水师的阅兵台。唐玄宗开元四年，一代名相、诗人张说谪守于此，始就台筑楼。千余年来，岳阳楼历经几多兵火、几度残毁、几度重修而至于今日。其间大名鼎鼎的创建者、重建者不知凡几，其姓名几乎为人们所遗忘，而名气小得多的滕子京，同样谪守于此，却因为重修一次岳阳楼而成了至今家喻户晓的人物。只缘修一楼，遂留千载名。这是有关岳阳楼的一段佳话，大约在中国的建筑史上，也算得上一桩小小的奇迹。有人说，人以文传，这是滕子京沾了范仲淹《岳阳楼记》的光。其实未必尽然，滕子京的千载留名，亦非偶然。

关于宗谅治理岳州的政绩，仲淹在一篇短短的记文中不可能罗列，只用了“政通人和，百废俱兴”八个字高度概括。据宋人王辟之《渑水燕谈录》记载：“庆历中，滕子京谪守巴陵，治最为天下第一。政成，重修岳阳楼，属范文正公为记，词极清丽；苏子美书石，邵竦篆额，亦皆一时精笔，世谓之‘四绝’云。”[③]另据王得臣《麈史》：“岳阳西濒大江，夏秋，洞庭水平，望与天际。而州步无舣

---

① ［元］脱脱等撰：《宋史》卷三百三，北京：中华书局，1985 年，第 10038 页。

② ［元］脱脱等撰：《宋史》卷三百一十八，北京：中华书局，1985 年，第 10360 页。

③ ［宋］王辟之撰，吕友仁点校：《渑水燕谈录》卷六，北京：中华书局，1981 年，第 72 页。

舟之所，人甚病之。庆历间滕子京谪守是邦，尝欲起巨堤以捍怒涛，使为弭楫之便。先名曰‘偃虹堤’，求文于欧阳永叔，故述堤之利详且博矣……治平末，予宰巴陵，首访是堤。郡人曰：‘滕未及作而去。’”[①]

宗谅于“政成”之后，修岳阳楼，筑偃虹堤，此外他还曾“孜孜风化，兴学育人”，并且约请古文大家尹洙为他写了一篇《岳州学记》。应该说，所有这些都是“政通人和，百废俱兴”的最好注脚。所以当上级前来考绩时，评定其“治最为天下第一”，应该说是可信的。我们今天翻检欧阳修文集，还能见到欧公应宗谅之约所写的那篇《偃虹堤记》[②]。只是由于当时宗谅调离岳州，工程未兴即废，未能与重修的岳阳楼相媲美，辜负了欧公一篇记文。岳州州学不知后来办得如何，今天只能在尹洙的《河南先生文集》中见到这篇记文[③]。

关于《岳阳楼记》的写作缘起，仲淹的四世孙范公偁在其《过庭录》中曾有记述：“滕子京负大才，为众忌嫉。自庆帅谪巴陵，愤郁颇见词色。文正与之同年友善，爱其才，恐后贻祸。然滕豪迈自负，罕受人言。正患无隙以规之，子京忽以书抵文正，求《岳阳楼记》。”[④]宋代词人周邦彦之裔孙周煇在其《清波杂志》中说：“放臣逐客一旦弃置远外，其忧悲憔悴之叹，发于诗什，特为酸楚，极有不能自遣者。滕子京守巴陵，修岳阳楼，或赞其落成，答以‘落甚成，只待凭栏大恸数场！’”[⑤]宗谅当时这种难以排遣的愤郁情绪，仲淹不会不知。宗谅来信求他作记文，正好给仲淹规劝老友一个很好的机会。因此，仲淹写作《岳阳楼记》，其主旨并不在于为宗谅重修岳阳楼树碑立传，歌功颂德，主要还是由于“无隙以规之”，意在规劝处于愤郁中的友人。文中所谓“去国怀乡，忧谗畏讥，满目萧然，感极而悲”的“迁客骚人”，与其说是泛指，不如说其中主要是指滕子京本人。文中说的“不以物喜，不以己悲……先天下之忧而忧，后天下之乐而乐”，既表现了仲淹“忧以天下、乐以天下”“以天下为己任”的博大胸怀，同时也是对老友的慰勉和开导。

庆历六年九月十五日，仲淹之记文完稿。甫及勒石，宗谅被调知苏州，次

---

① [宋]王得臣著：《麈史》卷中，上海：上海书店，1990年，第21－22页。

② [宋]欧阳修著，李逸安点校：《欧阳修全集》卷六十四，北京：中华书局，2001年，第941－942页。

③ [宋]尹洙撰，时国强校注：《尹洙集编年校注》庆历六年，北京：中华书局，2019年，第366－367页。

④ [宋]范公偁撰，孔凡礼点校：《过庭录》，北京：中华书局，2002年，第324页。

⑤ [宋]周煇撰，刘永翔校注：《清波杂志校注》卷第四，北京：中华书局，1994年，第138页。

年春即病逝于苏州任所，归葬于池州青阳县九华山下之金龟原。大致同时被贬的诗人苏舜钦（字子美）此时流寓苏州，筑沧浪亭以居，曾写挽诗数首为其送葬；仲淹闻讣，为其“才有余而命不足，不得尽其术于生民”[①]而深表惋惜。

三、功成谤兴

修复一座历史名楼，按说是一桩美事。然而，此事却遭到了王拱辰辈的訾议和诋毁。司马光《涑水记闻》有这样两条记载：

> 滕宗谅知泾州，用公使钱无度，为台谏所言，朝廷遣使者鞫之。宗谅闻之，悉焚公使历。使者至，不能案，朝廷落职徙知岳州。
>
> ……
>
> 滕宗谅知岳州，修岳阳楼，不用省库钱，不敛于民，但榜民间有宿债不肯偿者，献以助官，官为督之。民负债者争献之，所得近万缗。置库于厅侧，自掌之，不设主典案籍。楼成，极雄丽，所费甚广，自入者亦不鲜焉。州人不以为非，皆称其能。[②]

所谓“自入者亦不鲜焉”，用今天的话说就是：入自己腰包的也不在少数。由于司马光的这两条记闻，致使滕子京蒙受了千载污名。

司马光不但是一位伟大的历史学家，同时堪称那个时代的道德楷模。因而对于他的“记闻”，人们一般都会深信不疑。问题在于，他这里所“记”之事，系“闻”之于何人。司马光的《涑水记闻》，作于他退居洛阳纂修《资治通鉴》后期，目的主要是为准备修撰本朝历史积累资料。当时有一批朝廷高官退居洛阳，曾经以唐代白居易在洛阳组织“洛阳九老会”的形式，组织了一个“洛阳耆英会”，以富弼、文彦博最为年长，王拱辰、司马光等也都列名其中。司马光为保证所记资料的真实可信，在每条之末，一般都注明资料来源。在上引两条史料下面，司马光也有一条自注：“据君贶云。”意谓这两条材料是听君贶说的。

---

① ［宋］范仲淹著，李勇先、王蓉贵校点：《范仲淹全集》文集卷第十五，成都：四川大学出版社，2002年，第362－363页。

② ［宋］司马光撰，邓广铭、张希清点校：《涑水记闻》卷十，北京：中华书局，1989年，第196页。

君贶是谁？原来不是别人，正是当初在“泾州公使钱”问题上攻击滕子京最有力的那位御史中丞王拱辰（字君贶）。我们只要联系当时的政治背景，对于这两条记闻的可信程度，不难得出结论。

庆历三年八月，范仲淹就任参知政事，九月，上《答手诏条陈十事》，正式揭开庆历新政序幕。然而新政遭到了以章得象、夏竦等一大批守旧人物的激烈反对。其中反对最力者，大约首推这位时任御史中丞的王拱辰。此人本为欧阳修的同年，后来又成为连襟。但他在庆历党争中的表现，实为欧阳修所不齿。这里可略举几例：

一、诚如欧阳修所言，封建皇帝对于朝臣中最敏感、最忌讳的事，莫过于“朋党”；要想从整体上搞垮政敌，莫过于给对方加上“朋党”之类的罪名。王拱辰辈深谙此道，不仅大造范仲淹革新集团为“朋党”的舆论，还指使御史钱明逸等劾奏仲淹“更张纲纪，纷扰国经，凡所推荐，多挟朋党，乞早罢免”①。

二、韩琦与仲淹守边御敌，同心协力，患难与共，是政治革新集团的重要成员。为了分化瓦解他们，王拱辰亲自出马游说韩琦，要他“拔出彼党，向这下来”②。

三、乘革新派主要人物范仲淹、富弼、欧阳修等出使巡察不在朝廷之机，王拱辰又唆使御史鱼周询、刘元瑜等制造了一起轰动朝野的大案——进奏院赛神案。抓住苏舜钦以卖废纸钱举办宴会、王益柔醉作《傲歌》等鸡毛蒜皮，小题大做，以“比照监守自盗”罪名，将主办和参与宴会的馆阁名士苏舜钦、王益柔等十余人一一逮捕，并贬逐出京。王拱辰为此而得意忘形：“吾一举网尽矣！”③

凡此种种，王拱辰当时即“为公议所薄”④。当仁宗皇帝打算授予他荣誉头衔宣徽北院使的时候，素有“铁面御史”之称的赵抃当即直言相抗：“拱辰安得污此选？”⑤由此可见其声名狼藉。到了晚年，王拱辰反对王安石变法，与司马光堪称同调。他得之于王拱辰口中关于革新派人士的某些传闻，其真实性就不能不大打折扣。即如“泾州公使钱”问题，尽管其事实真相和是非曲直当初在仁宗面前早已搞清，王拱辰晚年还是向司马光作了歪曲介绍。至于“重修

---

① ［元］脱脱等撰：《宋史》卷三百一十七，北京：中华书局，1985 年，第 10347 页。

② ［宋］韩琦著，李之亮、徐正英笺注：《安阳集编年笺注》附录五，成都：巴蜀书社，2000 年，第 1881 页。

③ ［宋］李焘撰，上海师范大学古籍整理研究所、华东师范大学古籍整理研究所点校：《续资治通鉴长编》卷一百五十三，北京：中华书局，2004 年，第 3716 页。

④ ［元］脱脱等撰：《宋史》卷三百一十八，北京：中华书局，1985 年，第 10360 页。

⑤ ［元］脱脱等撰：《宋史》卷三百一十八，北京：中华书局，1985 年，第 10361 页。

岳阳楼”问题，宗谅不是简单地恢复旧观，而是“增其旧制”，并且“刻唐贤今人诗赋于其上”，楼成而“极雄丽”，“所费甚广”，可想而知。但是，宗谅当初究竟用了多少钱？是不是“自入者亦不鲜”？时至今日，只能存疑。宗谅“置库于厅侧，自掌之，不设主典案籍”，他这样做，既可能与其疏阔而又不避嫌疑、过于自信的性格有关，也可理解为他对这项工程的重视，为的是提高效率。不过，这种做法在当时确实很难为人们所理解，客观上很容易被人抓住把柄，或者授人以口实，以至于落下贪污嫌疑。即便如此，我们对于如下两条也不能不加考虑：一是王辟之称其“治最为天下第一”，二是司马光亦称“州人不以为非”。前者“治最”属于上级考核评定的等级，后者“不以为非”可视为当地群众公论。与王拱辰辈“自入”之说相比，这两者显然更值得相信。今天无可怀疑的，正是由于宗谅遭贬谪而不失其志的大胆负责精神，才有了一座至今雄峙的岳阳楼，才有了范仲淹这篇千古传诵的美文。

四、千秋双星

综观宗谅一生，堪称倜傥豪迈、光明磊落的一生。他在谏官任上的那次遭贬，司马光的《涑水记闻》也有记载：

> 道粹曰：景祐初，内宠颇盛，上体多疾。司谏滕宗谅上疏曰：“陛下日居深宫，留连荒宴，临朝则多羸形倦色，决事如不挂圣怀。”坐是出知信州。①

当时的仁宗皇帝年方二十出头，年轻气盛，又失去了垂帘听政的刘太后的管束，若非公而忘死如滕宗谅者，谁敢这样直言相谏？司马光的这条记闻，得之于僧人道粹，对宗谅未必有赞许之意，但我们从中所看到的，却是宗谅襟怀坦白、直言无忌的性格。宗谅临大事而不拘小节，性豁达而不避形迹，因而所到之处多有建树，往往也多有怨谤伴生。宗谅知湖州日，同样注重发展教育，培养人才，并且把一代名师胡瑗请到湖州任教，使得“湖学为东南最”②。但

---

① ［宋］司马光撰，邓广铭、张希清点校：《涑水记闻》卷三，北京：中华书局，1989 年，第 60 页。

② ［元］脱脱等撰：《宋史》卷三百一十八，北京：中华书局，1985 年，第 10366 页。

是，另据《宋史·胡宿传》载：

> 大兴学校，费钱数十万。宗谅去，通判、僚吏皆疑以为欺，不肯书历。宿诮之曰："君辈佐滕侯久矣，苟有过，盍不早正？乃阴拱以观，俟其去而非之，岂昔人分谤之意乎？"坐者大惭谢。[①]

幸得接任者胡宿明白事理，及时解围，才避免了宗谅的一场尴尬，要不然，他的离任场面很可能是难堪的。

宗谅的才干，在重修岳阳楼的过程中也充分表现出来。他既"不用省库钱"，又"不敛于民"，那么，修楼经费从何而来？但见宗谅出榜告示："民间有宿债不肯偿者，献以助官，官为督之"。于是，"民负债者争献之，所得近万缗"。借助官府的权势，为当地的债主们讨债，从中提成，用于修楼。宗谅的这种奇思妙想和运作方式，简直可以视作开创了当代"讨债公司"的先河，属于他的一大创举。然而，"古来材大难为用"。正如范公俩所言："滕子京负大才，为众忌嫉。"用今天的眼光看来，滕宗谅颇有点个人英雄主义的味道，容易脱离群众。他身居官场，自视甚高，却不通"关系学"，不善于处理人际关系。在岳州任上，迁建州学，本属善举，不知他离任后效果如何；修筑偃虹堤，显然亦属于为民"办实事"，却得不到继任者的支持，结果人走事废；修成一座岳阳楼，反而横遭谤议。回看当年他在湖州兴学育人，明明是办成了一件大好事，却受到部下僚属的挟制，若不是胡宿解围，差点儿离不了任。仲淹评论宗谅，说他"名以召毁，才以速累"[②]，这话实属知之也深，感慨也深。

然而，历史是公正的。《宋史》本传称赞他说："宗谅尚气，倜傥自任，好施与。及卒，无余财。"[③]对于一个平生"好施与"、死于知州任上而能做到"无余财"的人来说，人们是很难相信他是一个"自入不鲜"的贪官的。滕子京的修楼，与范仲淹的名篇一道永垂不朽；他的名字，自当与范仲淹一起，同为彪炳史册的双星。

---

① [元]脱脱等撰：《宋史》卷三百一十八，北京：中华书局，1985年，第10366页。

② [宋]范仲淹著，李勇先、王蓉贵校点：《范仲淹全集》文集卷第十五，成都：四川大学出版社，2002年，第364页。

③ [元]脱脱等撰：《宋史》卷三百三，北京：中华书局，1985年，第10038页。

范仲淹与隐逸诗人林逋交游考*

一、千载悬案

范仲淹(989—1052)与北宋著名隐逸诗人林逋(967—1028),曾经有过一段非同寻常的交游,向来无人怀疑,因为范氏文集载有两人交游之诗作共五首为证:《寄赠林逋处士》《和沈书记同访林处士》《与人约访林处士阻雨因寄》《寄西湖林处士》《寄林处士》①。此外,仲淹在其他诗文中亦多次提到"林逋""林君复"如《送邢昂处士南游》《唐异诗序》《朝贤送定惠大师诗序》②等。而现存林逋诗集,亦有一首《送范寺丞仲淹》:

> 中林萧寂款吾庐。亹亹犹欣接绪馀。
> 去棹看当辨江树,离尊聊为摘园蔬。
> 马卿才大常能赋,梅福官卑数上书。
> 黼座垂精正求治,何时条对召公车③?

既然有这些诗篇为证,谁也否认不了两人曾经有过交游。然而,两人究竟是在什么时候、什么情况下有所交游?宋代文献以及《宋史》本传皆无确切记载。从当时的情况来看,可以说是两不相干:一个是长期隐居东南海陬的高

---

* 本文于2012年6月完稿,2012年12月首次提交给北京召开的第四届中国范仲淹国际学术会议,做了较多补充修改之后,又提交给中国宋史研究会第十六届年会。收入本书时有修改。

① 以上五首均见《范文正公文集》卷第四。[宋]范仲淹著,李勇先、王蓉贵校点:《范仲淹全集》,成都:四川大学出版社,2002年。

② 分别见《范文正公文集》卷第四、第八、第八。[宋]范仲淹著,李勇先、王蓉贵校点:《范仲淹全集》,成都:四川大学出版社,2002年。

③ [宋]林逋著,沈幼征校注:《林和靖诗集》卷三,杭州:浙江古籍出版社,2012年,第97页。

士，一个是少长北地，奔走红尘，浮沉于中原宦海的下层官吏。况且，两人年龄相差二十余岁，当仲淹不到四十岁时，林逋即已谢世。由于年齿悬殊、志向迥异、足迹几无相交，加上两人之《年谱》记载有误，这就给后人考索带来不小的困难，以致对于两人的交往一向众说纷纭，悬疑千载，至今成谜。

南宋参知政事楼钥所撰《范文正公年谱》将两人之交游系于宋仁宗皇祐元年(1049)：

> 公(仲淹)守杭日，林逋隐孤山，公过其庐，赠诗曰："巢由不愿仕，尧舜岂遗人？风俗因君厚，文章到老醇。"其激赏如此。[①]

并且将仲淹约人同访林逋的几首诗也系于此时。然而此说大谬。因为皇祐元年仲淹守杭日，林逋之墓木已拱。

《年谱》的这一错误记载，当出于北宋吴处厚《青箱杂记》：

> 钱塘林逋亦著高节，以诗名当世，名公多与之游……迨景祐初，逋尚无恙，范文正公亦过其庐，赠逋诗曰："巢由不愿仕，尧舜岂遗人？"又曰："风俗因君厚，文章到老醇"，其激赏如此。[②]

吴处厚将两人的交游定于"景祐初"(1034)，时间虽较《年谱》提前十五年，依然不确。考诸景祐元年，仲淹确有因谏阻宋仁宗废郭皇后而被贬睦州(今浙江建德)之事，其时仲淹虽有经杭州而"过其庐"的可能，但其时林逋并非"尚无恙"，去世也已六年。再说，仲淹景祐元年这次睦州之行，是由于谏言废后触怒仁宗而遭贬，而林逋的送别诗却说："黼座垂精正求治，何时条对召公车？"这岂不成了有意揭人伤疤、戳人痛处？由此可见，两人之相见，不可能是在此时。

换一个角度看，林逋的送别诗既然题为《送范寺丞仲淹》，我们考索两人的交游，也就只应限定在仲淹身为大理寺丞的这几年。据仲淹《年谱》，仲淹迁大

---

① [宋]范仲淹著，李勇先、王蓉贵校点：《范仲淹全集》附录二，成都：四川大学出版社，2002年，第905页。

② [宋]吴处厚撰：《青箱杂记》卷六(影印涵芬楼本)，上海：上海书店，1990年，第2页。

理寺丞，事在仁宗天圣二年(1024)[①]；而林逋去世则在天圣六年(1028)。考察仲淹过访，只应限定在这段时间，不可能将其下延至景祐初年。

然而，人们在这一时段很难找到仲淹远赴杭州拜访林逋的记载。据其《年谱》，天圣元年(1023)，仲淹除泰州兴化县令，主持修筑捍海堰工程，而后徙监楚州粮料院。天圣四年(1026)，仲淹因母亲去世而回到南京(今河南商丘)丁忧守制，应晏殊之邀主持应天书院。守丧期满，于天圣六年(1028)也就是林逋去世那年的十二月，受荐入朝任秘阁校理[②]。由此看来，这几年间仲淹要么在泰州西溪(今江苏东台)监理盐仓，要么在兴化主持筑堰工程，要么在楚州监粮料院，要么回南京丁忧守制，似乎没有往访林逋的可能。于是对于两人的交游，便生出种种不同的推断和猜测。

《淮北煤师院学报》1985 年第 1 期发表詹亚园先生文章《〈范文正公年谱〉杭州事实辨误》，认为仲淹“访林逋之事，必当在天圣二年之后，天圣六年林逋弃世之前这数年间”。这一看法无疑是正确的。詹文同时认为：“由于资料缺乏，范仲淹访林逋的时间，只能作这样的大略探测，具体时间，恐怕就难于深考了。”

浙江古籍出版社 1986 年出版《宋史研究集刊》，收录杨渭生先生大作《范仲淹在浙江》。文中虽然以仲淹几首诗为据，说到他与林逋有所交游，但对两人的交游时间和经过，未曾提及；虽然也引用了林逋送别范仲淹的那首诗，却未言明作者为谁，仅标明引自《咸淳临安志》[③]。

1986 年 10 月，上海师范大学程应镠老先生《范仲淹新传》问世。程老认为仲淹与林逋相识，大概应在任职泰州期间。至于具体时间，他也未作详细考证[④]。

《浙江学刊》1992 年第 2 期发表王瑞来先生大作《范仲淹三至杭州考实》，明确指出了“范仲淹曾拜访过林逋的事实”，但他同时认为：“范仲淹初至杭州时间，大约在天圣五年前后。因何事来杭州不清楚，各种史籍均无记载。”

---

① [宋]范仲淹著，李勇先、王蓉贵校点：《范仲淹全集》附录二，成都：四川大学出版社，2002 年，第 869 页。

② 以上皆见楼钥所撰《范文正公年谱》。见[宋]范仲淹著，李勇先、王蓉贵校点：《范仲淹全集》附录二，成都：四川大学出版社，2002 年。

③ 此文后来收入杨渭生先生著《慎思轩文存》，读者可参见杨渭生：《慎思轩文存》，杭州：浙江大学出版社，2017 年，第 110－121 页。

④ 程应镠：《范仲淹新传》，上海：上海人民出版社，1986 年，第 18 页。

当代林逋研究专家钟婴先生著有《犹喜曾无封禅书——林逋评传》[①]，其附录《林逋生平系年》将“范仲淹迁大理寺丞，与林逋唱和”的时间定在天圣二年(1024)，此说显然不妥。因为仲淹迁大理寺丞固然是在此年，若称其时即“与林逋唱和”，缺乏证据支持。钟先生也许是感到此说没有把握，2004 年 10 月出版大著《林和靖与西湖》[②]，在其所附《林逋生平系年》中又将此事改为“天圣四年(1026)，范仲淹丁母忧，或于此时访林逋。”此说依然不确。我们知道，那时节的士人，在丁忧期间是不能轻易离家远游的，况且，仲淹当时不仅重孝在身，还在主持应天书院教务，也无暇外出。因此，钟先生“或于此时访林逋”的说法同样难以成立。

直到 2010 年，诸葛忆兵先生于《文史知识》第 9 期发表《范仲淹与杭州》一文，认为仲淹最早一次游历杭州，大约是在他任职泰州(今属江苏)期间，与杭州著名隐士林逋交往，时间当在林逋去世的天圣六年之前。这一判断大体正确，但他依然未能认定两人交游的具体原因和确切时间。

二、循踪觅迹

范仲淹与林逋的交游，其实有迹可循。这踪迹便是富弼所撰《范文正公仲淹墓志铭》(以下简称《墓志铭》)为我们留下的蛛丝马迹：

> 公少举进士……制置使举榷泰州西溪盐廪，以劳进大理丞。又举知兴化县、建州关隶。以吴国老疾辞，监楚州粮料院，丁忧去官。[③]

笔者即拟据此数语(尤其是其中“又举知兴化县、建州关隶”一语)作为主要依据和线索，联系相关史实，探析林、范两人的交游时间和大致经过。能否言之成理，尚望方家赐教。

仲淹知兴化县，主持修筑的捍海长堤，是仁宗初政时期一项很大的“惠民工程”，更是仲淹个人早年历史上值得大书特书的一笔。令人奇怪的是，富弼

① 周峰主编:《吴越首府杭州及北宋东南第一州》，杭州:浙江人民出版社，1997 年，第 273 页。

② 钟婴:《林和靖与西湖》，杭州:杭州出版社，2004 年，第 196 页。

③ [宋]范仲淹著，李勇先、王蓉贵校点:《范仲淹全集》附录一，成都:四川大学出版社，2002 年，第 818 页。

在其所作《范仲淹墓志铭》中却将此事轻轻带过，略而未及。即便如此，他在这里却为我们提供了一条极其重要的信息：在仲淹知兴化县之后、徙监楚州粮料院之前，原来还曾有过一段知建州关隶县的经历。仲淹的这段经历，其他史籍未见记载，其实是令人颇费猜详的。仲淹被荐知兴化县，专主修筑捍海堰工程。工程刚刚提上日程，怎么可能临阵易帅，被“又举”去知建州关隶、而后又去监楚州粮料院呢？看来其中必有一段曲折缘由。事情的经过原委，幸赖司马光《涑水记闻》和李焘《续资治通鉴长编》等史籍记载下来。据《涑水记闻》：

通、泰、海州皆滨海。旧日潮水皆至城下，土田斥卤，不可稼穑。范文正公监西溪仓，建白于朝，请筑捍海堤于三州之境，长数百里，以卫民田。朝廷从之。以文正为兴化令，专掌役事；又以发运使张纶兼知泰州，发通、泰、楚、海四州民夫治之。既成，民至于今享其利。兴化之民往往以范为姓。①

司马光这里所记，主要是仲淹建白于朝的倡修之功。其实，当时的工程进展颇不顺利。不仅动工之前就有不少争议，筑堤过程更是一波三折。据《续资治通鉴长编》：

先是，堰久废不治，岁患海涛冒民田。监西溪盐税范仲淹言于发运副使张纶，请修复之。纶奏以仲淹知兴化县，总其役。难者谓：涛患息，则积潦必为灾。纶曰：“涛之患十九，而潦之灾十一，获多亡少，岂不可乎。”役既兴，会大雨雪，惊涛汹汹且至，役夫散走，旋泞而死者百余人。众哗言堰不可复，诏遣中使按视，将罢之。又诏淮南转运使胡令仪同仲淹度其可否，令仪力主仲淹议。而仲淹寻以忧去，犹为书抵纶，言复堰之利。纶表三请，愿身自总役，乃命纶兼权知泰州，筑堰自小海寨东南至耿庄，凡一百八十里，而于运河置闸，纳潮水以通漕，逾年堰成。②

---

① ［宋］司马光撰，邓广铭、张希清点校：《涑水记闻》卷第十，北京：中华书局，1989 年，第 185 页。

② ［宋］李焘撰，上海师范大学古籍整理研究所、华东师范大学古籍整理研究所点校：《续资治通鉴长编》卷一百四，北京：中华书局，2004 年，第 2419 页。

对于工程兴复的艰难曲折以及仲淹在其中的过失疏误，仲淹本人并不讳言。他在《宋故卫尉少卿分司西京胡公（令仪）神道碑》中说：

余知兴化县，以复厥防。会雨雪大至，潮汹汹惊人，而兵夫散走，旋泞而死者百余人。道路飞语，谓死者数千，而防不可复。①

司马光和李焘不计其过失，专记其功绩，可以理解。但是，作为对仲淹极为崇敬、极尽揄扬的富弼，在《墓志铭》中却将仲淹的这一丰功伟绩略而不及，以"又举知兴化县、建州关隶"两事连类并书，以此笔法将其不世之功绩轻轻隐去，这是为什么？显然，他是想以此手法掩饰仲淹在工程上的疏误和过失，为讳其过而掩其功。要知道，工程一次死亡百余人，不仅事故重大，影响更大，别说那时，即便今天也是要作为特大事故而认真调查、严肃处理的。即便上级予以谅解，那些一向反对此项工程而制造"飞语"者，也不会轻易放过此事。虽说风暴潮引发海啸，属于难以预测、不可抗拒的自然灾害，但作为"专掌役事"的范仲淹，难逃其预见不够、防范不周之责。其时要被追究责任，则是不可避免的。富弼一心只想"为尊者讳"，但他毕竟不是文章高手，《墓志铭》的这种写法，为我们留下了蛛丝马迹：这便是"又举"知建州关隶。如果说，初举知兴化县是因为仲淹首倡筑堤之议，那么，工程出了特大事故，作为"专掌役事"的直接责任人，在这个节骨眼上，怎么可能被"又举"去知建州关隶？一个明摆着的事实，显然是仲淹受到了问责处理。

这里还需要弄清的是，"建州关隶"在哪里？据《元丰九域志》：

福建路建州关隶县，在建州东南二百二十里（今福建政和县东）。关隶本为一镇，真宗咸平三年（1000）始升为县级建制②。

正在主持国家重点工程的范仲淹，因重特大事故而遭免职，被调往一个既远且僻的小县，即便勉强可称为"平调"，也称不上"又举"。富弼接着说："以吴

① ［宋］范仲淹著，李勇先、王蓉贵校点：《范仲淹全集》文集卷第十二，成都：四川大学出版社，2002年，第297页。

② ［宋］王存撰，王文楚、魏嵩山点校：《元丰九域志》卷第九，北京：中华书局，1984年，第401页。

国(按即仲淹老母谢氏,死后受赠吴国夫人)老疾辞,监楚州粮料院。”这话显然也有掩饰成分。因为调往建州关隶,其实是对仲淹的一种处罚,他必须接受,比不得平调或者升迁,不是想辞就能辞的。事情的真相很可能是:当处罚决定即远谪关隶的新命下达以后,其时仲淹母亲年老多病,很难随他远行,仲淹此时很可能为照顾老母而向朝廷提出了改命的请求。朝廷体谅其实际困难,于是改为监楚州粮料院,以便赡养,直至丁忧。不过这是后话。而当时调任关隶的朝命既下,仲淹必须奉命前往,是容不得讨价还价、迁延稽留的。至于仲淹此行有没有到达关隶任所,无任何史料记述,我们不得而知。而他此行已经到达杭州,则可确定无疑,甚至曾于杭州盘桓逗留,等待朝廷改命,也是有可能的。他过访林逋的几首诗作以及林逋的那首送行之作,则可作为此行的确证无疑。

仲淹这次衔命南迁经过杭州的具体时间,笔者认为:一是应在知关隶县任命下达、并且业已成行之后;二是应在就任楚州粮料院监仓官之前。究竟应在何时?这就需要首先弄清工程事故发生的时间。对此,仲淹《年谱》、司马光《记闻》以及李焘《长编》等皆不载,幸赖仲淹本人为我们提供了重要线索。他在《泰州张侯(即张纶)祠堂颂》中提到捍海堰工程:“起基于天圣二载之秋,毕工于六载之春。”[①]我们知道,古代兴修大型水利工程,为不违农时,一般于秋冬动工。“役遂兴,会大雨雪……旋泞而死者百余人。”[②]一个“会”字,说明开工不久即发生了事故,其时间应当是在天圣二年秋冬。事故重大,惊动朝野,停工之后,仲淹本人须得就地待命,听候处理。大约第二年春天便有了处理结果:贬仲淹为建州关隶县令。这就是说,仲淹过杭州访林逋,应在林逋去世前的天圣三年(1025)。从仲淹过访林逋的几首诗作来看,其时间也应该是在这一年的春天。

有人可能会提出:重大事故处理起来一般比较费时,会不会历时一年多以后才有处理结果?笔者认为,如果是这样,仲淹往访林逋的时间,那就应推迟到林逋去世的天圣四年(1026),亦即钟婴先生后来认定的时间。但笔者认为,定在此年的可能性不大,因为仲淹母亲去世也在这一年。即便定在天圣四年,

---

① [宋]范仲淹著,李勇先、王蓉贵校点:《范仲淹全集》文集卷第八,成都:四川大学出版社,2002年,第174页。

② [宋]范仲淹著,李勇先、王蓉贵校点:《范仲淹全集》附录二,成都:四川大学出版社,2002年,第869-870页。

也不可能是在仲淹母亲去世之后，而只可能是在此前。理由有二：其一，当时官府的办事效率还不至于如此拖沓低下，处理一个原因并不复杂的事故不至于拖上两年；其二，仲淹老母这一年去世，他于丁忧之后已不可能再去往访林逋。揆情度理，笔者认为两人交游的时间，还是应定于天圣三年春天。

关于仲淹的这次被贬，我们还可换个角度考虑问题。按当时的磨勘之制，官员只要考绩合格，三年即可升官或者晋级。但从《年谱》看其履历，仲淹于仁宗天圣二年(1024)迁大理寺丞；而由大理寺丞转殿中丞，则在天圣八年(1030)，其间蹭蹬了六七年。这是为什么？除了丁忧守制误了些时间之外，想必其间还另有原因，导致仕途迍邅。这就是说，从仲淹的六七年未能升官晋级，亦可反证其间他很可能还受过处分，影响了正常的升迁。反过来说，从仲淹六七年未能正常升迁，亦可反证其关隶之任，并非有人“又举”，而是属于被贬。

三、有诗为证

关于范仲淹的这次关隶之行，富弼的说法不应视为孤证。因为除了林、范两人多首标明交游的诗篇以外，《范集》卷五还有一首《过余杭白塔寺》可以作为仲淹这次行经杭州的佐证：

登临江上寺，迁客特依依。
远水欲无际，孤舟曾未归。
乱峰藏好处，幽鹭得闲飞。
多少天真趣，遥心结翠微。①

此诗首标一个“过”字，以及诗中自称的“迁客”，即已表明了仲淹当时遭贬而为过客的身份。从其诗意来看，“欲无际”的“远水”、“曾未归”的“孤舟”、“结翠微”的“遥心”，以及对于“天真趣”的向往、对“乱峰”“幽鹭”的“特依依”，更符合一名“迁客”的失意心境。

① [宋]范仲淹著，李勇先、王蓉贵校点：《范仲淹全集》文集卷第五，成都：四川大学出版社，2002年，第110页。

我们知道，仲淹少有大志，特别是在其青少年时期，展现出了很强的进取心。早在应天书院苦读时，他曾赋诗明志："白云无赖帝乡遥，汉苑谁人奏洞箫。多难未应歌凤鸟，薄才犹可赋鹪鹩。瓢思颜子心还乐，琴遇钟君恨即销。但使斯文天未丧，涧松何必怨山苗。"[①]在其《咏史五首・陶唐氏》中又说："莫道茅茨无复见，古今时有致尧人。"[②]三十岁时壮游河朔，他曾这样抒发自己的抱负和感慨："太平燕赵许闲游，三十从知壮士羞。敢话诗书为上将，犹怜仁义对诸侯。子房帷幄方无事，李牧耕桑合有秋。民得袴襦兵得帅，御戎何必问严尤。"[③]直到监泰州西溪盐仓时，他还在慨叹自己的怀才不遇："卑栖曾未托椅梧，敢议雄心万里途……一醉一吟疏懒甚，溪人能信解嘲无。"[④]"如何一施阳春雨，依旧无心归去来。"[⑤]恰在此时，朝廷任命他知兴化县，"专掌役事"，给了他一个施展抱负的舞台，他该是何等的精神振奋。

此时的仲淹入仕虽说已十多年，但在此前或做军州幕僚，或做监仓官员，并未做过亲民主官。这次做了知县，主持一项国家重大水利工程，正是天遂人愿，给了他一个大展身手、为国为民、建功立业的机会。讵料天不作美，给他的竟然是当头一棒。虽说处分不算太重，但它毕竟是仲淹入仕以来所遭受的第一次挫折，而且是一次突如其来、毫无思想准备的意外打击，其时承受的心理压力可想而知。

看来，官从来不是好当的，更不是单凭主观愿望和一腔热忱就能当好的。当官不单有荣誉、有地位，更有责任、有风险。它需要经受历练然后熟谙为官之道，需要洞悉那些或明或暗的各种官场规则。除了殚精竭虑、兢兢业业之外，哪怕稍有疏忽甚或一次偶然的意外事故，也有可能断送官员一生的前途。相比之下，普通百姓则要安闲得多。他们虽无做官的荣耀，也没有做官的责任和风险、忧惧和恼烦。恰如有人感叹："常羡人间万户侯，只知骑马胜骑牛。今

---

① [宋]范仲淹著，李勇先、王蓉贵校点：《范仲淹全集》文集卷第四，成都：四川大学出版社，2002年，第66页。

② [宋]范仲淹著，李勇先、王蓉贵校点：《范仲淹全集》文集卷第四，成都：四川大学出版社，2002年，第67页。

③ [宋]范仲淹著，李勇先、王蓉贵校点：《范仲淹全集》文集卷第四，成都：四川大学出版社，2002年，第68页。

④ [宋]范仲淹著，李勇先、王蓉贵校点：《范仲淹全集》文集卷第四，成都：四川大学出版社，2002年，第78页。

⑤ [宋]范仲淹著，李勇先、王蓉贵校点：《范仲淹全集》文集卷第四，成都：四川大学出版社，2002年，第77页。

朝马上看山色，争似骑牛得自由。”[①]仲淹在贬谪途中，怀着失落而又茫然的心情游览寺院，对比官场，羡慕甚至向往僧人的悠闲生活，自在情理之中。笔者认为，他的这首《过余杭白塔寺》，正可作为他初次贬官而行经此地的确证。

楼钥《年谱》将此诗系于皇祐元年，定为仲淹晚年知杭州时作[②]，与事实不符。其一，是诗中称谓与其身份不合。因为此时仲淹是奉朝命去镇守杭州，已经身为一州之主，既非落魄失意的“迁客”，也非来去匆匆的“过客”。其二，仲淹晚年知杭州，是他主动要求的如愿以偿之事。此时的仲淹已是阅尽沧桑，心胸旷达，心情愉悦而且恬淡。形诸诗文，不可能再有那种失意的“迁客”之叹。

有研究者认为，仲淹《过余杭白塔寺》一诗作于景祐元年，笔者同样不以为然。景祐元年，仲淹谪守睦州，往返途中固然皆有“过余杭”的可能，但其时仲淹的心情早已大变。

仲淹初立朝堂，即以敢言著称。早在天圣七年，便因谏阻宋仁宗率百官为垂帘听政的刘太后拜寿而被贬放三年；景祐元年，同样是因为谏阻仁宗废郭后而遭贬。这两次遭贬，与知兴化县遭遇那次海难事故不同，可以说都是仲淹自找的，主动“撄祸”，他已有了充分的思想准备。他为什么敢这么做？与他“每感激论天下事，奋不顾身”[③]的性格固然有关，与他已经两次遭贬的历练也应当大有关系。景祐元年这次贬谪睦州，单就其诗文来看，我们从中所见到的，是他心胸坦然的豪迈气概，已找不到一点消极失意的情绪。其《谪守睦州作》：“重父必重母，正邦先正家。一心回主意，十口向天涯。铜虎恩犹厚，鲈鱼味复佳。圣明何以报，没齿愿无邪。”[④]《赴桐庐郡淮上遇风三首》之一说：“圣宋非强楚，清淮异汨罗。平生仗忠信，尽室任风波。”[⑤]《出守桐庐道中十绝》之一更说：“陇上带经人，金门齿谏臣。雷霆日有犯，始可报君亲。”[⑥]到达睦州以后，

---

① ［明］汤显祖著，［明］王思任、［清］王文治评点，张秀芬校：《牡丹亭》，石家庄：花山文艺出版社，1996年，第22页。

② ［宋］范仲淹著，李勇先、王蓉贵校点：《范仲淹全集》附录二，成都：四川大学出版社，2002年，第906页。

③ ［元］脱脱等撰：《宋史》卷三百一十四，北京：中华书局，1985年，第10268页。

④ ［宋］范仲淹著，李勇先、王蓉贵校点：《范仲淹全集》文集卷第四，成都：四川大学出版社，2002年，第91页。

⑤ ［宋］范仲淹著，李勇先、王蓉贵校点：《范仲淹全集》文集卷第五，成都：四川大学出版社，2002年，第92页。

⑥ ［宋］范仲淹著，李勇先、王蓉贵校点：《范仲淹全集》文集卷第五，成都：四川大学出版社，2002年，第93页。

仲淹又有《潇洒桐庐郡十绝》，其最末一首说："潇洒桐庐郡，严陵旧钓台。江山如不胜，光武肯教来？"[①]他在《睦州谢上表》中这样向朝廷表明态度："臣非不知逆龙鳞者掇齑粉之患，忤天威者负雷霆之诛，理或当言，死无所避。"[②]在《与晏尚书》中他又这样向晏殊表露心迹："罪有余责，尚叨一麾，敢不尽心，以求疾苦。……郡之山川，满目奇胜。且有章、阮二从事，俱富文能琴，夙宵为会，交迭唱和。为郡之乐，有如此者，于君亲之恩、知己之赐，宜何报焉？"[③]以如此潇洒、坦荡而又豁达的胸怀，以如此自信、知足而又欢愉的心情，仲淹怎么可能再写出那首充满失意之感的《过余杭白塔寺》？所以笔者认为，仲淹《过余杭白塔寺》，只能是作于兴化海难事故之后，他的第一次被贬之时。

四、忘年知音

最后，让我们再探讨一下范仲淹与林逋的忘年交游。

仲淹第一次到杭州，有可能首先访问杭城南北的两位同年：一位是萧山的王丝，一位是德清的沈严[④]。仲淹诗《和沈书记同访林处士》提到的这位沈书记，即为沈严；《与人约访林处士阻雨因寄》中"闲约诸公扣隐扃"[⑤]的"诸公"，很可能还包括王丝。我们从这里可以发现一个有趣的对比：仲淹与多年未见的同年相聚，"他乡遇故知"，本应有更多话题；而隐居西湖孤山的林逋，虽然是当时著名隐者、名满天下的诗人，但两人毕竟是初次谋面，且年齿相差甚远。然而我们所看到的是，仲淹与同年"诸公"并没有留下多少唱和之作，却对这位年长二十余岁的林处士情有独钟，写下多首诗篇。这是为何？值得探讨。笔者以为，原因即在于仲淹虽为林逋晚辈，但两人似乎有着更为深厚的思想基础，甚至有着更为久远的神交。

---

① [宋]范仲淹著，李勇先、王蓉贵校点：《范仲淹全集》文集卷第五，成都：四川大学出版社，2002年，第98页。

② [宋]范仲淹著，李勇先、王蓉贵校点：《范仲淹全集》文集卷第十六，成都：四川大学出版社，2002年，第386页。

③ [宋]范仲淹著，李勇先、王蓉贵校点：《范仲淹全集》尺牍卷下，成都：四川大学出版社，2002年，第682－683页。

④ 分见《范文正公文集》卷十六《权三司盐铁判官尚书兵部员外郎王君墓表》《范文正公文集》卷十四《宁海军节度掌书记沈君墓志铭》。

⑤ [宋]范仲淹著，李勇先、王蓉贵校点：《范仲淹全集》文集卷第四，成都：四川大学出版社，2002年，第82页。

先说其“深厚的思想基础”。作为儒生的范仲淹与作为隐士的林逋，看似志向迥异，出处不同，其实在安身立命的根本问题上有着完全相同的思想基础。这是因为，无论真正的儒生还是真正的隐士，他们都是以道相尚，以道自任，所奉行的人生宗旨都是抱道守真。至于出仕还是归隐，本来就是事物的一体两面，或曰表现形式的两端。儒家哲学从总体上说主张积极用世，但它并不主张不识时务、不顾客观、不讲条件、不计后果地勇往直前。儒家格言喜欢将事物并列对举。比如孔子说“天下有道则见，无道则隐”[①]，“用之则行，舍之则藏”[②]，意谓出仕是为了行其所学之道，如果不得行道，那就退隐藏道以待天时。更为流行的儒家信条是孟子的：“穷则独善其身，达则兼善天下。”[③]“穷”“独善”可指归隐；“达”“兼善”则必须出仕。后人习惯将孟子的“兼善”改作“兼济”。这一改动，将儒家以天下为己任的胸襟怀抱表现得更加明确充分。范仲淹的人生信条，同样是效法古圣先贤，“穷”“达”不离其道。正如他自己所说：“我亦宠辱流，所幸无愠喜，进者道之行，退者道之止。”[④]纵观仲淹诗文，一边是“忧国忧民”“宗经守道”“唯精唯一”；一边是“隐”“中隐”“吏隐”之类念头伴其一生。一般说来，作为儒者，当仕途得意时会较多想到“兼济”；当仕途偃蹇，感到人生抱负难以施展之时，更多的则是想到退隐。仲淹初次遭贬，想到仕途风险，自然会产生退隐念头。人在逆境，孤立无助，感到前途渺茫，此时最渴望有人倾听诉说，为其指点迷津，以便从心理上得到些安慰和调适。仲淹在南迁途中去拜访归隐林泉的高士林逋，可以说完全是在情理之中。然而，此时的仲淹正值盛年（38 岁），前程未可限量，慧眼识人的林逋当然不会赞成他退隐，只会给以开导和鼓励。林逋《送范寺丞仲淹》[⑤]诗中所称“亹亹犹欣接绪余”，可见两人晤谈得投契欢洽；“离尊聊为摘园蔬”，是说他余兴未尽，临分手时，还摘下园中的新鲜蔬菜相送。林逋伫立江边，极目远望，透过杂乱的树丛目送仲淹孤舟远去。这是一幅多么依依难舍的情景。“马卿才大常能赋，梅福官卑数上书。黼座垂精正求治，何时条对召公车？”这是林逋的临别赠言。一番长谈之

---

① [宋]朱熹撰：《四书章句集注》论语集注卷四，北京：中华书局，1983 年，第 106 页。

② [宋]朱熹撰：《四书章句集注》论语集注卷四，北京：中华书局，1983 年，第 95 页。

③ [宋]朱熹撰：《四书章句集注》孟子集注卷十三，北京：中华书局，1983 年，第 351 页。

④ [宋]范仲淹著，李勇先、王蓉贵校点：《范仲淹全集》文集卷第三，成都：四川大学出版社，2002 年，第 54 页。

⑤ [宋]林逋著，沈幼征校注：《林和靖集》卷三，杭州：浙江古籍出版社，2012 年，第 97 页。

后,林逋对仲淹的志向和才华已有所了解,他在这里把仲淹比作司马长卿和梅福等古人,既切合仲淹"常能赋""数上书"的实际,更寄托着他对仲淹的勖勉、厚望和期许。仲淹的这次拜访,想必也是深获教益,深受鼓舞,以致后来才誉林逋为"山中宰相"①,几度寄诗存问。

再说"更为久远的神交"。这里又包含两层意思:其一是指两人大致相同的身世,其二是指两人在政治见解上似乎有着更多的情感共鸣。

所谓"大致相同的身世",体现在二人的家庭与年幼的经历上。仲淹先世本为吴越旧臣,归宋以后父亲早逝,自幼艰苦备尝,发愤自立而步入仕途。林逋先世亦为钱氏旧臣。同样少孤力学,早年放游江淮间而未能为世所用,说不定还曾遭遇坎坷,经受挫折,以致绝了仕进之念,而后归隐孤山,以至于二十年足不入城市。身在贬谪途中的仲淹对于这位长者的怀才不遇,除了叹惋,大约还有些惺惺相惜。

所谓"政治见解上的情感共鸣",集中表现于对待当朝皇帝宋真宗赵恒的态度。我们知道,林逋作为名闻天下的隐逸诗人,曾被真宗皇帝赐号"和靖处士",并且下诏地方长吏岁时存问。而林逋呢,对于地方长吏固然心存感激,但他对真宗皇帝似乎并不领情。他不仅没有受宠若惊、感恩戴德地表示,晚年反而写下了这样的诗句:"茂陵他日求遗稿,犹喜曾无封禅书。"②这是什么意思呢?林逋是说:回顾自己的一生,可与司马相如作个对比:当年司马相如将死,汉武帝(茂陵)曾派员到他家搜求文稿,见到了他临死以前为汉武帝歌功颂德的《封禅书》;而林逋呢,他庆幸自己到死也没有像司马相如那样,为当今皇帝写出一篇像"封禅书"那样的"颂圣"作品。林逋这话是大有深意的,表现出的是对真宗晚年装神弄鬼、东封西祀、大兴土木、劳民伤财的不屑和鄙视。林逋不作"封禅书"的诗句,作于他死前数年,已经脍炙人口,风传一时,很可能早为仲淹所闻。仲淹本人面对真宗晚年"天书"屡降,"祥瑞"频生,面对由真宗皇帝亲自发动、亲自主演的一场"史无前例"而举国若狂的闹剧,想必与林逋同样心存反感,早已形成共鸣。我们还记得,仲淹早在南京应天书院求学时,真宗皇帝还祭祀过老子,亲往晋谒亳州太清宫。当时车驾路经南都,书院学子们纷纷

---

① [宋]范仲淹著,李勇先、王蓉贵校点:《范仲淹全集》文集卷第四,成都:四川大学出版社,2002年,第81页。

② [宋]林逋著,沈幼征校注:《林和靖集》卷四,杭州:浙江古籍出版社,2012年,第169页。

前往观驾，唯独仲淹读书不辍，不为所动①。过去我们只知称赞仲淹心无旁骛的苦读精神，现在看来，对于宋真宗浩浩荡荡的銮舆车驾，焉知仲淹不是与林逋怀有同样不屑一顾的心情？嘤其鸣矣，求其友声。仲淹于贬谪途中拜访神交已久的林逋，其实还有着建立在相同政治见解基础上的情感共鸣。

① [宋]范仲淹著，李勇先、王蓉贵校点：《范仲淹全集》附录二，成都：四川大学出版社，2002年，第866页。

范仲淹与包公戏*

一、一个奇特而有趣的现象

作为历史人物的包公，其实算不上经天纬地、旋转乾坤的“三不朽”人物。但是，作为铁面无私、执法如山、刚直不阿、清正廉洁的官员形象，数百年来成了中国小说戏曲舞台上的一颗超级明星。这不仅是中国小说戏曲史上的奇观，甚至称得上一种奇特的社会现象。笔者以为，更为奇中之奇的是，在包公这一艺术形象（为叙述方便，以下简称艺术包公）中还寓有杰出的历史人物范仲淹的形象。

我们知道，作为“清官”典型的艺术包公，其断案故事主要是发生在他知开封府期间。其实，真实包公知开封府的时间并不长，总共不过一年多一点。巧合的是，在包公之前范仲淹也曾做过一段时间的开封知府。大约正是由于两人这段经历的巧合，后世更容易将两人的事迹“混为一谈”。

这种“混为一谈”，首先表现在艺术包公的字号上。大家知道，历史上的真实包公，姓包名拯字希仁，谥号为孝肃。而艺术包公从宋元南戏、元明杂剧直到清代的各种地方戏曲，其主人公出场自报家门，几乎都是“姓包名拯字希文”，或曰字（号）文正，有些戏曲中则干脆呼为“包文正”。这类称呼，越到后世越趋于一致，几至定型。我们还知道，正是在包公之前同样做过开封知府的北宋名臣范仲淹，表字为希文，其死后谥号为文正。“文正”是古代文臣死后朝廷赠予的最高美谥。有宋一代，能获此美谥者为数不多。这里，艺术包公显然袭用了范公的字号和谥号。

其次，再看艺术包公的家庭出身。从相关史料看，真实的范、包二公都出

* 本文原载《北京社会科学》1998 年第 1 期。

身于中下级官僚地主家庭。尤其是包公,自幼生活在比较殷实的小康之家。包公 29 岁中进士,授官不做,居家尽孝达十年之久,正可说明他家中衣食无忧。直到父母双亡守孝期满,他才出来做官。应该说,包公的童年和青少年是美满幸福的,并无流落在外吃苦受难之事。范公则大为不然。他不到周岁便死了父亲,其母贫无所依,带着他改嫁朱家,流落民间,受过不少苦难和屈辱。27 岁中第得官以后,马上从朱家接出母亲奉养,并由母亲陪同始得认祖归宗恢复范姓。但是,艺术包公的出身经历却被改为出生后即遭遗弃,幸为其嫂嫂暗中收养,从小放牛,吃尽苦头,及至长大复归包家。由此看来,艺术包公的出身经历,并不像历史上的真实包公,倒更接近于范公。

第三,从艺术包公的官职仕履来看。在早期的宋元小说戏曲中,艺术包公在知开封府期间的官职,一般被称作"包待制",而真实包公当时的官职是龙图阁直学士,并非待制;以天章阁待制身份权知开封府的,恰是范公、"范待制",而"范待制"也是当时人们对范仲淹的通称。真包公先后曾做过龙图阁直学士、枢密直学士、三司使,最高官职为枢密副使;范公曾做过龙图阁直学士、枢密直学士、枢密副使、资政殿学士,最高官职为参知政事,相当于副宰相。而在后世的小说戏曲中,随着民间艺人的不断加工,艺术包公的官职越来越高,权力越来越大。及至明清以降的包公戏,基本上定位于"龙图阁大学士""包龙图""包相爷"。其实,"龙图老子""范龙图",却是当时对范公的通称。显然,艺术包公的官职,更接近于范公。

第四,从艺术包公的某些故事情节来看。当然,小说戏曲中的包公故事,基本上是虚构的,不应该也不可能都到历史中去追寻其生活原型,但这并不排除少数包公故事中具有某些历史事件的影子。其中比较典型的,要数围绕"狸猫换太子"而编排的一系列包公故事。在北宋历史上确曾有过这么一段宫廷秘事:仁宗皇帝赵祯本为李宸妃所生,生下后即为刘皇后(仁宗即位后为刘太后)所抱养,且被刘皇后伪为己出,而李宸妃则被冷落于别宫。此乃宫廷秘事,外人鲜知。直至刘太后去世,仁宗皇帝才获知真情。此事自然会引发一些朝廷震荡和人事变动。有些人议论纷纷,诋毁刘太后,甚至借题发挥,纷扰朝政。在处理这一事件的过程中,表现得最为出色的,当数范仲淹:其一,早在刘太后摄政之时,朝议要仁宗与百官同列,北面为刘太后贺寿,此事遭到范仲淹大义凛然地上书反对，认为这么做“亏君体，损主威，不可为后世法”[①]；其二，其时仁宗年岁渐长，在几位大臣辅佐下，已具备独立处理朝政的能力，仲淹以超乎常人的勇气上书刘太后，要她还政于仁宗，由此激怒刘太后而被贬放外地；其三，刘太后临死前，留下遗嘱要立杨太妃为太后，此事更遭到范仲淹义正词严地反对；其四，当刘太后一旦归天，朝中出现不少有关刘太后非议的时候，范仲淹完全抛弃个人恩怨，力劝仁宗顾全大体，多念太后抚育之恩，“宜掩其小故，以全大德”[②]。使得仁宗很快醒悟过来，下诏不得再议论太后之事。范公在这一连串事件中所持态度，可谓光明磊落，光彩照人，所表现出的大仁大义、大智大勇、大臣风范和政治才干，博得了后人的钦敬。范公谏诤为刘太后贺寿一事，发生在天圣七年(1029)，其时包公中进士方两年，尚在家中尽孝，并未出来做官；刘太后死于明道二年(1033)，而包公于景祐四年(1037)才初知天长县(今安徽省天长市)。由此可知，朝中发生的这一连串风波，都与包公没有半点关系，他并没有参与的资格和机会。但是，在后世敷衍出来的“狸猫换太子”系列故事中，处断此事的主角都变成了包公。由此足见范公事迹对包公形象影响之大，渗透之深。

二、范、包二公相似的性格和作为

范公生于宋太宗端拱二年(989)，卒于宋仁宗皇祐四年(1052)，享年64岁。包公生于宋真宗咸平二年(999)，小范公10岁；卒于宋仁宗嘉祐七年(1062)，享年64岁，亦晚于范公10年。二公的政治生涯，主要都在仁宗年间。这时的国家承平日久，表面一片繁荣景象。学者邵雍所称“身经两世太平日，眼见四朝全盛时”[③]，所指主要就是这段时间。然而，这也是北宋王朝由盛而衰的重要转折时期。在一片歌舞升平的掩盖下，统治阶级的享乐奢靡、政治的腐败日甚一日，人民生活的困苦、各种社会矛盾的积累也在日益加深。正如一首宋诗所揭露的那样：“金樽美酒千人血，玉盘佳肴万姓膏。烛泪落时民泪落，

---

① [宋]范仲淹著，李勇先、王蓉贵校点：《范仲淹全集》附录二，成都：四川大学出版社，2002年，第872页。

② [宋]范仲淹著，李勇先、王蓉贵校点：《范仲淹全集》附录一，成都：四川大学出版社，2002年，第842页。

③ [宋]邵雍著，郭彧整理：《伊川击壤集》卷十，北京：中华书局，2010年，第332页。

歌声高处怨声高。”(宋·罗烨《醉翁谈录》)

面对内忧外患、危机四伏的严峻形势,一些头脑清醒的有识之士很希望能革除积弊,重振朝纲,普通老百姓当然更希望能恢复宋初的清平之治。作为天子脚下首善之区的京城开封,其行政长官一方面属于亲民的地方官吏,一方面又最接近朝廷。其特殊的身份和地位,是否清廉,一举一动,往往更容易成为各种矛盾的焦点和人们注目的中心。

据《开封府题名记》石碑记载,范公权知开封府为仁宗景祐二年(1035)十月,在任大约半年;包公权知开封府为仁宗嘉祐二年(1057)三月,晚于范公二十多年,在任大约一年。要说在一年半载的时间里能够审断那么多案件、做出那么多惊人业绩,只能是神话。然而,作为万民注目的京城知府,只要具有一颗忧国忧民之心,做出一些益国益民之事,就足以博得老百姓的广泛颂扬。根据史料记载,二公不仅性格相似,而且有一些类似的作为:

一、二公都力主改革弊政。范公在知开封府之前,就曾多次上书,要求革除积弊,提出过一些刷新政治的主张。上任以后,依然身在府衙,心系朝廷。先后上“四论”、上《百官图》,指斥宰相吕夷简用人不公,结果被逐出京。包公此前也曾提出不少兴利除弊的建议。赴任开封知府以后,他革除了由衙吏收转诉讼状的旧制,敞开大门,让告状人直至堂前面陈曲直,从而减少了胥吏从中舞弊的机会。

二、二公都敢于碰硬,执法不避权贵。京师素号难治,难就难在一些皇亲国戚、达官显贵及其子弟,依仗权势横行不法,府衙不敢究治。范公知府事,有一“巨珰”(宦官头子,有点类似包公戏中的郭槐)经常以宫廷采买为名,到处勒索,为害京师。范公下定必死决心,向家人交代好后事,然后上书劾奏,终于为京城除去一害。富弼在为范公所作《墓志铭》中写道:“公处之弥月,威断如神,吏缩手不敢舞其奸,京邑肃然称治。”[①]包公知开封府,为穿越京城的惠民河防汛,需要清除阻水障碍物。其中有一些富绅贵族侵占河壖修建的园林亭榭,包公下令一概清除。有个大人物拿出伪造的地契与之相争,包公验明真伪,处理起来毫不留情。

三、二公都不阿权贵,特立独行。权相吕夷简因仲淹不附己,又爱“找岔

① [宋]范仲淹著,李勇先、王蓉贵校点:《范仲淹全集》附录一,成都:四川大学出版社,2002年,第820页。

子”，要他去知开封府。一则陷他于烦剧事务，无暇再发议论，二则觊其忙中出错，排除异己。而范公于公务之暇，依然关注朝中大事，不平则鸣，论争不已。包公在为父母守孝期满以后，进京等候差遣，所住旅店邻近吕夷简官邸，有人建议他走走吕夷简的门子。其时吕已闻知包公之名，满以为他会登门求荐，自己纵不能收归门下，也好卖个人情。而包公在获得知天长县的任命之后，马上离京赴任，始终不登吕氏之门①。

四、二公都政声卓著，有口皆碑。《宋史》本传称赞范公“泛爱乐善，士多出其门下，虽里巷之人，皆能道其名字”“为政尚忠厚，所至有恩”②。欧阳修为其所作《神道碑》称赞范公：“其行己临事，自山林处士、里闾田野之人，外至夷狄，莫不知其名字，而乐道其事者甚众。”③富弼《墓志铭》则称赞他“以严明驭吏，使不得欺，于是民皆受其赐。”④北宋张唐英撰《国史・范仲淹传》，称赞他知开封府期间：“明敏通照，决事如神，京师谣曰：‘朝廷无忧有范君，京师无事有希文。’”⑤包公知开封府，《宋史》本传称赞他“立朝刚毅，贵戚宦官为之敛手，闻者皆惮之，人以包拯笑比黄河清，童稚妇女，亦知其名，呼曰‘包待制’。京师为之语曰：‘关节不到，有阎罗包老。’”⑥吴奎为其所撰《墓志铭》称赞包公“凛凛然有不可夺之节”⑦，“其声烈表爆天下人之耳目，虽外夷亦服其重名。朝廷士大夫达于远方学者，皆不以其官称，呼之为公”⑧。宋人徐度《却扫编》称：“本朝称治天府，以孝肃为最。”⑨南宋人林至在重修合肥《包公墓记》中说：“至其临政，明不可欺，刚不可挠，公不可干以私。今百余年，所在士民闻其风采，犹知起敬起畏。”⑩

---

① ［宋］赵善璙撰，程郁整理：《自警编》卷五，郑州：大象出版社，2019 年，第 132 页。

② ［宋］范仲淹著，李勇先、王蓉贵校点：《范仲淹全集》附录一，成都：四川大学出版社，2002 年，第 849－850 页。

③ ［宋］范仲淹著，李勇先、王蓉贵校点：《范仲淹全集》附录一，成都：四川大学出版社，2002 年，第 816 页。

④ ［宋］范仲淹著，李勇先、王蓉贵校点：《范仲淹全集》附录一，成都：四川大学出版社，2002 年，第 823 页。

⑤ ［宋］范仲淹著，李勇先、王蓉贵校点：《范仲淹全集》附录一，成都：四川大学出版社，2002 年，第 826 页。

⑥ ［元］脱脱等撰：《宋史》卷三百一十六，北京：中华书局，1985 年，第 10317 页。

⑦ ［宋］包拯撰，杨国宜校注：《包拯集校注》附录，合肥：黄山书社，1999 年，第 279 页。

⑧ ［宋］包拯撰，杨国宜校注：《包拯集校注》附录，合肥：黄山书社，1999 年，第 274 页。

⑨ ［宋］徐度：《却扫编》卷中，［宋］苏轼撰：《仇池笔记（外十八种）》，上海：上海古籍出版社，1992 年，第 779－863 页。

⑩ ［宋］包拯撰，杨国宜校注：《包拯集校注》附录，合肥：黄山书社，1999 年，第 316 页。

范、包二公先后权知开封府，为时不远，背景相近，政绩、政声和为政风格也大体相似，自然常被人们相提并论。元代诗人王恽有一首诗《宿开封府后署》："拂拭残碑览德辉，千年包范见留题；惊乌绕匝中庭柏，犹畏霜威不敢栖。"[①]倘按知开封府的时间先后为序，诗中"包范"应为"范包"，诗作"包范"大约主要考虑平仄。不过，不论谁先谁后，可知此时两人已被并列，同样受到世人的"起敬起畏"。经过人民群众长期口口相传，特别是经过艺人的加工，范、包二公的字、号、官、职乃至在开封府任上的作为，也就难免被有意无意地相混淆。即如包公同代人吴奎所说，人们不称其官衔皆称"包公"一事，到了元人纂修宋史，则又说成了童稚妇女皆呼其为"包待制"。实际上包公从无"待制"头衔，知开封府而身为"待制"者，乃是范公，可见此时人们已将二公融为一体，合二而一。

三、历史选择了范公，舞台选择了包公

孔夫子死后备受推崇，直至被尊为万世师表的圣人，是由于他提出了一整套为社会所普遍接受的社会价值体系；范公死后备受推崇，是由于他的先忧后乐思想和身体力行；包公死后化作中国历史上的"清官"，则主要是由于他被底层民众按照想象加以典型化的结果，是底层民众愿望和理想的化身。

毫无疑问，范、包二公都是中国传统儒家思想熏陶出来的人物，忠君和爱民在他们身上体现着真诚的统一。他们的一些作为，既可获取最高统治者某种程度的嘉许和支持，也可得到人民群众由衷的颂扬和感激。这是二公的共同之处。然而，二公在儒学造诣、思想深邃、立身处世的行为方式上也存在着明显的差异。具体说来，范公性格"外和内刚"，特别是中年以后，处事多守"中道"；包公的性格则更为刚严、刚毅、刚烈。大约正是两人性格上的这一不同，使得历史选择了范公而舞台选择了包公。

（一）历史选择了范公

综观仲淹一生，学识渊博，思想深邃，而且道德高迈，如光风霁月，堪称一代完人。用儒家的道德标准衡量，属于"圣贤"级别的人物。这样的人物，应供

① [宋]包拯撰，杨国宜校注：《包拯集校注》附录，合肥：黄山书社，1999年，第317页。

奉于神庙，礼敬于殿堂，其光辉而圣洁的形象，是容不得后人亵渎的。从另一方面看，自宋元以来兴起的各种戏剧曲艺和说唱文学，主要流行于勾栏瓦舍，不登大雅之堂。尽管统治者也在强调戏曲的教化功能，强调"寓教于乐"，但是，提供演出的勾栏瓦舍毕竟是底层民众休闲游乐的场所。其间艺人可以扮演帝王将相、神仙鬼怪，可以插科打诨、嬉笑怒骂，甚至可以讽喻当今皇帝，但是，其中一大禁忌，就是不能拿古圣先贤取笑逗乐。演不好，"有损形象"可不是闹着玩的。大约正是基于这个原因，我们从宋元至明清的舞台上，见不到以孔子、孟子包括范仲淹等圣贤人物为主角的戏曲。

（二）舞台选择了包公

就包公的性格特点和立身行事而言，亦自有其光彩照人之处。《宋史》本传盖棺论定说："拯性峭直，恶吏苛刻，务敦厚，虽甚嫉恶，而未尝不推以忠恕也。与人不苟合，不伪辞色悦人，平居无私书，故人、亲党皆绝之。虽贵，衣服、器用、饮食如布衣时。"[①]司马光《涑水记闻》卷十称赞包公说："为人刚严，不可干以私。……为长吏，僚佐有所关白，喜面折辱人，然其所言若中于理，亦幡然从之。刚而不愎，此人所难也。"[②]另记载："包希仁知庐州，庐州即乡里也，亲旧多乘势扰官府。有从舅犯法，希仁挞之，自是亲旧皆屏息。"[③]看来包公秉公执法，果真有些"六亲不认"的样子，这在漫长的中国古代社会是极为罕见的。客观地说，这种刚正峭直铁面无私的性格，更容易受到底层民众的崇拜和亲近。据宋人周密《癸辛杂识》记载："开封府有府尹题名……独包孝肃公姓名为人所指，指痕甚深。"[④]足以说明这个问题。生活在黑暗腐败社会的底层民众，尽管水深火热，但在统治者的高压和欺骗愚弄之下，他们找不到理想的出路。除了被迫铤而走险之外，他们更多的是逆来顺受，把自己的理想和愿望更多地寄托于少数明君贤相。正如马克思所说："他们不能代表自己，一定要别人来代表他们。他们的代表一定要同时是他们的主宰，是高高站在他们上面的权

---

① ［元］脱脱等撰：《宋史》卷三百一十六，北京：中华书局，1985 年，第 10318 页。

② ［宋］司马光撰，邓广铭、张希清点校：《涑水记闻》卷十，北京：中华书局，1989 年，第 190 页。

③ 同上。

④ ［宋］周密撰，吴企明点校：《癸辛杂识》别集上，北京：中华书局，1988 年，第 217 页。

威。”[①]底层民众最为期盼的，当然是那种既有最高统治者撑腰、又能为民请命的“清官”。像包公这样既不畏权势，又不徇私情的“亲民”官吏，自然会成为他们心目中最为理想的人选。于是，这位历史上并非功高盖世却能铁面无私的包公，便以独步千古的姿态辉映于中国的戏剧舞台。

四、范公形象如何融入包公的艺术形象中

有意无意拉用其他人物的事迹材料以塑造、丰满人物形象，是通俗文学创作的普遍做法，特别是历史题材的文学创作，更是如此。例如，在以诸葛亮、曹操、武则天、狄仁杰、解缙、海瑞、刘墉、纪昀、郑板桥等人物为主角的各类通俗文学作品中，除了纯属虚构的成分以外，或多或少地都拉用了其他人物，尤其是同代人物的事迹材料。当然，其中有些本来就属于历史上误记、误传或考证不清者，但也不排除作为创作手法的有意运用。至于范、包二公艺术形象的相融相混，情形似更为特殊：它不是故事情节的张冠李戴、简单拉用，而是将这两位同时代、同类型的历史伟人从姓名、字号、官职、出身等方面都来个合二而一，融为一体。这种情形，作为文学现象和社会现象，都是极为少见的。

我们知道，在早期的戏曲小说中，范仲淹的形象也曾出现过，但仅是把他作为某些重大事件的缘起，而非作为主角。比如元杂剧《包待制陈州粜米》，其开篇就出现范公形象，是范仲淹奏请宋仁宗赈灾，并向朝廷推荐了包公，才有了包公陈州放粮的故事。中国历史上第一部用白话文写成的章回体长篇小说《水浒传》，其开篇也是由于范仲淹向仁宗皇帝奏请救灾，才有了洪太尉前往龙虎山而误走妖魔，从而引出了 108 将下凡。可是，越到后世，范仲淹的形象越从文艺作品中淡出，以至于我们今天见不到一部清代以前以范仲淹为主角的戏曲作品。前些年，笔者前去河南伊川（范公葬地）考察访问，曾就这一问题请教过范氏后人、离休干部范章先生。据他介绍：在他小时候，每年春秋二季曾多次参加上坟祭祖活动，每次都要宣读祖宗遗训，其中有一条，就是不得将祖上的事迹编成戏文。对此说法，笔者虽然尚未找到相关佐证（有的范氏家谱中，记有其先祖留下“五十三规”，可惜笔者至今未见其具体内容），还是基本相

① 中共中央马克思恩格斯列宁斯大林著作编译局编：《马克思恩格斯选集（第一卷）》，北京：人民出版社，1995 年，第 678 页。

信。要不然，宋元以降近千年，范公后裔世出名人不少，若无他们的干预，或许会有以范公为主角的戏剧出现，至少，“狸猫换太子”的系列故事，可能被换成以范仲淹为主角。

综上所述，笔者认为，古代各类文学作品包括戏曲舞台缺少范公形象，应该有两个方面的原因。其一，如前所言，范公作为学养深厚、思想深邃、人品高洁的一代伟人，文学作品确实很难表现，倘若表现不好会“有损形象”，甚至“亵渎先贤”，因而前人不敢轻易涉笔；其二，便是范公的形象已经融入包公的形象之中，既然已有“替身”，无须另塑“清官”。至于它是如何融入包公形象的，还得从当时的社会现实中寻找原因。

我们知道，以包公为主角的“清官戏”（通称“包公戏”）大量涌现于元代。老百姓身受残酷统治，堪称名副其实的水深火热。除了忍无可忍的暴力反抗，老百姓更多的是逆来顺受，把希望寄托于能够拯民于水火、解民于倒悬的“清官”。现实中实在难找，他们只好把期盼的目光前移。于是为前朝那些贤明人物修庙宇、建祠堂、造纪念物，并把他们的事迹编成故事，请上舞台和书场。底层民众的这些做法，一般符合统治者的利益和需要，因而也会得到他们的鼓励和提倡。如前所言，一方面是包公的性格特点更适合做他们的“代表”，一方面是范公的形象更高大，“闪光点”更多，于是他们在选定包公的同时，也就把与包公同时代、同类型、同样做过开封知府的范仲淹作为首位取材目标。于是范公的名号、官衔、出身以及作为，便被集中到了包公名下。这样一来，以包公为凝聚核的“清官雪球”越滚越大，而范公的形象也就被更深地融进了包公的形象之中。

范仲淹与欧阳修的道义之交*

北宋中期的政坛和文坛，出现了两颗光耀史册的巨星：范仲淹与欧阳修。两人不仅身世相似、性格相似、仕履相似、功业相似，而且是一对志同道合、忧乐与共、相勖以德、终生不渝的挚友。两人生死不渝的道义之交，在如何做人、做事、做官方面为后世树立了楷模。

一、相似的出身经历

范仲淹（989—1052），字希文，江苏苏州人，出生于真定府成德军（驻节于今之河北正定）官舍。唐宰相范履冰之后。曾祖梦龄，以才德雄江右，祖父赞时，自幼有神童之称，父范墉，博学善属文，皆为五代吴越钱氏旧臣。范墉归宋以后，历任武信、成德、武宁三军节度掌书记，卒于武宁军（驻节于今江苏徐州）掌书记任所，享年54岁，其时仲淹2岁。其母谢氏实为墉之侧室①。范墉一死，谢氏被迫离开范家，携仲淹改嫁长山朱氏。仲淹自幼艰苦备尝，发愤苦读，27岁中进士，曾为礼部试第一。进入仕途以后，显露了他廉洁奉公、刚正不阿的道德品格和“以天下为己任”的雄心抱负。因正色立朝，直言贾祸，曾三次遭贬，终不改刚正本色。后来做到枢密副使、参知政事（副宰相）。推行庆历新政，达到其一生功业的顶点。被排挤出朝廷以后，历知邠、邓、杭、青等州而心向颍州（今安徽阜阳），在由青州赴任颍州的途中病逝于徐州，享年64岁，卒谥文正。

欧阳修（1007—1072），字永叔，江西永丰人，出生于四川绵州（今四川绵

---

* 本文为提交给阜阳市2007年8月举办的纪念欧阳修诞生一千周年学术研讨会的论文。

① 详见本书《范仲淹身世考》一文。

阳)官舍。唐太子率更令、弘文馆学士、大书法家欧阳询之后。祖父偃,强学善属文,本为南唐李氏旧臣,父观,归宋后于真宗咸平三年(1000)始第进士,终泰州军事判官,享年59,其时修仅4岁。其母郑氏乃观之继室,时年29岁。郑氏携修往依其叔父欧阳晔,以荻划地,教子立志成材。修24岁中进士,国子监试、礼部试皆为第一。欧阳修因见义勇为,仗义执言,弹劾不避权贵而引起群小忌恨,一生屡遭打击贬谪。后来同样官至枢密副使、参知政事,以完成有宋一代的诗文革新为标志,达到其一生事业的巅峰。最后一次被排挤出朝廷,历知亳、青、蔡等州,致仕后终老于颍州,享年66岁,卒谥文忠。[①]

范仲淹长欧阳修18岁。当仲淹推行庆历新政时,欧阳修为其最坚定的支持者、参与者和鼓吹者。新政失败以后,范、欧二公先后都被贬谪外地。范仲淹以多病之躯求知南阳邓州。这是医圣张仲景的故乡。他一边养病,一边为得了精神病的长子纯祐求医,一边又把被贬放邻州的好友尹洙接来疗疾。此前,他收到被贬岳州的同年好友滕子京的来信,求他为新修复的岳阳楼作记。于是范仲淹染翰挥毫,抒发怀抱,完成了他那篇千秋不朽之作《岳阳楼记》。尹洙也接到滕子京来信,为新建的岳州州学作记。欧阳修被贬到地僻景幽的滁州,以陶醉于山水之乐来疗治心灵创伤。此时他同样收到好友滕子京来信,求欧公为即将修筑的偃虹堤作记(因滕调离岳州,《偃虹堤记》成而堤未修成)。欧阳修在写作《偃虹堤记》前后,还完成了他那篇寄情山水的千古美文《醉翁亭记》。历史应当记住,北宋仁宗庆历六年,即公元1046年,就在这同一年,除了北宋古文大家尹洙的《岳州学记》之外,还为我们留下了两篇光耀古今的历史名篇——出于范、欧两位巨人之手的《岳阳楼记》和《醉翁亭记》。因此,从时代背景、写作主旨、艺术特色以及对当时和后世的影响等方面对这两篇文章进行全面而系统的比较研究,不无意义。

二、范、欧两人的道义之交

范、欧二公,当于天圣九年(1031)初识于洛阳。仲淹由第一次遭贬为河中府(治今山西永济)通判转任陈州(治今河南淮阳)通判而途经洛阳访友。其时

---

① 详见胡柯《欧阳文忠公年谱》。[宋]欧阳修著,李逸安点校:《欧阳修全集》附录卷一,北京:中华书局,2001年,第2595-2625页。

仲淹的同年好友谢绛(字希深)为河南府(西京,即洛阳)通判,而欧阳修进士及第,初授西京留守推官。仲淹同时结识的一批青年才俊,还有尹洙、梅尧臣等,有他们的唱和之作《嵩山十二题》为证。后来仲淹被召回朝廷任右司谏,欧氏致信祝贺,鼓励其力尽言责:"谏官者,天下之得失、一时之公议系焉……伏惟执事思天子所以见用之意,惧君子百世之讥,一陈昌言,以塞重望,且解洛之士大夫之惑。"①

不久,仲淹果然因直言进谏、反对仁宗废后而再贬睦州(今浙江建德),不久移知苏州。欧阳修致书仲淹,一则表示慰问,更多的是加以勉励:"世之仕宦者举善地,称东南。然窃惟希文登朝廷,与国论,每顾事是非,不顾自身安危,则虽有东南之乐,岂能为有忧天下之心者乐哉!……自古言事而得罪,解当复用。远方久处,省思虑,节动作,此非希文自重,亦以为天下士君子重也。"②

在范氏的第三次遭贬时,欧阳修直接为范仲淹鸣不平。宋仁宗景祐三年(1036),范仲淹权知开封府,因言事得罪当朝宰相吕夷简而被贬知饶州(今江西鄱阳)。余靖、尹洙等因上书论救,亦遭贬谪。其时欧阳修入朝任馆阁校勘不久,于是写信给身为谏官的高若讷,批评他不能主持公道,反而站在吕夷简一边归罪仲淹,责骂高"不复知人间有羞耻事"③,结果欧阳修被贬为峡州夷陵(今湖北宜昌)县令。

数年后,因西北宋夏边境吃紧,范仲淹被调任陕西路经略安抚副使,首荐欧阳修为经略安抚司掌书记。欧阳修谢绝了范氏举荐,并且表示:"昔者之举,岂以为利哉?同其退不同其进可也。"④

塞下三年,稳定了边境形势,范仲淹被擢任枢密副使,成为朝廷最高军事机关的长官。其时欧阳修入朝担任了谏官。他向仁宗皇帝谏言,仲淹有宰辅才,不宜局在兵府,建议仁宗改任他为参知政事,参与国家大政⑤。范仲淹闻知以后,上书说:"执政可由谏官而得乎?"⑥固辞不拜,并且要求继续留在西北

① [宋]欧阳修著,李逸安点校:《欧阳修全集》卷六十七,北京:中华书局,2001年,第973-975页。

② [宋]欧阳修著,李逸安点校:《欧阳修全集》卷六十七,北京:中华书局,2001年,第983页。

③ [宋]欧阳修著,李逸安点校:《欧阳修全集》卷六十八,北京:中华书局,2001年,第990页。

④ [宋]欧阳修著,李逸安点校:《欧阳修全集》附录卷二,北京:中华书局,2001年,第2728页。

⑤ [宋]欧阳修著,李逸安点校:《欧阳修全集》卷九十八,北京:中华书局,2001年,第1510页。

⑥ [宋]范仲淹著,李勇先、王蓉贵校点:《范仲淹全集》附录一,成都:四川大学出版社,2002年,第846页。

守边。后来在众望所归之下，仲淹还是接受了参知政事的任命，欧阳修又向仁宗谏言，应当委仲淹等人以天下大事。庆历三年（1043）九月三日，仁宗开天章阁、给纸笔，要求仲淹等列出天下应兴、应革之要务。仲淹等随后上《答手诏条陈十事》，揭开了庆历新政的序幕。欧阳修为了坚定宋仁宗支持改革的决心不动摇，再次上书，鼓励仁宗要给予仲淹等革新派以充分信任。

新政推行期间，欧阳修不仅以谏官身份积极与之呼应配合，在不少重大问题上还提出了自己的改革建议。当守旧势力攻击以范仲淹为代表的革新集团为"朋党"时，宋仁宗为谮言所惑，果然陷入了怀疑和猜忌之中。据《长编》记载："仲淹等皆修素所厚善，修言事一意径行，略不以行迹嫌疑顾避。竦（夏竦）因与其党造为党论，目衍（杜衍）、仲淹及修为党人。""上谓辅臣曰：'自昔小人多为朋党，亦有君子之党乎？'范仲淹对曰：'臣在边时，见好战者自为党，而怯战者亦自为党；其在朝廷，邪正之党亦然，惟圣心所察尔。苟朋而为善，于国家何害也？'"[①]于是"修乃作《朋党论》上之"，曰：

> 臣闻朋党之说，自古有之，惟幸人君辨其君子小人而已。大凡君子与君子，以同道为朋；小人与小人，以同利为朋，此自然之理也。……小人所好者，利禄也；所贪者，货财也。当其同利之时，暂相党引以为朋者，伪也。及其见利而争先，或利尽而交疏，则反相贼害，虽其兄弟、亲戚，不能相保……君子则不然，所守者道义，所行者忠信，所惜者名节。以之修身，则同道而相益；以之事国，则同心而共济，终始如一，此君子之朋也。故为人君者，但当退小人之伪朋，用君子之真朋，则天下治矣。[②]

改革，必将涉及各阶层的利益调整。随着改革深入，一些改革措施直接伤害了大官僚贵族的切身利益，激起了其代表人物夏竦、章得象、王拱辰等的反对，他们先后采取一系列极其卑鄙的手段，将范仲淹等革新人士一个个排挤外出。也就在仁宗发出"朋党"之问的第二天（己亥，即四月初十），欧阳修被派

① [宋]李焘撰，上海师范大学古籍整理研究所、华东师范大学古籍整理研究所点校：《续资治通鉴长编》卷一百四十八，北京：中华书局，2004年，第3580页。

② [宋]欧阳修著，李逸安点校：《欧阳修全集》卷十七，北京：中华书局，2001年，第297页。

往河东去与转运使议事，随后被打发出任河北路都转运使，权知定州(今河北保定)。此前，范仲淹先后出京宣抚河东、陕西两路，随后被免去参政职务，出知邠州(今陕西彬州)。欧阳修闻知朝中人事变动，迅即上书仁宗，再次为仲淹等人鸣不平，更为改革大业遭受挫折而深表惋惜：

> 臣闻士不忘身不为忠，言不逆耳不为谏。故臣不避群邪切齿之祸，敢干一人难犯之颜，惟赖圣明，幸加省察。臣伏见杜衍、韩琦、范仲淹、富弼等，皆是陛下素所委任之臣，一旦相继罢黜，天下之士皆素知其可用之贤，而不闻其可罢之罪。臣虽供职在外，事不尽知，然臣窃见自古小人谗害忠贤，其说不远。欲广陷良善，则不过指为朋党；欲动摇大臣，则必须诬以专权。其故何也？夫去一善人而众善人尚在，则未为小人之利；欲尽去之，则善人少过，难为一二求瑕；惟有指以为朋，则可一时尽逐。至如大臣已被知遇而蒙信任，则难以他事动摇。惟有专权，是上之所恶，故须此说，方可倾之。臣料衍等四人各无大过，而一时尽逐，弼与仲淹委任尤深，而忽遭离间，必有以朋党、专权之说上惑圣聪……夫正士在朝，群邪所忌；谋臣不用，敌国之福也。今此数人一旦罢去，而使群邪相贺于内，四夷相贺于外，此臣所以为陛下惜之也。伏惟陛下以圣德仁慈，保全忠善……拒绝群谤，委信不疑。①

即便改革受挫，反对之声甚嚣尘上，欧阳修还在上书宋仁宗，力求维护和挽救新政成果："近因仲淹等出外与朝廷经画边事，谗嫉之人，幸其不在左右，百端攻击……伏望陛下重察爱憎之私，辨其虚实之说，凡于政令，更慎改张。"②

早就被"群邪切齿"的欧阳修，更被这类奏状所激怒。他们采用同样卑劣的伎俩，捏造欧阳修与其甥女有暧昧之事而加以中伤，将他从河北任上直接贬到滁州。

---

① [宋]欧阳修著，李逸安点校：《欧阳修全集》卷一百七，北京：中华书局，2001年，第1626－1628页。

② [宋]欧阳修著，李逸安点校：《欧阳修全集》卷一百七，北京：中华书局，2001年，第1624－1625页。

欧阳修前次贬夷陵和这次贬滁州，皆缘于仗义执言，为范仲淹鸣不平。他们的命运，就这样紧紧地联系在一起。

如果说，范仲淹是北宋历史上第一次大刀阔斧进行政治革新的领军人物，那么欧阳修便是举起诗文革新大旗的领军人物，这实际上是对仲淹新政的呼应与配合。庆历新政从总体上说虽然归于失败，但影响深远；而由欧阳修领导的诗文革新运动，则继续坚持不懈，并且取得了巨大成功。

一个时代的文风如何，实际上是其政治风气和社会风气的集中反映。早在天圣年间（1023—1032），范仲淹就曾几次上书朝廷，提出“救文弊”的主张。他说：

> 臣闻国之文章，应于风化；风化厚薄，见乎文章。是故观虞夏之书，足以明帝王之道；览南朝之文，足以知衰靡之化。故圣人之理天下也，文弊则救之以质，质弊则救之以文。质弊而不救，则晦而不彰；文弊而不救，则华而将落。前代之季，不能自救，以至于大乱，乃有来者，起而救之。故文章之薄，则为君子之忧；风化其坏，则为来者之资。惟圣帝明王，文质相救，在乎己，不在乎人……可敦谕词臣，兴复古道，更延博雅之士，布于台阁，以救斯文之薄，而厚其风化也。①

范仲淹庆历新政之“精贡举”，其中一个重要目的，就是想通过改革科举考试来转变文风。早在西京时期，欧阳修开始与尹洙切磋古文。新政失败以后，欧阳修培养、提携、团结了一批激进的才俊之士，以自己的创作实践作为示范，在矫正文风方面继续进行其革新事业。范仲淹曾这样评述北宋文风转变过程以及欧阳修所做的贡献：

> 予观《尧典》、舜歌而下，文章之作，醇醨迭变，代无穷乎。惟抑末扬本，去郑复雅，左右圣人之道者难之。近则唐贞元、元和之间，韩退之主盟于文，而古道最盛。懿、僖以降，浸及五代，其体薄弱。皇朝柳仲涂（柳开）起而麾之，髦俊率从焉。仲涂门人能师经探道，有文于天

① ［宋］范仲淹著，李勇先、王蓉贵校点：《范仲淹全集》文集卷第九，成都：四川大学出版社，2002年，第200页。

下者多矣。洎杨大年(杨亿)以应用之才,独步当世。学者刻辞镂意,以希仿佛,未暇及古也。其间甚者,专事藻饰,破碎大雅,反谓古道不适于用,废而弗学者久之。洛阳尹师鲁(尹洙),少有高识,不逐时辈,从穆伯长(穆修)游,力为古文。而师鲁深于《春秋》,故其文谨严,辞约而理精,章奏疏议,大见风采。士林方耸慕焉,遽得欧阳永叔(欧阳修),从而大振之,由是天下之文一变而古,其深有功于道欤!①

五代以降的柔靡文风以及“刻辞镂意”的西昆体尚未完全扫除,后来又冒出险怪奇涩的“太学体”。欧阳修等人复经十余年努力,以嘉祐二年(1057)的科举考试为标志,终于实现了具有划时代意义的诗文革新。

早在欧阳修40余岁知颍州时,爱其民淳物阜而风光美,已萌生归老颍州之意,并曾邀约他与范氏共同的好友梅尧臣前来买田卜居。范仲淹暮年心向颍州,请求由政务烦剧的青州改知颍州,其中一个重要原因,很可能就是受到欧阳修的鼓动和吸引。皇祐四年(1052)五月二十日,范氏于赴任颍州的途中病逝于徐州。此前三月间,欧阳修母亲刚刚去世。他于颍州守制期间接受了为范仲淹撰写《神道碑铭》的重托。经过三年的精心构思,于至和元年(1054)完成了这篇千古名文。

三、足资垂范的范欧之交

毫无疑义,范、欧二人的友谊完全是建立在中华传统美德的基础之上。两人相尚以道,相勖以德,其德行言语,足以垂范后世。以下为二人共有的品质:

忧国忧民的情怀 仁、英、神三朝,正是北宋王朝由盛转衰时期,表面上的升平繁华,掩盖着社会的因循腐败和重重危机。凡有良知的士大夫生逢其时,忧患意识便成为他们思想的基调和主流。“先忧后乐”的范仲淹自不必多说,欧阳修一生立身行事,也无不为其民本思想所支配。欧阳修“方贬夷陵时,无以自遣,因取旧案反复观之,见其枉直乖错不可胜数,于是仰天叹曰:‘以荒远小邑,且如此,天下固可知。’自尔,遇事不敢忽也。学者求见,所与言,未尝及

① [宋]范仲淹著,李勇先、王蓉贵校点:《范仲淹全集》文集卷第八,成都:四川大学出版社,2002年,第183页。

文章，惟谈吏事，谓文章止于润身，政事可以及物。凡历数郡，不见治迹，不求声誉，宽简而不扰，故所至民便之”。[①] “知开封府，承包拯威严之后，简易循理，不求赫赫名，京师亦治。”[②]韩琦称赞欧阳修“历典大郡，以镇静为本，明不至察，宽不至纵。吏民受赐，既去，追思不已，滁、扬二州皆立生祠”。[③] 范仲淹则是“死之日，四方闻者，皆为叹息。为政尚忠厚，所至有恩，邠、庆二州之民与属羌，皆画像立生祠事之”[④]。时至千年之后的今日，各地都还在不断地举行集会，以各种形式纪念这两位历史伟人。“政声人去后”，后世人们这种真心诚意的追思怀念，应该能给今天的公仆们以警示和启迪。

刚正不阿的性格 在那千年前，处于各种邪恶势力的打压、排陷和诱惑之中的污浊社会里，如果没有一点出淤泥而不染的自觉意识，稍有不慎，是极容易随波逐流并同流合污的。范、欧二公凭着自己的“信道笃而自知明”[⑤]，都能挺然自立于浊淖而不为所染，与各种邪恶势力抗争而不为所屈。史称仲淹“每感激论天下事，奋不顾身，一时士大夫矫厉尚风节，自仲淹倡之”。[⑥] 欧阳修同样“以风节自持”“平生与人尽言无所隐”[⑦]，“天资刚劲，见义勇为，虽机阱在前，触发之不顾。放逐流离，至于再三，志气自若也”。[⑧] 范仲淹的第一次遭贬，于天圣七年(1029)的冬至节庆。一些朝臣为讨好垂帘听政的刘太后，议定仪式由仁宗皇帝率百官于会庆殿为太后拜寿。刚刚被晏殊推荐为秘阁校理的范仲淹批评此举不当，他认为天子“有南面之位，无北面之仪”[⑨]，这样做“亏君体，损主威，不可为后世法”。[⑩] 进而提出仁宗已经成年，要求太后还政[⑪]。晏殊作为仲淹的举主，生怕此事连累自己，把仲淹召去训斥一通。仲淹据理力

---

① [元]脱脱等撰:《宋史》卷三百一十九，北京:中华书局，1985 年，第 10380 - 10381 页。

② [元]脱脱等撰:《宋史》卷三百一十九，北京:中华书局，1985 年，第 10378 页。

③ [宋]欧阳修著，李逸安点校:《欧阳修全集》附录卷三，北京:中华书局，2001 年，第 2704 页。

④ [元]脱脱等撰:《宋史》卷三百一十四，北京:中华书局，1985 年，第 10276 页。

⑤ [唐]韩愈著，阎琦校注:《韩昌黎文集注释》卷一，西安:三秦出版社，2004 年，第 101 页。

⑥ [元]脱脱等撰:《宋史》卷三百一十四，北京:中华书局，1985 年，第 10268 页。

⑦ [元]脱脱等撰:《宋史》卷三百一十九，北京:中华书局，1985 年，第 10379 页。

⑧ [元]脱脱等撰:《宋史》卷三百一十九，北京:中华书局，1985 年，第 10380 页。

⑨ [宋]范仲淹著，李勇先、王蓉贵校点:《范仲淹全集》附录二，成都:四川大学出版社，2002 年，第 872 页。

⑩ 同上。

⑪ [宋]范仲淹著，李勇先、王蓉贵校点:《范仲淹全集》附录二，成都:四川大学出版社，2002 年，第 873 页。

争，宁愿遭贬、宁愿得罪晏殊而决不屈服[①]。欧阳修亦然。晏殊为欧阳修的座主恩师，欧阳修既尊师长，更重道义。晏殊少年富贵，一生奢华。一日，身为枢密使的晏殊招门生陆经、欧阳修等人赏雪，宴饮于西园，欧阳修即席作《晏太尉西园贺雪歌》，当面批评他："须怜铁甲冷彻骨，四十余万屯边兵！"[②]范仲淹知开封府期间，打击豪强，严明执法，使得京师"肃然称治"，却受到了欧阳修岳父胥偃的挑剔。胥偃既是欧阳修的岳父，又是扶持他走上仕途的恩师。但是，为了支持范仲淹所推行的正义事业，欧公不惜与其岳父翻脸。王拱辰为欧阳修的同榜状元，两人后来又成为连襟，本来关系甚好，由于王拱辰后来变成了反对庆历新政的急先锋，欧公不惜与之决裂。

和而不同的作风 人类生存发展的基本需要，以及不同阶级、阶层和不同族群对不同的利益追求，决定了人类的集群性，必然形成"物以类聚，人以群分"的客观现实。这种不同群体的不同利益追求，反映到官场上，难免出现"结党营私"和"党同伐异"的情形。按理说，每个人都有一个主观世界。官场中人除了"自身利益"之外，由于出身、经历、教养和境界不同，看问题的立场、视角和价值取向不同，必然使得人与人的思想观点、政治见解不可能完全相同。于是在各种复杂问题面前，便会经常出现同中有异、异中有同的复杂情形。如果将政见相同者便视作"君子"，政见不同者便斥为"小人"，势必人为地制造群体对立，出现不断地分化组合，致使本来的"政见之争"陷入永无休止的恩恩怨怨乃至意气之争。这便是历史上"结党营私"和"政见之争"的常见情形。针对这种情形，孔夫子提出了"群而不党""和而不同"的原则，实在高明。僚友之间，为了共同的事业，和则两利，斗则两伤。是非爱憎过于分明，则有可能化友为敌；和衷共济，和而不同，才是古人追求的化境。史称仲淹"内刚外和"，应指其既具有原则性，又不失其灵活性。这大约与他青少年时期经受较多磨难有关。相比之下，欧阳修虽然也是自幼丧父，但他毕竟没有离开本家本族，还有叔父的教养呵护，其个性养成则更偏于刚劲自负，疾恶如仇。然而，须知天道好还，你疾恶如仇，恶人也就会疾你如仇。非此即彼、非白即黑，黑白太分、爱憎太明，极易触犯众怒。正因为欧阳修"论事切直，人视之如仇"[③]，除了政治上屡

---

① [宋]范仲淹著，李勇先、王蓉贵校点：《范仲淹全集》附录二，成都：四川大学出版社，2002 年，第 872 页。

② [宋]欧阳修著，李逸安点校：《欧阳修全集》卷五十三，北京：中华书局，2001 年，第 750 页。

③ [宋]欧阳修著，李逸安点校：《欧阳修全集》附录卷二，北京：中华书局，2001 年，第 2651 页。

遭政敌打击以外，还曾在生活作风上遭受陷害和污辱。也许是有了较多的教训，使得他后来非常看重僚友之间的“不和之节”。庆历四年(1044)，针对以范仲淹为首的革新派所遭受的“朋党”攻击，欧阳修上《朋党论》，极力鼓吹“君子之真朋”；庆历五年，经历政坛上剧烈的博弈纷争之后，他改变了对“朋党”的看法，不再作那种极端之论：

> 昔年仲淹初以忠言谠论闻于中外，天下贤士争相称慕，当时奸臣诬作朋党，犹难辨明。自近日陛下擢此数人，并在两府，察其临事，可以辨也：盖衍(杜衍)为人清慎而谨守规矩，仲淹则恢廓自信而不疑，琦(韩琦)则纯正而质直，弼(富弼)则明敏而果锐。四人为性，既各不同，虽皆归于尽忠，而其所见各异，故于议事多不相从。至如杜衍欲深罪滕宗谅，仲淹则力争而宽之；仲淹谓契丹必攻河东，请急修边备，富弼料以九事，力言契丹必不来。至如尹洙，亦号仲淹之党，及争水洛城事，韩琦则是尹洙而非刘沪，仲淹则是刘沪而非尹洙。此数事尤彰著，陛下素已知者。
>
> 此四人者，可谓天下至公之贤也。平日闲居，则相称美之不暇；为国议事，则公言廷诤而不私。以此而言，臣见衍等真得《汉史》所谓忠臣有不和之节，而小人谗为朋党，可谓诬矣。①

欧阳修看待“朋党”的前后变化，可以给我们以启迪。反观他的《朋党论》，在文学史上虽然不失为脍炙人口的名篇，但它所表述的观点显属偏激之论。当年公然鼓吹“朋党”、要人主区分“君子之真朋”与“小人之伪朋”，极易授人以柄，起了激化矛盾、化友为敌的负面作用。

刻苦求知的毅力 顺境逆境，皆可成材，关键还在人的意志强弱，有无弘毅之气。曾子说：“士不可以不弘毅，任重而道远。”②范、欧二公都是自幼立下以天下为己任的远大志向，并以此作为刻苦学习的动力。欧阳修评介范仲淹：“公生二岁而孤……既长，知其世家，感泣去之南都，入学舍，扫一室，昼夜讲

---

① [宋]欧阳修著，李逸安点校：《欧阳修全集》卷一百七，北京：中华书局，2001年，第1626－1627页。

② [宋]朱熹撰：《四书章句集注》论语集注卷四，北京：中华书局，1983年，第104页。

诵。其起居饮食，人所不堪，而公自刻益苦。居五年，大通六经之旨，为文章论说，必本于仁义……公少有大节，其于富贵贫贱毁誉欢戚，不一动其心，而慨然有志于天下，常自诵曰‘士当先天下之忧而忧，后天下之乐而乐’也。”[①]欧公本人亦复如此。史称欧阳修“四岁而孤，母郑，守节自誓，亲诲之学，家贫，至以荻画地学书。……修游随（随州，今湖北随县），得唐韩愈遗稿于废书簏中，读而心慕焉。苦志探赜，至忘寝食，必欲并辔绝驰而追，与之并。……调西京推官，始从尹洙游，为古文，议论当世事，迭相师友，与梅尧臣游，为歌诗相倡和，遂以文章名冠天下。”[②]由此可见，范仲淹之所以能够成为学界泰斗，开有宋一代理学之源，欧阳修之所以能够成为有宋一代文坛盟主，领导并完成一代诗文革新，绝非偶然。

兼容并包的胸襟　范、欧二公政治上的和而不同，与其学术上的兼容并包一脉相通。学术上的兼容并包，一是表现在如何对待儒家经典上。范、欧二公虽然皆以儒生自命，但两人都是熟读经史而不拘传注，涉猎百家而融会贯通，离经而不叛道，广泛吸纳各家思想的精华来丰富自己。由范仲淹的疑史开始，进而到欧阳修的疑经，两人共同开启了后世疑古思潮的先河。二是表现在如何对待传统与现实的结合上。二公师经而不泥经、厚古而不迷古，通俗而能正俗，皆主学以致用。他们既能从古代优秀的传统文化中广泛汲取营养，又能认真吸纳当时流行的学术思想和文学样式（最为明显的，是表现在对当时各种体裁的运用上），并能将其引向正确发展的道路，从而在有宋一代的学术史和文化史上，起到了承先启后、促进其健康发展的巨大作用。三是表现在如何对待所谓的异端邪说上。特别值得一提的是对待释道的态度，他们并非简单地视异端为邪说而采取一概排斥的态度。两人既讨厌黄冠缁衣，斥之为妨农蠹民的“游惰”，却又分别结交了不少高僧、道友；既指出释道学说对世道人心的消极影响，同时又取分析态度，吸收其有益世道人心成分。范仲淹对释道学说的清醒认识和公允评价很有代表性：“夫释道之书，以真常为性，以清静为宗。神而明之，存乎其人，智者尚难于言，而况于民乎？君子弗论者，非今理天下之道

① [宋]欧阳修著，李逸安点校：《欧阳修全集》卷二十一，北京：中华书局，2001年，第332－333页。

② [元]脱脱等撰：《宋史》卷三百一十九，北京：中华书局，1985年，第10375页。

也。其徒繁秽，不可不约。”[①]对待各家各派不同学说的宽容态度、公正评价而又能区别对待的态度，于此可见一斑。正是这种虚怀若谷、兼容并包的态度，最终成就了二公的思想学术地位。作为治学态度，也给我们提供了极好的范例和楷模。

奖进人才的热肠　“国家求治，莫先于擢才；臣之纳忠，无重于举善。”[②]范、欧二公终生都以为国家培养、教育、举荐、选拔人才为己任。范仲淹历任地方官，所到之处，不忘兴学育材。担任参政期间，他便运用国家的力量，推动天下州县皆立学。北宋著名教育家胡瑗、孙复等都因受到他的举荐而执教于最高学府；作为理学先驱的李觏，也是被他荐举于草莱；关西夫子张载，更是由他领进圣人之门。因此，论及宋代儒学的复兴和发展，无论如何，我们都不应忽视范仲淹的开创之功。至于欧阳修，则以其卓尔不群的人品、文品，独步当世，“天下翕然师尊之。奖引后进，如恐不及，赏识之下，率为闻人。”[③]北宋之古文六大家，除欧公本人之外，其余五家皆出其门。北宋中期，之所以形成人文荟萃、群星灿烂的局面，范、欧二公功不可没。

---

① ［宋］范仲淹著，李勇先、王蓉贵校点：《范仲淹全集》文集卷第九，成都：四川大学出版社，2002年，第217页。

② ［宋］范仲淹著，李勇先、王蓉贵校点：《范仲淹全集》文集卷第二十，成都：四川大学出版社，2002年，第464页。

③ ［元］脱脱等撰：《宋史》卷三百一十九，北京：中华书局，1985年，第10381页。

范仲淹与周敦颐师承关系考略*

一、问题的缘起

北宋之理学，亦称道学，兴于北宋中叶而盛于南宋，后世亦称其为宋学。其早期代表人物为"北宋五子"：周敦颐、程颢、程颐、张载、邵雍。其中尤以周敦颐"明经探道"为早，他也被后人称为道学的"开山祖师"。《宋史·道学传》首列周敦颐。其序言是这样追溯道学之源流的："孔子没，曾子独得其传，传之子思，以及孟子，孟子没而无传……千有余载，至宋中叶，周敦颐出于舂陵，乃得圣贤不传之学……于是上自帝王传心之奥，下至初学入德之门，融会贯通，无复馀蕴。"①

认为周敦颐于"千有余载"之后独得"圣贤不传之学"，这一说法并非《宋史》创见，盖自河南二程兄弟直至南宋理学大师朱熹，其说莫不如此。

周敦颐的主要著作为《太极图说》和《通书》，受到南宋学者的极大推崇。说到周子之学的渊源所自、师承关系，曾在较长时间之内存有较大争议。南宋之初学者朱震向宋高宗《进周易表》认为："濮上陈抟以《先天图》传种放，放传穆修……修以《太极图》传周敦颐，敦颐传程颐、程颢。"②学者胡宏作《通书序略》，并不赞同这一说法。他认为："《通书》四十章，周子之所述也……推其道学所自，或曰：传《太极图》于穆修也……此殆其学之一师欤？非其至者也……道学之士皆谓程颢氏续孟子不传之学，则周子岂特为种、穆之学而止者哉！"③

---

* 本文为2018年7月提交给浙江桐庐召开的第七届中国范仲淹国际学术大会的论文。

① [元]脱脱等撰：《宋史》卷四百二十七，北京：中华书局，1985年，第12709－12710页。

② [宋]朱震撰，种方点校：《汉上易传》附录四，北京：中华书局，2020年，第717页。

③ [宋]胡宏著，吴仁华点校：《胡宏集》杂文，北京：中华书局，1987年，160－161页。

到了《周敦颐年谱》的作者度正，则进一步否定了朱震的师承之说。他认为："惟先生禀生知之异质，加以汲汲于学，故一时老师宿儒，专门名家，一艺一能，有过于人、有闻于世者，无不访问。然其所至，皆天造自得，所谓不由师传、默契道体者，是为得之。"[①]南宋理学之集大成者朱熹对此也曾进行过长期探索，并于《太极通书后序》中做出了如是结论：

> 盖先生之学，其妙具于《太极》一图。《通书》之言，皆发此图之蕴。而程先生兄弟语及性命之际，亦未尝不因其说。……熹又尝读朱内翰震《进易说表》，谓此《图》之传，自陈抟、种放、穆修而来。而五峰胡公仁仲作《通书序》，又谓先生非止为种、穆之学者，"此特其学之一师耳，非其至者也"。夫以先生之学之妙，不出此图，以为得之于人，则决非种、穆所及；以为"非其至者"，则先生之学，又何以加于此《图》哉？是以尝窃疑之。及得《志》文（按指北宋潘兴嗣所作之《周敦颐墓志铭》）考之，然后知其果先生之所自作，而非有所受于人者。[②]

自朱子此语出，特别是随着他所撰《伊洛渊源录》的传播，周氏之学"不由师授，默契道体。上以接邹、鲁之传，而下以启洛、闽之绪"[③]，似成千古不易之说。

然而笔者认为，朱震关于周氏之学来源于种、穆的说法固不足深信，胡宏"此殆学之一师，非其至者"的说法则较为客观，而朱熹、度正的说法则未免失之于偏颇。朱熹认为周氏《太极图》"绝非种、穆所及"，于是就认定"果先生之所自作，而非有所受于人者"，这话显然亦失之于武断。度正一边认为周氏"汲汲于学，故一时老师宿儒，专门名家，一艺一能，有过于人、有闻于世者，无不访问"，这说明周敦颐集多家之说而成一家之学，这话本来说得很好，但他一边又说周氏"禀生知之异质"，并且由此得出"天造自得，所谓不由师传、默契道体者"，显然自相矛盾。而现在需要讨论的问题是：除了种放、穆修而外，周敦颐是否还有别的老师？如果有，又会有谁？笔者认为，其重要师承者之一，便是

① [宋]周敦颐著，陈克明点校：《周敦颐集》附录一，北京：中华书局，1990年，第112页。

② [宋]周敦颐著，陈克明点校：《周敦颐集》卷二，北京：中华书局，1990年，第44-45页。

③ [宋]周敦颐著，陈克明点校：《周敦颐集》附录二，北京：中华书局，1990年，第127页。

千古伟人范仲淹。只是朱老夫子等人对此未加深究而已。

二、周敦颐与范仲淹之交游略考

平心而论，朱熹对于范仲淹与周敦颐两位先贤，都推崇备至，评价极高。然而他所推崇的范仲淹，主要着眼于其道德功业；他所推崇的周敦颐，主要着眼于其继往圣续绝学。至于这两位先贤之间有无交往，关系如何，朱老夫子似乎并未注意。笔者本着拾遗补漏的态度，对范、周两位先贤的关系拟作些粗略考索。

周敦颐(1017—1073)，北宋道州营道(今湖南道县)人，字茂叔，号濂溪，世称濂溪先生。原名敦实，避英宗赵曙之旧讳宗实而改名敦颐。景祐中，以舅父郑向荫授洪州分宁县主簿，历南安军司理参军、虔州通判、郴州知州等。熙宁六年卒，南宋嘉定中追谥为"元"公。敦颐精于《易》。程颢、程颐曾从之受业。关于周敦颐与范仲淹的关系，笔者见闻有限，在此只能揭出如下数事：

1. 仲淹与敦颐之父周辅成(967—1032)有同年之谊。按南宋楼钥《范文正公年谱》：宋真宗大中祥符八年(1015)，仲淹以甲第九十七名登进士第[①]；按南宋度正撰《周敦颐年谱》：其父周辅成，"大中祥符八年，蔡齐榜六举以上，特奏名赐进士出身，终贺州桂岭令"。[②]

古人非常看重朋友交谊，直至将其列为世间五伦之一。而在各种友谊之中，又特别看重"同年"之谊。在这个问题上，仲淹表现尤为突出。仅在其文集中，我们可见其交游唱和以及见于举荐表状者，其同年即不下于十数人。仲淹与敦颐两人之足迹乍看起来似无交集，但仲淹重交谊、重同年、重感情的天性，决定了他与周辅成父子可能是有所交往的。

2. 据度正《周敦颐年谱》，天圣九年(1031)，15岁时，其父周辅成卒。其母郑氏于是年携敦颐入京师，往依其舅父龙图阁直学士郑向。其时仲淹在京任右司谏。京师同年相聚之时，想来不会不看顾这位刚刚失怙的年侄。

3. 据周氏《年谱》，景祐三年(1036)，敦颐年20，其舅父郑向病逝，葬润州

---

① [宋]范仲淹著，李勇先、王蓉贵校点：《范仲淹全集》附录二，成都：四川大学出版社，2002年，第866页。

② [宋]周敦颐著，陈克明点校：《周敦颐集》附录一，北京：中华书局，1990年，第99页。

丹徒县(今江苏镇江丹徒)。次年七月,其母亦逝,葬于郑向墓侧。丹徒乃润州之附郭县,敦颐为母守制于润州。同年十二月,仲淹由饶州移知润州。其时有多位同年往访,仲淹有诗记其事,比如《滕子京、魏介之二同年相访丹阳郡》等。同年相聚,不会不看顾丁忧守制于此地的年侄周敦颐。

4. 据《程氏遗书》(卷第三《拾遗》):"许渤在润州,与范文正、胡宿、周茂叔游。"[①]清代全祖望续修《宋元学案》,在其《濂溪学案》"许渤小传"后也说:"先生在润州,与范文正公(仲淹)、胡文恭公(胡宿)同元公(即周敦颐)游。"[②]四人同游,当在仲淹知润州、许渤为润州观察推官之时。古人交游,重在切磋学问。范、许、胡、周四人同游,前三位皆为饱学之士,唯周敦颐最为年轻,精力旺盛,且在居丧守制之中,正是专心向学之时,想必得闻謦欬,受益最多。人们探索周氏之师承关系,不应忽略与范仲淹等人的这一交游。

三、从周敦颐的《太极图说》和《通书》看其对范仲淹思想的传承

史称仲淹"泛通六经,长于《易》"[③]。可惜今天我们从范氏文集中见不到他系统阐释《易》学的专著。除几篇阐发《易》旨的律赋之外,只有解析六十四卦中二十七卦的《易义》。周敦颐的《太极图说》"明天理之根源,究万物之终始"[④],其《通书》则进一步"发明太极之蕴"[⑤]。我们不妨将周氏两书与范仲淹的《易》学思想联系起来作一些对比。

(一)《太极图说》与《易兼三材赋》之比较

周敦颐《太极图说》:

无极而太极。太极动而生阳,动极而静,静而生阴。静极复动。

① [宋]程颢、程颐撰,[宋]李籲、吕大临等辑录:《程氏遗书》卷第三,上海:华东师范大学出版社,2010年,第94页。

② [清]黄宗羲原著,[清]全祖望补修,陈金生、梁运华点校:《宋元学案》卷十二,北京:中华书局,1986年,第530页。

③ [元]脱脱等撰:《宋史》卷三百一十四,北京:中华书局,1985年,第10267页。

④ [宋]周敦颐著,陈克明点校:《周敦颐集》附录一,北京:中华书局,1990年,第87页。

⑤ [宋]周敦颐著,陈克明点校:《周敦颐集》附录一,北京:中华书局,1990年,第88页。

一动一静，互为其根，分阴分阳，两仪立焉。阳变阴合，而生水、火、木、金、土。五气顺布，四时行焉。五行一阴阳也，阴阳一太极也，太极本无极也。五行之生也，各一其性。无极之真，二五之精，妙合而凝。“乾道成男，坤道成女”，二气交感，化生万物，万物生生，而变化无穷焉。惟人也，得其秀而最灵。形既生矣，神发知矣，五性感动而善恶分，万事出矣。圣人定之以中正仁义而主静，立人极焉。故“圣人与天地合其德，日月合其明，四时合其序，鬼神合其吉凶”。君子修之吉，小人悖之凶。故曰：“立天之道，曰阴与阳；立地之道，曰柔与刚；立人之道，曰仁与义。”又曰：“原始反终，故知死生之说。”大哉《易》也，斯其至矣！①

毫无疑问，周氏《太极图说》是对他有可能出于自创的《太极图》的解说。对此我们还可以理解为，它既是周敦颐研究《周易》的感悟，也是他研读仲淹《易兼三材赋》等篇的心得。兹将仲淹《易兼三材赋》摘引如下，请大家作一对比：

大哉！《易》以象设，象由意通。兼三材而穷理尽性，重六画而原始要终。二气分仪，著高卑于卦内；五行降秀，形动静于爻中。所以明乾坤之化育，见天人之会同者也。昔者有圣人之生，建大《易》之旨，观天之道，察地之纪，取人于斯，成卦于彼。将以尽变化云为之义，将以存洁静精微之理。极其数也，必在乎兼而两之；定其位焉，由是乎三者备矣。

若乃高处物先，取法乎天，所以显不息之义，所以轸行健之权。保合太和，纯粹之源显著；首出庶物，高明之象昭宣。此立天之道也，御阴阳而德全。又若卑而得位，下蟠于地，所以取沉潜之体，所以拟广博之义。寂然不动，既侔厚载之容；感而遂通，益见资生之利。此立地之道也，自刚柔而功备。于是卑高以陈，中列乎人。刚而上者宜乎主，柔而下者宜乎臣，慎时行时止之间，宁迷进退；察道长道消之际，自见屈伸。此立人之道也，敦仁义而有伦。既而明三极之端，知

① ［宋］周敦颐著，陈克明点校：《周敦颐集》卷一，北京：中华书局，1990 年，第 3－8 页。

八象之谓。存拟议而无爽，周变通而曷既。君子用之而消息，圣人执之而经纬。……《易》之为书也，范彼二仪；《易》之为教也，达乎四维。观其象则区以别矣，思其道则变而通之。……变动不居，适内外而无滞；广大悉备，包上下而弗遗。[①]

由于两者立意不同，所要强调的角度和重心自然不同。但仅从其阐发《周易》大旨而言（包括阴阳、动静、变化、道、性、天、地、人等基本原理的阐发和基本概念的使用），无须笔者多言，便不难发现两者的基本一致和一脉相承。

（二）从《通书》的主“诚”，看两人的传承

毫无疑问，“诚”是儒家教化思想的一个基本命题。《周易》一以贯之，仲淹同样也是一生信守并教人以“诚”。他晚年镇守邓州，赠给新科状元贾黯的两个字，依然是“不欺”之诚[②]。仲淹不仅在思想上、行动上“上诚于君，下诚于民”，而且把“诚”上升到天道、天性、人性、本性的高度，以此作为做人的根本。他的《省试自诚而明谓之性赋》开篇就说：“圣人生禀正命，动由至诚。发圣德而非习，本天性以惟明。”[③]并且举颜回为例：“颜生则自明而臻（于诚），谓贤人而可拟；夫子则自诚而至（于明），与天道而弥彰。”[④]

周敦颐《通书》四十章，通篇贯穿一个“诚”字，全文不过 3 000 多字，“诚”字就使用了 22 次。就其“发明太极之蕴”而言，周氏名其书为《通书》，而就其阐发的核心要旨而言，笔者甚至可称其为《诚书》。它开篇首列《诚上第一》：“诚者，圣人之本。大哉乾元，万物资始，诚之源也。乾道变化，各正性命，诚斯立焉。”[⑤]接着是《诚下第二》：“圣，诚而已矣。诚，五常之本，百行之源也。”[⑥]周氏《通书》对于“诚”如此强调，是对《周易》的发挥，也大约与仲淹的言传身教不

① [宋]范仲淹著，李勇先、王蓉贵校点：《范仲淹全集》别集卷第三，成都：四川大学出版社，2002年，第 491－492 页。

② [宋]范仲淹著，李勇先、王蓉贵校点：《范仲淹全集》附录二，成都：四川大学出版社，2002 年，第 903 页。

③ [宋]范仲淹著，李勇先、王蓉贵校点：《范仲淹全集》文集卷第一，成都：四川大学出版社，2002年，第 15 页。

④ 括号内文字为作者所加。[宋]范仲淹著，李勇先、王蓉贵校点：《范仲淹全集》文集卷第一，成都：四川大学出版社，2002 年，第 16 页。

⑤ [宋]周敦颐著，陈克明点校：《周敦颐集》卷二，北京：中华书局，1990 年，第 13 页。

⑥ [宋]周敦颐著，陈克明点校：《周敦颐集》卷二，北京：中华书局，1990 年，第 15 页。

无关系。

(三) 从"颜子所学所乐"看范、周的师承关系

颜回一生好学,是孔子最为得意的弟子。孔子寄希望最大的,便是认为颜回能继承其思想学说。颜回早死,断了他最好的传承人,这是对孔子的最大打击。孔子对颜回的青睐、称赞和惋惜,使得颜回成为后世读书人追摩的楷模。

范仲淹早在青年时期求学苦读于应天书院,曾作七律《睢阳学舍书怀》以明志,诗中提出了"瓢思颜子心还乐"[①]的命题。他在以后的诗文中,亦每每以颜回自相期许。在前引《省试自诚而明谓之性赋》中,他同样是将颜子作为由好学而自"明"、而臻于"诚"的典型。

周敦颐《通书》所推尊的人物,除了孔子便是颜回。其《志学第十》章称:"伊尹、颜渊,大贤也。伊尹耻其君不为尧、舜,一夫不得其所,若挞于市;颜渊'不迁怒,不贰过','三月不违仁'。志伊尹之所志,学颜子之所学。过则圣,及则贤,不及则亦不失于令名。"[②]其后又单列《颜子第二十三》章:"颜子'一箪食、一瓢饮,在陋巷,人不堪其忧,而不改其乐'。夫富贵,人所爱也。颜子不爱不求,而乐乎贫者,独何心哉?天地间有至贵至富可爱可求,而异乎彼者,见其大而忘其小焉尔。见其大则心泰,心泰则无不足。无不足,则富贵贫贱处之一也。处之一则能化而齐。故颜子亚圣。"[③]《圣蕴第二十九》章盛赞:"圣人之蕴,微颜子殆不可见。发圣人之蕴,教万世无穷者,颜子也。"[④]

《宋史·道学·周敦颐传》称周敦颐:"掾南安时,程珦通判军事,视其气貌非常人,与语,知其为学知道,因与为友,使二子颢、颐往受业焉。敦颐每令寻孔、颜乐处,所乐何事?二程之学,源流乎此矣。"[⑤]显然,史家是把周敦颐"每令"二程"寻孔、颜乐处,所乐何事"看作"二程之学"的"源流"。

那么,二程又是如何看待"颜子所乐何事"的呢?《宋史·道学·程颐传》称程颐:"游太学,见胡瑗问诸生以颜子所好何学,颐因答曰:'学以至圣人之道

---

① [宋]范仲淹著,李勇先、王蓉贵校点:《范仲淹全集》文集卷第四,成都:四川大学出版社,2002年,第66页。

② [宋]周敦颐著,陈克明点校:《周敦颐集》卷二,北京:中华书局,1990年,第23页。

③ [宋]周敦颐著,陈克明点校:《周敦颐集》卷二,北京:中华书局,1990年,第32-33页。

④ [宋]周敦颐著,陈克明点校:《周敦颐集》卷二,北京:中华书局,1990年,第37页。

⑤ [元]脱脱等撰:《宋史》卷四百二十七,北京:中华书局,1985年,第12712页。

也'。"[1]我们通观程颐的这篇答卷，简直就是一篇概括《通书》主旨的"读后感"。胡瑗为什么会出这么一道考题？他与仲淹的关系为人们所熟知，想来当与仲淹平素交游切磋有关。而程颐的答卷使胡瑗"大惊异之"，当然也是与程颐的平素学养有关。其学养从何而来？显然来自周敦颐。我们从"颜子所学所乐"这件事上，通过二程与周敦颐、二程与胡瑗的关系，亦可窥见范仲淹与周敦颐关系之一斑。

笔者以为，此事的重要意义远不止此。我们还应正视这样一个基本事实：即由"颜子所乐何事"这一"范仲淹之问"开始，经过周敦颐《通书》的阐发，再经过二程对颜子"所好何学""所乐何事"的宣讲和引导，颜回的形象在一般读书人的心目中越来越高。二程授徒，采用这种"典型引路"的方式，所产生的实际效用是巨大的：一是使得当时形成了以颜子为榜样的好学风气，二是形成了以颜子为榜样的目标追求，三是为了追求圣贤目标，形成了对天地奥妙、人生真谛的探索兴趣。正是由于这三者的共同作用，促进了宋代道学的兴起。我们是不是可以这样认为：正是在"颜子所乐所学"这个问题上，以范仲淹之问为发端，以周敦颐的阐发和二程的讲授为契机，从而促成了有宋一代学术的兴起。这种看法若能成立，亦足见范仲淹对宋代学术的建树厥功至伟。

（四）从对《周易》卦义的阐释看周敦颐对范仲淹的承袭

如前所言，范仲淹为我们留下了详解《周易》二十七卦的《易义》。而周敦颐的《通书》虽然是从总体上阐发《周易》宏旨，但从其第三十章以后，也涉及一些具体卦例。其中《乾》《损》《益》《家人》《睽》《艮》等卦，是两人都曾论及的。虽然仲淹是详解，敦颐只讲大意，详略不同，侧重各异，但就其中心要旨而言，两者的阐释完全吻合、相当一致。兹将这六卦开列如下，请大家做些比较分析：

范仲淹的解析是：

> 《乾》　内外中正，圣人之德位乎天之时也。德内也。位外也。九二，君之德；九五，君之位。成德于其内，充位于其外。圣人之德，居乎诚而不迁。

[1] ［元］脱脱等撰：《宋史》卷四百二十七，北京：中华书局，1985年，第12718页。

《家人》 阳正于外，阴正于内。阴阳正而男女得位，君子理家之时也。明乎其内，礼则著焉；顺乎其外，孝悌形焉。礼则著而家道正，孝悌形而家道成。成必正也，正必成也。圣人将成其国，必正其家。一人之家正，然后天下之家正。天下之家正，然后孝悌大兴焉，何不定之有！

《睽》 火炎泽润，其性不同。炎从上，润从下，其道违而不接，物情睽异之时也。阴阳不接而天地睽，日月不接而昼夜睽，礼义不接而男女睽，君臣不接而上下睽，情类不接而万物睽。夫然，则天地万物之理，从何而亨乎？故《睽》之时义不可久也，必变而通之，合睽以成其化。

《损》 山泽通气，其润上行，取下资上之时也。……然则下者上之本，本固则邦宁。今务于取下，乃伤其本矣，危之道也。损之有时，民犹悦也；损之无时，泽将竭焉。故曰"川竭必山崩"，此之象也。无他，下涸而上枯也。"百姓不足，君孰与足"，其斯之谓欤！

《益》 刚来而助柔，损有余而补不足……自上惠下之时也。天道下济，品物咸亨；圣人下济，万国咸宁。《益》之为道大矣哉！然则益上曰损，损上曰益者，何也？夫益上则损下，损下则伤其本也，是故谓之损；损上则益下，益下则固其本也，是故谓之益。本斯固矣，干斯茂矣，源斯深矣，流斯长矣。下之益上，则利有竭焉；上之益下，则因其利而利之，何竭之有焉！

《艮》 山相当而各止其所，内外不相与，六爻皆无应。上下静止之时也。天地动而万物生，日月动而昼夜成，圣贤动而天下亨。今其止者，君子理不可动之时也。故此卦无元亨贞之德者，以其道不行焉。然止之为道，必因时而存之。若夫时不可进，斯止矣；高不可亢，斯止矣；位不可侵，斯止矣；欲不可纵，斯止矣。止得其时，何咎之有！故曰："时止则止，时行则行。动静不失其时，其道光明。"①

周敦颐《通书》涉及以上各卦的有：

① ［宋］范仲淹著，李勇先、王蓉贵校点：《范仲淹全集》文集卷第七，成都：四川大学出版社，2002年，第141－149页。

《乾损益动第三十一》 君子乾乾，不息于诚。然必惩忿窒欲，迁善改过而后至。乾之用其善是，损益之大莫是过，圣人之旨深哉！……“吉凶悔吝生乎动。”噫！吉一而已，动可不慎乎！①

《家人睽复无妄第三十二》 治天下有本，身之谓也；治天下有则，家之谓也。本必端，端本，诚心而已矣。则必善。善则，和亲而已矣。……家难而天下易，家亲而天下疏也。……是治天下观于家，治家观身而已矣。身端，心诚之谓也。诚心，复其不善之动而已矣。……不善之动，妄也；妄复，则无妄矣；无妄，则诚矣。②

《蒙艮第四十》 “山下出泉”，静而清也。汩则乱，乱不决也。慎哉，其惟“时中”乎！……“艮其背”，背非见也。静则止，止非为也，为不止矣。其道也深乎！③

我们从中可以看到两人解《易》的诸多相同之点。它们虽有见解和论述角度的不同、着眼点和侧重点的不同，但绝无龃龉相悖之处，可见两人的《易》学思想完全相通。

（五）关于“动”与“静”的辨析

“易”有三义：容易、简易、变易。而人们普遍认为《周易》的基本思想，是其“变易”。换言之，主“变易”便是主“动”，因为唯有“动”方能变、方能通、方能化成万物。范仲淹的《易》学思想也是如此。他认为：“天地动而万物生，日月动而昼夜成，圣贤动而天下亨。”④范氏不仅对于《损》《益》《鼎》《革》等卦的解说着眼于“动”，“穷则变，变则通，通则久”更近乎他的口头禅，直至将其作为推行政治改革的理论基础。

而周敦颐却在他的《太极图说》中提出了主“静”的观点。他说：“圣人定之以中正仁义，而主静，立人极焉。”⑤周氏这一主“静”观点曾受到人们的质疑和

---

① ［宋］周敦颐著，陈克明点校：《周敦颐集》卷二，北京：中华书局，1990年，第38页。

② ［宋］周敦颐著，陈克明点校：《周敦颐集》卷二，北京：中华书局，1990年，第38－39页。

③ ［宋］周敦颐著，陈克明点校：《周敦颐集》卷二，北京：中华书局，1990年，第43页。

④ ［宋］范仲淹著，李勇先、王蓉贵校点：《范仲淹全集》文集卷第七，成都：四川大学出版社，2002年，第149页。

⑤ ［宋］周敦颐著，陈克明点校：《周敦颐集》卷一，北京：中华书局，1990年，第6页。

诟病，这大约也是他被认为与仲淹的最大不同。

其实，我们只要深入作些分析，便会发现其间有对周氏的莫大误解。周敦颐的主“静”是有条件的。他是在认识到“动”为天地万物普遍规律的前提下，才强调“立人极”在乎主“静”。《太极图说》开篇就说：“太极动而生阳，动极而静，静而生阴。静极复动。一动一静，互为其根。”[①]这就是说，周氏认为一切阴阳变化，皆生于“动”，没有“动”一切都无从谈起。唯有阳变阴合，二气交感，才有“万物生生，而变化无穷”[②]。既然如此，他为什么又说“圣人定之以中正仁义而主静”呢？这是因为，作为“人”，只要一“动”，就有“善恶分，万事出”，所以必须“慎动”。他在《通书》中对这个道理说得更加充分。比如《乾损益动第三十一》章说：“‘吉凶悔吝生乎动。’噫！吉一而已，动可不慎乎！”[③]其《动静第十六》章说：“动而无静，静而无动，物也；动而无动，静而无静，神也。动而无动，静而无静，非不动不静也，物则不通，神妙万物。”[④]《圣第四》章：“寂然不动者，诚也；感而遂通者，神也；动而未形、有无之间者，几也。诚、神、几，曰圣人。”[⑤]《通书》还专列《慎动第五》一章：“动而正曰道，用而和曰德。匪仁、匪义、匪礼、匪智、匪信，悉邪矣。邪动，辱也；甚焉，害也。故君子慎动。”[⑥]其《家人睽复无妄第三十二》章认为：“不善之动，妄也；妄复，则无妄矣；无妄，则诚矣。”[⑦]《通书第四十》章以《蒙艮》作结：“慎哉！其惟‘时中’乎！‘艮其背’，背非见也。静则止，止非为也，为不止矣。其道也深乎！”[⑧]

总而言之，在周敦颐看来，作为“人”，只要一“动”，就有“吉、凶、悔、吝”生，而在这四者中，“吉”只占其一，怎么能不“慎动”！所以说，周敦颐的主“静”，是在深知“动”之利害的前提下，告诫人们知顺逆，要顺动、慎动，而不要逆动、乱动、盲动、邪动，更不要有“不善之动”、有轻举“妄动”。对此，“君子修之吉，小人悖之凶”[⑨]这也就是说，周敦颐的主“静”，他所强调的同样是《周易》“时中”

---

① [宋]周敦颐著，陈克明点校：《周敦颐集》卷一，北京：中华书局，1990年，第4页。
② [宋]周敦颐著，陈克明点校：《周敦颐集》卷一，北京：中华书局，1990年，第5页。
③ [宋]周敦颐著，陈克明点校：《周敦颐集》卷二，北京：中华书局，1990年，第38页。
④ [宋]周敦颐著，陈克明点校：《周敦颐集》卷二，北京：中华书局，1990年，第27页。
⑤ [宋]周敦颐著，陈克明点校：《周敦颐集》卷二，北京：中华书局，1990年，第17-18页。
⑥ [宋]周敦颐著，陈克明点校：《周敦颐集》卷二，北京：中华书局，1990年，第18页。
⑦ [宋]周敦颐著，陈克明点校：《周敦颐集》卷二，北京：中华书局，1990年，第39页。
⑧ [宋]周敦颐著，陈克明点校：《周敦颐集》卷二，北京：中华书局，1990年，第43页。
⑨ [宋]周敦颐著，陈克明点校：《周敦颐集》卷一，北京：中华书局，1990年，第7页。

“知几”“时止则止，时行则行”的基本思想，它与范仲淹审时度势、“动静不失其时”的一贯主张，若合符契，一脉相承。

有意思的是，周敦颐的主“静”，到了程颐变成了主“敬”。他说：“涵养须用敬”①“敬则自虚静，不可把虚静唤作敬。”②可是，我们倘要细究起来，程颐的主“敬”只是转换了概念，改变了适用范畴而已。除了建立在“静”的基础上进而对人生修养提出更高要求之外，单就其思想实质和“动”“静”关系而言，两者并不矛盾，甚至可以说并没有太大不同。既然如此，程颐为什么还要以“敬”代“静”呢？笔者以为，这大约与当时人们对于主“静”之说的误解与质疑有关。为了避免其师“主静”之说被人误读和曲解，于是他才改“静”为“敬”。而单就“动”“静”关系而言，程颐依然是主张“变易”的。所谓“变易”，其实质还是一个“动”。所以说，他与《周易》、与范仲淹、与其师周敦颐依然是一脉相承。对此，他的《易传·序言》可以为我们做证：“易，变易也，随时变易以从道也。其为书也，广大悉备，将以顺性命之理，通幽明之故，尽事物之情，而示开物成务之道也。”③

最后，有必要说明的是，周氏之学在北宋时尚传播不广。直到宋室南渡以后，随着二程之学的走红，周敦颐的《太极图说》《通书》方得以为世所重，于是人们才开始探寻二程的师承和传承。其间，有必要提起注意的有如下三事：一是二程虽然了解周敦颐在为母居丧期间曾经与范仲淹等人有所交游，却未必了解其师当初从范仲淹那里究竟学到些什么；二是二程言论虽多，却很少提到其师周敦颐；三是二程经常自我标榜上继孔孟千年不传之学，很少提到他们对周敦颐的直接师承。由于以上三种情形，致使一些人怀疑二程的学问究竟是不是来自周敦颐。至于其师周敦颐的师承渊源，更被弄得扑朔迷离，最后方由朱熹《伊洛渊源录》等著作一锤定音。

然而朱老夫子的一锤，并未完全定音。因为他虽然否定了周敦颐的《太极图说》《通书》来自种放、穆修等人，但他同时也忽略了有来自其他老师传授的可能。于是，二程兄弟连同其师周子之学跨越汉唐、远绍孔孟之说便得以

---

① [宋]程颢、程颐撰，[宋]李籲、吕大临等辑录：《程氏遗书》第十八，上海：华东师范大学出版社，2010年，第241页。

② [宋]程颢、程颐撰，[宋]李籲、吕大临等辑录：《程氏遗书》第十五，上海：华东师范大学出版社，2010年，第199页。

③ [宋]程颐撰，王孝鱼点校：《周易程氏传》，北京：中华书局，2011年，第1页。

流行。现在看来,朱熹对于周敦颐与范仲淹的关系,似乎缺少探究。笔者正是本着拾遗补漏的想法,发覆探微,作出如上探索。至于所得结论能否成立,还望方家不吝赐教。

范仲淹与王安石交游寻踪*

北宋中期，发生了两件旨在实行社会和政治变革的大事：一件是范仲淹(989—1052)主导的庆历新政，一件是王安石(1021—1086)主导的熙丰变法。两次革新变法具有必然的内在联系。换言之，两者具有一脉相承的关系。但是，对于两次变法革新的发起人范仲淹和王安石两人的关系如何，人们关注不多。究其原因，一是两人相差 32 岁，属于两代人，熙丰变法上距庆历新政已 20 多年，且发生在仲淹去世 10 多年以后，因而两人的交游情形容易被忽略；二是两次变法革新虽然同样归于失败，而时人的态度和后人的评价，却出现了完全不同的结果。首先是时人，对于两次变法革新的态度截然不同。就是说，庆历新政的许多支持者、拥护者和积极参与者，后来几乎都变成了熙丰变法的反对者和抵制者。其次是后人，对于两次变法革新的评价截然不同。就是说，当年庆历新政的发起人和主持者范仲淹，几乎被后人捧到了天上，而熙丰变法的发起人和主持者王安石，几乎被后人贬进了地下。由于时人的态度截然不同，致使当初积极支持、拥护和参与庆历新政的人士以及他们的后代，对于范、王两人的亲密关系，大都力图加以掩饰和撇清。即以仲淹之子范纯仁为例，他不仅反对王安石变法，而且在整理其父文集以及本人文集时，将其与王安石曾经友好交往的文字尽量剔除；由于后人的评价截然不同，致使两次变法革新一脉相承的关系被后世史家尽量加以切割和回避。即以元人所修《宋史》为例，对于范、王两人的评价即有天渊之别。对范仲淹的评价是："考其当朝，虽不能久，然先忧后乐之志，海内固已信其有弘毅之器，足任斯责，使究其所欲为，岂

* 本文于 2018 年 10 月 4 日修订。曾提交给中华文化促进会 2015 年 10 月于郑州召开的第四届宋学国际学术研讨会，以后经过补充修改，又提交给 2021 年 12 月江西抚州纪念王安石诞生 1 000 周年学术研讨会。

让古人哉!”[1]而对王安石的评价,则是借朱熹之口予以极力贬抑:“朱熹尝论安石‘……汲汲以财利兵革为先务,引用凶邪,排摈忠直,躁迫强戾,使天下之人,嚣然丧其乐生之心。卒之群奸嗣虐,流毒四海,至于崇宁、宣和之际,而祸乱极矣’。此天下之公言也。……呜呼!此虽宋氏之不幸,亦安石之不幸也。”[2]

范、王二人本来是在“朋友圈”相互“加为好友”的。但是,由于时人态度和后人评价的截然不同,致使两人的真实关系讳莫如深、扑朔迷离。笔者以为,廓清范、王两人的真实关系,有助于我们对两次革新变法的内在联系进行深入研究。本着这样的目的,笔者不揣固陋,拟对范、王两人的交游寻踪觅迹,做些钩沉索隐式的粗略考察。错谬之处,尚望能得到批评指正。

一、范仲淹与王安石之父王益有同年之谊

安石之父王益(992—1038),字舜良,抚州临川人。宋真宗大中祥符八年(1015)进士,历知新淦、庐陵、新繁,仁宗天圣间知韶州,丁父忧,服除通判江宁府。宝元元年(1038)二月卒于任所,就地葬于江宁牛首山。仲淹与王益,一为苏州人,一为临川人,单从其籍贯和仕履看,两人似无交集。然而一个最大交集点便是同为宋真宗大中祥符八年(1015)蔡齐榜进士。对此,这里各举两例:欧阳修《范仲淹神道碑》称仲淹“祥符八年举进士”[3],富弼所撰之《墓志铭》称“公少举进士,祥符八年中第”[4];安石为其父所作之《先大夫述》明言王益于“祥符八年得进士第”,曾巩为王益所撰之《墓志铭》亦称“公祥符八年举进士及第”[5]。古人重交谊,尤其看重同年之谊。安石作为仲淹的“年侄”,便是两人交游的最好基石。

---

① [元]脱脱等撰:《宋史》卷三百一十四,北京:中华书局,1985 年,第 10295 页。

② [元]脱脱等撰:《宋史》卷三百二十七,北京:中华书局,1985 年,第 10553 页。

③ [宋]范仲淹著,李勇先、王蓉贵校点:《范仲淹全集》附录一,成都:四川大学出版社,2002 年,第 812 页。

④ [宋]范仲淹著,李勇先、王蓉贵校点:《范仲淹全集》附录一,成都:四川大学出版社,2002 年,第 818 页。

⑤ [宋]曾巩撰,陈杏珍、晁继周点校:《曾巩集》卷第四十四,北京:中华书局,1984 年,第 598 页。

二、王安石有可能因谢绛而结识范仲淹

谢绛(994—1039),字希深,杭州富阳人。以文学节义知名当世。仲淹与谢绛不仅为同年进士,其先辈亦同为随钱氏归宋的吴越旧臣,两人有着较深的世家旧谊。在其众多同年交往中,谢绛可算一位轴心人物[①]。天圣九年(1031),仲淹由河中府通判移任陈州,途经洛阳访友。其时谢绛任西京河南府通判。大约正是通过谢绛的关系在那里结识了尹洙、欧阳修、梅尧臣等一大批青年才俊。而仲淹早年好友梅尧臣娶谢绛之妹,与谢绛有郎舅之亲。谢绛于宋仁宗宝元二年去世于邓州任所,就地安葬于邓州。后来仲淹知邓州,曾为文以祭,且陆续修复其首创之百花洲、览秀亭等景物。谢绛四子分别为景初、景温、景平、景回。安石与景温最为友善,其弟安礼则娶谢绛之女。谢绛幼子景回早殇,安石为其作墓志铭。内称:“吾见其质,吾闻其声。……哀以铭诗,亦慰其兄。”[②]可见安石与谢家兄弟关系密切。特别是后来安石在推行新法的过程中,景温始终是他坚定的支持者和得力助手(谢景初则同范纯仁一样,同属新法的反对派)。安石文集不乏与景温兄弟唱和之作。谢景初出宰越州之余姚县、景温出宰越州之会稽县,仲淹分别有诗相赠。其时安石出宰浙东之鄞县,想必也会获得仲淹赠诗。以此观之,青年时期的王安石与谢氏子弟一样,当会同样得到仲淹的眷顾。

有趣的是,范纯仁为谢景初所作之《朝散大夫谢公墓志铭》,为我们透露一些别样的信息:“公(谢景初,字师厚)知越州余姚县……余姚滨海,民喜盗煮盐。利厚,而法不能禁。公明立约束,刑不加肃而民自戢,盐课羡于常岁。又为塘岸以御潮涨之患,民得安居。是时,荆公王介甫宰明之鄞县(今宁波市鄞州区),知枢密院韩玉汝(韩缜)宰杭之钱塘,公弟师直(景温)宰越之会稽。环吴越之境皆以此四邑为法,处士孙侔为文以纪之。浙东和籴之法,官以钱与茶易民刍粮,民既输而有司虐下,不畀其直,民以为病。公在郊州上疏极言

① 参见《范仲淹全集》文集卷十二《宋故太子宾客分司西京谢公神道碑》,[宋]范仲淹著,李勇先、王蓉贵校点:《范仲淹全集》,成都:四川大学出版社,2002年,第298-302页;欧阳修《太子宾客分司西京谢公墓志铭》,[宋]欧阳修著,李逸安点校:《欧阳修全集》,北京:中华书局,2001年,第913-916页。

② [宋]王安石撰,刘成国点校:《王安石文集》卷第九十八,北京:中华书局,第1691页。

其弊。"①

范纯仁为了反对王安石新法，这里其实是在"翻旧账""揭老底"。人们通常认为，安石所推行的熙丰变法，得益于他在知明州鄞县时所取得的"试点经验"。而范纯仁为了从根本上否定熙丰新法，竟借谢景初说事，认为安石所试行的"浙东和籴之法"，早在谢景初任职邠州时就已"上疏极言其弊"。政治立场的不同决定了观点的迥异。为了划清界限，撇清当初范、王两家的亲密关系，可见范纯仁的煞费苦心。

三、王安石有可能通过周敦颐而结识范仲淹

《宋元学案》列仲淹与周敦颐互为"讲友"，不确。敦颐之父周辅成亦为仲淹同年。敦颐少仲淹28岁，而安石少敦颐4岁。当敦颐丁母忧于润州时，安石随父生活于江宁，后来又丁父忧于江宁。其间值得注意者有二事：一是据仲淹《年谱》，景祐四年(1037)十二月，仲淹由饶州(今江西鄱阳)移知润州(今江苏镇江)②，江宁(今江苏南京)为其必经之地。同年王益身为东道主，没有不出面接待之理。想必此时的安石也会见过这位"年伯"。二是据《二程遗书》："许渤在润州，与范文正、胡宿、周茂叔游。"③亦当是在此时。同游四人，敦颐最少，居丧之中，时间充裕，得闻謦欬，受益最多，岂止仅一"讲友"而已。《二程遗书》对安石深怀偏见，称"荆公少年怀刺见濂溪"，恐亦不确。润州与江宁为近邻。敦颐与安石两人皆为同年之子，且同在丁忧之中，而丁忧中的青年人聚在一起切磋学问，则为最好的生活方式。由此看来，仲淹知润州后，居丧中的敦颐邀约安石来游，完全可能。至于"怀刺"(怀揣名片)之说，似无必要。

史称仲淹"泛通六经，长于《易》"④且敦颐之《通书》《太极图说》都是建立在《易》学的基础上。安石亦精通《易经》，不仅著有《易泛论》《卦名解》《九卦论》等见于其文集，据载还著有《〈易〉义》二十卷。由其易学思想，亦可寻觅其师承关系。

---

① [宋]范纯仁著：《范忠宣公集》卷十三，上海古籍出版社影印文渊阁四库全书本。

② [宋]范仲淹著，李勇先、王蓉贵校点：《范仲淹全集》附录二，成都：四川大学出版社，2002年，第886页。

③ [宋]程颢、程颐撰，潘富恩导读：《二程遗书》第三，上海：上海世纪出版股份有限公司、上海古籍出版社，2010年，第94页。

④ [元]脱脱等撰：《宋史》卷三百一十四，北京：中华书局，1985年，第10267页。

四、王安石有可能因韩琦而得范仲淹垂青

仲淹与韩琦(1008—1075),世人并称“韩范”,在共同抗击西夏的战争中结下了生死不渝的友谊。庆历新政失败以后,两人虽然都被外放,但始终保持着通信联系。庆历二年(1042)春,22岁的安石进士及第,授官秘书郎、签书淮南节度判官厅公事(任所扬州)。庆历五年(1045)春,韩琦知扬州,成为安石的上司。安石初任期满,第二任即知明州鄞县。如此顺利升迁,想必与得韩琦青睐有关。

五、王安石有可能因曾巩而结识范仲淹

曾巩(1019—1083),小于仲淹30岁,长于安石2岁。在此我们应注意曾巩的三重身份:一是曾巩与安石,既为江西同乡、通家世交,又为同学好友;二是曾巩为欧阳修的得意门生,而欧阳修与仲淹有着非同一般的友谊;三是曾巩后来娶仲淹内兄李禹卿之女为妻,成为仲淹的内侄女婿。由此三层关系,曾巩既有可能通过欧阳修将安石引荐给仲淹,也有可能直接向仲淹推荐过这位同学好友。

《曾巩集》今存给仲淹书信两封,一曰《上范资政书》,一曰《答范资政书》。前者称:“不意阁下欲收之而教焉,而辱召之。”[①]后者不仅言及“王寺丞至,蒙赐手书及绢等。”更说到“拜别期年之间,相去数千里之远,不意阁下犹记其人……此盖阁下乐得天下之英才,异于世俗之常见,而如巩者,亦不欲弃之。”[②]我们从中所窥见的,不仅有仲淹对曾巩的关爱,以及曾巩对仲淹的尊崇,更可窥见的是两人的亲密关系。仲淹曾将曾巩“辱召”“收之”门下“而教焉”,也有引荐其好友安石的可能。

顺便说一下,曾巩为仲淹之内侄女婿,须从楚丘李氏说起。楚丘,大致相当于今山东曹县、河南虞城县境,宋代属于南京应天府(即今河南商丘)管辖。楚丘李氏在当时堪称当地的名门望族。仲淹之妻李氏与曾巩之妻李氏,

---

① [宋]曾巩撰,陈杏珍、晁继周点校:《曾巩集》卷第十五,北京:中华书局,1984年,第244页。

② [宋]曾巩撰,陈杏珍、晁继周点校:《曾巩集》卷第十六,北京:中华书局,1984年,第251页。

皆出于楚丘李氏家族，两人系姑母与侄女的关系。就是说，若依李氏而言，曾巩应称仲淹为姑父，与范纯仁为姑表兄弟。对此，笔者可提供如下证据：一是据《宋史·李昌龄传》，昌龄有兄昌图、有弟昌言；二是据富弼所撰仲淹《墓志铭》以及楼钥所撰仲淹《年谱》，仲淹妻李氏为“故参知政事昌龄之侄”；三是曾肇为亡兄曾巩所撰之《行状》以及韩维为曾巩所撰之《神道碑》均载，曾巩“继室李氏，司农少卿禹卿之女”；四是据曾巩所作《永安县君李氏墓志铭》称，此李氏系“赠刑部尚书讳昌言之女”，而“夫人之弟光禄少卿禹卿，余妻父也”；五是据范纯仁撰《尹判官墓志铭》，尹洙之子尹构“娶李氏，予舅氏司农少卿讳禹卿之女”。由此可知，曾巩的岳父李禹卿，系范纯仁的母舅。以上五证，可知曾巩为仲淹的内侄女婿无疑。香港学者何冠环先生的《宋初朋党与太平兴国三年进士》一书对此考证颇详[①]。因不常见，故为表而出之。

六、寻觅王安石与范仲淹交往的直接证据

1. 据清代人蔡上翔《王荆公年谱考略》：景祐三年(1036)，安石十六岁[②]。其父王益丁父忧期满，携安石赴京待阙。其时仲淹正在权知开封府任上。待阙候选中的王益，想必有拜会仲淹的可能。其时发生的吕、范交恶，为震惊朝野的重大事件，这在曾巩、安石两位少年心中当会感到深深的震撼。景祐四年，王益获任江宁府通判，携安石赴任；同年十二月，仲淹由贬谪之地饶州移知润州，江宁为其必经之地，王益作为同年东道，没有不出面接待之理。润州与江宁为近邻，仲淹到任以后，他们可能还会继续保持联系。宝元二年(1039)二月，王益病逝于江宁，且就地安葬，于是安石守制于此。三月，仲淹由润州调知越州，宝元三年春，又由越州调往西北戍边。对于这位亡故不久的同年，当有顺道往祭的可能。这就是说，在景祐三年到宝元年间(1036—1040)这一时段，仲淹与安石的足迹于京师开封和江宁两地应当都有交集。

2. 从《王安石文集》现存书信，寻觅其交游踪迹。文集卷八十一保存致仲淹书信三通：《上杭州范资政启》《谢范资政启》《上范资政先状》，此三信皆应作于仲淹晚年以资政殿学士知杭州时。皇祐元年(1049)正月，仲淹受命由邓州

---

① 何冠环：《宋初朋党与太平兴国三年进士》，北京：中华书局，1994年。

② [宋]詹大和等撰，裴汝诚点校：《王安石年谱三种》，北京：中华书局，1994年，第227页。

调知杭州，本年安石于浙东明州之鄞县知县任满。安石赴任、离任，杭州为必经之地。从这三封书信，我们不仅可知二人有过欢聚，从中还可窥知仲淹对这位晚辈曾经有过关照和称誉。比如《上杭州范资政启》："某近游浙壤，久挹孤风。当资斧之无容，幸曳裾之有地。粹玉之彩，开眉宇以照人；緌星之文，借谈端而饰物。羁琐方嗟于中路，逢迎下问于翘材。仍以安石之甥，复见牢之之舅。兹惟雅故，少稔燕闲。"[①]细揣安石之意，"久挹孤风""少稔燕闲"，说明他与仲淹早有"雅故"，有过近距离接触；"资斧""羁琐"云云，说明他不仅曾受到过仲淹热情的款待，很可能还曾得到路费相赠；"仍以安石之甥，复见牢之之舅"，他既以谢安石与刘牢之之甥舅关系自况，可见其与仲淹之关系亲密。其《谢范资政启》称："某容迹海滨，被光台照，童乌署第，夙荷于揄扬；立鲤联荣，复深于契眷。幸当栖庇，以处钧成。"[②]安石这里以"童乌署第"自况，对于受到过仲淹的"台照""揄扬""契眷""栖庇""钧成"，可谓铭记不忘而感戴莫名。

3. 朱熹明确告诉我们，仲淹晚年曾举荐过安石。据《朱子语类》卷一百二十九《本朝三》："正献（按，指吕夷简之子吕公著，谥正献）通判颍州时，欧阳公为守。范公知青州，过颍，谒之。因语正献曰：'太博近朱者赤。欧阳永叔在此，宜频近笔砚。'异时同荐三人，则王荆公、司马温公及正献公也，其知人如此。"[③]朱熹此处所言，是指范、王两人杭州相会之后，范公由杭州调知青州，路经颍州往访欧阳修，随后不忘为国举荐人才。而他所举荐的这三位人杰，首位即为王安石。

4. 感人至深的《祭范颍州文》。安石文集的《祭文》部分，首篇即为《祭范颍州文》，可见其分量不轻。仲淹最后一任官职，是皇祐四年（1052）以资政殿学士自青州调知颍州（今安徽阜阳）。但他未能到任，途中即病逝于徐州。其时安石正在通判舒州（治今安徽潜山）任上，由于公务在身，不可能亲往，他便派员持文往祭，以歌代哭。安石在祭文中不仅历数了仲淹的道德文章、功业政绩，推崇其为"名节无疵"的"一世之师"，最后还特别哭诉了自己"矧鄙不肖，辱公知尤"[④]的知遇之恩。作为他州别郡的一名通判，不远千里，遣使致祭，这本

① ［宋］王安石撰，刘成国点校：《王安石文集》卷第八十一，北京：中华书局，第1408页。

② ［宋］王安石撰，刘成国点校：《王安石文集》卷第八十一，北京：中华书局，第1413页。

③ ［宋］黎靖德编，王星贤点校：《朱子语类》卷第一百二十九，北京：中华书局，1986年，第3087页。

④ ［宋］王安石撰，刘成国点校：《王安石文集》卷第八十五，北京：中华书局，第1477－1479页。

身就说明两人非同一般的关系。尤其是“辱公知尤”四字，其中究竟包含多少知遇之恩和深情厚谊，恐怕是局外人很难窥知的。

范、王两人的密切交往，除了上述线索之外，我们还会想到其他一些“中介”人物，比如富弼、欧阳修、吕公著、司马光等。可惜由于北宋政坛中期以后的风云变幻，党争加剧，早已将两位巨人的交往情形湮没于历史长河之中。

七、变法思想的一脉相承

庆历新政虽然失败，但长期积累下来的各种社会弊端和社会矛盾，并不会因其失败而自行消失，反而有积重难返、愈演愈烈之势。面对愈益严重的各种社会问题，究竟怎么办？风潮虽过积弊在，改革自有后来人。这便是王安石再次举起变法大旗的客观原因。从主观上说，安石之所以再次坚定而执着地推行新法，应该说与他对前辈范仲淹的景仰和效法有关，或者说，对于变法革新有着思想上的承袭。

王安石所推行的熙丰新法，是对范仲淹庆历新政的继承和拓展。就两次变法革新而言，两人在如下几个方面有基本相同之处：一是就其个人气质和志向而言，两人灵犀相通，都具有以天下为己任的担当精神；二是就其推行改革的指导思想而言，两人所见略同，都是建立在儒家经典尤其是《易经》变易思想的基础之上；三是就其推行改革的策略而言，两人都是打着托古改制的旗号以减少阻力。以上三个方面，都可深入探讨，笔者这里不拟展开论述。

庆历新政和熙丰变法，就其初心和本旨而言，都是为了消除积弊，实现富民强国，其间的是是非非、风风雨雨，人们可以见仁见智，而由两次变法所引起愈演愈烈的朋党之争，以及北宋政局的动荡和政坛的撕裂，却为新政主持者、参与者和拥护者们始料未及。特别是经过“元祐更化”和“绍圣绍述”两次大折腾之后，当年参与和支持过庆历新政的人士，基本上都被归入旧党，而参与和支持过熙丰新法的人士，基本上都被列为新党。壁垒分明的新旧两党之争，使得一些本来尚可友好相处的谦谦君子，几乎都被以拥护、赞成还是抵制、反对变法为标尺，分成了势不两立的两派而互为政敌。政坛上的“翻烧饼”，不论是对于北宋政权的破坏力还是对于人际关系的杀伤力，都是巨大的。其中仅以范、王两家的关系来说，本来应该是相当亲密友好的两家，自从王安石新法推行以后，范纯仁兄弟等几乎都站到了其对立面，走上了反对和抵制的道路。政治上的分歧导致情感上的破裂，情感上的破裂加上有意识的切割，直接影响到范氏父子文集的编纂整理。在仲淹的文集中，我们已看不到他与安石交往的任何痕迹。而安石的《祭范颍州文》，也是在很久之后才被作为附录收入《范集》的。这就是说，经过北宋中后期惨烈的党争政争之后，人们从相关文献中已很难再找到范、王两人交往的踪迹。

关于庆历新政和熙丰变法的关系，今人多从政治上着眼进行比较研究。笔者以为，两者尤为一致的是仲淹的庆历兴学和科举制度改革与安石所推行的教育制度和科举制度改革。若能将仲淹的指导思想与安石的“荆公新学”加以比较，更可进一步理出两人学术思想上的一脉相承。“荆公新学”曾为占据当时主导地位半个多世纪的显学。弄清“新政”“新学”两者学术思想上的传承之后，不仅有助于深化对两次变法革新的比较研究，而且有助于我们对有宋一代之学术进行全面而深入的研究。

总而言之，通过对以上线索的简略梳理，我们大体可以窥见范、王二人曾经有过相当密切的交谊。仅以安石的“辱公知尤”四字而论，也可知他千里往祭绝不是想与逝者谬托知己。

宦履觅迹

范仲淹与安徽*

据《宋史》范仲淹本传和楼钥《范文正公年谱》，范仲淹与安徽曾结有不解之缘。他的仕宦生涯，是从安徽起步；生前的最后一任，依然是心向安徽。

为追怀范公的高风亮节，1999年夏，笔者沿着范公的足迹对其当年所到之处进行了一番实地考察。通过查看有关文物古迹，查阅地方文献资料，对于范公与安徽的情缘有了更深一层的了解。“云山苍苍，江水泱泱，先生之风，山高水长。”①虽经千年，范公的功业道德和忧国忧民的情怀，依然深植于安徽人民心间。

一、初任广德

宋真宗大中祥符八年，仲淹以朱说之名得中进士，授官广德军司理参军②。其任所即今皖南的广德县。

南宋高宗绍兴九年(1139)，翰林学士、中书舍人汪藻曾为广德军作一篇《范文正公祠堂记》；嘉定三年(1210)参知政事楼钥复作《重建文正范公祠记》，都对范仲淹初任广德的道德功业极力褒美。其中汪记有云：

> 文正范公未第时，已慨然有天下之志，不以死生祸福动其

---

* 本文原载于《江淮论坛》1999年第6期，收入本书时有修改。

① [宋]范仲淹著，李勇先、王蓉贵校点：《范仲淹全集》文集卷第八，成都：四川大学出版社，2002年，第190-191页。

② 军，系宋代地方行政单位，一般于军事地位较为重要的地区设置。其地位略高于县，相当于下等州。另外还有一种“军”，系当时的军事编制，相当于今天之军区或驻军，但不以驻地命名，如成德军，驻节于真定府，即今石家庄附近；武宁军，驻节于今之徐州之类。

心。……独筮仕之初,有卓然大过人者,国史失其传,故不得而不纪也。公以进士释褐为广德军司理参军,日抱具狱,与太守争是非。守数以盛怒临公,公未尝少挠。归必记其往复辩论之语于屏上,比去,至字无所容。贫止一马,鬻马徒步而归。非明于所养者能如是乎!狱官有亭,以公名之者旧矣。公卒二十年,而高邮孙觉莘老为广德军,始以诗志公之事,而刻之亭中①。又六十九年,丹阳洪兴祖庆善②来守,读莘老之诗而慕之。初,广德人未知学,公得名士三人为之师,于是郡人之擢进士第者相继。于时庆善乃求公遗像,绘而置之学宫,使学者世祀之,而属予记其事。③

司理参军,负责管理狱讼勘鞫的幕职小官;具狱,指已经办理完备的案卷材料。仲淹初入仕途,即"日抱具狱,与太守争是非",我们从中看到的,不仅是仲淹对工作的认真负责,而且可看到他初露头角即展现的鲜明个性,是一位敢于秉公执法、敢于为民请命而不畏强权、不愿同流合污的清官廉吏形象。先后为其作诗作记的孙觉、汪藻、洪兴祖、楼钥等,皆为有宋一代名臣。从他们的一致赞美,可见仲淹人格魅力之深入人心。

仲淹一生重视教育,所到之处不忘兴学育才,这也是他深受后世推崇的一个重要原因。不过,仲淹初仕广德,职在司理,似乎尚不具备兴办学校的能力和条件。由于他一生特别热心于地方教育事业,此时推荐三位名士作为老师,甚至亲去为学子授业,倒是有可信之处。

据旧《广德州志》记载,当地有关范公遗迹不少。城内有范公井,传为仲淹所凿;城东南柴巷有砚池,传为仲淹涤砚处;后人为纪念他,建有思范亭、范公祠等。惜乎年久迹湮,今已无存。

县东北境内有一太极洞,洞内有山有水,深幽险奇,置身其间,如入幻境,实为皖东南之一大名胜。当地为开发旅游资源,前些年进行了一次清理整修。

① 孙觉,字莘老,高邮人,历官龙图阁学士、吏部侍郎、御史中丞。因反对王安石变法贬知广德军。《宋史》卷三百四十四有传。《范集》附录《诸贤论赞》载其《广德司理诗》:"维持狴犴下,枉直情必通。太守异趣舍,挺然不曲从。有事争论之,粉屏记其终。官小俸禄薄,家居率穷空。卖马以自给,徒步气弥充。"

② 洪兴祖,字庆善,镇江丹阳人。数任地方长官,所至皆有政声。南渡后,忤秦桧被黜而卒。

③ [宋]范仲淹著,李勇先、王蓉贵校点:《范仲淹全集》附录五,成都:四川大学出版社,2002年,第1106页。

进洞数十米处有一摩崖石刻，“跫然岩”三字宛然，边款为“大中祥符丙辰仲冬宋进士朱说”。考其时间，当在仲淹任职广德的第二年；考其署名，与仲淹当时的身份相符；视其笔迹，也与传世之范公墨迹相类。然而，此处只题“宋进士”，未署其“司理参军”。考虑到先后曾在广德做官者不少，千年以降，为何独留一“宋进士朱说”笔迹？此事难免令人生疑。杜甫《古柏行》诗云：“君臣已与时际会，树木犹为人爱惜。”①仲淹的笔迹刻石，至今犹为人爱惜，完全可以理解，但是，如果确系仲淹当年所为，在“宋”字之前，似应再加一“皇”字或者“大”字；本人的职称，似不应缺失。更为可疑的是，对于这么一处珍贵遗迹，在旧时州、县志中未见记载。“跫然”二字出自《庄子》，此处不知出于何人妙想，恰到好处地传达出人们身临其境的感受，确属奇思。笔者端详再三，难辨其真伪。

值得重视的是，范仲淹在广德为我们留下的一首诗《瀑布》：

迥与众流殊，发源高更孤；下山犹直在，到海得清无？
势斗蛟龙恶，声吹雨雹粗；晚来云一色，诗句自成图。②

广德县城东南25千米处，有一风景名胜区曰石溪。这里“流湍萦纡，洁澈可鉴；林谷宛转，状如城郭”。“石溪古意”被旧州县志列为“广德十景”之一。仲淹当年游览于此，留下这首《石溪瀑布》。此诗不独摹写石溪景色，更具深刻寓意。“迥与众流殊，发源高更孤”，仲淹初入仕途，宝刀初试，这里显然是在以出山瀑布自许，表明作者志存高远而不同流俗。“下山直犹在，到海得清无”说的是瀑布飞流直下，一往无前，但不知经过漫漫行程，直至入海，还能保持其初始的气势和洁净否？古人云：“在山泉水清，出山泉水浊。”③许多士人初入仕途，不仅以洁身自爱自许，其锐气亦如飞瀑初泻，势不可挡，但经过一段时间的官场历练，往往会失却本来面目，“回首不似在山时”。仲淹“到海得清无”的发问，表明他的头脑清醒和自警自励，筮仕之初就在考虑未来的仕宦之路应该怎么走。联系他“日抱具狱，与太守争是非”，不能不考虑自己的做官之道和将来的命运前途。但他思考的结果，接下来便是“势斗蛟龙恶，声吹雨雹粗”。“势

① ［唐］杜甫著，［清］仇兆鳌注：《杜诗详注》卷之十五，北京：中华书局，1979年，第1358页。
② ［宋］范仲淹著，李勇先、王蓉贵校点：《范仲淹全集》文集卷第六，成都：四川大学出版社，2002年，第116页。
③ ［唐］杜甫著，［清］仇兆鳌注：《杜诗详注》卷之七，北京：中华书局，1979年，第554页。

斗”二字，表明他即便在冰雹粗雨面前，在任何强权恶势力面前，他都会勇往直前而无所畏惧。尾联“晚来云一色，诗句自成图”更值得玩味：为霞满天，晚景灿烂，表面是在写风雨过后的石溪景色，其实正透露出仲淹对壮丽人生的规划、设想、憧憬和追求。如果说，“贫止一马，鬻马徒步而归”[①]，反映的是他甘于清贫、廉洁自守的现状，那么，最后这两句诗则代表他对自己宦海人生的憧憬和自信。纵观仲淹波澜壮阔的一生，这首诗恰如他对自己一生的预言和写真。

需要一提的是，范氏文集中此诗题作《瀑布》，无“石溪”二字，且编排在《游庐山作》之后。联系到李白的著名诗篇《望庐山瀑布》，很容易使人误以为仲淹此诗亦为《游庐山作》。若加仔细品味，这首诗与《游庐山作》大异旨趣，颇不相类。《游庐山作》作于仲淹第三次遭贬的知饶州期间，诗中虽然不乏官场失意之后的旷达，却没有这首《石溪瀑布》“初出茅庐”的锋芒和锐气，幸赖广德方志为我们保存了这首佳作。

顺便说一下，《广德县志》收有仲淹《石子涧二首》，实为误收。考《欧阳修全集》，其《居士集》卷十四也收有律诗一首《游石子涧》。题下自注云：“富相公创亭”。此富相公指后来当了宰相的富弼，富弼曾先于范仲淹和欧阳修知青州。仲淹《石子涧二首》中有句“彦国才如谢安石”，此“彦国”也指富弼（字彦国）。皇祐三年（1051）仲淹知青州，接任富弼；欧公则于宋神宗熙宁元年（1068）知青州。青州后来建有“三贤祠”，祀富弼、范公和欧公。富弼和欧公都不曾任职广德，更没有在那里建亭，可知仲淹的《石子涧二首》作于青州，不可能作于广德。

值得注意的是，仲淹在广德任职期间，虽然“日抱具狱，与太守争是非”[②]，惹得太守“数以盛怒临公”[③]，但是，仲淹任满，顺利升迁为集庆军节度推官，似乎并没有遭受太守为难。这里的原因，大约有三：一是与当时的官制有关。宋代士人中了进士，便为“天子门生”，管理上也就“入流”，归属吏部流内铨。虽然大部分被分派到各府州军县去充任幕僚，但管理使用权仍在中央；中央可在全国范围内统一考核和调配（通称“差遣”），而地方长官对他们则没有随意调

---

① [宋]范仲淹著，李勇先、王蓉贵校点：《范仲淹全集》附录五，成都：四川大学出版社，2002年，第1106页。

② 同上。

③ 同上。

动和奖惩处置权;二是仲淹初入仕途,进取心和责任心肯定很强,考绩应属上等;三是这位太守(知军)人品尚好。他对仲淹虽然“数以盛怒”临之,但所争皆为公事,并未给下属“穿小鞋”。当仲淹任满之时,他所作的“工作鉴定”即综合评语,比较公道。

二、再任亳州

据楼钥《年谱》:仲淹“天禧元年丁巳(1017),年二十九。迁文林郎,权集庆军节度推官(原注:按《九域志》,亳州也)”。[①] 这就是说,仲淹的第二任官职仍在安徽。那么,集庆军与亳州什么关系?原来,北宋初年亳州本为一州级行政单位,大中祥符七年(1014),宋真宗赵恒进谒亳州太清宫(在今河南鹿邑境内),驻跸亳州,随即升亳州为集庆军(相当于节度州)。天禧三年(1019),仲淹除秘书省校书郎。有人以为升了京官,其实不然。宋代官制,文林郎也好,校书郎也好,只是寄禄官阶,类似今天的工资级别的“县处级”,其实际任职仍在亳州。所以《年谱》又称:天禧四年,仲淹“是岁校书芸省,守官集庆”。[②] 可知“校书芸省”乃为虚誉,“守官集庆”才是实职。仲淹任职亳州三年左右。然而,也许是由于当时职务过低,仲淹在这里几乎没有给人留下什么印记,笔者查阅亳州旧志,仅于其《职官志》中列名而已。

不过,仲淹在亳州还是有几件事值得一提:

第一件事,实现了认祖归宗,恢复本姓。据《年谱》:仲淹得官以后,便把母亲接到身边奉养,并且由母亲陪同,前往苏州原籍要求认祖归宗,恢复本姓。但这一正当要求受到了族人刁难。担任亳州节度推官以后,他上表朝廷,正式提出更改姓名的请求,并且获得批准,由此前的“朱说”,正式更名为“范仲淹”。

第二件事,遇上了一位识才爱才的上司杨日严。当仲淹任节度推官时,杨日严为亳州通判。仲淹作为僚属,受到了杨的赏识与信任。后来杨日严去世,仲淹写了一篇情真意切的祭文,追述他们当年在亳州相处的情形:

---

① [宋]范仲淹著,李勇先、王蓉贵校点:《范仲淹全集》附录二,成都:四川大学出版社,2002年,第867页。

② [宋]范仲淹著,李勇先、王蓉贵校点:《范仲淹全集》附录二,成都:四川大学出版社,2002年,第868页。

余岁三十兮，从事于谯。独栖难安兮，孤植易摇。
公方监郡兮，风采翘翘。一顾而厚兮，甚乎神交。
议必以直兮，中无藏韬。法必在平兮，下无冤号。
政事以和兮，不理而调。志议以合兮，不结而牢。
公徙宛丘兮，彼岂无僚。独不我忘兮，且荐且褒。
羽翼有渐兮，阶于云霄。二纪之余兮，恩荣屡叨。①

从这篇祭文中，我们可以看到两人"一顾而厚""不结而牢"的个人友谊，"甚乎神交""中无藏韬"的亲密无间，"议必以直""志议以合"的意气相投。由于他们的同心协力，"法必在平""政事以和"，结果把亳州治理得"不理而调""下无冤号"。杨日严不仅在任时赏识仲淹的才干，在他调任宛丘（即陈州，今河南淮阳）以后，依然关怀仲淹，"且荐且褒"，后来仲淹虽然"羽翼有渐"而"阶于云霄"，二十多年间不会忘怀的是"恩荣屡叨"。对仲淹来说，与在广德时相比，不仅境遇大为改善，其性格似乎也发生了改变：由当初的不谙官场世故，如初生乳犊，"日抱具狱，与太守争是非"，经过几年历练，到了亳州，他已懂得了官场规则，深知"独栖难安""孤植易摇"。从这一变化，我们可以窥见仲淹由初时的锋芒外露到性格的"外和内刚"、逐渐走向成熟的心路历程。这里尤为令人感慨的是，对于一个人的成长来说，得遇一位贤明的上司，该是何等重要。

三、赈灾江淮

明道二年（1033）四月，仲淹由陈州通判调入朝中任右司谏。这几年，全国许多地区连年遭灾，其中尤以京东、江淮为重。据载："南方大旱，种饷皆绝，人多流亡，困饥成疫气，相传死者十二三。官虽作粥糜以饲之，然得食辄死，村聚墟里几为之空。"②仲淹以谏官身份建议朝廷派员下去查灾救灾，但未能引起重视。仲淹乘间再次报告灾情，并且向仁宗皇帝发问："宫掖中半日不食，当如

---

① ［宋］范仲淹著，李勇先、王蓉贵校点：《范仲淹全集》文集卷第十一，成都：四川大学出版社，2002年，第276页。

② ［宋］李焘撰，上海师范大学古籍整理研究所、华东师范大学古籍整理研究所点校：《续资治通鉴长编》卷一百一十二，北京：中华书局，第2605页。

何？今数路艰食，安可置而不恤！”①仁宗为之恻然，于是委派他安抚京东、江淮。仲淹带着沉重的使命，再次踏上江淮大地。

仲淹所到之处，查灾情、赈饥民、毁淫祠，做了大量工作。八月，他首先到达京东路诸州军。从真(今江苏仪征)、楚(今江苏淮安)、泗(今江苏盱眙)三州调拨粳米、大小麦、豌豆等共五十万石，救济今苏北徐州及山东的沂、密、兖等州。九月，到达淮南诸州军。了解到当地灾情，甚至连军食也发生困难，仲淹奏请向国库借钱五十万贯，并购进布匹、香药等救灾物资。他还了解到，官府平时向农民购买粮食，常被粮商压价勒措，农民不愿交，致使粮食收不上来。直到冬深，粮食已被商家囤积，官府只得再出高价向商家购买。不仅损害了农民利益，还虚费了大量官钱。仲淹请准先与农民约定合理价格，规定于收获之后的一个月内交纳，以免粮商从中盘剥。十月间，仲淹从江宁府(今江苏南京)乘驿马赶到润州(今江苏镇江)，调发楚州等地粮食运往庐(今安徽合肥)、寿(今安徽凤台)等州。其时，江淮各地因灾荒疾疫，流亡人口甚多，致使大量土地抛荒。仲淹要求各地逐一查实，核减田赋，招其归业；有些孤贫老弱无力耕种者，其应税数额本来不多，也予全部放免。十一月，通知各地，凡因灾外流人员，虽未经核查登记税产而归复本业者，其税赋也予依例减免。十二月，又奏请放免舒(今安徽庐江)、庐等州的折役茶。原来，舒、庐一带是当时的产茶区。按照北宋赋役制度，茶区民户要以茶叶代替赋役，称为折役茶。北宋还实行盐业专卖制度，官府按丁口配售官盐，计口征钱，叫作丁口盐钱。仲淹巡查到当时属于江南东路的当涂、宁国、广德等地，又奏免了那里的丁口盐钱。按当时的兵役制度，士兵要到七十岁才予退役。仲淹认为：“人方五十之时，或有乡园骨肉怀土之情，犹乐旧里，及七十后，乡园改易，骨肉沦谢，羸老者归复何托？是未停之前，大蠹国用，既废之后，复伤物情。”②为此，他建议各州县所征乡兵弓手，凡服役满七年者，听其归农，得到朝廷采纳。灾民有的以一种名为乌昧草(野燕麦)为食，仲淹返京复命时，特意将这种草带回呈献仁宗，请求他以此“示六宫贵戚，以戒侈心”。

归来以后，仲淹根据赈灾的切身感受，向仁宗上《救弊八事》，大抵批评当

---

① [宋]李焘撰，上海师范大学古籍整理研究所、华东师范大学古籍整理研究所点校：《续资治通鉴长编》卷一百一十二，北京：中华书局，第 2623 页。

② [宋]范仲淹著，李勇先、王蓉贵校点：《范仲淹全集》续补卷第一，成都：四川大学出版社，2002 年，第 755－756 页。

时的苛政、滥赏、冗官、冗吏、冗兵、冗费等患，建议裁冗节费，以宽民力。在查灾赈灾过程中，他还发现一个清官典型——崇州(今江苏南通)知州吴遵路，建议朝廷将他的救灾经验向各地推广，并把他勤政爱民的事迹宣付史馆。仲淹的这次江淮之行，应当长留于江淮人民心中。

仲淹在安徽的阅历，对他本人也颇具意义。仲淹自幼丧父，流落民间，对民间疾苦早有切身感受；经过广德、亳州两任地方官以后，对于官场的黑暗腐败和运作规则，他从局内人角度会有进一步了解。特别是经过京东、江淮赈灾，对于整个社会的弊端，可以说从宏观和微观、广度和深度上都会有更加深入的认识。早在乾兴元年(1022)，仲淹以“文林郎、试秘书省校书郎、权集庆军节度推官”的身份，曾有《上张右丞书》，认为自己“稼穑之难，狱讼之情、政教之繁简、货殖之利病，虽不能辨，亦尝有闻焉”[①]；天圣三年(1025)，仲淹有洋洋数千言的《奏上时务书》，提出救治时弊的一系列剀切建议；天圣五年(1027)，仲淹在丁母忧期间，冒哀《上执政书》，被苏轼比之为诸葛亮未出草庐已知三分天下的《隆中对策》；庆历三年(1043)，仲淹任参知政事，以《答手诏条陈十事》提出了他推行庆历新政的施政纲领。所有这些，与他在安徽的历练和实践都有着一脉相承的关系。我们有理由认为，范仲淹在安徽数年，不仅深化了他忧国忧民的思想感情，磨炼了他医国医民的政治才干，而且为他日后推行政治革新，实现平生抱负，提供了一定的现实依据，奠定了牢固的思想基础。

四、心向颍州

皇祐二年冬(1050)，62岁的仲淹以户部侍郎知青州。其时仲淹已步入暮年，体衰多病。青州正当灾荒之后，岁饥物贵，流民在境，公务烦剧，仲淹深感力不能支。三年三月，上《陈乞颍亳一郡状》，请求于二州之中任选一州将息养疴。

亳州是他生活多年的地方，自当有些感情，然而他却把首选目标定在颍州(今安徽阜阳)，自有多方面原因。首先，那时的颍州民淳物阜，政务清简，有利于养病；二是地近京畿，交通方便；三是风光旖旎，环境优美，是当时不少文人

---

① [宋]范仲淹著，李勇先、王蓉贵校点：《范仲淹全集》文集卷第九，成都：四川大学出版社，2002年，第209页。

学士歌咏雅集、心驰神往的地方。此外，仲淹求知颍州，大约还与欧阳修有关。

范仲淹长欧阳修 18 岁。志同道合使两人成为终生不渝的挚友。早在景祐三年(1036)，仲淹被贬饶州(今江西鄱阳)，时任馆阁校勘的欧阳修仗义执言，对身为谏官而持论不公的高若讷提出严词批评，结果也被贬为峡州夷陵(今湖北宜昌)县令；康定元年(1040)，仲淹任陕西经略招讨安抚副使，举荐欧阳修任掌书记(类似今天的秘书长)，欧阳修明确表示“同其退不同其进”；庆历三年(1043)，身为谏官的欧阳修建议任用仲淹为执政，仲淹以“执政可由谏官而得乎”[①]，表示拒绝；仲淹任参知政事，揭开了“庆历新政”的序幕，欧阳修主盟文坛，举起诗文革新大旗，与之配合呼应；当保守势力攻击革新派为“朋党”时，欧阳修写出千古名篇《朋党论》予以反击；当革新派中坚人物杜衍、范仲淹、韩琦、富弼等人一个个被贬逐出京时，欧阳修不顾势单力薄和群小切齿，奋然上《论杜衍范仲淹等罢政事状》，力辩其无可罢免之罪，明确指出这是宋仁宗“使亲者痛仇者快”的错误行为，结果自己也横遭诬陷，被降知滁州。皇祐元年(1049)，欧阳修请求由扬州移知颍州，很快便爱上了这个地方，尤其是颍州西湖：“菡萏香清画舸浮，使君宁复忆扬州。都将二十四桥月，换得西湖十顷秋。”(《西湖戏作示同游者》)[②]从此，颍州便成为欧公一往情深的逸老之地。皇祐二年(1050)七月，朝廷虽调他去知应天府(今河南商丘)，但他仍把家留在颍州。不久，欧阳修母亲去世，他便返回颍州丁忧守制。

此时，推行新政的一帮老友已星散各地。但他们之间还保持着书信往来、诗词唱和。欧阳修向友人夸耀颍州“民淳讼简而物产美，土厚水甘而风气和”[③]；称赞西湖“天下胜绝，养愚自便，诚得其宜”[④]，因而“慨然有终焉之意”。除了泛舟西湖，他还在晏殊所建的去思堂饮酒高会；不久，他自己又建起了“聚星堂”，榜其额曰“颍滨聚星”，用以纪念他的前任蔡齐(仲淹的同榜状元)、韩琦(仲淹的生死之交，在对西夏战争中互为左右手，世称韩范)、晏殊(仲淹进入朝廷的举荐者，仲淹终生以师事之)等。也就是在初知颍州的第二年，欧公曾写信邀约他与仲淹共同的老友、诗人梅尧臣前来颍州买田隐居。丁忧中的欧公

---

① [宋]范仲淹著，李勇先、王蓉贵校点：《范仲淹全集》附录一，成都：四川大学出版社，2002 年，第 856 页。

② [宋]欧阳修撰，李逸安点校：《欧阳修全集》卷十二，北京：中华书局，第 193 页。

③ [宋]欧阳修撰，李逸安点校：《欧阳修全集》卷四十二，北京：中华书局，第 600 页。

④ [宋]欧阳修撰，李逸安点校：《欧阳修全集》卷一百四十四，北京：中华书局，第 2334 页。

邀约范公前来，应在情理之中。

人到晚年，容易怀旧。单以当年的宦海浮沉和政坛风云而论，老友之间应有说不完的话题。仲淹除了想择地休养之外，怀念丁忧闲居的老友，盼望聚首话旧，应该说也是他求知颍州的一个重要原因。颍州，是范仲淹任职的最后一站。然而，他的人生之路即将走到尽头。皇祐四年(1052)五月二十日，就在他从青州赴任颍州的途中，病逝于徐州。向往颍州的心愿，成了他最后的未了缘。

五、雪泥爪迹

仲淹少年时期，有可能随养父朱文翰的宦游到过一些地方；青年时期曾独自出游；入仕以后，其足迹几遍及中原大地。其间往返安徽行踪亦自不少，为我们留下了一些雪泥爪迹。

(一) 淮上留诗

仲淹一生，曾屡经淮河。明道二年(1033)十二月，仲淹江淮赈灾返京复命，恰遇宋仁宗废郭皇后，仲淹等人极力谏诤，结果被贬知睦州(今浙江建德)。仲淹由颍入淮，曾作《赴桐庐郡淮上遇风三首》：

其一　圣宋非强楚，清淮异汨罗。
平生仗忠信，尽室任风波。
舟楫颠危甚，蛟鼋出没多。
斜阳幸无事，沽酒听渔歌。
其二　妻子休相咎，劳生险自多。
商人岂有罪，同我在风波。
其三　一棹危于叶，旁观亦损神。
他时在平地，无忽险中人。[①]

---

① [宋]范仲淹著，李勇先、王蓉贵校点：《范仲淹全集》文集卷第五，成都：四川大学出版社，2002年，第92-93页。

这次贬谪途中，仲淹感慨满腹，为诗颇多，尤以这三首为后人称道，成为传诵千古的名篇佳作。

(二) 青阳读山

仲淹自称“某少长北地”(《岁寒堂三题》诗序)、“长白一寒儒”(《寄乡人诗》)、“予幼居淄川郡”(《书环州马岭镇夫子庙碑阴》)。宋人王辟之《渑水燕谈录》以及楼钥为仲淹所编的《年谱》，也都认为仲淹青少年时期是在淄州之长山度过的。但是，仲淹后人范能浚于清初编定的岁寒堂版《范文正公全集》，于其附录《范文正公遗迹》列入了一条“读山”：

> 在池州青阳县东十五里长山，公幼读书之地，人名之曰读山，后建文正祠堂。池人以公随所养父淄州长史朱文翰之长白山，非读书于长白山。所谓长山者乃在此，而非淄州之长山也。绍定二年，池州郡守丁黼记之，有辨甚详，亦未暇考。①

尽管文末缀有一句“亦未暇考”，从此还是引发了“淄州长山”与“池州长山”之争。

究其起因，应溯及《范集》附录《褒贤集》所收录南宋丁黼的《池州范文正公祠堂记》(后简称为《祠堂记》)，以及吴潜的两首谒范公祠诗。

丁黼的《祠堂记》，缘起于青阳县令丁木之请：“长山去县仅十五里，朱之族故在，遂访求其家，得公之续谱遗墨及公与母谢夫人之画像。”②故于朱氏住地附近建范公祠，且以其同年好友滕子京配享。特别引人注目的，还有南宋状元宰相吴潜《文正范公祠二首》诗下的小注：“长山，青阳县东二十里，文正范仲淹幼鞠于朱氏，读书其地。绍定二年，县令丁木立祠，朝请大夫丁黼记。”③既然有丁黼、吴潜两位权威人士认证，范氏后人虽说“未暇考”，作为“文正公遗迹”，

---

① [宋]范仲淹著，李勇先、王蓉贵校点：《范仲淹全集》附录十三，成都：四川大学出版社，2002年，第1534页。

② [宋]范仲淹著，李勇先、王蓉贵校点：《范仲淹全集》附录五，成都：四川大学出版社，2002年，第1108页。

③ [宋]范仲淹著，李勇先、王蓉贵校点：《范仲淹全集》附录十三，成都：四川大学出版社，2002年，第1534页。

亦可取信于人。

尽管如此,“青阳读山”之说,还是引发了淄州与池州的激烈争议,以至于清初几位名人如孙廷铨、高珩、王渔洋等也都参与其中,纷纷攘攘数百年,至今聚讼不已。

笔者认为,尽管两地争得不可开交,其实双方并无太大矛盾。依据现有零星资料,笔者拟作如下分析:

其一,池州青阳之长山,有可能是仲淹养父朱文翰的故乡。宋代县级地方行政主官,有原籍回避规定。朱文翰既然于淄州长山县令任上去世,说明他的原籍很可能不在长山。淄州长山《朱氏家谱》尊朱文翰为始祖,恰可证明当地朱氏是从朱文翰起始入籍长山。那么朱氏的原籍在哪里呢?不排除在池州之青阳。

其二,仲淹幼年也有可能读书于青阳长山。朱文翰宦游平江(苏州)而娶谢氏,其时仲淹四岁,时当宋太宗淳化三年(992)前后,而去世于真宗景德二年(1005)前后,其间跨度有十多年。传说朱文翰曾做过一任澧州安乡(今湖南安乡)县令,笔者对此一向存疑。比较可信的是,他做过苏州推官、淄州长史、长山县令。除了以上三地任职之外,其间很可能还有任满待阙以及丁忧守制的闲居时间。那么,朱文翰待阙候选特别是丁忧燕居之时,会在哪里呢?如其故乡在青阳,可能是在青阳。其时仲淹随养父生活,也就有可能读书于青阳长山。后人为纪念范公,才有可能将长山改名为读山。

其三,朱文翰后世子孙很可能有一部分回到了祖籍青阳。朱文翰去世于淄州长山,就地安葬于长山,其子孙也就成了淄州长山人。但是,百余年后,北宋灭亡,衣冠南渡。淄州长山的朱氏部分子孙逃难南下,很可能回到了其祖籍所在地池州青阳,并且把“公之续谱遗墨及公与母谢夫人之画像”也带到了青阳。要不然,青阳县令丁木怎么可能于本地见到这些实物呢?进一步推想,青阳之长山、读山的得名,很可能也是回到青阳以后的朱氏子孙,出于对淄州长山的怀念和纪念。

其四,丁木建祠、丁黼作记、吴潜作诗,都应当有充分依据。南宋末年,面对蒙古铁骑南下的威胁,朝廷为凝聚人心,力倡忠君爱国、民族大义,在池州兴建范公祠。与此同时,我们还应考虑到相关的当事人。绍定二年(1229),首先是身为青阳县令的丁木,是在考察人事、确认实物的基础上决定兴建范公祠;身为朝请大夫的丁黼,池州人,诗书传家,进士出身,后来曾任成都制置使,以身殉国，是史书留名的英雄，他当初对于为范公祠作记也曾经过慎重考虑；拜谒池州范公祠并题诗的吴潜，为南宋状元，且曾两度入朝拜相，其辨别真伪的能力不应怀疑。据此，我们对于范公在青阳曾留有遗迹，也不应轻易怀疑。

其五，滕子京死后葬于青阳县九华山下之金龟原，其墓犹存，距读山不过数里。丁木称："公与滕为同年进士，生尝荐诸朝，死尝铭其窴，欲以配祀。"[①]此事不仅史籍可徵，且有滕墓为证，更容不得半点怀疑。

如此看来，范公自述以及《年谱》等早期记载，与丁黼等人所记，本无明显龃龉之处。只是到了清代初年，苏州范氏后人范能浚等人为《范集》增补了《褒贤集》，且为"范公遗迹"列入了这条"读山"，进而认定范公幼年读书的长白山是池州而非淄州，方才引惹了数百年争议，至今聚讼纷纭。[②]

（三）宣州鸿影

早些年，笔者尝游宣城敬亭山，谒先贤祠，忽见范仲淹画像列于其间，心甚异之。询诸当地贤达，答云晏殊知宣州时仲淹曾与之游。问以何据，答云见于当地范氏后人所保存之家谱。由当地一位老同志带路，笔者专程前往一偏僻山村荀范村拜访范氏后裔，求观其数代秘藏之《宛陵范氏家乘》，果见其中有此记述。笔者孤陋，只知晏殊知应天府时延聘丁忧中的范仲淹掌管府学，未闻此前有所交游。有友人相告：晏殊被贬宣州仅数月，即改知应天府；此前应闻仲淹之名，下车始聘其掌府学，后又荐仲淹于朝廷。范晏二公此前之交游，笔者仅见于《宛陵范氏家乘》，未见其他记载，姑且存疑以待方家。

（四）浮山胜迹

枞阳县有一浮山，现已辟为风景名胜区。有前往游览者归告笔者：彼处文物古迹、摩崖、碑刻甚多，且有范仲淹遗迹在焉。当年夏天，我决计前往一探究竟。现在的枞阳县由桐城析置，故先赴桐城阅其所藏旧志《浮山志》而略知原

---

① [宋]范仲淹著，李勇先、王蓉贵校点：《范仲淹全集》附录五，成都：四川大学出版社，2002 年，第 1110 页。

② 关于淄州长山与池州长山之争，安徽师范大学教授杨国宜先生先后两次发表专文。先是将《长山朱氏两地考》提交给 2006 年"首届范仲淹文化节"，后收入中国文史出版社于同年出版的《范仲淹文化研究》；后有《盘点长山朱氏问题争议的史料》，收入 2012 年《第四届中国范仲淹国际学术交流大会论文汇编》，搜罗丰富，考论公允，应该能为这一争论画上句号。

委：浮山华岩寺开山祖师法远，又号远录公，俗姓王，郑州人，后被宋仁宗赐谥号圆鉴禅师。初为沙弥，遍游各地，于叶县受高僧指点而省悟禅机。欧阳修闻其名而往访浮山，适逢法远与客围棋，请以棋艺谈禅，深得欧公叹赏，便荐之于范仲淹。仲淹聘请法远前往苏州天平山，主持其祖茔香火院之白云禅寺。法远晚年归老浮山，葬于会圣岩下，仲淹为其塔题铭曰：

> 呜呼远公，释子之雄。禅林百泽，法海真龙。
> 寿龄有限，慧命无穷。寒岩瘞骨，千载清风。①

了解了这一背景，我们在游览浮山远公塔院时，对其塔上联语“千里瓢囊归叶省，一屏棋局付欧公”才会有一大体了解。值得一提的是，范仲淹所作《远公塔铭》镌刻于实物，此为仅见，后被桐城方氏收入其《浮山志》中。此事若得其他文献证实，不仅可视作新发现的范公遗诗佚文，它作为文物石刻，还可视作一处弥足珍贵的历史遗存。

---

① [宋]范仲淹著，李勇先、王蓉贵校点：《范仲淹全集》续补卷第二，成都：四川大学出版社，2002年，第806页。

范仲淹与开封[*]

史学泰斗陈寅恪先生有言:“华夏民族之文化,历数千载之演进,造极于赵宋之世。”[①]这种造极于赵宋之世的文化,即被后人称之为“宋学”。而作为赵宋王朝都城的东京开封,则是华夏文化当年造极于世界的最大平台。

说到宋学的发展和传承,南宋理学家朱熹固然可称为集大成者;但若论其渊源所自,后世人们则逐渐形成共识,推尊范仲淹。正如国学大师钱穆先生所言:“自朝廷之有高平,学校之有安定,而宋学规模遂建。”[②]

笔者即循此思路,以范仲淹为中心,探讨范氏与开封的密切关系、与宋学的发展和传承,同时就范氏自身的几个具体问题略陈陋见。

范仲淹(989—1052),字希文,谥文正,苏州人。时人和后人常以“范公”“文正公”相称,其本人属文每以“高平”自署,其同代人和后世学人往往亦以其郡望“高平”相称。比如清代黄宗羲、全祖望撰《宋元学案》,即将其一脉学术称之为《高平学案》。

仲淹幼孤,随母改嫁朱氏,刻苦力学,27 岁进京赶考,于宋真宗大中祥符八年(1015)以朱说名登进士第,从此踏入仕途。盖因其出身寒微,孤立无援,长期蹭蹬下僚,40 岁始得成为一名京官。但凡事总须两面看,正因其有长期担任地方官的经历,使他变得接地气,成为老百姓的代言人,说话也就更有底气。入朝以后,仲淹得以反映民间疾苦,敢于进谏诤言。正如他在《上张右丞

---

* 本文为提交给河南省中华传统文化促进会举办的“开封与宋学——第二届国际学术研讨会”的论文,原题为《范仲淹与开封以及与宋学的发展和传承》。为避免重复,收入本书时做了删节,并相应改作今题。

① 陈寅恪:《陈寅恪文集・金明馆丛稿二编》,北京:生活・读书・新知三联书店,2001 年,第 277 页。

② 钱穆:《中国近三百年学术史》,北京:商务印书馆,1997 年,第 7 页。

书》中所说："稼穑之难、狱讼之情、政教之繁简、货殖之利病，虽不能辩，亦尝有闻焉，似可备僚俊之末议。"①后来还说："臣出处穷困，忧思深远，民之疾苦，物之情伪，臣粗知之。"②《宋史》本传称他"每感激论天下事，奋不顾身，一时士大夫矫厉尚风节，自仲淹倡之。"③仲淹自从登上京城开封的政治舞台，崭露头角，卓然挺立，演出了一幕幕威武雄壮、惊心动魄的大戏。正是这一幕幕大戏，造就了一位千古伟人。

一、范仲淹与开封的不解之缘

大凡中国老百姓，只要一提到北宋王朝的京城开封府，首先会想到的历史人物，大约要数包公(999—1062)。包公名拯字希仁，谥孝肃。千百年来，包公形象已经成为刚直不阿、清正廉明的清官化身。其实，流传千百年的包公故事，大多属于虚构。包公的断案故事，大都集中在他端坐开封南衙的那段时间。如果说某些包公故事有原型可寻的话，赋予包公形象元素最多的，大约要数范仲淹。范公比包公早生十年、早逝十年，知开封府早于包公二十多年。舞台上演的"狸猫换太子"等系列故事，其真实事件主要也是发生在范公而不是包公知开封期间。不仅如此，甚至舞台包公的一些穿戴行头、官爵名号，也多借之于范仲淹。比如，在后世的戏曲舞台上，一般都将范希文借给了包希文、将范文正借给了包文正、将范待制借给了包待制、将范龙图借给了包龙图等④。单从范公对包公艺术形象影响之大，也可见范公与开封渊源之深。

这里仅将仲淹三次进京做官、又三次遭贬外放的经历略作回顾，以见范公精神的荦荦大端：

---

① [宋]范仲淹著，李勇先、王蓉贵校点：《范仲淹全集》文集卷第九，成都：四川大学出版社，2002年，第209页。

② [宋]范仲淹著，李勇先、王蓉贵校点：《范仲淹全集》文集卷第十七，成都：四川大学出版社，2002年，第408页。

③ [元]脱脱等撰：《宋史》卷三百一十四，北京：中华书局，1985年，第10268页。

④ 包拯虽然曾任天章阁待制，但时间不长，虽曾任龙图阁直学士，但不曾任龙图阁学士，更不曾任龙图阁大学士。就当时和稍后的声名和影响而言，远没有范仲淹担任这两个官衔时的名声响亮。详见本书《范仲淹与包公戏》一文。

第一次，仁宗天圣七年(1029)，因谏阻仁宗率百官为垂帘听政的刘太后拜寿而被贬。

天圣六年十二月，仲淹以王曾和晏殊之荐，第一次进京做官，经过考试，授秘阁校理。第二年冬至，朝廷安排的节庆礼仪，有一项是由仁宗皇帝率百官为垂帘听政的刘太后拜寿。其时宋仁宗登基已经七年，此事已成惯例，文武百官也习以为常而不以为非。但是，作为小小秘阁校理的范仲淹却是第一次遇到。他对此举大不以为然，并且明确提出反对意见。他认为："天子有事亲之道，无为臣之礼；有南面之位，无北面之仪。若奉亲于内，以行家人礼可也。今顾与百官同列，亏君体，损主威，不可为后世法。"[①]此举如石破天惊，首先吓坏了举荐他的晏殊。晏殊认为仲淹狂率邀名，将会连累他这个举主，于是把仲淹招去训斥一通。仲淹正色抗言，不为少屈。其中心意思是：朝廷做事应从长远考虑，这么做的后果是"弱人主、强后族之渐"，"不可为后世法"。他义正词严地对晏殊说："某缘属公举，每惧不称，为知己羞。不意今日反以忠直获罪门下。"[②]当面未能说服晏殊，接着他又写出《上资政晏侍郎书》[③]，大义凛然地申说自己的理由，大有"吾爱吾师，吾更爱真理"的势头，直到晏殊叹服愧谢为止。事情并未到此为止。仲淹见自己的意见未被朝廷采纳，进而提出：皇上今已成年(二十岁)，且天资聪明，请太后还政，退养后宫。刘太后哪肯交权？于是仲淹请求自贬。结果被外放为河中府(今山西永济)通判。仲淹这次从进京到被贬，时间不到一年。

此事虽以仲淹外放告终，但其中的是非曲直，自有公论。仲淹以道自任的凛然风采，奋不顾身的凌厉风格，从此耸动朝野，以至于远在西京洛阳的一批青年才俊如欧阳修、梅尧臣、尹洙等人，也都闻风向慕。

第二次，仁宗明道二年(1033)，因谏阻宋仁宗废郭皇后被贬。

刘太后去世，宋仁宗亲政，贬放四年之久的范仲淹于明道二年四月被召回朝廷，除右司谏。仁宗赵祯本为李妃所生，后被刘后夺去抱养，这便是后世所传"狸猫换太子"故事的起因。仁宗亲政以后，朝中不断有人揭发刘太后垂帘

---

① [宋]范仲淹著，李勇先、王蓉贵校点：《范仲淹全集》附录二，成都：四川大学出版社，2002年，第872页。

② 同上。

③ [宋]范仲淹著，李勇先、王蓉贵校点：《范仲淹全集》文集卷第十，成都：四川大学出版社，2002年，第230－236页。

听政时的一些宫廷隐秘。翻算旧账，意在搞垮政敌。仁宗经验不足，一时不知如何应对。按说，仲淹当年是直接受过刘太后打击的人，但他此时的态度完全出人意表。他对仁宗进言："太后受遗先帝，保佑圣躬十余年矣。宜掩其小故，以全其大德。"①仁宗醒悟过来，马上下诏不许再议论太后垂帘时之事，将一场有可能引发政局动荡的宫廷纷争化解于无形。

这年秋天，江淮、京东等路发生旱蝗灾荒，仲淹以右司谏的身份奏请派员下去救灾，仁宗未把它当回事。仲淹瞅准一个机会再次向仁宗进谏："宫掖中半日不食，当如何？今数路艰食，安可置而不恤？"②于是，仁宗遂命他去安抚京东、江淮等地。救灾归来，正遇上宋仁宗要废掉郭皇后。此事得到了宰相吕夷简等人的支持。仲淹认为，皇后并无大过，极言其不可轻废，率一班谏官御史伏合请对，据理力争，结果被贬知睦州（今浙江建德）③。

从四月间召回，到年底被逐出京，其间除去外出救灾，仲淹这次在京时间不过半年。但他仗义执言、据理力争、敢作敢为的担当精神，已是誉满人间。

第三次，仁宗景祐三年(1036)，因触怒当朝宰相吕夷简而被贬。

仲淹被贬睦州，不久移官苏州。因治水有功，于景祐二年十月召还，除天章阁待制，判国子监。不久，又任命他权知开封府，成为京城的最高地方行政长官。其间仲淹"决事如神，京邑肃然称治。都下谣曰：朝廷无忧有范君，京师无事有希文"。④

同年十二月，被废的郭皇后暴死。当初郭后被废，大内副总管阎文应曾极力撺掇；这次暴死，中外怀疑阎文应置毒。别人可以置身事外，身为京城最高行政长官的范仲淹，必须直面相对。为此，他安排好后事，尽以家事托付长子，然后列举阎文应的罪行上奏朝廷，终以必死的决心扳倒了这位仗势作恶的大内副总管。

此时的包公虽已中进士多年，但他尚未出仕，远在家乡庐州为父母尽孝，

---

① [宋]范仲淹著，李勇先、王蓉贵校点：《范仲淹全集》附录二，成都：四川大学出版社，2002 年，第 876－877 页。

② [宋]范仲淹著，李勇先、王蓉贵校点：《范仲淹全集》附录二，成都：四川大学出版社，2002 年，第 877 页。

③ [宋]范仲淹著，李勇先、王蓉贵校点：《范仲淹全集》附录二，成都：四川大学出版社，2002 年，第 877－878 页。

④ [宋]范仲淹著，李勇先、王蓉贵校点：《范仲淹全集》附录二，成都：四川大学出版社，2002 年，第 881 页。

朝中发生的这些事自然没有他参与的机会。由于仲淹当初平息了宫廷纷扰，后来又扳倒了阎文应，致使许多宫廷隐秘遂成千古之谜。其间究竟发生过什么，给人们留下了充分的想象空间，于是后世便附会出一系列传奇故事，诸如“狸猫换太子”“铡郭槐”之类。不过这些都是后话。

当时北宋王朝面对契丹南下威胁，朝廷屡有迁都之议。有的主张迁都金陵，有的主张迁往成都，有的则主张迁都洛阳。仲淹是赞成迁都洛阳的。他认为，开封为四战之地，无险可守，作为国都，不如洛阳。但是，太平时期，轻易迁都，不仅大费物力，还会引发不必要的恐慌。他的主张是：“宜以将有朝陵为名（北宋帝陵位于今洛阳附近的巩义境内），渐营（洛阳）廪食。陕西有余，可运而下；东路有余，可运而上。数年之间，庶几有备。太平则居东京通济之地，以便天下；急难则居西洛险固之宅，以守中原。陛下内惟修德，使天下不闻其过；外亦设险，使四夷不敢生心。此长世之策也。”[①]这确实是关系北宋王朝安危的一桩大事。即使今天看来，仲淹这一主张也不失为一项长世之策。假如这一主张当年得以实施，北宋王朝的历史很可能被改写。然而，当宋仁宗就此事征询宰相吕夷简的意见时，却被吕夷简视为“仲淹迂阔，务名无实”[②]，自然引起了仲淹的不满。

当时宰相吕夷简专权，一时进用者多出其门。仲淹连上“四论”[③]，认为朝廷大权，特别是人事权，不宜全委于宰相；又上《百官图》，标明百官升迁迟速次序，指斥吕夷简用人不公。夷简大怒，给仲淹扣上了“越职言事、荐引朋党、离间君臣”[④]三项罪名，将其逐出京城。仲淹从上年十月进京，到本年五月远放饶州（今江西鄱阳），第三次任职开封又只半年[⑤]。

京城舞台大，可演剧千宗，生旦净末丑，角色各自充。按照人之常情，仲淹人到中年，好不容易做了京官，正该是为国效力、大有作为之时。然而，仲淹自

---

① [宋]范仲淹著，李勇先、王蓉贵校点：《范仲淹全集》附录二，成都：四川大学出版社，2002年，第882页。

② 同上。

③ 具体见《范仲淹全集》文集卷第七。[宋]范仲淹著，李勇先、王蓉贵校点：《范仲淹全集》，成都：四川大学出版社，2002年。

④ [宋]范仲淹著，李勇先、王蓉贵校点：《范仲淹全集》附录二，成都：四川大学出版社，2002年，第883页。

⑤ 事见《范文正公年谱·景祐三年》，[宋]范仲淹著，李勇先、王蓉贵校点：《范仲淹全集》附录二，成都：四川大学出版社，2002年，第882-886页。

做京官前后八年所充当的角色，不仅未能使他的仕途一帆风顺，反而接连三次遭贬，而且经受的打击一次比一次重，以致连累其家人，也得跟着他颠沛流离，担忧受惊。但是，仲淹道义在胸，益以自信，不屈不挠，愈挫愈勇。天下事总是有失有得，相反相成。经过这三次风波，不仅彰显了仲淹的远见卓识和理政才干，同时也展现了他的道德风范和阔大胸襟。中国人向来认理，不以成败论英雄。当社会处于常态、舆论不受钳制的情况下，人世间总是正气占上风，人们不会扭曲颠倒评判是非善恶的标准。仲淹正是由于这三次遭贬，使得其威望如日中天，奠定了他士林领袖的地位，不仅赢得“三光”的一时美誉①，更赢得有宋一代“第一流人物”的千古美名②。

二、范仲淹与宋学之发展和传承

范仲淹之所以为后世景仰，首先不是因其出将入相的功业，而是因其先忧后乐之精神。至于他对宋学勃兴的开创之功以及他在宋代学术思想史上的地位，可能为前两者所掩，反而有些隐而不彰。近世以来，他在这方面的贡献才逐渐受到学界推重，并且得到人们的普遍认可。范氏对宋代学术的开创之功，可从如下三个方面加以探讨：

（一）范仲淹自身具备的儒学素养

仲淹本人一向以“吾儒”“寒儒”“经生”“儒生”自称。《宋史》本传称他“泛通六经，长于《易》，学者多从质问，为执经讲解，亡所倦”。③ 他的一贯主张是：学者必须“宗经”——即以儒家经典作为学习的基本内容。他的基本观点是：“夫善国者，莫先育材；育材之方，莫先劝学；劝学之要，莫尚宗经。宗经则道大，道大则才大，才大则功大。盖圣人法度之言存乎《书》，安危之几存乎《易》，

① 宋释文莹《湘山野录续录》：“范文正公以言事凡三黜。初为校理，忤章献太后旨，贬倅河中。僚友饯于都门曰：‘此行极光。’后为司谏，因郭后废，率谏官、御史伏阁争之，不胜，贬睦州。僚友又饯于亭曰：‘此行愈光。’后为天章阁、知开封府……落职贬饶州。时亲宾故人又饯于郊曰：‘此行尤光。’范笑谓送者曰：‘仲淹前后三光矣！’”[宋]文莹撰，郑世刚、杨立扬点校：《湘山野录续录》，北京：中华书局，1984年，第77－78页。

② [宋]范仲淹著，李勇先、王蓉贵校点：《范仲淹全集》附录十，成都：四川大学出版社，2002年，第1344页。

③ [元]脱脱等撰：《宋史》卷三百一十四，北京：中华书局，1985年，第10267页。

得失之鉴存乎《诗》，是非之辩存乎《春秋》，天下之制存乎《礼》，万物之情存乎《乐》。故俊哲之人，入乎六经，则能服法度之言，察安危之几，陈得失之鉴，析是非之辨，明天下之制，尽万物之情。使斯人之徒辅成王道，复何求哉？至于扣诸子、猎群史，所以观异同，质成败，非求道于斯也。有能理其书而不深其旨者，虽朴愚之心未可与适道，然必顾瞻礼义，执守规矩，不犹愈于学非而博者乎！”[①]在他看来，学习的目的，集中到一点就是为了“辅成王道”，为此必须“宗经”；背离儒家经典的学说，“学非而博”，哪怕你学得再好，也无益于王道；至于“扣诸子、猎群史”，只能是作为“观异同、质成败”的参考。

基于这样的认识，仲淹一生苦读儒家经典，言行不离其道。他说：“吾儒之职，去先王之经，则茫乎无从矣，又岂暇学人之巧，失其故步？但唯精唯一，死生以之。”[②]仲淹著有《〈易〉义》，以及阐述儒家经典的律赋多篇，亲教孙复、狄青等人读《春秋》，教张载等读《中庸》，孜孜矻矻，导人以入于圣人之门。苏东坡在《〈范文正公集〉叙》中称赞他说：“其于仁义礼乐，忠信孝悌，盖如饥渴之于饮食，欲须臾忘而不可得。如火之热，如水之湿，盖其天性有不得不然者。虽弄翰戏语，率然而作，必归于此。故天下信其诚，争师尊之。”[③]仲淹以其深厚的学养，在当时人们的心目中即已树起一代大儒的形象。

必须指出的是，宋儒之宗经与汉儒之注经大为不同。宋儒读经不仅不惑传注，还形成了一种疑古风气，这是宋学得以形成的重要条件。而范仲淹实开有宋一代疑古风气之先。仲淹宗经而不泥古，主张“于六经之中，专师圣人之意”[④]，并且提出了“《书》亦史也”的观点[⑤]。仲淹非常欣赏孟子的一句话：“尽信书不如无书”[⑥]。在理论指导实践上，仲淹最先提出了应为官方所定论的唐

---

① [宋]范仲淹著，李勇先、王蓉贵校点：《范仲淹全集》文集卷第十，成都：四川大学出版社，2002年，第237－238页。

② [宋]范仲淹著，李勇先、王蓉贵校点：《范仲淹全集》尺牍卷下，成都：四川大学出版社，2002年，第693页。

③ [宋]苏轼撰，[明]茅维编、孔凡礼点校：《苏轼文集》卷十，北京：中华书局，1986年，第312页。

④ [宋]范仲淹著，李勇先、王蓉贵校点：《范仲淹全集》文集卷第十，成都：四川大学出版社，2002年，第242页。

⑤ [宋]范仲淹著，李勇先、王蓉贵校点：《范仲淹全集》文集卷第十，成都：四川大学出版社，2002年，第243页。

⑥ [宋]范仲淹著，李勇先、王蓉贵校点：《范仲淹全集》文集卷第八，成都：四川大学出版社，2002年，第182页。

代牛李党争的“二王八司马”翻案[①]。凡此种种，足以说明仲淹在宋学形成过程中的突出贡献。

(二) 范仲淹领袖群伦的地位和功绩

儒家学说的一大特点，就是它的开放性和包容性，与时俱进而不故步自封。正是基于这一特点，后世改革家才有可能打出托古改制的旗号，宋代儒学才有可能得以振兴。

仲淹从抗击西夏的边境前线被调回京城，担任参知政事，上《答手诏条陈十事》，正式拉开了“庆历新政”的序幕。这是仲淹一生事业的巅峰。他在《答手诏条陈十事》中一开头就说：“臣闻历代之政，久皆有弊。弊而不救，祸乱必生。……《易》曰：‘穷则变，变则通，通则久。’此言天下之理有所穷塞，则思变通之道。既能变通，则成长久之业。”[②]就是说，仲淹推行庆历新政，其指导思想的理论基础，便是儒家经典《易经》。庆历改革的内容涉及很多方面，但其核心问题，在于解决人才和吏治，也即选官用人问题。正如他在《邠州建学记》中所说：“国家之患，莫大于乏人。……材不乏而天下治，天下治而王室安。”[③]

仲淹之所以被后世称为伟大的教育家，就是他所到之处，都热心于办学，为国家培育人才。早在为母亲守丧期间，他应晏殊之聘，主持南京(今河南商丘)应天书院教席，更把自己的全部心血倾注到培养人才上。“公常宿学中，训督学者，皆有法度，勤劳恭谨，以身先之。由是四方从学者辐辏。其后以文学有声名于场屋、朝廷者，多其所教也。”[④]景祐二年，仲淹从苏州被召进京，判国子监。就是说，担任了国家最高学府的领导职务，并且亲自主持国子监的考试。仲淹这两次从教经历，桃李遍栽，其后不仅许多名臣出自他的门下，由此更扩大了他的人脉基础和社会影响。仲淹以其不同寻常的经历和作为，奠定了他领袖群伦的资质和地位。

---

① [宋]范仲淹著，李勇先、王蓉贵校点：《范仲淹全集》文集卷第八，成都：四川大学出版社，2002年，第182页。

② [宋]范仲淹著，李勇先、王蓉贵校点：《范仲淹全集》政府奏议卷上，成都：四川大学出版社，2002年，第523－524页。

③ [宋]范仲淹著，李勇先、王蓉贵校点：《范仲淹全集》文集卷第八，成都：四川大学出版社，2002年，第195－196页。

④ [宋]范仲淹著，李勇先、王蓉贵校点：《范仲淹全集》附录二，成都：四川大学出版社，2002年，第870页。

仲淹所推行的庆历新政，从根本上说，是他以参知政事的权力和地位、以儒家经典为理论指导、以培养和造就治国理政的人才为旨归的政治革新。

后人论及庆历新政，多言其失败（包括《宋史》本传）。但在笔者看来，若论其一些具体措施，从短期看，固然随着仲淹等革新派人士的纷纷下台而大多被废止，若从其长远来看，它在“确立儒家正统思想的主导地位”这一根本问题上，还是获得了巨大成功。反过来说，正是这场革新运动的巨大成功，最终确立了范仲淹在宋学上的历史地位。

庆历新政的历史性成就，不在于许多具体措施一时的得失成败，突出表现在“庆历兴学”和“转变文风”两个问题上：

一、先说庆历兴学。在仲淹之前，地方官员中重视教育、热心办学者固然不乏其人，但他们多系出于道德自觉的个人行为，并未能形成自上而下覆盖全国的制度。庆历新政的一项重要内容，就是诏令天下州县普遍兴办学校。从此以后，中国历代地方官员兴学育人，便成为一种制度性自觉。地方官员为了政绩，所到之处一般都比较重视官办教育，加上私塾、书院等民间教育机构的大量存在，便形成了独具中国特色的教育网络体系。这种网络体系，不仅成为中国绵延千年不绝的优良传统，成为中国儒学发展传承的基地，同时也为宋学的勃兴奠定了基础。

自从庆历兴学，中国的教育事业得到了巨大发展。随着教育的发展和人才涌现，选拔人才的科举考试制度也更加完善。我们研究宋代儒学之复兴，自然不应忘记仲淹庆历兴学和改革科举制度之功。

早在庆历新政之前，仲淹已建议朝廷效法唐朝，开设武举以备国防[①]。在庆历兴学的过程中，仲淹又提出：在国子监设置武学科目，选拔可靠生员，密令学习兵书战略[②]；在中央和地方各州县普遍开设医科学校，大力培养医药人才[③]。这些举措，不仅为后世培养“儒将”“儒医”开辟了道路，而且还为后世的官办军事教育、医学教育等专科教育开了先河。

---

① ［宋］范仲淹著，李勇先、王蓉贵校点：《范仲淹全集》文集卷第九，成都：四川大学出版社，2002年，第199－206页。

② ［宋］范仲淹著，李勇先、王蓉贵校点：《范仲淹全集》政府奏议卷上，成都：四川大学出版社，2002年，第552－553页。

③ ［宋］范仲淹著，李勇先、王蓉贵校点：《范仲淹全集》政府奏议卷下，成都：四川大学出版社，2002年，第641－642页。

二、再说转变文风。在文与道的关系上，儒家的基本主张是文以载道；而文风好坏，直接关系到道的盛衰存亡。文风又是士风和社会风气的集中体现，而卑弱不振的文风难以承担载道之责。对于五代以来绮靡的文风，虽然早在仲淹之前，诸如柳开、王禹偁、穆修等人都曾力图矫正而振作之，但收效甚微。仲淹认为，文风好坏，还直接关系国家命运。早在推行庆历新政之前二十年的天圣三年(1025)，仲淹即曾上书朝廷，提出了“救文弊”的主张。他说：“国之文章，应于风化；风化厚薄，见乎文章。是故观虞夏之书，足以明帝王之道；览南朝之文，足以知衰靡之化。故圣人之理天下也，文弊则救之以质，质弊则救之以文。质弊而不救，则晦而不彰；文弊而不救，则华而将落。前代之季，不能自救，以至于大乱，乃有来者，起而救之。故文章之薄，则为君子之忧；风化其坏，则为来者之资。”①

仲淹同时认为，转变文风的关键，首先在于转变士风。他批评道：“今士林之间，患不稽古，委先王之典，宗叔世之文，词多纤秽，士惟偷浅，言不及道，心无存诚。暨于入官，鲜于致化。”②在仲淹看来，要做好官，首先要做好人；要做好文，同样在于首先要做好人。仲淹主张“文以气为主”，“人托文而志深，物乘文而名远……掞藻一时，腾照千载”。③ 他以身垂范，以自己的道德高标和创作实践，努力转变一代士风，进而转变一代世风。故而朱熹称赞他说：“本朝忠义之风，却是自范文正公作成起来也。”④又说：“本朝道学之盛，亦有其渐。自范文正以来已有好议论。”⑤“至范文正时便大厉名节，振作士气，故振作士大夫之功为多。”⑥

这里需要特别指出的是范仲淹与欧阳修的关系。范、欧二公终生志同道合，仲淹改革科举制度和改革文风的主张，得到了欧阳修的全力支持和呼应配

① ［宋］范仲淹著，李勇先、王蓉贵校点：《范仲淹全集》文集卷第九，成都：四川大学出版社，2002年，第200页。

② ［宋］范仲淹著，李勇先、王蓉贵校点：《范仲淹全集》文集卷第九，成都：四川大学出版社，2002年，第219页。

③ ［宋］范仲淹著，李勇先、王蓉贵校点：《范仲淹全集》文集卷第八，成都：四川大学出版社，2002年，第177-178页。

④ ［宋］黎靖德编，王星贤点校：《朱子语类》卷第四十七，北京：中华书局，1986年，第1188页。

⑤ ［宋］黎靖德编，王星贤点校：《朱子语类》卷第一百二十九，北京：中华书局，1986年，第3089页。

⑥ ［宋］黎靖德编，王星贤点校：《朱子语类》卷第一百二十九，北京：中华书局，1986年，第3086页。

合。庆历新政的“精贡举”，直接涉及文风问题。新政的许多具体举措虽然总体上归于失败，但其精贡举、变文风的大旗依然由欧阳修继续高举，并且由他将北宋诗文革新运动的使命最终完成。推原北宋中期以后的文风丕变和健康发展，人们不能不首推范、欧二公的奠基之功。

如果说，庆历兴学和科举改革为宋学的健康发展提供了基本阵地，那么文风的转变则为其提供了基本保证。

（三）范仲淹与著名学者鸿儒的交游

《宋史·道学列传》首列周敦颐，认为他是历“千有余载”而得“圣贤不传之学”，其间却忽略了他与范仲淹的关系。后世学者论及宋代理学（即道学）的兴起，则溯及宋初三先生：胡瑗、孙复、石介。黄宗羲撰《宋元学案》，首撰《安定（胡瑗）学案》和《泰山（孙复、石介）学案》。全祖望虽补入《高平（仲淹）学案》，也只是将其列为胡、孙之“讲友”。全祖望说：“宋世学术之盛，安定、泰山为之先河，程、朱二先生皆以为然。”[①]他在《庆历五先生书院记》中述其源流时又说：“有宋真、仁二宗之际，儒林之草昧也。当时濂、洛之徒方萌芽而未出，而睢阳戚氏在宋，泰山孙氏在齐，安定胡氏在吴，相与讲明正学，自拔于尘俗之中。亦会值贤者在朝，安阳韩忠献公、高平范文正公、乐安欧阳文忠公，皆卓然有见于道之大概，左提右挈，于是学校遍于四方，师儒之道以立。而李挺之、邵古叟辈，共以经术和之，说者以为濂、洛之前茅也。”[②]在全氏看来，三先生之“相与讲明正学”，皆系“自拔于尘俗之中”。全氏虽然肯定了韩、范、欧三公“贤者在朝”，有“左提右挈”之功，却认为韩、范、欧三公不过是“有见于道之大概”，其自身未必能入开宗立派的大儒之流。他们认为宋学之“先河”“前茅”，只能溯及“三先生”。黄宗羲之子黄百家在推原宋学源流时，引证其远祖黄震《黄氏日钞》说：“宋兴八十年，安定胡先生、泰山孙先生、徂徕石先生，始以师道明正学，继而濂、洛兴矣。故本朝理学虽至伊洛而精，实自三先生而始，故晦庵有‘伊川

① ［清］黄宗羲原著，［清］全祖望补修，陈金生、梁运华点校：《宋元学案》卷一，北京：中华书局，1986年，第23页。

② ［清］黄宗羲原著，［清］全祖望补修，陈金生、梁运华点校：《宋元学案》卷三，北京：中华书局，1986年，第134页。

不敢忘三先生'之语。"①

近世以来，随着研究的深入，人们感到《宋史·道学列传》对范仲淹在宋代儒学发展史上的地位不应被忽略；《宋元学案》虽由全祖望补列专案，而其评价依然不足。如果说，宋世学术之盛，安定、泰山"为之先河"，仲淹实为其"先河"的源头。

单就仲淹与《宋史·道学列传》所列几位开山人物的交游而言，即可见道学之渊源。仲淹不仅在仕途上对他们"左提右挈"，在学术思想上对他们的影响同样不可低估。比如：泰山先生孙复(992—1057)，本来是一名游索乞食的寒士，是仲淹在主持应天书院时为他安排学职，解决其衣食之忧，而后又亲自授以《春秋》，使之终成一位以研究《春秋》见长的学者。由此可知，孙复堪称仲淹之嫡传弟子。安定先生胡瑗(993—1059)，则是仲淹在知苏州时延聘孙复未果而改聘的西席幕宾。仲淹赴西北戍边，把胡瑗推荐为丹州军事推官。大约是出于胡瑗不谙军事的原因，又把他介绍给湖州知州滕子京，从而形成他的"苏湖教法"。仲淹最后又把他们两位推荐到国子监任教，且取苏湖教法以为天下法式。由此看来，其学术思想和教学理念不能说不受到仲淹的重要影响。徂徕先生石介(1005—1045)本为孙复入室弟子，当然应视为仲淹之嫡系再传；若论仲淹与石介的直接关系，则须专章讨论。至于关中夫子张载(1020—1077)，他与仲淹的关系最为《宋元学案》称道："高平一生粹然无疵，而导横渠以入圣人之室，尤为有功。"②仲淹与这几位学者鸿儒的交往佳话，今人论述颇多，笔者不再赘述。

笔者这里想要特别揭示的是范仲淹与王安石(1021—1086)、周敦颐(1017—1073)两位晚辈的交谊(见本书《范仲淹与周敦颐师承关系考略》，此处从略)。此外，还应考虑仲淹与二程(程颢 1032—1085，程颐 1033—1107)的关系。一是二程之父程珦(1006—1090)，曾让年幼的二程拜周敦颐为师；二是入太学之后，曾受业于胡瑗和孙复；三是二程曾向其表叔张载切磋请教学问。从这三重关系来看，二程皆可视为仲淹的再传弟子。

---

① [清]黄宗羲原著，[清]全祖望补修，陈金生、梁运华点校：《宋元学案》卷二，北京：中华书局，1986 年，第 73 页。

② [清]黄宗羲原著，[清]全祖望补修，陈金生、梁运华点校：《宋元学案》卷三，北京：中华书局，1986 年，第 133 页。

三、两个相关问题

探讨范仲淹与宋学的发展和传承，自然会涉及仲淹自身的几个基本问题，比如仲淹的师承问题，仲淹与释、道的关系问题等。本文拟就这两个问题谈谈自己的看法。

（一）关于范仲淹的师承

古人论学，特重师门。宋儒的师承渊源，朱熹的《伊洛渊源录》和黄宗羲、全祖望的《宋元学案》已穷其脉络。然而笔者认为，学术思想的传承固然有“名师出高徒”的一面，但它毕竟不同于老僧的袈裟衣钵和田径场上的接力棒。后者必须直接授受乃至得其信物方为真传，而学术思想的传承则未必需要接力棒式的直接授受。《宋史》周敦颐本传谓其历“千有余载”而得“圣贤不传之学”①，正是基于这样的理解。倘若非得认定接力棒式的授受方为真传，不仅拘泥，而且容易形成狭隘的门户之见。

具体到范仲淹的师承，《宋史》本传称：“既长，知其世家，乃感泣辞母，去之应天府（今河南商丘，即古之睢阳），依戚同文学。”②全祖望《高平学案》据此既将戚同文列为“高平所出”，复将仲淹列为“睢阳所传”。然而后经学者指出，全氏的认定并不准确。因为早在仲淹出生前，戚同文即已谢世，所以仲淹不可能“依戚同文学”。当然，戚同文所营造的学习环境和学习风气、他的高风亮节和古道热肠，对范仲淹先忧后乐思想的形成肯定会大有影响。

关于仲淹的实际师承，笔者以为可用两句话作为概括：一是韩愈的那句名言“圣人无常师”，二是仲淹本人的那句话“于六经之中，专师圣人之意”。就是说，我们一是没有发现他较长时间、较为稳定地受教于哪位名师，或者出自哪位高人的一脉真传；二是与三先生相比，笔者认为仲淹倒是真正的名副其实的“自拔于尘俗之中”，他的渊博学识，主要是从自学苦读中得来。仲淹自幼丧父，随母改嫁，遭人白眼，受尽屈辱。青少年时期，据传他曾跟随养父朱文翰的

---

① [元]脱脱等撰：《宋史》卷四百二十七，北京：中华书局，1985年，第12710页。

② [宋]范仲淹著，李勇先、王蓉贵校点：《范仲淹全集》附录一，成都：四川大学出版社，2002年，第841页。

宦迹，读书于湖南安乡之兴国观[①]，拜道士为师，后又游历关中，跟道士周德宝学习书法、跟道士屈元应学过《易经》[②]。21岁，入长白山醴泉寺“划粥断齑”[③]，依傍僧人，尔后又入南京应天书院，过了五年“人所不堪”的苦读生活。须知那里可是聚书数千卷的学问渊薮，是仲淹可以尽力汲取的知识源泉。此外，他还曾向当时的国手琴师崔遵度、隐士唐异学过弹琴[④]，如此等等。

这就是说，仲淹不仅苦读自学，且曾“转益多师”。正因为如此，仲淹在学术思想上没有门户之限，从而能够做到博采众长，兼收并蓄，不仅获得了渊博的学识，而且造就了他海纳百川的胸怀，终成一代士林领袖和儒学宗师。

（二）关于范仲淹与释、道的关系

古人论学，崇尚“醇（纯）儒”。对于杂以释、道或其他思想者，多少有些不屑。特别是宋初学者，很看重学术的“纯正”。他们以“文起八代之衰而道济天下之溺”的韩愈为榜样，以坚守儒家道统而排斥释道者为正宗。这方面的代表人物，不仅有柳开、穆修、尹洙、石介等古文运动的先驱，乃至完成古文革新运动的欧阳修，年轻时也多少有这个倾向。

然而，大宋王朝与中世纪西方国家的一大不同，便是文化上的开放和政治上的开明。如果说，当时儒家学说的不同流派，诸如荆公新学和程朱理学，在不同时期还曾分别受到过不同程度的推尊或者打压，相比之下，释、道两家在宋代却没有像前些朝代那样出现排老、灭佛事件，在最高统治者那里，两家并没有受到过特别的歧视和打压，它们与儒家基本上处于平等地位，都得到了尊重和宽容。正是这种相对宽松的环境，使得各家学说都能得到自由的发展和传播，以至于形成“三教合流”的局面。隋唐以降，不仅佛教早已深入中国，阿拉伯世界乃至西方世界的一些宗教文化也已传入，给中国的思想文化增添了新的内容。宽松的社会环境，各种思想文化的自由传播以及它们之间的互相

---

① 见《范集》附录《褒贤集》卷三《澧州范文正公读书堂记》、附录《遗迹汇录》之“东溪书院”。[宋]范仲淹著，李勇先、王蓉贵校点：《范仲淹全集》附录十三，成都：四川大学出版社，2002年，第1525页。

② [宋]范仲淹著，李勇先、王蓉贵校点：《范仲淹全集》文集卷第十五，成都：四川大学出版社，2002年，第373页。

③ [宋]范仲淹著，李勇先、王蓉贵校点：《范仲淹全集》附录二，成都：四川大学出版社，2002年，第865页。

④ 见《范集》文集卷第八《唐异诗序》、文集卷第四《赠余杭唐异处士》。[宋]范仲淹著，李勇先、王蓉贵校点：《范仲淹全集》文集卷第八，成都：四川大学出版社，2002年，第185页。

碰撞交流和融合，是促进北宋文化繁荣和儒学复兴的重要条件。古代中国，儒家思想虽曾不止一次受到过释、道两家的冲击，但它基本上都是居于中国传统文化的主导地位。也就是在这样的背景下，宋代出现了以儒家学说为中心的学术高峰。严格说来，两宋的诸多大儒，包括周敦颐和二程，皆非“纯儒”，因为他们多少都曾受到过释、道等家思想的影响，甚至都曾有过出入佛、老而最终皈依儒家的经历。即以令后世津津乐道的苏东坡为代表，他们不仅与佛、老结下了不解之缘，其基本思想中也包含了不少来自佛、老两家的成分。

这里需要说明的是，尽管古今不少学者都把儒家学说称作儒教，以至长期存在“三教”的习惯说法，但笔者坚持认为儒学并非宗教。宗教的最大特点是“神道设教”。而从孔夫子直到历代许多大儒，他们一般都秉持“未知生焉知死”的观念，因而“不语乱力怪神”。儒家提出仁政，主张以民为本，他们所关注的，始终是现实社会、现实人生，是人际关系的和谐有序，是对现实社会如何实行以人伦道德为基础的人性化管理与治理。

“神道设教”虽由《易经》最早提出，但它所称的“神道”，应该是指天地万物自然变化之规律，其本意应该是要求人们“顺应自然之道以教化万物”，亦即后世所标称的“天人合一”。然而，“神道设教”不仅被道家所利用，其本义后世也发生了异化，不仅被一些有神论者所借用，甚至被一些别有用心的人用作装神弄鬼以威慑、欺骗、愚弄老百姓的把戏。自从被异化以后，后世儒家为免生误解，反而弃置不用。

儒家虽然也为人类社会的发展提出了“大同”“小康”之类的理想目标，但它教人追求的途径不同。它主张在立足现实的基础上“尽人事，听天命”，而不是引导人们去借助、仰赖什么万能的“神明”。

当然，儒家学说与宗教哲学也有着很大的相同之处。首先是它们都教人确立信仰。人无信仰，形同野兽，无法无天，是非常可怕的。有信仰有崇拜，才会有敬畏有自律，让心灵有所寄托、有所归依。其次是它们都教人修身守正，戒恶劝善，远恶向善，积德行善。简而言之，儒家讲穷理尽性，道家讲修身养性，佛家讲明心见性，它们在教人重视人性这一根本问题上、在教人从自身做起的修养方式上，同源而相通。

具体到范仲淹，他对待佛、老的态度，可能与其青少年时期在道观和寺院中读书学习的阅历有关，与他较早较多地接触了一些高僧道长和佛典道藏有关。他对宗教无疑有着自己的理解，他懂得宗教存在的历史必然和社会价值，懂得僧人道士的宇宙观和价值观。因此，仲淹对待宗教的态度，与欧阳修和苏东坡似乎都有所不同：他既不排斥，也不盲从，既不拒绝，也不迷恋，表现得似乎更为客观，更为超脱，更为“中庸”。

仲淹对释、道典籍都曾广泛涉猎，甚或下过一番钻研功夫，堪称出入佛、老而回归儒宗。有一段话最能代表他对释、道两家的观点：“夫释道之书，以真常为性，以清净为宗。神而明之，存乎其人。智者尚难于言，而况于民乎？君子弗论者，非今理天下之道也。”[①]在他的另一篇名文《近名论》中，他对道家者流的处世态度更作了尖锐批判：“道家之训，使人薄于名而保其真。斯人之徒，非爵禄可加，赏罚可动，岂为国家之用哉！”[②]这就是说，仲淹清醒地认识到释、道两家在政治上的局限性。而在另一方面，释、道两家形而上的思辨哲学，它们的宇宙观和人生观，它们所传授的修身养性之道，都有一些启迪心智、可资取益的东西。正是基于这样的认识，仲淹一方面坚定他的儒家立场，坚持他以儒修身、以儒治国的准则而不为外物所动，一方面又能广泛结交释、道两界朋友，学习他们身心双修的养生之道，并从他们那里汲取立身处世和经世济民的有益营养。仲淹虚怀若谷的态度，使得他能够做到取其所长，为我所有，从而形成他有别于前人的宋儒思想。

---

① [宋]范仲淹著，李勇先、王蓉贵校点：《范仲淹全集》文集卷第九，成都：四川大学出版社，2002年，第217页。

② [宋]范仲淹著，李勇先、王蓉贵校点：《范仲淹全集》文集卷第七，成都：四川大学出版社，2002年，第154－155页。

旧案新说

富弼《范仲淹墓志铭》探微*

宋仁宗皇祐四年(1052)五月二十日,北宋名臣范仲淹病逝于徐州,同年十二月初一,安葬于今河南伊川之万安山前。安葬前,应仲淹诸孤之请,由其生前好友富弼撰写了墓志铭。这篇墓志铭在极力褒扬一代伟人范仲淹的同时,因其“笔墨含情”反而出现些偏颇失实之处。

一、富弼与范仲淹的友谊

《范仲淹墓志铭》(以下简称《墓志铭》)为什么要请富弼撰写?得从两人的亲密关系说起。

富弼(1004—1083),字彦国,河南洛阳人,比仲淹小15岁,常呼仲淹为“范六丈”,以父辈尊之。早在富弼之父富言监泰州(海陵郡)榷酤时,仲淹监泰州西溪盐仓,与富弼父子已有交谊,视富弼为王佐之器①。后来仲淹居丧,应晏殊之聘掌管南京应天书院,富弼也来就学于南京,两人进一步结下了师生之谊。晏殊委托仲淹从学生中择婿,仲淹优中选优,挑选富弼做了晏殊的女婿。富弼得中制科,进入仕途,更得到了仲淹的鼎力相助。富弼后来在《祭范文正公文》中曾这样追忆过去:“某昔初冠,识公海陵,顾我誉我,谓必有成。我稔公德,亦已服膺。自是相知,莫我公比。一气殊息,同心异体。始未闻道,公实告之。未知学文,公实教之。肇复制举,我惮大科,公实激之。既举而仕,政则未

---

* 本文为提交给2009年11月于浙江杭州召开的第三届中国范仲淹国际学术论坛的参会论文。

① 富弼生平见《宋史》卷三百一十三。[元]脱脱等撰:《宋史》,北京:中华书局,1985年,第10249-10257页。

论，公实饬之。”[①]完全可以说，富弼是在仲淹的直接培养和关怀下逐步成长起来，直到登上宰相高位。

富弼为北宋历史上一位热血报国、舍身忘家的忠义之士。进入仕途以后，与仲淹志同道合，情好甚笃。仲淹因谏阻宋仁宗废郭皇后而遭贬，富弼上书论救，批评仁宗皇帝一不当废皇后、二不当贬谏臣，“一举而二失”[②]。进入官场以后，两人更是同心协力，“日夜谋虑，兴致太平”。特别是仲淹推行庆历新政期间，富弼为最坚定、最激进的支持者之一。正因为如此，政敌反对新政，也就把最险恶的阴谋、最猛烈的火力指向他们。富弼两次出使辽国，立有大功，但庆历三年赴河北巡边，回京复命时竟被拒于京城大门之外，不容分说，被打发出知郓州。原因就是以夏竦为首的反对派制造谣言，诬陷富弼企图废掉仁宗皇帝，且已撰出“废立诏草”，而富弼这次巡边，也被诬为有勾结北国以求外援的嫌疑。若果有此事，与之“一气殊息，同心异体”的仲淹，难脱干系。幸亏仁宗皇帝还算明白，并未深信。但是，这等谣言足以让革新派人士胆战心惊，不能自安于朝。于是仲淹借“边境有警”的机会，离开朝廷，先是宣抚河东，继而宣抚陕西，接着请求辞去参政职务，就地担起西北戍边之责。随着富、范相继离开，反对派在朝中开始了一场大清洗。他们先是抓住一些鸡毛蒜皮小题大做，兴起一场“奏邸之狱”，将拥护新政的苏舜钦等一大批青年才俊“一网打尽”；接着无中生有、捏造罪名，毫无道理地就把欧阳修、韩琦、杜衍等一批支持新政的中坚重臣一一逐出京城。从此，庆历新政宣告失败，革新派人士被排除殆尽。

仲淹解除边任以后，先后调知邓州、杭州、青州，最后由青州赴任颍州的途中病逝于徐州。富弼则由郓州先后改知青州、郑州。当仲淹去世之时，他已被调任蔡州（今河南汝南）。

富弼“好善嫉恶，出于天资”[③]。满怀报国之志而不得伸展，却遭受如此诬陷打击，胸中该有多少愤懑和委屈。他在《祭范文正公文》中泣血倾诉：“公在内史，我陪密幄，得同四辅之仪；公抚陕西，我抚河北，又分三面之寄。公既罢去，我亦随逝。从古罪人，以干魑魅。公我明时，咸得善地。自此蛊孽，毁訾如

---

① [宋]范仲淹著，李勇先、王蓉贵校点：《范仲淹全集》附录九，成都：四川大学出版社，2002年，第1237页。

② [元]脱脱等撰：《宋史》卷三百一十三，北京：中华书局，1985年，第10249页。

③ [元]脱脱等撰：《宋史》卷三百一十三，北京：中华书局，1985年，第10257页。

沸。必置其死，以快其志。公云圣贤，鲜不如是。出处以道，俯仰无愧……相勖以忠，相劝以义，报主之心，死而后已。呜呼哀哉！公今死矣，忠义已矣。万不伸一，赍恨多矣。世无哲人，吾道穷矣。我虽苟活，与死均矣。呜呼哀哉！师友僚类，殆三十年。一日弃我，悲何可存！我守蔡印，公薨彭门。我去无所，公来已魂。我恸几绝，公闻不闻？走使持奠，作文叙冤。"①

不论在仲淹灵前怎么哭诉宣泄，毕竟受到文体限制。为了尽情抒发自己的满腔悲愤，他再次"作文叙冤"，将自己强烈的爱憎情感倾注进了这篇《墓志铭》。

二、《墓志铭》对范仲淹的身世和功过既有隐讳也有夸饰

范仲淹固为千古圣贤，有宋一人。在"师友僚类，殆三十年"的富弼心目中，对仲淹更是仰之弥高、爱之弥深。仲淹的丰功伟绩和高风亮节，多赖此文和欧阳修之《神道碑》而彰显于世。但是，由于此文带有强烈的感情色彩，致使在褒扬赞美的同时，难免失之偏颇，出现一些曲笔掩饰和夸大失实之词②。

首先是使用曲笔，精心回护了仲淹的庶出身份。

千古伟人范仲淹本为庶出。其父范墉一死，其母谢氏带着二岁而孤的仲淹另适他人。这在今天看来事属寻常，但在古人心目中绝非美事。请看《墓志铭》为讳饰此事，怎样煞费苦心：

其一，仲淹本为其父范墉之第五子，富弼将其改作第三子。使得人们很难从仲淹兄弟的年龄上推算出仲淹的庶出身份。

其二，将范墉随钱俶归宋的时间后推十年。钱俶纳国，时在宋太宗太平兴国三年(978)，而《墓志铭》称范墉于"端拱初(988)，随钱俶纳国，终武宁军节度掌书记"，将这一事件整整后推十年。仲淹生于端拱二年(989)八月，范墉去世于端拱三年(990)初。于是称谢氏"以北归之初，亡亲戚故旧，贫而无依，遂再

① [宋]范仲淹著，李勇先、王蓉贵校点：《范仲淹全集》附录九，成都：四川大学出版社，2002年，第1237－1238页。

② 富弼为范仲淹所作《范文正公仲淹墓志铭》见于[宋]范仲淹著，李勇先、王蓉贵校点：《范仲淹全集》附录一，成都：四川大学出版社，2002年，第817－825页。本文中出自该墓志铭的文字皆来自此，下文不再一一出注。

适长山朱氏”。这样一来，孤儿寡母，举目无亲，值得同情，人们怜悯尚且来不及，哪里还会再去多想其他，想到其侧室地位。

其三，关于仲淹为生母谢氏选地另葬问题。《墓志铭》称仲淹安葬于河南万安山尹樊里，特意加上“先陇之侧”四字。其实，洛阳本无“先陇”，“先陇”应在苏州。仲淹自四世祖范隋以下，几代先人皆葬于苏州天平山，其中包括生父范墉。按照常情常理，随着仲淹的认祖归宗，谢氏应葬于苏州天平山。可是，作为“性至孝”的仲淹，却没能将生母与生父合葬，而是另葬于河南洛阳，其间隐情，容易令人生疑。《墓志铭》特地加上“先陇之侧”四字，其用意显然在于淡化人们的怀疑。

其次是对仲淹的一些作为，也有夸饰失实之处：

一是谏阻宋仁宗冬至上寿。《墓志铭》称：

> 上欲率百僚为寿，诏下草仪注，缙绅失色相视，虽切切口语而畏惮，无一敢论者……公独抗疏……遂罢上寿仪。

仲淹谏阻仁宗赵祯率百官为章献刘太后冬至上寿，事在天圣七年(1029)。此时仁宗践祚已经八年，率百官为太后上寿已行之有年。仲淹受王曾、晏殊之荐初入朝廷做秘阁校理，大义凛然地指出此举不当，确属石破天惊。但事实是，仲淹的谏阻并未奏效，上寿仪式照常举行。据李焘《续资治通鉴长编》：

> 十一月冬至，上率百官上皇太后寿于会庆殿……秘阁校理范仲淹奏疏言：“天子有事亲之道，无为臣之礼；有南面之位，无北面之仪。若奉亲于内，行家人礼可也；今顾与百官同列，亏君体，损主威，不可为后世法。”疏入，不报。①

“疏入，不报”，说明谏诤未被采纳。如被采纳，他的这一行为应该受到肯定乃至褒奖，接下来也就不会再有受到晏殊训斥、仲淹自请外放的事情发生了。可见《墓志铭》“遂罢上寿仪”之说，显然不实。南宋楼钥在编撰《范文正公

---

① [宋]李焘撰，上海师范大学古籍整理研究所、华东师范大学古籍整理研究所点校：《续资治通鉴长编》卷一百八，北京：中华书局，2004年，第2526－2527页。

年谱》时，已经指出了这一问题。

二是弹劾内侍阎文应的结局。《墓志铭》载：

> 有入内都知阎文应者，专恣不恪，事多矫旨以付外，执政知而不敢违。公闻之，不食，将入辩，谓若不胜，必不与之俱生。即以家事属长子，明日尽条其罪恶闻于上。上始知，遽命窜文应岭南，寻死于道。

郭皇后之废，仁宗曾受阎文应撺掇；郭皇后之暴死，阎文应有很大嫌疑；阎文应之“专恣不恪”，“矫旨付外”，肯定干过不少坏事。仲淹上奏弹劾，使之受到了应得处罚。但是，据《宋史·宦者传三·阎文应传》载，郭皇后“暴崩”之后，“时谏官劾其罪……以文应领嘉州防御使，为秦州钤辖，改郓州……后徙相州钤辖，卒，赠邠州观察使”①。宋仁宗之“仁”，于此可见，《宋史》阎文应传之记载应当可信。而富弼所称“遽命窜文应岭南，寻死于道”，显然失实。楼钥之范公《年谱》，已指出这一问题。

三是掩饰了仲淹的第一次遭贬。仲淹早年知兴化县（今江苏省兴化市），主持修复捍海堰工程。《墓志铭》是这样记载的：

> 制置使举榷泰州西溪盐廪，以劳进大理丞。又举知兴化县、建州关隶，以吴国（按指仲淹母谢氏，封吴国夫人）老疾辞，监楚州粮料院。丁忧去官。

富弼如此记述，令人生疑。原来，仲淹在监泰州西溪盐廪期间，考察民间疾苦，建修筑捍海堰之议，并由淮南转运副使张纶举荐任兴化县令，专主其事。工程方兴，出了重大伤亡事故：遭遇大风，海涛汹涌而上，冲垮了正在修筑的堤堰，死亡一百余人。请加设想，一名专主修堤工程的县令，造成如此重大伤亡事故，很可能会被追责。即便不被追责，怎么可能被“又举”去知关隶县呢？即便去了，也说不上“又举”。显然，此时的范仲淹可能受到了问责处分，被调往数千里外的偏僻小县关隶。富弼“又举”之说，很可能是想掩饰仲淹这次贬官的事实。可惜富弼这么做，将仲淹倡筑捍海堰的功绩也给掩盖掉了。

---

① ［元］脱脱等撰：《宋史》卷四百六十八，北京：中华书局，1985年，第13656页。

四是关于仲淹的身后事。《墓志铭》称仲淹去世以后,“敛无新衣,友人醵资以奉葬;诸孤亡所处,官为假屋韩城以居之。遗奏不干私泽,此益见其始卒志于道,不为禄位出也”。富弼所称仲淹一生克己奉公,刻苦节俭,基本属实,且为举世所知,有诸多史料可证。但是,惟“诸孤亡所处,官为假屋韩城以居之”此事未见其他记载,亦未见纯仁兄弟言及。莫非当初曾有此议,尔后已得另地安置?此事存疑。

三、《墓志铭》对吕夷简的过分贬抑

仁宗时期是北宋历史上鼎盛的时期之一。吕夷简是宋仁宗最为信任和倚重的宰相。仁宗一朝30余年的繁荣昌盛,吕夷简功不可没。综观吕夷简的生平业绩,无论是在内政、外交、军事、国防诸方面的建树,即便称不上一代贤相,也绝对算不上坏人、恶人。可叹一场“吕范交恶”,彻底搅乱了北宋政坛,搅乱了人们的认知,也毁掉了吕夷简一生的声誉。笔者认为,其间是非,可以见仁见智。而富弼的这篇《墓志铭》在损毁吕夷简形象的过程中起到了至关重要的作用。据宋人邵博《邵氏闻见后录》:

> 范文正公尹天府(按指知开封府),坐论吕申公(按,应为吕许公,申公为夷简子吕公著获赠)降饶州;欧阳公为馆职,以书责谏官不言,亦贬夷陵。未几,申公(许公)亦罢。后欧阳公作《文正神道碑》云:“吕公复相,公亦再起被用。于是二公欢然相约,共力国事,天下之人皆以此多之。”文正之子尧夫(纯仁字)以为不然,从欧阳公辩,不可,则自削去“欢然”“共力”等语。欧阳公殊不乐,为苏明允云:“范公碑,为其子弟擅于石本改动文字,令人恨之。”《文正墓志》,则富公之文也。先是,富公自欧阳公平章,其书略曰:“大都作文字,其间有干着说善恶,可以为劝戒者,必当明白其词,善恶焕然,使为恶者稍知戒,为善者稍知劝,是亦文章之用也。岂当学圣人作《春秋》,隐奥微婉,使后人传之、注之尚未能通,疏之又疏之尚未能尽,以至为说、为解、为训释、为论议,经千余年,而学者至今终不能贯彻晓了。弼谓如《春秋》者,惟圣人可为,降圣人而下皆不可为。为之亦不复取信于后矣。学者能约《春秋》大义,立法立例,善则褒之,恶则贬之。苟有不得已

须当避者，稍微其词可也。不宜使后人千余年而不知其意也。若善不能劝，恶不能戒，则是文字将何用哉？既书之而恶者自不戒，善者自不劝，则人之罪也，于文何过哉？弼常病今之人，作文字无所发明，但依违模棱而已。人之为善固不易，有遭谗毁者，有被窜斥者，有穷困寒饿者，甚则诛死族灭。而执笔者但求自便，不与之表显，诚罪人也。人之为恶者，必用奸谋巧诈，货赂朋党，多方以逃刑戮，况不止刑戮是逃，以至子子孙孙享其余荫而不绝，可谓大幸矣。执笔者又惮之，不敢书其恶，则恶者愈恶，而善人常沮塞不振矣。君子为小人所胜所抑者，不过禄位耳。唯有三四寸竹管子，向口角头褒善贬恶，使善人贵，恶人贱，善人生，恶人死，须是由我始得，不可更有所畏怯而噤默，受不快活也。向作希文《墓志》，盖用此法，但恨有其意而无其词。亦自谓希文之善稍彰，奸人之恶稍暴矣。今永叔亦云：'胸臆有欲道者，诚当无所避，皎然写之，泄忠义之愤，不亦快哉！'则似以弼之说为是也。然弼之说盖公是公非，非于恶人有所加诸也，如希文《墓志》中，所诋奸人皆指事据实，尽是天下人闻知者，即非创意为之。彼家数子皆有权位，必大起谤议，断不恤也。"

初，宝元、庆历间，范公、富公、欧阳公，天下正论所自出。范公薨，富公、欧阳公相约书其事矣。欧阳公后复不然，何也？予读富公之书至汗出。尚以《春秋》之诛为未快，呜呼，可畏哉！①

富弼这封书信，既是针对欧阳修所撰仲淹《神道碑》文稿提出的意见和批评，也是对自己撰写仲淹《墓志铭》指导思想的表白。在批评欧公不当"依违模棱""有所畏怯"的同时，他明确表示了自己"向作希文《墓志》"的态度："褒善贬恶""泄忠义之愤"，即使因此而"大起谤议"，也断然不恤。这就是说，他是把为范公撰写的《墓志铭》，当成了政治斗争的工具、讨伐政敌的檄文。

富弼本属"范党"，兼之在当年出使契丹的国书问题上对吕夷简怀有很深的成见，因而在撰写《墓志铭》时怀着强烈的褒贬意识和"泄愤"心理，使得《墓志铭》既饱含激情，富有感染力，也因其过于情绪化而难免偏激，以至于出现一

① ［宋］邵博撰，刘德权、李剑雄点校：《邵氏闻见后录》卷第二十一，北京：中华书局，1983年，第163－164页。

些失实成分。这里作些简要分析：

仲淹自入朝做官至奉命戍边之前，曾三次遭贬，或直接或间接都与当朝宰相吕夷简有关。笔者认为，所谓“吕范交恶”，主要是由仲淹挑起，其责任主要在仲淹而不在夷简。即使真理全在仲淹手里，也可采取较为温和的处理方式，不应不计后果而激化矛盾，恶化事态。北宋愈演愈烈的朋党之争，若追溯其源头，当年的吕范交恶实肇其端。仲淹虽为光耀千古的伟人，但他绝非天生完人。吕范之争，属于君子之争，就其始末而言，有一个由结怨到和解的过程。但是，《墓志铭》片面强调了二人“交恶”的一面，回避了其和解的一面，以致两人后来究竟有没有和解，成了聚讼千年的一桩公案。人们说起这桩公案的缘起，往往归因于欧阳修的《神道碑》，其实，富弼《墓志铭》对于吕范二人忠奸、善恶、是非的过分剖白，才是引发千年聚讼的真正源头。这里略举四例：

一是关于仲淹苏州治水。仲淹因谏阻废后而被贬睦州，与之发生正面冲突的其实是吕夷简。仲淹不久改知苏州，正值苏州大水。于是力排众议，全副身心投入治理水患中。但他深知：“今之世，有所兴作，横议先至，非朝廷主之，则无功而有毁。守土之人，恐无建事之意矣。”①他为此上书吕夷简，请求给予支持。夷简果然不计前嫌，使治水获得成功，仲淹因此也获得升迁进京。但是，富弼《墓志铭》压根儿不提仲淹治水之事，竟说仲淹“知苏州，朝廷知清议属公，就拜礼部员外郎、天章阁待制”。富弼念念不忘的是“政治正确”“清议属公”，而将夷简支持仲淹治水之事抹杀得一干二净。

二是关于仲淹之知开封府。《墓志铭》说：

> 公自还阙，论事益急。宰相阴使人讽公：“待制主侍从，非口舌任也。”公曰：“论思者，正侍臣之事，予敢不勉？”宰相知不可诱，乃命知开封府，欲挠以剧烦而不暇他议，亦幸其有失即罢去。

富弼这段记述，意在揭露夷简的奸诈权术和险恶用心。后人论及夷简奸邪，往往以此为据。但若仔细推敲，笔者认为富弼这段话是怀有极大偏见的。要说仲淹“自还阙，论事益急”，天性使然，这话可信。至于所言夷简作为，则未

① ［宋］范仲淹著，李勇先、王蓉贵校点：《范仲淹全集》文集卷第十一，成都：四川大学出版社，2002年，第266页。

必可信。其一，“宰相阴使人讽公：‘待制主侍从，非口舌任也。’”这话说得没见识、没水平、不得体、太愚蠢。简直如小孩子过家家，要说出自精明人吕夷简之口，不大可信。其二，开封知府，京师重地，作为“一把手”，能够轻率任命吗？能够不得皇帝旨意而全凭宰相作主、任由夷简作为玩弄权术的一枚筹码吗？其三，富弼认为，仲淹知开封府是夷简“欲挠以剧烦而不暇他议，亦幸其有失即罢去”，此语尤显荒唐。“欲”也者，“幸”也者，都是夷简内心活动，谁人见得？以夷简之为人，城府极深，即便有此心机，也未必会轻易语人。将仲淹获受开封知府重任，说成是夷简挟奸，玩弄权术，只能是富弼心怀偏见，疑人偷斧的诛心之论。其四，事实已经证明，仲淹的罢知开封府，一不是因公务“剧烦而不暇他议”，二不是因公务“有失”而被罢去，完全是由他主动挑起事端所致。仲淹所上之《百官图》，今天已不可见，《四论》则尚存《范集》。我们倘不存偏见，说它“离间君臣、纷乱国经”，今天看来也不算过分，由此可知其错在仲淹而不在夷简。总而言之，笔者认为吕范这场冲突不在于仲淹是否知开封府，完全是由他爱鸣不平、遇事敢言的性格使然。正如他有感于此事而作的《灵乌赋》所言：“宁鸣而死，不默而生！……我乌也勤于母兮自天，爱于主兮自天；人有言兮是然，人无言兮是然。”[①]放到哪个岗位他都会如此，与其是否知开封府无干。

三是关于仲淹的“超迁”。仲淹自东南越州调往西北守边，始知永兴军，继而改任陕西都转运使，不预戎事。赴任途中，“超迁”为陕西路经略安抚副使。对于这一职务变更始末，司马光《涑水记闻》曾有记述：

> 范文正公于景祐三年言吕相之短，坐落职、知饶州，徙越州。康定元年，复天章阁待制、知永兴军，寻改陕西都转运使。会许公自大名复入相，言于仁宗曰：“范仲淹贤者，朝廷将用之，岂可但除旧职耶？”即除龙图阁直学士、陕西经略安抚副使。上以许公（即吕夷简）为长者，天下皆以许公为不念旧恶。文正面谢曰：“向以公事忤犯相公，不意相公乃尔奖拔。”[②]

---

① ［宋］范仲淹著，李勇先、王蓉贵校点：《范仲淹全集》文集卷第一，成都：四川大学出版社，2002年，第9页。

② ［宋］司马光撰，邓广铭、张希清点校：《涑水记闻》卷第八，北京：中华书局，1989年，第162页。

“上以许公为长者，天下皆以许公为不念旧恶。”由双方交恶到实现了“将相和”，这是一件美事，不仅皇帝欣慰，连天下人都以为美谈。可是，《墓志铭》却作这样记载：

> 宝元初，羌人压境叛……于是还公旧职，移知永兴军，道授陕西都转运使。议者谓将漕之任，不预戎事，遂改充经略安抚副使，仍迁龙图阁直学士、吏部员外郎以宠之。

富弼之《墓志铭》，通篇皆将夷简作为“褒善贬恶”的头号“恶人”。如此美事，富弼不仅隐去夷简之名，将“长者”代之以“议者”，而且连世人包括仁宗对于夷简的称赞都一概抹去。对于“吕范交恶”的几次正面冲突，富弼站在仲淹一边大书特书，对于夷简“超迁”仲淹的“长者之行”则予以隐匿，还自我标榜“皆指事据实”，这样的笔法，不能不让人摇头叹息。

四是关于庆历新政失败的原因。庆历新政之失败，原因相当复杂。其中有一种非常流行的说法，认为是受到了以吕夷简为首的顽固守旧势力的反对和破坏。这种说法，并不合乎实际。细究起来，它与《墓志铭》的影响也有关系。

早在仲淹就任参知政事之前，夷简就以老病为由数次请退，并已获准。仲淹推行新政之时，夷简大约早已厌倦了京城的喧嚣纷扰而避居郑州。仲淹以参知政事身份宣抚陕西之时，路经郑州前往探望，夷简与他进行了一次推心置腹的长谈。不久夷简去世。要说夷简仍有“黑手”在起作用，或者把反对派都说成吕党，不符合事实。

反对新政最力、为害最烈的当数夏竦、王拱辰、刘元瑜诸人。夏竦资格虽老，但长期“与宰相吕夷简不相能”[①]。要说他是受夷简指使，绝无可能。至于王拱辰，时任御史中丞，自有纠察在京朝臣之责，无须夷简指使。

夏竦曾举贤良方正，“资性明敏，好学，自经史、百家、阴阳、律历，外至释道之书，无不通晓。为文章，典雅藻丽”。[②] 虽然“世以为奸邪”[③]，但其时恶行尚

---

① [元]脱脱等撰：《宋史》卷二百八十三，北京：中华书局，1985年，第9572页。

② [元]脱脱等撰：《宋史》卷二百八十三，北京：中华书局，1985年，第9571页。

③ [元]脱脱等撰：《宋史》卷二百八十三，北京：中华书局，1985年，第9572页。

未暴露，与仲淹诸人私交尚可。王拱辰为大宋状元，与欧阳修同榜，后来两人又结为连襟，与改革派诸公原来交游甚洽，且本人也曾发表过不少主张改革的言论。御史刘元瑜等人，在仲淹因上《百官图》触怒吕夷简而遭贬时，还曾为仲淹、余靖、尹洙、欧阳修"四贤"鸣不平。可是，后来新政推行，他们为什么都变成了最为激烈的反对派呢？特别是夏竦，抓住孔直温谋反一案，蓄意钩攀株连，竟采用最卑劣、最险恶的手段，指使女奴模仿石介笔迹，伪造诏书，诬陷富弼企图废掉仁宗；王拱辰则借题发挥，继搞掉仲淹好友滕宗谅、尹洙等人之后，又借"奏邸之狱"将革新派人士"一网打尽"①；此时的一班宰相们，除了一位杜衍支持改革之外，身为富弼岳父的晏殊态度暧昧，依违两可，而章得象、贾昌朝等人实际上都是站在反对派一边的。

新政之成败，与仁宗皇帝的态度当然大有关系。仁宗先是因年轻气锐，急于有所作为，一再催促仲淹等人尽快拿出改革方案。但当台谏官们批评仲淹"荐引朋党，纷乱国经"，以至于引起朝臣激烈纷争之时，仁宗从维护其江山社稷出发，又很快改变了态度。但是，不论政局怎样逆转，富弼是不能"指斥乘舆"、过分责怪皇帝的，于是他在《墓志铭》中只有把满腔怨愤指向那班反对改革的"论者""谗者"和"甚者"：

> 论者渐龃龉不合，作谤害事……谗者乘间蜂起，益以奇中造端飞语，亡所不及，甚者必欲挤之，死而后已。赖上宽度明照，知公无他，始终保全，获没牖下。呜呼，道之难行也，而至是乎！憸人苟欲伸己志而不志乎邦家，此先民所以甘藜藿而蹈江海也。

此处虽未点出夷简之名，但联系上下文，谁都清楚他之所指，皆系夷简和曾经的"吕党"诸人。人们常说，总结教训，不应过多归咎于客观，而应从主观自身寻找原因。笔者以为，革新派中的一些人士（可以欧阳修、富弼为代表）对新政操之过急，思想过于激进、行为过于偏激，没能注意团结大多数，甚至将一些本来支持改革、至少也能保持中立的人士推向了对立面，化友为敌、变助力为阻力，应当说是导致新政失败的重要原因。对此，朱熹曾有一段精辟分析：

---

① [元]脱脱等撰：《宋史》卷三百一十八，北京：中华书局，1985年，第10360页。

党祸之作固小人之罪，而希君子之风，附君子之名，不行尽辞其责。故尝妄为之说曰，党论之始倡，蔡襄‘贤不肖’之诗激之也；党论之再作，石介‘一夔一契’之诗激之也。其后诸贤相继斥逐，又欧阳公邪正之论激之也，何者？负天下之令名，非惟人情不堪，造物亦不吾堪尔。吾而以贤自处，孰肯以不肖自名？吾而以夔、契自许，孰肯以大奸自辱？吾而以公正自褒，孰肯以邪曲自毁哉！如必过为别白，私自尊尚，则人而不仁，疾之已甚，攻乎异端，斯害也已，安得不重为君子之祸！①

朱熹所列三事，都与仲淹有关。第一件指的是：早在景祐年间，仲淹因上《百官图》指斥吕夷简而遭贬，余靖、尹洙、欧阳修因帮仲淹讲话而受株连，时人谓之“四贤”，谏官高若讷因认为仲淹当贬而被视为“不肖”，蔡襄为此作《四贤一不肖诗》以美刺之，朱熹认为这是激化矛盾、引发北宋党争之肇端。第二件指的是：庆历三年，仲淹与韩琦同时从西北前线调任枢密副使，深孚朝野之望，石介誉之为“一夔一契”；而夏竦随后调任枢密使，遭到群臣激烈反对，结果被中途罢去。石介拍手称快，喜极而作《庆历圣德颂》，直指夏竦为“大奸”。夏竦恼羞成怒，伺机报复，伪造石介代富弼起草《废立诏书》，从此埋下祸根。第三件指的是：庆历四年，当仲淹等人大刀阔斧推行新政之时，也是反对派以“朋党”罪名攻击他们最激烈之时。恰在仁宗满腹狐疑、犹豫不决之时，欧阳修上了一篇《朋党论》，起了反作用，促使仁宗下决心放弃改革，贬黜革新人士。所以朱熹认为，“党祸之作”导致新政之败，诸君子“不得尽辞其责”，这话很有见地。然而当局者迷，身在局中的富弼似乎没有这么清醒的认识。他对于新政的失败以及对于自己所遭受的诬陷打击，并没能冷静地从自己一方寻找原因，甚至他连一些事件的真相似乎也未能弄明白。在《墓志铭》中他除了感叹“道之难行”以外，既没有从中总结教训，也没有把“诛恶”的矛头指向“挟诈任数，奸邪倾险”的夏竦诸人，反而指向了身居局外的吕夷简。

顺便说一下，《墓志铭》分析新政失败的原因，反复提到：“天下久安则政必有弊者，三王所不能免。公将劘以岁月而人不知惊，悠久之道也”“若夫天下至

---

① [宋]范仲淹著，李勇先、王蓉贵校点：《范仲淹全集》附录十，成都：四川大学出版社，2002 年，第 1346 页。

重，久安之弊至深，而欲以一二岁临之而望治，虽愚者知其不可得，况所奏议阻而不行者十八九，行者又即改废不用，兹所以重主忧而生民未得安也。”笔者对此表示赞同，认为分析得还是比较客观的。

四、比较《墓志铭》与《神道碑铭》之异同

仲淹去世以后，几位生前友好“相约书其事”：时在徐州的孙沔为其操持丧事，负责撰写《行状》，富弼分工撰《墓志铭》，欧阳修为其撰《神道碑铭》，韩琦负责为其《奏议集》作序。

为了向朝廷请谥加封，并作为撰写墓志、碑铭的基础，孙沔首先完成了仲淹《行状》（今佚）；在安葬之前，富弼完成了《墓志铭》，并刻石入墓；唯独欧阳修分工的《神道碑铭》，虽经纯仁兄弟多次催促，直至三年以后的至和元年（1054）方才脱稿。

欧阳修“天资刚劲，见义勇为”[①]，死后与富弼同样获谥“文忠”。两人都是仲淹生前好友、忠实的崇拜者。在吕范相争中，两人同属“范党”；在庆历新政中，同属坚定的革新派，并且同样身陷党争旋涡而深罹其害。但是，欧公的《神道碑铭》，虽是同样记述仲淹的丰功伟绩和高风亮节，其笔法却与富弼之《墓志铭》体现出很大不同。这里仅举三事：

一是《神道碑》对仲淹崇高精神境界的表述远高于《墓志铭》。

《墓志铭》从多方面对仲淹的高尚志向、高洁人品进行了精心描述，读来感人。然而，富弼毕竟比不上文章圣手欧阳修，其叙述失于琐细，“有其意而无其词”，对仲淹崇高精神境界的概括提炼远不如《神道碑》。《神道碑》称仲淹“少有大节，于富贵、贫贱、毁誉、欢戚，不一动其心，而慨然有志于天下。常自诵曰：‘士当先天下之忧而忧，后天下之乐而乐也。’”[②]几句神来之笔，便将范仲淹的崇高形象屹立于天地。

二是《神道碑》记述吕范关系并未完全苟同于《墓志铭》。

欧阳修虽然与范仲淹同样情深谊厚，但通过新政失败的反思，他对吕范从

---

① [元]脱脱等撰：《宋史》卷三百一十九，北京：中华书局，1985年，第10380页。

② [宋]范仲淹著，李勇先、王蓉贵校点：《范仲淹全集》附录一，成都：四川大学出版社，2002年，第812－813页。

交恶到和解的过程有了新的认识,能够较为客观冷静地看待这一问题。尽管富弼写信要求他像《墓志铭》那样"褒善贬恶",欧公并没有完全采纳富弼的偏执意见,而是作出了那段饱受争议、聚讼千载的记述:

> 自公坐吕公贬,群士大夫各持二公曲直,吕公患之,凡直公者,皆指为党,或坐窜逐。及吕公复相,公亦再起被用。于是二公欢然相约勠力平贼。天下之士皆以此多二公,然朋党之论遂起而不能止。上既贤公可大用,故卒置群议而用之。①

平心而论,欧公这段话对吕范二公的评价,既带有倾向性,又做到了"指事据实",精辟、得体而又客观公允。但是,史载纯仁兄弟对此颇不满意,在"从欧阳公力辩"而未得许可的情况下,竟在刻碑时将这段话擅自删去。笔者认为,纯仁兄弟对吕、范关系的偏执看法,很可能是受到了富弼的影响。

三是《神道碑》在一些问题上迁就了《墓志铭》。

欧阳修不仅是伟大的文学家,还是优秀的史学家。欧公撰史,坚持"善恶必书""不没其实"的义例,着眼于"取信后世"。如前所言,富弼《墓志铭》则多处使用了曲笔。富弼的《墓志铭》其实给欧公出了不小的难题,使得他既不能苟同,也难以反对。这是因为,从主观上说,富弼的写作意图他很难改变;从客观上说,《墓志铭》已经入土有年,已无修改的可能。怎么办呢?欧公《神道碑》对《墓志铭》失实之处,只好采取如下处理方式:能回避的则予以回避,不能回避的则使用模糊语言给予迁就,使得两者不至过于抵牾。比如,钱俶率百官归宋的时间乃是大事。富弼称范墉"(真宗)端拱初随钱俶纳国",欧公则记作"太宗皇帝时,吴越献其地"。② 再如,仲淹谏阻仁宗拜寿一事,朝廷当时并未采纳,富弼说"遂罢上寿仪",欧公也许认为此乃区区小事,于是记作"其事遂已"③,为其打掩护,迁就了富弼。欧公弟子徐无党对范公《神道碑》提出了与富弼相

---

① [宋]范仲淹著,李勇先、王蓉贵校点:《范仲淹全集》附录一,成都:四川大学出版社,2002年,第815页。

② [宋]范仲淹著,李勇先、王蓉贵校点:《范仲淹全集》附录一,成都:四川大学出版社,2002年,第812页。

③ [宋]范仲淹著,李勇先、王蓉贵校点:《范仲淹全集》附录一,成都:四川大学出版社,2002年,第813页。

同的意见，认为对范公的身世、官次应有所交代。欧公在复信中说："某官序非差，但略尔。"[①]明代叶盛《水东日记》对此事的记载较为详细："欧阳公撰《范文正神道碑》，富韩公以差叙官次为言，公以为：'此碑直叙事系天下国家之大者耳，后人固不于此求范公官次也。'"[②]所谓"以差叙官次为言""非差，但略尔"，多说一句少说一句确实没什么要紧。问题是欧公这里"言在此而意在彼"，计较的并非"官次"，而是如何处理被富弼掩饰的范公庶出身份。他既要对富弼的做法和意见作委婉回应，还要以模糊语言巧妙解决所遇到的难题。笔者在《范仲淹身世考》中曾专辟一节，认为"是富、欧二公将范公身世掩饰了千年"。现在看来，笔者当初对于欧公的良苦用心未能很好地理解和体谅，他对富弼的做法只不过是有所迁就而已。

结　语

无论《神道碑》还是《墓志铭》，其可贵之处皆在于其真实性。使用任何曲笔，都会影响其史料价值。富弼的《墓志铭》以饱含深情的笔墨记述了范仲淹光辉的一生，同时由于其强烈的"泄愤"情绪和"党同伐异"的心理，致使两个方面出现了较大失真：

一是它以曲笔掩饰了范仲淹的庶出身份，为后世的范仲淹研究设置了障碍，增加了困难。

二是由于它对吕夷简的偏见，致使本来不太复杂的吕范关系，酿成了聚讼千年、至今纷争不已的历史公案。

---

① [宋]欧阳修著，李逸安点校：《欧阳修全集》卷一百五十，北京：中华书局，2001年，第2474页。

② [明]叶盛撰，魏中平校点：《水东日记》卷七，北京：中华书局，1980年，第76页。

遗恨千载说《范碑》*

——欧阳修《范仲淹神道碑》公案考析

范仲淹与欧阳修，同为我国北宋中期的两位历史伟人。两人不仅身世相似、性格相似、仕履相似、功业相似，而且是一对志同道合、忧乐与共、相勖以德、终生不渝的挚友。范公去世以后，欧公花费数年心血为老友精心结撰了一篇碑文——《范文正公神道碑铭》（以下简称《神道碑》）。然而，正是这篇精心构思的碑文，引发一场风波，以致成为一桩延续百年的历史公案，至今余波未息，为我们留下了千古遗憾和深刻教训。

一、生死不渝的挚友

欧阳修（1007—1072），字永叔，江西吉州永丰人，生于绵州（今四川绵阳）官舍。祖父偃，本为南唐李氏旧臣，其父观，归宋后于真宗咸平三年（1000）第进士，曾任绵州军事推官，终泰州军事判官，享年五十九，其时修仅四岁。其母郑氏乃观之继室，其时年方二十九。家贫无依，郑氏乃携修往依其叔父欧阳晔，以芦荻画地，教子立志成才，于仁宗天圣八年（1030）进士及第。欧阳修后来亦官至参知政事，以完成有宋一代的诗文革新而光耀史册。

范、欧两人初次相识，当在宋仁宗天圣九年（1031），地点是在当时的西京洛阳。其时欧阳修进士及第，授官西京留守推官。而仲淹则是在因直言贾祸而第一次遭贬之后，由河中府（治今山西永济）通判改移陈州（治今河南淮阳）通判，途经洛阳。后来仲淹自陈州被召入朝，担任谏官，欧阳修致信鼓励他应不改初衷，继续力尽言责。仲淹入朝不久，因谏阻仁宗废后，再次遭贬，欧阳修

* 本文完成于2007年7月，收入本书时有修改。

致书贬所，表示慰勉。

欧阳修直接参与为范仲淹鸣不平，是范氏第三次遭贬。时当宋仁宗景祐三年（1036）。仲淹权知开封府，因言事得罪当朝宰相吕夷简而被贬饶州（今江西鄱阳）。余靖、尹洙等上书论救，亦遭贬谪。其时欧阳修任馆阁校勘，本无言责，但他激于义愤，移书指责高若讷身为谏官而不能主持公道，斥骂他“不复知人间有羞耻事”①，结果被贬为峡州夷陵（今湖北宜昌）县令。数年后，因西北宋夏边境吃紧，仲淹被调任陕西经略安抚副使，首荐欧阳修为经略安抚司掌书记。欧阳修谢绝了仲淹的举荐，表示愿“同其退不同其进”②。仲淹塞下三年，稳定了边境形势，升任枢密副使。欧阳修建言：仲淹才堪此大任，不宜局在枢府。不久仲淹改拜参知政事。欧阳修向宋仁宗再次建言，应放手委任仲淹等以天下大事。仁宗开天章阁、给纸笔，要求仲淹等条列天下应兴应革之要务，仲淹随后上《答手诏条陈十事》，揭开了庆历新政的序幕。欧阳修再次上书仁宗皇帝，鼓励他用人不疑，要给仲淹等革新派以充分信任，不要因为遇到困难听信闲言碎语而动摇改革的决心。庆历新政推行期间，欧阳修以谏官之职不仅积极参与，在不少重大问题上还提出了自己的改革建议。当守旧势力攻击以范仲淹为代表的革新集团为“朋党”时，欧阳修写出了他的千古名篇《朋党论》，给对方以猛烈还击。当富弼、韩琦、范仲淹、杜衍等改革中坚一个个被排挤外放时，欧阳修上《论杜衍范仲淹等罢政事状》，批评宋仁宗是在做“亲者痛仇者快”的事③，为仲淹等人鸣不平，更为改革大业遭受挫折而深表惋惜。

新政失败以后，欧阳修以其文坛领袖的地位继续推行诗文革新运动，为转变文风做出了自己的贡献。十余年后，以嘉祐二年（1057）的科举考试为标志，终于完成了具有划时代意义的诗文革新，达到了其一生事业的巅峰。

范仲淹去世后，欧阳修写下了一篇情真意切的《祭资政范公文》：

> 呜呼公乎！学古居今，持方入圆，丘、轲之艰，其道则然。公曰彼恶，谓公好讦；公曰彼善，谓公树朋。公所勇为，谓公躁进；公有退让，谓公近名。谗人之言，其何可听！先事而斥，群议众排。有事而思，

---

① ［宋］欧阳修著，李逸安点校：《欧阳修全集》卷六十八，北京：中华书局，2001 年，第 990 页。

② ［宋］欧阳修著，李逸安点校：《欧阳修全集》附录卷四，北京：中华书局，2001 年，第 2728 页。

③ ［宋］欧阳修著，李逸安点校：《欧阳修全集》卷一百七，北京：中华书局，2001 年，第 1628 页。

虽仇谓材。毁不吾伤，誉不吾喜，进退有仪，夷行险止。呜呼公乎！举世之善，谁非公徒？谗人岂多，公志不舒？善不胜恶，岂其然乎？成难毁易，理又然欤？呜呼公乎！欲坏其栋，先摧桷榱，倾巢破毂，披折傍枝。害一损百，人谁不罹？谁为党论，是不仁哉！呜呼公乎！易名谥行，君子之荣。生也何毁，殁也何称？好死恶生，殆非人情。岂其生有所嫉，而死无所争？自公云亡，谤不待辨。愈久愈明，由今可见。始屈终伸，公其无恨。写怀平生，寓此薄奠。①

在当年激烈的庆历党争中，欧公属于坚定的范党。这篇悼词充满了"牢骚"，它通过鞭挞善不胜恶、邪曲害正的污浊现实，讴歌了范公挺然不屈、皭然不滓的高洁品格。若非相知甚深、生死不渝的挚友，是很难如此"写怀平生"的。不过，祭文的作用主要在于表达对逝者的追思怀念，至于对当时党争政争的是是非非如何看待，则须另当别论。

早在欧阳修知颍州时，爱其民淳物阜而风光美，已萌生归老颍州之意，并曾邀约诗人梅尧臣前来买田卜居。后来范公暮年体衰多病，请求由政务烦剧的青州改任相对轻简的颍州，很可能也是受到欧公的影响。当范公病卧徐州时，除了亲自向朝廷上了一份不干私泽的《遗表》之外，对于自己的身后事想必也有所交代。其时刚刚离任而尚未离开徐州的好友孙沔，为其撰写了《行状》，其《墓志铭》由富弼承担。为其撰写《神道碑》的任务，便落到了欧公身上。

二、削碑风波

其时欧公正居住颍州为母守丧，经数年精心构思，终于完成了这篇《范文正公神道碑》。此碑碑文在《欧集·居士集》(卷第二十)和《范集·附录》中皆有收录。细心的读者只要比较一下，便可发现《范集·附录》所收比《欧集》所收少了如下一节文字：

自(范)公坐吕公贬，群士大夫各持二公曲直，吕公患之，凡直(范)公者，皆指为党，或坐窜逐。及吕公复相，(范)公亦再起被用，于

---

① [宋]欧阳修著，李逸安点校：《欧阳修全集》卷五十，北京：中华书局，2001年，第697－698页。

是二公欢然相约戮力平贼。天下之士皆以此多二公。然朋党之论遂起而不能止。上既贤(范)公可大用,故卒置群议而用之。①

正是这段文字,当时引发一场不小的风波,且对后世造成了深远影响。

范公于皇祐四年(1052)五月二十日去世,同年十二月安葬。此文之作,《欧集》标明作于至和元年(1054),当为完稿时间;《范集·附录》则注为至和三年(1056)二月,当为刻石立碑时间。

大约闻讣不久,身居颍州为母守丧的欧阳修便受托为范公撰碑。但是,碑文究竟写什么、怎么写,欧公既表示义不容辞,又确实犯难。他在给范公《行状》作者孙沔的信中袒露:"昨日范公宅得书,以埋铭见托,哀苦中无心绪作文字。然范公之德之才,岂易称述?至于辨谗谤、判忠邪,上不损朝廷事体,下不避怨仇侧目,如此下笔,抑又艰哉!某平生孤拙,荷范公知奖最深,适此哀迷,别无展力,将此文字,是其职业,当勉力为之。更须诸公共力商榷,须要稳当。"②请注意,欧公这里说的是"以埋铭见托",看来最初想请欧公撰写的是《墓志铭》而非《神道碑》。但是,《墓志铭》须随棺入土,时限较紧,而居丧中的欧公"哀苦中无心绪作文字",只好改由富弼作《墓志铭》,而由欧公作《神道碑》,这样时间可以放缓一些。这对居丧守制中的欧公来说,既是一种体谅,又寄托更高的期望。因为《神道碑》矗立于墓前,每句话、每个字都须经得起当时和后世的挑剔评判,稍有不慎就会惹出事端,比起深埋地下的《墓志铭》,撰写《神道碑》的要求更高,难度更大,更需他呕心沥血,精心构思。

欧公后来在与仲淹之婿蔡交的信中说:"范公襄事,修以孤苦哀困中杜门郊外,殊不知端息,情礼都阙。但得淮西寄到志铭,岂任感涕。文正平生忠义道德之光,见于志谥,为信万世,亦足慰也。神刻谨如所谕,敢不尽心。某忝以拙讷,获铭当世仁贤多矣,如此文,复何所让?但以礼制为重,亦不迟年岁,中贵万全,无他议也。"③从欧公"得淮西寄到志铭,岂任感涕"一语,可知时知蔡州的富弼已将《墓志铭》文稿寄给欧公征求意见。从"文正平生忠义道德之光,

① [宋]欧阳修著,李逸安点校:《欧阳修全集》卷二十一,北京:中华书局,2001年,第335页。

② [宋]欧阳修著,李逸安点校:《欧阳修全集》卷一百四十五,北京:中华书局,2001年,第2362页。

③ [宋]欧阳修著,李逸安点校:《欧阳修全集》卷一百五十,北京:中华书局,2001年,第2484-2485页。

见于志谥”一语，可知朝廷已为范公定谥为文正；从“神刻谨如所谕，敢不尽心”一语，可知欧公对于撰写碑文，如何“辨谗谤、判忠邪，上不损朝廷事体，下不避怨仇侧目”，需要反复斟酌，煞费苦心。富弼疾恶如仇，把范公《墓志铭》当成了讨伐政敌的檄文，并且要求欧公也能以同样的态度撰写《神道碑》。欧公则认为，《神道碑》之撰写，“为信万世”而“中贵万全”，为免生“他议”而“须要稳当”。河南邵博《邵氏闻见后录》记述了两人为此而反复协商的过程，甚至发出这样的感叹：“予读富公之书至汗出，尚以春秋之诛为未快，呜呼，可畏哉！”①

富弼为“泄忠义之愤”而采取的偏激态度，很可能极大地影响到范纯仁兄弟。叶梦得《避暑录话》（卷上）记载了范纯仁兄弟对《神道碑》的看法以及与欧公的分歧：

> 欧阳文忠作《范文正神道碑》，累年未成，范丞相（纯仁）兄弟数趣之。文忠以书报之曰：“此文极难作，敌兵尚强，须字字与之对垒。”盖是时吕许公客尚众也。余尝于范氏家见此帖。其后《碑》载初为西帅时与许公释憾事，曰：“二公欢然，相约平贼。”丞相得之，曰：“无是，吾翁未尝与吕公平也。”请文忠易之。文忠怫然曰：“此吾所目击，公等少年，何从知之？”丞相即自刊去二十余字，乃入石。既以《碑》献文忠，文忠却之曰：“非吾文也。”……范公忠义，欲以身任社稷，当西方谋帅时，不受命则已，苟任其责，将相岂可不同心？欢然释憾乃是美事，亦何伤乎？②

细玩叶氏记载，虽有“欢然释憾，乃是美事”之语，但他亲见欧公书帖“敌兵尚强，须字字与之对垒”云云，显然有责欧阳修言行不一之意。

其实，欧公《神道碑》初稿撰出，是经过了多人推敲的，并经韩琦最终审定。早在出现意见分歧而纯仁动手擅改之前，欧公即已表明了自己的态度。他在《与渑池徐宰无党》中说：

---

① ［宋］邵博撰，李剑雄、刘德权点校：《邵氏闻见后录》卷第二十一，北京：中华书局，1983 年，第 164 页。

② ［宋］叶梦得著，［清］叶德辉校刊，涂谢权点校：《避暑录话》卷上，济南：山东人民出版社，2018 年，第 66－67 页。

谕及富公言《范文正公神道碑》事，当时在颍，已共详定，如此为允。述吕公事，于范公见德量包宇宙，忠义先国家；于吕公事各纪实，则万世取信。非如两仇相讼，各过其实，使后世不信，以为偏辞也。大抵某之《碑》，无情之语平；富之《志》，嫉恶之心胜。后世得此二文虽不同，以此推之，亦不足怪也……幸为一一白富公，如必要换，则请他别命人作尔。①

他在与韩琦的信中则进一步申说：

近范纯仁寺丞见过，得睹所制《奏议集序》（范仲淹之《政府奏议》，分工由韩琦作序），岂胜荣幸！文正遗忠获存于不朽，亦劝善之道也。某亦为其子迫令作《神道碑》，不获辞。然惟范公道大材闳，非拙辞所能述。富公墓刻直笔不隐，所纪已详。而群贤各有撰述，实难措手于其间。近自服除，虽勉牵课，百不述一二。今远驰以干视听，惟公于文正契至深厚，出入同于尽瘁，窃虑有纪述未详及所差误，敢乞指谕教之。②

看来韩琦对初稿已经不止一次提出修改意见，因而欧公才一再致意：“《范公碑》如所教，悉已改正。”③“《范公表》已依所教改正。”④如果范纯仁兄弟仍有意见，那就只好让他们另请高明。

正因为欧公如此精心结撰，又经过多人反复推敲，所以当范纯仁擅自删削上节文字之后，引起欧公的不满可想而知。多年后，欧公依然耿耿于怀，在《与杜䜣论祁公墓志铭》（杜䜣，杜衍之子；祁公，杜衍封号）中还曾提及：“范公家神

---

① ［宋］欧阳修著，李逸安点校：《欧阳修全集》卷一百五十，北京：中华书局，2001 年，第 2474 页。

② ［宋］欧阳修著，李逸安点校：《欧阳修全集》卷一百四十四，北京：中华书局，2001 年，第 2337－2338 页。

③ ［宋］欧阳修著，李逸安点校：《欧阳修全集》卷一百四十四，北京：中华书局，2001 年，第 2338 页。

④ ［宋］欧阳修著，李逸安点校：《欧阳修全集》卷一百四十四，北京：中华书局，2001 年，第 2339 页。

刻，为其子擅自增损，不免更作文字发明，欲后世以《家集》为信。”①欧公后来有没有专为此事“更作文字发明”，我们不清楚，但其《家集》中保存下来的《范碑》原稿，比纯仁兄弟刻石多出的上述一节文字，已足以昭示后人。

三、见仁见智

对于这场削碑风波，除了当时欧阳修为一方、富弼和纯仁兄弟为另一方，各持己见，互不相让以外，在很长一段时间内人们也是见仁见智，争论不休，以致成为延续一百多年的历史公案。其影响所及，一直延续到今天。这里所涉及的，已不是一般的作文笔法，“直笔”或“曲笔”、“实录”或“委婉”之争，归根结底在于事实真相究竟如何。具体说来，就是范仲淹与吕夷简当年到底有没有“释憾”“解仇”？人们的认识是随着时间的推移、新材料的发现、事实真相的逐渐明朗而不断深化的。

对北宋时期《避暑录话》的作者叶梦得而言，他虽然认为将帅同心、欢然释憾“乃是美事”，但这仅仅是他据情推理。接下来他所阐述的基本看法是：

> 余观文正《奏议》，每诉有言，多为中沮不得行。未几，例改授观察使，韩魏公(韩琦)等皆受，而公独辞甚力，至欲自械系以听命，盖疑以俸厚啖之。其后卒以擅答元昊书罢帅夺官，则许公不为无意也。文忠盖录其本意，而丞相兄弟不得不正其末，两者自不妨。惜文忠不能少损益之，解后世之疑，岂碑作于仁宗之末，犹有讳而不可尽言者，是以难之耶？②

叶氏这番议论，意在论证吕夷简始终在伺机报复范仲淹，且责怪欧公“不能少损益之，解后世之疑”。其实这仅仅是叶氏自己想当然的诛心之论。叶氏乃绍圣旧人，距这场风波未远，但他信息不对称，情况了解不够，又与纯仁一方过从较密，因而记述难免受纯仁兄弟影响而带有偏见，甚至于连仲淹擅答元昊

① ［宋］欧阳修著，李逸安点校：《欧阳修全集》附录卷四，北京：中华书局，2001 年，第 2753－2754 页。

② ［宋］叶梦得著，［清］叶德辉校刊，涂谢权点校：《避暑录话》卷上，济南：山东人民出版社，2018 年，第 67 页。

书与改授观察使两事的前后顺序也弄颠倒了。所以说，叶氏的某些观点其实站不住脚。即以仲淹“每诉‘有言多为中沮，不得行’”而论，责怪吕夷简也很勉强。因为当时受命守边的将帅不少，他们对战守策略各有各的见解，甚至互相抵牾，让朝廷采纳谁的？仲淹作为其中一员，凡有上奏，朝廷必得采纳吗？如不采纳，就一定是“中沮”吗？如有“中沮”，就一定是吕夷简从中捣鬼、以图报复吗？所以说，以此怀疑吕夷简企图“以俸厚啖之”“不为无意”云云，疑人偷斧，实属无稽。“碑作于仁宗之末，犹有讳而不可尽言”，这话虽有一定道理，而“惜文忠不能少损益之”，同样是以己之腹度文忠之心，其指责显然有失公允。

苏辙对恩师欧阳修虽然一往情深，但对此事的看法则较为公允。据其《龙川别志》(卷上)记载：

> 范文正公笃于忠亮，虽喜功名，而不为朋党。早岁排吕许公，勇于立事，其徒因之，矫厉过直，公亦不喜也。自越州还朝，出镇西事，恐许公不为之地，无以成功，乃为书自咎，解仇而去。其后以参知政事安抚陕西，许公既老居郑，相遇于途。文正身历中书，知事之难，惟有过悔之语，于是许公欣然相与语终日。许公问何为亟去朝廷，文正言欲经制西事耳。许公曰：“经制西事，莫如在朝廷之便。”文正为之愕然。故欧阳公为文正《神道碑》，言二公晚年欢然相得，由此故也。后生不知，皆咎欧阳公。予见张公(张方平)言之，乃信。①

苏辙这段话，可注意者至少有如下八点：其一，苏辙虽首先肯定范公“笃于忠亮”，但同时认为他“喜功名”；其二，关于早岁吕范交恶，苏辙认为其主因乃由范公“排吕许公”而起；其三，吕范虽有政见之争，实“不为朋党”；其四，“朋党”之起，乃“其徒因之，矫厉过直，公亦不喜”；其五，记下了范公出镇西事，“为书自咎，解仇而去”一段事实；其六，记下了范公后来安抚西事，过郑州与吕夷简曾有过一番推心置腹的长谈；其七，“后生不知，皆咎欧阳公”，“皆咎”二字说明当时这种看法比较普遍；其八，对于吕范关系之始末以及欧公对于撰《碑》之态度，苏辙不仅有可能从其父苏洵处聆听，且从张方平处得到证实。因此，苏辙对于这桩公案的记述入情入理，比较真实可信。

---

① [宋]苏辙撰，俞宗宪点校：《龙川别志》卷上，北京：中华书局，1982年，第83页。

南宋以后，随着当年党争色彩褪去，事实真相日见明朗，人们的认识也渐趋客观，以张邦基《墨庄漫录》（卷八）的看法为代表：

> 欧阳文忠公，本朝第一等人也……予复得四事于公之曾孙当世望之……公初以范希文事得罪于吕相，坐党人，远贬三峡，流落累年。比吕公罢相，公始被进擢。及后为范公作《神道碑》，言西事，吕公擢用希文，盛称二人之贤，能释私憾而共力于国家。希文子纯仁大以为不然，刻石时辄削去此一节，云："我父至死，未尝解仇。"公亦叹曰："我亦得罪于吕丞相者。唯其言公，所以信于后世也。吾尝闻范公自言'平生无怨恶于一人'，兼其与吕公解仇书，见在范集中。岂有父自言无怨恶于一人，而其子不使解仇于地下！父子之性，相远如此。"公知颍州时，吕公著为通判，为人有贤行而深自晦默，时人未甚知。公后还朝，力荐之，由是渐见进用。①

这里，张邦基将范碑风波的起因，完全归咎于范纯仁"不使解仇于地下"，乃至借欧公之口批评其"父子之性，相远如此"。然而，这一观点引起了南宋左丞相、益国公周必大的强烈不满，且把朱熹牵扯进去：

> 惟吕、范一节，朱元晦（朱熹）、吕子约（吕祖俭，夷简裔孙）屡以为言，终不敢曲从者，亦岂无说？历观近代，用心平直如忠宣公（即范纯仁），可一一数，决不违父志，强削志文。又本朝正史，惟（仁宗、英宗）两朝多出名公之手，最为可信。是时吕氏子弟显用于朝者多，而于吕、范列传并无一言及此，却于《孙威敏（孙沔）传》中备载。诋吕之疏，他传多有之……吕居仁（吕本中，夷简裔孙）传欧公，自志，再三志，子约实无亲笔。纵有，亦是欧公自悔前疏太过，欲自解于正献（吕公著）兄弟，不须凭也……当时大率类此，可以意度子约已。传欧公《与苏明允》一帖尤伪，盖明允初得欧公寄《范碑》，已论此事，尝赞其用心广大，岂待后来？黄门（苏辙）《龙川志》记此甚详，殊不及也……今《范集》载《祭吕文》，自是先得遗书，乃用州郡礼致祭，初无感激自

① ［宋］张邦基撰，孔凡礼点校：《墨庄漫录》卷八，北京：中华书局，2002年，第224－227页。

悔之词。但考两朝史诸臣传，则未尝交欢，各为国事。忠宣必得于过庭，岂忍诬其先人，自堕不孝之域乎！①

周必大一边盛赞范纯仁“用心平直”，“不违父志”，认定吕、范“未尝交欢，各为国事”，一边又断言“欧公自悔前疏太过，欲自解于正献兄弟”。对于周必大“以意度”之的上述观点，朱熹则针锋相对地展开了辩难：

盖尝窃谓吕公之心固非晚生所能窥度，然当其用事之时，举措之不合众心者盖亦多矣。而又恶忠贤之异己，必力排之，使不得容于朝廷而后已。是则一世之正人端士莫不恶之。况范、欧二公或以讽议为官，或以谏诤为职，又安可置之而不论？且论之而合于天下之公议，则又岂可谓之太过也哉？逮其晚节，知天下之公议不可以终拂，亦以老病将归而不复有所畏忌，又虑夫天下之事或终至于危乱，不可如何，而彼众贤之排去者或将起而复用，则其罪必归于我而并及于吾之子孙，是以宁损故怨，以为收之桑榆之计。盖其虑患之意，虽未必尽出于至公，而其补过之善，天下实被其赐，则与世之遂非长恶，力战天下之公议以贻患于国家者相去远矣。至若范公之心，则其正大光明固无宿怨，而惓惓之义实在国家，故承其善意，既起而乐为之用。其自讼之书，所谓“相公有汾阳之心之德，仲淹无临淮之才之力”者，亦不可不谓之倾倒而无余矣（原注：此书今不见于集中，恐亦以忠宣刊去而不传也）。此最为范公之盛德而他人之难者，欧阳公亦识其意而特书之。盖吕公前日之贬范公，自为可罪；而今日之起范公自为可书。二者各记其实而美恶初不相掩，则又可见欧公之心，亦非浅之为丈夫矣。②

今不信范公出处文辞之实，欧公丁宁反复之论，而但取于忠宣进退无据之所为，以为有无之决，则区区于此诚有不能识者。若摭实而言之，但曰吕公前日未免蔽贤之罪，而其后日诚有补过之功；范、欧二

---

① 转引自［宋］范仲淹著，李勇先、王蓉贵校点：《范仲淹全集》附录十，成都：四川大学出版社，2002 年，第 1296－1297 页。

② ［宋］朱熹撰，刘永翔，朱幼文点校：《晦庵先生朱文公文集（一）》，《朱子全书》第 21 册，上海：上海古籍出版社、合肥：安徽教育出版社，2002 年，第 1685－1686 页。

公之心则其终始本末如青天白日，无纤毫之可议……至于忠宣，则所见虽狭，然亦不害其为守正，则不费词说而名正言顺，无复可疑矣。[①]

朱熹在盛赞范、欧二公之心始终“如青天白日”的同时，将吕范交恶完全归结为吕夷简的“蔽贤”，将后来的解仇则归结为吕夷简的“虑患”和“补过”，甚至认为，其补过亦“未必尽出于至公”。说到范纯仁，则认为他“所见虽狭，然亦不害其为守正”，这只不过是一种委婉说法，实际上他认为范纯仁在削碑问题上是“进退无据”的。周必大一口咬定吕、范从未交欢，朱熹则认为此事“无复可疑”。平心而论，周、朱二人的见解都有一定的事实依据，但也都立论偏颇，具有很大的主观臆断成分。周必大不仅认为吕祖俭提供的材料未必可信，甚至认为“欧公自悔前疏太过”；朱熹断言吕夷简的心路历程，显然也是以心度心。两人的看法为什么会如此截然不同？一则在于其固有的主观偏见，二则在于当时的可靠证据依然不足。直至若干年后，吕祖谦《皇朝文鉴》面世，范仲淹与吕夷简“释憾”或曰“解仇”的《上吕相公书》被公开，这桩公案始得基本论定。

四、千载遗憾

削碑风波之所以酿成一桩千载公案，根本原因在于基本史料缺失，人们囿于所见所闻，评判是非曲直的客观依据不足。让我们首先见识一下收录在吕祖谦《皇朝文鉴》(卷一一三)里的这篇范仲淹《上吕相公书》：

伏蒙台慈，叠赐钧翰，而褒许之意，重如金石，不任荣惧！不任荣惧！窃念仲淹草莱经生，服习古训，所学者惟修身治民而已。一日登朝，辄不知忌讳，效贾生恸哭太息之说，为报国安危之计。而朝廷方属太平，不喜生事，仲淹于缙绅中独如妖言，情既龃龉，词乃睽戾，至有忤天子大臣之威。赖至仁之朝，不下狱以死，而天下指之为狂士。然则忤之之情无他焉，正如陆龟蒙《怪松图赞》，谓草木之性，其本不怪，乘阳而生，小已遏不伸不直，而大丑彰于形质，天下指之为怪木，

① [宋]朱熹撰，刘永翔，朱幼文点校：《晦庵先生朱文公文集(一)》，《朱子全书》第21册，上海：上海古籍出版社、合肥：安徽教育出版社，2002年，第1688－1689页。

岂天性之然哉？今擢处方面，非朝廷委曲照临，则败辱久矣。昔郭汾阳与李临淮有隙，不交一言；及讨禄山之乱，则执手泣别，勉以忠义，终平剧盗，实二公之力。今相公有汾阳之心之言，仲淹无临淮之才之力，夙夜尽瘁，恐不副朝廷委之之意。重负泰山，未知所释之地，不任惶恐战栗之极。不宣。仲淹惶恐再拜。①

这封书信的面世，终于让我们明白了不少内情。它所透露出的信息至少有如下数条：第一，由“叠赐钧翰”可知吕夷简此前致信仲淹不止一次，由“褒许之意，重如金石”一语，可知夷简对仲淹的器重，两人的关系已相当融洽；第二，在仲淹“擢处方面”，可知夷简对仲淹所寄予的期望和勉励；第三，仲淹“不知忌讳”等自责之语，主动检讨并承担起在双方交恶中自己应负的责任，表明仲淹对往事的反思、追悔和致歉之意，有如廉颇负荆，出于至诚，表述得体；第四，仲淹在赴边前夕为求得“将相和”而再次上书宰相，开诚布公，合情合理，此书不大可能出于伪托。考索至此，我们终于可以断定：吕、范二人后来的“释憾”“解仇”，铁证如山，无可怀疑；同时也可断定欧公撰碑，确为指事据实，绝无虚构之意。

回头再看以前的纷争，其中有些人显然是出于先入之见，疑神疑鬼，乱加猜测。由此溯及当年朋党之争的是是非非，我们是不是也该改换视角，重新审视。

造成这种纷纭百年的局面，首先就应归因于范纯仁的不当作为——一是由于他的擅自削碑，引惹出这场风波；二是由于他的心胸褊窄、感情用事，以及对相关史料的毁弃。

范纯仁其人，以宽厚长者闻名当时，享誉后世。但是，诚如朱熹所言：“若论忠宣之贤，则虽亦未易轻议，然观其事业规模，与文正之洪毅开豁终有未十分肖似处。”②而这场削碑风波，则被朱熹批评为“进退无据之所为”。

它的严重后果，一则表现于当时，二则影响及后世。就当时而言，它致使范、欧两家断绝了几十年的可贵情谊。在后来的“濮议”之争中，范纯仁竟至于

---

① ［宋］吕祖谦著，任远点校：《皇朝文鉴》卷第一百一十三，杭州：浙江古籍出版社，2017 年，第 1788 页。

② ［宋］朱熹撰，刘永翔，朱幼文点校：《朱子全书》第 21 册，《晦庵先生朱文公文集(一)》，上海：上海古籍出版社、合肥：安徽教育出版社，2010 年，第 1688 页。

八次上章弹奏欧阳修奸邪，直至贬官外放也在所不惜。让笔者感到更为可惜者，是由此引发了双方各自删削文集，致使许多珍贵书信文献缺失。

仲淹生前曾着手编纂自己的文集。但最终裒辑完成，是在他去世以后经纯仁兄弟之手。传世《范集》，以苏州范氏岁寒堂本为最全。其中最大的遗憾，就是两类文字的缺失：一类是有关仲淹身世尤其是能揭示其庶出身份的文字。笔者对此曾有专文论述，此不烦絮；另一类便是范仲淹与欧阳修、吕夷简等人交往文字的缺失。

范、欧、富、韩四人不仅志同道合，交谊深厚，且在推行庆历新政期间及其失败以后，他们仍保持着较多联系。但是，当我们打开《范集》便会惊讶地发现，反映范公与欧公、与富弼交往的文字少得可怜。特别是其《尺牍》三卷，除了其上卷为家书之外，《与韩魏公书》独占中卷，达 37 篇之多，相比之下，与欧公书信竟未收一篇！不止此也，在其《与韩魏公书》论及尹洙墓志之时，还顺便将欧公嘲谑一番。

令人遗憾的还有富弼。富弼受范公提携、与范公亲近、对范公推崇，其关系之亲密更是远在与其他诸公之上。人们只知道富弼后来在拥立英宗问题上与韩琦发生龃龉，两人老死不再往来，但不知范纯仁后来是不是因濮议之争与富弼也闹翻了，以至于反映仲淹与富弼交往的书信，《范集·尺牍》同样一帖不收。

对待吕夷简更是如此。《范集》除了收录与吕夷简因公交往的一些文字之外，其《尺牍》部分未再收录仲淹给吕夷简的任何书信，包括那篇“解仇书”。

《范集》有一组诗《和人游嵩山十二题》，其实这组诗并非范公与人同游嵩山纪游之作，而是在欧阳修、尹洙、梅尧臣等人结伴游嵩山之后，仲淹事后与其唱和之作。《范集》在收录时只在标题上冠以“和人”二字①，连唱和者姓甚名谁也不标出，幸赖欧阳修、梅尧臣等人的文集中收有同题、同韵之作，才使我们得知他们之间曾经有过一次唱和。范公晚年还有一名篇词作《剔银灯·与欧阳公席上分题》，大约出于同样原因，也被《范集》刊落。

再对照一下《欧集》，其中收有欧公、范公、滕子京三人的《剑联句》《鹤联句》，可见三人曾经有过欢聚，但在《范集》中这些联句也不见了。

---

① [宋]范仲淹著，李勇先、王蓉贵校点：《范仲淹全集》文集卷第二，成都：四川大学出版社，2002年，第 36 页。

范、欧共同的好友梅尧臣,《欧集》中收录其唱和之作甚多,其《书简》十卷所收《致梅氏书信》即单列一卷,保存46篇;《梅集》中收录与欧公、与范公交游唱和之作亦不少。但是,反观《范集》,仅收与梅尧臣唱和之作《灵乌赋》《灵乌后赋》两篇,而与梅尧臣的书信同样未收一篇。

很可能是由于范纯仁的意气用事和进退无据,影响到了欧阳修及其诸子,使他们在整理编纂欧公文集时采取了"对等措施"。据马端临《文献通考·经籍考》引石林叶氏语:"欧阳文忠公晚年,取平生所为文自编次。今所谓《居士集》者,往往一篇至数十过,有累日去取不能决者。"[1]从今存《欧集》来看,其《居士集》与《范集》同样采取了对等做法,除有选择地保留与范公交往的少量文字以外,其《书简》十卷,所载交游上百人,书信数百篇,唯独与仲淹及其诸子的书信一篇未收。其子欧阳发等撰述《先公事迹》,称"其遗逸不录者,尚数百篇"[2]。前揭《避暑录话》所言,欧公仅就为范公撰碑事与范纯仁等往返书信不少,但在欧公《书简》中皆被剔除。欧公与富弼后来虽有嫌隙,欧公《书简》尚收与富弼之书简数篇,相比之下,与范公父子兄弟之交游,《书简》竟成了一片空白。

考索至此,难免引起笔者一番感慨:假如没有范纯仁擅削欧公碑文,就不会引起一场风波;即便平时有些争议,假如不是纯仁兄弟毁弃范公大量相关文字,争议也会很快平息,不至于酿成聚讼百年的公案,直至今天未能完全止息。每念及此,总会想到这位"忠厚长者"进退失据之所为,给后人留下了这桩千古憾事。

---

① [元]马端临著,上海师范大学古籍研究所、华东师范大学古籍研究所点校:《文献通考》卷二百三十四,北京:中华书局,2011年,第6407页。

② [宋]欧阳修著,李逸安点校:《欧阳修全集》附录卷二,北京:中华书局,2001年,第2641页。

从结怨到解仇*

——吕范关系之再认识

"吕范交恶"为北宋政坛一件大事，关系重大，影响深远。当时贤士大夫多集于范仲淹旗下，后世论者亦普遍扬范而抑吕。本文则认为，范仲淹固然为不世大贤，而吕夷简亦绝非坏人；吕范之争实为君子之争；当初挑起争端的责任，主要在范仲淹而不在吕夷简；由于范仲淹的主动和解和吕夷简的宽宏大度，两人终归于好。而世人由于党同伐异的情感倾向影响到理性判断，不仅致使"吕范交恶"成为北宋王朝剧烈党争的开端，而且陈陈相因，积非成是，致使后世的偏见比无知距真相更远。本文拟通过对人们所熟知的一些基本史料进行梳理和重新审视，力求揭示历史的本来面目，从而提出一些有别于流行的观点。

一、吕夷简并非坏人

吕夷简(979—1044)，字坦夫，北宋寿州(治今安徽凤台)人，真宗咸平三年(1000)进士。历任地方官，颇有治绩，深得士誉，受到真、仁二帝赏识。三次入相，封许国公，卒谥文靖①。其伯父吕蒙正，为太宗、真宗两朝名相，素号知人。蒙正晚年居洛，有子七人，载名籍籍，真宗问其子堪用者，蒙正对曰："诸子皆不足用。有侄夷简，任颍州推官，宰相才也。"②(《宋史·吕蒙正传》)可见其对这位侄子的了解和器重。

---

* 本文提交给 2008 年 7 月于昆明召开的国际宋史研讨会暨中国宋史研究会第十三届年会，并收入其会议论文集。

① 《吕夷简传》载《宋史》卷三百一十一，[元]脱脱等撰：《宋史》，北京：中华书局，1985 年，第 10206－10210 页。本文下引本传者不再一一出注。

② [元]脱脱等撰：《宋史》卷二百六十五，北京：中华书局，1985 年，第 9148 页。

真宗晚年，东封西祀，装神弄鬼，举国若狂。乾兴元年(1022)，12岁的仁宗即位，刘太后摄政，夷简建议将其“祥符天书”全部葬入真宗陵墓，以消除影响，就不是一般人所能具有的胆量和见地。“真宗祔庙，太后欲具平生服玩如宫中，以银罩覆神主。夷简言：‘此未足以报先帝。今天下之政在两宫，唯太后远奸邪，奖忠直，辅成圣德，所以报先帝者，宜莫若此也。’”不久，真宗劳民伤财建成的玉清昭应宫遭焚，夷简“乃推洪范灾异以谏”，及时打消了太后重建的念头。

按照惯例，真宗丧葬大礼一毕，辅臣都应迁官，而“夷简与同列皆辞之，后为例”。刘太后垂帘听政不久，进夷简右谏议大夫，旋拜参知政事。可是，直到天圣七年(1029)，以王曾数度力荐，始得拜相。魏泰《东轩笔录》详载其事：“王沂公曾当国，屡荐吕许公夷简，是时，明肃太后听政，沂公奏曰：‘臣屡言吕夷简才望可当政柄，而两宫终未用，以臣度太后之意，不欲其班在枢密使张旻之上耳。且旻(按即张耆，帮助并成全刘后入宫之人)亦赤脚健儿，岂容妨贤如此！’太后曰：‘固无此意，行且用夷简矣。’沂公曰：‘两宫既已许臣，臣请即今宣召学士草麻。’太后从之。”[①]王曾与吕蒙正同样为状元宰相，历仕真、仁两朝，以贤明著称。以此数事观之，夷简才德深孚众望，并非贪权躁进之人，亦非事事依从刘氏，讨其欢心。

仁宗生母李宸妃病死，刘太后本打算草草埋葬了事。“夷简朝奏事，因曰：‘闻有宫嫔亡者。’太后矍然曰：‘宰相亦预宫中事邪?’引帝偕起。有顷独出，曰：‘卿何间我母子也?’夷简曰：‘太后他日不欲全刘氏乎?’太后意稍解。”“夷简请发哀成服，备仪仗葬之。”夷简轻轻数语，消弭祸端于无形，化解了一场潜在的严重危机，足以彰显其大仁大义和大智慧。

“大内火，百官晨朝，而宫门不开。辅臣请对，帝御拱辰门，百官拜楼下，夷简独不拜。帝使人问其故，曰：‘宫庭有变，群臣愿一望清光。’帝举帘见之，乃拜。”其精明严谨、关键时刻愈加冷静，简直又一个头脑清晰的吕端。

“太后崩，帝始亲政事，夷简手疏陈八事，曰：正朝纲、塞邪径、禁货赂、辨佞壬、绝女谒、疏近习、罢力役、节冗费，其劝帝语甚切。”

“初，刘涣上疏请太后还政，太后怒，使投岭外。属太后疾革，夷简请留

---

① [宋]魏泰撰，燕永成整理：《东轩笔录》卷七，《全宋笔记》第20册，郑州：大象出版社，2019年，第260页。

之……因(对仁宗)曰:'涣由疏外,故敢言。大臣或及此,则太后必疑风旨自陛下,使子母不相安矣。'帝以夷简为忠。"

苏辙《龙川别志》(卷上)载夷简救晏殊事,与营救刘涣同样可见其与人为善之苦心:

章懿(按即李宸妃)之崩,李淑护葬,晏殊撰志文,只言生女一人,早卒,无子。仁宗恨之。及亲政,内出志文,以示宰相曰:"先后诞育朕躬,殊为侍从,安得不知?乃言生一公主,又不育,此何意也?"吕文靖曰:"殊固有罪。然宫省事秘,臣备位宰相,是时虽略知之而不得其详。殊之不审,理容有之。然方章献临御,若明言先后实生圣躬,事得安否?"上默然良久,命出殊守金陵。明日,以为远,改守南都。如许公保全大臣,真宰相也。其有后宜哉![①]

刘太后垂帘听政,臣下拍马屁,劝其效法武则天者大有人在。当此之际,夷简念兹在兹,唯在社稷。朱熹《宋名臣言行录》(卷六)引李宗谔撰《吕文靖公行状》说:

太后初临朝,宣谕两府,深不欲行此礼,候皇帝长立,别有处分。吕文靖公即日编入《时政记》。后每言事必引及之,以感动后意。又多称引前代母后临政所以致祸之道,以劝戒焉。[②]

公夷简在章献朝,近臣颇以言事去职,或劝公宜退,公曰:"先帝待我厚,期以宗庙安宁,死而不愧于先帝。故平、勃不去,所以安汉;仁杰不去,所以安唐。使吾亦沽虚名而去,治乱未可知也。"故孜孜燮辅,知无不为,虽祸之未形,事之将然,必先为之救御。[③]

太后尝欲进荆王为皇太叔,公力争以为不可,遂止。又以荆王子养于宫中,长而弗出……公曰:"……嫌疑之际,不可不慎,臣只今在

---

① [宋]苏辙撰,俞宗宪点校:《龙川别志》卷上,北京:中华书局,1982年,第79页。

② [宋]朱熹撰,刘永翔、朱幼文点校:《五朝名臣言行录》,朱杰人、严佐之、刘永翔主编:《朱子全书》第12册,上海:上海古籍出版社、合肥:安徽教育出版社,2002年,第169页。

③ [宋]朱熹撰:《五朝名臣言行录》,朱杰人、严佐之、刘永翔主编:《朱子全书》第12册,上海:上海古籍出版社、合肥:安徽教育出版社,2002年,第171页。

中书听旨。”后寤，即令出宫。[①]

正因为如此，张方平撰《吕夷简神道碑》(《乐全集》卷三十六)称赞说：“钦承二宫，周旋十年，内无隙言，外无异虑。孝慈笃至，固由上圣之姿；佐佑弥缝，抑自嘉猷之助。”[②]《宋史·吕夷简传》亦云：“自仁宗初立，太后临朝十余年，天下晏然，夷简之力为多。”

夷简不仅协和两宫，善处同僚，嫌疑之际，不“沽虚名”，而且在处置军国重事上亦显示出能断大事、敢当大任的超人智慧和勇气。《宋名臣言行录》(卷六)转引《家塾记》称：

契丹遣使借兵伐高丽，明肃欲与之，文靖公坚执不可。后云：“适已微许其使矣。不与恐生怨，奈何?”公曰：“但以臣不肯拒之。”既而后语其使曰：“意非不欲应，但吕相公坚不可耳。”使人无语而去。[③]

另据王称《东都事略》(卷五十二)《吕夷简传》：

契丹兵压境，范仲淹奏乞城京师以备狄众。是其说唯夷简以为非。曰：“虽有契丹之虞，设备当在河北，奈何遽城京师以示弱乎？使虏深入，而独固一城，天下殆矣！”乃议建北都(大名)。因修其城池，增置守备，示亲征之意。且曰：“此子囊城郢计也。”卒建北京。识者韪之。[④]

在“城京师”还是“建北京”的问题上，吕夷简与范仲淹产生了意见分歧。夷简的意见，不仅当时“识者韪之”，即便今天看来，显然更有道理。

《宋史》本传说：“其后元昊反，四方久不用兵，师出数败；契丹乘之，遣使求

① [宋]朱熹撰，刘永翔、朱幼文点校：《五朝名臣言行录》，朱杰人、严佐之、刘永翔主编：《朱子全书》第12册，上海：上海古籍出版社、合肥：安徽教育出版社，2002年，第171页。

② 曾枣庄，刘琳主编：《全宋文》(第十九册)，成都：巴蜀书社，1991年，第509页。

③ [宋]朱熹撰，刘永翔、朱幼文点校：《五朝名臣言行录》，朱杰人、严佐之、刘永翔主编：《朱子全书》第12册，上海：上海古籍出版社、合肥：安徽教育出版社，2002年，第172页。

④ [宋]王称撰，孙言诚、崔国光点校：《东都事略》卷第五十二，济南：齐鲁书社，2000年，第412－413页。

关南地。颇赖夷简计划，选一时名臣报使契丹、经略西夏，二边以宁。"这里所称选拔经略西夏的一时名臣，其中就包括范仲淹；报聘契丹之一时名臣，即有热血报国的富弼。于此又足见其识才用才的眼光和胸襟。

夷简之识人用人，魏泰《东轩笔录》(卷十)有一则记载颇能说明问题：

> 仁宗以西戎方炽，叹人才之乏。凡有一介之善，必收录之。杜丞相衍经抚关中，荐长安布衣雷简夫才器可任，遽命赐对于便殿。简夫辩给，善敷奏，条列西事甚详，仁宗嘉之，即降旨中书，令照真宗召种放事。是时，吕许公当国，为上言曰："臣观士大夫有口才者，未必有实效。今遽爵之以美官，异时用有不周，即难于进退。莫若且除一官，徐观其能，果可用，迁擢未晚。"仁宗以为然。遂除耀州幕官。简夫后累官至员外郎、三司判官，而才实无大过人者。①

关于夷简的机智权变之才，王辟之《渑水燕谈录》(卷二)记两件趣事。其一是：

> 景祐末，西鄙用兵，大将刘平死之。议者以朝廷委宦者监军，主帅节制有不得专者，故平失利。诏诛监军黄德和。或乞罢诸帅监军，仁宗以问宰臣吕文靖公，公曰："不必罢，但择谨厚者为之。"仁宗委公择之，对曰："臣待罪宰相，不当与中贵私交，何由知其贤否？愿诏都知、押班保举，有不职，与同罪。"仁宗从之。翌日，都知叩首乞罢诸监军。士大夫嘉公有谋。②

宦官监军，实为北宋之一大弊政。对于这条"祖宗之法"，许多人明知其弊而不敢提请罢废。夷简举重若轻，不动声色即轻而易举地解决了这一难题。其二是：

---

① [宋]魏泰撰，燕永成整理：《东轩笔录》卷十，《全宋笔记》第20册，郑州：大象出版社，2019年，第277页。

② [宋]王辟之撰，吕友仁点校：《渑水燕谈录》卷二，北京：中华书局，1981年，第15页。

庆历中，仁宗服药，久不视朝。一日，圣体康复，思见执政，坐便殿，促召二府。宰相吕许公闻命，移刻方赴召。比至，中使数促公，同列亦赞公速行，公愈缓步。既见，上曰："久疾方平，喜与公等相见，而迟迟其来，何也？"公从容奏曰："陛下不豫，中外颇忧，一旦闻急召近臣，臣等若奔驰以进，虑人惊动耳。"上以为得辅臣之体。① （两条并见司马光《涑水记闻》）

夷简执政，先后长达十几年之久。仁宗一朝，三次出任宰相，"当国柄最久，虽数为言者所诋，帝眷倚不衰"。夷简因感风眩，仁宗剪下自己的胡须为药，并下手诏说："古谓髭可疗疾，今翦以赐卿。""既薨，帝见群臣，涕下，曰：'安得忧国忘身如夷简者！'"后来仁宗因事"惨然思夷简，书'怀忠之碑'四字以赐之。""后配食仁宗庙，为世名相。"（本段中材料均见《宋史·吕夷简传》）

《宋史·吕夷简传》评价夷简说："其于天下事，屈伸舒卷，动有操术。"这话常被认为含有贬义，甚至被引申为夷简老谋奸诈的依据。笔者不厌其烦地征引夷简事迹及相关评论，意在证明：夷简"屈伸舒卷"、运用自如的"操术"，不仅表明他具有超人智慧，主要还在于他的"忧国忘身"。仁宗皇帝并非仁而懦、仁而昏，他对吕夷简的"眷倚不衰"，绝非没有来由。

需要说明的是，《宋史·吕夷简传》并没有回避夷简的失误："建募万胜军，杂市井小人，浮脆不任战斗。用宗室补环卫官，骤增奉赐，又加遗契丹岁缯金二十万，当时不深计之，其后费大而不可止。"我们究竟应该怎样看待以上几项失误？谚云：乱世英雄易出，太平宰相难当。夷简当北宋太平之世，身任宰执近二十年，日理万机，其间出些偏差失误，在所难免。客观说来，社会事务是错综复杂的，即便决策失误，往往也是经过权衡利弊、多方比较取舍，多种因素相互作用的结果，不应简单归之于某一原因和某一个人；再说，一项重大决策正确与否，往往须待时间检验，甚至需要数年、数十年之后才可见其弊端。金无足赤，人无完人，这是现代人也难以避免的，我们不应过分苛责古人。所以，当孙沔、蔡襄、欧阳修等人屡次弹击吕夷简时，仁宗并不理会。况且，当时党争政争的形势已渐趋白热化，孙、蔡、欧阳等人的抨击，其间含有多少党同伐异、意气相攻的成分，仁宗心中也是有数的。

---

① ［宋］王辟之撰，吕友仁点校：《渑水燕谈录》卷二，北京：中华书局，1981 年，第 16 页。

孙、蔡、欧阳等对夷简的抨击，集中在吕夷简致仕之后的庆历三年(1043)，其中尤以欧阳修的言辞最为激烈。对此不妨让我们稍作辨析：其一，欧阳修在《论吕夷简札子》中说："以夷简为陛下宰相，而致四夷外侵，百姓内困，贤愚失序，纪纲大堕。二十四年间坏了天下……夷简罪恶满盈，事迹彰著。"[①](《欧阳修全集·奏议集卷》四)然而在笔者看来，如前所言，这些滔天罪名，一则属于概念化的"大帽子"，很难落实到具体"事迹"；二则即便有些可落实到具体某事，也很难归罪于夷简一人。其二，欧阳修同时还有《论李淑奸邪札子》，抨击李淑"自来朋附夷简，在三尸五鬼之数，盖夷简要为肘腋，所以援引至此"[②]。然而在笔者看来，盖棺论定，一则李淑为名臣李若谷之子，本人忠君爱民，颇肖乃父，并非像欧阳修所抨击的那样"奸邪阴险""出于天性"，二则李淑既未像欧公所言那么"朋附夷简"，夷简也未尝援引李淑作为肘腋心腹。于此倒足以反证欧阳修陷于"朋党"而"派性"之强、偏见之深。对此，笔者下面还将论及。其三，欧阳修抨击夷简是"奸邪巨蠹之家，贪赃愚骏子弟"[③]。此事较为具体，是非不难辨析：在夷简四子中，除公绰在夷简当政时"尝漏泄除拜以市恩"[④]曾遭物议之外，公弼、公著皆为治世名臣，幼子公孺更以廉俭清节著称于世。在其后世众多子孙中，更是人才济济，多出学者闻人，令人想见其治家有方，具有良好的家教家风。其实，欧阳修对其子弟"贪赃愚骏"的看法，此时除了党争偏见，往往多得之于传闻。后来接触多了，了解渐深，看法和态度是有很大改变的。这里仅以吕公著为例。据《宋史·吕公著传》，公著："通判颍州，郡守欧阳修与为讲学之友。后修使契丹，契丹主问中国学行之士，首以公著对。"[⑤]至和年间(1054—1056)，欧公曾上《荐王安石吕公著札子》，推荐他和王安石堪任谏官，盛赞吕公著"器识深远，沉静寡言，富贵不染其心，利害不移其守""性乐闲退，淡于世事，然所谓夫人不言，言必有中者也"[⑥](《欧阳修全集·表奏书启四六集》卷二)。到了嘉祐四年(1059)二月，仁宗将知开封府的欧阳修转官给事中，以示荣宠。欧公两次上表辞让不允，于是又上《举吕公著自代状》，再次盛

---

① [宋]欧阳修著，李逸安点校：《欧阳修全集》卷一百，北京：中华书局，2001年，第1542-1543页。

② [宋]欧阳修著，李逸安点校：《欧阳修全集》卷一百一，北京：中华书局，2001年，第1547页。

③ [宋]欧阳修著，李逸安点校：《欧阳修全集》卷一百，北京：中华书局，2001年，第1542页。

④ [元]脱脱等撰：《宋史》卷三百一十一，北京：中华书局，1985年，第10212页。

⑤ [元]脱脱等撰：《宋史》卷三百三十六，北京：中华书局，1985年，第10772页。

⑥ [宋]欧阳修著，李逸安点校：《欧阳修全集》卷一百九，北京：中华书局，2001年，第1654页。

赞时任司封员外郎、崇文院检讨的吕公著“出自相门，躬履儒行，学赡文富，器深识远，而静默寡欲，有古君子之风。用之朝廷，可抑浮俗；置在左右，必为名臣。非惟臣所不如，实当今难得之士”。[①] 对于欧阳修前期的过激言辞，我们还应以审慎对待为是。

本来，夷简当国日久，有功有过。史官功过皆书，还是比较公正的。夷简最为世人诟病的，莫过于《宋史・吕夷简传》所载的两件事：第一件是“郭后废，孔道辅等伏阁进谏，而夷简谓伏阁非太平事，且逐道辅”；第二件是“其后范仲淹屡言事，献《百官图》论迁除之弊，夷简指为狂肆，斥于外。时论以此少之。”

“时论以此少之”的这两件事，都与范仲淹直接相关，时人和后人所称的“吕范交恶”，亦即指此。自此两事被载入史册以后，但凡遇到吕、范并提的场合，人们几乎都是站在仲淹一边，扬范而抑吕，直至将夷简视为“邪恶”“老奸巨猾”的典型，钉上历史的耻辱柱。

“吕范交恶”的真相究竟是什么？是非曲直何在？本文拟就这个问题进行一些新的探索。

二、关于吕范交恶

仲淹自大中祥符八年(1015)登第入仕，直至天圣六年(1028)任秘阁校理以前，长期淹滞于地方。在他担任地方官期间，虽以风节自厉，所至皆有政绩，毕竟因官小位卑而影响不大。自从得到王曾、晏殊举荐进入朝廷以后，仲淹先后有三次震惊朝野之举：一是谏阻仁宗率百官为太后拜寿，二是谏阻仁宗废郭皇后，三是上《四论》和《百官图》，抨击当朝宰相吕夷简。这既是仲淹升任京官以后三次遭贬的直接原因，也使他因此而得享“三光”美誉(事见释文莹《湘山续录》、邵氏《闻见近录》等)。这三件事或直接或间接与吕夷简有关。所谓“吕范交恶”，主要也是因此三事而起。此三事，对夷简来说，“时论以此少之”；对仲淹来说，则是“时论以此多之”，并且由此奠定了仲淹士林领袖的地位。笔者认为，对此三事的是非曲直今天有必要重新认识。

关于冬至拜寿。此事在司马光《涑水记闻》(以下简称《记闻》)、李焘《续资治通鉴长编》(以下简称《长编》)、《宋史》卷三百一十四《范仲淹本传》、楼钥《范

① [宋]欧阳修著，李逸安点校：《欧阳修全集》卷九十一，北京：中华书局，2001 年，第 1340 页。

文正公年谱》(以下简称《年谱》)等典籍中皆有记载。此外,据杨仲良《皇宋通鉴长编纪事本末》(以下简称《长编本末》)卷二十七《庄献垂帘》抄录:

> 天圣七年(1029),十一月癸亥,冬至,上率百官上皇太后寿于会庆殿,乃御天安殿受朝。秘阁校理范仲淹奏疏言:"天子有事亲之道,无为臣之礼;有南面之位,无北面之仪。若奉亲于内,行家人礼,可也。今顾与百官同列,亏君体,损主威,不可为后世法。"疏入,不报。晏殊初荐仲淹为馆职,闻之大惧,召仲淹,诘以狂率邀名,且将累荐者。仲淹正色抗言曰:"仲淹谬辱公举,每惧不称,为知己羞,不意今日反以忠直获罪门下。"殊不能答。仲淹退,又作书遗殊,申理前奏不少屈,殊卒愧谢焉。又奏疏请皇太后还政,亦不报,遂乞补外。寻出为河中府通判。[①]

按当时礼法,仲淹所言,确系国之大事。但此前已行之有年,朝臣似已习以为常而不以为非。作为刚刚获荐入朝的一名小小秘阁校理,突发此议,确实有些惊世骇俗。仲淹见别人之所未能见、言别人之所未敢言,尤其是因谏言未被采纳而自请外放,反而赢得了士大夫的激赏。不过,此种礼仪一般先由太常礼院进拟,夷简虽负有拍板决策之责,事情却因晏殊的拦阻而未与夷简发生正面冲突。尽管如此,在重大问题上敢于犯颜直谏,仲淹已显露其风骨。史称仲淹"每感激论天下事,奋不顾身,一时士大夫矫厉尚风节,自仲淹倡之"[②]。此次拜寿风波,耸动中外,当为仲淹崭露头角、为士林推尊的开始。不过,凡事都须两面看。当时因循守旧已然蔚成风气,人们普遍安于现状而不思改作,当此之际,仲淹上此奏章,确实有些骇人听闻。大约从这件事开始,在人们的心目中也就留下了"狂率邀名"的印记。

关于郭后之废。此为仁宗亲政后的一件大事,也是仲淹与夷简的第一次正面冲突。此事一向为人们所热议,且历代学者几乎众口一词赞誉范仲淹、孔道辅,而把它作为夷简奸邪的一大证据。兹据《长编本末》卷三十三《废皇后郭

---

① [宋]杨仲良撰,李之亮校点:《皇宋通鉴长编纪事本末》(第1册),哈尔滨:黑龙江人民出版社,2006年,第445页。

② [元]脱脱等撰:《宋史》卷三百一十四,北京:中华书局,1985年,第10268页。

氏》抄引于后：

> 明道二年(1033)三月，皇太后刘氏崩。十一月乙丑，追册美人张氏为皇后，上雅意所属故也。初，郭皇后之立，非上意，浸见疏。而后挟章献势，颇骄后宫……及章献崩，上稍自纵，宫人尚氏、杨氏骤有宠。后性妬，屡与忿争。尚氏尝于上前出不逊语侵后，后不胜忿，起批其颊，上亦起救之，后误批上颈。上大怒，有废后意。内侍副都知阎文应白上出爪痕示执政、近臣与谋之。吕夷简以前罢相故怨后，而范讽方与夷简相结，讽乘间言："后立九年无子，当废。"夷简赞其言。上意未决。外人籍籍，颇有闻者。右司谏范仲淹因对，极谏其不可，且曰："宜早息此议，不可使闻于外也。"居久之，乃定议废后，夷简先敕有司毋得受台谏章疏。乙卯，诏称皇后以无子，愿入道……别居长宁宫。台谏章疏果不得入。仲淹即与权御史中丞孔道辅率知谏院孙祖德、侍御史蒋堂、郭劝、杨偕、马绛、殿中侍御史段少连、左正言宋郊、右正言刘涣诣垂拱殿门，伏奏皇后不当废，愿赐对以尽其言。扈殿门者阖扉，不得通。道辅抚铜环大呼曰："皇后被废，奈何不听台谏入言?"寻有诏宰相召台谏，谕以皇后当废状。道辅等悉诣中书，语夷简曰："人臣之于帝后，犹子事父母也。父母不和，固宜谏止，奈何顺父出母乎?"众哗然，争致其说。夷简曰："废后自有故事。"道辅及仲淹曰："公不过引汉光武劝上耳，是乃光武失德，何足法也? 自余废后，皆前世昏君所为。上躬尧舜之资，而公顾劝之效昏君所为，可乎?"夷简不能答，拱立曰："诸君更自见上力陈之。"道辅、仲淹退，将以明日留百官揖宰相廷争，而夷简即奏台谏伏阁请对非太平美事，乃议道辅等罪。丙辰旦，道辅等始至待漏院，诏道辅出知泰州，仲淹知睦州，祖德等各罚铜二十斤①。

如果单从儒家伦理、君臣大义的抽象概念出发，仲淹、道辅等人无疑是正确的，但是，凡事不应拘泥于伦理教条而应具体分析；如果单从事件的处理方

① [宋]杨仲良撰：《皇宋通鉴长编纪事本末》(第1册)，哈尔滨：黑龙江人民出版社，2006年，第566－568页。

式来看，夷简确乎有些圆滑，若就事论事，夷简的做法似更合乎情理。归根结底，问题的实质和关键有二：一看郭后当不当废，二看夷简在里面扮演了什么角色。

笔者认为，一是郭后当废，事出必然，纯属“上意”；二是夷简赞成与否，并非关键，无可深罪。理由有五：

第一，“后立九年无子”。皇帝无子，关系重大。这是仁宗长期焦虑的大事。按照礼法，“不孝有三，无后为大”，即便是民间，“无子”亦为妇女“七出”的头一条理由。

第二，“后性妒”。风波本身，即因郭后与妃子争宠而起。皇帝怕老婆的不多。仁宗亲政时年方23岁，既然失去了刘太后管束，身边岂能容得下一个妒妇？郭后屡与嫔妃忿争，何以表率后宫、母仪天下？按古制，“妒忌”，亦为“七出”之一。

第三，“郭皇后之立非上意”，是“太后固立郭后”。仁宗即位以后，被刘太后辖制了十来年，当他了解自己的身世以后，对刘太后之所为多少会有些逆反心理。郭后本来就不为仁宗喜爱，是一桩“包办婚姻”。太后一死，由“浸见疏”到最后分手，完全在情理之中。

第四，皇帝每有举措，讲求“故事”。而被后世称为一代明君的汉光武帝确曾废过一位郭皇后，复得阴丽华，美满偕老，以此为先例，说不上“失德”。

第五，郭后被废，还有一个似乎为人们所忽略的重要原因——“干政”，为仁宗所不容。此事与夷简罢相有关。笔者造次，试为申说如下：

> 明道二年(1033)帝因与夷简谋，以张耆等皆附太后，欲悉罢之，夷简以为然。帝退，语于皇后，后曰：“夷简独不附太后邪？但多机巧，善应变耳。”由是夷简亦罢。制下，夷简方押班，闻唱名，大骇，不知其故，因令素所厚内侍都知阎文应诇之，乃知事由郭后也，由是深憾于后。(《涑闻》《渑录》《长编》《长编本末》等皆记其事，此据陈邦瞻《宋史纪事本末》卷二十五《郭后之废》)[①]

仁宗亲政，励精图治，他最为倚重的，正是吕夷简。但是，由于郭皇后一句

① [明]陈邦瞻编：《宋史纪事本末》卷二十五，北京：中华书局，2015年，第193页。

枕边风，吹得仁宗于仓促之间自断膀臂。仁宗对此是颇感后悔的，不久即把夷简召回。这便是“吕夷简以前罢相故怨后”，力主废后之说的由来。此中是非曲直，有必要细加辨析。

其一，从夷简方面来说，夷简遇事不仅有主见，且有自己的应对策略，并非一意趋承太后的奸邪小人。反过来说，非常时期，身处非常之位，倘若没有些非常手腕，在官场将步履维艰。问题在于，他的“多机巧，善应变”，并不是挟势弄权、用于干坏事，而是曲意协和两宫，把政局维持安稳。郭后“夷简独不附太后邪”，这话并非事实。关键时刻一句谮言，导致夷简罢相，后果是严重的。

其二，从郭皇后方面来说，深居后宫，对于朝廷重大事项、人事纠葛，未必深解，但一句不负责任的话，造成夷简罢相，非干政而何？

其三，从仁宗方面来说，他素称一代明君，他是懂得后妃干政的危害和古训的。因一时轻信而仓促铸错，他会很快醒悟并反悔。一旦醒悟反悔，作为补救措施，一则会把夷简很快召回，二则会促使他下定废后决心。后妃相争，本为深宫小事，就算误批帝颈留下“爪痕”，怎值得出示外廷？仁宗小题大做，只不过是选择一个恰当的时机、恰当的借口而已。夷简四月被罢，十月召回，废后之事随即与夷简商议、台谏伏阁亦令夷简去应对。由此一则可表明仁宗对夷简信任不衰，二则可表明他不再听信郭后谗言，三则更可表明他已下定废后决心。

其四，从人际关系来说，郭后既“骄”且“妒”，人缘必差。阎文应怂恿仁宗“出示爪痕”，范讽献策以“无子”废后，皆可为证。阎文应与范讽的言行，未必都是受夷简指使，怎能把账都算在夷简头上？

其五，皇帝与皇后义绝，非同小可，作为当朝宰相，不容置身事外，必须有自己的态度。撇开夷简人品不说，单凭才智，他也会预见自己必然会因为此事而招致物议。仅从“人言可畏”考虑，他也不会冒“挟嫌报复”之恶名而力主废后的。仁宗从“有废后意”到下定决心，迁延了一段过程，焉知其间夷简没有从道义上进行过劝谏？仁宗命夷简面谕台谏，恰可证明夷简已深知废后之事已无可挽回，唯有奉命去“应对”而已。

其六，因后宫一言而导致夷简罢相、由夷简罢相而导致皇后被废、由废后风波而导致伏阁请对，由伏阁请对而导致仲淹、道辅等群臣被贬，由群臣被贬而导致纷纷物议，所有这些，皆非太平美事。其举措乖张，一错再错，直接“拷问”的是仁宗皇帝的执政能力。事件既然与夷简直接相关，他又身处秉钧之地，因而必成众矢之的。但是，事涉宫廷隐秘、更涉皇帝声誉，夷简必须尽力维护皇帝的尊严，宁可“打掉牙齿往肚里咽”，也决不会“彰君之过”，犯人臣大忌。作为智虑过人的吕夷简，哪怕被人误会千年，他也不会做任何的辩解。

笔者由此联想到其伯父吕蒙正两件事：

第一件，“蒙正初入朝堂，有朝士指之曰：‘此子亦参政耶？’蒙正阳为不闻而过之。同列不能平，诘其姓名，蒙正遽止之曰：‘若一知其姓名，则终身不能忘，不若毋知之为愈也。’时皆服其量。”[①]（《宋史·吕蒙正传》，另见《涑水记闻》卷二）

第二件，“蒙正初为相时，张绅知蔡州，坐赃免。或言于上曰：‘绅家富，不至此，特蒙正贫时勾索不如意，今报之尔。’上命即复绅官，蒙正不辨。后考课院得绅实状，复黜为绛州团练副使。及蒙正再入相，太宗谓曰：‘张绅果有赃。’蒙正不辨亦不谢。”[②]

由此看来，忍辱负重、顾全大体、经得起委屈和误解，才是夷简本色。唯其如此，吕蒙正才会舍子而荐侄，吕夷简才会当之无愧。

其七，从后果来看，仁宗废郭后而改立曹后，其结局还是很理想的。诚如仲淹、道辅所言，历史上因废后而引起朝政动荡、酿成严重后果者不在少数。但是，仁宗这次废后却是例外。当时虽然引发一场不大不小的风波，但由于夷简应对得当，并未造成太大的“地震”。从长远来看，改立的曹皇后，被后世称为一代贤后。曹后不仅御下有方，宫省肃然，特别是当宫中发生卫卒哗变、事发突然、情势危急之时，曹皇后于仓促之间能临危不惧，从容应对，化险为夷。仁宗此后还得再享三十余年太平，与其“后院安稳”也有一定关系。从后来的效果反观当初的动机，夷简勉从帝意赞成废后，看来未必错误，无须过多指责。

郭后既有当废理由，兼之帝意已决，夷简审情度势，已无强谏必要，但也无须向人表白。《名臣言行录》（卷六）引《家塾记》对夷简有这样一段评述：

> 章献明肃之盛，文靖公整救防微杜渐者非一，未尝与人言，天下亦莫知也……虽举世不知弗与辨也……岂比夫贱丈夫急己之毁誉，

① ［元］脱脱等撰：《宋史》卷二百六十五，北京：中华书局，1985 年，第 9146 页。

② ［元］脱脱等撰：《宋史》卷二百六十五，北京：中华书局，1985 年，第 9148－9149 页。

而缓国之休戚哉![1]

张方平所撰吕夷简《神道碑》称赞其“不沽名，不矜劳，敢任天下之怨，不敢有天下之德”[2]，这话不应视为空言，应该是指事据实。“虽举世不知弗与辨”，这是何等胸襟！“敢任天下之怨，不敢有天下之德”，试问古今圣贤，当得起这句评语者，能有几人？而揆诸夷简行事，可谓当之无愧。反观仲淹、道辅诸人，既不深究郭后有当废之因，又无视仁宗决心已下（即使心知肚明，也不便指斥乘舆，只有对代理人大加抨击），一味伏阁请对，冒死苦谏，固可视为“愚忠”。若视之为“迂阔”，也不算过分。我国自古虽有家国同构之说，但两者毕竟不能完全等同。臣下与帝后，是一种“公”的关系，双方讲的主要是“理”；子女对父母，是一种“私”的关系，双方讲的主要是“情”。情理二字虽然十分密切，时常并称，毕竟不完全一致。仲淹、道辅等将臣下对待仁宗废后一事，等同于“顺父出母”，如此“公”“私”不分，以“情”代“理”，视之为“愚忠”“迂阔”，似不算过分。

关于上《四论》《百官图》。这场风波，比前两次更大。仍据《长编本末》（卷三十七）《吕夷简事迹》抄录如下：

景祐三年（1036）五月丙戌，天章阁待制、权知开封府范仲淹落职，知饶州。仲淹言事无所避，大臣权幸多忌恶之。时吕夷简执政，进者往往出其门。仲淹言：“官人之法，人主当知其迟速、升降之序。其进退近臣，不宜全委宰相。”又上《百官图》，指其次第曰：“如此为序迁、如此为不次，如此为公、如此则私，不可不察也。”夷简滋不悦。帝尝以迁都事访诸夷简，夷简曰：“仲淹迂阔，务名无实。”仲淹闻之，为四论以献……大抵讥指时政。又言：“汉成帝信张禹，不疑舅家，故终有王莽之乱。臣恐今日朝廷，亦有张禹坏陛下家法……”夷简大怒，以仲淹语辨于帝前，且诉仲淹越职言事，荐引朋党，离间君臣。仲淹亦交章对析，辞愈切。由是降黜。侍御史韩渎希夷简意，请以仲淹朋

① ［宋］朱熹撰，刘永翔、朱幼文点校：《五朝名臣言行录》，朱杰人、严佐之、刘永翔主编：《朱子全书》第12册，上海：上海古籍出版社、合肥：安徽教育出版社，2002年，第173页。

② 曾枣莊、刘琳主编：《全宋文》（第十九册），成都：巴蜀书社，1991年，第512页。

党榜朝堂，戒百官越职言事。①

首先需要说明的是，《长编本末》编者杨仲良亦具褒范贬吕倾向，所记事件，或许与真相有一定出入。即便如此，有些是非曲直亦大有值得商榷之处。

第一，就事论事，争议起于修京城和迁都。宋自建国，面对契丹南下威胁，长期存在迁都之议。仲淹主张加固京城（还有渐营西京之议），夷简主张于大名府建北京。两种主张孰优孰劣，前揭王称《东都事略》已有评述。王称的记述，当来自苏辙《龙川别志》（卷下）："元昊未顺，契丹要求无厌，范文正公以为忧，乞城京城以备狄。众惑其说，惟吕许公以为非，曰：'虽有契丹之虞，设备当在河北。奈何遽城京城以示弱乎？使虏深入，而独固一城，天下扰矣。'乃议建北都，因修其城池，增置守备，识者韪之。"②客观地说，朝臣之间政见不同，乃属常事。"帝尝以迁都事访诸夷简"，夷简向皇帝直陈己见，不赞成仲淹主张；顺便报告对仲淹其人的考察和评价，亦在宰相职责范围之内。"迂阔，务名无实"虽属"负面评价"，毕竟算不上恶意贬损。而"仲淹闻之，为四论以献"，其反应之强烈，似乎有些过分。特别是将夷简比作"坏陛下家法"的汉代张禹，其用语之尖刻，已不是一般的人身攻击。

第二，由此说到宰相的用人权。在君主专制政体之下，宰相是皇帝的大总管，自应握有相应的用人权。任用了解的、顺手的、值得信任的，是用人通则。但从被用一方来看，哪里有权势，哪里就有趋炎附势之人。况且，当时官员晋升，虽有磨勘考课之法，但其中关键一条是要能得到有力者的保任和荐举。这种做法的负面作用，就是从制度上助长了当时的"请托之风"和"奔竞之风"。在天颜难窥的情况下，当朝宰相自然成为"请托""奔竞"的最大目标。而"同罪保举"的规定，其负面作用则是使荐者与被荐者之间结成一损俱损、一荣俱荣、官官相护、互相包庇的生死同盟。夷简为相近 20 年，"进者往往出其门"，事属必然而且正常。这里还应考虑的是，仁宗时期，"冗官"局面已经形成。在僧多粥少、职位有限而待阙者甚众的情况下，为夷简所信任提拔而仕途得意者，只能是少数，得不到及时提拔而仕途偃蹇者总会占大多数。"春风得意之人"与"怀才不遇之士"，必然会从思想感情上产生距离。在上者与在下者、用人者与

---

① [宋]杨仲良撰：《皇宋通鉴长编纪事本末》（第 2 册），哈尔滨：黑龙江人民出版社，2006 年，第 638－639 页。

② [宋]苏辙撰，俞宗宪点校：《龙川别志》卷下，北京：中华书局，1982 年，第 88 页。

被用者，是一对永恒的矛盾。夷简秉政既久，用人难免有近水楼台、远近亲疏，这就会出现得意者恒得意、失意者恒失意的情形，致使两种人从思想感情上形成一道无形的鸿沟。这“失意的大多数”对于握有士人升降荣辱大权的吕夷简则必然会产生不满乃至怨恨情绪。仲淹自入仕到受荐得任馆职之前，蹭蹬于地方 14 年。后来虽进入中央机关，但立朝不久又两次遭贬，因而从思想感情上当属于“失意派”。他上《四论》、上《百官图》，“意在丞相”，实际上代表着官场上“失意派”的情绪和意见，很容易引起他们的共鸣。正是基于这样的认识，笔者认为，从吕范交恶到党争形成，既有理性上的政见之争，也不乏情感因素乃至意气成分在起作用。

第三，任何民主政治，都必须有个“议事规则”、讲究“秩序”。北宋一朝，尤其是仁宗时期，除了台谏官可以“风闻言事”之外，一般大臣议事，皆可各陈己见，面折廷争。皇帝不仅不会怪罪，反而以“有犯无隐”为忠。当时政坛上的这种风气，笔者将其称之为中国历史上“君主政体下的民主政治”。但是，即便政风如此，也得有个前提和规矩，这就是：无论发表任何政见、驳斥任何观点，都必须紧扣主题；不论分歧多大，争论多么激烈，都不应跑题走偏，借题发挥，搞人身攻击。要不然，不仅是非对错难以辨明，巍巍朝堂岂不要变成唇枪舌剑的战场？别说那时，即便今天的任何民主制度也不会容许。“仲淹言事无所避，大臣权幸多忌恶之”，当时的情景，可想而知。所以说，尽管仲淹立朝正大，心地光明，但其做法显然易得罪人。无论就其所用的言辞还是将夷简比作张禹，称其为偏激或曰诋毁，都不算过分。而夷简反诉他“越职言事，荐引朋党，离间君臣”，倒是恰如其分。这场轩然大波，以仲淹及其支持者余靖、尹洙、欧阳修等人被贬而收场，自在情理之中。当时即便没有“韩渎希夷简意”，亦会另有他人提出“以仲淹朋党榜朝堂”的建议。令人遗憾的是，无论当年的史官还是后世论者，多从情感因素出发而偏向仲淹，不再探究事件本身的是非曲直。

通过对以上三事的考察可知，所谓“吕范交恶”，实际上皆由仲淹挑起。究其原因，主要在于两人思维方式和行事风格的不同，在于因其出身经历不同而形成的性格差异。夷简出身名门，从小受到良好的家庭教育，极高明而道中庸；仲淹自幼丧父，出身寒微，艰苦备尝，具有力求改变现状的强烈愿望和进取精神。夷简守中道而仲淹性矫厉；夷简性沉稳而仲淹较激进；夷简重实务而仲淹尚名节；夷简遇事冷静、从容应对而仲淹遇事敢言、奋不顾身；夷简守正祛邪、不露声色而仲淹疾恶如仇、敢蹈危机；夷简胸有城府、和光同尘而仲淹意气风发、以道自任。再从另一个角度看，夷简将全副精力倾注于处理当世实务，似无暇顾及推敲文字，且不说其文集未能传世，除史籍记述者外，甚至无片言只字流传至今。仲淹则大为不然，属于“做事兼传道”之人。他在忧国忧民、勇于担责的同时，还很看重文章教化，希望能以自己的言行垂范后世。在诸多方面，皆可反映出两人性格上的差异。仲淹一生崇尚名节，忠义可风，而时人讥其“邀名”“近名”“好名”，也自有其缘因。

大凡儒家思想熏陶出来的中国士人，一般都比较看重名节。这也许内含儒学本身固有的某种缺陷。而仲淹的“好名”，与一班沽名钓誉之徒不同。他一生一世都在真心实意地按照儒家道德规范努力提高自己的人生境界，以期做到名副其实、实至名归。但是，世间任何事物都有一个“度”。如果把握不好，“过犹不及”，就会走向自己主观愿望的反面，以至于酿成严重后果。古人有言：“好名之害甚于好利”，正可一语中的。特别是当“名利之辨”“义利之辨”与“君子小人之辨”纠结在一起的时候，一旦走向极端，造成的灾难性后果和深远影响更是难以估量。

三、关于解仇

“吕范交恶”对北宋政坛影响至巨，可称之为后来愈演愈烈的“朋党之争”的源头。两人后来究竟有没有“释憾”“解仇”？此事为何又成为争论百年的话题？回顾这段历史，颇能发人深思。

首先应当肯定的是，吕、范二人均为人品高尚的君子，两人之间的矛盾冲突属于君子之争。更何况，中国自古有句格言：“君子有不和之节”。意思是说，虽然同为君子，但在政治见解、处世态度、处事方式等多方面皆可各持己见，互不苟同，乃至激烈相争，都属正常情形。哪怕发生过正面冲突，君子之间也容易互相谅解，直至冰释嫌隙。即以吕范关系来说，尽管二人几度“交恶”，但他们之间的共同点还是很多的。一是两人都饱读诗书，深明大义；二是两人都以节操自重，品德高尚；三是都忠君爱民，先公后私；四是都有着改过迁善、从善如流的涵养和智慧。深具涵养而又以国事为重，这是两人最大的共同点，也是他们由结怨能够走向和解的基础。

从夷简方面来说，他不仅为人宽厚，不记人过，且有闻过则喜、从善如流的心胸和智慧。《涑水记闻》(卷八)记其一事：

陕西转运使孙沔上书言:“自夷简当国,黜忠言,废直道,以姑息为安,以避谤为智,柔而易制者升为心腹,奸而可使者保为羽翼,是张禹不独生于汉,而李林甫复见于今也!”夷简见书,谓人曰:“元规(孙沔字)药石之言,但恨闻此迟十年耳。”①

另据《范集》所附《言行录》(卷二)转引《张俞传》称:

张俞上言:“……范仲淹以谏争而遭摈斥,若外徇物望,内惟邦本,宜委重柄而授之。苟能行此,是谓失之东隅,收之桑榆也。”吕夷简甚重其言。②

当仲淹从东南越州调往西北戍边之时,夷简认为不应只是平调,还应予以“超迁”,可见其不仅善纳良言,还能付之于行动。

从仲淹方面来说,同样具有闻过则喜、从善如流的心胸和智慧。比如写作《严先生祠堂记》而拜李觏为“一字师”③、请古文大家尹洙修改文章等,都是人们喜闻乐道的佳话。

在政治问题上,仲淹尊奉圣人之教,主张群而不党、和而不同,是不赞成朝臣结党的。当然,仲淹是人不是神,并非“一贯正确”的天生完人。他的思想认识和觉悟程度有一个逐步深化、逐步提高的过程,对于官场中的明暗规则,也有一个从不熟悉、不适应到逐渐洞悉、适应乃至应对裕如的过程。

仲淹初任广德司理参军,如初生牛犊不怕虎,曾有一段与其上司“争是非”的经历。有了教训之后,他善于调整自己的行为方式以适应官场。“余岁三十兮从事于谯,独栖难安兮,孤植易摇。”④(《祭龙图杨给事文》),即相当传神地表现了一种渴望结援为助的心态。后来他又十分敬重为人方正的状元宰相王曾,并从王曾身上获取不少教益。“曾进退士人,莫有知者。范仲淹尝问曾曰:

---

① [宋]司马光撰:《涑水记闻》卷八,上海书店1990年9月影印涵芬楼版,第10页。

② [宋]范仲淹著,李勇先、王蓉贵校点:《范仲淹全集》附录十一,成都:四川大学出版社,2002年,第1486页。

③ [宋]范仲淹著,李勇先、王蓉贵校点:《范仲淹全集》附录三,成都:四川大学出版社,2002年,第975页。

④ [宋]范仲淹著,李勇先、王蓉贵校点:《范仲淹全集》文集卷第十一,成都:四川大学出版社,2002年,第276页。

‘明扬士类，宰相之任也。公之盛德，独少此耳。’曾曰：‘夫执政者，恩欲归己，怨使谁归？’仲淹服其言。”[①]（《宋史·王曾传》）

景祐三年，仲淹因上《百官图》排击吕夷简而被贬饶州，余靖、尹洙、欧阳修因力援仲淹而一一遭贬。尽管此事为当时舆论所赞许，仲淹也因此而获“三光”美誉[②]，但是，这次打击毕竟是沉重的。仲淹痛定思痛，自我反思，得出十分深刻的教训。他在写给再任三司使的苏州小同乡叶清臣的信中现身说法，把这种教训表露得刻骨铭心：

> 某出于孤平，感遇非浅，亦尝面陈君天下之计，而应和者寡，故不得行。……今阁下再领大计，必欲尽心为国家远图。是君子可行之时，非群吏之可柅也。……然国之安危存亡，系于其人。正人安则王室隆，正人危则天下忧。故君子安其身而后动，易其心而后语。所以身安而国家可保，岂特厚于己耶？汉李膺之徒，黑白太明，而禁锢戮辱。虽一身洁清，千古不昧，奈何邪正相激，速天下之祸，汉室亦从而亡之。仆以为与国同忧之人，宜弗为也。如与国存亡，则有视死于鸿毛者，岂特轻其己耶！今上睿圣至仁，惟股肱协德，则尧舜同功，天下为寿。前者数君子感遇激发，而高议直指，不恤怨谤，及群毁交作，一一斥去，虽自信于心，未足为耻，使太上用忠之意，谓吾道无可信者，此不为重乎？道卿（清臣字）能不鉴此？宜其与国同忧，无专尚名节，而忘邦家之大，则天下幸甚幸甚！（《与省主叶内翰书》）[③]

仲淹后来随着跻身高位，为了顺利推行自己的政治主张，当然希望团结的人越多越好，因而在处事用人上颇为慎重。这里仅举如何对待石介为例：

其一，庆历三年（1043），夷简致仕，夏竦被黜，仁宗提拔仲淹、韩琦、富弼等

---

① ［元］脱脱等撰：《宋史》卷三百一十，北京：中华书局，1985年，第10185页。

② 宋·释文莹《续湘山续录》：“范文正公以言事凡三黜。初为校理，忤章献太后旨，贬倅河中。僚友饯于都门曰：‘此行极光。’后为司谏，因郭后废，率谏官、御史伏阁争之不胜，贬睦州。僚友又饯于亭曰：‘此行愈光。’后为天章阁、知开封府，撰《百官图》进呈。丞相怒……仁宗怒，落职贬饶州。时亲宾故人又饯于郊曰：‘此行尤光。’范笑谓送者曰：‘仲淹前后三光矣！’［宋］文莹撰，郑世刚、杨立扬点校：《续湘山野录》，北京：中华书局，1984年，第77－78页。

③ ［宋］范仲淹著，李勇先、王蓉贵校点：《范仲淹全集》文集卷第十一，成都：四川大学出版社，2002年，第262－263页。

进入中枢，任命余靖、欧阳修、王素、蔡襄四人为谏官，石介喜而作《庆历圣德颂》，称颂仁宗简拔韩范等众贤，指斥夏竦为“大奸”。仲淹与韩琦于入京途中获知，“抚股谓韩公曰：‘为此怪鬼辈坏之也！’”①

其二，“四谏”力引石介为谏官，而执政亦欲从之。“时范仲淹为参知政事，独谓同列曰：‘石介刚正，天下所闻，然性亦好为奇异。若使为谏官，必以难行之事，责人君以必行。少拂其意，则引裾折槛，叩头流血，无所不为矣。主上虽富有春秋，然无失德，朝廷政事亦自修举，安用如此谏官也。’诸公服其言而罢。”②

当仲淹得仁宗信任、全力推行新政之初，也曾一度表现得志得意满：“庆历四年四月戊戌，上与执政论及朋党事，参知政事范仲淹对曰：‘方以类聚，物以群分。自古以来，邪正在朝，未尝不各为一党，不可禁也，在圣鉴辨之耳。诚使君子相朋为善，其于国家何害。”③仲淹此对，与欧阳修《朋党论》如出一辙，却不知此时正蹈危机。及至革新派人物一个个被逐出京，仲淹更会从中得出惨痛教训。

人不可能不犯错误。最为可贵的是过而能改，并善于从中汲取教训，从此不再犯同类错误。仲淹毕竟聪颖、睿智，善于认识自我、完善自我，他从几十年的仕途历练和屡遭打击中不断汲取教训，才终成品德高迈、几近完美的千古伟人。吕范始虽交恶，后来确已解仇。从结怨到解仇的历程，正可视为仲淹之人格逐渐由成熟而臻于完善的历程。

我们考察“吕范交恶”可知，不仅事端主要由仲淹挑起，两人之释憾解仇同样也是仲淹主动。

仲淹寻求和解的历程，首见于他由贬知睦州移任苏州之时。时值苏州大水，仲淹经过实地考察，决定采取“以工代赈”的办法兴修水利。但是，上此工程项目，不仅须报经朝廷批准，尤其需要得到朝廷的支持。《范集》卷十一《上吕相公并呈中丞书咨目》一文，较为详尽地记述了事情的原委以及他对夷简的仰赖之情：

① [宋]范仲淹著，李勇先、王蓉贵校点：《范仲淹全集》附录十一，成都：四川大学出版社，2002年，第1482页。

② [宋]范仲淹著，李勇先、王蓉贵校点：《范仲淹全集》附录十一，成都：四川大学出版社，2002年，第1433页。

③ [宋]司马光撰，邓广铭、张希清点校：《涑水记闻》卷第十，北京：中华书局，1989年，第185页。

伏蒙回赐钧翰，又访以疏导积水之事，何岩廊之上而意及畎亩？是伊尹耻一物不获之心也。[①]

由首句“伏蒙回赐钧翰”可知，仲淹此前曾有书信上达，夷简也有回书相答，且对当地水利表示关心。仲淹此次上书，既是回应夷简之询问，介绍地势水情以及兴修方案，更流露出希望得到理解和支持：

畎浍之事，职在郡县，不时开导，刺史、县令之职也。然今之世，有所兴作，横议先至，非朝廷主之，则无功而有毁。守土之人，恐无建事之意矣。[②]

我们从中可见两人关系已相当融洽，有如老友之间促膝谈心。

再见于仲淹由知越州调往陕西边境前线。《涑水记闻》卷第八记载如下：

范文正公于景祐三年(1036)言吕相之短，坐落职、知饶州。康定元年(1040)，复天章阁待制，知永兴军，寻改陕西都转运使。会吕公自大名复入相，言于仁宗曰：“范仲淹贤者，朝廷将用之，岂可但除旧职耶？”即除龙图阁直学士、陕西经略安抚副使。上以许公为长者，天下皆以许公为不念旧恶。文正面谢曰：“向以公事忤犯相公，不意相公乃尔奖拔！”许公曰：“夷简岂敢复以旧事为念耶？”[③]

《宋史》本传称赞夷简“所斥士，旋复收用，亦不终废”。诚哉斯言，于此可见。此段“将相和”佳话，宋代典籍多有记述，可惜许多人怀有偏见，甚至将此亦视为夷简之权谋。

三见于仲淹赴边以后。除了军机要事须以公文及时上达之外，仲淹与夷简还有私信往还。据《年谱》所记，仅庆历二年(1042)，即“有《上吕相公》三书”

---

① [宋]范仲淹著，李勇先、王蓉贵校点：《范仲淹全集》文集卷第十一，成都：四川大学出版社，2002年，第264页。

② [宋]范仲淹著，李勇先、王蓉贵校点：《范仲淹全集》文集卷第十一，成都：四川大学出版社，2002年，第266页。

③ [宋]司马光撰，邓广铭、张希清点校：《涑水记闻》卷第八，北京：中华书局，1989年，第162页

（此三书皆载《范集》）。

四见于仲淹任参知政事后出使巡边途中。据《东轩笔录》卷四：

范文正公仲淹为参知政事，建言乞立学校、劝农桑、责吏课、以年任子等事，颇与执政不合。会有言边鄙未宁者，文正乞自往经抚，于是以参知政事为河东、陕西安抚使。时吕许公夷简谢事居圃田，文正往候之。许公问曰："何事遽出也？"范答以"暂往经抚两路，事毕即还矣"。许公曰："参政此行，正蹈危机，岂复再入？"文正未喻其旨。果使事未还，而以资政殿学士知邠州。①

两人话能说到这个份上，足见相知已深。

五见于仲淹《祭吕相公文》（《范集》卷十一）。庆历四年，夷简去世，仲淹的这篇祭文表达了两人间的真挚感情：

维庆历四年十一月日，具官范某，谨致祭于故相、赠太师令公吕公之灵。呜呼！富贵之位，进退惟艰，君臣之际，始终尤难！公觏昌辰，宰于庶揆，保辅两宫，讦谋二纪。云龙协心，股肱同体，万国久宁，雍容道行。四鄙多故，忧劳疾生。辞去台衡，命登公衮。以养高年，如处嘉遁。呜呼！日月迭来，数不可回。两楹告兆，万乘兴哀。某素游大钧，猥居近辅，得公遗书，适在边土。就哭不逮，追想无穷，心存目断，千里悲风。②

祭文回顾"某素游大钧，猥居近辅"，如果说这是客套话，而"得公遗书，适在边土"之语，说明夷简在去世前还有书信远致巡边中的仲淹。可见两人同忧国事，感情融洽已非同一般。

关于仲淹主动与夷简释憾的心路历程，苏辙《龙川别志》（卷上）是这样分析的：

---

① ［宋］魏泰撰，燕永成整理：《东轩笔录》卷四，《全宋笔记》第20册，郑州：大象出版社，2019年，第231页。

② ［宋］范仲淹著，李勇先、王蓉贵校点：《范仲淹全集》文集卷第十一，成都：四川大学出版社，2002年，第270－271页。

范文正公笃于忠亮，虽喜功名，而不为朋党。早岁排吕许公，勇于立事，其徒因之，矫厉过直，公亦不喜也。自越州还朝，出镇西事，恐许公不为之地，无以成功，乃为书自咎，解仇而去。其后以参知政事安抚陕西，许公既老居郑，相遇于途。文正身历中书，知事之难，惟有过悔之语，于是许公欣然相与语终日。许公问何为亟去朝廷，文正言欲经制西事耳。许公曰："经制西事，莫如在朝廷之便。"文正为之愕然。故欧阳公为《文正神道碑》，言二公晚年欢然相得，由此故也。后生不知，皆咎欧阳公。予见张公（方平）言之，乃信。[①]

六见于仲淹专为解仇而作的《上吕相公书》。所可惜者，仲淹"为书自咎，解仇而去"的这封《上吕相公书》，《范集》未收。当时言及者，亦多得于传闻。直到南宋中期，幸赖夷简之六世孙吕祖谦《皇宋文鉴》书成，才将它公之于世（书信全文见前《遗恨千载说范碑》）。

从结怨到解仇，重归于好并结下深厚友谊，事实俱在，有案可稽。然而，吕范之争给北宋政坛造成的裂痕，再也难以弥合。从此以后，人们的思维定式似乎忽略了两人后来的"释憾""解仇"，而将"交恶"深深铭记，并且打上了党争烙印。就是说，这则"将相和"的佳话，在相当长的时间内并未为世人所认可。最有代表性的，当推陈师道的《后山谈丛》：

某公（按指吕夷简）恶韩、富、范三公，欲废之而不能。军兴，以韩、范为西帅，遣富使北，名用仇而实间之，又不克。军罢而请老，尽用三公及宋莒公（庠）、夏英公（竦）于二府，皆其仇也。又以其党贾文元公（昌朝）、陈恭公（执中）间焉，犹欲因以倾之。誉范、富皆王佐，可致太平，于是天子再赐手诏，又开天章阁，而命之坐，出纸笔使疏时政所当因革……众不利而谤兴。又使范公日献二事以困之……初，某公每求退以俟主意，常未厌而去，故能三入。及老，大事犹问。西北相攻，请出大臣行三边。于是范公使河东、陕西，富公使河北。……范公始以前言为然，乃请守边矣，而富公亦不还，韩又罢去，而贾、陈

① ［宋］苏辙撰，俞宗宪点校：《龙川别志》卷上，北京：中华书局，1982年，第83页。

相矣。[①]

陈师道这段话把吕夷简说成了任意摆弄政坛棋子的操盘手。哪怕他致仕后已移居外地，朝廷人事变动好像都还在他操控之中。洪迈《容斋随笔》卷八就事论事，指出师道记事多失实，但未能指出陈氏思想方法上的片面和偏执。

作为吕范释憾交欢见证人的欧阳修，为仲淹作《神道碑》，虽为指事据实，但其中也暗含直仲淹而曲夷简之意。按说，两人都已作古，从交恶到解仇之事已该画上句号。不想却起平地风波，且引起百年争议。

此事首先由仲淹之子范纯仁"削碑事件"而发端。纯仁极力否认仲淹与夷简解仇，究竟为什么？其直接原因固然是受到富弼影响，说到底还是与当时已经愈演愈烈的党争形势有关，与"君子小人之辨"的思维模式和情感倾向有关。朱熹夫子虽以洞达事理、持论公允著称，但他在认定吕范确已解仇的同时，所坚持的依然是扬范而抑吕的偏见。

四、影响深远的偏见

（一）撕扯不清的"君子小人之辨"

人间万象，纷繁复杂，世上从来没有判断是非曲直的"万能标准"。按说，任何事物，真相只有一个，而所谓的真理，见仁见智，却不止一个。因为认知客观事物的主体是人，由于认知主体的不同，观察认知的角度不同，对于所要认知所要表述的客体必然各不相同。更何况，不论认知的主体还是客体，都处于不断的发展变化之中。主客体两个方面的变动不居，更会造成认知事物的千差万别。

朱熹有言："天不生仲尼，万古长如夜。"似乎孔子认知世界、判断是非的标准即可作为世人认知事物的"万能标准"。其实，孔夫子只能为世人判断是非、衡量人物提供一些基本原则，诸如仁爱、忠恕之类，他并没有、也不可能为世人制定一套"万能标准"。恰恰相反，正是他的"君子小人之辨"将后世陷入无穷无尽的纷争和混乱之中。因为孔子除了设定"圣贤""邪恶"两极之外，念叨最

① ［宋］陈师道撰，李伟国点校：《后山谈丛》卷一，中华书局，2007年，第26页。

多的大约要数“君子”“小人”。他说:“君子喻于义,小人喻于利”,“君子群而不党,小人党而不群”。从此以后,世人遵循的最高标准,一则便是“君子不言利”“何必曰利”,君子似乎成了“义”的代表,小人似乎成了“利”的化身;一则便是“君子”不结“党”、结“党”必“小人”。从此以后,一事当前,先行“义利之辨”,便成为区分“君子”“小人”的首要问题;“结党营私”也就成为攻击政敌的最好口实。

时至今日,人们应该清楚:不仅“群”与“党”无严格界限,“义”与“利”更非同一范畴。“义”属于观念形态,“利”主要是指物质利益。两者既非对应概念,更非决然对立、互不相容的关系。在大多数情况下,义在利中,利在义中,两者是一致的,是一种互为表里、相辅相成的关系。只有在某些极端情况下,“义”与“利”才会出现互不相容、决然对立,才会存在趋避取舍的问题,这便是孔孟之徒所长期标榜的“杀身成仁”“舍生取义”。把两个在通常情况下并非完全对立,而是可以互相兼容的概念偏要置于极端,用于分辨“君子”“小人”,其结果只会越分辨越混乱。然而,圣人定下的标准,谁敢不从,谁敢轻言放弃。于是大家只能打着“君子”和“义”的旗号,根据各自的理解和爱憎去观察事物,判断是非。这样观察判断的结果,只能是见仁见智,此亦一是非,彼亦一是非。由此所看到的“君子”“小人”,只能是永远处在不停分化改组中的人群,最终不仅是非莫辨、“君子”“小人”莫辨,甚至弄到分不清自己属于君子还是小人。正因为如此,两千多年来,不仅君子、小人的界限没能划清,“义利之辨”也成了永远撕扯不清的话题。欧阳修《朋党论》“君子与君子以同道为朋,小人与小人以同利为朋”①的命题虽然光明正大,但它所起的作用,只能是激化矛盾,并未能消解日益加剧的朋党之争。

“本朝忠义之风,却是自范文正公作成起来”②(《朱子语类》卷第四十七)。如前所言,仲淹是不赞成朝臣结党的。但是,主观上赞成不赞成是一回事,客观上有没有形成则是另一回事。一旦风气形成,为士林推尊,阵营便会成立,仲淹则身不由己地成为该阵营的精神领袖。欧阳修所谓“朋党之论遂起而不能止”者,正说明“朋党之争”实自吕范交恶肇始。

前引苏辙所谓“范文正公笃于忠亮,虽喜功名,而不为朋党。早岁排吕许

① [宋]欧阳修著,李逸安点校:《欧阳修全集》卷十七,北京:中华书局,2001年,第297页。
② [宋]黎靖德编,王星贤点校:《朱子语类》卷第四十七,北京:中华书局,1986年,第1188页。

公，勇于立事，其徒因之，矫厉过直，公亦不喜也”。这话说得极好。在苏辙看来，朋党的形成不在仲淹，而是归之于“矫厉过直”的“其徒”的。但是，“矫厉过直”一旦成“风”，大多数人都会受到裹挟，很难有人能置身事外。

对于这个问题，朱熹有一段十分精辟的论述：

> 朋党之倡，其萌于范、吕交隙之时乎。……然尝反覆史传，切谓党祸之作固小人之罪，而希君子之风，附君子之名，不得尽辞其责。故尝妄为之说曰：党论之始倡，蔡襄“贤不肖”之诗激之也；党论之再作，石介“一夔一契”之诗激之也；其后诸贤相继斥逐，又欧阳公“邪正”之论激之也。何者？负天下之令名，非惟人情不堪，造物亦不吾堪尔。吾而以贤自处，孰肯以不肖自名？吾而以夔契自许，孰肯以大奸自辱？吾而以公正自褒，孰肯以邪曲自毁哉？如必过为别白，私自尊尚，则人而不仁，疾之已甚，攻乎异端，斯害也已，安得不重为君子之祸！孙复谓“祸始于此”，仲淹谓“怪鬼坏事”，韩琦亦谓“天下事不可如此”，其亦有先见云耳。[①]

朱熹这段议论，既认为“朋党之倡，其萌于范吕交隙之时”，又指出“党祸之作固小人之罪”。他这样说，实际上是把范仲淹的追随者们“景祐诸公”包括蔡襄、石介、欧阳修“诸贤”，都归入了“希君子之风，附君子之名”的“小人”之列的。这就涉及一个根本性的问题，即人性的一大弱点：理蔽于情——人们的理性判断容易为情感倾向所遮蔽。所谓“上行下效”“上所好下必甚”的社会现象，所反映的就是这个问题。这里所说的“上”，非独表现在天子与臣民之间，同样普遍存在于各类领袖人物与其追随者之间。在很多情况下，其追随者对领袖人物的认同和推崇，往往分不清是出于感性还是理性，而其对某些事物的言行表现，看似出于对领袖人物的忠诚和信从，但比其领袖人物更激进、更极端、更过分。当追随的领袖与另一领袖人物出现某种意见相左的情况时，其各自的追随者（其徒）往往不再顾及问题本身的是非曲直，而是唯其领袖人物马首是瞻，单凭情感倾向而毫不犹豫地站在其领袖一边，其反应之强烈往往比其

---

① ［宋］范仲淹著，李勇先、王蓉贵校点：《范仲淹全集》附录十，成都：四川大学出版社，2002 年，第 1346 页。

领袖人物更偏激、更极端、更过分，直至张扬成为一时的舆论和风气。唯其如此，方能表现出对其领袖人物的“忠诚”。假如其中有人冷静思考，独立判断，而不能随“风”俯仰，不愿“跟风”，则有可能被视为“有违师道”，甚至被目为“叛徒”。这样一来，本来只是某些局部的、枝节的、细小的问题上的分歧，而双方“其徒”“小子”们鸣鼓相攻的结果，必将使缝隙越裂越大，直到形成势不两立的两大阵营。纵观历史上朋党、宗派之形成，几乎都有这么一个起于青萍之末而愈演愈烈的过程。对于这种现象，我们很难再以“君子之党”“小人之党”加以区分。此前，如长达40余年的唐代牛李党争，此后，如王安石与司马光为首的新旧党争，莫不如此。其间几乎人人受飓风裹挟，人人得选边站队。假如有人不能同声附和，则有可能被谴责为“叛逆”。

有论者认为，帝王最忌朝臣朋党，是因为一旦朋党形成，容易将皇帝架空，甚至出现擅行废立乃至篡权夺位的危险。其实，这只是朋党祸国的一种极端形式，历史上并不多见。更为多见的，则是朋党一旦形成，必然会以“本党（小集团）利益高于一切”而实行“党同伐异”。同我者即为君子，异我者即为小人，纷纷扰扰，意气相攻，到头来不仅已无是非可辨，还势必让朝政杂乱无章。诚如张方平所言：“近岁以来，时风浸敝，是非起于憎爱，毁誉移于朋党……法制因兹不振，堂陛由是益削。”①（《乐全集》卷二十《论小臣妄投封章讪上事奏》，又见《全宋文》卷七八五）。王夫之在论及北宋朋党之祸时明确指出：“朋党之兴……其始则景祐诸公开之也。”②他在盛赞“范希文以君子之道立心”③的同时，也指出仲淹走了“好善恶恶”④的极端，更为推崇的则是夷简“固以讪之不怒、逐之不耻、为上下交顺之术，而其心之不可问者多矣”⑤（《宋论·卷四·仁宗》）。柳诒徵先生对北宋党争给予极高评价，认为中国“政党政治之风，亦开于宋”⑥。而笔者则不以为然。正如偶然出现的暖冬天气并不能满足百花滋荣那样，北宋时期尚不具备政党政治的气候和土壤。朋党之争所带来的，只能是朝政的紊乱和社会的动荡。仁宗一再下诏“戒百官朋党”，从朝政大局着眼，

---

① 曾枣庄，刘琳主编：《全宋文》（第十九册），成都：巴蜀书社，1991年，第54页。

② ［明］王夫之著，杨坚总修订：《船山全书》第十一册，长沙：岳麓书社，2011年，第118页。

③ ［明］王夫之著，杨坚总修订：《船山全书》第十一册，长沙：岳麓书社，2011年，第107页。

④ ［明］王夫之著，杨坚总修订：《船山全书》第十一册，长沙：岳麓书社，2011年，第129页。

⑤ ［明］王夫之著，杨坚总修订：《船山全书》第十一册，长沙：岳麓书社，2011年，第119页。

⑥ 柳诒徵著：《中国文化史（中）》，长春：吉林出版集团股份有限公司，2016年，第673页。

是完全必要的，但其效果也是有限的。十分可笑的是，大约是出于对仲淹的偏爱，今天依然有人又是写文章又是出书，从根本上否认以仲淹为首的“景祐诸公”有朋党之事，认为“朋党”之说，不过是当时的政敌强加在他们头上的“莫须有的罪名”[①]。如此说来，仁宗一再下诏戒敕“朋党”，岂不成了无事生非、无的放矢？后世论者说到北宋的朋党祸国，岂不是也都成了无稽之谈、无根之论？所以笔者坚持认为，尽管仲淹主观上“不为朋党”，并不等于当时客观上没有形成朋党；尽管北宋中后期愈演愈烈的朋党之祸为仲淹等所始料未及，倘若追溯其始作俑者，无可否认，以名节相尚的“景祐诸公”，首先是范公，难辞其咎。

（二）不妨换个角度看问题

由于人们的阅历不同，立场、观点不同，观察分析问题的角度和方法不同，对于同一事物，其认识和评价往往大相径庭。为了力求接近事物真相，力求取得认识和评价上的一致，近年人们提出了“换位思考”。就是说，为了最大限度地克服局限性，避免片面性，必须力戒“信则灵”式的宗教虔诚，力戒先入为主而又凝固僵化了的所谓立场、观点和方法。如果抛弃“君子”“小人”之类的固有观念和思维模式，抛弃带有宗派党争色彩的情感倾向和狭隘偏见，让我们转换视角、改变思路重新审视所谓吕范交恶和吕夷简的“操术”，思想认识自会豁然开朗，对当年的是是非非就会别有一番见解：

景祐二年(1035)十月，仲淹自知苏州除礼部员外郎、天章阁待制，进吏部员外郎、权知开封府。对于这次职务变动的原因，宋代文献多作如是记载：

> 仲淹自还朝，言事愈急，宰相阴使人讽之曰：“待制侍臣，非口舌任也。”仲淹曰：“论思政侍臣职，余敢不勉。”宰相知不可诱，乃命知开封，欲挠以剧烦，使不暇他议，亦幸其有失，亟罢去。[②]

大凡论及吕范交恶的文章，几乎都会援引这段文字褒扬仲淹而贬抑夷简。然而，此事看似言之凿凿，其实未必可信。其一，不合情理。开封府乃天子脚

① 方健著：《范仲淹评传》，南京：南京大学出版社，2001年，第278页。

② ［宋］李焘撰，上海师范大学古籍整理研究所、华东师范大学古籍整理研究所点校：《续资治通鉴长编》卷一百十七，北京：中华书局，2004年，第2766页。

下，京师重地。仲淹由苏州治水有功而擢知开封府，显属越次超迁，提拔重用。“欲挠以剧烦，使不暇他议，亦幸其有失，亟罢去”，这实在是揣测吕夷简的一笔心思账，岂不等于说吕夷简为了暗算范仲淹，不惜拿这一重要职位做儿戏？这显然不符夷简的行事风格。况且，这项任命也不可能撇开仁宗皇帝而由夷简擅自作主。在宋仁宗心目中，夷简一向为忠心谋国的长者，如果说知开封府属于夷简要弄权术，那么，对于仲淹后来戍守西北而夷简主张“超迁”又作何解释？岂不更属于险恶用心？夷简的胸怀受到宋仁宗和众多朝臣赞赏，难道大家都受到了愚弄和欺骗？仲淹“于夷简无憾”的话，岂不是也成了敷衍皇帝、言不由衷？其二，我们必须考虑这段话的来历。“欲挠以剧烦，使不暇他议，亦幸其有失，亟罢去”这话最早见之于富弼为仲淹所作之《墓志铭》。我们知道，富弼与仲淹交谊极深，在吕范交争中属于“铁杆范党”。为了政治斗争的需要和对范公的尽情褒扬，他在范公《墓志铭》中不惜多处使用曲笔。对此，笔者已有专文论述。总而言之，对夷简的“诛心”笔法，我们不应全信。

如前所述，仲淹于知开封府任上上“四论”以及《百官图》，指斥夷简用人不公，既是其性格使然，又代表了“失意的大多数”。自此事件之后，吕夷简“用人不公”的指斥，似成千古定论。而在笔者看来，此论颇欠公允。平心而论，夷简秉政近二十年，“进用者多出其门”固然属实，却无可苛责：一是世称有宋一代人才济济，莫盛于仁宗一朝，其间不应全盘抹杀夷简荐拔之功，受其举荐、提拔和重用者，其中即包括仲淹、富弼、包拯等，不乏经得起历史检验的贤臣、名臣；二是用人偶有失误，任何人都在所难免；三是为他所提拔重用者，我们至今也很难断定有哪几个属于明显的奸邪小人。如受到世人非议较多的张方平、王拱辰、二宋、李淑等人，盖棺论定，我们既不能将他们归入吕党，也绝难认定他们属于坏人。

与此相反，我们倒可以找到夷简用人谨慎的一些证据。据《东轩笔录》卷三载：“宝元中，御史府久阙中丞。一日，李淑对，仁宗偶问以宪长久虚之故，李奏曰：‘此乃吕夷简欲用苏绅，臣闻夷简已许绅矣。’仁宗疑之。异时，因问许公曰：‘何故久不除中丞？’许公奏曰：‘中丞者，风宪之长，自宰相而下，皆得弹击，其选用当出圣意，臣等岂敢铨量之？’仁宗颔之，自是知其直矣。”[①]李淑确曾一

---

① [宋]魏泰撰，燕永成整理：《东轩笔录》卷三，《全宋笔记》第20册，郑州：大象出版社，2019年，第229页。

度被时人目为奸邪。而此次进谗，既可反证夷简在用人上的忠直，又可反证李淑并非夷简心腹。还有那位首劾仲淹“更张纲纪，纷扰国经，凡所推荐，多挟朋党”[①]的钱明逸，虽以少年才俊为夷简所赏识，但他所上弹劾仲淹的这次奏疏却与夷简无关，更非出于夷简授意，何必硬要与夷简扯上关系。

前面提到杜衍举荐雷简夫之事，实际上雷简夫最初还是受仲淹举荐的（《范集·政府奏议·荐举》）。夷简认为，对“起于草泽”的士人，不可遽然予以大用，应有一个观察考验的试用阶段。这种做法，不应认为夷简“压抑人才”，而应视作他在用人上的谨慎持重。即便仲淹感到自己的举荐“受沮”，为此而责怪夷简，也未必是正确的。

《孙子》曰：“善战者，无智名，无勇功。”治理国家，何尝不是如此。夷简自仁宗即位之初任参知政事，先后执政长达二十年，对于仁宗一朝的政治稳定、经济繁荣、百姓安逸，应当说都有他的一份功劳。这且不说，单就仁宗一朝涌现出的人才而言，济济盈廷，灿若繁星，也是中国历史上罕见的。所有这些，如果把它说成是夷简擅权误国、排斥和压抑人才的结果，恐怕很难令人信服。

为人多智不是过错，而多智之人易遭猜忌却是不争的事实。自从“吕范交恶”之后，夷简便被贴上了“奸邪”的标签，他的一举一动皆会因先入之见而被疑为偷斧。史载夷简此类事甚多，为后人诟病最著者当数倾李迪、排王曾、卖宋庠、陷富弼四事。其间的是非曲直，笔者拟逐一作些辨析。

（一）所谓倾李迪。“迪与吕夷简同相，迪直而疏，夷简巧而密。迪尝有所规画，夷简觉非迪所能，乃问其所亲曰：‘复古（迪字）门下，谁适与谋？’对以‘李无他客，独（其子）柬之虑事，过其父远甚’。夷简因谓迪曰：‘柬之才可用，当付以事。’迪谦不敢当。夷简曰：‘进用才能，自夷简事，幸勿预知。’即具奏，得请，迪父子皆喜，不悟夷简阴夺其谋主也。柬之既受命，居半岁，迪果罢相。”[②]（并见《长编本末》卷三十七、《龙川别志》卷上。）李迪罢相，原因复杂，与李、吕失和之明朗化当然有一定关系。但是，若由此逆推夷简当初举荐李柬之外出做官，为“阴夺其谋主”，如此诛心之论，依据何在？此论若能成立，真不知该让夷简如何做人。

---

① ［元］脱脱等撰：《宋史》卷三百一十七，北京：中华书局，1985年，第10347页。

② ［宋］杨仲良撰：《皇宋通鉴长编纪事本末》（第2册），哈尔滨：黑龙江人民出版社，2006年，第634－635页。

（二）所谓排王曾。王曾数次力荐夷简，于夷简有恩。曾再入相，“吕公复言愿以首相处之，上不可，许以亚相……吕公专决，事不少让，二公又不协。王公复于上前求去，上问所以，对如李公（迪）去意。固问之，乃曰：‘夷简政事多以贿成，臣不能尽记，王博文自陈州入知开封，所入三千缗。’上惊，复召吕公面诘之。吕公请付有司治之，乃以付御史中丞范讽。推治无之，王公乃请罪求去……遂以王公知郓州，吕公亦以节钺知许州。……李公、王公虽以疏短去位，然天下至今以正人许之”①（并见同前）。对于这类记载，我们是不是可作如下评论：其一，王曾再相，夷简不仅未加排斥，还请求让他做“首相”，可见夷简不是检忌之人；其二，王曾屈居亚相，是仁宗安排，怪不得夷简；其三，“二公又不协”，可知两人出现了政见分歧；其四，“吕公专决，事不少让”，此乃性格与所处之首相地位使然，不应归结为个人品德；其五，表面看由“吕公专决”而引起两人“不协”，而王曾以“老资格”屈居亚相，意见又得不到尊重，焉知其心中没有不平之气；其六，王曾因政见不合而求去，属官场惯常做法，说不上夷简排挤；其七，是王曾首先发难，以无根之传闻揭发夷简“政以贿成”，结果查无实据，以致“请罪，求去”，此事怪不得夷简；其八，因“不协”而外放，夷简本人也被搭了进去，说明所谓“排王曾”，并非夷简事前设计；其九，李公、王公“天下至今以正人许之”，正可说明当时“天下”对“夷简奸险”偏见已深。

（三）所谓卖宋庠。“吕夷简当国，同列不敢预事，唯诺书纸尾而已。独庠数与争论，夷简不悦。上顾庠颇厚，夷简忌之。巧求所以倾庠未得。及范仲淹擅通书元昊，又焚其报。夷简从容谓庠曰：‘人臣无外交，希文何敢如此？’庠以夷简诚深罪仲淹也，它日，于上前议其事，庠遽请斩仲淹。枢密副使杜衍力言其不可。庠谓夷简必助己，而夷简终无一言。上问夷简，夷简徐曰：‘杜衍之言是也，止可薄责而已。’上从之，庠遂仓皇失措。论者喧然，皆咎庠，然不知实为夷简所卖也。”②（《涑水记闻》卷八、《龙川别志》卷上、《长编本末》卷三十七）史载这段四人对话，颇具“智斗”的戏剧性。对此，我们是不是可作如下理解：其一，所谓“吕夷简当国，同列不敢预事，唯诺书纸尾而已”，这话若从正面理解，是不是可以理解为夷简老成当国，深谋远虑，而为“同列”所信赖、敬重和钦服，

① ［宋］苏辙撰，俞宗宪点校：《龙川别志》卷上，北京：中华书局，1982年，第80－81页。

② ［宋］杨仲良撰：《皇宋通鉴长编纪事本末》（第2册），哈尔滨：黑龙江人民出版社，2006年，第645－646页。

故而很少出现异议。其二，夷简谓仲淹“人臣无外交”，此言不谬，属于私下闲议。对于仲淹的大胆而“出格”之举，其内心深处说不定还有几分担心、惋惜、欣赏和赞许。但在朝堂议事的郑重场合，表态非同小可，出言不可不谨。一边是宋庠“遽请斩仲淹”，一边是杜衍坚持不可，当仁宗征询他的意见时，面对如此重大问题和紧张气氛，夷简“徐曰”杜衍“薄责”为是。于此正可见夷简临事沉稳，深得大臣之体。其三，对待仲淹“擅通书元昊”一事，自是宋庠乖谬。是他想迎合、讨好夷简，拍夷简马屁，结果却揣摩错了夷简的心思，此事怪不得夷简，只能是宋庠自取其辱。其四，宋庠与李迪、王曾同样为状元出身，是仁宗寄予厚望的青年才俊。夷简若“忌”而且“倾”，岂不是与仁宗皇帝作对？那还有什么“怀忠”可言？其五，宋庠少夷简 17 岁，年轻气傲，虑事不知深浅，说话不知轻重，夷简对此“不悦”，理或有之，要说他“忌”而且想“倾”，何以见得？况且，宋庠既为状元，其智商不可能算低，也不是那么好卖的。将宋庠之私心迎合而弄巧成拙，归咎为夷简所卖，实有厚诬之嫌。而时人以此逆推夷简之“忌”且“卖”，可知当时偏见已深。

（四）所谓陷富弼。据《宋史》富弼本传，事情的经过大致是这样的：

> 会契丹屯兵境上，遣其臣萧英、刘六符来求关南地。朝廷择报聘者，皆以其情叵测，莫敢行，夷简因是荐弼。欧阳修引颜真卿使李希烈事，请留之，不报。弼即入对，叩头曰：“主忧臣辱，臣不敢爱其死。”帝为动色。[①]

及至富弼北见契丹国主，以凛然正气据理力争，迫使对方放弃了一些无理要求。随后：

> 弼归复命，复持二议及受口传之词于政府以往。行次乐寿，谓副使张茂实曰：“吾为使者而不见国书，脱书词与口传异，吾事败矣。”启视果不同，即驰还都，以晡时入见，易书而行。[②]

---

① ［元］脱脱等撰：《宋史》卷三百一十三，北京：中华书局，1985 年，第 10250 页。

② ［元］脱脱等撰：《宋史》卷三百一十三，北京：中华书局，1985 年，第 10252 页。

富弼平时遇事敢言，多次批评朝政，确曾引起夷简不悦。但是，当敌情叵测，群臣莫敢前往之际，夷简荐富弼可当此任，只应理解为夷简的宽宏大度以及对富弼的了解与信任。夷简长富弼25岁，对于年轻气盛、心直口快的富弼虽说时有不悦，要说夷简不顾国难当头而企图借此机会陷害富弼，夷简不至于坏到这种程度。所以富弼本传即以“晡时入见，易书而行”了结此事，并未节外生枝。

但是，此事所引发的反响和此后的社会舆论，却出现了巨大差异。

首先是富弼本人的过度反应。据李焘《长编》卷一百三十七仁宗庆历二年秋七月癸亥：

> 弼与茂实再以二事往，于是吕夷简传帝旨，令弼草答契丹书并誓书，凡为国书二，誓书三……弼奏于誓书内创增三事：一，两界塘淀毋得开展；二，各不得无故添屯兵马；三，不得停留逃亡诸色人。弼因请录副以行。中使夜赍誓书五函并副，追及弼于武强，授之。弼行至乐寿，自念所增三事皆与契丹前约，万一书词异同，则敌必疑，乃密启副封观之，果如弼所料，即奏疏待报……乃诏弼三事但可口陈。弼知此谋必执政欲变己所与北朝初议者，乃以礼物属茂实，疾驰至京师，日欲晡……得入见，曰“执政固为此，欲致臣于死，臣死不足惜，奈国事何？”上急召吕夷简等问之，夷简从容曰：“此误尔，当改正。”弼语益侵夷简，晏殊言夷简决不肯为此，真恐误尔。弼怒曰：“殊奸邪，党夷简以欺陛下。”遂诏王拱辰易书。其夕，弼宿学士院，明日乃行。[①]

其次是当时的舆论几乎都倒向富弼，纷纷谴责夷简。据李焘《长编》卷一百三十九仁宗庆历三年正月，陕西转运使孙沔上书言：“自吕夷简当国，黜忠言，废直道……以柔而易制者，升为腹心，以奸而可使者，任为羽翼。以谄佞为君子，以庸懦为长者，使之在廊庙，布台阁，上惑圣明，下害生灵，为宗社计则必危，为子孙计亦未可保终吉。是张禹不独生于汉，李林甫复见于今也。”[②]四月

---

① ［宋］李焘撰，上海师范大学古籍整理研究所、华东师范大学古籍整理研究所点校：《续资治通鉴长编》卷一百三十七，北京：中华书局，2004年，第3286－3287页。

② ［宋］李焘撰，上海师范大学古籍整理研究所、华东师范大学古籍整理研究所点校：《续资治通鉴长编》卷一百三十九，北京：中华书局，2004年，第3346－3347页。

间，谏官蔡襄上疏，历数夷简出入中书二十年的种种过恶，谴责他“谋身忘公，养成天下今日之患”[①]。接着又有谏官欧阳修上言：“吕夷简为陛下宰相，而致四郊多垒，百姓内困，贤愚倒置，纪纲大堕，二十余年间，坏乱天下。人臣大富贵，夷简享之而去，天下大忧患，留与陛下当之。夷简罪恶满盈，事迹彰著。”[②]李焘在记述此事始末及社会反响之后，做结论说：“先是，吕夷简当国，人莫敢抗。弼既数论事侵之……夷简益恨，因荐弼使契丹，变易国书，欲因事罪之。”[③]（《长编》仁宗二年闰九月庚辰）到了朱熹撰《五朝名臣言行录》（后集卷二）更将此事绘声绘形地照抄下来。从此以后，“夷简奸邪”“陷害富弼”几成千古定论。

此事看起来确实有些蹊跷怪异，然而细加分析，事态并非如富弼所言，真相也未必如某些载籍。笔者认为，这起平地风波，倒是由于富弼举止孟浪乖张而上演的一出闹剧。兹据上述史料，容笔者稍作辨析：

其一，从问题的实质和矛盾的焦点来看，双方所争执的究竟是什么。用富弼的话说，是“自念所增三事皆与契丹前约，万一书词异同，则敌必疑”。所谓“书词异同，则敌必疑”，就是说，朝廷要富弼向契丹当面“口陈”的，万一与国书、誓书表述得不一致怎么办。平心而论，富弼这次出使的任务，主要是交涉契丹“求割地”与“增岁币”二事。除此之外，“弼奏于誓书内创增三事”，并非这次出使的主要任务。要不要写进国书、誓书，朝廷有朝廷的考虑，不涉及“爱国”“卖国”还是“误国”，也不会关涉富弼“死不足惜，奈国事何”的地步。富弼以为“执政固为此，欲致臣于死”，把问题说得过于严重了，多少有些危言耸听，言过其实。

其二，从办文办事的程序看，朝廷并无大错。当富弼以“二事”准备再次前往契丹时，是夷简传达仁宗皇帝的旨意，由富弼代为起草答复契丹的国书和誓书，以此可见朝廷对他的器重和信任。但是，正如笔者曾言，富弼并非思虑缜密的文章妙手。由他代拟的草稿，其正式文本还得由大宋状元王拱辰制作完

---

① ［宋］李焘撰，上海师范大学古籍整理研究所、华东师范大学古籍整理研究所点校：《续资治通鉴长编》卷一百四十，北京：中华书局，2004年，第3367页。

② ［宋］李焘撰，上海师范大学古籍整理研究所、华东师范大学古籍整理研究所点校：《续资治通鉴长编》卷一百四十三，北京：中华书局，2004年，第3444页。

③ ［宋］李焘撰，上海师范大学古籍整理研究所、华东师范大学古籍整理研究所点校：《续资治通鉴长编》卷一百三十七，北京：中华书局，2004年，第3295－3296页。

成。富弼奏请“于誓书内创增三事”，在他本人的草稿中可能是写进去的，而朝廷并未采纳。这显然不是夷简个人意见，况且，朝廷已经十分及时而又明确地告知他“三事但可口陈”，不必写进誓书。朝廷这样处理，并无大错。问题出在哪里？显然出在富弼一边。富弼坚持将“创增三事”写进誓书，不论朝廷采纳与否，誓书都应在意见统一之后再行制作，并经富弼过目之后再郑重交付。这个问题如在事前敲定，本可避免出现差错，也就可以避免他往返折腾了。问题在于富弼不仅对定稿誓书未加过目，而且不等国书、誓书制作完成交到手里就匆匆上路，直弄得中使连夜赍书追赶到武强“授之”，直到他“行至乐寿”方才想起需要详看誓书。如此行事，未免过于孟浪乖张。而结果呢，发现了“书词与口传异”，匆忙返京，不怪自己，反而责怪“执政固为此，欲致臣于死”，于是上演了这么一场闹剧。

其三，从这场闹剧的收场来看，足见夷简超迈常人的智慧和气度。从表面看，问题出在办文环节。当然，办文环节出错，夷简也应担责。要说他是有意借机陷害富弼，连富弼的岳父晏殊也不相信。其实，问题出在哪里，晏殊一旁看得也很清楚。他表态“夷简决不肯为此，真恐误尔”，只是适时打个圆场，充当一回“和事老”而已。哪知富弼当着皇帝的面竟然怒斥“殊奸邪，党夷简以欺陛下！”看来此时的富弼年轻气盛，不识好歹、不听劝阻，甚至失去理智。当此之际，请问夷简该怎么办？跟一个正在气头上的年轻人还有什么好计较、好争论的？“夷简从容曰：‘此误尔，当改正。’”并且安排王拱辰连夜重新制作了誓书。笔者认为，夷简的从容态度和即时改易国书，并不表明他当面认错，及时改错，恰可表明他的识大体、顾大局和非同一般的应对能力。重要关头，不加争辩，把过错揽在自己身上，这一做法实在可圈可点，正可见其大度和高明之处。请加设想，富弼是带着“此谋必执政欲变己所与北朝初议者”“欲致臣于死”的强烈不满情绪而半路折回来告御状的。他连夜闯宫，面见仁宗，其情绪之激动，言辞之激烈，可想而知，仁宗只好把夷简、晏殊、王拱辰等人连夜召进宫里，当面问清。而富弼“仇人相见，分外眼红”，当着仁宗的面，言语“益侵”夷简。当此之际，难道要夷简来一个针锋相对、语言争胜吗？而此时的富弼正当盛怒之下，能是三言两语可以折服吗？更何况，若真把他折服，又有什么好处？会不会挫伤他的出使热情、为国效力的积极性？再说，这样相持不下，争论不休，会不会影响大家一夜的休息和明天的早朝？所以笔者认为，为避免矛盾的继续激化和升级，以致挫伤富弼忠君爱国的积极性，正是夷简在不涉及国家核心利益的前提下，在非原则问题上所作的迁就、妥协和让步。夷简此时揽过归己，息事宁人，重写誓书，满足要求，打发他尽快去完成使命。这样的态度和做法，绝非常人所能企及，不能不令人击节叹服。

其四，“疾风知劲草，板荡识诚臣”。欧阳修亦谓“忠臣有不和之节”。正是由于富弼引惹的这场不大不小的闹剧，进一步加深了仁宗对富弼和夷简两位臣子的了解。即以对待契丹的态度为例，富弼可归之于强硬派，夷简则可归于温和派。不论强硬还是温和，主张各有利弊，成效一时很难预料，更难预断其优劣。可以断言的是，不论两人分歧多大，都不应认为是“爱国”与“卖国”的区别。这种分歧，表面上看属于政见分歧，从根本上看则应归于两人的识见、性格和处事风格上的差异。夷简稳健干练，老成持重，更得仁宗的眷顾和倚重。正因为此，尽管内外臣僚群起抨击他擅权误国，甚至把夷简比作汉之张禹、唐之李林甫，骂他“恶贯盈满”，仁宗依旧眷倚不衰，这就很能说明问题。反观富弼，其赤胆忠心、热血报国，固然可嘉，但其为人任性、偏执、好走极端，甚至有些矫情，也是显而易见的。《长编》说他“自初奉使，闻一女卒，再奉使，闻一男生，皆不顾而行。得家书，不发而焚之，曰：‘徒乱人意尔。’”[①]联系到他等不及拿到国书就匆忙上路、半路上又返回京师的闹腾，事情做得显然有些过分。所有这些，都应属于性格上的缺陷。可叹当时的人们包括李焘在内，都把这些明显的缺点当成了优点加以赞赏。相应的，吕夷简则被严重污名化。不论这场闹剧因何而起，不论其中的是非对错，也不论夷简处置是否得体，反正都站在富弼一边，认定夷简“陷害富弼”。这便是当时某些人群的思维定式、判断事物的常用逻辑。

笔者少时听老师讲《孟子》，讲到齐国高士陈仲子，衍生出一个荒唐故事：陈仲子向来鄙夷哥哥做官得来的不义之财。有一天，母亲杀了一只鹅给他吃，后来听说此鹅是别人送给他哥哥的，据说他把吃进肚子里的鹅肉都吐掉了。此事被传扬开去，越传越走样离谱，先传他吐出一只鹅，后传他吐出一只活鹅，再后来传他天天吐鹅，最后传他在家不停地朝外吐鹅……大约正是由于孟子对这位高士的苛责和贬抑，才衍生出陈仲子这么“吐鹅”的传奇。

其实，先秦时期此类寓言故事不少，比如“三人成虎”“曾参杀人”“夔一足”

① ［宋］李焘撰，上海师范大学古籍整理研究所、华东师范大学古籍整理研究所点校：《续资治通鉴长编》卷一百三十七，北京：中华书局，2004年，第3296页。

"穿井得人"之类传言，都是告诫人们不要轻信。讵料千余年之后，世间还在流传吕夷简"陷害富弼"。而且直到今天，吕夷简的"印象分"似乎越来越差，事情的真相依然笼罩在云里雾里。问题究竟出在哪里？这实在是一个值得深思的沉重话题。

（三）偏见何以愈陷愈深

笔者认为，之所以会出现这种情形，说到底与当时的政治局势和社会风气有关。是继"吕范交恶"之后，党争局面已经形成，人际关系已经复杂化，是大家互存戒心、互相猜忌、党同伐异、缺乏互信的必然结果。

"庆历新政"之所以失败，论者多归罪于顽固守旧势力的强大，归罪于宋仁宗的"信任度"不够，有些人甚至归罪于致仕之后已经移居外地的吕夷简，认为是其党羽仍在起作用。而笔者认为，所谓成功失败，是对主事者而言，只应从主事者自身寻找原因，而不应过多地归之于客观外界。即使为客观条件所限，或曰客观阻力太大，致使一些改革措施难以推行，那也有一个主观决策未能符合客观实际的问题。就范仲淹为首的革新集团而言，其失败的一个重要原因，应归结于改革者自身——未能以和而不同、群而不党的胸怀团结大多数。因为就当时形势而言，面对种种社会矛盾，重重社会危机，"不改革就没有出路"已经成为大多数有识之士的共识。政见之不同，主要在于各人的见事早迟以及对改革举措的先后次序、轻重缓急、方法步骤等方面的见仁见智而已。即使有些人安于现状，因循成习，惮于更张，也有一个唤醒他们、争取他们的问题；即使对于某些死抱着既得利益而冥顽不化者，除非已成绕不过去的障碍，也不应主动出击，挑战它、激怒它，将助力变成阻力。即如张方平、王拱辰、刘元瑜等人，他们当初不仅提出过一些改革意见，而且还都不同程度地支持过改革人士，与改革派有过良好的关系。所可惜者，此时的改革派人士过于激进，且热衷于"义利之辨""君子小人"之分。一旦陷入此类纷争，势必化友为敌，将本来的支持者变成反对者，最终孤立的还是自己。即以"庆历新政"的热情支持者、积极参与者欧阳修而言，就可以说明问题：胥偃既是欧阳修的恩师又是他的岳父，可谓情深谊厚，只因胥偃批评了仲淹在开封府任上的某些举措，便被欧阳修目为吕党，从此翁婿两不相能；王拱辰系欧阳修之同榜状元，后又结为连襟，同样情深谊厚，本来与范、欧等人都相处甚得，只因在某些问题上意见相左，亦被欧公视为吕党，致其终成新政的一大劲敌。事情的发展不幸被仲淹言中，正是革新派人士的“专尚名节，而忘邦家之大”，“使太上用忠之意，谓吾道无可信者”，以致失去仁宗的信任。仲淹慨叹“今之世，有所兴作，横议先至”这种风气究竟是如何形成的？当时“君子”们的专尚名节、意气相攻可曾有责？“好名之害甚于好利”，看来此言不虚。可惜世事洞达如范、欧诸公，怨天尤人，责怪对方，责怪社会，却未能及时反躬自省。这应该是“君子小人”之辨、朋党之争留给后人的深刻教训。

如果说，近千年的抑吕扬范归因于人们长期固守的一些传统观念和思维定式，归因于狭隘的宗派偏见和宗派感情，那么，一个更加值得深思的问题是：进入近代以来，这种思维定式为什么还会被进一步强化？吕夷简何以愈到后世愈益成为反派典型？“抑吕扬范”的成见何以会愈益加深？

世界由矛盾组成；矛盾存在的基本形式是对立统一而非“势不两立”；矛盾双方共存于同一体，既统一又对立，由此推动事物的发展前进。这是一切事物的常态，亦即平衡状态。而打破平衡、表现为“势不两立”的失衡状态，亦即“一方吃掉一方”的“革命”状态，只能是一种短时期的“失态”，人们不应该、也不可能把它视为事物的常态。在常态下，所谓管理的领导艺术，说穿了，其实就是一种平衡艺术。打破了旧的平衡，在新的基础上建立新的平衡，以促进社会的和谐进步。这种“斗争哲学”并不限于政治思想战线，还被贯彻于一切领域，包括对历史人物、历史事件的研究和评价中。于是，吕夷简的历史定位被进一步推向极端，也就在必然之中。这使得“正面形象”的范仲淹越来越高大，作为“对立面形象”的吕夷简则越来越矮小。反观几十年来涉及吕范关系的文章，大抵都持扬范抑吕态度，极力渲染夸大吕范交恶的“斗争”面，缩小、回避、掩盖其释憾解仇的“调和”面，究其原因，盖出于此。

倘若让我们真正解放思想，转变思维方式，呈现在我们面前的吕范关系，很可能就是另外一番景象。

比如范仲淹知苏州，决心治理太湖水患，反对之声沸反盈天，若不是得到吕夷简的支持，断难成功，此事怎么能说成是吕夷简不怀好意？仲淹因治水有功而重返朝堂，不久升任开封知府，将京师重地交付于他，这难道不是一种充分信任？怎能说成是夷简“欲挠以剧烦，使不暇他议，亦幸其有失，即罢去”？请问这种“诛心之论”有何凭据？范仲淹被荐守边，夷简认为只是官复原职还不够，应予“超迁”、越级提拔，后来又为他转官增俸，凭什么说这是夷简意欲“以俸厚啖之”？仲淹擅答元昊书，固然出于忠义，但其做法确有欠妥的一面，在真相一时不明之时，容易引起怀疑。是宋庠提出私通外国，按律当斩，而夷简分明赞成杜衍意见，认为只应“薄责”，凭什么还要说是夷简“不为无意”，要杀仲淹？“非我族类，其心必异”。凡此种种，恰恰证明有些人运用的是“党同伐异”的惯性思维。不客气地说，正是由于双方都有一批追随者推波助澜，才使得当年的朋党之争“滋不可解”。欧公在《祭资政范公文》中大倒苦水，感叹他们在政敌面前横遭谤毁、百口莫辩的委屈：“公曰彼恶，谓公好讦；公曰彼善，谓公树朋；公所勇为，谓公躁进；公有退让，谓公近名。谗人之言，其何可听！”[①]（《居士集·卷五十·祭资政范公文》）倘若换位思考，反观被“君子党”攻击得体无完肤的夷简一方，其是非莫辨、动辄得咎的处境，何尝不是同样如此，甚至有过之而无不及！延续百余年的吕范“交恶、解仇”之争，争论双方虽然有受到当时材料和见闻局限的一面，但无可否认的是，由于受其交游圈子和党争带来的影响，不可避免地也都带有各自的感情色彩和“立场”偏见。事物总是错综复杂的，如果首先设定自己的“立场观点”，那就等于将研究者捆绑在某一固定位置，用僵化、固化的视角观察问题，那就很难从多角度、多侧面对研究对象进行深入细致的观察分析，从而得出较为客观公正的判断和结论。这也许是回顾这桩历史公案能够留给我们最为有益的教训。

结　语

回顾人们研究吕范从结怨到解仇的历程，给我们的最大启示也许正是在于：人为设置“对立面”的方法，必然背离“实事求是”。历史研究的基本任务，首先在于力求揭示历史的本来面目，而后才是认识其价值，获取启示，汲取教益。为此，就决不应采用夸大、缩小、回避、捏造、掩盖、歪曲历史真相的手段来达到为某种观点、某种主张和某种利益服务之目的。为此，就必须进一步解放思想，彻底摒弃一些旧的传统观念和思维模式，摒弃一些狭隘的宗派观念和宗派感情，对各种历史现象和历史人物进行多侧面、多维度、全方位的考察分析，才能得出比较合乎实际的结论。如果继续囿于某些僵化凝固了的“立场、观点、方法”，历史将依然是任人打扮的小姑娘、任人抟捏的橡皮泥。道理简单，教训深刻。

① [宋]欧阳修著，李逸安点校：《欧阳修全集》卷五十，北京：中华书局，2001年，第697页。

从庆历新政到熙丰变法*

北宋王朝中期，发生两件大事：一件是范仲淹主导的庆历新政，一件是王安石主导的熙丰变法[①]。两者相距不过二十余年，具有密切的内在联系。近代以来，学界研究范仲淹及其庆历新政者不少，研究王安石及其熙丰变法者更多。然而仅就笔者见闻所及，将两者联系起来进行比较研究者尚不多见。笔者认为，研究范仲淹及其新政，不应忽视它对王安石及其熙丰变法的影响；研究王安石及其变法，也不应忽视它对其前驱范仲淹思想及其实践的继承。笔者不揣孤陋，拟就两者的关系作些比较研究，同时通过对这两次变法必然归于失败的原因辨析，试图从中找出中国社会发展转型的一些轨迹。不当之处，尚祈方家赐教。

一、庆历新政与熙丰变法之比较研究

宋仁宗庆历三年(1043)八月，范仲淹就任参知政事，在仁宗皇帝的一再催促下，仲淹与富弼等于九月间联名上《答手诏条陈十事》，可视为新政开端；庆历五年(1045)正月，仲淹于巡边途中被免去参政职务，就地知邠州(今陕西彬州)，宣告新政以失败而结束。宋神宗熙宁二年(1069)二月，王安石就任参知政事，可视为熙丰变法的正式开始。从前者结束到后者开始，相距二十四年，两者不仅具有必然联系，且具有其内在的因果关系。我们完全可以这样说：庆历新政，是熙丰变法的先声；熙丰变法，是对范仲淹未竟事业的继承和拓

* 本文完成于 2015 年 10 月，后来作为参会论文提交给 2021 年 12 月于江西抚州召开的纪念王安石诞辰 1 000 周年学术研讨会。

① 北宋神宗时期的熙丰变法和元丰改制，两者侧重点虽然不同，但其改革基调一脉相承。为叙述方便，本文一般不再分说，而将两者统称为熙丰新法。

展。关于两次变法革新的具体内容和推行经过，研究者甚多，笔者不拟烦絮，这里仅就两者的异同作些粗略比较。

（一）庆历新政与熙丰变法的相同之处

1. 大致相同的时代背景和变法目的

赵匡胤陈桥兵变，黄袍加身，结束了唐末五代一二百年的藩镇割据和军阀混战，拯民于水火。可是，从孤儿寡母手里连骗带抢来的政权，也让赵匡胤留下一块老大的心病：凡是抢来的江山，就有被人抢走的可能。他总担心手下的功臣宿将也会对他来这么一手。怎么办呢？江山虽然归了他赵家，为了坐得稳，当年一起打江山的同伙弟兄之间的利益格局还需要平衡，作为最大"战利品"的"江山"，还需要利益上的二次分配和调整。于是他想出了一个好办法：君臣之间实行一场各得所需的"钱权交易"——以大量赏赐府第、田产、金帛、歌女的办法，鼓励功臣宿将尽情享乐；以此作为交换条件，让他们交出手中的兵权。这便是历史上有名的"杯酒释兵权"。人性本来就有自私、贪婪、嫌贫爱富、好逸恶劳的一面，加上皇帝这么提倡、鼓励和怂恿，便促成了北宋王朝士大夫追求享乐的奢华之风。除此之外，赵匡胤对这些功臣宿将的待遇还有更加从优的一招：建立一套规矩，保证他们的特权能够世袭罔替。这便是古已有之而被赵匡胤发扬光大了的恩荫制度。这项"优惠政策"超越了历代王朝，直至成为赵宋一朝的"祖宗家法"。这种制度的实质，就是当初一起"打江山"的弟兄们虽然名分上成了君臣，但打下来的"江山"依然是大伙儿共同的"战利品"。说得好听点，这就叫"君臣共治""皇帝与士大夫共治天下"。这种制度推行的结果，使得北宋王朝很快便涌现出一个很大的特殊利益群体，这便是旧时小说、戏曲舞台上频频亮相的衙内、斋郎、将仕郎之类。随着这些人源源不断地涌进各级官府衙门，占据要津肥缺，他们便成为北宋王朝冗官泛滥、政治腐败的一大根源。许多学者赞美北宋王朝日臻完善的科举制度，羡慕那时知识分子的优厚待遇。请反过来想一想：如果不是通过科举考试选拔出一些精英分子为其支撑门面，单靠这些"恩荫"的纨绔子孙，国家怎能运转？

鉴于唐末五代以来武人擅权、尾大不掉的教训，赵匡胤除了"释兵权"之外，在军事上还实行了一系列新的方针政策，诸如强干弱枝、以文御武、守内虚外、灾年募兵等。其利的一面，是在政治上进一步强化了中央集权的有效统治；其弊的一面，则是在社会上由"一冗"增加到了"三冗"（冗官、冗兵、冗费）。

这就不能不极大地加重老百姓的负担，直到国家积贫积弱，内外危机重重。由于北宋初期还保持着一个较为和平安定的环境，老百姓免受社会动荡和兵燹战乱之苦，才保证了生产力的持续发展和科学技术的不断进步，使得社会还能呈现出“太平盛世”的表面繁荣。

随着“三冗”越积越多，腐败愈加普遍、危机日益深重的现实，一些有识之士忧心如焚，纷纷要求变法改革。其中最为世人所知的，便数范仲淹和王安石。比如范仲淹针对当时的恩荫制度，曾多次痛切指出：“凡居近位，岁进子孙，簪绂盈门，冠盖塞路，贤与不肖，例升京朝，谓之赏延，无乃太甚！……倘国家不思改作，因循其弊，官乱于上，风坏于下，恐非国家之福也。”（《奏上时务书》）[①]“每岁奏荐，积成冗官。假有任学士以上官经二十年者，则一家兄弟子孙出京官二十人，仍接次升朝，此滥进之极也！今百姓贫困，冗官至多，授任既轻，政事不举，俸禄既广，刻剥不暇。”（《答手诏条陈十事》）[②]王安石从《上仁宗皇帝言事书》《上时政疏》到上神宗皇帝《本朝百年无事札子》，表露的是同样的忧患之情。

如何从改革弊政入手，消除“三冗”，纾解民困，实现强国安民、江山永固，已成为当时有识之士的共识。范仲淹的庆历新政之所以能赢得当时朝野上下广泛的期待和支持，原因即在于人心思变，众望所归。新政虽然推行一年多即宣告失败，但是，各种社会矛盾和问题并不会因为新政的失败而自行消失，诸多社会问题反而会因为新政的一番实施和折腾而变得更加突显和尖锐。因此，不过二十多年的时光，王安石还得再次举起变法改革的大旗。

2. 托古改制的理论基础

历史典籍是人类活动的记录，是人类智慧的结晶。中国人特别重视传统，重视从历史上的盛衰兴亡中总结成败得失的经验教训。所谓鉴古知今，所谓资政育人，就是说人们观察现实问题，特别是每当社会积弊重重需要实行变革之际，人们总习惯于从历史中寻找理论依据和经验教训。从先秦时期的“法先王”与“法后王”之争到王莽的“托古改制”，直到清末的戊戌变法，其社会思潮

---

① [宋]范仲淹著，李勇先、王蓉贵校点：《范仲淹全集》卷九，成都：四川大学出版社，2002年，第203页。

② [宋]范仲淹著，李勇先、王蓉贵校点：《范仲淹全集》政府奏议卷上，成都：四川大学出版社，2002年，第527页。

莫不充分体现出这一“特色”。范仲淹新政和王安石变法也不例外，他们都要从历史典籍、特别是要从儒家学说中寻找依据，作为变法指导思想的理论基础。

赵宋王朝是一个特别看重“祖宗家法”的朝代，凡事总爱讲求“故事”。北宋自建立以后，经过太祖、太宗两朝的建章立制，到真宗朝各种典章制度已基本完备，并且成为后世子孙奉行唯谨的“祖制”。如果有人企图加以改变，马上就会遇到“违制”风险。而范、王要想推行变法改革，需要破除的最大迷信和障碍，有不少正是神圣不可侵犯的“祖制”。不少学者认为王安石具有“天变不足畏，祖宗不足法，人言不足恤”[①]的“三不足”精神，实际上，王安石没有那么大的胆量，或者说，这话纯系政敌替他归纳出来并且扣在王安石头上的，属于政敌的恶意诽谤和后人的误解和曲解。王安石不是一个不学无术的莽撞汉子，他不会冒如此之大不韪。范、王二人实行变法改革，除了针对时弊从现实中寻找救治良方之外，还必须向儒家经典、特别是向能够体现其“变易”思想的《易经》中寻找理论武器，用于“变通”其祖宗之成法。两人因此都曾被时人讥为“迂阔”，其实这正是他们高明之处。

仲淹在其推行新政的纲领性文件《答手诏条陈十事》中开宗明义就说：“臣闻历代之政，久皆有弊。弊而不救，祸乱必生。何哉？纲纪浸堕，制度日削，恩赏不节，赋敛无度，人情惨怨，天祸暴起。惟尧舜能通其变，使民不倦。《易》曰：‘穷则变，变则通、通则久。’此言天下之理有所穷塞，则思变通之道。既能变通，则成长久之业。”[②]

王安石也是从批评“现行政策”多不合“先王之政”入手，提出问题，说服人主。早在嘉祐五年(1060)，王安石在《上仁宗皇帝言事书》中就说：“方今之法度，多不合乎先王之政故也……今之世，去先王之世远，所遭之变、所遇之势不一……臣以谓今之失，患在不法先王之政者。以谓当法其意而已。……臣故曰：当法其意而已。法其意，则吾所改易更革，不至乎倾骇天下之耳目，嚣天下之口，而固已合先王之政矣。”[③]为了熙丰变法扫清障碍，开通道路，奠定理论基础，王安石还倾注大量心血重新注释《周官》《尚书》《诗经》(史称“三经新

---

① [宋]王安石著，唐武标校：《王文公文集》，上海：上海人民出版社，1974年。

② [宋]范仲淹著，李勇先、王蓉贵校点：《范仲淹全集》政府奏议卷上，成都：四川大学出版社，2002年，第523-524页。

③ [宋]王安石著，唐武标校：《王文公文集》，上海：上海人民出版社，1974年。

义”)，颁之学官。从此而直至北宋灭亡，王安石所创立的“新学”居于当时统治思想的主流地位。

这就是说，范、王为了消除北宋建立以来形成的重重积弊，应对“祖宗之法”所带来的障碍和阻力，他们都曾致力于从儒家经典寻找思想武器，从而将自己的变法主张建立在儒家学说的坚实基础之上。

3. 大致相同的人格理念和以天下为己任的担当精神

仲淹晚年，应友人之请以工笔小楷书写韩愈《伯夷颂》，实际上他也是在借此以申明己志：“士之特立独行，适于义而已，不顾人之是非，皆豪杰之士，信道笃而自知明者也。一家非之，力行而不惑者，寡矣；至于一国一州非之，力行而不惑者，盖天下一人而已矣；若至于举世非之而不惑者，则千五百年乃一人而已。”①这里看似仲淹在借韩愈之口赞美伯夷特立独行、坚忍不拔的品质，实则是他的夫子自道，宣示其果断言行的决心。

正如欧阳修在《范仲淹神道碑》中评价说：“(仲淹)少有大节，于富贵、贫贱、毁誉、欢戚，不一动其心，而慨然有志于天下，常自诵曰：‘士当先天下之忧而忧，后天下之乐而乐也。’其事上遇人，一以自信，不择利害为趋舍。其有所为，必尽其方，曰：‘为之自我者当如是，其成与否，有不在我者，虽圣贤不能必，吾岂苟哉?’”②

我们今天虽然见不到王安石的行状、墓志、碑铭之类，但从当时反对派对其批评之激烈持久，亦足以反证其特立独行、坚韧不拔、以天下为己任的担当精神。世人攻其为“拗相公”自不必说，即如他曾经的好友、后来的死对头司马光也不得不承认：“介甫文章、节义，过人处甚多。”③

4. 如日中天的个人声望

成就非常之事，必赖非常之人。仲淹在担任参知政事前，曾经三次遭贬。正是这直谅不回、甘犯逆鳞的三次贬黜，使他赢得了“三光”美誉。加上西北御边的谋略和战功，更使他众望所归。曾巩《上范资政书》对他的推崇，可代表当时的士论和人望：“若巩之鄙……尝闲而论天下之士，豪杰不世出之材，数百年

① 见四川大学出版社2002年版《范仲淹全集》影印插页。

② [宋]欧阳修著，李逸安点校：《欧阳修全集》卷二十一，北京：中华书局，2001年，第333页。

③ [宋]司马光著，李之亮笺注：《司马温公集编年笺注》卷六三，成都：巴蜀书社，2009年，第105页。

之间未有盛于斯时也。而造于道，尤可谓宏且深，更天下之事，尤可谓详且博者，未有过阁下也……事之有天下非之，君子非之，而阁下独曰是者；天下是之，君子是之，而阁下独曰非者。及其既也，君子皆自以为不及，天下亦曰范公之守是也。则阁下之于道何如哉？当其至于事之几微，而讲之以《易》之变化，其岂有未尽者邪？夫贤乎天下者，天下之所慕也，况若巩者哉？"①

王安石以道自适，淡泊荣利，不受辟命，不应征召，一心只想为老百姓兴利除害的举止，赢得朝臣普遍赞誉，并赢得包括皇帝的期待和韩琦、欧阳修等多位名臣的举荐。

这就是说，面对已经非改革不行的满眼积弊，变法革新的重任历史地落在了范、王二人的肩上。这里既有二人"舍我其谁"的自信，又有"非他莫属"的众望所归。这种形势，使得他们的变法改革一开始都具有较为深厚的人脉基础。

5. 变法革新都得到了当朝皇帝的大力支持

君主专制时代，如果没有皇帝的支持，自上而下的任何变法改革都无从说起。仁宗赵祯亲政之时，年方二十余，很想励精图治，有所作为。仲淹经受了几次贬谪和御边的考验，仁宗亲自遴选他担任参知政事，并且寄予厚望。"每进见，必以太平责之，数令条奏当世之务……既又开天章阁，召对赐坐，给笔札，使疏于前……上方信向公等，悉用公说。"②

到了神宗时期，社会弊端更是积重难返。神宗赵顼也是一位有为之君，面对越发深重的社会危机，神宗力图刷新政治，重振朝纲。他对安石的寄望、信任、倚重和支持，历史上实属罕见，可以说君臣相得有如刘备之待诸葛、苻坚之待王猛。尤为难得的是，即便在安石坚辞宰相、退居金陵以后，他对于安石擘画的改革大计，依然决心不变，独力支撑，直到去世。

6. 同归于失败的命运

天下事有其利必有其弊，或者说，此之利即为彼之弊。变法革新名曰兴利除弊，实质上它必然涉及各阶层的利益调整和重新分配。这一调整分配，必然要触及一些群体的既得利益，也就必然要遭遇他们的强烈反对。

仲淹毕竟是绝顶聪明之人，他对改革会带来的风险十分清楚。怎奈当时

---

① [宋]曾巩著，陈杏珍、晁继周点校：《曾巩集》卷五，北京：中华书局，1984年，第243－244页。

② [宋]范仲淹著，李勇先、王蓉贵校点：《范仲淹全集》附录二，成都：四川大学出版社，2002年，第897－898页。

"帝方锐意太平,数问当世事。仲淹语人曰:'上用我至矣,事有先后,久安之弊,非朝夕可革也。'"[1]在仁宗皇帝的再三催促下,他和富弼等人才拿出了那份改革方案。条陈十事之中,核心问题是改革吏治。仲淹直奔主题,着力解决选官用人问题。朝廷派出的按察使,吓得一些贪官污吏、昏官庸吏闻风丧胆,甚至弃官而逃;通过考核,他手持各地官员的花名册,每见不称职者,便一笔勾去[2]。这么一勾,看似酣畅痛快,实则激起暗流涌动,埋下祸机。因为这些人绝不会善罢甘休,他们必然要窥测动向,伺机反扑,并且会在朝堂上寻找各自的代言人,直至造谣中伤、诬称改革派想废掉仁宗皇帝。他们后来抓住一个机会,终于制造了一场"奏邸之狱",将改革派"一网打尽"。于是,一场旨在利国利民的变法革新,很快付之流水。此时仲淹深深意识到:"革姑息之风,则谋身者切齿;尚循默之体,则忧国者寒心。退孤上恩,进敛群怨,诚难处于要路,复请行于边鄙。"[3]这就是说,仲淹看到形势不妙,借巡边之机,赶快离开朝堂,把纷纷攘攘的一堆乱麻,留给了宋仁宗去打理。随着他的离开,实施了一年多的新政,到此偃旗息鼓,草草收场。

为臣难,为君更不容易。面对山积难题,作为臣子,可以撂担子,知难而退;作为大宋天子,他要对祖宗留下的江山社稷负责,不论千难万险,他没有撂担子的自由和权利。在这个问题上,神宗赵顼可称得上中国历史上一位极其罕见的勇于担当的有为之君。我们不妨把他与他的前后两个皇帝做个对比:仁宗死后,英宗赵曙深知这副担子的分量,又哭又闹,不肯入继大统。然而,一旦黄袍加身便由不得他了,苦撑三年多,最终精神崩溃,被重担压死。在赵曙之后,则是哲宗,他 10 岁登基,任人摆布十多年,23 岁即活活累死。徽宗赵佶则是另一副模样,天子宝座固然诱人,内忧外患更让他焦头烂额。为逃避责任,不管太子赵桓接受与否,强行撂出担子,结果不仅弄垮了江山,自己也难逃被俘虏的厄运。相比之下,还是这位神宗皇帝算得上一条硬汉子。他审时度势,自知重任在肩,没有退路,于是知难而上,义无反顾。

---

① [宋]范仲淹著,李勇先、王蓉贵校点:《范仲淹全集》附录一,成都:四川大学出版社,2002 年,第 847 页。

② 朱熹《五朝名臣言行录》卷七《范文正公》:"公取班簿,视不才监司,每见一人姓名,一笔勾之。"[宋]朱熹撰,刘永翔、朱幼文点校:《五朝名臣言行录》,朱杰人、严佐之、刘永翔主编:《朱子全书》第 12 册,上海:上海古籍出版社、合肥:安徽教育出版社,2002 年,第 216 页。

③ [宋]范仲淹著,李勇先、王蓉贵校点:《范仲淹全集》文集卷第十八,成都:四川大学出版社,2002 年,第 419 页。

王安石同样深知变法改革的难度。他深以天下苍生为念，既然得到神宗的真心倚重，必须硬着头皮负重前行。一则是他在以孟子的“舍我其谁”自勉，二则是他还要报答神宗的知遇之恩。然而随着神宗去世，他开始绝望了。眼看一阵轰轰烈烈之后，便是烟消云散，分崩离析。

（二）庆历新政和熙丰变法的不同之处

1. 策略不同：一个是直奔主题，遇阻受挫；一个是先易后难，稳步推进

任何社会，制度问题始终是根本问题。而吏治问题、选官用人问题又是制度问题的核心、根本中之根本。是其中最为要害、最为敏感、最为难啃的问题。仲淹条陈十事，看似齐头并进，全面推行，其实是抓住要害，直奔主题，重点解决选官用人问题。这就必然会激起社会的强烈反响，率先触动那些贪、渎、昏、庸官员的敏感神经，率先遭到他们的反对、反抗和反扑。正如仲淹本传所言：“以天下为己任，裁削倖滥，考覆官吏，日夜谋虑兴致太平……及按察使出，多所举劾，人心不悦。自任子之恩薄，磨勘之法密，侥幸者不便，于是谤毁稍行，而朋党之论浸闻上矣。”①

王安石虽然同样深知社会问题的症结在于吏治，但他显然接受了庆历新政失败的教训，不是首先从淘汰贪庸官员、刷新吏治入手，而是从经济领域的变法改革做起，首先解决为国理财、为民纾困的问题。“家有千般事，先从急处来”。这实际上是“先治标、后治本”，采取一套先易后难的迂回战术。这样不仅易于见效，相比之下也会减少些阻力。

2. 准备不同：一个是准备不足，仓促上阵；一个是通盘规划，顶层设计

仲淹深知变法改革的艰巨性，不可能一蹴而就。怎奈仁宗皇帝求治心切，急于求成。他和富弼以诚惶诚恐的心情，于仓促之中拿出一套总体改革方案，即《答手诏条陈十事》。其时“天子方信向仲淹，悉采用之，宜著令者，皆以诏书画一颁下”。② 这实在有点“边设计边施工”的意味。其间会遇到些什么问题、需要采取哪些应对措施，事前很难考虑周全。当遭到政敌反击之后，改革派马上乱了阵脚，甚至被打击得七零八落，溃不成军。

---

① ［宋］脱脱等撰：《宋史》卷三百一十四，北京：中华书局，1985年，第10275页。

② ［宋］脱脱等撰：《宋史》卷三百一十四，北京：中华书局，1985年，第10274页。

王安石不仅在鄞州担任知县时就进行了一些变法革新的试验和实践，从嘉祐五年(1060)《上仁宗皇帝言事书》开始，到熙宁元年(1068)上神宗皇帝《本朝百年无事札子》，对相关问题经过了长期的深思熟虑。担任参知政事以后，他首先奏请设立筹划机构制置三司条例司，选调人员对应兴应革之事进行专门谋划，通盘设计。在此基础上分别轻重缓急，稳扎稳打，逐步推进，故能使其变法坚持十数年之久。

3. 规模不同：一个是施行一阵，昙花一现；一个是规模宏大，推行更久

庆历时期，仁宗主持朝议，通过一项，就著为诏令颁下一项。施行之中很快引起反弹，反对派还以攻为守，主动向革新派发起反攻。他们除了抵制、反噬派出去的按察使，诬为“江东三虎”之类，甚至诬陷改革中坚富弼和石介有废立皇帝的阴谋。连为国守边的滕宗谅、尹洙、葛宗古、张亢等人也不放过。反对派还乘范仲淹外出巡边之机，在朝中发动了一场“奏邸之狱”，将支持新政的一批青年才俊“一网打尽”[①]。从仲淹等庆历三年(1043)九月《答手诏条陈十事》算起，到五年正月仲淹被免去参政为止，新政推行总计不过一年多的时间便偃旗息鼓。仲淹本传称其“更张无渐，规摹阔大”[②]，这话并不完全准确。“更张无渐”有之，若论其“规摹”，远没有熙丰变法“阔大”得多。熙丰新法毕竟经过周密谋划，稳步推进，故能取得更多实效。安石虽然两次辞去相位，而神宗励精图治、刷新政治的决心不曾动摇。从熙宁年间各项经济改革措施陆续实施，到元丰年间的官制改革，一场威武雄壮的正剧演出了近二十年之久，直到后来哲宗亲政、徽宗继位，许多人不忘“绍圣”，还在“崇宁”，即不忘绍述、崇信熙宁之政。

4. 用人不同：一个是凝聚了一批志同道合的正人君子，一个是不得已而任用了一批投机钻营的小人

在中央集权的君主政体下，皇帝的意志高于一切，大小官员必须绝对服从。既然皇帝决心变法改革，那就必然要选拔那些赞成拥护改革路线的人。换句话说，臣下唯有赞成拥护变法革新路线，才能被视为效忠，获得重用。然而世间诸事纷繁，人情诚伪，并非贴有标签，也非一成不变。每遇如何改革等

---

① [元]脱脱等撰：《宋史》卷三百一十八，北京：中华书局，1985年，第10359－10362页。

② [宋]范仲淹著，李勇先、王蓉贵校点：《范仲淹全集》附录一，成都：四川大学出版社，2002年，第849页。

具体问题，朝臣之间见仁见智，总会出现不同的见解。或者说，对于此项改革，有人赞成有人反对；对于彼项改革，赞同或反对者则又可能是另一些人。随之而来的便是一个严肃问题：究竟怎样才算对皇帝真正效忠。如果从实用主义出发，单纯以对待某项改革的态度划线，以拥护还是反对作为忠不忠的标准，那就必然要陷入变动不居而且永远无解的"悖论"。这样一来，在选拔重用一批人的同时，必然要打压另一批人。这么用人的结果，反对者固然要受到打压排斥，而拥护者也未必出于真心。由于正常的意见分歧和对立，被划分出忠与不忠的界线、形成了选人用人的标准，那就必然要酿成激烈的党争和政争。北宋政坛的"朋党之争"陷入愈演愈烈的怪圈而"滋不可解"，根子即在这里。对此，笔者后边还将再作分析。

旧时史家多称宋仁宗为一代有道明君。这不仅表现在他的宅心仁厚和善于审时度势上，尤其表现在他的见微知著和知人之明。仁宗在位 42 年，选拔任用的名臣贤相灿若繁星，在中国历史上的守成之君中实属罕见。而范仲淹以其光明磊落的人格魅力，成为当时一大批有识之士的精神领袖，而这种经过长期积累的人脉基础，便成了他推行庆历新政的基本班底。当宋仁宗意识到需要进行变法改革时，他便任用了以范仲淹为首的一批革新之士；当新政遇阻并且引发激烈政争之时，他一再下诏力戒"朋党"；当剧烈的党争危及政局稳定时，他不得不紧急刹车，并且及时采取一些稳定局势的补救措施。

二十多年以后，社会矛盾越积越多，危机越发深重，神宗皇帝不得不以更大的决心、以更加激进的措施推行各项变法改革。

客观地说，王安石虽然在人品和才干上受到举世公认，但他在推行熙丰变法之前，并未能像范仲淹那样在身边聚集一批志同道合、有识有为之士，并未能做好人才上的准备。由于神宗皇帝锐意改革，反对派受到打压，持不同政见者纷纷靠边，而一批善于见风使舵、投机钻营之徒便应运而生。他们以拥护、支持变法的姿态出现，不失时机地向神宗"表忠"，纷纷聚拢到王安石周围。这样一来，除了变法与反变法的斗争愈演愈烈之外，变法派内部也就出现各种争权夺利的倾轧和纷争，使得朝政更加陷入乱局。我们回望北宋晚期的这段历史，除了被列入《宋史·奸臣传》的蔡确、吕惠卿、章惇、曾布、蔡京等一批人物之外，还为我们留下了像邓绾那样"笑骂任人笑骂，好官我自为之"[①]的无耻

---

① ［元］脱脱等撰：《宋史》卷三百二十九，北京：中华书局，1985 年，第 10596－10599 页。

典型。

皇帝意志高于一切。以忠不忠于皇帝个人为取舍、以拥护不拥护皇帝个人的主张为用人标准，这种牢不可破的礼法制度，堪称中国社会的千古之痛。对此，笔者下面还将论述。

5. 结局和影响不同：庆历新政与熙丰新法本来一脉相承

从其背景、性质和目的来看，没什么大的不同，然而两者的结局和影响却是天差地别：一个是留下一片赞叹、一片惋惜，一个则是怨声载道、遗患无穷。

宋仁宗和范仲淹都是绝顶睿智之人，一见新政捅了马蜂窝，于是知难而退，赶紧收场。兼之仁宗皇帝进退大臣，待之以礼，故而从总体上看，新政虽然取消，并没有造成多少严重后果，也没有引起太大的社会震动，给人们留下的是一片留恋、怀念、赞叹和惋惜之声。

到了熙丰变法，情形就大不一样了。宋神宗坚持变法，拥护者即提拔重用，反对者即遭排斥打击；神宗死后，“旧党”上台，变法派人士复遭残酷打击，实施了将近二十年的新法，不论成效如何，被一概废除。当年宋神宗为推行变法排斥、打击、伤害了不少正直敢言之士，提拔重用了一批投机钻营之徒，而后来的司马光同样是意气用事，打击报复。当年的王安石落下个“拗相公”之名，后来的司马光也落下个“司马牛”之称。双方政见变成见，分歧变对立，仇恨越积越深，此后便是你方唱罢我登场，导致朝廷撕裂，政局不稳，祸乱天下，民不聊生。后世不少史家把北宋政权垮台的原因直接归罪于王安石变法，并非全无道理。

6. 两人的历史定位和评价迥然不同

平心而论，仲淹与安石两人虽然都是不世出的历史伟人，但是，两人的不同性格，决定了他们不同的命运。

仲淹的忧国忧民，年轻时更多表现为激进、热衷于仕进，认为只有取得一个相应的“平台”，才有尽忠朝廷、报效国家的机会。特别在其青壮年时期，“每感激论天下事，奋不顾身”，虽三次遭贬而百折不回。

安石的忧国忧民，更多表现为沉稳，认定的目标绝不轻易改变或者放弃。本人的性格，是恬于仕途，易退难进，他宁愿安于做地方官为老百姓办实事，也不愿接受征召，到朝中担任清要显职。正因为此，安石的仕途没有像仲淹那样大起大落，基本上是一帆风顺，步步高升，直到登上首相之位。

事情的吊诡之处恰恰在于：仲淹尽管生前备受打击，但他的新政失败，留给后人的却是赞叹和惋惜。特别是自从去世以后，仲淹不仅成为有口皆碑的“无争议人物”，其个人威望反而越升越高。仲淹去世，获得人臣的最高美谥“文正”，其后更被推崇为“天地间气，第一流人物”“有宋一代，人物第一”。迨至清代，终被请进文庙，配飨孔子。进入近现代以来，仲淹的声望更被越推越高，其忧乐精神、人格魅力和道德文章如光风霁月，直至被推崇为光耀千古的完人和圣人。

相比之下，不大计较个人名利的王安石，其历史定位和历史评价却经历了天翻地覆的变化。安石推行新法，呕心沥血，厥功至伟，生前即被封官晋爵为荆国公，死后封王，配飨孔庙，他所创立的“荆公新学”，也被推尊为北宋后期官学的主流和显学。然而宋室南渡不久，统治集团痛定思痛，总结教训，王安石即遭到清算，几乎把一切责任都归罪于他，直至被视为由于“变乱祖宗法度”而导致政权垮台的罪魁祸首。随着理学地位的上升，“荆公新学”遭到彻底摒弃，他本人也就沦为祸国殃民的千古罪人。

两人迥然不同的历史定位和历史评价，究竟因为什么？说起来令人嘘唏。

二、变法失败之原因辨析

客观地说，今天人们对于庆历新政和熙丰变法的评价都很高，大抵也都较为公允。但是，笔者总感到有些文章多少带有理想化色彩。北宋张唐英为仲淹所作之国史本传说，仲淹的死讯传到朝廷，仁宗“嗟悼泣下曰：‘朕方将大用，不谓其早死。’”[①]有人据此认为，当年若天假之年，仲淹再获大用，他所推行的新政很可能取得成功，也就不会再有后来祸乱国家的王安石变法了。但在笔者看来，假如让仲淹多活十年、二十年，并且再获朝廷大用，以后的历史当然会被改写。但是，这种改写，要么是仲淹总结教训，改弦易辙；要么是他还像当初那样初心不改，奋不顾身。倘是后者，北宋政坛很可能被他提前折腾得动荡不堪，而他本人的下场很可能比王安石也好不了多少。

进入近现代以后，史家对于王安石变法，似乎给出了越来越高的评价，直

---

① ［宋］范仲淹著，李勇先、王蓉贵校点：《范仲淹全集》附录一，成都：四川大学出版社，2002 年，第 827 页。

至被誉为中国 11 世纪最伟大的改革家。他们的看法是，不仅王安石以科举改革为核心的选官用人制度被后世沿用，他所推行的经济领域里的一些改革措施，诸如保甲法、保马法、方田均税法等，大都被后世接受并逐步完善，成为以后几个朝代的良法。甚至认为，他所提出的市易法、青苗法（常平新法）等，已有现代税收制度、金融制度、社会救济制度、信贷保险制度的萌芽。总而言之，他们认为王安石变法所提出的许多措施，不仅在当时具有一定的现实性和先进性，甚至在今天看来也具有很大的超前性。

然而在笔者看来，这些看法看似顺理成章，言之成理，但毕竟多属事后诸葛亮。对于当时的社会来说，两场变法失败则属必然，绝无成功的可能。

对此，让我们先对两场变法的内在联系稍作回顾，而后再从其中寻找必然失败的原因。

庆历新政虽然草草收场，但各种社会矛盾并未就此消失。经过新政的一番折腾，反而会使问题越积越多，矛盾更加突显。面对越搅和越乱的现实，究竟怎么办？借用当今一句流行语："改革中出现的问题，还得用改革的办法解决。"改革自有后来人，于是熙丰新法应运而生。尽管熙丰新法具有其自身特点，但究其实质，它与范公的庆历新政一脉相承。

按道理说，江山依旧，矛盾依然，当年全力支持庆历新政的志士仁人，理应继续支持熙丰新法才是。然而事情的发展却与之恰恰相反：范公已逝，而当年庆历新政一些最为激进的支持者、参与者，包括极为欣赏、器重、称誉、并且极力推荐过王安石的一些师友至交，后来几乎全都成了熙丰变法最为激烈的反对者和抵制者。韩琦、富弼、欧阳修如此，文彦博、吕公著、司马光如此，后起之秀的苏轼兄弟如此，仲淹之子范纯仁兄弟连同其婿贾蕃等人莫不如此。

单从表面看来，这实在是一桩奇特而又诡异的历史现象。原因何在？曾令笔者同样困惑莫解。仅以熙丰变法而论，究竟应责怪元老派人物的顽固守旧，还是应归因于王安石的偏执任性？如果单从其过程看问题，两次变法皆可各说各理，是此而非彼。但有一条是公认的：两次变法的失败，皆因其酷烈的内斗而导致。倘要深究起来，便是严肃而又沉重的话题。

让我们先将当今的四种"皮相之论"加以剖析。

第一种说法，归因于当事人的年龄差异。这种说法认为，年轻人朝气蓬勃，一入老年，便生暮气。当范仲淹推行庆历新政之时，富弼、韩琦、欧阳修等人正值年富力强，富有开拓进取精神；及至熙丰变法，他们都已进入暮年，失去了当年的锐气，转而趋向于保守。这种单纯以年龄区分革新还是守旧的说法貌似有理，实为一个愚弄人、蛊惑人、煽动而又利用年轻人的伪命题。须知庆历新政开始之时，富、韩、欧阳等人虽然年轻，但其主将范仲淹年已五十有五，而全力支持新政的宰相杜衍，年已六十六岁。平心而论，军国重事，古往今来本就不应单凭朝气、锐气和激情决定，更为需要的是睿智、理性、经验和持重。人们政治态度的激进还是保守，从来都不是单凭年龄决定。

第二种说法，归因于当事人的地域差异。这种说法，由来已久，迄今未绝。当北宋王朝建立之初，从吴越、南唐、西蜀等国接纳了不少知识分子。赵匡胤一方面展现了其宽容大度，一方面确曾实行了重用北人而忌用南人的政策，并且以此告诫过子孙。但是，随着北宋政权的巩固，这种对南人的猜忌和戒备也就逐渐淡化和放松，到真宗时期就已基本消除。由于南方经济较为富裕、文化较为发达，考中进士而入仕做官者反而更多。形成的地区差异虽然长期存在，但它主要表现为生活习性上的差异。要说地域歧视、地域偏见，在人们的思想意识中或许存在一些，要说以此而形成“南北隔阂”“南北对立”，甚至形成激烈的党争政争，则未免言过其实。以庆历新政为例，主持新政的范仲淹固然是南方人（苏州），支持新政的杜衍（越州）、欧阳修（吉州）也是南方人。而反对新政最有力的，除了御史中丞王拱辰可算北方人（开封）之外，老资格的夏竦（江州）、宰相章得象（建州）等也是南方人。到了熙丰变法，主持者王安石固然是南方人（抚州），而反对最有力的，除了韩琦（相州）、富弼（洛阳）、司马光（陕州）等一班老臣之外，欧阳修、苏东坡（眉州）等，何尝不是一大批南方人？所以说，以地域观念区分革新还是保守，完全不符合当时党争政争的实际，实为一种眼光狭隘、播弄是非的皮相之论。

第三种说法，固守“经济地位决定政治态度”。认为当庆历新政之时，范、富、韩、欧等人代表着新兴地主阶级（中小地主）的利益，希图改变现状，富有进取精神；后来官做大了，地位发生改变，成为既得利益集团（大官僚地主）的代表，政治态度也就趋向于保守，于是反对熙丰变法。这种观点，显然属于“用阶级斗争的观点研究历史”的结果。这种观点，不仅把人的“阶级性”僵化固化，而且还根据论者自己的需要进行随心所欲的“转化”。把每个人都以其“经济地位”标定为其“阶级属性”的标签，实际上是把每一个鲜活的人都抽去其思想和灵魂，仅仅当成了不讲道义、不顾廉耻、没有是非善恶观念、只知追求“物质利益”的“经济动物”。人是有思想的。人与动物的最大区别就是除了趋利避害的本能，还有区别是非善恶、追求公平正义的天性。人的思想，当然首先取决于其趋利避害的生存需要，首先从其自身利害考量。但是，人的思想绝非仅仅局限于此。单就利害而言，也有眼前利害、长远利害、个人利害、群体利害之别。特别是当利益与道义发生矛盾冲突的时候，有的人可以见利忘义，唯利是图，有的人却可以选择杀身成仁，舍生取义。不论怎么趋避取舍，任何人的选择，绝非单纯取决于其“经济地位”。一个人的经济地位当然会发生变化。但是，一个人的政治态度，不仅随其经济地位的变化而变化，更会随其教养、境遇、时势、阅历、感悟而发生深化或转化。在这里，一个人所处的客观环境以及所受的教育，起着更大乃至决定性作用。孔子说：“君子喻于义，小人喻于利”，一个人的政治态度，特别是“君子”、上层知识分子的政治态度，主要不是取决于“经济地位”和“利己”的考量，而是取决于他们所受的教育，取决于“义利之辨”，即对“义”和“利”不同的理解和取舍。“经济地位决定政治态度”的说教，不仅否定了精神的力量、文化的力量、信仰的力量、学说的力量对人生观、价值观形成的决定性作用，还直接否定了教育的功能，否定了所受教育对一个人“政治态度”的巨大影响。对此，我们无须进行理论上的论辩和说教。“事实胜于雄辩”，最好让我们对历史和现实作一番全面考察，让最普遍、最直接的事实来作回答。人们最常见的普遍事实是什么呢？这就是：大体相同的经济地位，可以有各不相同的政治态度；大体相同的政治态度，可以来自经济地位各不相同的人。由此可见，“经济地位决定政治态度”的说教，既不符合最基本的人性，也不符合最基本的历史和现实。

第四种说法，任意“贴标签”。他们不是对具体问题作具体分析，而是片面强调“立场”“观点”“方法”，以“拥护”还是“反对”变法作为检验标准，不分青红皂白，简单粗暴地给当事人贴上“革新派”和“守旧派”的标签，从而把两次变法的失败，一股脑儿归罪于“顽固守旧派”的反对和破坏，归罪于来自“政敌”的“阻力”。这种说法，既回避了富、韩、欧、司马等一班忠厚老臣对待庆历、熙丰两次变法态度的前后变化，也放弃了深入分析他们的政治态度“为什么”会发生变化。熙丰变法时期，从富、韩、欧等元老重臣直到文彦博、司马光、吕公著等元祐党人（欧阳修去世得早，有幸未被列入），一般说来：第一，他们当年大都是庆历新政的积极参与者，我们很难给他们轻易贴上顽固守旧的标签；第二，他们都是忠心谋国而又敢于为民请命的正人君子，对于熙丰变法中利国利民的变法措施，他们从来没有无端反对；第三，他们所反对的变法事项，一般都有理有据，而不是捏造谎言、专讲歪理；第四，在雷霆万钧的皇权面前，他们一般都有自知之明，有的政见不合，主动退避，有的则被罢免外放，大多数人都已靠边站，没几个人充当挡车之螳臂。把他们统统看作变法的“障碍”“阻力”“敌对势力”，从而把熙丰变法的失败归罪于他们，实属栽赃嫁祸，颠倒黑白。

那么，两次变法都归于失败，真正的原因究竟在哪里？

笔者认为，人们做任何事情，只有主观认识符合客观实际且付诸行动，才能获得成功、达到预期目的。反之，必然事与愿违。任何变法改革，其成功与否，都不应归因于客观外界，都应当从自身寻找原因。首先要看的，便是变法改革是否顺应“天时”(社会发展规律)，是否符合当时的客观实际。

具体说来，在以皇帝为代表的中央集权的专制社会里，一些有识之士即便清醒地看到了现实社会中的问题所在、症结所在，如果时机未到，实行自上而下的任何重大改革，都不可能找到正确的方向、目标和出路，都难免走向反面，违背初衷。而且决心越大、规模越大、动作越大，越有可能陷入必然失败的“十大悖谬”：

一曰制度悖谬。不论统治者怎样自我标榜粉饰，自我美化和强化，今天回头看，像宋代那样中央集权的君主专制绝对不是理想制度。它的许多弊端不仅是与生俱来，而且是一种不可能从根本上自我完善的制度(越到后期，越是如此)。然而历代的变法改革者无不是怀抱理想，企图从制度内部完善制度。这就必然会陷入制度悖谬。宋代的中国处于中央集权社会的中期，自身尚不可能产生诸如“天赋人权”“宪政民主”“公权民授”之类的观念，距离吸收西方世界此类观念的阶段也为时尚远。此时的有识之士虽然看到现实社会中的种种积弊，并且力图加以改革，但是，他们不可能找到正确的方向、目标和出路，只能按照儒家提供的一套范式，打着“托古改制”的旗号，在现有的体制内打转。他们虽然崇尚古代的“禅让”“共和”“共治”“天下为公”“举贤任能”，并且真诚地向往这种理想社会，但是，他们不可能认识到所要面对的各种弊端都来自制度本身，与制度相伴共生，因而所进行的变法改革，除了“致君尧舜”之类的空话以外，只能针对弊端修修补补，而对制度本身不可能进行根本性的否定和改造。说穿了，囿于时代局限，他们不可能想到用“公权民授”来代替“君权神授”，因而也就不可能找到根除积弊消除腐败真正有效的办法，只能像孙大圣那样在如来佛祖手心里翻跟头。小的局部的修修补补，或可收效于一时，有助于延长政权寿命，一旦动作大了，伤筋动骨，就有动摇“万世根本”的风险，必然会引起统治集团内部的惊恐、反对和纷争。如此一来，变法改革必然是治丝益棼，以失败告终。

二曰权力悖谬。君主专制制度是以皇权为核心的特权政治。皇帝“受命于天”，是为“天子”，以皇帝为代表的各级官员属于“代天牧民”者，君臣共治，享有主宰一切的特权。而历次变法改革，无不是着眼于削权、分权、调整和限制某些特权。而权力本身“无远弗届”，具有天然的扩张、膨胀本性。有权就任性，有特权更任性，世间没有拥有某项特权者会心甘情愿地容许外部力量对它加以约束、限制和削夺。在特权社会里着眼于约束、限制、削夺特权，岂不是无解的先天悖论？无论是企图实现特权与特权之间的平衡，还是企图调节特权与老百姓生存权利之间的平衡，都是进行约束与反约束、限制与反限制、削夺与反削夺的斗争。这种斗争，恰如抽刀断水，必然会贯穿变法改革的始终，其力度、规模越大，反作用力也就越大，越难获得成功。

三曰利益悖谬。“权利”一词表明权和利密不可分。任何重大的政治改革都与经济利益密切相关，都是要打破现有的利益格局，实行各个阶级阶层、各个不同群体之间的利益调整和重新分配。这就不可避免地要触动特权阶层的既得利益。说穿了，对于特权阶层既得利益的这种触动，无异于“与虎谋皮”。因此，触动与反触动、“谋皮”与反“谋皮”的斗争也就必然要贯穿始终而很难成功。

四曰主事者的悖谬。变法的吊诡之处更在于主事之人，一般说来，变法改革虽然是由一些有头脑、有良知、有操守、有担当的志士仁人发起并主持，但是，任何改革措施的贯彻推行，都必须依靠现有的行政体制和官僚系统。而对于体制内握有实权的各级大小官僚来说，其中的绝大多数“肉食者鄙，未能远谋”，他们不仅不愿让变法改革损害自身的既得利益，反而要乘改革之机谋取更多利益。变法改革的各种政令措施，都得经由他们之手。举凡对他们有利者，就积极推行；不利者，就消极对抗，或者“上有政策，下有对策”，阳奉阴违，曲意“变通”。经其“变通”的结果，不论初衷多么美好，必然出现流弊，走样甚至变形。

五曰言路悖谬。变法革新涉及社会生活的各个领域，牵一发而动全身。为了平衡各方利益，求得利益的“最大公约数”，就需要广开言路，集思广益，最大限度地形成共识和合力，最大限度地减少流弊和阻力。但是，中央集权的君主专制制度，其核心是维护最高权威，其最高目标是巩固统治地位。不管变法怎么进行，神圣而不可动摇的始终是皇权，是皇帝一家的"江山社稷"。为此，凡是被认为有利于巩固其统治的言论，就欢迎、就采纳，凡是被认为不利于巩固其统治的，就打压、就封杀。一句话，任何言论和主张都不能"出格"，一切言论和主张都必须限定在有利于维护皇权的范围内。于是，这就必然出现"求言"与"弭谤"的悖论：一边作出"诏求直言"的姿态，一边还要钳制舆论。哪怕改革变法出现的流弊已经怨声载道，他们也绝不允许出现"指斥乘舆""讪谤朝廷"的言论。

六曰正邪之悖。如前所言，由于当时各种社会矛盾的积累、危机的加重，已经到非变法不可的地步。对于"要不要"实行变法改革，一般说来几乎无人反对，已然形成共识。对于旨在富国强兵、纾解民困、化解危机的变法初衷和变法目标，谁能不拥护、不赞成呢？朝臣之间对此并无太大争议。争议往往发生在"怎么做"上面，即选择什么样的策略和路径：是渐进还是激进？是分项实施还是全面铺开齐头并进？是抓住关键重点突破还是根据轻重缓急先易后难？如此等等，都需要深思熟虑，从长计议。对此，"庙算"阶段见仁见智，出现各种争议和分歧，十分正常，都是好事，就怕容不得不同意见，听不得不同声音。特别是在推行过程中，当出现某些违背初衷、走向反面、产生流弊之时，更会激起来自各方的批评和反对。此时的主政者应该怎么办？是虚怀纳谏、慎重对待、认真反思、及时纠偏矫正？还是一概拒绝，一意孤行，甚至将不同政见视之为"妄议""讪谤""恶毒攻击"？范仲淹的态度是审时度势，积极推进，事不可为则知难而退；宋仁宗的办法是尽量缩小负面影响，减少社会动荡。王安石一开始是迎难而上，强行推进，决不妥协（后来还是妥协退避了）；宋神宗只看到不变法就没有出路的一面，而不知策略上的调整和变通，对于反对意见，采取的主要是压制和打击。其结果则是压而不服，反而致使党争越演越烈，双方越斗越凶。为占据道德制高点，双方皆以君子和民意代表自居，指斥对方为邪恶小人。今天看来，究竟谁忠谁奸？谁正谁邪？谁君子谁小人？双方撕扯扭打到北宋政权垮台，也未能分清里表，至今仍然是一个无解的悖论。

七曰忠臣悖论。几千年来，最高统治者总是标榜"君臣一体"，皇帝与大臣是一种元首与股肱的关系，是百姓利益的代表者。既然"根本利益一致"，要求其臣子必须"忠君爱民"。然而，对于各级大小官员来说，既"忠君"又"爱民"，固然理想而又动听，但在君主专制条件下，是一道很难两全的难题。说到底，皇帝与老百姓是一种"舟"与"水"的关系。其前提是皇帝至上，老百姓必须做顺民、良民，做载舟之水，官员则要做俯首帖耳的拉纤人。对于各级官员来说，“爱民”是旗号，是口号，“忠君”才是关键，是核心。最高统治者为缓解矛盾，平息民怨，也会打出反腐惩贪、变法革新的旗号，但根本目的还是为了风平浪静，维护其“行稳致远”“万世一系”。在这个“维稳”的前提下，“忠君”与“爱民”两者孰轻孰重，每个臣子都心知肚明。即便真心“爱民”，也得有个分寸。弄不好，有可能被视为怀有二志，收买人心，那可不是闹着玩的。所以说，那时的所谓“忠臣”，其实就是在“忠君”与“爱民”两者之间走钢丝。范仲淹忧国忧民，遇阻即收，造成的负面影响和后果还不是太大，因而不失其为忠臣；王安石推行新法矢志不回，意在纾解民困，其结果反被诬为千古佞臣。“忠臣”二字，说起来高尚荣耀，做起来胆战心惊，这便是一种永远无解的“忠臣悖论”。

八曰“朋党”悖论。变法革新不是少数人的事业。除了皇帝的支持以外，还必须有一批志同道合的改革者形成合力，形成一个坚强的改革集团或曰阵营。然而，这样的改革集团，恰恰最容易成为反对派攻击的目标，被诬为“结党营私”的“党人”。对于皇帝来说，一方面要充分信任、依靠一大批有为之士为他推进改革事业，一方面还要从严防范大臣“结党”，防止大权旁落，被操纵、被架空。于是，信任和猜忌、依靠和防范便成为专制皇帝永远难以化解的心结，成为纠结于内心的千古悖论。庆历新政之初，尽管范仲淹对宋仁宗反复开说，要他分清“君子之朋”和“小人之朋”，甚至由欧阳修写成《朋党论》加以辨析和鼓励，让他大胆起用革新之士，但是，不论怎样表白和开说始终打消不了宋仁宗的怀疑，结果还是榜示朝堂，诏戒“朋党”，并且按照反对派的意图，把革新派人士一个个赶走了事。到了神宗一朝，“朋党”之争愈演愈烈，使得整个北宋王朝终于在党争政争的喧嚣、纷攘、指责和互骂声中垮台。

九曰用人标准上的千古悖论。此由“忠臣悖论”直接派生。人生在世，有几个不是长怀天覆地载的感恩之心，忠于自己的祖国和人民。问题在于，在专制独裁的君主社会，孟子关于民、君、社稷孰轻孰重的说教，只不过是被当作漂亮的摆设和抽象的口号。皇帝、国家、人民三者看似混为一体，其实皇帝才是人民的代表、国家的化身。“朕即国家”，提到“忠”字，国家、人民倒在其次，首先强调的是必须忠于皇帝个人。而皇帝呢，为了推行自己的意旨，也就必然要以对待自己的“忠诚度”作为选人、用人的最高标准。然而，遍观历代兴亡，最不靠谱的便是这个“忠”字，使得“用人唯忠”成为千古莫解的悖论。这是因为：其一，每个皇帝各有自己的治国理念、兴趣爱好和行事风格，如果要求其臣下在每个具体问题上都得“保持一致”，一旦皇位易主，必然造成“一朝天子一朝臣”，失去用人上的连续性和稳定性；其二，即便同一个皇帝，对待同一个问题，其见解和主张也会因时而异，并非一成不变的。如果强要其臣下“绝对服从”“保持一致”，那就必然会出现一些善于察言观色、投其所好的投机钻营之徒，而一些真正的忠贞耿介之士，反因不能随机应变及时领会“上意”而遭淘汰，甚至受到排挤和冤诬。即便若干年后给予平反昭雪，甚至大力旌表，也是时过境迁，于事无补，悔之晚矣；其三，任何一个国家的治国方略，都必须因时而易，与世推移。内外形势的发展变化，决定其治国方略的转换变化，而治国方略的转换变化，要求其臣下也都得紧跟。但最忠诚的臣子也会有“跟不上形势”的时候。由于以上三个原因，看似崇高而神圣的“忠”字标准，其内涵始终处于一种反复无常、变动不居而又难以捉摸的动态中。由于其“标准”内涵的变幻无常，使得其臣下往往感到“天心难测”而无所适从。由此可见，以对待某些具体事物、具体方略、具体问题的态度来检验其臣下的“忠诚度”，在剧烈变化的形势面前，在激烈的党争政争之中，不仅会造成其臣下需要随时选边站队，抢占“道德制高点”，同时还会被臣子利用作为打击政敌的武器。纵观数千年的专制史，不论好人坏人，有几个臣子没对皇帝表忠、献忠、打过“忠”字牌？又有多少大事不是坏在那些被认为最可信赖的“忠臣”手里？具体到王安石变法，正是由于以对待变法的态度作为选人用人的标准，用来检验对皇帝的忠诚度，从而排斥打击了一批正直敢言之士，提拔重用了一批见风使舵、投机钻营之徒。王安石旗下如此，直到徽宗朝的蔡京、王黼等“六贼”莫不如此。正是这帮人的“积极拥护”和“热心参与”，使得变法走样变形，步入歧途，直至祸国殃民，生灵涂炭。为了推行一己之意志和主张，每个皇帝都离不开一个“忠”字；而以“忠”字标准选人用人，却又往往坏了大事。这便是用人标准上的千古悖论。它与专制制度与生俱来，相伴共生。

十曰动机与效果的悖论。由于以上九个方面的乖谬，最终导致变法革新的南辕北辙，开始的动机和愿望是强国富民，造成的后果却是祸国殃民，违背初心，走向反面，以惨痛的失败告终，这便是中国历史上诸多变法改革相同的悖论。

明乎此，我们不仅可以理解北宋中期的两次变法，特别是王安石变法为什么会遭到那么多人反对，而且还可以理解君主专制时代许多自上而下的变法改革必然失败的根本原因。

三、两次变法失败留给我们的重要启示

近现代以来，对于范仲淹主导的庆历新政和王安石主导的熙丰新法，人们已习惯唱赞歌。然而在笔者看来，除了赞歌、挽歌之外，还有两个问题更值得深思：一是当年的有识之士对这前后两次变法为什么大都采取了截然相反的态度？具体说来，就是当年庆历新政的支持者、参与者，后来为什么几乎都变成了熙丰新法的反对者、抵制者？二是熙丰新法推行得更坚决、更持久，为什么失败得更惨烈、更彻底？这两个问题，曾经困扰过不少研究者。笔者拟就此做些探析。

范仲淹是一位善于反求诸己、总结教训的人。他所推行的庆历新政，尽管赢得后人一片赞叹和惋惜，但他本人事后回顾起来，更多的是反省和自责。他在推行新政最紧张的关头两次外出巡边，固然有边防军情的需要，但也不排除他另有想法，就是想借此摆脱当时朝堂上的激烈纷争，而留给自己一个冷静思考的机会。他当初与吕夷简的解仇书便透露了这方面的信息。晚年所作《剔银灯·与欧阳公席上分题》，其中“笑曹操、孙权、刘备，用尽机关，徒劳心力”①等语，显然也包含他对当年推行新政“更张无渐，规摹阔大”②的反省和自责。王安石变法苦苦支撑了十多年，成就巨大，流弊更多，遭受后人的批评和诟病也更多。明末清初思想家王夫之等人，不仅将北宋的灭亡归咎于王安石变法，而且将北宋愈演愈烈的“朋党”之祸，还追溯到庆历新政之前的“景祐诸公”③。由此看来，我们在肯定和赞美这两次变法的同时，对于其间的经验教训，应当给予更多反思。

古人云：“利不百，不变法；功不十，不易器。”④圣人的明训是“不贰过”，“一之谓甚，其可再乎？”下过水的人，方知水的深浅。一场庆历新政好比改革者的狂欢节日。当时看似热闹，但过后再看，它所引发的社会震荡，让人们记

① ［宋］范仲淹著，李勇先、王蓉贵校点：《范仲淹全集》续补卷第一，成都：四川大学出版社，2002年，第748页。

② ［宋］范仲淹著，李勇先、王蓉贵校点：《范仲淹全集》附录一，成都：四川大学出版社，2002年，第849页。

③ ［明］王夫之著：《宋论》，杨坚总修订：《船山全书》第十一册，长沙：岳麓书社，2011年，第118页。

④ 蒋礼鸿撰：《商君书锥指》卷一，北京：中华书局，1986年，第4页。

忆犹新。事情过去仅仅二十多年，在看不到明晰目标和前景的情况下，而又没有必然达成的信心和手段，谁还愿意再次折腾？那时人们虽然不明白什么“发展规律”“社会转型”，但浅显的道理和现实的教训，他们还是明白的。当我们对历史上的变法革新略作回顾以后，对于庆历当年激流勇进的革新之士后来为什么都急流勇退，变成了王安石变法的反对派，也就不难理解了。

让我们回到今天的现实。纵观天下大势，由君主专制走向人民民主，从世界范围来说，已是浩荡三四百年的历史潮流。反观中国，我们虽然经历了“中体西用”的洋务运动，经历了“君主立宪”的戊戌变法，经历了从“大坏”到“更造”的辛亥革命，经历了中华民国的缔造，并且赢得了中华人民共和国的成立，但无可否认的是，中国社会经济的第二次转型尚未最后完成。这就是说，我们今天依然处于社会经济第二次转型的最后完成阶段，尚有大量艰巨的工作，尚待我们做不断的努力。

愿我们每个人都能认清时代潮流，珍惜当前改革开放的机遇，吸取前人的经验教训，顺应社会发展规律，勇敢地投入当前全面深化改革的洪流，将社会转型的伟大历史任务，经由我们这一两代人的努力而最后完成。

诗文考辨

范仲淹《睢阳学舍书怀》试析*

白云无赖帝乡遥，汉苑谁人奏洞箫？
多难未应歌凤鸟，薄才犹可赋鹪鹩。
瓢思颜子心还乐，琴遇钟君恨即销。
但使斯文天未丧，涧松何必怨山苗。①

范仲淹这首七律《睢阳学舍书怀》，作于他早年在南京（今河南商丘）应天书院（又称睢阳学舍、南都学舍）求学之时，为其现存诗作中最早的一首。因迄今未见专文介绍，笔者不揣浅薄，试作些解析，以就教于方家。错误之处，恳望批评指正。

范仲淹尚在襁褓之中，其父范墉去世。其母谢氏，本为其父之侧室。范墉一死，范家已无仲淹母子立足之地，谢氏只得带着仲淹改嫁于淄州长山（今山东邹平）朱氏。仲淹后来闻知家世，乃感泣辞母，赴应天书院求学读书。他是带着极大的屈辱和改变命运的决心来的，因而学习异常刻苦。《宋史》本传称他"少有志操。既长，知其世家，乃感泣辞母，去之应天府，依戚同文学，昼夜不息。冬月惫甚，以水沃面；食不给，至以糜粥继之，人不能堪，仲淹不苦也"②。据其《年谱》转引仲淹《遗事》说："公处南都学舍，昼夜苦学，五年未尝解衣就枕。夜或昏怠，辄以水沃面。往往馇粥不充，日昃始食。"③另据其转引范公

---

* 本文应商丘市范仲淹研究会副会长孙纲先生之约而作，后来提交给2019年10月于商丘召开的"范仲淹与应天书院"学术研讨会。

① [宋]范仲淹著，李勇先、王蓉贵校点：《范仲淹全集》文集卷第四，成都：四川大学出版社，2002年，第66页。

② [元]脱脱等撰：《宋史》卷三百一十四，北京：中华书局，1985年，第10267页。

③ [宋]范仲淹著，李勇先、王蓉贵校点：《范仲淹全集》附录二，成都：四川大学出版社，2002年，第866页。

《家录》所记数事，更加感人："真宗谒太清宫，幸亳（今安徽亳州），驾次南京。皆往观之，独公不出。或以问公，公曰：'异日见之未晚。'留守有子居学，见公食粥及不出观驾，归告其父，以公厨食馈公。既而悉已败矣。留守子曰：'大人闻公清苦，故遗以食物。而不下箸，得非以相浼为罪乎？'公谢曰：'非不感厚意，盖食粥安之已久，今遽享盛馔，后日岂能啖此粥乎？'"①经过如此这般五年苦读，仲淹终于在宋真宗大中祥符八年(1015)进士及第。

此诗用典较多。了解仲淹的身世和立志苦学的经历，有助于我们对这首诗的理解：

第一句，"白云无赖帝乡遥"。这里的"白云"，用的是唐代名臣狄仁杰的典故。狄仁杰，字怀英，唐代并州（太原）人。在武则天临朝称制时，以匡复唐室、定国安邦而成为大功臣。史载狄仁杰为人至孝。据唐人刘肃《大唐新语・举贤》记载，狄仁杰初入仕途，阎立本"特荐为并州法曹，其亲在河阳别业。仁杰赴任，于并州登太行，南望白云孤飞，谓左右曰：'吾亲所居，近此云下！'悲泣，伫立久之，候云移乃行"。② 后人遂以"白云""白云乡""白云亲舍"代指父母之所在。范仲淹后来专为狄仁杰写过一篇《唐狄梁公碑》（见《范仲淹全集》文集卷第十二），首列此事，可见狄仁杰在仲淹心目中的地位。"帝乡"，皇帝所居，即京城。此句将"白云"与"帝乡"对举，给人心理上以强烈对比。意思是说，仲淹在应天书院求学，一边是立志苦学，希望通过科第改变自己卑贱屈辱的生存环境，实现人生远大理想；一边还在思念远在家乡的母亲。此时他纵使百般思乡念母，也不能丢下学业而返乡探亲。遥望天上一片白云，撩拨着他的思亲情结，于是他以"无赖"称之，可知其心中的无奈。"帝乡遥"，是说他感到距离进京赶考、面见皇帝还有一段路程要走，他必须珍惜时间，发愤苦读。

第二句，"汉苑谁人奏洞箫"。汉苑，汉代园囿，这里指代汉朝。上句引唐典，此句说汉朝。"谁人奏洞箫"呢？一般认为，所指应为才德兼备的王褒。王褒，字子渊，西汉犍为资中（今四川资中）人。宣帝时，益州（今成都）刺史王襄欲宣风化，请王褒作《中和》《乐职》《宣布》等诗，荐褒有异才，擢为谏大夫。褒奉命前往益州祭神，不幸死于途中。《昭明文选》收有王褒名篇《洞箫赋》，因而

---

① [宋]范仲淹著，李勇先、王蓉贵校点：《范仲淹全集》附录二，成都：四川大学出版社，2002年，第866页。

② [唐]刘肃撰，许德楠、李鼎霞点校：《大唐新语》，北京：中华书局，1984年，第92页。

后世提到“洞箫”出典，往往会与王褒联系起来。然而笔者认为，仲淹这里所称“奏洞箫”者，未必是指王褒，应指汉初三杰之一的留侯张良。理由有三：一是从诗的主旨看，仲淹之《书怀》是在以诗明志，诗中所列历史人物，都是他所崇拜的偶像，效法的楷模，能够流芳百世的千古圣贤，而王褒未必能位列其间；二是从诗的写法看，首联两句，汉唐对举，能够与唐代狄仁杰相提并论的汉代人物，应该是张良；三是从汉代历史故事的流传来看，经过《史记》《汉书》等文献的记述，汉代故事后世更有很大发展。比如楚汉相争，垓下之战，除了演义“十面埋伏”的主角韩信，还有“洞箫散楚”的主角张良。所谓“四面楚歌”，其细节虽不见《史记》《汉书》记载，经过后世讲史艺人的附会渲染，故事情节演变为张良以洞箫教汉军为楚歌，动摇了项羽的军心，甚至被夸张为张良“一支洞箫吹散十万楚军”。可见“洞箫”早已与张良结缘。

第三句，“多难未应歌凤鸟”。“歌凤鸟”，典出《论语·微子》：“楚狂接舆歌而过孔子，曰：‘凤兮凤兮，何德之衰？’”[①]意思是说，楚国狂人接舆见孔子周游列国，到处推销自己的仁政主张，就唱一首《凤鸟》之歌来规劝他：凤凰乃祥瑞之鸟，非盛世不见；而今世道衰乱，您老夫子是不是有点不识时务啊？仲淹应天读书之时，北宋王朝建立已经50余年。当时虽然算不上盛世，但也不算乱世衰世，而是一派歌舞升平掩盖之下的浊世。社会虽已污浊，人民虽已“多难”，但还未到接舆出来唱“凤鸟歌”的地步。意思是说，世道还没有腐败到不堪收拾的程度。在仲淹看来，只要有人挺身而出，刷新政治，国运尚可振兴，诸事尚有可为。这句诗既反映了仲淹对现实时局的客观估量，也表现了他愿有所作为的信心和担当精神。

第四句，“薄才犹可赋鹪鹩”。“赋鹪鹩”，典出《晋书·张华传》。张华，字茂先，西晋范阳人，少孤贫，自牧羊。史称其“学业优博，辞藻温丽，朗赡多通，图纬方伎之书莫不详览。少自修谨，造次必以礼度。勇于赴义，笃于周急。器识弘旷，时人罕能测之”[②]。张华曾力排众议，与羊祜密定灭吴大计，众所推服，名重一世。《庄子·逍遥游》有“鹪鹩巢于深林，不过一枝”[③]之语。张华未知名时，曾本庄子之意而作《鹪鹩赋》一篇，以自寄托。大意谓鹪鹩虽为一不起

---

① ［宋］朱熹撰：《四书章句集注》论语集注卷九，北京：中华书局，1983年，第183页。

② ［唐］房玄龄等撰：《晋书》卷三十六，北京：中华书局，1974年，第1068页。

③ ［清］王光谦注：《庄子集解》卷一《逍遥游》，北京：中华书局，1954年，第3页。

眼的小鸟，但在弱肉强食的险恶环境中亦自有其生存之道。“陈留阮籍见之，叹曰：‘王佐之才也！’由是声名始著。”[①]仲淹此句诗有两层意思：表面是说，我的才思虽然浅薄，比不上张华，至于像《鹪鹩赋》那样的作品，我还是能写得出来的；其实是说，我现在虽然身份卑微，犹如一只不起眼的鹪鹩，但将来也会像写出《鹪鹩赋》的张华那样，被人发现和赏识，从而实现人生的价值。仲淹这句诗既表现了他的自谦，也表现了他的自信。

第五句，“瓢思颜子心还乐”。“瓢思颜子”，典出《论语·雍也》，记载的是孔子称赞其弟子颜回的话：“子曰：贤哉回也！一箪食，一瓢饮，在陋巷，人不堪其忧，回也不改其乐。”[②]孔子的学生颜回，身居陋巷，安贫乐道，不迁怒，不二过，以德行著称于世，被后世列为孔门七十二贤人之首。我们知道，仲淹在应天读书时的生活极其艰苦，但他每以颜回自况，不以为苦，反以为乐。仲淹自比颜回，同样令人感佩。

第六句，“琴遇钟君恨即销”。此“钟君”应指善于分辨琴音的钟子期。俞伯牙与钟子期的故事，作为知音难觅的典故，在古代流传甚广。《吕氏春秋·孝行览》《淮南子·修务训》《风俗通义·声音》等古代典籍皆有记载。说的是春秋时期楚国人钟子期，精通音律。俞伯牙鼓琴，志在高山流水，钟子期听而知之。子期死，伯牙谓世无知音者，乃断琴绝弦，终身不复鼓琴。希望得遇知音，希望自己的才华和志向能被人发现，受人赏识，是古今才子的共同愿望，仲淹当然也不例外。除了饱读诗书，仲淹的最大爱好就是操琴。据陆游《老学庵笔记》：“范文正公喜弹琴，然平日止弹《履霜》一操，时人谓之‘范履霜’。”[③]他相信自己的“琴”早晚会遇到钟子期那样的知音，只有到那个时候，他的遗憾才会打消。这里的“恨”与“憾”同义。这句诗既含有他对知音的渴望，也表现了他怀才而能遇知音的自信。

第七句，“但使斯文天未丧”。“天丧斯文”，典出《论语·子罕》：“天之将丧斯文也，后死者不得与于斯文也！”[④]文，指当时的礼乐制度。这句话的意思是说：上天是不会毁灭礼乐文化的，如果现在毁灭了，将来又怎么继承发展呢?!仲淹在这里认为，只要不是上天要毁灭斯文，斯文就不会灭绝，我将来一定会

① [唐]房玄龄等撰：《晋书》卷三十六，北京：中华书局，1974年，第1069页。

② [宋]朱熹撰：《四书章句集注》论语集注卷三，北京：中华书局，1983年，第87页。

③ [宋]陆游撰：《老学庵笔记》卷九，上海：上海书店，1990年，第4页。

④ [宋]朱熹撰：《四书章句集注》论语集注卷五，北京：中华书局，1983年，第110页。

兴复古道，并将它发扬光大。我们从这里所看到的，是范仲淹青年时期即已拥有以复兴儒道为己任的决心和信心。

第八句，“涧松何必怨山苗”。“涧松”“山苗”，典出《文选》卷二十一左思《咏史八首》。其二云：“郁郁涧底松，离离山上苗。以彼径寸茎，荫此百尺条。世胄蹑高位，英俊沉下僚。地势使之然，由来非一朝。”[①]达官世族的贵胄子弟，凭借其门第占据高位，而寒门学子不论有多么卓越的才德，也只能屈居下僚，甚至于潦倒终生，沉沦草泽。这就好比生长在山涧里的青松，不论怎么努力向上，也高不过山顶上的一棵小草。“地势使之然”，决定了两者出身的高下，这样的现实已经不是一天两天形成的了。仲淹这里以“涧底松”自喻，但他并没有像左思那样对“地势”流露出无可奈何的消极情绪。“何必怨山苗”一语，以轻松语调表达了他决不向命运低头的坚强意志，表达了他必将冲破局限而直上青云的自信和雄心。

青年人作诗喜欢用典，以显示自己的博学和才华，仲淹年轻时亦是如此。这里不在于是否用典，而在于用什么典、怎么用典、表达了一种什么样的精神风貌和思想感情。仲淹这首《睢阳学舍书怀》七言八句，句句用典，典典贴切，我们正是从这一连串的典故中看到了一个青年人的学养、才华、进取精神和昂扬向上的壮志豪情。总而言之，范仲淹的《睢阳学舍书怀》，是他在极其艰难困苦的条件下，抒发怀抱，以诗明志。我们在称道范仲淹先忧后乐精神的时候，不应忘记他青年时代曾创作过这么一首励志诗。

---

① ［梁］萧统编，［唐］李善注：《文选》，上海：上海古籍出版社，2019 年，第 1006 页。

范仲淹与他的三首《淮上遇风》*

其一

圣宋非强楚，清淮异汨罗。平生仗忠信，尽室任风波。
舟楫颠危甚，蛟鼋出没多。斜阳幸无事，沽酒听渔歌。

其二

妻子休相咎，劳生险自多。商人岂有罪？同我在风波。

其三

一棹危于叶，旁观亦损神。他时在平地，无忽险中人。①

范仲淹诗《淮上遇风三首》，作于宋仁宗明道二年（1033）春天，是他因谏阻宋仁宗废掉郭皇后而被贬睦州（今浙江建德）时途经淮河之作。“遇风”的地点，他自称是在“淮上”，当然不是指淮河下游；他这次离京赴任，是由颍入淮，发生地也不可能是在颍口以上。而自怀远以下、五河以上的这段淮河境域，向来被称作“淮上”，所以笔者认为这三首诗只应作于这一区间，亦即今天的蚌埠市境内。

三首诗标作“淮上遇风”，其实大有深意。笔者在此只作些简略分析：

第一首，表明他对这次遭受贬谪的基本态度。开头就说，他坚信当今圣上（宋仁宗赵祯）不会像楚怀王那样昏庸。第二句说，自己虽然身在贬谪途中，又遭遇风波之险，但淮河不是汨罗江，他也不会像屈原那样去寻短见。三、四两句，是说他平生所依仗的，唯有忠信二字，可以面对任何风波。以下四句，是说

---

* 本文原载于《蚌埠日报》。

① [宋]范仲淹著，李勇先、王蓉贵校点：《范仲淹全集》文集卷第五，成都：四川大学出版社，2002年，第92－93页。

尽管舟楫颠危，蛟鼋出没，他面对斜阳，照样可以沽酒听歌。诗中没有“迁客骚人”的丝毫哀怨，表现的是他虽然身处逆境、险境，照样心胸坦然，泰然自若。

第二首，是对家人的劝慰。在世俗人眼中，做官升迁就是光荣，遭贬即为耻辱。不论什么原因，不问是非曲直，一旦被贬，即便本人不在乎，也难免遭到外人的白眼和家人的抱怨。而在范仲淹看来，作为一名官员，宦海浮沉，乃是常事。问题在于，作为一名饱读诗书的学者，一名心忧天下的政治家，面对贬谪，首先考虑的究竟应该是什么。是道义之所在，还是个人的升降进退、荣辱得失。用仲淹自己的话说，就是“五斗对万钟，所问道何如”[①]。仲淹一生因言获罪，多次遭贬，如果用势利眼光来看，可以说都是属于他主动“掇祸”“自找倒霉”。但他自己却认为：“理或当言，死无所避。”[②]该坚持的必须坚持。此前，仲淹曾因谏阻仁宗率百官为垂帘听政的刘太后拜寿，已经被贬放三年。这年的四月，他从贬所陈州刚刚调回京城，到了十二月间，因干犯龙颜而再次被贬。须知宋代官员赴任，是要携家带眷的。经过三年颠沛流离，家人好不容易过上安稳日子，不承想还没安稳几天，他又“掇祸”，除了连累家人担惊受怕，还要害得他们跟着自己“出没风波里”，可想而知，家人难免会生出些埋怨情绪。此时的仲淹在顶住世俗眼光和外界压力的同时，还得好言开导、劝慰自己的老婆孩子，要他们“休相咎”。若无相当的自信和底气，这是很难做到的。这里还要说明的是，中国古代重农抑商，商人备受歧视。而作为政治家的范仲淹，他充分认识到了商人在社会生活中的地位和作用，同情他们的艰辛、不容易。仲淹说：“商人岂有罪？同我在风波。”看起来他是用这话宽慰老婆孩子，而折射出来的则是他对商人地位低下和生存状态所寄予的同情。

第三首更为奇葩。须知那时蚌埠地区的淮河两岸并无人工大堤，每到雨季，洪水泛滥，沿淮洼地，潴为泽国。仲淹一家老少蜷曲在一条如叶的小船上，突遇大风，上下颠簸，家人受到的惊吓，可想而知。对于一般人来说，此时会想些什么呢？也许会祷告神灵保佑，也许会对皇帝的处罚不公心生怨言，也许会在脱险之后感到后怕，为自己和家人感到庆幸。而此时的范仲淹所考虑的是什么呢？是“他时在平地，无忽险中人”。就是说，他自己身处何地并不重要，

---

① ［宋］范仲淹著，李勇先、王蓉贵校点：《范仲淹全集》文集卷第三，成都：四川大学出版社，2002年，第57页。

② ［宋］范仲淹著，李勇先、王蓉贵校点：《范仲淹全集》文集卷第十六，成都：四川大学出版社，2002年，第386页。

重要的是他此时此地想到的是世上还有多少受苦受难、身处险境困境的人。难怪后人满怀崇敬地评论说："范文正淮上遇风作此诗，虽弄翰戏语，卒然而作，其济险加泽之心，未尝忘也。"[①]

宋代官员犯罪，大体上被分为两类：公罪、私罪。因主观"为公"而犯下的罪，一般称为"公罪"；因主观"为私"而犯下的罪，一般称为"私罪"。在一般人看来，无论公罪私罪，最好是不要犯罪。而范仲淹则大不以为然。在他看来，凡事只问"当为不当为"，从不计较个人的荣辱得失。但凡想做个好官，就要勇于担责，在那时不犯"公罪"几乎是不可能的。他为后世留下一句掷地有声的名言，就是"公罪不可无，私罪不可有"。意思就是说：因为坚持原则、秉公执法、为民请命而得罪上司，甚至有可能冒犯"龙颜"的"公罪"，不仅在所难免，甚至不可或缺；而贪污受贿、假公济私、徇私枉法之类乌七八糟的"私罪"，绝对不可沾边。诗人梅尧臣曾把他比作一只啄木鸟，称赞他"啄尽林中蠹，未肯出林飞"[②]，哀叹他"不识黄金弹，双翎坠落晖"[③]。梅尧臣还曾把他比作能够预言人间吉凶祸福的"灵乌"，劝他不要再当不讨人喜欢的"乌鸦嘴"："结尔舌兮钤尔喙，尔饮啄兮尔自遂。"[④]仲淹也曾作一首《灵乌赋》回答他说：自己之所以要当"乌鸦嘴"，完全是为了"警于未形，恐于未炽……虽死而告，为凶之防"，并且斩钉截铁地表示："宁鸣而死，不默而生！"[⑤]大约正是有这种异乎常人的思想为主导，才使得范仲淹屡犯"公罪"、屡次遭贬而不思改悔。

富弼为范仲淹所作的《墓志铭》，说朝廷对他是"每用必黜之，黜则欣然而去，人未始见其有悔色"[⑥]。这种精神状态，常人确实很难理解。笔者这里想说的正是这种常人的难以理解，反映了我们与范仲淹的距离。

---

① 吴文治主编：《宋诗话全编》，南京：凤凰出版社（原江苏古籍出版社），1998年，第9800－9801页。

② ［宋］梅尧臣著，朱东润编年校注：《梅尧臣集编年校注》卷八，上海：上海古籍出版社，2020年，第138页。

③ 同上。

④ ［宋］梅尧臣著，朱东润编年校注：《梅尧臣集编年校注》卷六，上海：上海古籍出版社，2020年，第119页。

⑤ ［宋］范仲淹著，李勇先、王蓉贵校点：《范仲淹全集》文集卷第一，成都：四川大学出版社，2002年，第8－9页。

⑥ ［宋］范仲淹著，李勇先、王蓉贵校点：《范仲淹全集》附录一，成都：四川大学出版社，2002年，第823页。

试说范仲淹的《苏幕遮》《御街行》皆为悼亡词*

苏幕遮

碧云天，黄叶地，秋色连波，波上寒烟翠。山映斜阳天接水，芳草无情，更在斜阳外。　　黯乡魂，追旅思，夜夜除非，好梦留人睡。明月楼高休独倚，酒入愁肠，化作相思泪。①

御街行

纷纷坠叶飘香砌，夜寂静，寒声碎。真珠帘卷玉楼空，天淡银河垂地。年年今夜，月华如练，长是人千里。　　愁肠已断无由醉，酒未到，先成泪。残灯明灭枕头欹，谙尽孤眠滋味。都来此事，眉间心上，无计相违避。②

范仲淹这两首词，同他的《渔家傲》一样脍炙人口，且从风格上以其“柔情”“丽语”被后世推崇为开婉约派的先河。所不同者，《渔家傲》写边塞风光，沉雄悲壮，主题鲜明，而这两首词则以柔丽哀婉的笔触抒发男女之情。因其基调过于哀婉凄怆，以至于它表达的究竟是一种什么样的男女之情，在后人眼中，恰如李商隐的《无题》诗一般隐约朦胧。

笔者经数年求索，认为两词皆为范仲淹的悼亡词。

---

* 本文原载香港新亚洲文化基金会2000年编印的《范仲淹研究文集·之一》。

① ［宋］范仲淹著，李勇先、王蓉贵校点：《范仲淹全集》补编，成都：四川大学出版社，2002年，第734页。

② ［宋］范仲淹著，李勇先、王蓉贵校点：《范仲淹全集》补编，成都：四川大学出版社，2002年，第735页。

一、从历代词评说起

首先需要说明的是，作为一种文学样式的词，发展到范仲淹生活的北宋中期，人们依然习惯于依照词牌倚声填词。每首词除标有词牌之外，依据内容另加标题的做法，当时尚未成为定式。即以范氏《渔家傲》而论，有的版本在词牌下标作《秋思》，有的未加标题，亦有援例取首句数字“塞下秋来”作为标题者。范词《苏幕遮》与《御街行》亦然。前一首于词牌下有的标作《怀旧》，有的标作《别恨》，亦有未标者。后一首于词牌之下有的作《秋日怀旧》，有的未加标题，或援例标作“纷纷坠叶”者。这种混乱不一的情形，正说明范公的《苏幕遮》《御街行》两词本无标题，而词牌后边的标题，皆为后人所加。由此难免带来一个问题，后人所加标题，未必符合作者本意。如果不合，反而会对读者产生误导，增加理解上的困难，从而众说纷纭。

后人对两词见仁见智，歧见迭出，正反映了这种情形。例如：杨慎《词品》云：“韩魏公（韩琦）《点绛唇》词……范文正公《御街行》……二公一时勋德重望，而词亦情致如此。大抵人自情中生，焉能无情，但不过甚而已……天之风月，地之花柳，与人之歌舞，无此不成三才。”①清人徐釚《词苑丛谈》云：“范文正公、司马温公、韩魏公，皆一时名德重望……人非太上，未免有情，当不以此颣其白璧也。”②沈雄《古今词话》云：“江尚质曰：贤如寇准、晏殊、范仲淹、赵鼎，勋名重臣，不少艳词。”③陈廷焯《词坛丛话》云：“词虽不避艳冶，亦不可流于秽亵。范文正公词有……韩魏公词有……数公勋德才望，昭昭千古，而所作小词，非不尽态极妍，然不涉秽语……惟立品如数公，乃可偶一为之。”④谢章铤《赌棋山庄词话》云：“功业如范文正，文章如欧阳文忠，检其集，艳词不少。”⑤谢氏又说：“作情语勿作绮语，绮语设为淫思，坏人心术。情语则热血所钟，缠绵悱恻，而即近知远，即微知著，其人一生大节，可于此得其端倪……欧

① ［明］杨慎撰，王大厚笺证：《升庵词品笺证》，北京：中华书局，2018年，第225页。

② ［清］徐釚撰，唐圭璋校注：《词苑丛谈》，北京：中华书局，2008年，第67页。

③ 唐圭璋编：《词话丛编》，北京：中华书局，2005年，第760页。

④ 唐圭璋编：《词话丛编》，北京：中华书局，2005年，第3741页。

⑤ 唐圭璋编：《词话丛编》，北京：中华书局，2005年，第3465页。

阳文忠……范文正,是皆一代名德,慎勿谓曲子相公皆轻薄者。"[①]以上诸家词评,虽充满回护包容,乃至辩解原谅,但其言下之意,无不认为范仲淹以上两词都没有离开一个"情"字,都是描写男女私情的"情语""艳词"。

这样解说也许终归有损正人端士的形象,于是又有词评家穿凿附会,或作别解,或认作伪托,给以开脱。丁绍仪《听秋声馆词话》云:"司马温公《西江月》……极艳冶之致,或谓绝非公作,此如欧阳文忠'堂上簸钱'词,当时忌者托名以相涴耳……同时范文正、韩忠献均有丽词,安知不别有寄托?"[②]《张惠言论词》则干脆认为:仲淹《苏幕遮》"此去国之情"[③]。而"别有寄托"[④]之说,可以《蓼园词评》为代表:"文正一生并非怀土之士。所为'乡魂''旅思'以及'愁肠''思泪'等语,似沾沾作儿女想,何也?观前阕可以想其寄托。开首四句,不过借秋色苍茫,以隐抒其忧国之意。'山映斜阳'三句,隐隐见世道不甚清明,而小人更为得意之象。'芳草'喻小人,唐人已多用之也。第二阕,因心之忧愁,不自聊赖,始动其乡魂旅思。而梦不安枕,酒皆化泪矣。其实忧愁非为思家也。文正当宋仁宗之时,扬历中外,身肩一国之安危。虽其时不无小人,究系隆盛之日。而文正乃忧愁若此,此其所以'先天下之忧而忧'矣。"[⑤](以上所引,见李勇先、王蓉贵校点《范仲淹全集》附录十《历代评论·评词》。)

也许是感到这种解释过于牵强,于是又出现折中见解。比如《续词选批注》云:"希文、君实两文正,尤宋名臣中极纯正者,而词笔婉丽如此。论者但以本意求之,性情深至者,文辞自悱恻,亦不必别生枝节,强立议论,谓其寓言某事也。"[⑥]然而,此老一边盛赞两文正"性情深至者,文辞自悱恻"[⑦],一边又要人"不必别生枝节,强立议论"[⑧],"但以本意求之"[⑨]。那么,仲淹的"本意"究竟是什么?他"性情深至"而"悱恻"者,究竟所为何事?依然把人推回五里雾中。

---

① 唐圭璋编:《词话丛编》,北京:中华书局,2005年,第3366页。
② 唐圭璋编:《词话丛编》,北京:中华书局,2005年,第2819页。
③ 唐圭璋编:《词话丛编》,北京:中华书局,2005年,第1613页。
④ 唐圭璋编:《词话丛编》,北京:中华书局,2005年,第3046页。
⑤ 唐圭璋编:《词话丛编》,北京:中华书局,2005年,第3054页。
⑥ 唐圭璋编:《词话丛编》,北京:中华书局,2005年,第1622页。
⑦ 同上。
⑧ 同上。
⑨ 同上。

二、从《范文正公集》不收其词作考虑

《范文正公集》诸体皆备，唯独不收其词作。今存范词五首，皆为后人搜集补入。仅以此数首而言，其精妙佳绝，同代人中罕见其匹。我们可以毫不夸张地说，即便在宋词发展史上，这几首范词亦具有分水岭、里程碑的地位。但是，这就给人留下一个十分难解的问题：《范文正公集》为何不收其词作？

探究原因，似应从宋词在当时的社会功能定位说起。

宋词，本称曲子词，原为声乐的歌词，可见它与音乐的关系十分密切；因其社会功能主要是在筵宴聚会时用于佐觞侑酒，可能它与歌妓舞女的关系十分密切；歌舞筵宴的主角往往是士大夫文人，或许这些歌妓舞女与士大夫文人的关系十分密切。这三个“十分密切”，决定了词的社会功能和地位，而这种功能定位，反过来又决定了词的题材和内容。词体自从产生直至范仲淹所处时期以前，虽然由俚俗渐趋高雅，但从总体上看尚未走出离愁别恨、男欢女爱、风月花酒之类的狭小范围。有些作品仅仅限于表现歌妓舞女的风月生活，它与传统的雅乐、诗体有着十分明显的社会分工。

我们同时还应了解，宋词起于民间，属于当时的“流行歌曲”。虽然为社会广泛接受且为士大夫文人所喜爱，但它始终难登大雅之堂。大约是有鉴于南唐、西蜀亡国之君皆沉湎于词曲的教训，且不说宋代郑重场合如皇家大典，庙堂之上所采用的是“正声”“雅乐”，即便是官方举办的大型宴会，其“燕（宴）乐”所使用的一般也都是传统的歌赋声诗，很少采用“流行歌曲”。宋初置教坊，曾有人以“君臣相悦之乐”为理由建议将曲子词引入宴会，但很快便以“曲燕（宴）昵狎……末俗渐靡之弊”[①]而受到抵制。因此，“民间作新声者甚众，而教坊不用也”[②]。到了南宋，朝廷甚至“蠲省教坊乐，凡燕（宴）礼，屏坐伎（妓）……廷绅祝颂，务在严恭，亦明以更不用女乐，颁旨子孙守之”[③]（以上见《宋史·乐十七》）。宋代皇帝中虽然不乏擅长琴棋书画者，但无一人擅长词曲，有的皇帝对于士大夫文人中擅此道者甚至心生反感（比如宋仁宗和柳永）。由此可知，宋

---

① [元]脱脱撰，中华书局编辑部点校：《宋史》卷一百四十二，北京：中华书局，1985年，第3345页。

② [元]脱脱撰，中华书局编辑部点校：《宋史》卷一百四十二，北京：中华书局，1985年，第3356页。

③ [元]脱脱撰，中华书局编辑部点校：《宋史》卷一百四十二，北京：中华书局，1985年，第3345页。

代词曲虽然在民间流行极广，以至被后世作为一代文学的代表，但在当时高雅的文学殿堂上，并没有取得一席之地。

职此之故，宋代词曲长期被目为“艳科”，称作“艳词”，故有“诗庄词媚”之语。再加上早期的词一般尚没有自己独立的标题，只是作为乐曲（亦即后世所称的词牌）的附属物存在，这就如同传统的“无题诗”那样，其创作主旨往往具有某种含蓄、隐晦和不确定性，因而更容易被人朝着“艳”的方面去理解。

那时候的士大夫文人宴饮欢聚，召妓助兴固然是一种社会风气，甚至被视作风流雅事。但我们同时还应看到，北宋中期又是理学兴起的时代。士大夫文人开始崇尚气节，注重道德修养，而文人狎妓也开始为一般士人所轻，甚至成为一些小人进行污诋的口实。以欧阳修为例，由于其年轻时生活较为放荡，喜作艳词，结果便以帷薄暧昧之事遭到政敌两次丑诋。王士禛《花草蒙拾》云：“‘堂上簸钱堂下走’，小人以蔑欧阳；‘有情争似无情’，忌者以诬司马。至‘谙尽孤眠滋味’及‘落花流水别离多’，范、赵二巨公作如许语，又非但广平《梅花》之比矣。”[①]所言正是这种情形。这就使得一些正人端士不得不稍稍避嫌，自觉与歌妓舞女、与艳词绮语保持一定距离。

范仲淹实为宋学开山之祖。其“为文章，论说必本于仁义”[②]（欧阳修《范仲淹神道碑》语）。“公为学好明经术，每道圣贤事业，辄跂耸勉慕，皆欲行之于己……凡所设施，必本仁义。”[③]（富弼撰《墓志铭》语）“其于仁义礼乐，忠信孝悌，盖如饥渴之于饮食，欲须臾忘而不可得。如火之热，如水之湿，盖其天性有不得不然者。虽弄翰戏语，率然而作，必归于此。”[④]（苏轼撰《〈范文正公集〉叙》）。《宋史》仲淹本传则称赞说：继五代颓风之后，“一时士大夫矫厉尚风节，自仲淹倡之”[⑤]。仲淹精音律，“喜弹琴，然平日止弹《履霜》一操，时人谓之范履霜”[⑥]（陆游《老学庵笔记》）。可见其情趣之高雅和道德之自觉。

---

① 唐圭璋编：《词话丛编》，北京：中华书局，2005 年，第 680 页。

② ［宋］欧阳修撰，李逸安点校：《欧阳修全集》卷二十一，北京：中华书局，2001 年，第 332 页。

③ ［宋］范仲淹著，李勇先、王蓉贵校点：《范仲淹全集》附录一，成都：四川大学出版社，2002 年，第 823 页。

④ ［宋］范仲淹著，李勇先、王蓉贵校点：《范仲淹全集》附录三，成都：四川大学出版社，2002 年，第 941 页。

⑤ ［元］脱脱撰，中华书局编辑部点校：《宋史》卷三百一十四，北京：中华书局，1985 年，第 10268 页。

⑥ ［宋］陆游撰，李剑雄、刘德权点校：《老学庵笔记》卷九，北京：中华书局，第 117 页。

通读仲淹文集，深感“文正”之谥当之无愧。其文多系“经国之大业”[①]，其诗亦“发乎情，止乎礼义”[②]。至于他的这两首词，绝非“系天下国家之大者”[③]（《神道碑》语），在格调上确乎属于另类。欧阳修说：“人生自是有情痴，此恨不关风与月”[④]。那么，范仲淹这两首词“关”的是什么呢？从其造句之绮丽哀婉来看，无须讳言，所关者也属男女之情。早在五代之末，孙光宪《北梦琐言》（卷六）便记有词人学者和凝一事：“晋相和凝，少年时好为曲子词，布于汴洛。洎入相，专托人收拾焚毁不暇。然相国厚重有德，终为艳词玷之。”[⑤]由此看来，《范文正公集》不收词作，很可能出于同样考虑，避免“为艳词玷之”。更何况北宋愈演愈烈的党争，亦肇端于仲淹。他亲眼看到自己的好友欧阳修因为“艳词”几乎被搞得身败名裂，能不从中吸取教训？作为一种“香艳文体”，既然容易招惹是非，置身政治斗争旋涡中的范仲淹，其词作不论多么高妙，他也会忍痛割爱的。

三、从两词的内容分析

首先应当明确的是，仲淹存世五首词，使用的都是第一人称，其主人公都是作者本人；无论是苍凉悲壮的直抒胸臆，还是凄凉哀婉的含蓄表达，所抒发的都是作者本人的真情实感，其中绝无“闺怨”之类的假托、代拟。只有首先明确这个问题，才好对两首词所表达的思想感情进行具体分析。

无可否认，仲淹这两首词充满“情语”，表现的都是男女爱情。问题在于，它所表现的究竟是一种什么样的爱情？

先看《苏幕遮》。“夜夜除非，好梦留人睡”，说的是所爱的人不在身边，自己彻夜难眠，却只有好梦留人。“明月楼高休独倚”，说的是秋爽宜人，男女正可携手登楼，共赏明月，而今只有孤身一人，倚栏望月难免触景生情，更容易勾

---

① [清]严可均校辑：《全上古三代秦汉三国六朝文》，北京：中华书局，1958年，第1098a页。

② [汉]毛亨传，[汉]郑玄笺，[唐]陆德明音义，孔祥军点校：《毛诗传笺》，北京：中华书局，2018年，第1页。

③ [宋]范仲淹撰，李勇先、王蓉贵校点：《范仲淹全集》附录一，成都：四川大学出版社，2002年，第816页。

④ [宋]欧阳修著，李逸安点校：《欧阳修全集》卷一百三十二，北京：中华书局，2001年，第2019页。

⑤ [五代]孙光宪撰，贾二强点校：《北梦琐言》卷第六，北京：中华书局，2002年，第134页。

起对往日温馨幸福的思念。既然往事难再,不管今晚月色多么美好,还是休去独倚为好。“酒入愁肠,化作相思泪”,说的是既然不忍独自登楼,那就以酒浇愁吧。哪知借酒浇愁愁更愁,浓烈的思念之情是酒所不能化解的,滴滴苦酒反而化成相思之泪。作者这里既非矫情,也不含蓄,而是直白的真情流露,把一腔强烈的相思之苦淋漓尽致地倾泻在读者面前。

再看《御街行》。作者内心相思之苦,表现得比前一首似更浓烈。“愁肠已断无由醉。酒未到,先成泪”,说的是自己愁肠百结,哪里还容得下滴酒,未曾举杯已双泪交流,想醉也不能成醉。白天如此,夜晚的时光更加难挨,“残灯明灭枕头攲,谙尽孤眠滋味”,此时枕边已无人相伴,独自起来睡下,辗转反侧,绵绵无尽的思念该是多么难耐的煎熬!“都来此事,眉间心上,无计相回避”,说的是自己的相思之情不仅夜间如此,白天也是郁积心头,展露眉头,无法遮掩,无计回避。显然,这种无时不在的、浓烈到难以化解的感情,虽说是男女之情,但它光明磊落,可以任情展示,并不是什么暧昧的、畸形的、不可见人的私情。

那么,能够当得起仲淹这份真挚而浓烈感情的女人,究竟是谁呢?笔者认为,值得仲淹这么倾情挚爱的女人,不可能是别人,只能是曾经与他朝夕相伴、甘苦与共、同床共枕,而今已经弃他而去的亡妻。正是基于这一看法,笔者认定范仲淹这两首词皆为悼亡词。

对此,我们可从以下三个方面考虑:

第一,就其感情的真挚浓烈程度而言,仲淹不可能将它倾注于别的女人。宋人词作中表现拥姬宿娼、男欢女爱者不少,但多系应景生情、逢场作戏而已,纵有海誓山盟者,有哪一篇能写得如此真挚而浓烈?特别是“年年今夜”一语,不论“明月楼高”还是“月华如练”,都是仲淹“愁肠已断”而加以纪念的日子。与女人有私情私约者多矣,但像仲淹这样刻骨铭心般为对方记住一个特定的日子而年年加以纪念者,世间有几?由此可见仲淹所倾情专注的女人,只能是曾经与他朝夕相伴、此时已离他而去的妻子。因为除她而外,这份情意再也无人能够当之。

第二,两词绝非一般的“恨别”“怀旧”之作。“生离”与“死别”虽然都会引起人们的伤感,但两者毕竟有“伤感程度”和“情感取向”的区别。从伤感程度看,倘若是一般的“生离”,任何“恨别”“怀旧”不可能让仲淹如此五内俱摧,痛彻心扉;从情感取向看,倘是一般的“生离”,作者不仅会有对往日的追念,还会有对别后的关切和祝愿,对于相见的期待和企盼。唯有“死别”,才会让作者表现得如此万念俱灰，不再心存任何不切实际的幻想。这里所流露出来的，除却真情宣泄，剩下的只有对现实的无奈和对重逢的绝望。这应该被看作“悼亡”之作与一般“生离”“恨别”之作的基本区别。

第三，标题的误导。如前所言，后世编选的一些词集、词选，仲淹的这两首词因其格调高雅而常得入选，但往往又被扣上“别恨”“怀旧”“秋日怀旧”之类的标题，其结果便是对读者形成了一种似是而非、文不对题的误导。我们只要不囿于标题，便不难发现两首词的主旨一不含蓄，二不隐晦，并不需要我们猜谜般求解。就词论词，从其感情之浓烈和取向来看，我们即可明白无误地认定仲淹这两首词都是淋漓酣畅、直抒胸臆的悼亡词。假如将两首词的标题都易作“悼亡”，我们反而会感到名正言顺，顺理成章。我们不妨将这两首词与苏轼的《江城子》（“十年生死”）做个比较，不仅可发现“悼亡”的主旨同样鲜明，其感情的浓烈程度也是有过之而无不及。谓予不信，请读者诸君将这两首词按照“悼亡”之意试读一下，自会明白。

四、从仲淹的生平履历考察

笔者认为，仲淹这两首词都是悼念他的亡妻李氏的。也有人对此不以为然。认为仲淹登第时年已 27 岁，此后娶参知政事李昌龄之侄女李氏为妻。难道此前他就没有过婚姻、爱情生活？如果有，初恋、初婚总是令人刻骨铭心的。《苏幕遮》《御街行》有没有可能是他对初恋情人的怀念与追忆？笔者对此大不以为然。其一，从主观上看，仲淹少有大志，一心向学，未必会过早考虑自己的婚姻问题；其二，从客观上看，仲淹青年时期极度贫困，唯有昼夜苦读以书充饥，连讨老婆的基本条件也不具备；其三，从文献记载看，除了早亡的李氏夫人以外，我们见不到他还有过什么“初恋情人”。

仲淹进入官场以后，更是一位洁身自爱的人。酒宴场合固然会经常接触歌妓舞女，但其私生活一向十分检点。作为当时一大批士大夫文人的“精神领袖”，处于激烈党争的风口浪尖，仲淹对于自己的言行只会要求更高。以他的道德修养和精明谨慎，决不会因为“绯闻”而授予政敌把柄。据《宋史·施昌言传》：“昌言为发运使时，召范仲淹后堂，出婢子为优，杂男子慢戏，无所不言。

仲淹怪问之，则皆昌言子也，仲淹大不怿而去。”[①]由此可见仲淹的洁身自好和特立独行。即便如此，“绯闻”还是缠上过仲淹的。那是在他贬官饶州（今江西鄱阳）的时候。据北宋吴处厚《青箱杂记》卷八：“《吹剑录》载，范文正守饶，喜妓籍一小鬟。既去，以诗寄魏介（按指仲淹同年魏兼，字介之）曰：‘庆朔堂前花自栽，便移官去未曾开，年年长有别离恨，已托春风干当来。’介买送公。”[②]到了南宋人姚宽《西溪丛语》将这桩“风流逸事”又加以附会发展：仲淹到京，“以绵胭脂寄其人，题诗云：‘江南有美人，别后长相忆。何以慰相思，赠汝好颜色。’至今，墨迹在鄱阳士大夫家。”[③]言之凿凿，且“有诗为证”。名人“绯闻”最易传播，此事当时可能传得很广。不过，后来还是有人去鄱阳实地考察，终于弄清真相：庆朔堂乃仲淹谪守饶州期间所建的书院讲堂，仲淹公余常与住在天庆观春风轩里的一位道士交游，并委托他主管庆朔堂教务。后来仲淹离开饶州，写诗寄给这位道士而非其同年魏兼。诗的内容则是他对书院学子所寄予的厚望，并不是什么“妓籍小鬟”（事见徐度《却埽编》）。仲淹此诗现存《范集》，至今读来让人口颊留香，它与伪托的所谓《胭脂诗》很难扯上关系。

至于仲淹《苏幕遮》《御街行》两词的写作时间和地点，笔者认为最大可能便是作于其贬谪之地的饶州。

饶州是仲淹的伤心之地，他在那里度过了一年零四个月炼狱般的生活。景祐三年（1036），权知开封府的范仲淹因为触怒当朝宰相吕夷简而被贬饶州。这是他做了京朝官之后的第三次遭贬，也是他一生中所受打击最重、遭遇最惨的一次，堪称其人生的最大低谷。当他被逐出京时，除了内兄李纮和后来结为亲家的王质，其他人惮于宰相权势，无人敢为他送行；沿途所经十余府州，除了一位知扬州的陈执中，无人敢接待应酬；到达任所以后，除了当时知建德县（今安徽东至）的诗人梅尧臣就近前去看望，其他昔日亲友很少再与之往来。处江湖之远而举目无亲，怀满腹之忧而无处可诉，此时的仲淹尝尽了人情冷暖，其孤寂悲苦可想而知。

屋漏偏逢连夜雨。仲淹于八月到职。他的夫人李氏也许是因为旅途劳顿，也许是因为水土不服，也许是为仲淹担惊受怕，忧郁成疾，不久即病逝于饶

---

① ［元］脱脱撰，中华书局编辑部点校：《宋史》卷二百九十九，北京：中华书局，1985 年，第 9950 页。

② ［宋］吴处厚撰，李裕民点校：《青箱杂记》卷八，北京：中华书局，1985 年，第 83 页。

③ ［宋］姚宽撰，孔凡礼点校：《西溪丛语》卷下，北京：中华书局，1993 年，第 93 页。

州。其时仲淹48岁，长子纯祐12岁，次子纯仁9岁，三子纯礼5岁。中年丧妻本为人生一大不幸，何况于此逆境之中复遭丧妻之痛。面对几个尚未成年的孩子，今后的日子该怎么过？诗人梅尧臣闻讣前往吊唁，亲见仲淹当时悲痛哀苦之状："君子丧良偶，拊棺哀有余，庄生惭击缶，潘岳感游鱼。夕苑凋朱槿，秋江落晚蕖，尤应思所历，入室泪涟如。"[①]（《梅尧臣集编年校注·范饶州夫人挽词二首》之二）仲淹拊棺痛哭的哀苦之状，能令鼓盆而歌的庄生感到羞惭，能令美貌的潘岳为雁落鱼沉而动容。梅尧臣此时要他"尤应思所历"，思什么呢？大约还是劝慰他要"节哀顺变、应对眼前"吧。梅诗两首，正可与仲淹两词对读。

为寻访范氏遗踪，前些年笔者去了鄱阳县城。在一个斜阳微曛的初冬，我登上了县城西北隅、鄱阳湖畔的芝山顶。鄱阳县是一个多山多水的所在。县城南、北、东三面岗峦起伏，河湖交错，西边则是寒烟笼翠、烟波浩渺的鄱阳湖。当年仲淹公常登芝山远眺，留有遗篇。笔者伫立山顶，默诵范公诗词，举目四望，蓦然发现：仲淹当年所描绘"碧云天，黄叶地，秋色连波，波上寒烟翠"，莫不正是眼前景色！面对下午时光的"山映斜阳天接水"，使笔者蓦然想到，其《苏幕遮》词当作于此地无疑。与笔者的感受所不同者，唯有仲淹当年的心情而已。仲淹置身此境，去国怀乡，感念逝者，自然会生出一种"芳草无情，更在斜阳外"的长叹。此景此情摄入他的《苏幕遮》，"黯乡魂"，显然是指亡妻于杳冥之中依然陪伴着他的异乡孤魂；"旅思"，自然是他此时的羁旅之思；一个"追"字，将亡妻孤魂与自己的羁旅之思融为一体，读来益增其哀痛。白天登山所见所感，已令他不能自持，晚上回到宿处，在痛彻心扉而又无奈无助的煎熬中，他更是"夜夜除非，好梦留人睡"。妻子在日，他可以在苦难逆境之中相濡以沫，互相慰藉；皓月当空之时，他可以携手登楼，共赏美景。而今呢，"明月楼高"徒增感伤，还是"休独倚"吧，不如返回室中借酒浇愁。然而，既已满怀悲苦，"酒入愁肠"怎能不"化作相思泪"！这种思念亡妻的悲苦之情，使得"铁石心肠人，亦作此消魂语"[②]（许昂霄《词综偶评》语）。

仲淹在鄱阳度过两个秋天。笔者认为他的《御街行》同样是一首悼亡词，

---

① [宋]梅尧臣著，朱东润编年校注：《梅尧臣集编年校注》卷七，上海：上海古籍出版社，2020年，第129页。

② 唐圭璋编：《词话丛编》，北京：中华书局，2005年，第1550页。

同样作于鄱阳的秋天——亡妻的周年忌日。

《御街行》说："纷纷坠叶飘香砌，夜寂静，寒声碎。"叶落人亡，看来又是一个清冷的秋夜。人去楼空，睹物思人，但见"天淡银河垂地"，徒增作者的悲凉与孤寂。"年年今夜，月华如练，长是人千里。"这里需要特别提请注意的是那个"年年今夜"。即"年年"都需要记住的一个"今夜"，这显然是一个特定的日子，一个特别值得纪念的日子。准确地说，应该就是亡妻的忌日。到了这一天，不管是不是"月华如练"，都会勾起他"长是人千里"之叹。这里的"人千里"，也许是作者念及他那远逝的妻子，虽然音容宛在，却已埋骨他乡，离家千里；也许是作者想到妻子在日，陪着他漂泊不定，风波屡经，动辄千里。在妻子的周年忌日，作者彻夜难眠，"残灯明灭枕头欹，谙尽孤眠滋味"。一番设酒祭奠，只会增添他的思念之情。追忆往日，对比眼前，使得他"愁肠已断无由醉，酒未到，先成泪。"作者除了追悼长期患难与共、相濡以沫的亡妻，世间难道还有比这更真挚、更浓烈的伤痛之情吗？

仲淹似乎预见后人有可能会误解他对亡妻的这份纯真感情，于是在本词结尾处特别坦言："都来此事，眉间心上，无计相回避。"这显然是在告诉世人，他对亡妻的这份感情光明磊落，天日可表，无须在任何人面前回避。仲淹似乎在说：他的这片纯真感情，一不是"偷情"，二不是"矫情"，请后世诸公不必"瞎猜"。如此绝妙的结语，我们是不是可以看作仲淹对于前揭诸公的"瞎猜"，已经巧妙地预设了"回敬"。

就词论词，"但以本意求之"，不必"别生枝节"。准此，我们只要了解范仲淹的这段人生阅历和作词"本意"，完全可以发现，他的《苏幕遮》《御街行》两首词只能是他献给亡妻的"祭词"，即直抒胸臆的悼亡词。

试说范仲淹词《渔家傲》作于庆州而非延州*

为叙述方便，先将范词《渔家傲·秋思》抄录于此：

塞下秋来风景异，衡阳雁去无留意。四面边声连角起。千嶂里，长烟落日孤城闭。　浊酒一杯家万里，燕然未勒归无计。羌管悠悠霜满地。人不寐，将军白发征夫泪。

范仲淹这首词，写得沉雄郁勃，苍凉悲壮，被后世推崇为豪放派和边塞词之嚆矢。从内容看，这首词描摹西北边塞的秋天景色，既表现了边防将士的艰苦生活和英雄气概，也表现了他们因长期戍边功名未立而思家难归的无奈。

有关这首词的最初记载，见于北宋魏泰《东轩笔录》："范文正公守边日，作《渔家傲》乐歌数阕，皆以'塞下秋来'为首句，颇述边镇之劳苦，欧阳公尝呼为'穷塞主之词'。及王尚书素出守平凉，文忠亦作《渔家傲》一词以送之。"①可惜魏泰只说仲淹作《渔家傲》"数阕"，未详究竟作有几阕，更未详其内容；只说仲淹"守边日"，亦未能像记载王素"出守平凉"那样，明确记下仲淹填这首词的时间地点。由于仲淹调任西北守边，最初是坐镇延州（今延安），此举又是出于他主动请缨，所以仲淹戍守延安之事迹特别深入人心，以致长期以来，后人往往误以为这首词作于延安。

笔者前年于洛阳会上遇到《范仲淹知庆州》一书作者刘文戈先生。聊起庆州山川形势，刘先生认为，范词"四面边声连角起，千嶂里，长烟落日孤城闭"一

* 本文提交给 2009 年 8 月于甘肃省庆阳市范仲淹研究会成立大会暨范仲淹学术研讨会的论文，会后收入其论文集。

① ［宋］魏泰撰，燕永成整理：《东轩笔录》卷十一，《全宋笔记》第 20 册，郑州：大象出版社，2019 年，第 289 页。

语，所描绘的山川地貌与延安不甚相合，因而推想这首词很可能作于庆州（今甘肃庆阳）。此事一经提起，便引起笔者一探究竟的兴趣。

仲淹初赴延安正值秋天，词中描写的也属深秋景色，词题又被标作《秋思》，如果单看这些，很可能认为这首词作于延安。但是，如果深究一步，从作者所表达的思想感情细加分析，笔者认为刘先生的看法更有道理。

据楼钥《范文正公年谱》：康定元年庚辰（1040），公年五十二岁。三月，复天章阁待制，知永兴军（今西安）；七月，除龙图阁直学士，与韩琦并为陕西经略安抚副使；八月，兼知延州。①

仲淹由当年的言事三黜而后“超迁”为龙图阁直学士、陕西经略安抚副使，是他政治生涯的一次重大转折。为报答仁宗皇帝知遇之恩，他将满腔感激之情化作戍边报国的雄心壮志。史载，他甫至陕西经略安抚副使任上，即奏请巡边。是在巡边途中发现延州地位重要而守匪其人，于是自请兼知延州。在延州，他考察山川形势敌我军情，改制练兵，安抚属羌，筑清涧城，复承平、永平等废寨，以作长久之计。然而，正当他全力以赴整顿边防之际，却因“擅答赵元昊”一事受到朝廷责罚，第二年夏四月，即被贬知耀州。这就是说，仲淹从康定元年八月赴任延州，到次年四月离开，从其思想感情来看，尚产生不了词中那种“秋思”。

《范仲淹全集》文集卷为我们提供了仲淹这一时期的思路脉络。他在《延州谢上表》中说：“伏奉敕命，就差臣兼知延州军州事，已到任交割管勾讫。讨伐之秋，委寄方重……臣职贰统戎，志存殄寇。所宜尽瘁，敢昧请行。自荐老臣，固惭于汉将；誓平此贼，讵拟于唐贤。……夙夜敢宁，奔驰罔暇，刻时莅事，翌日兴师……所期克胜，少慰焦劳。”②他这是在向皇帝“表态”，表现的是他初到前线一心报国的热烈激情、锋芒锐气。可是，不久却因“擅答”而贬降耀州（今属陕西）。其《谢降官知耀州表》于自责之中再次表明态度：“苟利国家，不恤典宪……臣敢不更励疲驽，愈加修省。庶陈纤芥之效，上答高明之私。”③这

---

① ［宋］范仲淹著，李勇先、王蓉贵校点：《范仲淹全集》附录二，成都：四川大学出版社，2002 年，第 889 - 890 页。

② ［宋］范仲淹著，李勇先、王蓉贵校点：《范仲淹全集》文集卷第十六，成都：四川大学出版社，2002 年，第 392 页。

③ ［宋］范仲淹著，李勇先、王蓉贵校点：《范仲淹全集》文集卷第十六，成都：四川大学出版社，2002 年，第 393 页。

里所表现的，是虽受责罚，决不气馁，它与《渔家傲》的格调绝不相类。到了耀州以后，他又上《耀州谢上表》，除了从容辨明“擅答”经过，委婉表示委屈之外，进一步表明决心：“臣敢不夙夜思省，进退惕厉。犬马有志，曾未施为；日月无私，尚兹临照。”①从其精神状态看，仲淹在延州期间不可能作出那种苍凉悲壮的《渔家傲》词。

贬降耀州不到一个月，仲淹便被徙知更靠近边境前线的庆州，兼管勾环庆路都部署司事。九月，复户部郎中，十月，复龙图阁直学士，管勾环庆路都部署司事，兼知庆州。不久，进左司郎中，再进枢密直学士、右谏议大夫。此时的仲淹，不仅委屈全消，又被付以一路最高统帅的重任，其感激报国之心可想而知。

为提高待遇以示优渥，朝廷拟将其由文职直学士改任为武职的观察使，被他三次上表坚辞。后来仁宗亲自决定擢拔他与韩琦同为枢密副使。按说，哪个官场中人不希望得到提拔升迁？哪个正常人不希望脱离艰苦环境过安逸的生活？然而仲淹忧思深远，此时的心情复杂而且矛盾。一则是他认为边患尚未解除，此时不宜离开；二则认为自己军功尚少，不应再擢重任；三则他深知官场险恶，庙堂尤甚，与其回到朝廷，倒不如坐镇前线，为国效力。

他的这些想法，奏疏中多有流露。比如在《让观察使》三表中他说：“臣奔走塞下，首尾三年，曾无寸功，以称上意。……皇帝陛下，曲敦宽宥，未即严诛，今又擢居廉察，享千钟之厚禄，加千金之重赐”②，“国家此举，使四路首帅失朝廷之重势，减议论之风采，发将佐之怒，鼓军旅之怨，取夷狄之轻，由斯以往，必败乃事，宁不贻国家之后患哉！”③并且表示自己的坚辞“苟不获命，臣当系身庆州之狱，自劾无功冒赏之咎，又劾违制不受之罪”④。他一边坦陈自己“肤发衰变，精力减竭，岂堪专为武帅，以图矢石之功”，一边又担心自己“天赋褊心，遇事辄发，故居其外则寡悔，处于内则多咎”。⑤ 他深恐自己的想法不能为朝

---

① [宋]范仲淹著，李勇先、王蓉贵校点：《范仲淹全集》文集卷第十六，成都：四川大学出版社，2002年，第396页。

② [宋]范仲淹著，李勇先、王蓉贵校点：《范仲淹全集》文集卷第十七，成都：四川大学出版社，2002年，第405页。

③ [宋]范仲淹著，李勇先、王蓉贵校点：《范仲淹全集》文集卷第十七，成都：四川大学出版社，2002年，第403页。

④ [宋]范仲淹著，李勇先、王蓉贵校点：《范仲淹全集》文集卷第十七，成都：四川大学出版社，2002年，第404页。

⑤ [宋]范仲淹著，李勇先、王蓉贵校点：《范仲淹全集》文集卷第十七，成都：四川大学出版社，2002年，第408页。

廷理解，同时又有《上吕相公书》以吐露心声，表示一旦改换武职："居大使节度之下，见利而举，则加以擅兴之诛；持重而谋，则诬以逗留之咎。坚城深池之内，自拥其精甲；救危赴难之际，而授以羸兵。利害不得言，进退不得专，大敌在前，重典在后，当此之时，儒臣文吏何以措手足于其间哉！……是则系国家之安危，生民之性命，某岂可不自量力，而辄当之？远虑近忧，先圣之明训，何敢苟宠禄之福，忘丧败之祸耶！"①

在《让枢密直学士右谏议大夫表》中他说："在物之情，向荣必喜；自天之命，过宠则惊……二年于兹，一功未立，屡叨进改，深负愧羞。虽朝廷忧劳，且务姑息，而其下将佐，睹臣忝冒，必思侥幸，岂复有实效之心，臣亦何面目以责率其下！今边略未固，兵力未强，威令不扬，战斗多覆，因循以甚，平定无期……臣方痛心疾首，日夜悲忧，发变成丝，血化为泪，殒殁无地，荣耀何心！"②在《答安抚王内翰书》中说："昔秦汉威加四夷，限长城，勒燕山，困弊中国，终成大悔。"③何况今日敌焰尚炽，燕然未勒？

当闻知朝廷将调他和韩琦进京同任枢密副使时，他赶紧写信给韩琦："朝廷本欲吾辈来了边事，今泾原全师败殁，邻道无应援之效，而特进爵，天下岂无深议耶？又今将佐不思报国，惟望侥恩，吾辈频时进改，岂能伏其心？何言责他实效？候文字到，须以此削章，乞朝廷裁酌……使诸将知吾辈无侥幸之意。当此之际，如得朝廷责怒，则吾辈可以责将佐之功矣。"④所以，当朝廷催促他们进京赴任时，他们联名上五道奏状坚辞："朝廷举天下之力应副西事，于今累年。贼气尚骄，屡为边患，是朝廷责臣等立效之秋，臣等尽节报国之日……夙夜经营，犹恐阙漏，臣等若更离去，或致疏虞，不仅上误朝廷，愈长寇孽，显是臣等自贪宠异，移过后人，虽当万死，何以塞责！"⑤两次请辞未得俞允，他再上奏状："今臣等勤勤恳恳，且愿竭力塞下，岂置身艰苦，违人情之所乐，以矫时干誉

① [宋]范仲淹著，李勇先、王蓉贵校点：《范仲淹全集》文集卷第十一，成都：四川大学出版社，2002年，第258-259页。

② [宋]范仲淹著，李勇先、王蓉贵校点：《范仲淹全集》文集卷第十八，成都：四川大学出版社，2002年，第412-413页。

③ [宋]范仲淹著，李勇先、王蓉贵校点：《范仲淹全集》文集卷第十，成都：四川大学出版社，2002年，第251页。

④ [宋]范仲淹著，李勇先、王蓉贵校点：《范仲淹全集》尺牍卷中，成都：四川大学出版社，2002年，第671页。

⑤ [宋]范仲淹著，李勇先、王蓉贵校点：《范仲淹全集》文集卷第十九，成都：四川大学出版社，2002年，第439页。

者哉！诚以经画西陲，于今累岁，虽无毫发之效，上副委遇，其如军中之事，粗已谙详……臣等若贪冒宠荣，便离职任，向去或有侵轶，害及生灵，使朝廷重忧，后人当患，则有识之人，孰不责咎，何施面目，以对威颜！虽伏显诛，亦无所救……万一寸功有立，寇患稍平，则朝廷进用有名，臣等归朝未晚。”[①]在其《与朱校理书》中仲淹又说：“与韩公同上五章，为边事未宁，防秋在近，乞且留任，必得俞允。入则功远而未济，后有边患，咎归何人？……俟其平定，归朝未晚。”[②]

仲淹于庆历元年五月徙知庆州，兼管勾环庆路都部署司事；十月，以龙图阁直学士、户部郎中管勾环庆路都部署司事，兼知庆州。直到庆历三年四月离开，仲淹在庆州前后度过三年时间。

当仲淹镇守延安时，宋夏战事初起未久。那时的延安将士很难说已有守边日久思家难归的感受。但是，当他镇守庆州的时候，不仅士气不同，仲淹的心情也大为不同。仲淹守边首尾四年，战争形势虽然逐步向有利于宋方转化，毕竟失地收复尚少，自己所立战功不多，边患尚未根本解除。他寄希望于朝廷的，是能够对全体将士的体恤、激励和督责，哪怕给予他一定的责罚也是必要的，而不是对少数主官一再加官晋级。他与韩琦同心协力，正在谋取横山，规复灵、夏，估计最多二三年即可彻底解除边患。就在这关键时刻，朝廷却决意要调他和韩琦离开前线。官虽升了，仲淹的心情却是沉重的。因忧劳边事而“肤发衰变，精力减竭”，眼看错失良机则平定无期，怎能不“痛心疾首，日夜悲忧，发变成丝，血化为泪”。

这里，我们还须考虑范仲淹与部下将士的手足之情。仲淹戍边，“士未饮而不敢言渴，士未食而不敢言饥”，“自至边上，常责将佐当图实效，上报国家，勿树虚声，妄求恩奖”[③]（《让观察使第一表》），他“待将吏，必使畏法而爱己。所得赐赉，皆以上意分赐诸将”[④]（欧阳修《范仲淹神道碑》）。战争，不是少数

① ［宋］范仲淹著，李勇先、王蓉贵校点：《范仲淹全集》文集卷第十九，成都：四川大学出版社，2002 年，第 442 页。

② ［宋］范仲淹著，李勇先、王蓉贵校点：《范仲淹全集》尺牍卷下，成都：四川大学出版社，2002 年，第 705 页。

③ ［宋］范仲淹著，李勇先、王蓉贵校点：《范仲淹全集》文集卷第十七，成都：四川大学出版社，2002 年，第 402 页。

④ ［宋］范仲淹著，李勇先、王蓉贵校点：《范仲淹全集》附录一，成都：四川大学出版社，2002 年，第 814 页。

人的行为，胜利，须靠大家得来。可是，现在他和韩琦即将高升回朝，那么留下来的将士该有何想法？何时才是他们的归期？当此之际，他也许想起了唐人李益的那首边塞诗："回乐峰前沙似雪，受降城外月如霜。不知何处吹芦管，一夜征人尽望乡。"他完全想得到，当他和韩琦起身返京之日，也是将士们望乡思归之时。然而，他们的"受降城"在哪里？"燕然未勒归无计"，思乡之梦难圆，而一心想"了边事"的自己究竟当走还是当留？浊酒一杯，家乡万里，仲淹彻夜难眠，耳听羌管悠悠，起视繁霜满地，怎能不发出"将军白发征夫泪"的感慨。这里的"将军白发"固然包括自己，而"征夫泪"又该包括多少将士的眼泪，一曲《渔家傲》，写尽全体守边将士共同的心声。

范仲淹这种进退两难而又复杂莫名的思想感情融进诗篇，便形成了《渔家傲》一词沉雄郁勃的风格，使读者不能不感到"苍凉悲壮，慷慨生哀"[①]（彭孙遹《金粟词话》评语）。看来，刘文戈先生认为此词应作于庆州，很有见地。

---

① ［清］彭孙遹撰：《金粟词话》，《清代词话全编》第三册，南京：凤凰出版社，2019 年，第 33 - 34 页。

试说范仲淹词《剔银灯》作于颍州*

在传世的五首范词中，范公的《剔银灯·与欧阳公席上分题》别具一格：

> 昨夜因看《蜀志》，笑曹操、孙权、刘备，用尽机关，徒劳心力，只得三分天地。屈指细寻思，争如共刘伶一醉。　　人世都无百岁，少痴骏老成尫悴。只有中间，些子少年，忍把浮名牵系。一品与千金，问白发如何回避。①

这首词基本上用当时的口语写成，说它别具一格，一是说它既非单纯叙事，也非写景抒情，而是一首以议论入词、借史事以抒发感慨的咏史词。以议论入词、以词咏史抒怀，不仅在范词中别具一格，在仲淹之前的北宋词坛上亦不多见。二是说它所抒发的人生感慨，颇为消极，与作者平生积极进取、勇于担当的精神相比，与《岳阳楼记》所表现出的那种忧国忧民的情怀相比，情调迥异，也是别具一格。

此词《范集》未收，最早见于宋人龚明之的《中吴纪闻》（卷五）。但它究竟作于何时何地，未见论及。笔者以为，从其“与欧阳公席上分题”的标题推断，当为仲淹晚年作于颍州。

兹将理由分述如次：

首先，从其思想内容看，这首词当作于仲淹晚年。仲淹少有大志，以天下为己任。以其锐意推行庆历新政，达到一生事业的巅峰。怎奈当时的仁宗皇

---

* 本文提交给 2014 年 6 月于四川绵阳召开的欧阳修国际学术研讨会，并收入其论文集。

① ［宋］龚明之、朱弁撰，孙菊园、王银林校点：《中吴纪闻》卷五，上海：上海古籍出版社，2012 年，第 78 页。

帝年轻气盛，急于求成，一旦改革遇阻，态度马上来个一百八十度大转弯，将改革派人士一个个贬逐出京，从而导致新政失败。庆历五年元月，仲淹于外出宣抚陕西时被免去参政职务，就地知邠州（今陕西省彬州市）。仲淹此前多次遭贬，宦海浮沉，风波屡经，已不以个人的进退为意。直到同年冬改知邓州（今河南邓州），他依然在“求民疾于一方，分国忧于千里”①（《邓州谢上表》）。在他作于邓州的《岳阳楼记》中，仍以“不以物喜，不以己悲”“先天下之忧而忧，后天下之乐而乐”的精神自许。不过，从总体上看，仲淹知邓州时，已渐入晚年，是他一生中思想观念和处世态度发生重要转变的时期。他既“羡万物之得时”，又“感吾生之行休”②，一方面勉励比他年轻的叶清臣、富弼、韩琦等人为国自重，一方面对于自己平生的壮志未酬，难免流露出一些伤感和无奈，以至于产生些自怨自艾、自嘲、自慰和自我宽解。仲淹由此前的“每感激论天下事，奋不顾身”“宁鸣而死，不默而生”，到此后的“功名得丧归时数”③，“是非何极任循环”④，其思想前后的重大转变，除了大量流露于这一时期所作的诗词之外，还集中体现在他此时所作的《与省主叶内翰书》一文中。叶内翰，即他的同乡好友叶清臣（字道卿）。庆历八年四月，叶清臣以翰林学士再次权三司使（见《续资治通鉴长编》卷一百六十四夏四月甲戌），仲淹以自己新政失败的教训谆谆劝诫他说：“故君子安其身而后动，易其心而后语。所以身安而国家可保，岂特厚于己耶！……道卿能不鉴此？宜其与国同忧，无专尚名节，而忘邦家之大，则天下幸甚幸甚！”⑤

仲淹对于自己的伤感、无奈和自嘲，则集中表现于他的这首《剔银灯·与欧阳公席上分题》。仲淹的“笑曹操、孙权、刘备”，与他“任循环”“归时数”的观念相比，其“谋事在人、成事在天”的思想显然又进了一步。这里所表达的，与其说是仲淹消极思想的流露，不如说是一位智慧老人在阅尽世事沧桑之后，对

---

① ［宋］范仲淹著，李勇先、王蓉贵校点：《范仲淹全集》文集卷第十八，成都：四川大学出版社，2002年，第419页。

② 袁行霈撰：《陶渊明集笺注（修订本）》卷五，北京：中华书局，2022年，第453页。

③ ［宋］范仲淹著，李勇先、王蓉贵校点：《范仲淹全集》续补卷第一，成都：四川大学出版社，2002年，第749页。

④ ［宋］范仲淹著，李勇先、王蓉贵校点：《范仲淹全集》文集卷第六，成都：四川大学出版社，2002年，第124页。

⑤ ［宋］范仲淹著，李勇先、王蓉贵校点：《范仲淹全集》文集卷第十一，成都：四川大学出版社，2002年，第263页。

于“天命”的通达，对于人生的彻悟。所以笔者认为，这首词只应作于仲淹晚年。

其次，从范、欧两人的交往轨迹看，这首词应作于颍州。自从欧阳修初入仕途于洛阳结识仲淹以后，两人便结下了终生不渝的友谊。欧阳修是庆历新政的坚定支持者。但因其言行过激，率先成为众矢之的，已先于仲淹被排挤到外地。从此以后，两人天各一方，似乎再也没有相聚的机会。从两人的文集、年谱中，亦未见两人之足迹再有交集。大约正是由于这个原因，致使后人未敢轻言仲淹这首词作于何时何地。其实，仲淹晚年不仅与欧公有过聚首机会，且很可能有过两次。相聚地点，则是欧阳修所守、所居、所终老的颍州（今安徽阜阳）。

此事见于《朱子语类》卷一百二十九《本朝三》：

> 正献（按指吕夷简之子吕公著）通判颍州时，时欧阳公为守。范公知青州，过颍，谒之，因语正献曰：“太博近朱者赤。欧阳永叔在此，宜频近笔砚。”异时同荐三人：则王荆公、司马温公及正献公也，其知人如此。①

然而细究起来，朱熹这段话是有问题的，致使后人未敢轻信。

疑点之一，仲淹晚年由杭州赴任青州，途径颍州时，欧公已不再知颍州。据楼钥《范文正公年谱》，皇祐三年（1051），“公以户部侍郎知青州……正月八日，有《续家谱序》”。② 另据《范仲淹全集》尺牍卷中《与韩魏公书》：“某上巳日方至青社。”③

仲淹由杭州移知青州，接到任命和动身赴任的时间，其实应在皇祐二年的十二月间。途经家乡苏州曾作短暂停留，与其家兄范仲温商议义庄管理及续修家谱之事，应在皇祐三年新春（即作《续家谱序》的正月八日前后）。“上巳日（即三月上旬）方至青社（即青州）”，可知这次途中过颍访欧，只能是在当年正

---

① ［宋］黎靖德编，王星贤点校：《朱子语类》卷第一百二十九，北京：中华书局，1986 年，第 3087 页。

② ［宋］范仲淹著，李勇先、王蓉贵校点：《范仲淹全集》附录二，成都：四川大学出版社，2002 年，第 908 页。

③ ［宋］范仲淹著，李勇先、王蓉贵校点：《范仲淹全集》尺牍卷中，成都：四川大学出版社，2002 年，第 679 页。

月下旬至二月间。

但是，检胡柯《欧阳文忠公年谱》，却发现时间不合。皇祐元年己丑(1049)正月丙午，欧阳修移知颍州，二年(1050)庚寅七月丙戌，改知应天府，兼南京留守司事。四年壬辰(1052)三月壬戌，丁母夫人忧，归颍州。①

这就是说，早于仲淹由杭移青之前一年的七月，欧阳修已调离颍州。直至皇祐四年三月，方归颍丁忧。可见朱熹所言两人颍州之会的时间对不上。

那么，我们能不能以此轻率否定两人的这次相会呢？不能。颍州当时为京城东南的重要屏藩，物阜民淳，政务清简，是不少官员都很羡慕和向往的地方。欧阳修知颍州之后，很快爱上了这个地方，决意卜居于此，并写信邀约梅尧臣亦来此买田定居。皇祐二年七月虽然调任应天府，但他仍留家颍州。应天府的公事他尽可委托其门生、南京留守司通判苏颂等人干办，而抽身返颍探家。其时老母年高多病，两地相距不远，他回颍探视，侍奉汤药，自在情理之中。况且，欧公早已厌倦官场，其时怀有回避南京人事应酬之意。皇祐三年的新春，他极有可能是在颍州度过，与老母和家人佳节团聚(其母不久即去世于颍州)。此时闻悉仲淹青州新命，很可能主动邀约并等待仲淹顺道前来一聚。以此看来，朱熹所言这次颍州之会，应有可能。

疑点之二，出在“正献通判颍州时，时欧阳公为守”。皇祐三年春仲淹过颍之时，不但欧阳修已经调离，吕公著更已先于欧阳修一个月而调离颍州(见《长编》卷一百六十八“皇祐二年六月”)。

对于以上两个疑点，究竟怎么看？笔者认为，应该从朱熹讲这段话的背景考虑。朱熹这话是在为其门人弟子讲授本朝历史时所言，由其弟子记录而成。朱熹讲课的中心意思，是在剖析聚讼百年的吕范交恶及其解仇问题，顺便说到范、欧颍州之会以及举荐吕公著之事，意在称赞范公的胸怀和“知人”。而这桩旧案已事过一百五十多年，朱熹在讲述时难免会有细节上的出入，也可能系其弟子在记述时有所失检或者误记。

那么，当我们将时间上推两年，即欧阳修为守、吕公著为通判之时，范、欧二公是不是还有一次颍州之会呢？笔者认为亦有可能，这便是皇祐元年(1049)。欧阳修于这一年的正月间由扬州移知颍州(见胡柯《欧公年谱》)，而范仲淹于三月二十一日由邓州调任杭州(见《范仲淹全集》别集卷四《知杭州谢

---

① [宋]欧阳修著，李逸安点校：《欧阳修全集》附录卷一，北京：中华书局，2001年，第2605－2606页。

两地启》)。仲淹由邓州赴任杭州,经由颍水、淮水而入京杭大运河,是最为便捷的路径选择。况且,从情理上说,既然多年未见的老朋友欧阳修到了颍州,范仲淹不会不顺道看望。而百余年后的朱熹为弟子讲史,很可能会误将范、欧的两次颍州之会合而为一,当然也不排除其弟子有误记的可能。

范、欧二公有颍州之会,既然为朱熹肯定,我们本应相信。为什么还要从细节上一再提出怀疑?原来其间还有一段令人遗憾的隐情。这便是范、欧二公终生不渝的友谊,后来由于“削碑事件”(已论如前),造成了二公文集中反映晚年交往的书信缺失。范公的这首《剔银灯·与欧阳公席上分题》有幸被龚明之《中吴纪闻》保存下来。按理说,欧公亦应有一篇“席上分题”,可惜我们今天已无从看到。在反映二公后期交往直接证据材料缺少的情况下,朱熹的这段话弥足珍贵。既然朱熹肯定了二公有颍州之会,我们也就不应轻易否定,而应对其细节仔细辨析。

有人会问,当仲淹由杭赴青时,欧阳修既然在南京应天府任上,两人有没有在南京(即今河南商丘)相会的可能?笔者以为没有可能。因为当时的南京应天府,实为京东门户,要道通衢,那里不仅有两人一些共同的老朋友,还有当年全力支持他们实施新政的老宰相杜衍退居于此。仲淹如果路经那里,不会不去拜望,不会不留有记载以及唱和诗篇。然而范、欧以及相关人士的文集对此都没有反映,我们不能凭空立论。由此倒可反证,皇祐三年的春节以及此后一段时间,欧公并未在南京,而是更有留居颍州侍奉母亲的可能。

总而言之,笔者相信仲淹晚年与欧公确有颍州之会。有颍州之聚会,才有“席上分题”。而这次颍州之会的时间,从仲淹由杭赴青的行程推算,应在皇祐三年的正月下旬至二月之间。这是两人的最后一次聚会。此时的仲淹已是满头飞雪,风烛残年。故旧凋零,世事难料,契友相逢,把酒话旧,该有多少话说。不过,曾经轰轰烈烈的庆历新政已成过眼烟云,他们为之共同奋斗的宏图伟业已被浪花淘尽,此时已经远离庙堂的范、欧二公除了对酒唏嘘,还能再说些什么呢?转念一想,纵使像曹操、孙权、刘备那样成就一时霸业的人物,又当如何?还不是“用尽机关、徒劳心力”?与其回首往事,徒增慨叹,倒不如尽眼前杯酒,“共刘伶一醉”。由此看来,仲淹面对老友的“席上分题”,所流露的是酒酣耳热之际的自嘲自谑,是无可奈何的自我宽解,看似一种消极情绪,其实是对自己壮志未酬而行将就木的感慨。客观地说,范仲淹从来不是消极悲观之人。他晚年为国荐才,不仅举荐了王安石、司马光、吕公著等青年才俊,对于年富力强而又德才出众的韩琦、富弼等人，他更是书来信往，勖勉有加，以国家栋梁相期许。当明晰了仲淹晚年这首于老友席上分题之作的背景以后，通过他的晚年感喟，我们看到的，依然是那颗鞠躬尽瘁、死而后已的忧国忧民之心。

关于范仲淹的《寄乡人》诗*

首先需要说明的是，范仲淹的这首《寄乡人》诗，并非寄给他祖籍苏州的乡人，而是寄给他幼年生活过的“第二故乡”淄州长山（今山东邹平）的乡人。仲淹二岁而孤，四岁时其母改嫁淄州长山朱氏，仲淹在那里度过了青少年时代。仲淹的青少年时代是在苦难和屈辱中度过的，是“划粥断齑”的立志苦读改变了命运。仲淹后来虽然认祖归宗，回归范家，但他终生不忘自己的第二故乡，不忘朱氏养育之恩。他在诗文中屡称自己“少长北地”“齐鲁诸生”“长白寒儒”，可见他对第二故乡一往情深。仲淹曾写下一首五言律诗《寄乡人》给长山父老。然而千年以降，这首诗不仅作于何时何地争议未断，如何标题又成了新的问题。笔者在这里谈谈自己的看法，并以此就教于读者方家。

一、关于此诗的写作时间

仲淹这首诗，《范集》未收。后人陆续整理的各种版本，有的将其收入范集《补编》或《续补》，有的则作为“逸诗”收录。近年出版的几种《范仲淹全集》，为体例所限，对其写作时间地点也都未加考证。人们通常是依据楼钥《范文正公年谱》认定此诗的写作时间，将其置于宋真宗大中祥符八年（1015），认为是仲淹进士及第之后所作。称其“登第后，有诗云”：

长白一寒儒，名登二纪余。百花春满路，二月雨随车。

* 本文原为与山东青州市地方志办公室原主任张景孔先生的通信，后经修改补充，提交给2019年10月于河南商丘召开的“范仲淹与应天书院”学术研讨会。

鼓吹迎前道，烟霞指旧庐。乡人莫相羡，教子读诗书。[①]

然而，楼钥的这一记载是不确切的。大中祥符八年，仲淹由“长白一寒儒”，得中高第，内心之喜悦自不待言。春闱一过，凯旋归里，受到乡人的歆羡和欢迎，都在情理之中。其时仲淹 27 岁。诗称“名登二纪余”，“一纪”为 12 年，似乎也说得过去。不过，此诗的可疑之处还是非常明显的：

其一，乡人欢迎的盛大场景，不大符合仲淹的身份。作为一名寒门学子，一举高中进士，固然可为桑梓增光。但此时的仲淹刚刚“释褐”，尚未正式登上仕途，更无什么造福桑梓的政绩，要说乡人敲锣打鼓、吹奏笙箫唢呐出郊远迎，未免言过其实。

其二，仲淹离家去应天书院苦读五年，得第后马上回家省亲。其时仲淹生活尚未独立，外面并无新居，怎么可能将自己离别未久的家说成“旧庐”？

其三，此时的仲淹，既不可能有“车”可乘，更不可能有“专车”迎送。

其四，如此张扬的做派，也不大符合仲淹的性格。仲淹高中进士，春风得意，可以理解。其时正值早春二月，“百花春满路”，可能为眼前实景；“二月雨随车”，固然为喜雨。但是，即便写实，也不过是巧合，若说天降之“雨”是“随”自己所乘之“车”，未免自命不凡。一向自谦的仲淹，绝不会将这场天降喜雨与他的登第返乡直接联系起来。

其五，笔者否定此诗作于此时的撒手锏，是仲淹登第日期与其还乡时间对不上。据李焘《续资治通鉴长编》卷八十四，宋真宗大中祥符八年三月癸卯：“上御崇政殿覆试……得进士蔡齐以下百九十七人，并赐及第。”[②]那年之“三月癸卯”，为三月二十四日。仲淹得第还乡，只能是在此后。而诗中“二月雨随车”之句，显然在时间上不符合。

幸赖北宋王辟之《渑水燕谈录》也将此诗记载下来：

范文正公未免乳丧其父，随母嫁淄州长白山朱氏。既冠，文章过人，一试为南宫第一人，遂擢第。仕官四十年，晚镇青。西望故居，才

① ［宋］范仲淹著，李勇先、王蓉贵校点：《范仲淹全集》附录二，成都：四川大学出版社，2002 年，第 867 页。

② ［宋］李焘撰，上海师范大学古籍整理研究所、华东师范大学古籍整理研究所点校：《续资治通鉴长编》卷八十四，北京：中华书局，2004 年，第 1920 页。

百余里，以诗寄其乡人曰："长白一寒儒，登荣三纪余。百花春满地，二麦雨随车。鼓吹前迎道，烟霞指旧庐。乡人莫相羡，教子苦诗书。"①

王辟之认为，此诗作于仲淹晚年镇守青州之时，即宋仁宗皇祐三年(1051)。笔者认为，王氏所记比较可信。理由两条：

其一，从记述者看。王辟之系北宋青州人，生于宋仁宗天圣十年(1032)。仲淹晚年镇守青州日，王年已二十。仲淹镇青、赠诗之事，他应属亲闻，比起南宋楼钥所记，应该更为可信。

其二，从内容看。仲淹晚年知青州，上距登第之日恰已三十六年(三纪)。楼记作"名登二纪余"，很可能系传抄致误。最可表达仲淹当时心情的，正是中间两联："百花春满地，二麦雨随车。鼓吹迎前道，烟霞指旧庐。"欢迎的场景，很可能皆为写实；欢迎的人群中，很可能还有他当年的玩伴。诗中反映的，是仲淹不胜今昔的沧桑之感和喜悦之情。仲春之月，正当二麦(大麦、小麦合称二麦)开始发荣滋长，适逢喜雨，当然值得高兴。问题在于，仲淹对于欢迎场面为什么要这样着意渲染？是出于骄矜和自我炫耀吗？绝对不是。仲淹这里既夸说自己"出有车"，又渲染家乡父老"鼓吹相迎"的情景，其用意就在尾联："乡人莫相羡，教子苦诗书。"原来，仲淹感叹自己幼年的苦难经历，对比今天的荣归故里，是在以此现身说法，勉励乡人教子苦读诗书。由此可见，仲淹的这首《寄乡人》，实为一首绝好的劝学励志诗。

二、关于此诗的写作地点

除了写作时间的分歧，此诗的写作地点一向也存争议。按说王辟之《渑水燕谈录》已将写作地点交代得十分清楚，较为可信："(仲淹)晚镇青……西望故居……以诗寄其乡人。"以此观之，此诗作于青州无疑。但是，近年山东邹平一些学者坚持认为此诗作于长山(即今山东邹平)，并且将诗题由《寄乡人》改作《留别乡人》。

其实，"长山说""留别说"，并非始自今日，当地可能流传已久。见于记载

① [宋]王辟之撰，吕友仁点校：《渑水燕谈录》卷七，北京：中华书局，1981年，第89页。

者，始于明末清初长山士人刘孔怀。刘氏出身长山望族，博学多才，入清不仕，其门人私谥“文正先生”(见清《长山县志》)。刘氏曾著有一篇颇有分量的文章《范文正公流寓长山考》，后被收入《长山县志》。内称仲淹晚年“帅青日，道经长山，父老迎拜郭西，下车相见，礼参甚恭，赋五言一律为别。后人因名其地为‘礼参坡’”云云。刘氏征引，最早可追溯到与王辟之同时代的长山知县韩泽，所称“赋五言诗一律为别”，当即此诗。刘氏之《流寓考》，曾得到当地学者闻人如孙廷铨、高珩、王士禛等权威人士的肯定与赞赏，因而影响深远。当代邹平学者之“长山说”“留别说”，当本于此。

青州学者为维护其“青州说”，甚至对仲淹当年赴任青州的路线也提出了自己的看法。他们认为，仲淹这次由杭州赴任青州，时值隆冬，由于运河封冻，很可能走的是东路，即经临沂、临朐、穆棱关(在今山东临沂境内)而赴任青州。并且提出后来苏东坡由杭州赴任密州(治今山东诸城)所经之路线作为例证。如果此说成立，那么“留别”之说也就会从根本上被否定。

看来弄清仲淹由杭赴青的路线，便成为问题的关键。据楼钥《年谱》，皇祐三年辛卯，仲淹以户部侍郎知青州。正月八日，过苏州，与亲族会，作《续家谱序》。[①] 另据《范仲淹全集》尺牍卷中《与韩魏公书》：“某上巳日方至青社。”[②]由此可知，仲淹正月八日尚在苏州，三月上旬(上巳日)到达青社(即青州)，与二月途经长山时间上正相吻合。此时显然已避开了最寒冷的冬季，运河解冻，不碍通行。那么，仲淹北上青州，走的究竟是东线陆路还是西线运河水路呢？朱熹《朱子语类》卷一百二十九《本朝三》为我们透露了一条信息：“正献通判颍州时，时欧阳公为守。范公知青州，过颍，谒之。”[③]说明范公赴任青州，为访欧阳修中途曾经“过颍”。由此可断定仲淹走的是西路，即运河水路。既然是水路，就有舍舟登车，道经长山的可能。而父老礼参、仲淹赠诗“留别”，也就在情理之中。况且，今天邹平长山以西约五千米处，尚有“礼参坡”地名存在，可以作为佐证。由此看来，刘孔怀的考证相当严谨，其“长山说”“留别说”，同样可信。

---

① [宋]范仲淹著，李勇先、王蓉贵校点：《范仲淹全集》附录二，成都：四川大学出版社，2002 年，第 908 页。

② [宋]范仲淹著，李勇先、王蓉贵校点：《范仲淹全集》尺牍卷中，成都：四川大学出版社，2002 年，第 679 页。

③ [宋]黎靖德编，王星贤点校：《朱子语类》卷第一百二十九，北京：中华书局，1986 年，第 3087 页。

三、关于此诗的标题

据王辟之《渑水燕谈录》，此诗标作《寄乡人》应该没有疑义；按刘孔怀考证，将其标作《留别乡人》亦属有根可据。究竟以何者为是？看来都有道理。若将楼钥《年谱》和王辟之《渑水燕谈录》两者所记细加辨别，似可破解这一难题。首先，《年谱》和《渑水燕谈录》虽都录下全诗，但都未标诗题。这就使笔者想到，王、楼两人所见，可能原诗皆无标题，所谓《寄乡人》或《留别乡人》，应为后人所加。其次，比较两人所收这同一首诗，不仅遣词用字有所不同，且有工拙差异：除了"名登二纪余"与"登荣三纪余"显系传抄致误之外，单就选词炼字而言，《年谱》的记载显然不如《渑水燕谈录》。比如，"百花春满地"显然优于"百花春满路""二麦"优于"二月"。其中尤以"教子苦诗书"明显优于"教子读诗书"："读"字较为平淡，而"苦"字则意味深长。一个"苦"字，道尽当年。以此现身说法，更能体现出仲淹的良苦用心。两者以上不同，很难归结为同出一源仅仅因为传抄而出现的差异。笔者由此推想，此诗很可能自问世之日就流传有"长山本"和"青州本"两个不同的文本，而被王、楼分别采录。

所谓不同文本，笔者推想大致是这样的：仲淹途经长山，父老礼参，盛情之下曾"赋诗留别"；而后登程青州，一路上心潮难平，不免对新作"留别"诗再加推敲。到达青州后，形成定稿，再次"寄出"。于是便出现初稿与定稿、"留别"与"寄出"两个不同的文本。笔者这一推想若能成立，即可认定：此诗始作于长山而定稿于青州。倘如是，再争论作于长山还是青州、应标作《寄乡人》还是《留别乡人》，已无多大实际意义。与其这样争议，倒不如深入探讨范公当年写作此诗的良苦用心。

近读王瑞来先生大著《天地间气——范仲淹研究》，在其"辑佚"部分见此诗被标作《谕乡人》[①]，不知是否另有依据。笔者以为，"谕"字多少带有居高临下的意味，不如用一个中性词"赠"字较为平实。既不"寄"也不"留别"，且可减少青州与邹平的争议。

---

① 王瑞来：《天地间气——范仲淹研究》，太原：山西教育出版社，2015年，第249页，

《岳阳楼记》写作背景摭谈*

关于滕子京（名宗谅）谪守巴陵郡（即岳州，今岳阳）的经过，《宋史》卷三百三已大体交代清楚：范仲淹自西北前线调进京城，升任枢密副使，荐宗谅以自代。于是宗谅由知泾州擢天章阁待制，徙知战略地位更为重要的庆州，而“御史梁坚劾奏宗谅前在泾州费公钱十六万贯，及遣中使检视，乃始至部日，以‘故事’犒赉诸部属羌，又间以馈遗游士故人。宗谅恐连逮者众，因焚其籍以灭姓名。仲淹时参知政事，力救之，止降一官，知虢州。御史中丞王拱辰论奏不已，复徙岳州。”①

关于范仲淹《岳阳楼记》的写作背景，仲淹之玄孙范公偁《过庭录》曾有较为详细的记述：“滕子京负大才，为众忌嫉。自庆帅谪巴陵，愤郁颇见辞色。文正与之同年友善，爱其才，恐后贻祸。然滕豪迈自负，罕受人言。正患无隙以规之，子京忽以书抵文正，求《岳阳楼记》，故《岳阳楼记》中云：‘不以物喜、不以己悲’，‘先天下之忧而忧，后天下之乐而乐’，其意盖有在矣。戊辰十月，因观《岳阳楼记》，遂言及此耳。”②

按道理说，有以上明确记载，对于《岳阳楼记》的写作背景不至于再起太大争议，然而事实并非如此。随着范仲淹研究的深入，有关《岳阳楼记》写作背景的一些具体问题，反而被纷纷提出，以至于形成热点而争议一时。比如关于此文的写作地点、关于范仲淹有没有到过岳阳、关于此文的写作主旨之类。

笔者拟就此类问题谈谈自己的看法，以期通过争议促进更加深入的探讨，最终求得认识上的尽可能统一。

---

* 本文完成于2023年10月，最初以“读书札记”形式发表于中国范仲淹研究会刊物《范学研究》（后改名《忧乐天下》）2007年第1、2期合刊。收入本书时做了改写，并增加了内容。

① ［元］脱脱撰，中华书局编辑部点校：《宋史》卷三百三，北京：中华书局，1985年，第10038页。

② ［宋］范公偁撰，孔凡礼点校：《过庭录》，北京：中华书局，2002年，第324页。

一、关于《岳阳楼记》的写作地点

关于《岳阳楼记》的写作地点，在争议最热烈的时候，曾出现三种说法：一曰岳州，二曰邠州，三曰邓州。笔者一向认为，仲淹此文作于邓州。其中“岳州说”情况较为复杂，留待下节叙述。这里先将“邠州说”作一简要辨析。

所谓“邠州说”，其由来大约是受到了滕子京《与范经略求记书》(后简称为《求记书》)的影响。

旧时的岳州方志和《岳阳楼志》，一般都载有滕子京这篇《求记书》，而得见者甚多。《求记书》开头即称：“六月十五日，尚书祠部员外郎、天章阁待制、知岳州军州事滕宗谅谨驰介致书，恭投邠府四路经略安抚资政谏议节下。”[①]从“驰介致书”而“恭投”的时间、地点，到对仲淹一连串头衔的称呼看，当然应在仲淹以陕西四路缘边安抚使的身份经略陕西之时。其时驻节的“邠府”，即邠州(今陕西彬州)。况且，岳州方志中标题大都作《与范经略求记书》，指明仲淹当时的主要职务是“陕西四路经略安抚使”，这就难免有人望文生义，想当然地认为《岳阳楼记》作于邠州。之所以会产生这种误解，盖因对仲淹当时的职务变动和行踪未加留意。

据楼钥《范文正公年谱》[②]：庆历四年(1044)六月，仲淹离开朝廷，以参知政事身份奉命宣抚陕西、河东；五年(1045)正月，自右谏议大夫、参知政事除资政殿学士、知邠州，兼陕西四路缘边安抚使。同年十一月，诏以边事宁息，盗贼衰止，罢公陕西四路安抚使，改知邓州。庆历八年正月，朝廷虽有徙仲淹知荆南府之命，然邓人爱之，遮使者请留，公亦愿留。皇祐元年(1049)正月，受仲淹之请求，徙知杭州。

由此可知，仲淹自庆历五年十一月徙知邓州，直到皇祐元年(1049)正月赴任杭州之前，其间三年有余，未尝离开邓州。这就是说，从宗谅“驰介致书”的称呼和落款看，其“六月十五日”应是庆历五年的六月十五日，其时仲淹在邠州。但是，宗谅致《求记书》的日期，并不等于仲淹作《岳阳楼记》的日期。从

---

① 曾枣庄，刘琳主编：《全宋文》，成都：巴蜀书社，1990年，第167页。

② [宋]范仲淹著，李勇先、王蓉贵校点：《范仲淹全集》附录一，成都：四川大学出版社，2002年，第862－910页。

《岳阳楼记》落款之时"六年九月十五日"看，仲淹此时仍在邓州。我们由此还可获知，从宗谅致书求《岳阳楼记》到仲淹作《岳阳楼记》完稿，两者相距一年又三个月之久。其间仲淹固然有公私繁忙和年老力衰的一面，如果联系前揭范公偁的记述，由其酝酿时间之久，亦可窥见仲淹对于此事的重视以及其间构思之用心。从其确定主旨、谋篇布局到推敲文字，其构思之精、心血之耗，可以想见。我们甚至可以这样认为，仲淹这篇千古名文，虽然仅有370余字，但它浓缩了仲淹的人生感悟，实为其毕生心血的结晶。

二、范仲淹是否到过洞庭和岳阳？

仲淹此文是不是作于岳阳，与他有没有到过岳阳，这是两个问题。笔者的看法为，一是可以肯定仲淹此文并非作于岳阳；二是并不排除仲淹一生中曾经到过岳阳；三是现有的全部证据，都不足以确证范仲淹曾经到过岳阳。

现将我的看法分述如下：

先说仲淹此文并非作于岳阳。主张仲淹此文作于岳阳者认为，邓州与岳阳两地相距不远，不论骑马乘船，数日可到；为了安慰、规劝处于愤郁中的老朋友，仲淹有可能前往岳阳。笔者认为，此时的仲淹不可能前往岳阳。理由有三：

其一，滕子京未必会邀请他前往。据南宋周煇《清波杂志》："放臣逐客，一旦弃置远外，其忧悲憔悴之叹，发于诗什，特为酸楚，极有不能自遣者。滕子京守巴陵，修岳阳楼，或赞其落成，答以'落甚成，只待凭栏大恸数场！'闵己伤志，固君子所不免，亦岂至是哉！"[①]从滕子京当时"极有不能自遣"的心态来看，他并没有接受别人的建议，举行落成典礼。既然没有举行典礼，也就没有可能广邀宾客前往观礼。况且，即便举行落成典礼，也应是在仲淹此文完稿、并且刻写完工之后。要说等到举行落成典礼之时再邀请仲淹登楼观景执笔为文，不论他怎么才思如泉涌，岂不是正月十五贴门神，为时已晚？

其二，当时的官场规矩，不允许仲淹前往。中国古代向来有"官身不自由"的说法。特别是一州的主官，负有代天牧民和守土之责。除非奉调途经或者另有差遣，不然是不允许擅离职守的。那时的交通条件远没有今天这么便利，

① [宋]周煇撰，刘永翔校注：《清波杂志校注》卷第四，北京：中华书局，1994年，第138页。

别说两地尚隔荆、襄等州，即便前往邻州参加一般性庆典，朝廷也未必会批准。要说仲淹为了私人友谊可以“说走就走”，这是不大懂得官场规矩。

其三，最关键的问题是未见文献记载。古代文人，要说“登高必赋、临水必诗”，有些夸张。但是，每当亲临盛景，留下些诗文以记其盛还是必不可少的。对于岳州来说，如果滕子京重修城楼并且举行过落成庆典，则是当地一大盛事，不会没有文字记载。而事实是岳阳地方文献对此未见任何记载。由此恰可反证，当初岳阳并无落成庆典以及仲淹前往之事。

有人辩解说，此事有可能被“漏记”。而笔者认为，“漏记”之说不可能成立，因为相关文献甚多，不可能全都“漏记”。据北宋王辟之《渑水燕谈录》：“庆历中，滕子京谪守巴陵，治最为天下第一。政成，重修岳阳楼，属范文正公为记，词极清丽；苏子美书石，邵竦篆额，亦皆一时精笔，世谓之‘四绝’云。”[①]如果说，作为“四绝”之一的范仲淹不可能擅离职守，那么作为另外“两绝”即篆额的邵竦和书石的苏子美(舜钦)，一个是以篆书享誉当世的布衣，一个是已被削职为民的散人，他们无官一身轻，可以“说走就走”。然而我们从苏氏诗文集中同样见不到他们曾经前往岳州的行踪。倘再扩大搜索范围，为滕子京作《偃虹堤记》的欧阳修以及作《岳州学记》的尹洙，我们同样见不到两人言及。由此可见，所谓范仲淹“无论骑马乘船，数日可到”，并在那里作《岳阳楼记》的说法，纯属凭空之臆想。

再说范仲淹有没有到过岳阳。

笔者认为，《岳阳楼记》并非作于岳阳。不排除仲淹一生中曾经到过洞庭湖，登过岳阳楼，但是，一切要凭证据说话。而现有诸多“到过”的说法，笔者认为并无确证，大都存疑。具体看法分述如下：

(一) 关于澧州安乡之范公读书处

关于仲淹幼年跟随曾任安乡知县的养父到过这里，当地方志确有记载，并且留有“书台烟雨”之类的名胜和佳话。此事最早见于澧州州学教授王仁于南宋宁宗庆元二年(1196)四月所作之《澧州重修范文正公书台记》(后文简称《书台记》)，以及澧州军事推官任友龙于理宗宝庆三年(1227)正月所作之《澧州范文正公读书堂记》(后文简称《书堂记》)。《书台记》也好，《书堂记》也好，皆缘

① [宋]王辟之撰，吕友仁点校：《渑水燕谈录》卷六，北京：中华书局，1981年，第72页。

起于当时的殿中侍御史范处义持节宣抚荆湖北路。前者称范处义:"秋九月行县,次安乡,披而视之,则文正范公读书堂在焉。相传长山朱氏宰斯邑,以之而来,邑人即其读书之堂而祠之,今二百年矣。"[①]后者不仅沿用前说,且称:"朱宰澧之安乡,公侍母偕来,尝读书于老氏之室曰兴国观者……既毁于兵,庆元初,宪使范公处义复创于观侧。"[②]就在其"复创于观侧"的30多年后,湖右常平使者兼澧州知州、守料院董与几决定将书堂徙于近州城处重建,且命任友龙作记。这里值得我们注意的有四个问题:其一,两记皆称"宰澧之安乡"者为仲淹之养父"朱氏",但都没有标出其名字。其二,是范处义的特殊身份。范处义是被全祖望列入《宋元学案》(卷四十五)的人物,被认为属于伊洛正传的名儒。其三,是范处义创建的依据。《书台记》称"相传长山朱氏宰斯邑(安乡),(仲淹母子)以之而来"[③];《书堂记》则称依据《书台记》而徙建。这就是说,读书台也好,读书堂也好,创建依据都是得之于"相传"。然而,须知此时上距"仲淹随母归朱氏"(992)已经过去了200多年,距仲淹离世(1052)也已150多年。两文所记之事,既然都是得之于"相传",其可信度不能不大打折扣。其四,是创建的背景。不论范处义庆元初(1195)"创于观侧",还是30多年后董与几徙建于近州城处,都是处于"庆元党禁"最为严酷、禁与被禁博弈最为激烈的年代。为此,我们不仅应考虑到200多年间所经历两宋之交的社会大动乱和人口大迁徙,还应考虑到"庆元党禁"与儒学的升沉消长。我们知道,无论中外历史上,每个民族都有自己的民族英雄,每个时代都有自己的时代英雄,甚至每一种宗教和每一种学派也都有自己崇拜的偶像和楷模。即便现实中没有现成的"典型",他们也会按照自己的愿望和理想将相关人物加以"拔高""包装"或曰"塑造"。所以说,当时的范处义为弘扬儒学(道学),根据传说而为当地创建一处胜迹,很难说其中没有捕风捉影的成分。由"书台""书堂"以及王仁、任友龙两篇记文而衍生出的其他传说,比如,后来有人考证出曾经出宰安乡的朱知县名叫朱轼、教仲淹读书的兴国观道士复姓司马之类,究竟是传信还是传疑,也就

① [宋]范仲淹著,李勇先、王蓉贵校点:《范仲淹全集》附录八,成都:四川大学出版社,2002年,第1228页。

② [宋]范仲淹著,李勇先、王蓉贵校点:《范仲淹全集》附录八,成都:四川大学出版社,2002年,第1226页。

③ [宋]范仲淹著,李勇先、王蓉贵校点:《范仲淹全集》附录八,成都:四川大学出版社,2002年,第1228页。

不值得再加深究了。这就是说，即便再考证出安乡当时确有一位名叫朱轨的知县，但他与朱文翰究竟是不是同一个人？况且，“轨”与“说”（悦）为同音字（yuè），父名“朱轨”，儿子怎好再名“朱说”？这就是说，即便安乡历史上确曾有过一位名叫朱轨的知县，也不能断定其人就是仲淹的养父朱文翰。从史料中既然见不到“朱轨就是朱文翰”的证据，朱轨出宰安乡不等于朱文翰出宰安乡；既然朱文翰“曾宰安乡”的说法靠不住，仲淹幼年随养父到过洞庭、岳阳的说法，也就很难令人信服。由于受“书台”“书堂”的创建以及王、任两记的影响，而后衍生出的其他传说和记载，包括王象之《舆地纪胜》、祝穆《方舆胜览》的记载，其真实可靠性，更是等而下之了。由此倒可以让我们联想到全国不少方志有关“太公钓台”“伯牙琴台”以及孝子“董永故里”、恋人“梁祝墓地”之类记载。对于此类言之凿凿的“名胜古迹”，我们把它当作民间佳话甚至神话传说的物化和具象化，皆无不可，倘若信以为真，则未免过于天真。

值得一提的是，《宋史》卷四百五十九《隐逸下》刘愚传的记载：“（刘愚）外移安乡县令……邑有范仲淹读书地，为绘像立祠，兴学，士竞知劝。”[①]有人据此认为，这是《宋史》关于范仲淹早年到过洞庭湖的权威记载。而在笔者看来，此事同样靠不住。因为身为安乡县令的刘愚，亦为一代名儒。其做法既可能是对范处义创建读书台的迎合和配合，也可能是为其传说锦上添花、加以坐实而已。

（二）关于岳阳毛氏之田产庄园

有人主张仲淹到过岳阳，其一大证据是发现了今存于岳阳的一份《毛氏族谱》。谱中保存一份出自仲淹之子范纯仁的“付约”：“今将先父文正公遗业坐落在土名湖南岳州临湘县楚冲里太平桥之庙湾庄田一所，请凭亲族人等到场，付与子婿毛长发名下管业、收租、耕种，以此为据。”论者据此认为，仲淹既然在岳州之临湘县（今属湖南省岳阳市）置有庄田，且由其子范纯仁亲笔签署“付约”，作为陪嫁财礼转赠给其孙女婿毛长发，由此即可断定仲淹必然到过岳阳。论者在引录这份毛氏《外家范氏付约》的同时，还对这处庄田的规模、坐落位置以及古今地名对照等下了一番考察功夫。论者的这一发现，确曾令人耳目一新，值得重视。笔者由此还曾联想到一个相关的“佐证”：仲淹知邓州时确曾有

① ［元］脱脱撰，中华书局编辑部点校：《宋史》卷四百五十九，北京：中华书局，第13467页。

过“置田归休”的念头。事见其《依韵酬光化李简夫屯田》:“老来难得旧交游,莫叹樽前两鬓秋。少日苦辛名共立,晚年恬退语相投。龚黄政事聊牵强,元白邻封且唱酬。附郭田园能置否,与君乘健早归休。”[①]既然向毗邻的光化军(今湖北光化)知军李简夫打听过购置“附郭田园”之事,那么于临湘购置庄田,似乎也就在情理之中了。

尽管如此,它依然打消不了笔者对仲淹曾“置田临湘”真实性的怀疑。理由有二:一是翻检《范文正公集》《范忠宣集》苏州总谱《范氏家乘》,以及范纯仁的行状、墓志等权威史料后,都未找到范纯仁有女嫁到毛家的记载,当然也就找不到这位名叫毛长发的女婿。其中尤可注意者,还有范公偁的《过庭录》。范公偁系仲淹次子范纯仁的后代,书中记“忠宣公”范纯仁言行颇多。自仲淹至范公偁五世的班辈排行是:仲、纯、正、直、公。纯仁之女应为范公偁的嫡亲姑奶奶。但是,我们翻遍《过庭录》,发现书中虽然涉及湖湘和岳阳的人和事,同样见不到嫁入毛家的这位姑奶奶,以及姑老爷毛长发的踪影。二是记录“付约”的这份岳阳《毛氏族谱》,不知最早修成于何时?根据常识,现存一般族谱极少早于明代。这份“付约”在收入《毛氏族谱》之前,历经数百年的社会动荡、兵燹战乱,请问它究竟是怎么保存并流传下来的?其间有没有蓄意造假、张冠李戴或者产生其他错讹的可能?总而言之,疑点不除,孤证难立。即便这份“付约”果真出自范纯仁之手,在确凿证据出现之前,此事仅供参考,聊备一说,很难将它作为仲淹到过岳阳的确证。

(三)关于《岳阳楼记》之所谓“内证”

凡力主仲淹到过岳阳者,都会从《岳阳楼记》中列举“内证”,尤其会举出“予观夫巴陵胜状”一语。在他们看来,似乎只有“登斯楼也”,才可“予观夫”巴陵胜状。然而在笔者看来,持这种观点者,不是对《岳阳楼记》的写作背景缺少了解,就是有意曲解。

其实,滕子京的《求记书》不仅洋洋洒洒地介绍了“岳阳楼之大观”,随书送上的还有《洞庭秋晚图》,已将楼湖景观形象地展现于仲淹眼前。况且,仲淹为作好此文,想必还会向子京所遣送书之人做详细了解。凭借这些,难道还不足

① [宋]范仲淹著,李勇先、王蓉贵校点:《范仲淹全集》文集卷第六,成都:四川大学出版社,2002年,第122页。

以“予观夫”吗？难道非得亲自登楼才可临摹写生？恕我说话不恭，如此说法，未免小看了范公。

持上述观点者还坚持认为，对于“若夫淫雨霏霏”“至若春和景明”两节，若非亲临其境，仅凭想象，很难作出如此准确、鲜明、生动的景物描写。对此，笔者只能反问一句，以仲淹的宦海阅历、满腹蓄积和文学素养，即使并非亲临其地，难道就真的写不出来吗？笔者这里强调的是，如果拘泥于现场写生，不论一个人神通多么广大，除非在楼上一站 365 天，他也不可能一眼览尽春、夏、秋、冬四时之景。所以说，仲淹这里所凭借的，是平生的胸襟、眼光和素养；所形诸笔端的，是仲淹的“神游物外而心与景接”①（滕子京《求记书》语），是“思接千载、视通万里”②（刘勰《文心雕龙·神思》）的心血结晶。

（四）关于仲淹其他作品的所谓“内证”

通观《范集》，确有一些涉及湖湘、岳阳的诗文，“有心人”也曾从中寻找过仲淹到岳阳的行踪。然而笔者认为，在仲淹所有诗文中，没有任何一句可作为他到过岳阳的“内证”。兹将理由分述如下：

一是关于仲淹的《题岳阳楼联》：“揽辔登车，一世澄清需满志；读书观政，万家忧乐尽关心。”③此联见于 1989 年广东旅游出版社出版的何林福先生所著的《岳阳楼史话》。笔者的看法是：一则从来未闻仲淹喜作、善作对联；二则《范集》及其补编、辑佚中从来未见收录过此联；三则此联词语浅鄙，不类宋人作品；四则退一步说，此联即便被定为仲淹所作，也未必作于岳阳，很难作为他到过岳阳、撰于岳阳的证据。

二是《范集》中确有一些诗文提到“岳阳”和“洞庭”，但都不足以作为仲淹到过那里的证据。

首先是他的《淮上遇风三首》。这三首诗系仲淹贬谪睦州途经淮河时所作。第一首开头即说：“圣宋非强楚，清淮异汨罗。平生仗忠信，尽室任风

① 曾枣庄、刘琳主编：《全宋文》，成都：巴蜀书社，1990 年，第 168 页。

② [南朝梁]刘勰著，黄叔琳注，李详补注，杨明照校注拾遗：《增订文心雕龙校注》，北京：中华书局，2012 年，第 365 页。

③ 何林福：《岳阳楼史话》，广州：广东旅游出版社，1989 年，第 138 页。

波。”①诗人这里分明是在用典，使用的是比兴手法。说的是他这次淮河遇险，与当年汨罗江边的屈原作个对比。因此拿它作为仲淹到过汨罗、岳阳的证据，岂不可笑?

其次是他的《新定感兴五首》。这是仲淹被贬睦州(古代曾称新定郡)之后，在抒发感慨。他的“感兴”是睦州堪称“山水真名郡”②(其二)，“风物皆堪喜”③(其三)，可叹“稀逢贤太守，多是谪官来”④(其三)。自已虽然被贬，却能得此善地:“劳生一何幸，日日面青山。”⑤(《潇洒桐庐郡十绝》其二)，“人生安乐处，谁复问千钟。”⑥(《潇洒桐庐郡十绝》其四)此时的仲淹联想到因被贬长沙而终日悲戚愁苦的贾谊，联想到放逐湖湘行吟泽畔形容枯槁忧愤投江的屈原。对比两人的不幸而感慨自己的幸运，于是发出感叹:“回思洞庭险，无限胜长沙”⑦(其四)，“灵均良可笑，终日著《离骚》”⑧(其五)。仲淹这里用的依然是比兴手法，抒发他得遇明时善地的喜悦和满足。倘把它视作仲淹到过长沙、到过汨罗的证据，实在是方枘圆凿。

接着是《和延安庞龙图寄岳阳滕同年》。此诗的写作时间和地点是仲淹庆历四年春以参知政事身份宣抚河东之时，是仲淹与当时镇守延安的同年庞籍(字醇之)的唱和之作，并且将诗寄给了刚贬到岳阳不久的同年滕子京。诗中一边表白他和庞籍身寄边任之苦，一边羡慕(其实是安慰)滕子京生活得自在悠闲:“几处云藏寺，千家月在船。疏鸿秋浦外，长笛晚楼前。旋拨醅头酒，新炰缩项编。”⑨有人认为，诗中对于岳阳景物和风情能做出如此真切具体的描述，说明仲淹到过那里。而笔者认为，这话虽有一定道理，却很难作为仲淹到

---

① [宋]范仲淹著，李勇先、王蓉贵校点:《范仲淹全集》文集卷第五，成都:四川大学出版社，2002年，第92页。

② [宋]范仲淹著，李勇先、王蓉贵校点:《范仲淹全集》文集卷第五，成都:四川大学出版社，2002年，第98页。

③ 同上。

④ 同上。

⑤ [宋]范仲淹著，李勇先、王蓉贵校点:《范仲淹全集》文集卷第五，成都:四川大学出版社，2002年，第96页。

⑥ 同上。

⑦ [宋]范仲淹著，李勇先、王蓉贵校点:《范仲淹全集》文集卷第五，成都:四川大学出版社，2002年，第99页。

⑧ 同上。

⑨ [宋]范仲淹著，李勇先、王蓉贵校点:《范仲淹全集》文集卷第六，成都:四川大学出版社，2002年，第121页。

过岳阳的证据。因为仲淹根据自己的阅历和常识,完全可以写出这样的诗句。

再次是《送韩渎殿院出守岳阳》。全诗是:"仕宦自飘然,君恩岂欲偏。才归剑门道,忽上洞庭船。坠絮伤春目,春涛废夜眠。岳阳楼上月,清赏浩无边。"[①]此诗标题已经表明,这是一首为友人赴任岳州的送行诗。诗中虽然说到洞庭和岳阳,但那是对友人即将前往之地的一种畅想,怎能等于自己到过岳阳?要说"坠絮伤春目"[②],暮春之月哪里不是如此?"春涛废夜眠"[③],亦非洞庭船上所独有。仅凭此诗,同样很难作为仲淹到过岳阳的证据。

然后是他的《听真上人琴歌》。有人据其"洞庭萧萧落寒木"[④]之句,认为仲淹曾经到过洞庭湖。此一说法,尤为荒唐。在中国传统乐器中,仲淹对琴情有独钟。他在这首诗中认为:"乃知圣人情虑深,将治四海先治琴。兴亡哀乐不我遁,坐中可见天下心。"[⑤]此诗名为"歌",属于乐府诗,而仲淹运用的则是"赋"体的铺陈手法。从诗中"秋""霜""寒""萧萧"等字看,仲淹当听琴于秋天。这首诗表现的是仲淹聆听法号带"真"字的一位高僧弹琴的独特感受:如银潢降霜之高旷,如沧海龙吟之沉郁,如陇头流泉之呜咽,如洞庭落木之苍凉。可叹论者不解琴声之美妙和仲淹之陶醉,反而把"洞庭落木"说成他到过洞庭的证据,这不能不令人感叹其无知。"洞庭萧萧落寒木",出自屈原《九歌·湘夫人》:"袅袅兮秋风,洞庭波兮木叶下。"[⑥]后世诗人多用"洞庭落木"作为"悲秋"的意象,与其有没有到过洞庭湖已无多大关系。比如王褒《渡河北》:"秋风吹木叶,还似洞庭波。"[⑦]杜甫《登高》:"无边落木萧萧下,不尽长江滚滚来。"[⑧]杜甫虽然终老洞庭湖边,但他写作此诗时似乎尚未到达洞庭湖。回到仲淹这首诗,如果说其中的"洞庭萧萧落寒木"可证明他到过洞庭湖,那么开头之句"银

① [宋]范仲淹著,李勇先、王蓉贵校点:《范仲淹全集》文集卷第五,成都:四川大学出版社,2002年,第93页。

② 同上。

③ 同上。

④ [宋]范仲淹著,李勇先、王蓉贵校点:《范仲淹全集》文集卷第二,成都:四川大学出版社,2002年,第40页。

⑤ 同上。

⑥ [战国]屈原著,金开诚等校注:《屈原集校注》,北京:中华书局,1996年,第218页。

⑦ [清]沈德潜选:《古诗源》卷十四,北京:中华书局,1963年,第354页。

⑧ [唐]杜甫著,[清]仇兆鳌注:《杜诗详注》卷之二十,北京:中华书局,1979年,第1766页。

潢耿耿霜棱棱"[①]，可不可以理解为仲淹曾到过天上的银河边？"老龙秋啼沧海底"[②]，能不能理解为仲淹曾经身赴沧海，聆听过海底之龙吟？

通过以上分析，笔者依然坚持两句话：一是笔者并不排除仲淹一生有可能到过岳阳；二是仅凭现有证据，尚不足以证明仲淹到过岳阳。谁要认定仲淹到过岳阳，还得请他拿出过硬的新证据。

三、《岳阳楼记》最想写给谁看？

《岳阳楼记》的写作，缘起于滕子京的《求记书》。滕子京求记的目的，当然有为自己显摆政绩的潜台词，而他名正言顺的理由，则是想借名人之笔以传名楼于千古。而仲淹为结撰这370多字，竟不惜耗费他一年多的心血。如此耗时费力，究竟是为了什么？表面上看，是为了满足老朋友的要求。而其真实用意，一般认为有二：

一是按照范公偁《过庭录》的说法，认为范公是为了借此机会安慰、规劝、勉励因无辜遭贬而处于愤郁之中的老朋友。

二是按照欧阳修《神道碑》的说法，认为仲淹是在借此以抒发怀抱："公少有大节……常自诵曰：'士当先天下之忧而忧，后天下之乐而乐'也。"[③]正是这一立意主旨，使得仲淹成为世人尊崇的偶像，使得其文成为传诵千古的名文。

以上两种看法皆为读者普遍接受，尤以后者深入人心。然而在笔者看来，两种看法都是就文论文、就人论人、就事论事，虽然都明白无误，未免失之于肤浅。区区三百余字，耗时一年有余，范公应当还有更深层次的用意。对此，大家似乎忽略了一个最基本的问题：仲淹精心结撰此文，他究竟最想写给谁看？人们会说，当然是写给滕子京，其次是岳州人民，然后便是传遍天下、远及后世、直到如今。倘若我们把眼界和思路放宽，往深一层去想，便会蓦然发现，仲淹写作此文，还有他更重要、更现实、更直接、更良苦的用心。挑明了说，他最希望能够看到此文的，应该是当朝皇帝赵祯。换句话说，其弦外之音、醉翁之意，是想借这篇文章打动仁宗皇帝。有人会说，皇帝日理万机，哪有闲心去消

---

① [宋]范仲淹著，李勇先、王蓉贵校点：《范仲淹全集》文集卷第二，成都：四川大学出版社，2002年，第40页。

② 同上。

③ [宋]欧阳修著，李逸安点校：《欧阳修全集》卷二十一，北京：中华书局，2001年，第333页。

遣这种无关宏旨的应景文字？其实这是对帝王生活太不理解。“调和鼎鼐、燮理阴阳、日理万机”，此乃宰相之事；作为高明的皇帝，既可“宵衣旰食”，也可“垂拱而治”。其日夜谋虑的，是考察、选拔、任用他的股肱大臣。考察的途径，是他们的言行，而各人的文字，则是最好的考察标本。连“忍把浮名换了浅斟低唱”①的作者柳永都被他关注到了，何况其股肱重臣。别看那时没有现代信息传播手段和传递渠道，我们切不可小觑帝王洞察天下的本事和驾驭臣下的能力。我们甚至可以这样认为，对于这篇文字很快就会摆上仁宗御案，仲淹本人也会深信不疑。

何以见得？容笔者卖个关子，从滕子京的“谪守”说起。

《岳阳楼记》劈头就说：“庆历四年春，滕子京谪守巴陵郡。”如此开门见山，先亮出“谪守”，好比有人喊冤，故意把斗大的“冤”字高举过头。仲淹这么做，对滕子京而言，是代其鸣冤；对构陷者来说，是控诉状和挑战书；而对宋仁宗来说，则是吁请他高悬明镜，做一名能够明察秋毫、洗雪冤屈的最高法官。

滕子京由戍边统帅被贬知岳州，并不是孤立的个案，而是被当时朝堂上激烈的党争政争所殃及。同期被贬的边帅，不止一个滕子京，也不止一个尹洙，此外还有泾原路经略安抚招讨使、本路都总管兼知渭州的张亢，延州西路都巡检使葛宗古等人。尽管范仲淹、田况、欧阳修等人一再上书论救，也未能扳回败局，可见当时朋党之争已经到了多么激烈的程度。顽固守旧派不惜自毁长城而打击边帅，其实那只是当时党争、政争的外围战。宗谅等人遭贬，时在庆历四年春，到了本年夏，双方便开始了短兵相接。他们先是伪造石介代替富弼起草“诏书”，散布流言蜚语，造谣以范仲淹为首的改革集团打算废掉宋仁宗，此举搞得改革派人人自危；到了秋天，他们又乘仲淹、富弼、欧阳修等离京外出之机，制造了一场“奏邸之狱”，故意小题大做，将支持改革的一大批青年才俊如苏舜钦等“一网打尽”。到了庆历五年春，改革派的羽翼被剪得差不多了，终将改革中坚范仲淹、富弼、杜衍、韩琦全部扳倒，将他们一一逐出京城。八月，又将试图力挽狂澜、为改革派鸣不平的欧阳修也打发到滁州去做“醉翁”。

此时的“群邪”可谓大获全胜，他们弹冠相庆，自不待言。我们应予特别关注的，不是他们，而是仁宗皇帝的态度。大宋江山毕竟是他赵家的江山。为了一家的江山永固，他主观上必须亲贤臣而远小人，依靠一批柱石之臣。而杜、

① ［宋］吴曾撰：《能改斋漫录》，北京：中华书局，1960年。

范、富、韩等人，都是久经考验且由他本人从千官百辟中亲自选拔的忠贞之士。虽然整天的争争吵吵惹得他心烦，不得不将他们贬逐外放，但他们毕竟不是可以随意丢弃的敝履。一口气贬黜那么多敢于面折廷争的重臣、直臣，虽说一时落得耳根清净，但当他冷静下来之后，又会作何感想？我们知道，宋朝是一个讲究"君臣共治"的朝代。不仅士大夫对此有较高的自觉意识和担当精神，仁宗皇帝也较好地继承了太祖以来"共治天下"的传统。况且，他父亲真宗的"宝训"言犹在耳：朝堂之上若允许"异论相搅，即各不敢为非"[①]。如果只剩下一种声音，特别是只剩下一种"颂圣"的声音，其后果是相当可怕的。当他驱赶了一批重臣、直臣之后，会不会感到失落？感到自己成了真正的孤家寡人？平心而论，宋仁宗不是平庸皇帝，更不是没有头脑的昏君。此时他已 36 岁，亲政也已 10 多年，对于如何考察和识别臣下，他已具备了相当的经验和智慧。此时他不仅会继续关注几位谪臣的言行动向，甚至比以往任何时候都会更加关注他们。对于帝王来说，贬谪外放，本来就是一种驭下的权术，甚至是一种更为有效的考验手段(比如晚年的李世民借故贬谪徐懋功)。当此之际，仲淹的新作《岳阳楼记》横空出世，风靡一时，不会不很快摆上他的案头。请加设想，当他读到"进亦忧，退亦忧""居庙堂之高，则忧其民；处江湖之远，则忧其君"时，就等于触摸到了仲淹那颗忧国忧民的赤诚之心。请问此时的仁宗会作何感想？对于自己的轻贬贤臣以及今后之社稷安危，会不会由深深自责而悚然猛醒？如果说，仲淹的《岳阳楼记》是对"群邪"的控诉状和挑战书，那么对于宋仁宗来说，则无异于当头棒喝，一副极好的醒脑剂。

李焘《续资治通鉴长编》以及《宋史》在评价吕夷简时，都称夷简在仁宗一朝当国柄最久，"所斥士旋复收用，亦不终废"。[②] 这话其实高估了夷简的能量和作为。仲淹在《推委臣下论》中说得好："若乃区别邪正，进退左右，操荣辱之柄，制英雄之命，此人主之权也。"[③]让我们不妨回顾一下宋仁宗是怎样"操荣辱之柄，制英雄之命"[④]的：在他亲政的前期，曾多次意气用事，贬逐过直言敢

① [宋]李焘撰，上海师范大学古籍整理研究所、华东师范大学古籍整理研究所点校：《续资治通鉴长编》卷二百十三，北京：中华书局，2004 年，第 5169 页。

② [元]脱脱等撰：《宋史》卷三百一十一，北京：中华书局，1985 年，第 10210 页。

③ [宋]范仲淹著，李勇先、王蓉贵校点：《范仲淹全集》文集卷第七，成都：四川大学出版社，2002 年，第 156 页。

④ 同上。

谏之臣(包括仲淹、宗谅等人);而在经历过对于推行庆历新政者的一番大贬谪之后,仁宗就再也没有轻贬直臣。不仅未再轻贬,对于以前所斥之士,不久也都"旋复收用"①。杜衍老了,只能给以相应的优待安置;对于仲淹去世,他"嗟悼泣下曰:'朕方将大用,不谓其早死!'"②(宋·张唐英《范仲淹传》);年富力强的富弼和韩琦,后来都做到了宰相,并且成为英宗、神宗两朝的顾命大臣;欧阳修虽已厌倦官场、屡屡求退,还是被他几次请进京城,由知开封府做到枢密副使、参知政事。总起来看,当初被贬的一大批忠直之士,除了过早去世者如范公、石介、尹洙、苏舜钦等人之外,凡是健在者,后来都被大用。即如滕子京本人,在范公的《岳阳楼记》问世三个多月后,也由相对偏僻的岳州调任到号称繁华的苏州,可惜天不假年,不久便病逝于此。对此,我们不能不严肃思考这么一个问题:促使仁宗在治国用人的思想观念上发生这么大的转变,其动因和契机是什么?其因素可能有多种,谁敢说其中没有这篇《岳阳楼记》所起的警醒作用?我们切莫低估一篇文章的力量。笔者认为,范公的这篇《岳阳楼记》不仅对后世产生了广泛而深远的影响,即便在当时,其威力之大,远甚于雷霆万钧,对仁宗皇帝应当发挥过醍醐灌顶的作用。

四、关于"政通人和,百废俱兴"

前些年,有些人借题发挥,批评范仲淹为滕子京修楼作记,认为他称赞滕子京治理岳阳"政通人和,百废俱兴",是在为"大贪官"滕子京盲目捧场。此论当时虽已遭到批驳,不意后来又有人花样翻新,指称滕子京为伪君子,说他在岳阳弄虚作假,谎报政绩,把未办之事谎称办成,至少是沽名钓誉之徒。立论的依据,便是《欧阳修全集》(《居士外集》卷十四)保存的一篇《偃虹堤记》。论者说,经他们赴岳阳实地调查了解,发现此堤当年并未筑成,此事纯属子虚乌有。于是大发感慨,大骂滕子京不仅当初欺骗了欧阳修,蒙蔽了范仲淹,还欺世盗名上千年。

事情的真相究竟是什么?所谓"偃虹堤"者,当年确为滕子京所命名,而事

---

① [元]脱脱等撰:《宋史》卷三百一十一,北京:中华书局,1985年,第10210页。

② [宋]范仲淹著,李勇先、王蓉贵校点:《范仲淹全集》附录一,成都:四川大学出版社,2002年,第827页。

实上他的确也未能修成。但是，此事不待今人揭发，早在北宋治平末年，王得臣在其《麈史》中即已挑明：“岳阳西濒大江，夏秋，洞庭水平，望与天际，而州步无舣舟之所，人甚病之。庆历间，滕子京谪守是邦，尝欲起巨堤以捍怒涛，使为弭楫之便。先名曰偃虹堤，求文于欧阳永叔，故述堤之利详且博矣……治平末，予宰巴陵，首访是堤，郡人曰：‘滕未及作而去。’”[①]这段话已经把问题说得十分清楚：一是滕子京当年确有兴建之规划，且已为之命名；二是他“未及作而去”，即尚未来得及动工就被调离岳州。照此说来，我们很难认定此事为滕子京沽名钓誉而制造的一场骗局。

对此，最好让我们看看欧阳修的《偃虹堤记》是怎么说的：“有自岳阳至者，以滕侯之书、洞庭之图来告曰：‘愿有所记。’予发书按图，自岳阳西门距金鸡之右，其外隐然隆高以长者，曰偃虹堤……”[②]由此可知，滕子京不仅同样给欧公写了一封《求记书》，还同样附上了一份偃虹堤的效果图。欧公还关心地“问其大小之制，用人之力”[③]，得到的回答是：“长一千尺，高三十尺，厚加二尺，而杀其上得厚三分之二，用民力万有五千五百工。”[④]这就是说，滕子京当时不仅已设计好了施工图纸，连工程预算都计划好了。那么，如此耗费民力的土方工程，是不是滕子京好大喜功、擅自兴作呢？不是。欧公接着说：“问其始作之谋，曰：‘州以事上转运使，转运使择其吏之能者行视可否，凡三反复，而又上于朝廷，决之三司，然后曰可，而皆不能易吾侯之议也……盖虑于民也深，则谋其始也精，故能用力少而为功多。”[⑤]由此可见滕子京为惠泽当地，对这项工程不仅谋虑精深，还经过了严格的审核报批程序，直到获得朝廷批准。让欧公最为担心的是什么呢？他说：“夫事不患于不成，而患于易坏。盖作者未始不欲其久存，而继者常至于殆废。自古贤智之士，为其民捍患兴利，其遗迹往往而在。使其继者皆如始作之心，则民到于今受其赐，天下岂有遗利乎？此滕侯之所以虑，而欲有纪于后也。”[⑥]然而，欧公的担心不幸被他言中。人亡政息，人去事废。工程很可能没有“继者”，随着滕侯调离，计划中的虹影也就化为泡影。如

---

① [宋]王得臣撰：《麈史》卷中，北京：中华书局，1985年，第43页。
② [宋]欧阳修著，李逸安点校：《欧阳修全集》卷六十四，北京：中华书局，2001年，第941页。
③ 同上。
④ 同上。
⑤ 同上。
⑥ 同上。

此看来，责任究竟在谁？又该怪谁？如果因此而大骂滕子京，以至于牵连到仲淹不该为其站台、欧公不该为之作记，不仅有厚诬古人之嫌，还有些轻薄无知。

滕子京被贬岳州三年，仅见于“记”的，即举办了三大工程：迁建岳州州学、筑偃虹堤、修岳阳楼。其中最先动工的，应该是迁建岳州州学。据尹洙《岳州学记》（见《河南先生集》卷四）称：“滕公凡为郡，必兴学、见诸生，以为为政先。庆历四年守巴陵，以郡学俯于通道，地迫制卑，讲肆无所容，乃度牙城之东，得形胜以迁焉……公延见必礼，奖其勤以励其游，尚其能以勉其未至。虽新进不率者，皆革顽为恭，磨钝为良，出入里闾，务自修饬。郡人由是知孝悌礼义，皆本于学也。公之树教及人，岂不切于近、通于久乎？”[①]令尹洙特别称道的，是滕子京遭贬而不失志，依然保持一颗体国爱民的公忠之心。他称赞滕子京说：“守巴陵乃下迁。凡由大而适小，必易其治，或阴愤阳闷，事弛官废，下不胜其弊者有之；或慎微虑危，修旧保常，无所设施者有之。若夫用舍一致，勇其所树立，不以险夷自疑于时，如公之心所存，非爱君之深，信道之笃，乌及是哉！”[②]

回看欧公的《偃虹堤记》，称道滕子京的同样是他的遭贬而不失志：“滕侯志大材高，名闻当世。方朝廷用兵急人之时，常显用之。而功未及就，退守一州，无所用心，略施其余，以利及物。夫虑熟谋审，力不劳而功倍，作事可以为后法。”[③]

仲淹作为滕子京的同年，且共事甚久，应该说比欧、尹二公对滕子京了解更多，相知更深。因而称赞他“不以物喜，不以己悲”，将岳州治理得“政通人和，百废俱兴”。应该说，范公这里是反话正说，用“政通人和，百废俱兴”的事实来回击某些人的诬陷和毁谤，所列滕子京的政绩，也是名副其实、当之无愧的。

五、关于“唐贤今人”

仲淹介绍滕子京重修岳阳楼，“刻唐贤今人诗赋于其上”。为什么不说“唐宋贤人”或曰“古今贤人”，而说“唐贤今人”呢？这里寓有深意。

个中奥妙，从滕子京的《求记书》中可以窥知。为了给仲淹多提供些创作素材，滕子京在《求记书》中不仅介绍了“岳阳楼之大观”，还介绍了自己“增其

---

① ［宋］尹洙撰；时国强校注：《尹洙集编年校注》庆历六年，北京：中华书局，2019年，第366页。

② ［宋］尹洙撰；时国强校注：《尹洙集编年校注》庆历六年，北京：中华书局，2019年，第367页。

③ ［宋］欧阳修著，李逸安点校：《欧阳修全集》卷六十四，北京：中华书局，2001年，第941页。

旧制”的打算。其中特别提到：“乃分命僚属，于韩、柳、刘、白、二张、二杜逮诸大人集中摘出登临寄咏，或古或律，歌咏并赋七十八首。暨本朝大笔如太师吕公、侍郎丁公、尚书夏公之作，榜于梁栋间。”[①]

问题正出在这里。滕子京分命僚属于唐朝诸人的诗集中摘录有关歌咏岳阳楼的诗篇，就其所列举的韩、柳、刘、白、二张、二杜来说，皆可称其为大笔、大人、贤人。但是，所列举的“本朝大笔如太师吕公、侍郎丁公、尚书夏公”[②]，就很值得考虑了。太师吕公，指的是大宋著名的寒门状元、太宗真宗两朝宰相吕蒙正，无论称其为大笔、大人、贤人，都当之无愧。至于“侍郎丁公”，指的是丁谓，此人虽然才华出众，机敏多智，那可是曾以为寇准“拂须”而为世所薄、声名狼藉的人物。若称其为“贤”，恐很难为时人认可。

至于“尚书夏公”，指的是夏竦。对于此人，笔者更想多说几句。夏竦(985—1051)，字子乔，江州德安人。宋真宗景德四年，举贤良方正科，累迁知制诰。先后出知黄州、邓州、襄州。仁宗即位，徙知寿州、安州、洪州。天圣三年复知制诰，进翰林学士兼侍读。五年，除枢密副使。七年，拜参知政事，后出知数州。康定中，除陕西经略安抚使。仲淹调往西北守边，即为其下属。庆历三年，仲淹、富弼擢枢密副使，而夏竦被召为枢密使。但为台谏所攻，改知亳州。七年，复为枢密使，次年再被论罢。综观其一生，夏竦虽久经官场，谙练吏治，且文才甚高，但性贪婪，尚权术，被世人目为奸邪。这里需要特别指出的是，当仲淹推行庆历新政之时，夏竦堪称反对最力者。他不仅制造改革派为“朋党”的舆论，尤其卑劣的是指使家奴模仿石介笔迹，伪造废掉仁宗皇帝的诏书，以此诬陷改革派富弼、石介诸人，致使改革派人心惶惶，不能自安于朝廷，纷纷要求外放，一场轰轰烈烈的改革，就此草草结束。

当仲淹作《岳阳楼记》时，丁谓已死，夏竦还在。滕子京未必了解上层斗争的内情，而将丁、夏等“大笔”的诗作入选，但作为深谙内情的仲淹，能将他们与唐人并列，概称“贤人”吗？我们知道，北宋人为文，非常看重“春秋笔法”，认为一字褒贬，重于千钧，而仲淹恰可称为这方面的代表。他对待“本朝”的几位“大笔”，自是心中有数而笔下有分寸。于是，在他的《岳阳楼记》中便出现了“刻唐贤今人诗赋于其上”这样的句子。我们对此等用语切莫轻易放过，因为

---

① 曾枣庄、刘琳主编：《全宋文》，成都：巴蜀书社，1990年，第168页。

② 同上。

它所体现的，不仅是仲淹的胸怀大度、思虑缜密，还有他下笔的审慎和精准。

六、《岳阳楼记》与《醉翁亭记》之比较研究

公元1046年，亦即北宋仁宗庆历六年，中国文学史上产生了两篇交相辉映的煌煌名篇：范公的《岳阳楼记》和欧公的《醉翁亭记》。这是两位不分伯仲的文学巨匠在大体相同的历史背景下，分别以如椽巨笔为我们留下的千秋华章。

笔者曾撰文指出，范公在邓州写作《岳阳楼记》时，是他一生中思想发生重大转变的时期。

范公当年考进士，策论试题为《顺时知微何先论》。用今天的话说，就是顺应天时与见微知著，两者应以何为先？范公当年如何答题，今天已无从得知，但从他的一篇《灵乌赋》，可大体窥知当年的范仲淹奉行的是以"知微"为先的：每遇国家大事，他的态度是"警于未形，恐于未炽"[①]，"虽死而告，为凶之防"[②]，"宁鸣而死，不默而生"[③]。直到推行庆历新政之时，依然是一往无前，义无反顾，"每感激论天下事，奋不顾身"[④]。

然而当他退居邓州以后，远离了激烈博弈的政治舞台，远离了军务倥偬的边境前线，他才有时间对平生作为、特别是对新政成败的经验教训进行冷静的总结和反思。而反思的结果，则是由以前的"知微"为先，遇事敢为，转为"顺时""知微"并重，且已偏重于"顺时"。这种微妙的思想转变，在他这一时期的诗文中多有反映，所谓"诗言志"。当我们明白了范公这一时期的思想变化之后，自可得出这样的看法：范公作于邓州的《岳阳楼记》，既是他经过深刻反思的产物，也是他"顺时""知微"思想的升华，更是他一生智慧和体悟的结晶。

说到欧公，其青壮年时期的嫉恶如仇和见义勇为，较之范公有过之而无不及。因而所遭受的嫉恨、打击和挫折，比范公更多、更重。庆历五年春，欧公以河北都转运按察使身份代理真定知府时，获知朝中改革中坚杜衍、韩琦、仲淹、

---

① [宋]范仲淹著，李勇先、王蓉贵校点：《范仲淹全集》文集卷第一，成都：四川大学出版社，2002年，第8页。

② [宋]范仲淹著，李勇先、王蓉贵校点：《范仲淹全集》文集卷第一，成都：四川大学出版社，2002年，第9页。

③ 同上。

④ [元]脱脱等撰：《宋史》卷三百一十四，北京：中华书局，1985年，第10268页。

富弼等相继罢政外放，作《论杜衍、范仲淹等罢政事状》，尖锐批评宋仁宗这么做“使群邪相贺于内，四夷相贺于外”[①]，是干了一件贤者痛、佞者快的坏事。然而，正当他怀着一腔愤激鸣不平时，招来了一场无妄之灾——就在范公调任邓州“养衰颜”之前不久，欧公被“一闷棍”赶到了滁州。俗话说：“吃一堑，长一智。”遭此无端打击和挫折的欧公，想必同样经历了剧烈而痛苦的反思过程。

范仲淹诗云：“列宿专城且自娱，清名善最即前途。”[②]意思是说，作为列宿专城的亲民官员，哪怕是为个人前途着想，也应以清名来获得善最（即上级考核评定的最高等级）。为政之要，在于顺民、便民、利民、安民、惠民、泽民，切勿为了自己的政绩而生事扰民。这一条看似简单，其实做到很难，因为许多人并不真正懂得为政之道。作为一名合格的地方官员，每到一地，切忌自认为比百姓高明，不停地翻新花样，生事折腾。须知老百姓并非天生愚氓，更非甘愿受贫。他们不但有安居乐业的愿望，且有各自的生活门路和生存本领。官员“专城且自娱”，看似清静无为，其实只要不折腾，能够提供一个和平、安定而有序的生活环境，就是为百姓造福。然而，恰是有些官员为了早出、快出、多出政绩，往往下车伊始就发号施令，瞎指挥，瞎操心，瞎折腾，使得老百姓疲于奔命而不得安宁。他们打的是“为民”旗号，干的则是扰民、虐民、祸民、殃民的勾当。对此官场恶习，尹洙的《岳州学记》曾有痛切的揭露和批评：“自汉而下，风化日陵。政之宽暴，民之劳逸，皆缘于吏治。吏之治，大抵尚威罚，严期会，欲人奔走其命令。”[③]

欧阳修被贬滁州时，年方40而自号“醉翁”。其实，经历过庆历新政的一番博弈、较量、折腾，他比以往任何时候都更“清醒”。他从庆历新政的热烈支持者，后来成为熙丰变法的坚决反对者，正可表明他曾经历过一个痛苦的清醒过程。如果说，欧公此前曾经与范公同样奉行“知微”为先的理念，大声疾呼，力图支大厦而挽狂澜，此后的欧公似乎比范公更偏重于“顺时”，乐天知命，知不可为而不再强为。对此，在他作于滁州的《丰乐亭记》有较为明显的流露：“修之来此，乐其地僻而事简，又爱其俗之安闲……又幸其民乐其岁物之丰成，而喜与予游也。因为本其山川、道其风俗之美，使民知所以安此丰年之乐者，

---

① ［宋］欧阳修著，李逸安点校：《欧阳修全集》卷一百七，北京：中华书局，2001年，第1628页。

② ［宋］范仲淹著，李勇先、王蓉贵校点：《范仲淹全集》文集卷第六，成都：四川大学出版社，2002年，第125页。

③ ［宋］尹洙撰；时国强校注：《尹洙集编年校注》庆历六年，北京：中华书局，2019年，第366页。

幸生无事之时也。夫宣上恩德,以与民共乐,刺史之事也。”[①]如果说,范公的《岳阳楼记》依然具有较强的理想色彩,追求超凡脱俗的“古仁人之心”,其“忧国忧民”的初心不改;欧公的《醉翁亭记》则更看重实际,看重的是太守的“一亩三分地”,追求的是“与民共乐”,安民、便民、养民、乐民,忧民而不扰民。

早在21世纪初,在滁州市举办的纪念欧阳修学术研讨会上,笔者曾建议将范公的《岳阳楼记》与欧公的《醉翁亭记》作比较研究。今以个人之拙作,抛砖引玉,衷心期待有人能从两文的写作背景到风格特色、从内容到形式、从思想性到艺术性进行更为全面深入的比较研究。

① [宋]欧阳修著,李逸安点校:《欧阳修全集》卷三十九,北京:中华书局,2001年,第575页。

全是褒扬，哪有贬义？！*

——尹洙称《岳阳楼记》为“传奇体”辨正

范仲淹的散文《岳阳楼记》自问世以来，即受到了当时和后世的普遍推崇，至今脍炙人口，成为中学语文教科书必选的古文名篇。然而从此文诞生之日起，便存在另一种声音：称《岳阳楼记》为传奇体，且认为此说含有贬义。它犹如一股小溪，潜流至今，似乎成为《岳阳楼记》无可否认的“瑕疵”，以至于常被古今好事者提及，作为诟病《岳阳楼记》的由头。而《岳阳楼记》的许多推崇者、赞美者，对此往往采取回避或者辩解的态度。“传奇体”三字究竟是褒是贬？于是成为长期萦绕笔者心头的一道谜题。

称《岳阳楼记》为传奇体，始作俑者为北宋两位名家：一位是稍后于范仲淹的毕仲询，一位是稍后于范仲淹的陈师道。两位共同的依据，据说都是来自北宋著名的古文大家尹洙。

毕仲询《幕府燕闲录》这样记载：

> 范文正公作《岳阳楼记》，为世所贵。尹师鲁读之曰：“此传奇体也。”①

陈师道《后山诗话》的记载则是：

> 范文正公为《岳阳楼记》，用对语说时景，世以为奇。尹师鲁读

* 本文为提交给 2019 年 12 月于福州召开的“中国欧阳修暨宋代散文国际学术研讨会”的论文。

① [宋]尹洙撰，时国强校注：《尹洙集编年校注》附录九，北京：中华书局，2019 年，第 491 页。

之，曰："传奇体尔。"传奇，唐裴铏所著小说也。[①]

尹师鲁，名洙，河南洛阳人，先于欧阳修的北宋古文大家。世人识与不识，皆以师鲁相称，可见其人品之高与名望之重。"传奇体"三字既然出自权威人士尹洙，又经两位权威人士记述，其真实性自是无可怀疑。问题出在尹洙所称"传奇体"三字的本意是什么，是褒是贬？联系到范仲淹身后的北宋中后期，在古文运动取得决定性胜利的背景下，陈师道"传奇体尔"的一个"尔"字，总给人感觉带有贬义色彩。而这一明显带有贬义色彩的说法，一直影响到今天。笔者在经过多年探索之后，得出了全然不同的看法，认为尹洙当年所称《岳阳楼记》为传奇体，其本意在于褒扬，其中并无贬义。

兹将本人多年探索的经过和心得，申述如下。

一、先从"传奇体"说起

要弄清尹洙的本意是褒是贬，须先弄清什么是"传奇体"。

"传奇体"本为唐代兴起的一种小说文体。其渊源所自，脱胎于六朝的志怪小说。就其内容而言，到了唐人笔下它已不限于鬼怪仙道，世间一些奇人异事往往也被摄入其中。与六朝志怪小说的粗陈梗概相较，这种小说故事更为曲折生动，情节完整，人物塑造更为形象丰满，性格鲜明。就其表现形式而言，唐代传奇还受到了六朝骈俪文体的较大影响，其表现手法讲究铺文摛藻，辞采华丽，声韵和谐，用语工巧，因而受到了唐代文人普遍喜爱。不仅一些士大夫热心于此类文体创作，一些年轻士子为显露才华，往往也以此作为"行卷"之物，以求得赏识和延誉，可见当时这种文章的盛行。

一开始，此类小说各自名篇，并没有一个归类总称。直到唐代后期，曾任御史大夫、成都节度副使的裴铏创作了一部短篇小说集，总名《传奇》，人们这才给这类小说取了一个统一的名目，归类曰"传奇"。于是"传奇"之称，遂为一"体"。其间众多作者虽然文笔参差，工拙互见，但作为一种新兴的文学品类，影响深远，至今被目为唐代文学的一朵奇葩，在中国文学史上占有不容忽视的一席之地。

---

① [清]何文焕辑：《历代诗话》，北京：中华书局，2004年，第310页。

二、再看《岳阳楼记》是不是“传奇体”

范仲淹的《岳阳楼记》，从写作技巧上看确乎有点“另类”。它并非志怪，而记修楼，不像传奇。明明是为修楼作记，却又不按作记的常规套路，记述修楼经过、称颂主事者的功德，而是以滕子京重修岳阳楼为由头，写景抒情，引发自己的联想、感慨和议论。而尹洙称其为“传奇体”，似又不全是指此，而是就其表现手法而论。毕仲询只记尹洙称其为“传奇体”，未述理由；陈师道则加上了自己的理解，说它“用对语说时景，世以为奇”。所谓“对语”，亦即骈俪、对仗、对偶之意。以此衡量《岳阳楼记》中间两大段写景抒情文字，可谓一语中的。这种行文句式，正是骈俪文、传奇体的一大特色，故而尹洙直指其为传奇体。

如前所述，唐人传奇就其内容而言，是由六朝志怪小说发展而来；就其形式而言，一个十分鲜明的特点，即在于它吸取、借鉴了六朝骈文的表现手法，构思精巧，以俪语讲故事，“叙述宛转，文辞华艳”[①]。陈师道称《岳阳楼记》“世以为奇”，指的应该就是这一特色。

而在笔者看来，《岳阳楼记》之奇，还不止于此。它的大奇之处大要有三：第一是仲淹本为修楼作记，却打破作“记”常规，借题发挥，把记叙文写成了写景、抒情兼议论之文；第二才是借来唐人传奇写法，“用对语说时景”，表现手法有了突破和创新；第三更在于它对文章结构的熔铸创新。

这里仅就第三点而论。我们知道，唐代格律诗的定型，除了首尾两联不要求对仗之外，中间各联都得两两相对。这种两两对仗的表现手法，同样也是受到了六朝骈文的影响，或曰是对六朝骈文的传承、发展、借鉴和创新。既然唐代格律诗的形成可以借鉴骈体文，那么，范仲淹作《岳阳楼记》，何尝不可以再借鉴唐代的格律诗？我们对《岳阳楼记》的整体结构稍加分析便不难发现：其一，作为“记”文，开头和结尾，都用散文写法，而中间“用对语说时景”部分，显然借鉴了骈俪文的写法；其二，这种首尾不对仗、中间用“对语”的写法，显然又是借鉴了唐代格律诗的章法。中间部分的“对语”，句式简短，音韵铿锵，刚健明快，用的是诗一般的凝练语言，而从整体结构上看，它与格律诗的谋篇布局又为同一章法。这就是说，《岳阳楼记》从遣词用语到谋篇布局，既借鉴了六朝

① 鲁迅：《中国小说史略》第八篇《唐之传奇文(上)》，北京：北京联合出版公司，2014年，第52页。

骈文，又借鉴了唐代的格律诗，它既是骈与散的结合，又是诗与文的结合，而这种骈与散、诗与文的巧妙结合，也是唐人传奇的显著特点。尹洙从篇章结构到遣词造句都感到《岳阳楼记》的奇特，因而称其为传奇体，实为画龙点睛之语。我们从中看到的，不仅是范仲淹熟练运用各种语言、各种文体的能力，尤其可贵的是他融会贯通、熔铸新体的创新能力。

明乎此，我们会由衷地赞叹范仲淹不愧为领导潮流的文坛大师，不愧为创新文体的一代高手。明乎此，我们也就会涣然冰释，不再纠结于尹洙的"传奇体"是褒义还是贬义。

三、从范、尹之亲密关系看尹洙"传奇体"之点评

遵循"知人论世"的古训，我们更容易理解尹洙"传奇体"之说的本意。

尹洙(1001—1047)，河南洛阳人，享年47岁。范仲淹长尹洙12岁，两人却有着长达20余年的友谊。他们不仅是志同道合的文友、僚友，而且是共同抗击西夏的战友。对于范公的人品和文品，尹洙向来佩服得五体投地。想当年仲淹权知开封府日，因触怒当朝宰相吕夷简而遭贬，此事本来与身为馆阁校勘的尹洙无关，但他挺身而出，为仲淹鸣不平，自称与仲淹"义兼师友"[①]，要求与之俱贬；当仲淹从边境前线奉调回京，尹洙与滕子京等人仍在前方坚守；当朝中"奏邸之狱"兴起，一批支持仲淹的青年才俊遭受"一网打尽"时，身在前线的尹洙不顾自身安危，迅即飞章营救；当仲淹力行新政而遭受排挤打击之际，身为戍边统帅的滕、尹二人也都受到了朝中政治斗争的株连。他们之间就这样荣辱与共，休戚相关。当仲淹由邠州调知邓州(今河南邓州，又称南阳郡)时，滕子京已被贬在岳州(今湖南岳阳)，而尹洙则被贬为崇信军节度副使，监均州(今湖北省丹江口市，与邓州毗邻，当年的均州城今已没入丹江口水库)酒税。

顺便说明一下，那时的宰执罢政改任地方官，一般都带有安抚使、劝农使之类的头衔，充当一路或者一片的"片长"。以范仲淹为例，后来出知青州时，同时还兼任淄、潍、登、莱、沂、密、徐等州以及淮阳军的安抚使。在他知邓州

① [元]脱脱等撰:《宋史》卷二百九十五，北京:中华书局，1985年，第9831页。

时，据其给韩琦信称:“所辖金、均、房，相去各五七百里”①，可知当时的均州也在他的管辖范围之内。一向桀骜不群，睥睨当世的尹洙，此时心情之郁闷可想而知。仲淹闻知尹洙卧病均州，先是派人看望，并送去药酒。均州知州赵某本为仲淹棋友，仲淹曾浼其关照尹洙，哪知这位赵某迎合朝廷旨意，不仅不予关照，反而严苛凌忽。于是仲淹报请朝廷批准，干脆接尹洙前来邓州就医。怎奈此时的尹洙已是沉疴在身，不久即病逝于邓州，其后事亦由仲淹料理。

范公对尹洙的文学造诣极为称许，兼之为文喜征求意见，故而推想贬居均州或已养病邓州的尹洙很可能是范公《岳阳楼记》的第一读者。不论平时的尹洙多么高傲，当此之际，对老友的新作不大可能加以贬抑。

此外还有一层须得考虑。滕子京以贬谪之身在岳州曾经举办三大德政工程:修岳阳楼、迁建州学、筑偃虹堤。并且分别请范仲淹、尹洙、欧阳修为之作记。欧阳修的《偃虹堤记》只注明作于庆历六年，未注明月份，考其地点应作于滁州。尹洙的《岳州学记》注明作于庆历六年八月，早于范公《岳阳楼记》一个月左右，其地应在贬所均州或者同在邓州。“不怕不识货，就怕货比货”。对于文章优劣“少有高识”的尹洙，对于范公的《岳阳楼记》与自己的《岳州学记》孰优孰劣，尹洙不难做出评骘。于是在自叹弗如的同时，做出了“传奇体”的点评。

尹洙在《岳州学记》中称赞滕子京作为谪官:“用舍一致，勇其所树立，不以险夷自疑于时，如公心之所存，非爱君之深，信道之笃，乌及是哉!”②一向心胆开张的尹洙，对自己的文友、僚友、战友滕子京尚且如此称许，面对范公的这一新作，称赞尚且不暇，怎么可能以“传奇体”三字加以贬抑？所以，不论时人和后人对尹洙怎么悬想、猜测和误解，尹洙都不会不识好歹、不辨优劣、不明事理。

四、从尹洙之人品和文品看其“传奇体”之点评

有一种观点认为，古代文人既重友谊，更重各自独立的见解和人格；即便意见相左，只要认定己方正确，就不会轻易放弃自己的见解而苟同对方；尹洙

① [宋]范仲淹著，李勇先、王蓉贵校点:《范仲淹全集》尺牍卷中，成都:四川大学出版社，2002年，第676页。

② [宋]尹洙撰，时国强校注:《尹洙集编年校注》庆历六年，北京:中华书局，2019年，第367页。

与范公虽然政治上志同道合，并不影响两人在文学创作上保持各自的风格和主张，并不因此而妨碍尹洙以“传奇体”三字批评范公的《岳阳楼记》。就一般情理而言，这话无疑是对的。但是，尹洙的文学见解与主张是不是与范公相左、有没有以“传奇体”三字批评过范公的《岳阳楼记》，我们不能单靠传闻，必须针对尹洙的文学主张和创作实践做具体分析。

在一般人心目中，尹洙既然是“力为古文”的大家，想必与其师穆修以及同时代的石介、李觏等人那样，也是一位力排释道、反对“时文”的先驱人物。事实并非如此。当我们通读现存尹洙《河南先生集》二十七卷之后，反而会看到：

第一，尹洙虽然笃信儒家学说，但他并不排拒释道，反而结识了一批僧道朋友。《河南先生集》卷之一收尹洙律诗七首，首篇即为《赠三乡浮图智聪》，内称：“伊昔相逢日，于今二十年。师随安乐住，我岂利名牵。自笑真徒尔，何如养浩然。西门女儿路，未得赋归田。”①我们从中不仅可见尹洙与这位僧人有20年的交谊，更可见两人志趣相投，心意相通。另一位僧人秘演，是他与欧阳修共同的好友，尹洙为其诗集作序，称赞他“浮图其服而儒其心”②。

第二，尹洙师从穆修致力于古文创作，其为文章，无论叙事说理，简洁明快，朴实无华，很少使用四六句式。这是尹洙文章的最大特色。但是，这并不等于他一概排斥骈体：一是其文集保存祭文两篇，虽然句子较长，不用四字韵文或四六句式，但依然带有骈俪痕迹；二是尹洙为他人所作神道碑和墓志铭20余篇，其结尾部分的“铭曰”未能免俗，大都按照惯例使用骈体。

第三，通读其全集，我们并未发现尹洙曾有片言只语评论骈偶之文，更不曾批评“传奇”“传奇体”。既然本人诗文不曾涉及，怎能相信他曾以此批评过他人？

那么，尹洙的一些好友、同时代的一些权威人士，又是怎样评价当时的文风转变以及尹洙其人、其文的呢？

尹洙去世于庆历七年四月十日，众多生前友好或亲往或派员前去致祭。范仲淹的祭文说：“天生师鲁，有益当世。为学之初，时文方丽。子师何人，独有古意。韩柳宗经，班马序事。众莫子知，子特弗移。是非乃定，英俊乃随。

① [宋]尹洙撰，时国强校注：《尹洙集编年校注》庆历五年，北京：中华书局，2019年，第351页。

② [宋]尹洙撰，时国强校注：《尹洙集编年校注》庆历二年，北京：中华书局，2019年，第239页。

圣朝之文，与唐等夷。繄子之功，多士所推。”①欧阳修的祭文称他“尤于文章，焯若星日。子之所为，后世师法。”②韩琦的祭文称他：“首倡古文，三代是追。学者翕从，圣道乃夷。名重天下，无人不知。”③这三位友人在祭文中都盛赞尹洙的古文成就，但是，为人各有所长，为文各有所好，并没有人提到他贬抑传奇体、骈俪文。

尹洙客死南阳，在范公主持下，除护送灵柩回洛阳择期安葬外，仲淹与几位生前友好还相约作了如下分工：一是按照尹洙遗愿，由其旧友孙甫作行状（已佚）；二是由范公为其文集作序，盛赞“其文谨严，辞约而理精”；三是由韩琦为其作墓表，内称“文章自唐衰，历五代，日沦浅俗，浸以大弊……公独与穆参军伯长矫时所尚，力以古文为主……于是后学大悟，文风一变。使我宋之文章，将逾唐、汉而蹑三代者，公之功为最多”④；四是由欧阳修为其作墓志铭，盛赞“师鲁为文章，简而有法”⑤。其间并无一人说到尹洙排斥四六骈文、贬低“传奇体”。总之，我们从尹洙文章及其同代人的评论中都找不出尹洙贬抑传奇体的任何言论。

值得注意的是，在为尹师鲁治丧期间，曾发生意外：尹家子侄对欧公为尹洙所作的墓志铭并不满意。此事虽由孙甫所作之《行状》引起，其间很可能还涉及对“偶俪之文”的议论，致使欧公大为不满，不得不再作一篇《论尹师鲁墓志》予以郑重回应。欧公明确指出：“偶俪之文，苟合于理，未必为非，故不是此而非彼也。”这话显然带有很强的针对性。欧公进而表示：“后生小子，未经师友，苟恣所见，岂足听哉！”⑥由欧公对“后生小子”无知妄议的不满，不禁使人联想到杜甫当年对一些“轻薄子”的批评：“王、杨、卢、骆当时体，轻薄为文哂未休；尔曹身与名俱灭，不废江河万古流！”⑦两者场景，何其相似。欧公这篇颇

① [宋]范仲淹著，李勇先、王蓉贵校点：《范仲淹全集》文集卷第十一，成都：四川大学出版社，2002年，第277页。

② [宋]欧阳修著，李逸安点校：《欧阳修全集》居士集卷四十九，北京：中华书局，2001年，第694页。

③ [宋]韩琦著，李之亮、徐正英校笺：《安阳集编年笺注》卷四十三，成都：巴蜀书社，2000年，第1327页。

④ [宋]韩琦著，李之亮、徐正英校笺：《安阳集编年笺注》卷四十七，成都：巴蜀书社，2000年，第1458页。

⑤ [宋]欧阳修著，李逸安点校：《欧阳修全集》居士集卷二十八，北京：中华书局，2001年，第432页。

⑥ [宋]欧阳修著，李逸安点校：《欧阳修全集》居士外集卷二十二，北京：中华书局，2001年，第1046页。

⑦ 萧涤非：《杜甫诗选注》，北京：人民文学出版社，1979年，第175页。

动感情的文字，特别是他对“偶俪之文”的见解，或许可破千古之疑。

五、北宋古文运动的胜利与“传奇体”小说的冷寂

范仲淹有句震古烁今的名言：“历代之政，久皆有弊。”[①]其实，历代之文，何尝不是如此。试看古代各种常见文体，使用久了，往往也会产生流弊，以至陷入穷途；经过一番因应时势的改变和创新，方可别开生面，臻于亨通。“传奇体”的命运，亦属这种情形。

“传奇”二字，本为一中性名词。唐时十分光鲜，后世也无贬义。只是有宋一代，确曾遭受过冷遇。正如鲁迅先生所言：唐人“餍于诗赋，旁求新途，藻思横流，小说斯灿”，而“宋好劝惩，摭实而泥，飞动之致，眇不可期，传奇命脉，至斯以绝”[②]。至于“传奇”“传奇体小说”在宋代遭遇冷落的原因，文学史家各有各的见解。而笔者则认为，它与北宋的古文复兴运动（或曰诗文革新运动）大有干系。

范仲淹在回顾本朝诗文革新和文风转变时，曾经有过一段精辟论述：

> 予观尧典舜歌而下，文章之作，醇醨迭变，代无穷乎。惟抑末扬本，去郑复雅，左右圣人之道者难之。近则唐贞元、元和之间，韩退之主盟于文，而古道最盛。懿、僖以降，浸及五代，其体薄弱。皇朝柳仲涂起而麾之，髦俊率从焉。仲涂门人能师经探道，有文于天下者多矣。洎杨大年以应用之才，独步当世。学者刻辞镂意，有希仿佛，未暇及古也。其间甚者，专事藻饰，破碎大雅，反谓古道不适于用，废而弗学者久之。洛阳尹师鲁，少有高识，不逐时辈，从穆伯长游，力为古文。而师鲁深于《春秋》，故其文谨严，辞约而理精，章奏疏议，大见风采。士林方耸慕焉，遽得欧阳永叔，从而大振之，由是天下之文一变而古，其深有功于道欤！[③]

---

① [宋]范仲淹著，李勇先、王蓉贵校点：《范仲淹全集》政府奏议卷上，成都：四川大学出版社，2002年，第523页。

② 鲁迅：《唐宋传奇集》序例，长沙：岳麓书社，2014年，第1页。

③ [宋]范仲淹著，李勇先、王蓉贵校点：《范仲淹全集》文集卷第八，成都：四川大学出版社，2002年，第183页。

仲淹这段话，既精辟论述了北宋古文复兴运动的基本脉络以及尹洙、欧阳修等人所做的贡献，同时还提醒我们，不应忘记北宋古文复兴运动中的一个最基本的问题："文"与"道"的关系。正如仲淹所言，无论"抑末扬本"也好，"去郑复雅"也好，其最终目的都是为了"左右圣人之道""深有功于道"。换言之，他们所关注的核心问题，始终是"师经探道""宗经明道"，在"道"而不在"文"。在他们心目中，"道"与"文"的关系，无非是"筌"与"鱼"的关系、"手段"与"目的"的关系、"形式"与"内容"的关系、"形而下"与"形而上"的关系。一句话，他们把"文"仅仅看作载"道"的工具，或多或少都有些重道而轻文。他们正是惩于唐末五代以来的文格卑弱而不足以载道，才主张从革新"时文"、改进文风入手，兴复韩柳以来肩负载道使命的"古文"。倘若从思想史的角度而言，所谓北宋的"古文复兴运动"，实际上更应称为以弘扬孔孟之道为目的的"古道复兴运动"。而这场运动的最大成果，同样也是在"道"不在"文"。换言之，若论这场运动对于后世的奉献，端正文风、奠定了我国古代散文健康发展的基础，倒在其次，其"最大奉献"在于它直接促成了宋代儒学的复兴。我们完全可以这样说：没有北宋的古文复兴运动，也就不会有宋学，特别是不会有宋代儒学的复兴。

北宋古文运动从兴起到完成，经历了一段曲折而漫长的过程。一开始，它主要针对的是残唐五代以来格调卑弱的"时文"，后来针对的则主要是华而不实、以追求形式唯美为特征的"西昆体"，以及矫枉过正、以生涩险怪为特征的"太学体"。直到欧阳修主盟文坛，北宋的诗文革新运动才算取得了决定性胜利。

然而世间一切事物，有其利必有其弊。北宋的古文复兴运动亦复如此。就其"弊"的一面而言，一场运动初起，总会涌现出一批思想激进的先驱人物，提出一些矫枉过正的过激主张；运动过后，在欢庆胜利、回顾成就的同时，我们发现，它总会留下一些副作用，产生一些负面的、消极的影响。对此，笔者统称其为"运动后遗症"。这场运动的"后遗症"，别的不说，其显著表现之一便是对唐代以来传奇小说的沉重打击。具体说来，可归结为"三误"：误伤、误解、误传，并且殃及了范仲淹的《岳阳楼记》。

先说"误伤"。宋人口中的"文以载道"，指的当然是儒家学说，孔孟之道。首先，让我们先简要回顾一下儒家学说的发展历程。纵观历史上的任何一种宗教信仰或者学派学说，都有其产生和发展的自身规律，任何人为的强力干预，不仅达不到预期效果，往往还会适得其反，甚而致其扭曲变形。汉武帝"罢黜百家、独尊儒术"之日，实际上也就是儒家学说失去活力而陷于僵化的开始。从此以后，上层人士逐渐因其陈腐教条和繁文缛节而心生厌倦，以至于逐渐陷入清谈；此时不仅本土的老庄哲学得以复兴并形成宗教，西方佛教也得以传入以至于征服人心。其间虽然也曾由最高统治者发起几次"灭佛"运动，其结果无不以失败告终。韩愈力倡"古文"，实际上也是以兴复"古道"为己任。他虽然在文章上取得不小的成就，但在兴复"古道"上终因排拒释道往往抽刀断水。进入宋代以后，一些有识之士既痛感道德沦丧，世风日下，又痛感文风柔靡，不足以担当弘道之任，于是继承和发扬韩愈的"文统"和"道统"，从而发起了第二次古文复兴运动。

此外，我们还须正视这么一个事实：事物的发展，可能走向其反面。古往今来，无论任何一场旨在改革时弊的社会运动，一开始，总会涌现出一批冲锋陷阵的激进分子。北宋初年的一批激进分子，不满现状，批判现实，一个显著的共同特点便是"矫枉过正"。思想上他们继承韩愈的衣钵，独尊孔孟，力排释道；形式上他们推崇韩柳式的刚健"古文"，力排格调卑弱的"时文"。首当其冲的，便是讲究辞藻而习于对偶的骈俪之文。

尽管他们抨击"时文"的矛头，一开始未必指向传奇小说，但讲究文辞华美"近于俳谐"[①]的传奇小说，显然无益于"载道"和"传道"，也就难免处于被排斥之列。这就是说，一边是传奇小说确实走上了浮艳绮靡之路，无益于"载道"和"传道"，一边是力倡古文的一些先驱者们片面强调文章的"载道"和"传道"功能。这样一来，两者便自然处于对立，而这种讲究雕章琢句、辞采华丽，以描摹奇人异事、世态人情为能事的传奇小说就难免"躺枪"，成为"泼脏水时被泼出去的孩子"。造成宋代传奇小说的沉寂萧条，应当说这是一个最基本的原因。鲁迅先生所言"宋好劝惩""传奇命脉，至斯以绝"，也当指此。

再说"误解"。这里主要是指陈师道对尹洙及其"传奇体"的误解。北宋古文运动初起，固然有一批爱走极端的激进人物，但也不乏头脑冷静、恪守"中道"的有识之士。他们虽然力图改变当时的士风和文风，但他们"不薄今文爱古文，清词丽句必为邻"，尊崇孔孟而不排斥释道，推崇韩柳古文而不一概反对

① 鲁迅：《中国小说史略》第八篇《唐之传奇文（上）》，北京：北京联合出版公司，2014 年，第 52 页。

“时文”。比如北宋前期的梁周翰、王禹偁等人，既是享誉文坛的大家，同时也是善于骈散结合的高手。欧阳修为应对科举考试，不仅青年时期下功夫学习四六时文，入仕之初还曾受到西昆派领袖人物钱惟演的赏识。后来只是对其“后学者”走向极端，他才下决心“痛排抑之”。我们不应忘记，古文运动取得胜利的标志性事件，是嘉祐二年欧阳修主持的那次科考。那时他所“痛排抑”的，既不是入宋以来的“时文”，也不再是追求形式唯美的“西昆体”，而是险怪奇涩的“太学体”。[①]

由此看来，对“传奇体”存有偏见，固然有古文运动大环境的影响，说到底还在于陈师道本人。陈师道（1053—1102），徐州人，其事迹入《宋史・文苑传》，世谓其“高介有节，安贫乐道”[②]。然而在笔者看来，师道实为一位思想偏狭、行为偏执、爱走极端甚至有些矫情干誉的人物。师道出身世代仕宦之家。本人是宰相庞籍的外孙，自幼即拜曾巩为师，后来又与赵挺之成为连襟（赵挺之即赵明诚之父，李清照的公公，后亦官至宰相，属于新党人物）。有这样的人脉关系，按说在那个时代的官场上他本可左右逢源，如鱼得水。然而由于恃才傲物，自视太高，除了为后世留下一些“穷而后工”的诗篇之外，他直把自己弄到进退维谷、穷途潦倒的地步。在当时新旧两党的激烈争斗中，师道属于旧党，固然有其尴尬难处的一面，但他本人的做派确实也有些不近人情。这里仅就《宋史》本传所称道的几件事，略作剖析：

其一，师道少而苦志好学，16 岁以文谒曾巩（1019—1083），被曾巩收为弟子。后来又得年长师道 16 岁的苏轼（1037—1101）青睐，亦欲收归门下。韩愈尝谓“圣人无常师”，杜甫也鼓励人“转益多师”。按照情理，多一位名师指教，有何不好？莫非拜师受教也要“从一而终”？然而陈师道却拒绝了苏轼的一番美意，并且献诗一首：“向来一瓣香，敬为曾南丰。”[③]曾巩与苏轼同为欧公门下士，同为嘉祐进士。两人同门同年，而非政敌，即便再拜苏轼为师，也说不上背叛师门，变节投敌。史官以此称赞其高介自守，而在笔者看来，是不是有些过分矫情？

其二，师道初游京师，逾年未尝一至贵人之门。新党人物章惇欲通过秦观

① ［元］脱脱等撰：《宋史》卷三百一十九，北京：中华书局，1985 年，第 10378 页。

② ［元］脱脱等撰：《宋史》卷四百四十四，北京：中华书局，1985 年，第 13115 页。

③ ［元］脱脱等撰：《宋史》卷四百四十四，北京：中华书局，1985 年，第 13116 页。

结识他，被他一再拒绝，可以理解；但是，正直而又厚道的长者傅尧俞亦欲通过秦观结识他，本意出于关爱，同样被他拒绝，这就不好理解了。既然如此，那你来游京师的目的是什么？莫非是来寻找一个“显摆”“自炫”的机会？

其三，师道“家素贫，或经日不炊，妻子愠见，弗恤”。[1] 朝廷调他做彭泽县令，不赴；久之，召为秘书省正字，他就接受。放着可以亲民的县令不做，愿去做一个“清要”小官，如此挑拣，道理何在？须知其时正值太平岁月，并非需要你毁家纾难、舍家报国之时，连老婆孩子的饥寒都不愿、不能、不屑顾恤，符合儒家“修身、齐家、治国、平天下”的做人之道吗？如此安贫乐道有什么值得称道呢？

其四，陈师道做了秘书省正字以后，适逢郊祀大礼，天寒地冻，没有棉衣，妻子从娘家借来一件，他坚决不穿，因此受冻而死。如此不识好歹、不知轻重、不懂权宜，这也值得称誉吗？

说到陈师道关于尹洙“传奇体”的记述，此事也很值得玩味。陈师道出生于尹洙去世六年之后。有关尹洙“传奇体”之说，他不可能亲耳听到，可能得之于传闻。他的道听途说，很可能比尹洙子侄们的记录更不靠谱。如前所述，尹洙当初评点《岳阳楼记》为“传奇体”，未必会用上一个“尔”字，此字极可能为陈师道根据自己的喜恶所妄加。须知作为语尾助词的“尔”字，类似于今天的“罢了”“不过如此”“如此而已”，其语气多少带有一些轻松、轻易、轻薄、轻视、轻蔑之意。这样一来，就很容易给人误解，误以为陈师道乃至尹洙对《岳阳楼记》带有轻蔑之意。

笔者由此联想到20世纪改革开放之初曾经流行的一句名言：“实践是检验真理的唯一标准。”这话完全正确。但是，毋庸讳言，人们当初对这句话所看重的、注意力所集中的，是“实践”二字。所强调的是检验对象、检验客体；而对另一面，即对检验主体、检验标准，则未予充分注意。须知客观世界包罗万象、错综复杂而又瞬息万变。不同的检验主体、采用不同的检验标准，都可以从客观世界为自己的观点和主张找到不同的例证和依据，都可以得出与他人完全不同甚至截然相反的结论。这种情形，也应成为人们的常识。当初作为“检验主体”的毕仲询，只是客观记录下尹洙曾说过“传奇体”三字，再加上一个无足轻重、无感情色彩的“也”字；而陈师道作为“检验主体”，对其客体进行检验的

---

① ［元］脱脱等撰：《宋史》卷四百四十四，北京：中华书局，1985年，第13115页。

结果，则是按照自己的理解为它加上了一个颇具感情色彩的语气词“尔”字。须知这么一加，语意大不一样。很可能正是这个颇含轻蔑之意的“尔”字，将人们误导了千年。

三说“误传”。这里主要是指经过北宋古文运动以及经陈师道记载之后，后世对“传奇体”以及对《岳阳楼记》的误传。为了说清后世的“误传”，须先正视与北宋古文运动密切相关的三个问题。

第一个问题，北宋古文运动与释道的关系。北宋古文运动的先驱者，虽然提出了尊孔、尊韩和排斥释道的口号，但是，北宋古文运动的胜利以及儒学的复兴，并不是通过对释道学说的排斥和打压实现的。恰恰相反，其中坚和领袖人物，并不是都把释道学说“妖魔化”，一概看作“异端邪说”，而是在求同存异、相互吸纳取益的基础上实现了友好相处。即便被列入《宋史・道学传》的开山人物，多半也有出入释道而后复归儒家的经历。正是得益于儒家学说的极高明而道中庸，具有兼容并包、不为极端的品格，北宋古文运动和宋代儒学才得以复兴与崛起。我们甚至可以这样说，没有儒家学说开放包容的品格，也就没有北宋古文运动的胜利和儒学的复兴。宋代以后，儒释道“三教合流”，其地位虽然互有消长，但是，从此以后再也没有出现过大规模的“灭佛”“排老”事件，更没有发生过西方世界那样的宗教战争。儒家思想在此后的近千年间虽然在总体上居于正统地位，但它只是“主导”而不再是“独尊”，三家各行其道，各尊其尊，基本上是一种和谐相处、互容互融的关系。

第二个问题，散文与骈文的关系。古今文章，向来可分散文、韵文两个大类。两者各有各的特点，各有各的用途，本来就不应该独尊谁、排斥谁。它们既相互影响、相互融合、相互取长补短而又并行不悖，谁也代替不了谁。到了六朝时期，正是由于韵、散两者的相互融合，方才产生了一度繁荣的骈俪之文。唐宋时期所谓的“古文”，是相对于当时流行的“时文”而言。北宋古文运动的主流，反“时文”而“救文弊”，从根本上讲，它所反对并力图改变的，是唐末五代以来的柔靡“文风”，并不是针对骈四俪六的“文体”。只是当时的骈俪之文过于追求形式主义，更为明显地体现了萎靡柔弱的文风，才一度成为靶子的。客观地说，经过北宋古文运动，骈俪之文也经受了一次洗礼，从此“天下之文一变而古”，主要是指文风向古朴转变。至于骈体文章，虽然从总体上减少，但并不等于谁战胜了谁，谁取代了谁，而是实现了骈散两者更好地结合与分工。我们可以当时最为典型的实用文体祭文、墓志铭和神道碑为例，可知以后的祭文，基本上已约定俗成，大家依然使用四字韵文，或四六骈文，上举仲淹、韩琦、欧公祭尹洙之文可证；神道碑和墓志铭，其“序文”即正文部分，一般使用散体，其结尾处的“铭文”部分则使用骈体和韵文。这种骈散结合的文体，既继承了韩柳以来的传统，也成为后世相对固定的范式。

再以范仲淹为例，他一边批评当时柔靡不振的文风，一边对“时文”格式的运用也达到了化境。与《岳阳楼记》在谋篇结构上十分相似的，还有一篇《唐异诗序》。就这篇诗序的主旨而言，是在借为唐异诗作序之机批评当时“靡靡增华、愔愔相滥”的诗风文气，提倡“意必以淳，语必以真”的诗道国风；就其结构而言，中间两大段，从内容上看，一段指出诗文应当“与时消息，不失其正”，一段批评“五代以还，斯文大剥”[①]的不良风气，两段一正一反；从形式上看，两段使用的基本上都是四六对语。此文不仅文辞雅洁，而且一向被后世视为文学批评的精品、妙品。但在陈师道们看来，此文很可能会打着反“时文”的旗号而使用“时文”，岂不是言行不一？他们不仅会讥其“古文”不“古”，更会被认为作文荒唐、与其主张自相矛盾。

第三个问题，即笔者拟着重探讨的北宋古文运动的“后遗症”问题。如前所言，儒家与释道、古文与时文，虽然历史上各有兴衰，互有消长，但从根本上说，它们一般是多元共存、互济互补，而不是有你无我、互不相容的斗争关系。只是由于某一方面畸形发展，过度膨胀，以至于出现偏向和流弊，方才引起有识之士的注意，呼唤其为社会纠偏救弊。但是，这种纠偏救弊一旦形成风气、形成“运动”，必然出现新的偏向和流弊。纵观古今，凡是旨在改革时弊的社会运动，失败了的且不去说它，有些运动尽管取得了最后胜利，但它必然也会产生前文所提到的“运动后遗症”。其运动越剧烈、变革越深刻越彻底，其后遗症也就会越大。只是人们往往满足于、陶醉于运动的胜利和成就，对其“后遗症”容易忽略而已。具体到北宋古文运动，同样如此。笔者拟着重从如下两个方面揭示这个问题：

其一，运动的发动阶段，总会涌现一批激进人物，提出一些“矫枉过正”的过激主张（比如徂徕先生石介、直讲先生李觏，就是两位颇具代表性的人物）；运动胜利之后，这些先驱人物往往就会成为人们尊崇的对象、开创新局面的有

---

① ［宋］范仲淹著，李勇先、王蓉贵校点：《范仲淹全集》文集卷八，成都：四川大学出版社，2002年，第156－157页。

功之臣。他们当初的一些过激主张，往往也会被作为运动的胜利果实而继承下来，甚至会被后人视为一笔“宝贵遗产”和“优秀传统”。

其二，运动的发展过程之中和成功之后，固然会涌现一批以刷新文坛为己任的文学家和以振兴儒学为己任的道学家（理学家），但无可否认的是，运动的潮流和风气也会造就一批“赶潮”和“跟风”人物。这种人看似“赶时髦”，其实是一批重新陷入头脑僵化、思想迂执，坚持尊孔孟而排释道、尊古文而排时文的冬烘先生。这种人的特点，是把运动初期的矫枉过正当成了运动的正统和主流，思想上推尊的是不杂释道的“纯儒（醇儒）”，文章上推崇的是不杂俪辞偶句的“纯文（醇文）”。他们片面追求文与道的“纯正”，名义上看似继承运动先驱者们的遗产和传统，是一批追求完美的理想主义者或曰完美主义者，实际上他们已因持偏见、走极端而堕落成为一批抱残守缺、顽固守旧的“迂儒”“陋儒”“酸儒”和“腐儒”。从陈师道的为人行事来看，显然可以归入其中。

既然有这么一批人存在，也就足以形成一种“小气候”。以他们挑剔的眼光来衡量，《岳阳楼记》杂有俪辞偶句，显然算不上纯粹的“古文”。这便是该文遭到他们鄙薄的基本原因。

陈振孙《直斋书录解题》卷二十二著录南宋人杨渊道《云庄四六余话》一卷，其中有一段话很能说明问题：

> 本朝四六，以刘筠、杨大年为体，必谨四字六字律令，故曰“四六”。然其弊类俳语可鄙，欧阳公深嫉之，曰：“今世人所谓四六者，非修所好。少为进士不免作，自及第，遂弃不作。在西京佐三相幕，于职当作，亦不为作也。”……至东坡，于四六曰……其力挽天河而涤之，偶俪甚恶之气一除。①

这位南宋人杨渊道所称“今世人”对于“四六”的“甚恶之气”，借口于两位权威人士，一位是欧阳修，一位是苏东坡。然而我们知道，欧阳修对四六文体虽然说过“非所好”的话，但那是在特定情况下针对具体问题而言，并不等于他一贯“深嫉之”；苏东坡并非不用偶俪之句，他又何尝真的“力挽天河而涤之”?

---

① 转引自程千帆，吴新雷著：《两宋文学史》第十一章《宋四六》，上海：上海古籍出版社，1991 年，第 525－526 页。

到了南宋末年，名列“南宋四大家”之一的尤袤的孙子尤焴，说法更为离奇。他在为李曾伯《可斋杂稿》所作的序言中，一边盛赞范公的《岳阳楼记》“精切高古”，一边又说“欧公犹不以文章许之”。意思是说，在欧公眼里，范公的《岳阳楼记》简直不配称作文章。尤焴这里所指，显然也是针对《岳阳楼记》“用对语说时景”，杂有骈偶词句。尤焴的看法是不是来自陈师道，不得而知，但他借欧公之口说出，其影响力还是不小的。而在笔者看来，尤焴这话虽借欧公之口说出，实为末世腐儒的末世之论，适足以显见其“迂”“隘”与“陋”而已。

问题在于，这种由“运动后遗症”而被腐儒引向极端的情形，后人很少反思，更多的则是陈陈相因，习以为常而积非为是。即如钱钟书先生，也未能超脱这一历史的因循。比如在他的巨著《管锥编》中就说：“范仲淹《岳阳楼记》末‘春和景明’一大节，艳缛损格，不足比欧苏之简淡。陈师道《后山集》卷二三《诗话》云：‘范文正为《岳阳楼记》，用对语说时景，世以为奇。尹师鲁读之曰：传奇体尔。传奇，唐裴铏所著小说也。’尹洙抗志希古，糠秕六代，唐文舍韩柳外，亦视同郐下，故睹范《岳阳楼记》而不识本原。‘传奇体’者，强作解事之轻薄语尔，陈氏亦未辨正也。”[①]钱先生不仅批评陈师道“未辨正”，而且批评尹洙“睹范《岳阳楼记》而不识本原……强作解事之轻薄语”。由此可见钱先生蹈袭旧说，亦未能脱其窠臼。于此更见北宋古文运动“后遗症”之大，影响之深。

至于当今之“郐下”，一方面是有人猎奇，对于尹洙、陈师道“传奇体”之说和欧阳修的“不以文章许之”，不时拿出来“指瑕”说事，另一方面则是有些人对此似感到“心虚”，采取回避乃至回护态度。一旦见到有人指称《岳阳楼记》为传奇体，好像被揭了疤、输了理似的，即便出来辩解，也是被动招架。比如当今还有人写文章，认为尹、欧称《岳阳楼记》为传奇体，并非贬抑，只是其“文学理念不同”而已。话已说到“不以文章许之”的份上，难道还只是一个“文学理念”的不同吗？

六、“传奇”成为文学园地中的“长青树”

源于《诗经》的排比对偶句式，至六朝骈文达于鼎盛，到了唐宋更被定型为“四六”文体。说明这种文学样式也会为适应人们的需要而发展变化，并没有

---

① 钱钟书：《管锥编》第四册卷三十三，北京：生活·读书·新知三联书店，2019年，第2192页。

因为某些时期遭受某些人物的抵制排斥（例如唐宋的两次古文运动）而趋于消亡。正如南宋洪迈所说：

> 四六骈俪，于文章家为至浅，然上自朝廷命令、诏册，下而缙绅之间笺书、祝疏，无所不用。则属辞比事，固宜警策精切，使人读之激昂，讽味不厌，乃为得体。姑摭前辈及近时缀缉工致者十数联，以诒同志。

他首先列举的十数联中，便有范仲淹的复姓奏章：

> 范文正公微时，尝冒姓朱，及后归本宗，作启曰："志在投秦，入境遂称于张禄；名非霸越，乘舟偶效于陶朱。"用范雎、范蠡，皆当家故事。①

洪迈所记，一则说明，即便到了南宋，四六骈俪虽然被文章家视为"至浅"，但作为应用文体，只要做得好，依然大受称赏；二则说明，当年的范仲淹虽然力倡古文，但他同时也是善作"四六"的高手。

以上足以说明，北宋古文运动虽然使得骈俪之文包括唐人传奇遭受过沉重打压，但是，无论骈俪之文还是唐人传奇，并没有因此而消亡，反因经受这次运动的洗礼而显现其顽强的生命力。

先说骈俪之文。我们不应忘记，自唐宋以后直至清末的科举考试，都是靠文章和诗赋取士。不论所试之文（八股文）还是诗（试帖诗，包括律赋），基本上都是脱胎于"骈赋""律诗"和"四六"文体。正是科举制度的导向和示范作用，骈俪之文才能长期存在。

我们不应忘记，在以科举取士的前提下，即便宋代，那些曾经研习过举子之业的士大夫文人，几乎无人不善四六骈文。而在当时古文运动的激荡下，使得他们既研习古文，又留心时文，正是他们这些人，成为促进骈散文体结合的基本力量，从而创新并形成了一些相对稳定的应用文体。洪迈所称之朝廷命令诏册、缙绅之笺书祝疏，便是如此。即便"力为古文"的尹洙，本人所作的祭

---

① ［宋］江少虞撰：《宋朝事实类苑》卷第四十，上海：上海古籍出版社，1981年，第516－517页。

文和墓志碑铭，也未能完全脱离骈散结合的基本范式。直到今天的文章园地，虽然祭文、碑铭、墓志之类文体已十分少见，但是，后世不但出现了散文诗，而且继承并发扬了古代的对联，博得人们的普遍喜爱。不仅如此，许多政论文章、领导人讲话、记者的新闻特写等，其行文出彩之处，往往还有对偶排比句式。

倘做进一步追究，就要归结于韵文、骈文的基本特点。古人论文，首看气势。曹丕《典论·论文》首倡“文以气为主”。范仲淹笃信其说，在他为好友石曼卿的组诗所作的序文中重申了这一观点。① 平心而论，若将韵文、骈文与散文作一比较，有韵之文和骈偶之句，更适合诵读，更有利于抒发感情，更能增强文章的气势。大约正是由于这个原因，经过北宋古文运动的洗礼，骈偶之文非但没有消亡，反而因应时势，从总体上呈现出三大特点：一是从内容上看，它摆脱了铺文摛藻无病呻吟，变得言之有物；二是从风格上看，它摆脱了浮华柔靡而变得刚健清新；三是从此以后，骈文与散文不仅分工更为明确，结合得也更为紧密。除了墓志碑铭之类那种相对固定的骈散结合形式之外，范仲淹的《岳阳楼记》和《唐异诗序》也可作为这种紧密结合的范文。

再说唐人传奇。经北宋古文运动的冲击和打压而一度陷入沉寂的唐人传奇，大约从金、元开始，被人们重新发现了其文学价值。当初的“传奇”作品经过北宋古文运动的洗礼，反而变成了文学领域里的“长青树”，显现了其顽强的生命力。当然，此“传奇”已非彼“传奇”，无论从题材到体裁都出现了重大变化。对此，可从三个方面加以分析：

一是大约从南宋和金、元始，人们已把唐人传奇小说视作文学宝库的一部分，众多作家都到其中发掘创作题材，使得许多唐代传奇故事得到了更为广泛的传播。

二是从题材到体裁，此后的“传奇”文学，更加异彩纷呈，花色繁多。我们知道，所谓唐人传奇，主要是指那种内容新奇的唐人小说。就题材和体裁而言，都比较狭窄。但到金、元以后，“传奇”作品从题材到体裁都有很大拓展，而且日趋宽泛。众多作家既不限于从唐人传奇故事中取材，更不满足于唐人传奇式的小说，而是借“传奇”之名，创作了许多平话、戏剧、曲艺、说唱文学，直到

---

① ［宋］范仲淹著，李勇先、王蓉贵校点：《范仲淹全集》，成都：四川大学出版社，2002 年，第 177 页。

明清以后的新型小说，皆喜称作“传奇”。直到今天，不仅小说、戏曲、电影、电视剧有称作“传奇”者，还有一种通俗刊物径直以《传奇故事》作为刊名。

三是“传奇”二字已深深渗入人们的日常生活。不仅许多唐人传奇故事今天依然活在人们的日常生活中，甚至能从中提炼出不少成语典故，成为脍炙人口的日常用语。即便说到现实中的奇人异事，人们往往也喜欢以“传奇”相称。总而言之，由此既可见“传奇”的顽强生命力，也足见人们对“传奇”的喜爱程度。

结　语

行文至此，让我们再回到毕仲询和陈师道的记述。不要忘了，两人记述“尹师鲁曰”都有一句前置语：毕曰“为世所贵”，陈曰“世以为奇”。可见《岳阳楼记》当时是得到举世称誉的。既然如此，贬义从何而来？笔者正是基于这一想法，决定一探究竟。

探究的结果，笔者认为，以“传奇体”三字评点《岳阳楼记》虽然最早来自尹洙，但他全为称赞，并无贬义。其贬义看似出自陈师道，说到底实为北宋古文运动之“后遗症”所致，让《岳阳楼记》蒙上了一层阴影或曰浮尘，延续了一场近千年的虚妄争议。今天看来，“传奇体”三字犹如浩浩长天出现的一抹微云，虽然时隐时现，伴月千载，但它只是为一轮皓月增添了迷人的色彩，何尝遮掩过《岳阳楼记》的光辉?!

考察至此，笔者有一种爬罗剔抉、刮垢磨光之后如释重负的快感。现在终于可以理直气壮地宣称：就范公的《岳阳楼记》思想性和艺术性的完美结合而言，它是我国古代散文中一块无瑕的美玉，是骈散结合的最高典范，是一座至今无人超越的古文高峰，是一座仰之弥高的历史丰碑。

高风亮节

大节须从细处看*

——范仲淹的节俭清廉作风

世人说过的好话千千万万，能够成为励志名言而被后人长久记诵的不多。归根结底，不在于一个人话说得漂亮与否，而在于他做得如何。北宋名臣范仲淹“先天下之忧而忧，后天下之乐而乐”的名言之所以能传诵千古，不在于他提出了中国古代优秀知识分子立身行事的基本准则，而是在于他终其一生一以贯之的身体力行。据欧阳修为他所作的《神道碑》记载，范仲淹这两句话其实是他青少年时代即已立下的志向。苏东坡在其《范文正公集叙》中说：“孔子曰：‘有德者必有言。’非有言也，德之发于口者也。”①范仲淹正是以其一生点点滴滴的所作所为，累积出这两句话的分量，衬映出其光辉。范仲淹为后世称道的品德是多方面的。本文仅就其克己节俭、廉洁奉公作一介绍，或许会为建设节约型社会多提供一面镜子，多提供一些启迪。

一、以清苦砥砺其志操

仲淹本为妾生，襁褓之中其父去世。母亲谢氏后来离开范家，带着年仅四岁的仲淹改嫁淄州长山(今山东邹平)朱氏。后来继父又死，母子相依为命，备尝艰辛，受尽屈辱。正是这种艰辛而屈辱的处境，使得他加深了对社会的认识，了解了人间的苦难与不平。仲淹从小胸怀大志，“试以商贾技艺，一无所乐”，他决心通过读书改变自己的命运，通过做官来解救百姓的疾苦。据宋人吴曾《能改斋漫录》记载：

---

* 原载《江淮论坛》2006年第1期。

① [宋]苏轼撰，[明]茅维编，孔凡礼点校：《苏轼文集》卷十，北京：中华书局，1986年，第312页。

范文正公微时，尝诣灵祠求祷，曰："他日得位相乎？"不许。复祷之曰："不然，愿为良医。"亦不许。既而叹曰："夫不能利泽生民，非大丈夫平生之志。"他日，有人谓公曰："大丈夫之志于相，理则当然。良医之技，君何愿焉？无乃失于卑耶？"公曰："嗟乎！岂为是哉。古人有云：'常善救人，故无弃人；常善救物，故无弃物。'且大丈夫之于学也，固欲遇神圣之君，得行其道。思天下匹夫匹妇有不被其泽者，若己推而内之沟中。能及小大生民者，固惟相为然；既不可得矣，夫能行救人利物之心者，莫如良医。果能为良医也，上以疗君亲之疾，下以救贫民之厄，中以保身长年。在下而能及小大生民者，舍夫良医，则未之有也。"（卷十三）①

"不为良相，便为良医"——仲淹就是带着这样的志向与理想，开始了他的苦读生涯。另据曾受仲淹举荐的彭乘所著《墨客挥犀》记载：

庆历中，范希文以资政殿学士判邠州，予中途上谒，翌日召食。时李郎中丁同席，范与丁同年进士也。因道旧日某修学时，最为贫窭。与刘某同在长白山僧舍，日惟煮粟米二升，作粥一器，经宿遂凝，以刀为四块，早晚取二块，断齑十数茎，醋汁半盂，入少盐，暖而啖之，如此者三年。②

这便是形容励志苦读的典故"划粥断齑"的由来。另据仲淹后人大约编成于北宋晚期的《范文正公言行拾遗事录》（以下简称《言行录》）载：

公在淄州长白山僧舍读书，一夕见白鼠入穴中，探之，乃银一瓮，遂密掩覆。后公贵显，寺僧修造，遣人欲求于公，但以空书复之。初，僧怏然失所望。及开缄，使于某处取此藏。僧如公言，果得白银一瓮。今人往往谈此事。③

---

① ［宋］吴曾撰：《能改斋漫录》卷十三，上海：上海古籍出版社，1979年，第381页。

② ［宋］彭乘辑撰，孔凡礼点校：《墨客挥犀》卷三，北京：中华书局，2002年，第305页。

③ ［宋］范仲淹著，李勇先、王蓉贵校点：《范仲淹全集》附录十一，成都：四川大学出版社，2002年，第1478－1479页。

仲淹23岁那年去应天府(今河南商丘)书院求学。据其《神道碑》称：

入学舍，扫一室，昼夜讲诵。其起居饮食，人所不堪，而公自刻益苦。①

《宋史》本传称求学时期的仲淹：

昼夜不息，冬月惫甚，以水沃面；食不给，至以糜粥继之。②

其《年谱》转引《家录》记载仲淹求学期间发生的几件逸事：

真宗谒太清宫，幸亳，驾次南京，皆往观之，独公不出，或以问公，公曰："异日见之未晚。"留守有子居学，见公食粥及不出观驾，归告其父，以公厨食馈公。既而，悉已败矣。留守子曰："大人闻公清苦，故遗以食物。而不下箸，得非以相浼为罪乎？"公谢曰"非不感厚意。盖食粥安之已久，今遽享盛馔，后日岂能啖此粥乎？"③

稍后于彭乘的魏泰《东轩笔录》另载一事：

范文正公仲淹少贫悴，依睢阳朱氏家，常与一术者游。会术者病笃，使人呼文正而告曰："吾善炼水银为白金。吾儿幼，不足以付，今以付子。"即以其方与所成白金一斤封志，纳文正怀中。文正方辞避，而术者气已绝。后十余年，文正为谏官，术者之子长，呼而告之曰："而父有神术，昔之死也，以汝尚幼，故俾我收之。今汝成立，当以还汝。"出其方并白金授之，封识宛然。④

---

① [宋]范仲淹著，李勇先、王蓉贵校点：《范仲淹全集》附录二，成都：四川大学出版社，2002年，第812页。

② [元]脱脱等撰：《宋史》卷三百一十四，北京：中华书局，1985年，第10267页。

③ [宋]范仲淹著，李勇先、王蓉贵校点：《范仲淹全集》附录二，成都：四川大学出版社，2002年，第866页。

④ [宋]魏泰撰，李裕民点校：《东轩笔录》卷之三，北京：中华书局，1983年，第33－34页。

《言行录》等亦载此事，且称术者即进士朱寀之父，所授为方药而非成品，寀亦由仲淹抚养成人。

孟子说："天将降大任于是人也，必先苦其心志，劳其筋骨，饿其体肤，空乏其身，行拂乱其所为，所以动心忍性，增益其所不能。"仲淹不出观驾、不食盛馔两事，读来已经令人钦敬，而"覆土窖金""封还神术"两事，简直如同神话，更加令人难以理解，难以相信。不过，仲淹是被时人目为"迂阔"的。"迂阔"在哪里？就是他一生都能够做到："信圣人之书，师古人之行"①(《上资政晏侍郎书》)、"惟慕古人之节"②(苏州谢表)、"谓古人之道可行"③(《睦州谢上表》)、"游心儒术，决知圣道之可行"④(《遗表》)。以其诚实笃信、躬身践行的做人态度来看，在他身上发生这些令常人难以企及的事情，还是可能的。孟子所谓"贫贱不能移"，仲淹正是以"人不能堪"、常人不可思议的事情来磨炼自己的品德和意志。苏东坡受托为仲淹文集所作的叙文中称赞他说："其于仁义礼乐，忠信孝弟，盖如饥渴之于饮食，欲须臾忘而不可得。如火之热，如水之湿，盖其天性有不得不然者。"⑤东坡自谓"天地之间，物各有主，苟非吾之所有，虽一毫而莫取"(《前赤壁赋》)。由此看来，就其远大志向、高洁人品而言，古代圣贤是一脉相通的。

二、以"忍穷"砥砺其官德

一般说来，北宋官员的待遇比较优厚，保障其基本生活不成问题。但是，不论待遇多么优厚，日常生活都必须量入为出，来不得花天酒地。如果入不敷出而又想维持其奢华生活，怎么办？那就可能会陷入贪贿一途。正因为如此，凡是稍有头脑的官员，都能明白"俭以养廉"的道理。许多官员因贪腐而致败，

---

① [宋]范仲淹著，李勇先、王蓉贵校点：《范仲淹全集》文集卷第十，成都：四川大学出版社，2002年，第231页。

② [宋]范仲淹著，李勇先、王蓉贵校点：《范仲淹全集》文集卷第十六，成都：四川大学出版社，2002年，第388页。

③ [宋]范仲淹著，李勇先、王蓉贵校点：《范仲淹全集》文集卷第十六，成都：四川大学出版社，2002年，第386页。

④ [宋]范仲淹著，李勇先、王蓉贵校点：《范仲淹全集》文集卷第十八，成都：四川大学出版社，2002年，第426页。

⑤ [宋]苏轼撰，[明]茅维编，孔凡礼点校：《苏轼文集》卷十，北京：中华书局，1986年，第312页。

不是不明白这一浅显的道理，而是经不起物欲的诱惑。所以说，在这个问题上，重要的不是道理，而是考验其意志。

仲淹进入仕途以后，始终保持着自奉清俭的美德。如果说，青少年时期以克苦来磨炼意志，是为客观所迫，出于被动和无奈，在他出仕以后，则是以自觉“忍穷”来砥砺其官德，养成克己奉公的高尚品格。

据其《言行录》称：仲淹自以吏部员外郎至官居参知政事、出守各地，十余年间，家中仆役未增一人。其《言行录》还另载仲淹自奉节俭的几件逸事：

> 公遇夜就寝，即自计一日食饮奉养之费及所为之事。果自奉之费与所为之事相称，则鼾鼻熟寐；或不然，则终夕不能安眠，明日必求所以称之者。①
>
> 公子纯仁，娶妇将归，或传妇以罗为帷幔。公闻之，不悦，曰：“罗绮岂帷幔之物耶？吾家素清俭，安得乱吾家法，敢持归吾家，当火于庭！”②

其《神道碑》称：

> 公为人外和内刚，乐善泛爱。丧其母时尚贫，终身非宾客食不重肉。临财好施，意豁如也，及退而视其私，妻子仅给衣食。③

仲淹镇守西北边境，得到朝廷赏赐甚多。《神道碑》称：

> 公待将吏，必使畏法而爱己，所得赐赉，皆以上意分赐诸将，使自为谢。④

---

① [宋]范仲淹著，李勇先、王蓉贵校点：《范仲淹全集》附录十一，成都：四川大学出版社，2002年，第1479页。

② 同上。

③ [宋]范仲淹著，李勇先、王蓉贵校点：《范仲淹全集》附录一，成都：四川大学出版社，2002年，第816页。

④ [宋]范仲淹著，李勇先、王蓉贵校点：《范仲淹全集》附录一，成都：四川大学出版社，2002年，第814页。

富弼《墓志铭》称：

公天性喜施与。人有急必济之，不计家用有无。既显，门中如贱贫时，家人不识富贵之乐。每抚边，赐金良厚，而悉以遗将佐。在杭，尽以余俸买田于苏州，号义庄，以聚疏属。[①]

《宋史》本传载：

以母在时方贫，其后虽贵，非宾客不重肉，妻子衣食，仅能自充。[②]

尝推其奉以食四方游士，诸子至易衣而出，仲淹晏如也。[③]

清代《古文观止》收有北宋钱公辅《义田记》一篇，专记仲淹晚年在苏州设置义庄义田之事：

范文正公，苏人也。平生好施予，择其亲而贫、疏而贤者，咸施之。

方贵显时，置负郭常稔之田千亩，号曰"义田"，以养济群族之人。

公之未贵显也，尝有志于是矣，而力未逮者二十年。[④]

另据宋人俞文豹《清夜录》载：

（范文正）归姑苏日，有绢三千匹，尽散与闾里亲族朋旧，曰："亲族乡里见我生长，幼学壮行，为我助喜，何以报之？祖宗积德百余年，始发于我。今族众皆祖宗子孙，我岂可独享富贵？"乃置田数千亩为

---

① ［宋］范仲淹著，李勇先、王蓉贵校点：《范仲淹全集》附录一，成都：四川大学出版社，2002年，第824页。

② ［元］脱脱等撰：《宋史》卷三百一十四，北京：中华书局，1985年，第10276页。

③ ［元］脱脱等撰：《宋史》卷三百一十四，北京：中华书局，1985年，第10267－10268页。

④ 阴法鲁主编：《古文观止译注（修订本）》，北京：北京大学出版社，2001年，第650－651页。

义庄，赡贫族。[①]

仲淹施惠苏州，并不限于本家本族。他自从进入仕途，宦游各地，居无定所，直到47岁那年，做了故乡苏州的知州，才想到该安个家了。可是，到任时正值苏州大水，灾民十万，他便全力投入安顿灾民、兴修水利中。治水缓过手来，他才准备建房安家。此前，他曾购得南园一地，有位风水先生看了，连声称赞是块风水宝地，说是于此建房可世代"踵生公卿"。仲淹一听这话，反而改变了主意："吾家有其贵，孰若天下之士咸教育于此，贵将无已焉。"[②]于是他决定房子不建了，把这块风水宝地捐出来，兴建一所学校，并且延聘胡瑗等名师前来任教（据《言行录》、龚明之《中吴纪闻》等）。这便是今日苏州中学的前身。"吴学至今甲于东南"[③]。千百年来，不知此校为国家培养了多少人才，此事被苏州人感念在心，世代不忘，传为美谈。

仲淹至死没有为自己营造一处"安乐窝"。当时风尚，不少退休官员喜于西京洛阳安家养老，一些文人高士也喜于此处筑个"安乐窝"。仲淹晚年镇守杭州，"子弟以公有退志，乘间请治第洛阳，树园圃以为逸老之地。公曰：'人苟有道义之乐，形骸可外，况居室乎？吾今年逾六十，生且无几，乃谋治第树园圃，顾何待而居乎？吾之所患在位高而艰退，不患退而无居也。且西都士大夫园林相望，为主人者莫得常游，而谁独障吾游者？岂必有诸己而后为乐耶？俸赐之余，宜以赒宗族。若曹遵吾言，毋以为虑。'"[④]（《言行录》）

两年以后，仲淹在从青州赴任颍州的途中，病逝于徐州。北宋实行优厚的"恩荫制度"。高官去世，朝廷一般都会从优褒恤，子孙亲族以此得官者常达数人乃至数十人。史称仲淹"遗表不干私泽"。就是说，他在临终前给皇帝所上的遗表中，念念不忘的是江山社稷，没有提出任何个人要求。而此时的仲淹，长子纯祐因随父守边落下残疾，已病废多年，长期由他带在身边抚养；其余三子尚无一人出来做官。由于生前资财几乎散尽，反而弄得自己"贫终其身。殁

---

① [宋]俞文豹撰，赵维国整理：《清夜录》，郑州：大象出版社，2019年，第254页。

② [宋]范仲淹著，李勇先、王蓉贵校点：《范仲淹全集》附录二，成都：四川大学出版社，2002年，第880页。

③ [宋]范仲淹著，李勇先、王蓉贵校点：《范仲淹全集》附录二，成都：四川大学出版社，2002年，第881页。

④ [宋]范仲淹著，李勇先、王蓉贵校点：《范仲淹全集》附录二，成都：四川大学出版社，2002年，第906－907页。

之日身无以为殓，子无以为丧”[1]（钱公辅《义田记》）。“殓无新衣，友人醵资以奉葬。诸孤无所处，官为假屋韩城以居之”[2]（富弼《墓志铭》）。

仲淹不仅廉洁自律，以身垂范，还以此作为推荐选拔人才的重要标准。其文集中保存的部分荐举状，可见一斑。其《举许渤签署陕府判官事状》称：“臣窃见权润州观察推官许渤，在乡曲时，众推孝行；登仕宦后，自守静节……清心至行，不求闻达……伏望圣慈特与改转京官……庶旌廉退之士，以抑侥竞之风。如后犯正入己赃，臣甘当同罪。”[3]其《举张昇自代状》称：“臣伏见……知润州张昇，筮仕以来，清介自立。精思剧论，有忧天下之心；纯诚直道，无让古人之节。”[4]其《举张伯玉应制科状》称：“臣窃见……张伯玉，天赋才敏，学穷阃奥。善言皇王之治，博达今古之宜，素蕴甚充，清节自处……若不如所举，臣甘俟朝典。”[5]其《举李宗易、向约状》称：“臣伏见知绛州、职方员外郎向约，生相辅之家，而能专儒学，谨官业，廉贫苦节，慎静寡过……知光化军、屯田员外郎李宗易……素负词雅，居常清慎，有静理之才，无躁进之迹。今在邻属，稔闻治状，人忧其去，吏不敢苛。”[6]仲淹一生以发现、培养、提拔、荐举人才为己任。他常言：“方以类聚，物以群分。”从其同罪荐举的许多人士来看，当时的一些“侥竞”“躁进”之徒、污浊贪酷之辈，是很难与之接迹的。

仲淹一生，不仅以俭、廉自守，还以此教育子孙。“公既贵，常以俭约率家人，且戒诸子曰：‘吾贫时，与汝母养吾亲，汝母躬执爨，而吾亲甘旨未尝充也。今而得厚禄，欲以养亲，亲不在矣，汝母又已早逝，吾所最恨者，忍令若曹享富贵之乐也！’”[7]（《言行录》）“南阳清简，极好养性……更在慎末防微。如今易

---

① 阴法鲁主编：《古文观止译注（修订本）》，北京：北京大学出版社，2001 年，第 651 页。

② ［宋］范仲淹著，李勇先、王蓉贵校点：《范仲淹全集》附录一，成都：四川大学出版社，2002 年，第 824 页。

③ ［宋］范仲淹著，李勇先、王蓉贵校点：《范仲淹全集》文集卷第十九，成都：四川大学出版社，2002 年，第 434 - 435 页。

④ ［宋］范仲淹著，李勇先、王蓉贵校点：《范仲淹全集》文集卷第十九，成都：四川大学出版社，2002 年，第 437 页。

⑤ ［宋］范仲淹著，李勇先、王蓉贵校点：《范仲淹全集》文集卷第十九，成都：四川大学出版社，2002 年，第 437 - 438 页。

⑥ ［宋］范仲淹著，李勇先、王蓉贵校点：《范仲淹全集》文集卷第二十，成都：四川大学出版社，2002 年，第 449 页。

⑦ ［宋］范仲淹著，李勇先、王蓉贵校点：《范仲淹全集》附录十一，成都：四川大学出版社，2002 年，第 1479 页。

得谤议，但固穷而前，不销预图，须过得，惟省俭是妙。”[①]（《尺牍·家书》）“三郎、四郎：……各宜节俭……汝等但小心，有乡曲之誉，可以理民，可以守廉者，方敢奏荐。”[②]（《尺牍·与中舍二子》）后来这位“三郎”侄子被荐做官，仲淹即复信叮嘱：“汝守官处小心，不得欺事；与同官和睦多礼，有事即与同官议，莫与公人商量。莫纵乡亲来部下兴贩，自家且一向清心做官，莫营私利。汝看老叔自来如何，还曾营私否？自家好家门，各为好事，以光祖宗。”[③]与养父朱家子弟书信同样嘱咐：“居官临满，直须小心廉洁。稍有点污，则晚年饥寒可忧也。”[④]（《尺牍·与朱氏书》）另据朱弁《曲洧旧闻》：“范氏自文正公贵，以清苦俭约著于世，子孙皆守其家法也。忠宣（即次子纯仁）正拜后，尝留晁美叔（晁端彦字）同匕箸。美叔退谓人曰：‘丞相变家风矣。’问之，曰：‘盐豉棋子，而上有肉两簇，岂非变家风乎？’人莫不大笑。”[⑤]从这条逸闻可知，范家“清苦俭约”的“齑薤家风”，确实是举世公认的。

仲淹不仅治家节俭，还以节俭吁请朝廷，希望能蔚成风气。宋仁宗明道二年，江、淮、京东等地遭受蝗旱大灾，仲淹奉命前往赈济安抚。所到之处“开仓赈之，且禁民淫祀，奏蠲庐舒折役茶、江东丁口盐钱，且条上救弊十事”[⑥]。另据李焘《续资治通鉴长编》等载，仲淹返京复命，又带回太平州（今安徽当涂）饥民所食的一种“乌昧草”（即野燕麦）进呈，请皇帝昭示六宫贵戚，以戒其奢侈之心。[⑦]

仲淹一生因言事三黜，从不言悔。即使身处贬谪之地，他也不忘为民请命，不忘力挽奢靡之风。在被贬为河中府通判时，“时方建太一宫及洪福院，市材木陕西，仲淹言：‘昭应、寿宁，天戒不远（耗费巨大的两大宫观工程，不久皆被火焚），今又侈土木，破民产，非所以顺人心、合天意也。宜罢修寺观，减常岁

① ［宋］范仲淹著，李勇先、王蓉贵校点：《范仲淹全集》尺牍卷上，成都：四川大学出版社，2002年，第653页。

② ［宋］范仲淹著，李勇先、王蓉贵校点：《范仲淹全集》尺牍卷上，成都：四川大学出版社，2002年，第658页。

③ 同上。

④ ［宋］范仲淹著，李勇先、王蓉贵校点：《范仲淹全集》尺牍卷上，成都：四川大学出版社，2002年，第660页。

⑤ ［宋］朱弁撰，孔凡礼点校：《曲洧旧闻》，北京：中华书局，2002年，第121页。

⑥ ［元］脱脱等撰：《宋史》卷三百一十四，北京：中华书局，1985年，第10268页。

⑦ ［宋］李焘撰，上海师范大学古籍整理研究所、华东师范大学古籍整理研究所点校：《续资治通鉴长编》卷一百一十二，北京：中华书局，2004年，第2623页。

市木之数，以蠲除积负。’”①

仲淹的清心做官，还表现在他对官位的“廉退”上。由于御边有功，朝廷决定将他由邠宁、环庆路都部署兼经略安抚招讨使加任为待遇优厚的邠州管内观察使。仲淹闻讯，三上让表，他不仅坚辞不就，反而要求朝廷责罚自己。他的理由是：戍边尚无多大功劳，一再受赏，反而会引起将士不满；若能给自己适当处分，更有利于他督励激劝将士。在其《让观察使第一表》中，他这样表示决心：

> 苟不获命，臣当系身庆州之狱，自劾无功冒赏之咎，又劾违制不受之罪，以听于朝廷。假使朝廷极怒，臣得死于君父之命，犹胜贪此厚禄，败名速祸，死于寇乱之手。此臣之所以知其退而不知进也。②

西夏求和之后，朝廷决定调他回朝担任枢密副使，仲淹以国事边事为重，又是五次上表恳辞。对于常人来说，此事更难理解，而他在《尺牍·与朱校理书》中这样表露心迹：“与韩公（琦）同上五章，为边事未宁，防秋在近，乞且留任，必得俞旨。入则功远而未济，后有边患，咎归何人？军民亿万，生死一战，得为小事耶？俟其平定，归朝未晚。”③可见仲淹所考虑的，是国家、是民族、是百姓，是事业、是责任、是奉献，而不是以个人的利害得失祸福安危为转移，“益见其始卒志于道，不为禄位出也”④（富弼《墓志铭》）。在当时官场腐败、“奔竞”成风的情况下，仲淹的重责任而轻待遇，与那些“侥竞”“躁进”之徒的狗苟蝇营形成强烈而鲜明的对比。

三、以忧患意识砥砺其担当精神

古人说：“壁立千仞，无欲则刚。”无私才能无畏。《宋史》本传称仲淹“每感

① ［元］脱脱等撰：《宋史》卷三百一十四，北京：中华书局，1985年，第10268页。

② ［宋］范仲淹著，李勇先、王蓉贵校点：《范仲淹全集》文集卷第十七，成都：四川大学出版社，2002年，第404页。

③ ［宋］范仲淹著，李勇先、王蓉贵校点：《范仲淹全集》范文正公尺牍卷下，成都：四川大学出版社，2002年，第705页。

④ ［宋］范仲淹著，李勇先、王蓉贵校点：《范仲淹全集》附录一，成都：四川大学出版社，2002年，第824页。

激论天下事，奋不顾身。一时士大夫矫厉尚风节，自仲淹倡之”。仲淹这种感激论事、奋不顾身的勇气从何而来？古人说：己不正焉能正人。仲淹正是以他的刻苦自奉、廉洁奉公，铸就了其刚正不阿、遇事敢言的作风。

仲淹初入仕途，授官广德军司理参军。这是一个专管审理案件的幕职小官。据汪藻《范文正公祠堂记》称：“公以进士释褐为广德军司理参军，日抱具狱（审结的案卷），与太守（即知军）争是非。守数以盛怒临之，公不为屈。归必记其往复辩论之语于屏上，比去，字无所容。贫止一马，鬻马徒步而归。”[①]廉则能刚，刚则能勇，其不屈不挠之气，初露锋芒。

仲淹进京做官后参与冬至庆典——仁宗皇帝率百官为垂帘听政的刘太后贺寿。仲淹敏锐地感到这种做法不妥，马上上书进谏：“天子有事亲之道，无为臣之礼；有南面之位，无北面之仪。若奉亲于内，以行家人礼，可也；今顾与百官同列，亏君体，损主威，不可为后世法。”[②]（《长编》《本传》《年谱》等皆载此事）其实，这一做法朝廷已沿袭多年，满朝大臣无人提出过异议。而此时的仲淹受晏殊之荐刚进朝中做秘阁校理。区区校理，竟上此骇人听闻的奏章，此举吓坏了晏殊，生怕连累了他这个荐主，于是把仲淹召去训斥一通，批评他“狂率邀名”。仲淹一生待晏殊以恩师之礼，但在这件事上却是当仁不让于师。他正色抗言：“某缘属公举，每惧不称，为知己羞。不意今日反以忠直获罪门下！”[③]当面辩驳意犹未尽，随后又《上资政晏侍郎书》与之力辩，且作如下表白：“某官小禄微，然岁受俸禄仅三十万。窃以中田一亩，取粟不过一斛。中稔之秋，一斛所售不过三百钱，则千亩之获，可给三十万。以丰歉相半，则某岁食二千亩之入矣。其二千亩中，播之耨之，获之敛之，其用天之时、地之利、民之力多矣。倘某无功而食，则为天之螟，为民之螣。使鬼神有知，则为身之殃，为子孙之患。”[④]仲淹这番话是什么意思呢？他是在问：官员俸禄，从何而来？“父母官”与老百姓究竟是谁养活谁？在仲淹看来，“无功而食，则为天之螟，为民之螣。”算账，各有各的算法。一般官员算账，不嫌其俸禄之多而只嫌其少，而仲淹的

---

① ［宋］范仲淹著，李勇先、王蓉贵校点：《范仲淹全集》附录五，成都：四川大学出版社，2002年，第1106页。

② ［宋］范仲淹著，李勇先、王蓉贵校点：《范仲淹全集》附录二，成都：四川大学出版社，2002年，第872页。

③ 同上。

④ ［宋］范仲淹著，李勇先、王蓉贵校点：《范仲淹全集》范文正公文集卷第十，成都：四川大学出版社，2002年，第233页。

这笔账，不仅算出了一位古代官员的良心，而且深刻揭示了官与民的真正关系。官员，并非自食其力的生产者，既然享受俸禄，由民供养，那就应该老老实实、勤勤恳恳地为国为民办事，而决不应偷懒、避事，更不应发非分之财，生攫取之心。仲淹的这种思想在古代士大夫中实在难能而可贵，它与那些以"民之父母"自居、以"父母官"自命、以"当官就该享受老百姓供养"自诩者，何啻天渊之别。既然具有这样的思想观念和道德良心，难道还会不择手段、不顾廉耻地去贪污受贿、搜刮地皮、作践老百姓吗？

历览前朝家与国，成由勤俭败由奢。节俭还是奢华，不仅攸关官员个人的人品和名誉，而且还是一个家庭、一个家族乃至一个国家兴衰成败的根本。同样，仲淹的节俭清廉，也与他的忧患意识和以天下为己任的抱负联系在一起。"不矜细行，终累大德"(《尚书·旅獒》)。他大处着眼、小处着手，从日常生活做起，以俭养廉、以廉奉公，以俭廉砥砺自己无私无畏、遇事敢言的担当精神。仲淹十分鄙视当时充满朝野的所谓逊言逊行的市侩作风，激赏危言危行的阳刚之气。对此，他在《上资政晏侍郎书》中曾有振聋发聩的精辟论述："人皆谓危言危行，非远害全身之谋，此未思之甚矣。使缙绅之人皆危其言行，则致君于无过，致民于无怨，政教不坠，祸患不起，太平之下，浩然无忧，此远害全身之大也。使缙绅之人皆逊其言行，则致君于过，致民于怨，政教日坠，祸患日起，大乱之下，恼然何逃！当此之时，纵能逊言逊行，岂远害全身之得乎？凡今之人，生于太平，非极深研几，岂斯言之信哉！"[①]"覆巢之下无完卵""覆舟之下无幸存"。那些利欲熏心、唯利是图的"肉食者"是见不及此的。仲淹"进亦忧退亦忧"，极深研几，忧深思远，发必危言，立必危行，虽说源于他以天下为己任的担当精神，归根结底，还必须是以他的节俭自奉、廉洁奉公为基础。人们都知赞美廉洁、赞美正直，可知要做到廉洁、正直谈何容易。它需要的是以自我约束、自我克制、自我牺牲为代价换取的人格资本。仲淹有几句夫子自道，足以表明心迹："虽清贫，但身安为重。家间苦淡，士之常也。"[②]"凡见利处便须思患。老夫屡经风波，惟能忍穷，故得免祸。"(《家书·与朱氏书》)[③]

---

① [宋]范仲淹著，李勇先、王蓉贵校点：《范仲淹全集》文集卷第十，成都：四川大学出版社，2002年，第235页。

② [宋]范仲淹著，李勇先、王蓉贵校点：《范仲淹全集》尺牍卷上，成都：四川大学出版社，2002年，第662页。

③ 同上。

作为一名官员，是甘愿“固穷”“忍穷”，殚精竭虑让老百姓先富起来呢，还是凭借居官的“优势”让自己“带头致富”？这是衡量人品高下的分界线。在仲淹看来，作为官员，一人“忍穷”，可免一人一家之祸；若得人人“忍穷”，则可免整个政权覆巢、覆舟之祸。范仲淹的忧国忧民，先忧后乐，正是以自己的清俭自奉，将一人一家的命运与国家人民的命运紧紧地联系在一起。

简述范仲淹的荒政实践*

古代社会生产力低下，抗灾能力较差，自然灾害的发生率比现在要频繁得多。如何组织百姓抗灾救灾，始终是地方官员的一项重要职责。范仲淹一生先后做过京朝官四次，但为时都很短暂，他的政治生涯主要是在担任地方官中度过。钱公辅《义田记》说他"平生好施与，择其亲而贫、疏而贤者咸施之"①。其实，单靠他自己的薪俸收入，施救穷人毕竟有限，而对百姓普施恩惠、贡献更大的，还是他在做地方官时。仲淹做地方官时的足迹几乎遍及今天的中原各省，所到之处，几乎都为当地留下些值得怀念的政绩。单就其救灾实践而言，其奇特的措施、超人的智慧和不朽业绩，也足以光耀史册。本文按照他担任地方官的先后顺序，拟对其主要功绩作一简要介绍。

一、修捍海堰

中国古代社会长期实行盐铁专卖制度，其中的盐税更是北宋财政收入的重要来源，所以当时非常重视选派食盐主产区的盐官。宋真宗天禧五年(1021)，33岁的范仲淹被派到泰州西溪镇去监管盐仓。这是一个责重而事简的官职。仲淹在尽责本职之余，有较多时间考察地利民情。这里自唐代以来修有防御海潮的捍海堰，可惜年久失修，已失去防浪功能。广袤农田受海水浸渍，化为斥卤之地，人民生活困苦不堪。仲淹根据考察所得，向淮南路发运副使张纶提出了一份修复捍海堰的建议，得到了张纶的大力支持。经过朝廷批准，任命仲淹为泰州兴化县令，专门负责这项工程。

---

* 本文完成于2003年9月。

① 阴法鲁主编：《古文观止译注(修订本)》，北京：北京大学出版社，2001年，第650页。

据当地传说，为准确测定海堤走向，仲淹想出一个妙法：在大海涨潮之前，他命人沿岸撒下稻糠；退潮之后，按照稻糠滞留之迹确定海堤基址。哪知开工不久，遇上一场暴风雨雪，汹涌的海涛冲了上来，百余人被卷进海里丧生。工地人心骚动，谣言纷纷，幸亏同年好友滕子京协助指挥，方才控制住局面，安定下情绪。然而，本来就反对兴工者抓住这起事故大做文章，要求取消这项工程，并追究仲淹的责任。朝廷派淮南转运使胡令仪前来实地考察，查明真相，明确表示支持张纶和仲淹的修堤主张，并上报朝廷批准复工。此时仲淹母亲不幸去世。按当时规定，父母去世，官员须解官归家守丧。于是张纶上表请求由自己兼知泰州，亲自主持这项工程。仲淹在守丧期间，致书张纶，依然关心着工程进展。

经过两年努力，终于筑成了底宽两丈、顶宽一丈、高一丈的海堤一百八十余里，挡住了海水侵袭，使得斥卤之地复为良田沃壤。据司马光《涑水纪闻》和李焘《续资治通鉴长编》等记载，海堤修成之后，民享其利，流民归业者达数千家。有些人感念仲淹恩德，从此以范为姓，并且将这条大堤称为范公堤。

随着时间推移，海岸线不断东移，今天的范公堤早已失去防御海潮的功能。20 世纪 30 年代，人们决定利用原范公堤基址修建一条南起南通、北到赣榆的通榆公路，让它为人民再立新功。如今海堤虽然荡然无存，但人们把这条贯穿苏北地区的南北公路，依然习惯于叫作范公堤。

二、江淮赈灾

宋仁宗明道二年(1033)，全国遭灾，尤以京东、江淮两路蝗旱灾害严重。据李焘《长编》记载，是年："南方大旱，种饷皆绝，人多流亡，困饥成疫气，相传死者十二三。官虽作粥糜以饲之，然得食辄死，村聚墟里几为之空。"[①]其时仲淹在朝中为右司谏。他建议仁宗皇帝尽快派员查灾救灾，未能引起重视。于是仲淹再次报告灾情，并且反问仁宗："宫掖中半日不食，当何如？今数路艰食，安可置之不恤！"[②]仁宗为之恻然，就派他前往查灾救灾，安抚京东、淮南

① [宋]李焘撰，上海师范大学古籍整理研究所、华东师范大学古籍整理研究所点校：《续资治通鉴长编》卷一百一十二，北京：中华书局，2004 年，第 2605 页。

② [宋]李焘撰，上海师范大学古籍整理研究所、华东师范大学古籍整理研究所点校：《续资治通鉴长编》卷一百一十二，北京：中华书局，2004 年，第 2623 页。

两路。

仲淹八月出京，首先查看京东路诸州军灾情，决定从真（今江苏仪征）、楚（今江苏淮安）、泗（今江苏盱眙）三州调运粳米、大小麦、豌豆共50万石，救济位于今苏北、鲁南的沂、密、徐、兖等州。九月，到达淮南路诸州军，奏请向国库预借钱50万贯，购进粮、盐、布匹、药品等救灾物资。他了解到，官府平时向农民征购粮食，常被中间商压价勒掯，致使粮食不能及时收购上来。及至冬深，粮食已被商家囤积，官府只得出高价从他们手中购买。这不仅伤害了农民利益，而且虚费了不少官钱。仲淹奏请先与农民约定合理价格，类似今天的购销合同，限定收获之后一个月之内缴纳，免受中间商的盘剥。十月间，仲淹乘驿马从江宁府（今江苏南京）赶赴润州（今江苏镇江），调发楚州等地粮食，运往庐州（今安徽合肥）、寿州（今安徽凤台）。其时江淮各地人口流亡甚多，致使土地大量抛荒。仲淹要求各地逐一查实，核减田赋，招其归业。十一月，又通知各地，凡因灾外流人员，虽未经核查登记税产而复归本业者，其税赋也予依例减免。十二月，又奏请放免舒州（今安徽潜山）、庐州的折役茶钱。仲淹巡查到了当涂、宁国、广德等地，奏免了那里的丁口盐钱。按当时的兵役制度，士兵服役要到70岁。仲淹认为："人方五十之时，或有乡园骨肉怀土之情，犹乐旧里，及七十后，乡园改易，骨肉沦谢，羸老者归复何托？是未停之前，大蠹国用，既归之后，复伤物情。"①为此，他奏准凡服役满七年者，听其归农。有的地方灾民以一种野生的"乌昧草"为食，仲淹返京复命，特地把这种草带回呈献仁宗皇帝，请求他以此"示六宫贵戚，以戒侈心。"②

归来以后，仲淹根据自己的所见、所闻、所思，写成《救弊八事》，指出当时的暴政、滥赏、冗官、冗吏、冗兵以及奢靡之风给老百姓造成的灾难，建议朝廷削减不必要的开支以宽民力。在赈灾过程中，他还发现了一位清官廉吏的典型——崇州（今江苏南通）知州吴遵路，建议朝廷将他防灾救灾的经验向各地推广，并把他勤政爱民的事迹宣付史馆。这次查灾救灾的经历，无疑加深了仲淹对社会现实的认识，为他以后锐意改革弊政、推行庆历新政奠定了思想基础。

---

① ［宋］李焘撰，上海师范大学古籍整理研究所、华东师范大学古籍整理研究所点校：《续资治通鉴长编》卷一百一十二，北京：中华书局，2004年，第2625页。

② ［宋］李焘撰，上海师范大学古籍整理研究所、华东师范大学古籍整理研究所点校：《续资治通鉴长编》卷一百一十二，北京：中华书局，2004年，第2623页。

三、太湖治水

景祐元年(1034)正月,仲淹因犯颜直谏而被贬知睦州(今浙江建德)。六月,徙知苏州。苏州地滨太湖,田多水患。仲淹到任之时,正值大水之后,"灾困之氓,其室十万,疾苦纷沓,夙夜营救"①,当即投入紧张的救灾之中。

苏州是仲淹的祖祢之邦,自会为之尽心尽力。他深知,要想根治水患,关键在于疏浚河道,排泄积水。但是,在一个因循苟且已成习惯的社会,为民除害固然困难,要想兴利也不容易。一事未举,横议先出:或曰"江水已高,不纳此流";或曰"日有潮来,水安得下";或曰"沙因潮至,数年复塞,岂人力之可支";或曰"开畎之役,重劳民力";或曰"力役之际,大费军食";或曰"陂泽之田,动成渺弥,导川而无益"②。此种情形,使得仲淹深为感慨:"畎浍之事,职在郡县,不时开导,刺史、县令之职也。然今之世,有所兴作,横议先至,非朝廷主之,则无功而有毁。"③仲淹此前在《上执政书》中就曾揭露过官场百态:"观今之郡长,鲜克尽心,有尚迎送之劳,有贪燕射之逸,或急急于富贵之援,或孜孜于子孙之计。志不在政,功焉及民!……官实素飧,民则菜色。有恤鳏寡,则指为近名;有抑权豪,则目为掇祸。苟且之弊,积习成风。"④在此后的《答手诏条陈十事》中,他进一步揭露当时的官场腐败:"假如庶僚中有一贤于众者,理一郡县,领一务局,思兴利去害而有为也,众皆指为生事,必嫉之沮之,非之笑之,稍有差失,随而挤陷。故不肖者素餐尸禄,安然而莫有为也。虽愚暗鄙猥,人莫齿之,而三年一迁,坐至卿监丞郎者,历历皆是。谁肯为陛下兴公家之利,救生民之病,去政事之弊,葺纪纲之坏哉!"⑤

除了官场上的腐败风气之外,还有一个十分重要的因素,仲淹不得不慎重

---

① [宋]范仲淹著,李勇先、王蓉贵校点:《范仲淹全集》尺牍卷下,成都:四川大学出版社,2002年,第683页。

② [宋]范仲淹著,李勇先、王蓉贵校点:《范仲淹全集》文集卷第十一,成都:四川大学出版社,2002年,第265-266页。

③ [宋]范仲淹著,李勇先、王蓉贵校点:《范仲淹全集》文集卷第十一,成都:四川大学出版社,2002年,第266页。

④ [宋]范仲淹著,李勇先、王蓉贵校点:《范仲淹全集》文集卷第九,成都:四川大学出版社,2002年,第214页。

⑤ [宋]范仲淹著,李勇先、王蓉贵校点:《范仲淹全集》政府奏议卷上,成都:四川大学出版社,2002年,第524-525页。

考虑：这就是他和当朝宰相吕夷简的关系。仲淹这次遭贬，就是因为谏阻仁宗废后而得罪吕夷简。如果不设法改善与吕夷简的关系，仲淹不仅将一事无成，甚且会动辄得咎，为民兴利除害的治水大业也就无从谈起。为此，仲淹在《移苏州谢两府启》中以极其谦卑的态度首先检讨自己“罪布四方，大不可掩”；接着表白自己“事君无隐，必罄狂夫之言；涉道未深，终乖智者之虑”；并且称颂夷简“相公仁钧大播，量泽兼包”[①]，不计前嫌。果然，夷简“宰相肚里能撑船”，不仅答书勉励，还特别关心他所提出的治水之事。于是仲淹《上吕相公并呈中丞咨目》，再次表示感谢，并且详细陈述了自己的治水计划：“某连蹇之人，常欲省事，及观民患，不忍自安。去年姑苏之水，逾秋不退。计司议之于上，穷俗语之于下。某为民之长，岂敢曲沮焉？然初未甚晓，惑于群说；及按而视之，究而思之，则了然可照。今得一二以陈焉，愿垂钧造审而勿倦，则浮议自破，斯民之福也。姑苏四郊略平洼，而为湖者十之二三。西南之泽尤大，谓之太湖，纳数郡之水。湖东一派，浚入于河，谓之松江。积雨之时，湖溢而江壅，横没诸邑，虽北压扬子江而东抵巨浸，河渠至多，堙塞已久，莫能分其势矣。惟松江退落，漫流始下。或一岁大水，久而未耗，来年暑雨，复为沴焉，人必荐饥，可不经画。今疏导者，不仅使东南入于松江，又使西北入于扬子之与海也，其利在此。”[②]

由此可见，仲淹苏州治水，其难不仅在于工程本身，尤其在于下破“浮议”，上得朝廷的理解和支持。就是说，要想疏通河道，先得疏通人心。经过仲淹上下疏通关系和亲临工地日夜操劳，治水终获成功，使得太湖流域从此复得成为北宋王朝的一大粮仓。我们从中看到的，不仅是他的治水才干和关心民瘼的仁爱之心，尤其令人难以企及的，是他那种为国为民而甘愿委曲求全、忍辱负重的担当精神。

仲淹苏州治水，特别为后人称道的，还有他“募游手疏五河，导积水入海”的高明措施：“荒歉之岁，日以五升，召民为役，因而赈济。”[③]在灾荒年景，如

① ［宋］范仲淹著，李勇先、王蓉贵校点：《范仲淹全集》别集卷第四，成都：四川大学出版社，2002年，第518页。

② ［宋］范仲淹著，李勇先、王蓉贵校点：《范仲淹全集》文集卷第十一，成都：四川大学出版社，2002年，第264页。

③ ［宋］范仲淹著，李勇先、王蓉贵校点：《范仲淹全集》文集卷第十一，成都：四川大学出版社，2002年，第265－266页。

何实施“以工代赈”，如何达到“既已恤饥，因之以成就民利”[①]的效果，仲淹的做法，在中国的救荒史上堪称一个成功的范例。

四、杭州奇策

皇祐元年(1049)正月，仲淹调任杭州知州，第二年又遇上了大灾荒。仲淹以他饱经忧患之身，展示了他不同凡响的治世之才，为中国的救荒史留下了更加光辉的一笔。据沈括《梦溪笔谈》卷十一记载：

> 皇祐二年，吴中大饥，殍殣枕路。是时范文正领浙西，发粟及募民存饷，为术甚备。吴人喜竞渡，好为佛事。希文乃纵民竞渡，太守日出宴于湖上，自春至夏，居民空巷出游。又召诸佛寺主首谕之曰：“饥岁工价至贱，可以大兴土木之役。”于是诸寺工作鼎兴。又新廒仓、吏舍，日役千夫。监司奏劾杭州不恤荒政，嬉游不节，及公私兴造，伤耗民力。文正乃自条叙，所以宴游及兴造，皆欲以发有余之财，以惠贫者。贸易、饮食、工技服力之人，仰食于公私者日无虑数万人，荒政之施，莫此为大。是岁，两浙惟杭州晏然，民不流徙，皆文正之惠也。岁饥，发司农之粟，募民兴利，近岁遂著为令。既已恤饥，因之以成就民利，此先王之美泽也。[②]

为了平抑杭州米价，仲淹还采取了一条常人意想不到的措施。据吴曾《能改斋漫录》卷二记载：

> 范文正治杭州，二浙阻饥，谷价方涌，斗钱百二十。公遂增至斗百八十，众不知所为。公仍命多出榜沿江，具述杭饥及米价所增之数。于是商贾闻之，晨夜争进，唯恐后，且虞后者继来。米既辐凑，遂减价，还至百二十。[③]

---

① [宋]范仲淹著，李勇先、王蓉贵校点：《范仲淹全集》附录二，成都：四川大学出版社，2002年，第908页。

② [宋]沈括撰，金良年点校：《梦溪笔谈》，北京：中华书局，2015年，第114页。

③ [宋]吴曾撰：《能改斋漫录》卷二，上海：上海古籍出版社，1979年，第20页。

综上可知，仲淹治理杭州，除了通用的常规救灾措施之外，他还采取了超乎常人想象的三条奇策：一是“纵民竞渡”，开展游乐活动；二是“大兴土木”，鼓励“公私兴造”；三是以提高米价来平抑米价。当时杭州的“监司”，即时任两浙转运使的孙甫，本为仲淹老友，此人向来以大公无私著称。但他对仲淹的以上做法却难以理解，认为仲淹是“不恤荒政，嬉游不节，及公私兴造，伤耗民力”，于是上奏朝廷，加以弹劾。直待朝廷下文诘问，仲淹才对这种做法加以解释：第一，“所以宴游及兴造，皆欲以发有余之财，以惠贫者”，这是“以富济贫”，即以富家有余之财弥补公家救济能力之不足；第二，“饥岁工价至贱”，有利于完成平时不易举办的公共工程；第三，尤其重要的是，“宴游及兴造”，可以使得“贸易、饮食、工技服力之人”有事可做，使得“仰食于公私者日无虑数万人”，就是说，此举创造了大量就业机会，随着灾民就业，使得一个个家庭有饭吃，大大有利于社会稳定。至于以提高米价来平抑米价，在今天看来，正是他巧妙运用了商品经济的市场规律。

早在九百多年以前，范仲淹就已具备了这样的超人智慧。仲淹救灾，已不再局限于“开仓放粮”“施舍粥糜”之类传统的消极被动措施，而是变消极被动为积极主动，成功地运用“以工代赈”“刺激消费”等积极举措，寓经济的恢复和发展于救灾之中。仲淹虽然没有将此做法加以总结，上升为系统的经济学理论，但他显然已经认识到生产和消费两者相互促进的辩证关系，并且巧妙地将两者结合起来，成功运用于救灾实践，从而使得灾荒之年，“惟杭州晏然，民不流徙”。

与社会、与民间相比，政府的力量，特别是它所拥有、所支配的财力物力毕竟是有限的。如果单靠政府的财力物力实行大面积救灾，拉动经济增长，难免左支右绌，杯水车薪。而仲淹身为地方最高行政长官，固然可以凭借行政力量和公共财力抗灾救灾，但他的立足点和着眼点始终是依靠群众，动员和发挥民间力量和社会力量。在这方面，民间和社会具有比政府强大得多的潜在力量，关键在于政府如何去主导、去动员、去组织、去运用。正因为仲淹具有坚实的民本思想，善于动员群众、组织和依靠群众，才把杭州的抗灾救灾做得这么出色。

据沈括记载，仲淹的救灾经验，宋代曾经“著为令”，就是说，曾经被朝廷作为一条制度规定，要求以后遵照执行。所可惜者，这条规定后世并未能形成制度并把它传承下来。笔者以为，仲淹以民间力量和社会力量为主体进行抗灾救灾的思想和实践，高明而可贵，值得我们予以充分的重视和研究。

五、青州输纳

皇祐三年(1051)正月，仲淹由杭州调知青州。其时不仅青州境内正闹饥荒，更有大量河朔流民在境，也需妥善安置。而此时的仲淹已是风烛残年，疾病缠身。他一边要安置好境内灾民，一边还要完成调运粮食支援河朔灾区的任务。按照当时规定，青州粮食必须运送到数百里之外的博州(今山东聊城)缴纳。时值天寒地冻，輂运之劳令百姓不胜其苦。而博州知州席夷亮本是仲淹的朋友，仲淹打听到那里粮价并不太贵，于是想出了一条高招，为中国的救荒史又留下了光彩照人的一笔。据范镇《东斋记事》、文莹《湘山野录》等书记载：

> 范文正镇青社，会河朔艰食。时青赋在博州置场收纳，民大患輂置之苦，而河朔斛价不甚翔踊。公止戒民本州纳价，每斗三镮，给钞与之。俾签幕者挽金往干，曰："博守席君夷亮，余尝荐论，又足下之妇翁也。携书就彼坐仓，以倍价招之，事必可集。赍巨榜数十道，介其境则张之。设郡中不肯假廪，寄僧舍可也。"签幕禀教行，及至，则皆如公料。村斛时为厚价所诱，贸者山积，不五日遂足。而博斛亦衍，斛金尚余数千缗，按等差给还，青民因立像祠焉。①

这里且不说仲淹纳钞代粮的举措显示了他的智慧和高明，单说他对结余钱款的处理，更加彰显了他的清廉之风。按照当时的官场惯例，这些结余下来的钱款，完全可以作为"羡余"归公，甚至可以心安理得地将它"入己"或者私分。但是，仲淹并没有那样做，而是按照各户所交钱款的多少，不厌其烦地把账算清，将结余款项全部返还给青州的纳税老百姓。这种做法，与那些平时巧立名目盘剥百姓、借天灾人祸发财，以至于侵吞、克扣救灾粮款的贪官污吏相比形成何等鲜明的对照！永远怀着一颗仁民爱物之心、活着就要为解除百姓

---

① [宋]范镇撰，汝沛点校：《东斋记事》，北京：中华书局，1980年，第46页。[宋]文莹撰，郑世刚、杨立扬点校：《湘山野录》卷中，北京：中华书局，1984年，第33页。

的疾苦而呕心沥血，这样的人物，古往今来，官场上究竟能有多少？

结　语

纵观中国几千年的文明历史，我们大体上可以得出这么一个结论：姑且不论改朝换代、兵燹战乱造成的水深火热、生灵涂炭，即便平时，暴君苛政、吏治腐败、水利不修、农田荒芜才是造成灾荒肆虐、民不聊生的深层次原因。

由于灾荒往往会加剧社会矛盾，引发社会动荡，直至威胁到政权安全，因而历代统治者对于荒政向来都比较重视，也确乎出现过不少关心民瘼的明君贤相和清官廉吏。但是，纵观仲淹之前的救荒史，我们可以发现，被动应对者居多；而在灾害到来之前积极防范，灾害到来之后变被动为主动、变救灾为发展的积极应对，少之又少。即便皇帝本人，每遇灾荒年景，除了采用派员查赈之类的实际举措外，多半是减膳、撤乐、求神、大赦、下罪己诏之类的象征性姿态而已。

而范仲淹的荒政思想则要丰富得多，也深刻得多。仲淹救灾，不囿于成法，不拘于定例，一切从实际出发，既着眼于眼前，更着眼于长远，既要解决眼前无米之炊，防止饥民外流，群聚为盗，引发社会动荡，又要着眼于经济的恢复与发展。江淮救灾，他不但不求神祭鬼，所到之处反而要捣毁那些供奉神鬼魔怪的淫祠；他深知“大灾之后必有大疫”，预先为灾民准备了药物；他通过蠲免田赋的措施，招流民返乡归业。在推行庆历新政期间，他既把整顿吏治作为中心任务，又把兴修农田水利作为重要内容，显然也是着眼于从根本上增强国家的防灾抗灾能力。

仲淹救灾的有些做法，看起来似乎“不按常理出牌”，实际上既符合“古训”，又更切合现实。

在我国古代的儒家经典中，早有关于“荒政”的著名论述。即以《周礼》而论，在其《地官》中就曾列有“大司徒之职”：“以荒政十有二聚万民：一曰散利，二曰薄征，三曰缓刑，四曰弛力，五曰舍禁，六曰去几，七曰省礼，八曰杀哀，九曰蕃乐，十曰多婚，十有一曰索鬼神，十有二曰除盗贼。”[①]范仲淹乃饱读经书的一代大儒，对于这十二条“荒政”措施显然都能融会贯通并加以灵活运用。

---

① ［清］孙诒让著，汪少华整理：《周礼正义》卷十九，北京：中华书局，2015年，第896页。

以杭州救灾为例，十二条“荒政”的头一条就是“散利”。但是，单靠官府，哪有那么多“利”可散？于是他想出了一个绝妙办法：除了官府兴建仓库、吏舍之外，他还发动富室、佛寺、道院等出钱，“发有余之财”“以富济贫”。仲淹针对杭州市民“喜竞渡、好为佛事”的特点，他不仅带头“日出宴于湖上”，而且“纵民竞渡”，“自春至夏，居民空巷出游”。这显然也是《周礼》荒政第九条“蕃乐”的“临场发挥”。仲淹采取的这两项措施，既有“圣人之训”作为理论依据，更是从当时当地的实际出发，做到因时因地而制宜：第一，当时的杭州已是东南繁华之地，社会阶层已有相当程度的分化，而社会的繁华和阶层的分化，带来的则是贫富不均；第二，当时的杭州市民脱离土地而从事工、商、技、艺和服务业者甚多。遇到灾荒，百业萧条，加上流民进城，必然造成社会混乱。此时唯有“纵民游乐”和“大兴土木”，方可扩大消费，增加就业，安定社会。仲淹正是基于对儒家经典的深刻理解和对社会现实的深刻认识，方能拿出他那几招救灾奇策。但是，个中奥妙，连转运使孙甫尚且不能理解，更是一般泥古不化而又不谙世务的陋儒、腐儒所难以理喻的。

我们今天研究范仲淹的荒政思想和实践，还应区分哪些属于治本之策，哪些属于权宜之计。而有些非常时期的非常举措，就不应作为“放之四海而皆准”的基本国策。比如杭州救灾，有些做法虽然当时可收立竿见影之效，但是，万事都有一个“度”。如果不审时度势，一味纵民游乐，鼓励消费，必然会造成浮华享乐之风，以致陷整个社会于腐败和奢靡；如果大兴土木而不加节制，必然会劳民伤财，过度耗损国力、民力。我们今天对待西方的一些经济学理论，何尝不应如此。范仲淹的忧患意识和远见卓识，能给我们多方面的借鉴和启迪，当国民经济出现下滑趋势时，增加投资、刺激消费固然必要，但也应根据国情、国力作出适当限制，注意防止投资过多而产生的各种偏差和流弊。在这方面，适度最为重要，适度方能避免过犹不及。

千秋伟业

简论范仲淹对于宋代学术的开创之功*

进入改革开放的新时期以来，从事宋代学术研究者逐渐增多，以致形成当今的一门显学，习称“宋学”。按照前人的说法，所谓宋学，最初主要是指相对于汉学而言的宋代经学，又称道学或曰理学，是具有鲜明的宋代特色的新儒学。具体说来，它是对儒家经典由汉代的偏重章句训诂发展到宋代以注重探究、阐发其经文义理为要旨的新学。后来，随着研究的深入和拓展，宋学的含义也逐渐宽泛，不仅包括儒家经学，还包括其史学以至文学。而在今天看来，宋学的概念似可更宽泛一些，它不仅应包括道学、理学，或曰新儒学，借用《宋元学案》的说法，它还应统指“宋世学术”。用今天的话说，应包括其政治、经济、医学、兵学乃至社会学，以及民族关系等具有宋代特色的所有人文社会科学。

说到宋学的兴起，不论是就其广义还是就其狭义而言，笔者认为最为绕不开的人物，便是范仲淹。范氏不仅绕不开，我们甚至可以说，真正称得上宋学的源头或曰开山奠基者，非范仲淹莫属。然而在相当长的历史时期内，大约是由于范仲淹的文治武功、道德文章、精神境界和历史定位过于耀眼，以致其学术思想和学术成就被其自身的光辉所遮掩，进行深入探究者反而不多。

在这个问题上，金代文学巨匠元好问写下的一篇“像赞”——《范文正公画像赞》，具有很大的代表性：

> 文正范公，在布衣为名士，在州县为能吏，在边境为名将。其材、其量、其忠，一身而备数器。在朝廷，则又孔子所谓大臣者，求之千百

* 本文为提交给2017年12月中华文化论坛于河南伊川召开的第六届宋学国际学术研讨会的论文。

年间盖不一二见，非但为一代宗臣而已。……以将则视管、乐为不忝；以相则方韩、富为有余。其忠，可以支倾朝而寄末命，其量可以际圆盖而蟠方舆。朱衣玄冠，佩玉舒徐，见于丹青，英风凛如。古之所谓垂绅正笏，不动声气，而措天下为泰山之安者，其表固如是欤。①

这篇像赞历来为人们称道。但在笔者看来，它看似对范仲淹推崇得五体投地，无以复加，却对后人有所误导：在极力赞美范仲淹“其材、其量、其忠”的同时，忽略了“其学”的一面；在极力赞美范仲淹“非但为一代宗臣”的同时，忽略了其“非但为一代宗师”的一面。

大约正是由于陶醉于对其“一身而备数器”的赞美声中和光环之下，后人反而忽略了对“其学”、其“宗师”的地位和学术思想的探究。以致清初黄宗羲编著《宋元学案》，并未给范仲淹留一席之地；全祖望虽然补撰了《高平学案》，也只是将其列为胡瑗、孙复、周敦颐等人的“讲友”，列为欧阳修的“同调”而已。不仅此也，全祖望的一篇《庆历五先生书院记》更能说明问题：

有宋真、仁二宗之际，儒林之草昧也。当时濂、洛之徒方萌芽而未出，而睢阳戚氏在宋，泰山孙氏在齐，安定胡氏在吴，相与讲明正学，自拔于尘俗之中。亦会值贤者在朝，安阳韩忠献公、高平范文正公、乐安欧阳文忠公，皆卓然有见于道之大概，左提右挈，于是学校遍于四方，师儒之道以立。而李挺之、邵古叟辈，共以经术和之，说者以为濂、洛之前茅也。(《高平学案》)②

全祖望在这里叙述宋学之发展源流，明确无误地告诉我们如下几层意思：一是北宋真、仁二宗之际，尚属儒林(宋学)的草昧时期；二是其时戚同文、孙复、胡瑗等人分散于各地，“相与讲明正学”，他们都是“自拔于尘俗之中”；三是适值韩琦、范仲淹、欧阳修等“贤者在朝”，他们既有“左提右挈”之劳，又有兴学校、立师道之功；四是前有戚、孙、胡这些“前茅”，后来才有李之才、邵雍等“共

① [宋]范仲淹著，李勇先、王蓉贵校点：《范仲淹全集》附录九《历代祭祝赞文》，成都：四川大学出版社，2002年，第1256-1257页。

② [清]黄宗羲原著，[清]全祖望补修，陈金生、梁运华点校：《宋元学案》卷三，北京：中华书局，1986年，第134页。

以经术和之”，以及周敦颐、二程“濂洛之学”的萌芽而出。

这里撇开其他人和事不说，单说对于范仲淹的定位，就很不准确。一是它虽然把韩、范、欧阳等都说成在朝的贤者，但同时认为范仲淹与韩、欧一样，只不过是“卓然有见于道之大概”，从而对范氏之学术造诣评价不足；二是它认为孙复、胡瑗等学者都是“自拔于尘俗之中”，从而忽略了范仲淹对他们的“左提右挈”；三是它还忽略了一个十分重要的基本事实，真正“自拔于尘俗之中”的是范仲淹，而不是上述诸先生；四是它虽然肯定了韩、范、欧阳三位贤者的“左提右挈”，却没有看到范仲淹在促进宋代学术发展中所起到的特殊作用。

近些年来，随着宋学研究的深入，范仲淹在宋代学术思想史上的地位已越来越受到人们的重视，并且涌现出不少研究成果。笔者不揣孤陋，简略谈谈自己的看法，错误之处，尚望指正。

一、从范仲淹的师从和传承说起

（一）关于范仲淹的师从

范仲淹(989—1052)出生之时，北宋王朝建立尚不足30年。自唐末、五代以来，经过长期的干戈扰攘，百姓转死沟壑，文化教育受到了极大摧残。在仲淹的青少年时期，其周围环境中已很难找到饱学宿儒可以师从。而仲淹的勤奋好学是出名的。既然找不到名师可依，那就只有找来经书苦读自学。应该说，其时真正“自拔于尘俗之中”的是范仲淹，他才称得上自学成才的典范。

《宋史》本传称仲淹“二岁而孤”，后来“感泣辞母，去之应天府(今河南商丘)，依戚同文学”[①]。前辈学人已经指出，这一说法不确。因为早在仲淹出生之前，戚同文已经去世，他23岁去应天府书院求学之时，已是其孙戚舜宾在主持教务。当然，戚同文的远大志向和高风亮节，以及由此而形成的优良学风，对仲淹道德品格的养成，应该具有积极而深远的影响。

关于仲淹在应天书院刻苦学习的情形，欧阳修所撰《范仲淹神道碑铭》曾有比较详细的介绍：“入学舍，扫一室，昼夜讲诵，其起居饮食，人所不堪，而公

① ［元］脱脱等撰：《宋史》卷三一四，北京：中华书局，1985年，第10267页。

自刻益苦。”①

据传，早在应天读书之前，仲淹少时曾随其养父朱文翰之宦迹，到澧州安乡（今湖南安乡）的一所道观读书（任友龙《澧州范文正公读书堂记》）②。据楼钥《范文正公年谱》，仲淹21岁时曾入淄州长白山醴泉寺（在今山东邹平）苦读，并且留有“划粥断齑”的佳话③。另据仲淹自述，他年轻时还曾游历关中，向道士周德宝学习篆书，向道士屈元应学习《易经》，并向他们学习操琴（《鄠郊友人王君墓表》）④，如此等等。我们仅从这些零星记载，即可略知仲淹早年求学的经历：其学习场所除家庭外，有道观、有寺院，也有书院；其师从者，除慈母、养父外，有和尚、有道士，也有饱学耆宿、山林隐士。由此可见，仲淹一生的渊博学识，好比蜂采百花而酿蜜，并无固定的“蜜源”。这正应了韩愈的一句名言：“圣人无常师”，以及诗圣杜甫的名句：“转益多师是汝师”。我们可以这样认为，正是由于仲淹的求知若渴和“无常师”“转益多师”，使得他广结师友，博采众长，反而容易摒弃门户之见，成就其满腹经纶、众望所归的士林领袖。

（二）关于范仲淹的传承

仲淹从自己的苦学经历，深知求学的艰难。一旦学有所成，对其他学子则竭尽“左提右挈”之力。据《宋史》本传记载，仲淹后来在其母校应天书院任教之时，“学者多从质问，为执经讲解，亡所倦”⑤，又称他“泛爱乐善，士多出其门下”⑥。后来成为贤相、名臣的富弼、张方平等人，那时都曾受到仲淹的栽培。司马光《涑水纪闻》对这段经历曾有较为详细的记载：

> 晏丞相殊留守南京，仲淹遭母忧，寓居城下。晏公请掌府学，仲淹尝宿学中，训督学者，皆有法度。勤劳恭谨，以身先之。夜课诸生

---

① ［宋］欧阳修著，李逸安点校：《欧阳修全集》卷二十一《居士集》，北京：中华书局，2001年，第332页。

② ［宋］范仲淹著，李勇先、王蓉贵校点：《范仲淹全集》附录八《历代亭堂泉记》，成都：四川大学出版社，2002年，第1226页。

③ ［宋］范仲淹著，李勇先、王蓉贵校点：《范仲淹全集》附录二《年谱》，成都：四川大学出版社，2002年，第865页。

④ ［宋］范仲淹著，李勇先、王蓉贵校点：《范仲淹全集》文集卷十五，成都：四川大学出版社，2002年，第373页。

⑤ ［元］脱脱等撰：《宋史》卷三一四，北京：中华书局，1985年，第10267页。

⑥ ［元］脱脱等撰：《宋史》卷三一四，北京：中华书局，1985年，第10276页。

> 读书，寝食皆立时刻，往往潜至斋舍诇之。见有先寝者，诘之，其人绐云："适疲倦，暂就枕耳。"仲淹问："未寝之时，观何书?"其人亦妄对。仲淹即取书问之，其人不能对，乃罚之。出题使诸生作赋，必先自为之，欲知其难易及所当用意，使学者准以为法。由是四方从学者辐辏。其后宋人以文学有声名于场屋朝廷者，多其所教也。[①]

司马光所言"出题使诸生作赋，必先自为之"，而《范集》中现存律赋多首，应当是他当年为学生所作的范文；其《易义》对于《易经》二十七卦的解析，可能也是他那时的授课讲义。由此足见仲淹当年教授生徒用心之苦和用力之勤。

从立志苦读、自学成才的典范，到教学有法、诲人不倦的先生，这些不同寻常的经历，已经从思想上到实践上初步奠定了仲淹"一代宗师"的地位。

二、范仲淹的学术思想和学术建树

《宋元学案》首列《安定学案》，开篇即说："宋世学术之盛，安定(胡瑗)、泰山(孙复)为之先河。"(《安定学案序录》)[②]说到宋代儒学主流地位的确立，《宋元学案》特别推尊欧阳修，称赞他力排佛教，"因文见道"，"佛入中国千余年，只韩、欧二公立得定"(《宋元儒学案序录》)[③]。其实，这种观点颇为偏颇。因为宋代儒学是在融合、吸收释道等各家思想有益成分的基础上发展起来的，并不是排拒释道的结果。若论欧阳修在文学上的成就和一代宗师的地位，无人企及，若论其在史学领域的贡献，也是举世公认。但是，若认为欧阳修从"排佛"和"疑古"两个方面开启了宋儒义理之学的先河，若认为宋初"三先生"(胡瑗、孙复、石介)和欧阳修是宋世学术的开创者，则言过其实，过于勉强，未能为笔者所信服。因为在他们之前，仲淹即以其独到的见解和作为，为宋学的健康发展鸣锣开道。即以朱熹而论，他虽然推崇"三先生"，但他更推崇范仲淹，而对

---

① [宋]司马光撰，邓广铭、张希清整理:《涑水记闻》卷十《全宋笔记》第11册，郑州:大象出版社，2019年，第120页。

② [清]黄宗羲原撰，[清]全祖望补修，陈金生、梁运华点校:《宋元学案》卷一，北京:中华书局，1986年，第23页。

③ [清]黄宗羲原撰，[清]全祖望补修，陈金生、梁运华点校:《宋元学案》卷首，北京:中华书局，1986年，第1页。

欧阳修及其门下士苏东坡在儒家经学方面的成就，却有微词：

> 问："东坡与韩公如何？"
>
> 曰："平正不及韩公。东坡说得高妙处，只是说佛，其他处又皆粗。"
>
> 又问："欧公如何？"
>
> 曰："浅。"久之，又曰："大概皆以文人自立。平时读书，只把做考究古今治乱兴衰底事，要做文章，都不曾向（自己）身上做工夫，平日只是以吟诗饮酒，戏谑度日。"[①]

我们姑置不论朱熹提到的关于欧、苏二公的儒学造诣和学以致用的用心，单说早在"三先生"以及欧公之前，仲淹以其勇于担当、勇于探索的精神，在转变当时的学风、文风、士风以及社会风气等诸多方面开了风气之先。正如当年某学生问朱熹："已前皆衮缠成风俗。本朝道学之盛，岂是衮缠？"朱熹回答说："亦有其渐。自范文正以来已有好议论，如山东有孙明复，徂来有石守道，湖州有胡安定，到后来遂有周子程子张子出。故程子平生不敢忘此数公，依旧尊他。"[②]那么，仲淹究竟有哪些"好议论"呢？笔者认为，这话正启示我们可从三个方面入手考察仲淹的学术思想和学术建树。一是对内，看他如何对待传统的儒家经典，是全盘继承，固守成说，还是探赜索隐，取其精义；二是对外，看他如何对待佛、老等儒家以外各家学说，是一概视作异端邪说，予以排拒，还是兼容并包，取其精华；三是看他如何对待当时的学风、世风和社会思潮，是汩泥扬波，随波逐流，还是力挽狂澜，砥柱中流。让我们循此思路，来考察范仲淹的作为。

（一）对内，讲求实际的一代大儒

仲淹本色是儒生。他常说："吾儒之职，去先王之经，则茫乎无从矣，又岂

---

① ［宋］黎靖德编，王星贤点校：《朱子语类》卷一三〇，北京：中华书局，1986年，第3113页。

② ［宋］黎靖德编，王星贤点校：《朱子语类》卷一二九，北京：中华书局，1986年，第3089－3090页。

暇学人之巧，失其故步？但唯精唯一，死生以之。”(《尺牍·胡安定屯田》)[①]他对儒家经典的基本观点和基本态度是：

> 夫善国者，莫先育材；育材之方，莫先劝学；劝学之要，莫尚宗经。宗经则道大，道大则才大，才大则功大。盖圣人法度之言存乎《书》，安危之几存乎《易》，得失之鉴存乎《诗》，是非之辨存乎《春秋》，天下之制存乎《礼》，万物之情存乎《乐》。故俊哲之人，入乎六经，则能服法度之言，察安危之几，陈得失之鉴，析是非之辨，明天下之制，尽万物之情。使斯人之徒辅成王道，复何求哉！至于扣诸子、猎群史，所以观异同，质成败，非求道于斯也。有能理其书而不深其旨者，虽朴愚之心未可与适道，然必顾瞻礼义，执守规矩，不犹愈于学非而博者乎！(《上时相议制举书》)[②]

在对待儒家传统经典的态度上，仲淹首先提出了注重义理、不惑传注的思想，并且从理论与实践的结合上促进了儒学从章句之学向义理之学的转变。而这转变，大约起因于几位同年之间的一场论辩。

他的同年好友滕宗谅(字子京)编集有唐一代的制诰册文30卷，拟命名为《唐典》，仲淹大以为不妥，于是在欧静、周骙等几位同年之间展开了一场激辩，仲淹借此机会阐发了自己关于儒家经典的一些基本观点。他首先提出，学者“当于六经之中，专师圣人之意。后之诸儒，异端百起，不足繄以自取”(《与欧静书》)[③]。仲淹不仅对据守章句、破碎大雅的汉儒提出批评，甚至对孔门高足子游、子夏的言论以及对权威的解经之作“春秋三传”也都提出了质疑。他说：“圣人之为《春秋》也，因东鲁之文，追西周之制，褒贬大举，赏罚尽在。……一字之下，百王不刊。游、夏既无补于前，公、谷盖有失于后，虽丘明之《传》，颇多

---

① [宋]范仲淹著，李勇先、王蓉贵校点：《范仲淹全集》尺牍卷下，成都：四川大学出版社，2002年，第693页。

② [宋]范仲淹著，李勇先、王蓉贵校点：《范仲淹全集》文集卷十，成都：四川大学出版社，2002年，第237-238页。

③ [宋]范仲淹著，李勇先、王蓉贵校点：《范仲淹全集》文集卷十，成都：四川大学出版社，2002年，第242页。

冰释，而素王之言，尚或天远。”(《说〈春秋〉序》)[①]与此同时，仲淹还提出“《书》亦史也”的观点，并且对“夏有政典，周有六典”的说法，提出怀疑并进行辨正(《与周骙推官书》)[②]。不仅如此，仲淹还对历史上的某些官方定论痛斥其非，并且要后人引以为鉴戒：“如则天、中宗昏乱之朝，诛害宗室，戮辱忠良，制书之下，欺天蔽民，人到于今冤之。倘亦以‘典’为名，跻于唐虞之列，不亦助欺天之丑乎？”(《与欧静书》)[③]更加难能可贵的是，他还以孟子“尽信书不如无书”的名言作为武器，批评《旧唐书》“芜驳，因其成败而书之，无所裁正”(《述梦诗序》)[④]，并且亲自撰文，以“不以成败论英雄”的史学观，率先为因参与唐代“永贞革新”而遭到贬斥的王叔文、刘禹锡、柳宗元等“二王八司马”洗冤辩诬，后来影响到欧阳修等人撰《新唐书》，终于为这桩历史旧案彻底翻案。

(二) 对外，兼容佛、老，博采众长

宋学并不排斥佛、老，而是在与佛、老等各家学说相互竞争、交流、融汇中发展起来的新儒学。仲淹与他同时代许多学者的一大不同，是他认为儒、释、道各家在基本学理上更多的是互通互补，而不是势不两立、互不相容。仲淹既为儒家经生，又精研佛经道典，兼收并蓄，博采众长，这就为引领宋学的健康发展做出了重要贡献。

自唐代韩愈、李翱起，直到宋代柳开、穆修、石介、李觏等众多学者，为重振儒家的正统地位，捍卫其学说的“纯洁性”，都曾力排佛、老两家。而仲淹则大为不同。他一方面批评当时缁黄之流蠹政害民的现实，严肃指出：

> 夫释道之书，以真常为性，以清净为宗。神而明之，存乎其人，智者尚难于言，而况于民乎？君子弗论者，非今理天下之道也。其徒繁

① [宋]范仲淹著，李勇先、王蓉贵校点：《范仲淹全集》文集卷八，成都：四川大学出版社，2002年，第189页。

② [宋]范仲淹著，李勇先、王蓉贵校点：《范仲淹全集》文集卷十，成都：四川大学出版社，2002年，第243页。

③ [宋]范仲淹著，李勇先、王蓉贵校点：《范仲淹全集》文集卷十，成都：四川大学出版社，2002年，第240页。

④ [宋]范仲淹著，李勇先、王蓉贵校点：《范仲淹全集》文集卷八，成都：四川大学出版社，2002年，第182－183页。

秽，不可不约。(《上执政书》)[1]

但在另一方面，大约是由于他自幼就有在道观、寺院生活学习的经历，既精通释、道两家典藏，又交有不少和尚、道士师友，因而养成了他开阔的胸怀和宽容的品格。正因为如此，仲淹不仅对儒家内部各派没有门户之见，对于佛、老两家也取兼容并包、取其所长的态度，用以充实、提高、丰富和完善自己。

(三) 力正文风

针对当时的柔靡文风，仲淹提出了"救文弊"的主张，并且以自己的创作实践力推诗文革新，为转变文风、世风立下了不世之功。

北宋建立以后直到仲淹生活的时代，虽然国家基本统一，社会和平安定，但唐末五代沿袭下来的萎靡不振的文风并没有得到改变，继续影响着当时的学风、官风和政风。随着经济的逐渐恢复和繁荣，这种柔弱绮丽的文风助长了社会上的享乐奢靡之风。此前虽有柳开、穆修、王禹偁等人为转变文风而大声疾呼，但收效甚微。到了范仲淹，则把文风好坏提到了攸关国运兴衰、政权存亡的高度。他说：

> 臣闻国之文章，应于风化；风化厚薄，见乎文章。是故观虞夏之书，足以明帝王之道；览南朝之文，足以知衰靡之化。故圣人之理天下也，文弊则救之以质，质弊则救之以文。质弊而不救，则晦而不彰；文弊而不救，则华而将落。前代之季，不能自救，以至于大乱，乃有来者，起而救之。故文章之薄，则为君子之忧；风化其坏，则为来者之资。惟圣帝明王，文质相救，在乎己，不在乎人。(《奏上时务书》)[2]

仲淹"救文弊"的主张，对于欧阳修后来主盟文坛，具有不容忽视的先导和推毂之功。仲淹密切关注当时诗文革新运动的兴起以及文风的变化，并且对其演变过程作出如下述评：

---

① [宋]范仲淹著，李勇先、王蓉贵校点：《范仲淹全集》文集卷九，成都：四川大学出版社，2002年，第217页。

② [宋]范仲淹著，李勇先、王蓉贵校点：《范仲淹全集》文集卷九，成都：四川大学出版社，2002年，第200页。

> 予观《尧典·舜歌》而下，文章之作，醇醨迭变，代无穷乎。惟抑末扬本，去郑复雅，左右圣人之道者难之。近则唐贞元、元和之间，韩退之主盟于文，而古道最盛。懿、僖以降，浸及五代，其体薄弱。皇朝柳仲涂（柳开）起而麾之，髦俊率从焉。仲涂门人能师经探道，有文于天下者多矣。洎杨大年（杨亿）以应用之才，独步当世。学者刻辞镂意，以希仿佛，未暇及古也。其间甚者专事藻饰，破碎大雅，反谓古道不适于用，废而弗学者久之。洛阳尹师鲁（尹洙），少有高识，不逐时辈，从穆伯长（穆修）游，力为古文。而师鲁深于《春秋》，故其文谨严，辞约而理精，章奏疏议，大见风采，士林方耸慕焉。遽得欧阳永叔（欧阳修），从而大振之，由是天下之文一变而古，其深有功于道欤！（《尹师鲁〈河南集〉序》）①

仲淹不仅以其"救文弊"的主张为诗文革新运动鸣锣开道，更以其创作实践为我们留下了许多不朽的篇章。仲淹虽然没有被后人推进唐宋八大家之列，但在我们今天看来，仅以其《岳阳楼记》为代表的数篇散文而论，也无人能动摇其在中国文学史上的崇高地位。

（四）可贵的《易学》思想

仲淹尊儒宗经，其宗旨在于明体达用，学以致用，是为解决社会现实问题而向儒家经典寻找理论依据。仲淹的这一思想，集中反映在他对《易经》的解读上。史称仲淹"泛通《六经》，长于《易》"②。《范集》现存《易义》一篇，集中反映了他的易学思想，当为他在南京教授生徒时的"讲义"。现存律赋 30 余篇，大多为其阐发易理之作，亦当为其生徒应试而作的"范文"。仲淹解《易》，突出强调其"变易"思想，其目的则是为推行政治改革而做理论上的准备。兹举其《易义》中对《革》《鼎》二卦的阐释为例：

> 《革》（离下兑上）：水火相薄，变在其中，圣人行权革易之时也。

---

① ［宋］范仲淹著，李勇先、王蓉贵校点：《范仲淹全集》文集卷八，成都：四川大学出版社，2002年，第 183 页。

② ［元］脱脱等撰：《宋史》卷三一四，北京：中华书局，1985 年，第 10267 页。

夫泽有水则得其宜，今泽有火，是反其常矣。天下无道，圣人革之以反常之权。然而反常之权，天下何由而从之？以其内文明而外说（悦）也。（内卦文明，外卦兑说）以此之文明易彼之昏乱，以天下之说（悦）易四海之怨，以至仁易不仁，以有道易无道，此所以反常，而天下听矣……

《鼎》（巽下离上）：以木顺火，鼎始用焉，圣人开基立器之时也。夫天下无道，圣人革之。天下既革而制作兴，制作兴而立成器，立成器而鼎莫先焉。故取鼎为义，表时之新也。……故曰“革去故”而“鼎取新”。圣人之新，为天下也，夫何盛焉……（《易义》）①

如果说，仲淹对于《鼎》《革》二卦的解释多少有点“鼓吹革命”的味道，那么，对于《损》《益》二卦的解释，则是完全站在儒家的民本立场上，展现其“损上益下”的改革思想：

《损》（兑下艮上）：山泽通气，其润上行，取下资上之时也。……下者上之本，本固则邦宁。今务于取下，乃伤其本矣，危之道也。损之有时，民犹说（悦）也；损之无时，泽将竭焉。故曰“川竭必山崩”，此之象也。无他，下涸而上枯也。“百姓不足，君孰与足”，其斯之谓欤！

《益》（震下巽上）：刚来而助柔，损有余而补不足，自上惠下之时也。天道下济，品物咸亨；圣人下济，万国咸宁。《益》之为道大矣哉！然则益上曰损、损上曰益者，何也？夫益上则损下，损下则伤其本也，是故谓之损；损上则益下，益下则固其本也，是故谓之益。本斯固矣，干斯茂矣，源斯深矣，流斯长矣。下之益上，则利有竭焉；上之益下，则因其利而利之，何竭之有焉！（《易义》）②

远在推行庆历新政之前，仲淹就多次上书朝廷呼吁改革，皆引《易经》“穷则变，变则通，通则久”之义为说。在新政开始之际的《答手诏条陈十事》，他更

① ［宋］范仲淹著，李勇先、王蓉贵校点：《范仲淹全集》文集卷七，成都：四川大学出版社，2002年，第148页。

② ［宋］范仲淹著，李勇先、王蓉贵校点：《范仲淹全集》文集卷七，成都：四川大学出版社，2002年，第145－146页。

进一步系统阐述这一思想：

臣闻历代之政，久皆有弊。弊而不救，祸乱必生。何哉？纲纪浸堕，制度日削，恩赏不节，赋敛无度，人情惨怨，天祸暴起。惟尧舜能通其变，使民不倦。《易》曰："穷则变，变则通，通则久。"此言天下之理有所穷塞，则思变通之道。既能变通，则成长久之业。①

我们读范氏文集，不仅其政论文章如此，即便在其他各体文章包括与友人书信中，他也经常以《易经》之道说明事物之理。念兹在兹，不忘初心，足见其学以致用之心。

（五）光辉而超前的经济思想

北宋中期以后，商品经济的发展引发一些新的社会问题，从而引起仲淹的一些深层次思考，于是他产生了一些极为超前的经济思想。这里仅举三例。

一是重商思想。儒家的传统观念是扬本抑末、重农抑商，商人社会地位低下，长期普遍受到歧视。仲淹基于当时商品经济已经较为发达、在国家和社会生活中所占地位越来越重要的现实，一反传统，对商人的社会地位和作用给予高度评价，并对其卑贱而悲惨的境遇给予深切同情。他在贬谪途中，曾遭遇风波之险，推己及人，大声疾呼："商人岂有罪，同我在风波。"（《赴桐庐郡淮上遇风三首》其二）②他还曾写出《四民诗》一组，系统阐发他的重商思想：

尝闻商者云，转货赖斯民。远近日中合，有无天下均。上以利吾国，下以藩吾身。《周官》有常籍，岂云逐末人？天意亦何事，狼虎生贪秦。经界变阡陌，吾商苦悲辛。四民无常籍，茫茫伪与真。游者窃吾利，堕者乱吾伦。淳源一以荡，颓波浩无津。可堪贵与富，侈态日日新。万里奉绮罗，九陌资埃尘。穷山无遗宝，竭海无遗珍。鬼神为之劳，天地为之贫。此弊已千载，千载犹因循。桑柘不成林，荆棘有

---

① ［宋］范仲淹著，李勇先、王蓉贵校点：《范仲淹全集》政府奏议卷上，成都：四川大学出版社，2002年，第523－524页。

② ［宋］范仲淹著，李勇先、王蓉贵校点：《范仲淹全集》文集卷五，成都：四川大学出版社，2002年，第92页。

余春。吾商则何罪，君子耻为邻。上有尧舜主，下有周召臣。琴瑟愿更张，使我歌良辰。何日用此言，皇天岂不仁？(《四民诗·商》)[①]

二是主张废除国家茶盐专卖制度。盐铁是有关国计民生的重要物资，盐铁专卖制度，在我国延续了大约两千多年。到了北宋时期，又增加了茶叶专卖。名义上是为国家开辟新的财源，但随着商品经济的发展，暴露出来的弊端越来越明显。仲淹参政以后，大胆提出了废除茶盐专卖的主张。他认为：

天下茶盐，出于山海，是天地之利，以养万民也。近古以来，官禁其源，人多犯法。今又绝商旅之路，官自行贩，困于运置。其民庶私贩者徒流，兵稍盗取者绞配，岁有千万人罹此刑祸。是有司与民争利……及以官贩之利，较其商旅，则增息非多，而固护之弊，未能革……臣请诏天下茶盐之法，尽使行商，以去苛刻之刑，以息运置之劳，以取长久之利，此亦助陛下修德省刑之万一也。(《奏灾异后合行四事》)[②]

三是以刺激消费拉动经济发展的超前思想。仲淹晚年知杭州，适逢大旱，百姓生存艰难。仲淹采取的救荒措施堪称“不按常理出牌”，甚至可称为反其道而行之。连当时坐镇杭州的两浙转运使孙甫也不能理解。转运使负有监察州县长官之责。仲淹本为孙甫十分敬重的老朋友，但孙甫素以刚正出名，并不因私情废公事，以至上表参奏了仲淹一本。直待仲淹上表申明原委，才获得朝廷理解。此事幸被沈括《梦溪笔谈》记载下来：

皇祐二年(1050)，吴中大饥，殍殣枕路。是时范文正领浙西，发粟及募民存饷，为术甚备。吴人喜竞渡，好为佛事，希文乃纵民竞渡，太守日出宴于湖上，自春至夏，居民空巷出游。又召诸佛寺主首谕之曰：“饥岁工价至贱，可以大兴土木之役。”于是诸寺工作鼎兴。又新

---

① [宋]范仲淹著，李勇先、王蓉贵校点：《范仲淹全集》文集卷二，成都：四川大学出版社，2002年，第25页。

② [宋]范仲淹著，李勇先、王蓉贵校点：《范仲淹全集》政府奏议卷上，成都：四川大学出版社，2002年，第583页。

廒仓、吏舍，日役千夫。监司奏劾杭州不恤荒政，嬉游不节，及公私兴造，伤耗民力。文正乃自条叙，所以宴游及兴造，皆欲以发有余之财，以惠贫者。贸易、饮食、工技服力之人，仰食于公私者日无虑数万人，荒政之施，莫此为大。是岁两浙惟杭州晏然，民不流徙，皆文正之惠也。岁饥，发司农之粟，募民兴利，近岁遂著为令。既已恤饥，因之以成就民利，此先王之美泽也。(《官政一》)①

荒年凶岁如何施政，儒家经典《周礼》虽然早有明训，但后世当政者对此古训往往视而不见，漫不经心。当仲淹在苏州准备用以工代赈办法治理水患的时候，也曾遭到许多颟顸之士的反对，幸赖宰相吕夷简不计前嫌，给予支持，才得以完成。仲淹杭州救灾的措施，虽被沈括称为"先王美泽"，但在中国古代的救荒史上，罕见先例。那么，从世界范围来看又当如何呢？当百业萧条，经济不景气的时候，如何通过扩大内需、刺激消费，来拉动经济增长？这在 20 世纪 20—30 年代的欧洲，为应对严重的经济危机而产生的凯恩斯主义才解决了的问题。而仲淹早在将近千年之前不仅产生了这种思想，还把它用之于救荒实践。对于仲淹的这种高超智慧和超前意识，我们不能不由衷地敬佩。这种荒政措施，据沈括说"近岁遂著为令"，但在此后的数百年间，好像并没有被当政者作为一条成功经验继承下来。

(六) 非同寻常的重医思想

医生，古代往往"巫医"并称，或者"医卜星相"并称，长期被视为卑贱职业而排除在"四民"之外。仲淹"不为良相，愿为良医"的提出，极大地提高了医生的社会地位和职业自豪感。由他发起的庆历兴学和科举改革，不仅开创了我国的官办医学教育体系，而且为宋代的学校教育注入了新的内容，促进了儒学和医学的融合发展。从此以后，中国古代传统的儒生一般兼习医术，传统的医生一般兼通儒学。儒术、医术，从此皆被称为仁术。这种儒医之间的紧密结合，不仅是区别于前代士人的一大特点，也是中国传统知识分子区别于西方知识分子的一大特点。它对于促进祖国医学事业的发展和保障中华民族的繁荣

① [宋]沈括撰，胡静宜整理：《梦溪笔谈》卷十一，《全宋笔记》第 13 册，郑州：大象出版社，2019 年，第 91 页。

昌盛，做出了特殊贡献。

（七）难能可贵的民族平等思想

中国古代统治者自命为“天朝上国”，重“华夷之辨”、严“华夷之防”，对周边少数民族向来实行歧视政策。对待他们的办法，要么是怀柔安抚，予以“羁縻”，要么是征讨杀伐，武力镇压。而仲淹在对西夏战争中之所以能够取得成效，其中重要一条，就是他采取了一条有别于传统观念的战争方略。当朝廷决定实行“五路进讨”时，他坚持请求留下鄜延一路，不愿关上和谈之门。仲淹因“擅答”赵元昊书差点掉了脑袋，但对他《答赵元昊书》所表达的思想观点，满朝文武并无异议。仲淹对待边疆少数民族的态度是，只要他们愿意服从北宋政权，即可和平共处，且可给予高度自治。他在《答赵元昊书》中，并不是以居高临下之势予以威吓，而是以平等兄弟的态度动之以情、晓之以理，说明“和则两利、战则两害”的道理。他说：

> 蕃兵战死，非有罪也，忠于大王耳；汉兵战死，非有罪也，忠于天子耳。使忠孝之人，肝脑涂地，积累怨魄，为妖为灾，大王其可忽诸！朝廷以王者无外，有生之民，皆为赤子，何蕃汉之限哉！何胜负之言哉！……大王从之，则上下同其美利，生民之患，几乎息矣；不从，则上下失其美利，生民之患，何时而息哉？某今日之言，非独利于大王，盖以奉君亲之训，救生民之患，合天地之仁而已乎！惟大王择焉。（《答赵元昊书》）①

仲淹虽然身为戍边统帅，但他并不专意于杀伐，而是出以恻隐之心，表现为以人为本的仁者情怀。这种超前的民族平等思想，正是他能够怀来柔远、取得对西夏防御作战胜利的重要原因。《答赵元昊书》所言：“王者无外，有生之民，皆为赤子。何蕃汉之限哉！何胜负之言哉！”几句话特别令人感动，它对我们今天正确处理民族关系，依然具有很强的借鉴意义。

---

① ［宋］范仲淹著，李勇先、王蓉贵校点：《范仲淹全集》文集卷十，成都：四川大学出版社，2002年，第249－250页。

（八）举世景仰的气节人品

儒家注重个人修养，特重气节、人品，认为“修身”是治国平天下的基础。仲淹的人生信条是：“儒生报国，以言为先”“私罪不可有，公罪不可无”。诗人梅尧臣把他比作一只啄木鸟，称赞他“啄尽林间蠹，未肯出林飞”[①]，他的回答则是愿做一只预言人间祸福的乌鸦，表示“宁鸣而死，不默而生”（《灵乌赋》）[②]。石介把他比作尧舜的贤臣夔、契，富弼则目他为圣人。从天圣七年（1029，41岁）冬到景祐三年（1036，48岁）夏，正当人生事业的黄金年华，他却因言获罪，七年之内连续三次遭贬，因而也成就了他的“三光”美誉。

富弼评价他说：

> 公为学好明经术，每道圣贤事业，辄跂竿勉慕，皆欲行之于己。自始仕，慨然已有康济之志。凡所设施，必本仁义而将之以刚决，未尝为人屈挠……事有不安者，极意论辩，不畏权幸，不蹙忧患……乃韩愈所谓“信道笃而自知明”者也。（《范文正公仲淹墓志铭》）[③]

欧阳修评价他说：

> 公少有大节，其于富贵、贫贱、毁誉、欢戚，不一动其心，而慨然有志于天下，常自诵曰：“士当先天下之忧而忧，后天下之乐而乐”也。其事上遇人，一以自信，不择利害为趋舍。其有所为，必尽其方，曰：“为之自我者，当如是，其成与否有不在我者，虽圣贤不能必，吾岂苟哉？”（《资政殿学士户部侍郎文正范公神道碑铭》）[④]

---

① 《古今诗话》：“范文正公有劲节，知无不言，仁庙朝数出外补。梅圣俞作《啄木诗》以见意曰：‘啄尽林中蠹，未肯出林飞。不识黄金弹，双翎堕落晖。’”参见郭绍虞：《宋诗话辑佚》，北京：中华书局，1980年，第136页。“啄尽林中蠹”，朱东润《梅尧臣集编年校注》卷八作“中园啄尽蠹”，见上海：上海古籍出版社1980年，第115页。

② ［宋］范仲淹著，李勇先、王蓉贵校点：《范仲淹全集》文集卷一，成都：四川大学出版社，2002年，第9页。

③ ［宋］范仲淹著，李勇先、王蓉贵校点：《范仲淹全集》附录一《传记》，成都：四川大学出版社，2002年，第823页。

④ ［宋］范仲淹著，李勇先、王蓉贵校点：《范仲淹全集》附录一《传记》，成都：四川大学出版社，2002年，第812－813页。

朱熹称赞他“天地间气，第一流人物”，并且说：

本朝忠义之风，却是自范文正公作成起来也。①

故而《宋史》本传称他：

每感激论天下事，奋不顾身。一时士大夫矫厉尚风节，自仲淹倡之。②

综上可知，范仲淹堪称中国历史上罕见的一代“完人”。他不仅具有出将入相的丰功伟绩、警世动人的雄词伟章，而且具有渊博的学识和精深的思想，崇高的道德风范和超凡的人格力量，由此赢得了一代宗师的名望和地位，成为一代士人的精神领袖，从而为宋代学术奠定了坚实基础。

三、范仲淹的“左提右挈”之功

前面说过，全祖望虽然为《宋元学案》补撰了《高平学案》，而笔者认为，他对仲淹在宋学发展史上的地位依然认识不足。他说：“晦翁推原学术，安定、泰山而外，高平范魏公其一也。高平一生粹然无疵，而导横渠以入圣人之室，尤为有功。”（《高平学案序录》）③在他看来，高平公（仲淹）“尤为有功”的，仅是“导横渠以入圣人之室”，而对宋学的总体贡献，似乎仅居“安定、泰山而外”的“其一”。事实上，须知“仲淹门下多贤士，如胡瑗、孙复、石介、李觏之徒”（《宋史·范纯仁传》）④，莫不受到仲淹的“左提右挈”。对此，不仅有《范集》的多道奏章荐表为证，更有《宋史》以及不少宋代文献记录下他荐举贤才的美谈轶事。近代以来，已有不少学者对此有所阐发，笔者仅将直接受惠于仲淹的几位名儒经师略陈于后：

① ［宋］黎靖德编，王星贤点校：《朱子语类》卷四七，北京：中华书局，1986 年，第 1188 页。

② ［元］脱脱等撰：《宋史》卷三一四，北京：中华书局，1985 年，第 10268 页。

③ ［清］黄宗羲原撰，［清］全祖望补修，陈金生、梁运华点校：《宋元学案》卷三，北京：中华书局，1986 年，第 133 页。

④ ［元］脱脱等撰：《宋史》卷三一四，北京：中华书局，1985 年，第 10282 页。

(一)安定先生胡瑗(993—1059)

胡瑗,字翼之,泰州海陵人(一作如皋人),世称安定先生。仲淹知苏州时,捐地创建州学,邀胡瑗、孙复前往任教(孙复未就)。后又转荐胡瑗到知湖州滕宗谅处任教。仲淹奉命赴西北守边,荐滕宗谅前往,同时荐胡瑗担任了丹州(今陕西宜川)军事推官。大约是由于胡瑗不善军事,辗转回到了湖州,终于成就了他的"苏湖教法"。后来仲淹又举荐他任教于太学,从此"礼部所得士,瑗弟子十常居四五"(《宋史·胡瑗传》)①,终成一代伟大的教育家。

(二)泰山先生孙复(992—1057)

孙复,字明复,晋州平阳(今山西临汾)人。研学《春秋》,以所著《春秋尊王发微》知名当世。《范仲淹全集》收《举张问、孙复状》一道,内称:"臣又见兖州仙源县寄居孙复,元是开封府进士,曾到御前,素负词业,深明经术。今退隐泰山,著书不仕,心通圣奥,迹在穷谷……乞赐召试,特加甄奖。庶几圣朝涣汗,被于幽滞。"②其实这是仲淹后期对孙复的提携。至于前期对孙复的栽培,北宋魏泰《东轩笔录》给我们留下了一段感人至深的佳话:

> 范文正公在睢阳掌学,有孙秀才者索游上谒,文正赠钱一千。明年,孙生复道睢阳谒文正,又赠十千。因问:"何为汲汲于道路?"孙秀才戚然动色曰:"老母无以养,若日得百钱,则甘旨足矣。"文正曰:"吾观子辞气,非乞客也,二年仆仆,所得几何,而废学多矣。吾今补子为学职,月可得三千以供养,子能安于为学乎?"孙生再拜大喜。于是授以《春秋》,而孙生笃学,不舍昼夜,行复修谨,文正甚爱之。明年,文正去睢阳,孙亦辞归。后十年,闻泰山下有孙明复先生,以《春秋》教授学者,道德高迈,朝廷召至太学,乃昔日索游孙秀才也。文正叹曰:"贫之为累亦大矣,倘因循索米至老,则虽人有如孙明复者,犹将汩没

---

① [元]脱脱等撰:《宋史》卷四三二,北京:中华书局,1985年,第12837页。又参见《范文正公政府奏议》卷下《奏为荐胡瑗李觏充学官》,见[宋]范仲淹著,李勇先、王蓉贵校点:《范仲淹全集》,成都:四川大学出版社,2002年,第615页。

② [宋]范仲淹著,李勇先、王蓉贵校点:《范仲淹全集》文集卷十九,成都:四川大学出版社,2002年,第438页。

而不见也。"[①]

(三) 徂徕先生石介(1005—1045)

石介,字守道,兖州奉符(今山东泰安东南),世称徂徕先生。笃学尚志,乐善疾恶,遇事敢为。师事孙复甚谨,力排释道,提倡古文,以复兴儒道为己任。与欧阳修为同年,交谊甚笃。"入为国子监直讲,学者从之甚众,太学由此益盛。"(《宋史·石介传》)[②]他是范仲淹的铁杆"粉丝",庆历新政的热烈支持者、鼓吹者,并且因此而受到沉重打击,死后差一点被发棺验尸,成为庆历新政最惨的牺牲者。

(四) 盱江先生李觏(1009—1059)

李觏字泰伯,建昌军南城人(今江西抚州资溪人),世称盱江先生。仲淹历任地方官,所到之处热心兴学校、延师儒,于贬谪饶州时结识李觏。后来仲淹知润州、越州,两次延聘李觏前往任教,最后又向朝廷举荐,让李觏担任太学直讲,终成一代名师[③]。

(五) 横渠先生张载(1020—1077)

字子厚,凤翔郿县人(今陕西眉县),世称横渠先生。据《宋史》本传,张载"少喜谈兵,至欲结客取洮西之地。年二十一,以书谒范仲淹,一见知其远器,乃警之曰:'儒者自有名教可乐,何事于兵?'因劝读《中庸》"(《张载传》)[④]。张载从此走上读经治学之路。张载无意仕途,讲学于关中,决心"为天地立心,为生民立命,为往圣继绝学,为万世开太平",成为关学之开山祖师。全祖望称仲淹"导横渠以入圣人之室",盖指此。

---

① [宋]魏泰撰,燕永成整理:《东轩笔录》卷十四,《全宋笔记》第 20 册,郑州:大象出版社,2019 年,第 312 页。

② [元]脱脱等撰:《宋史》卷四三二,北京:中华书局,1985 年,第 12833 页。

③ 参见[宋]范仲淹著,李勇先、王蓉贵校点:《范仲淹全集》,成都:四川大学出版社,2002 年。《范文正公尺牍》卷下《与李泰伯书》,第 689 页;《范文正公文集》卷二十《荐李觏并录进〈礼论〉等状》,第 451 页;《范文正公政府奏议》卷下《奏为荐胡瑗李觏充学官》,第 615 页。

④ [元]脱脱等撰:《宋史》卷四二七,北京:中华书局,1985 年,第 12723 页。

(六)其他大儒

如果说,仲淹对于以上五位先生的交往和"左提右挈",近世学者有不少论述,那么,从振兴学术角度探讨仲淹与以下诸位大儒的关系,尤应表出:

1. 临川先生王安石(1021—1086)。王安石以其"新学"称得上受仲淹提携最有力的一代大儒,笔者已有专文考索。这里还须指出的是,安石著《三经新义》,不用先儒传注而独出新意,很可能是受到了仲淹疑古思想和易学思想的影响。"荆公新学"曾为占据当时主导地位半个多世纪的显学。今人关于庆历新政和熙丰变法关系的研究,主要着眼于政治层面,笔者以为,若能将仲淹的《易》学思想与"荆公新学"加以比较,可进一步看出两人学术思想上的传承。而研究两人学术思想上的传承,不仅有助于深化对两次变法的比较研究,更有助于我们对宋代学术的全面研究。所可惜者,其《三经新义》已佚,留下了莫大遗憾。

2. 濂溪先生周敦颐(1017—1073)。《宋史》立《道学传》,首列周敦颐。认为孔、孟之后,"千有余载,至宋中叶,周敦颐出于舂陵,乃得圣贤不传之学"(《道学传序》)[①]。此说认为周敦颐无师自通,"自拔于尘俗之中"。其实,敦颐也曾受业于仲淹,笔者另有专文考索。这里仅指出一点:

《宋史·道学传序》称周敦颐"作《太极图说》《通书》,推明阴阳五行之理,命于天而性于人者,瞭若指掌"[②]。敦颐两书皆基于《易经》。而仲淹"泛通六经,尤长于《易》"。倘若将敦颐之著作与仲淹之《易》学思想进行比较,当会发现其递相传承之脉络。

3. 明道先生程颢(1032—1085)与伊川先生程颐(1033—1107)。仲淹与二程年岁相差较大,未见其直接交往,但间接联系之迹似可找到不少。

首先是横渠先生张载。张载年长二程十多岁,且有亲戚关系(他们称张载为表叔)。二程之学术思想,受张载影响尤深。而"导横渠以入圣人之室"者是范仲淹,于此可知二程与仲淹思想渊源之深。

其次据《宋史·道学一·周敦颐传》,敦颐任南安军司理参军时,程珦"通判军事,视其气貌非常人,与语,知其为学知道,因与为友,使二子颢、颐往受业

---

① [元]脱脱等撰:《宋史》卷四二七,北京:中华书局,1985年,第12710页。

② 同上。

焉”(《周敦颐传》)[①]。《程颢传》也说:“自十五六时,与弟颐闻汝南周敦颐论学,遂厌科举之习,慨然有求道之志。”(《程颢传》)[②]自敦颐而论,二程当为仲淹之再传弟子。

再次据《宋史·道学一·程颐传》等,程颐居太学读书,正当孙复、胡瑗等执教之时。由此而论,程颐亦当为仲淹之再传弟子。

继次仲淹于五经之中特重《易》《春秋》,程颐传世之作亦为《易传》《春秋传》。仲淹解《易》,特重其变易思想。程颐《易传》开篇即说:“易,变易也,随时变易以从道也。其为书也,广大悉备,将以顺性命之理,通幽明之故,尽事物之情,而示开物成务之道也。”(《宋史·程颐传》)[③]可见其易学思想一脉相承。

最后尤其值得注意的是仲淹与二程的思想传承,集中体现在对孔门弟子颜回的议论上。仲淹早在应天书院求学时,曾赋七律一首《睢阳学舍书怀》以明志,有句为“瓢思颜子心还乐”[④]。仲淹后来为文,亦屡次提到颜回的“箪食瓢饮”,表示要像颜回那样,即便身居陋巷也会乐道自信。而《宋史·周敦颐传》称:敦颐教二程“每令寻孔、颜乐处,所乐何事,二程之学源流乎此矣”[⑤]。其《程颐传》也说:程颐“游太学,见胡瑗问诸生以《颜子所好何学》,颐因答曰……瑗得其文,大惊异之,即延见,处以学职”[⑥]。程颐的答卷为何会使胡瑗“大惊,异之”,从而受到青睐?想必程颐的见解与胡瑗有着高度的共识共鸣。程颐的见解“源流”何处?显然直接来自周敦颐所教,而周敦颐之所学、胡瑗之所学,与仲淹的“瓢思颜子心还乐”又那么惊人的契合。

除了上列大师之外,据《宋元学案》,曾巩、刘牧、士建中等卓然自成一派之大师,也都曾受教、受荐于仲淹。《范仲淹全集》卷三有诗《送刘牧推官之兖州》一首[⑦],有荐其往见前宰相李迪与从学孙复之意;《曾巩集》卷十五存有与仲淹

---

① [元]脱脱等撰:《宋史》卷四二七,北京:中华书局,1985年,第12712页。

② [元]脱脱等撰:《宋史》卷四二七,北京:中华书局,1985年,第12716页。

③ [元]脱脱等撰:《宋史》卷四二七,北京:中华书局,1985年,第12721页。

④ [宋]范仲淹著,李勇先、王蓉贵校点:《范仲淹全集》文集卷四,成都:四川大学出版社,2002年,第66页。

⑤ [元]脱脱等撰:《宋史》卷四二七,北京:中华书局,1985年,第12712页。

⑥ [元]脱脱等撰:《宋史》卷四二七,北京:中华书局,1985年,第12718-12719页。

⑦ [宋]范仲淹著,李勇先、王蓉贵校点:《范仲淹全集》文集卷三,成都:四川大学出版社,2002年,第52页。

书信一通[①]，皆可见其密切关系。

当我们简要回顾仲淹与以上诸儒交往情形之后，自会坚信仲淹对他们的“左提右挈”，坚信仲淹对宋学的开创奠基之功。

四、范仲淹的庆历兴学为宋学的健康发展开辟了广阔道路

庆历新政虽然从总体上归于失败，但有两项改革成果却被后世很好地继承下来。其一是庆历兴学，使得官办教育从此得到了越来越广泛的普及；其二是改革科举制度，其间虽然历经一些曲折反复，但作为一种选官用人制度，经过不断完善，一直被沿用到清末。这两项改革的成功牢固确立了儒学近千年的主流地位。为了认清这两项改革的意义，须从儒学地位的历史演变说起。

自从汉武帝“罢黜百家，独尊儒术”，儒学便在汉代政治生活中被推上了“独尊”地位。但是，正如范仲淹所断言的那样，“历代之政，久皆有弊”。历史同样表明，任何一种思想学说，一旦取得“独尊”地位，也就是它逐渐失去活力而走向僵化的开始。儒学“独尊”以后，一是学者们为博取功名利禄，从此皓首穷经，热衷于烦琐的章句注疏，看似各持己见，实则徒相纷扰，谁也不敢离经叛道，越雷池一步；二是上层人士处处须得遵循儒家名教，受其拘束，从此陷入不胜其烦的繁文缛节；三是一般人士认为其脱离实际而又僵化枯燥的说教，无益于治道，甚至将其作为嘲讽的对象和笑料。这样一来，儒学貌似“独尊”，其实不仅徒具形式，而且成为束缚思想发展妨碍社会进步的桎梏。正是这种思想禁锢和政治僵化的氛围，使得佛教作为一种全新的思想体系得以传入，并且激活了一些本土宗教（比如道教）乘势而起。这些引进的“外教”和新兴的“土教”，以各自有别于儒家的信仰和理念，吸引信众，征服人心，藐视并挑战儒家传统礼法，从而极大地冲击并动摇了儒学的正统地位。迨至汉魏六朝，儒学实际上走向了“独尊”的反面。不仅士大夫阶层蔑视礼法而陷入清谈，甚至最高统治者也成为佛教的俘虏（比如汉明帝、梁武帝等），这就更加导致了儒家学说日趋式微。主张消极避世和清静无为的释道思想，虽有安抚百姓的一面，但社

---

① 参见[宋]曾巩撰，陈杏珍、晁继周点校：《曾巩集》卷十五，北京：中华书局，1984年，第243－244页。

会的寄生者多了，毕竟有蠹国害民的一面。况且，作为“避世”与“无为”之人，不仅很难为国家所用，还会时不时给国家惹点麻烦。于是就有了后来的排佛灭佛。特别是到了唐代，高宗皇帝复又尊崇道教，认老子为祖宗，直捧为“太上玄元皇帝”；宋代真宗皇帝又捏造出一个大神仙赵玄朗并认作祖宗，直封到“圣祖上灵高道九天司命保生天尊大帝”。崇道礼佛也好，排佛灭佛也好，不论佛道两家如何消长，它所造成的思想冲击和混乱，实际上都把儒家学说悬空虚化，置于更加尴尬的地位。自隋唐开始，虽然实行了科举制度，但那时取士，看重的主要是诗赋文章，而不是思想倾向。其间虽有韩愈等人力排释道，高张兴复古道的大旗，但由于科举考试尚缺乏有力的导向作用，终究收效甚微。北宋建立以后，科举考试虽然增加了儒家经典的分量，但“贴经墨义”的考试方式，使得士子所看重的依然是章句注疏，而不是经旨大义。

到了范仲淹登上政治舞台，特别是庆历兴学和科举制度改革之后，情形则大为改观。范仲淹对于儒学复兴所起到的巨大作用，可归结为四个方面：

一是州县立学的基础作用。令天下州县普遍立学，读书人大大增加，这就为儒学的复兴和发展拓宽了道路，奠定了基础。

二是学校教育的保证作用。学校教育的基本教材，必须是官方规定的儒家经典——后来更具体化为“四书五经”，这就保证了生员所受教育的正统性。

三是科举考试的导向作用。科举考试的内容和方式，规定先经义、后诗赋。所谓先经义，就是废除“贴经墨义”的考试方式，而代之以策论。所谓策论，就是依据儒家经典、联系社会现实出题，既考察士子对于儒家经典主旨要义的掌握程度，又考察他们运用儒家思想分析问题和解决问题的能力。实际上这就是以科举考试作为指挥棒，把知识分子的全副精力吸引到诵读儒家经典上来。

四是力变风气的示范作用。范仲淹的直言敢谏，影响了一代士风。而他主导的庆历兴学，则又直接影响了一代学风。科举考试的导向作用，不仅表现在学校（包括书院）教育的教材上，而且表现在教法上。从此以后，不论是学校还是书院，不论师生之间还是同学之间，皆可针对问题互相切磋探讨、辩论诘难，且形成风气。科举考试的策论，既可联系实际发出策问，应考士子也可各抒己见发表对策。而对策并不是依据儒家经典进行“颂圣”表演，而是针对社会现实问题展示自己的见解和提出解决办法，甚至针对皇帝和朝政提出自己的意见和批评。这对优良学风和社会风气的形成、宋代学术的发展和繁荣，无疑都起到了不可估量的作用。由此而形成的优良学风、士风、官风和社会风气，史上罕有。即以宋仁宗赵祯本人为例，他的宽宏大度、虚心纳谏，表现出的开明程度，亦不能说不是受到这种风气的感染和影响。反过来看，正是这种"君主政体下的民主政治"，使得朝臣可以各陈己见，面折廷争，从而使得中国历史上出现了罕见的开明局面。大约正是这种局面，被柳贻徵先生称为中国政党政治的萌芽①。

总而言之，经过北宋时期的庆历兴学和科举改革，不仅把培养、选拔人才的路径从制度设计上保证了儒家思想的主导地位，而且从此极大地转变了学风，促进了儒学从复兴走向繁荣。

这里还有必要指出的是，宋代儒学与释道各家的关系。明确地说，自宋代始，儒学与释道各家不再有"你死我活"的斗争，而是在和谐共存中发展并振兴起来。任何理论、学说、思想，如果长期处于排他而自我封闭的环境中，只会日益趋于僵化保守，自以为唯我独尊，其命运只能是走向枯朽和衰亡。只有不断从外界汲取营养用以丰富发展自己，才能健康发展，才有走向振兴的希望。以范仲淹为代表的儒家经生，对于释道各家思想不是采取排斥、拒绝态度，而是取其所长作为营养，用以丰富发展自己，才把传统的儒家思想提高到宋学即新儒学阶段。从此以后，我们所看到的景象，一是儒学自身的发展繁荣，内部学派林立，异彩纷呈；二是尽管其内部各派相互争长论短，但不论哪派占据上风，始终都是儒家学说居于社会思想的主导地位；三是自宋代以后，名曰"三教合流"，实则释道各家在国家的政治生活中从此被边缘化，直到元、明、清末，它们只能屈居于配角和附庸地位，再也未能取得与儒家思想分庭抗礼的资格。

所以说，仅就庆历兴学和科举改革的成就及其对后世的影响而言，我们也决不应低估范仲淹对于振兴宋学的不世之功。

结　语

尽管黄宗羲《宋元学案》不列《高平学案》，尽管全祖望称"宋世学术之盛，安定、泰山为之先河"，但是，当我们考察了宋代儒学之发展脉络、了解到范仲淹的学术思想和学术建树、了解他对于北宋诸位大儒的"左提右挈"、了解他对

① 参见柳诒徵撰：《中国文化史》(下)第十九章《政党政治》，上海：上海古籍出版社，2001年。

于庆历兴学和科举改革的贡献之后，看法自然会有所改变。显然，安定、泰山、横渠、濂溪以及二程等先生当初皆非“自拔于尘俗之中”，他们或多或少，或直接或间接，都曾受到过范仲淹学术思想的灌溉濡养。若论宋代学术的“先河”或曰“源头”，我们不能不承认皆肇源于高平范公。

此外，我们还应明白，范仲淹对于宋代学术的贡献，并不限于促进儒学的振兴与崛起，而是具有多方面的建树。比如他对中国医学的贡献，对复武举、建军校，实施正规化、系统化的军事教育，也都具有不可磨灭的开创之功。

试论范仲淹对于北宋诗文革新运动的贡献*

说到宋代学术的发展和繁荣，离不开一代学风和文风的转变。但凡提到宋代学风和文风的转变，离不开北宋诗文革新运动①；但凡提到北宋诗文革新运动的成就，人们不约而同地都会首推当时的文坛领袖、一代宗师欧阳修。是欧阳修以其高尚的人格力量和杰出的创作实绩赢得了文坛领袖的地位，尤其是以欧公主持的嘉祐二年的科举考试为标志性事件，赢得了北宋诗文革新运动的决定性胜利。是欧公提携并团结了一大批青年才俊，为此后的诗文创作开辟了坦途。

然而，我们在称颂欧阳修在领导北宋诗文革新运动取得巨大成就的同时，无论如何不应忘记范仲淹的前驱之劳和推毂之功。

一代伟人范仲淹的成就是多方面的。长期以来，人们对于他在政治、经济、文化、教育、文学、军事等各方面的成就多有论述。大约是为其自身光辉所掩，过去的一些文学史家对于范仲淹在北宋诗文革新运动中所起的作用、所做的贡献，似乎重视不够，评价不足。笔者这里论述的，则是范仲淹对于北宋诗文革新运动的先导、规范、引领和推毂之功。

一、从欧阳修的“不夸文章”说起

清人潘永因编纂的一部《宋稗类抄》为我们保存下来宋人一个有名的说法：

* 本文为提交给2017年9月于安徽阜阳召开的欧阳修国际学术研讨会的论文。

① 相对于唐代中期韩愈、柳宗元倡导的古文运动，文学史家亦有称北宋为二次古文运动或新古文运动者，笔者以为，称其为北宋诗文革新运动较为全面和确切。

世言欧阳永叔（修）每夸政事，不夸文章；蔡君谟（襄）不夸书；吕济叔（溱）不夸棋；何公南（中立）不夸饮酒；司马君实（光）不夸清约。大抵不足则夸也。①

这个说法，一方面称赞古代士人的一种美德——“不夸”，不矜己长，但其中心意思是在于批评人性的一个弱点——“不足则夸”。在文章作者看来，这种人性弱点，连欧阳修也在所难免。

其实，“不足则夸”具有极大的片面性，并不符合一般事实。对于欧阳修来说，更是天大的误解。欧阳修“每夸政事，不夸文章”，绝不是“政事”有所“不足”，而是另有原因。这便是他对社会现实的深刻了解，以及对底层百姓的关爱与深切同情。南宋洪迈《容斋随笔》中关于欧阳修的仁民爱物之心曾有一段真切感人的记载：

张芸叟（舜民）与石司理书云：“顷游京师，求谒先达之门，每听欧阳文忠公、司马温公、王荆公之论，于行义、文史为多，惟欧阳公多谈吏事。既久之，不免有请：‘大凡学者之见先生，莫不以道德文章为欲闻者，今先生多教人以吏事，所未谕也。’”公曰：“不然。吾子皆时才，异日临事当自知之。大抵文学止于润身，政事可以及物。吾昔贬官夷陵，方壮年，未厌学，欲求《史》《汉》一观，公私无有也。无以遣日，因取架阁陈年公案，反复观之，见其枉直乖错，不可胜数。以无为有，以枉为直，违法徇情，灭亲害义，无所不有。且夷陵荒远、偏小，尚如此，天下固可知也。当时仰天誓心，曰：‘自尔遇事，不敢忽也。’”是时苏明允（洵）父子亦在焉，尝闻此语。② [《张浮休（舜民）书》]

“文学止于润身，政事可以及物”，这是欧阳公对于文学与政事具有不同社会功能的基本看法。他不仅用心良苦，谆谆教诲门生弟子关心“政事”，但凡本人履官之处，其宽简惠民之政，也是有口皆碑。正如其本传所载：“凡历数郡，

① [清]潘永因编，刘卓英点校：《宋稗类抄》卷五《尚论》之二十九，北京：书目文献出版社，1985年。

② [宋]洪迈撰，孔凡礼点校：《容斋随笔》卷四，北京：中华书局，2005年，第45页。

不见治迹，不求声誉，宽简而不扰，故所至民便之”[①]，“知开封府，承包拯威严之后，简易循理，不求赫赫名，京师亦治”[②]。由此看来，如果认为欧公对于政事“不足则夸”，不仅是误解，实有厚诬之嫌。

倘若细究起来，我们会发现：欧公“文学止于润身，政事可以及物”的思想，当直接来源于儒家“三不朽”之说。古人论述“三不朽”的顺序是“太上有立德，其次有立功，其次有立言。”[③]这就是说，欧阳公认为“政事”之“及物”，当指立德、立功，直接报效国家，惠泽百姓，而“文学”则属于立言范畴，“止于润身”而已，很难直接用之于治国泽民。由此可知，在欧公的心目中，“润身”与“及物”两者显然有轻重之分，而他所看重的更是“及物”。

倘若再深究一步，我们还会发现，所谓欧公“不夸文章”，却也道出了部分实情。翻检欧公文集，除了在其书信、序跋、杂著等处零星发表过一些有关文章的见解之外，在能够充分抒发议论、表达主张的各类重要文体中，诸如他所作的一些表状、札子、奏议等文章中，涉及“政事”者方方面面，而专论为文之道的“文论”，一篇没有。即便在南宋赵汝愚编纂的一部《宋朝诸臣奏议》中，收入欧公各类奏议 53 篇，涉及事项五花八门，也没有一篇是关于写文章的。

对此，朱熹的《名臣言行录》也有类似说法：

> 苏子容（颂）云：“欧公不言文章，而喜谈政事。君谟（蔡襄）不言政事，而喜论文章。各不矜其所能也。”[④]（《欧阳修》卷八）

苏颂为人正直，学识渊博，后来官至宰相。当年曾为欧公下属，深受欧公赏识，他的话应当真实可信。这就是说，“不夸”也好，“不言”也好，道出了一个基本事实：欧阳修一生没有发表过关于文章的鸿篇大论，似为当时人们的共识。

这就让我们不能不产生一个很大的疑问：欧阳修固然有重“政事”而轻“文章”的言论，但是，要说欧阳修轻视文章，显然不是事实。作为一代文坛领袖、

---

① [元]脱脱撰，中华书局编辑部点校：《宋史》卷三百一十九，北京：中华书局，1985 年，第 10381 页。

② [元]脱脱撰，中华书局编辑部点校：《宋史》卷三百一十九，北京：中华书局，1985 年，第 10378 页。

③ 李梦生撰：《左传译注》，上海：上海古籍出版社，2004 年，第 790 页。

④ [清]丁传靖辑：《宋人轶事汇编》，北京：中华书局，2003 年，第 384 页。

北宋诗文革新运动的伟大旗手，他当时连“为什么要进行诗文革新”以及“怎样进行诗文革新”之类最基本的理论问题和现实问题，都没有论述，没有发表过自己的见解和主张，没有提出过自己的“理论基础”和“行动纲领”，更没有发表过自己的“宣言”和“檄文”。这实在是一个匪夷所思的疑案。本文试图探讨的，正是这个问题。

简而言之，笔者认为，欧公的“不夸文章”，除了上述“文章”“政事”轻重之辨以外，一个最重要、最基本的客观原因，就是当时的社会现实，已经无须他再“夸”文章。因为当欧阳修跻身政坛和文坛之时，北宋诗文革新运动的道路已经开通，方向已经指明，无须他在这方面“筚路蓝缕，以启山林”，再去披荆斩棘，花上太多的开拓功夫。他只要以自己的文坛地位和创作实践把握方向，加以正确的示范和引领，即可陟于文学创作的时代高峰。而开通其道路、指明其方向者，正是范文正公。

二、范仲淹关于诗文革新的基本思想和基本实践

北宋的诗文革新运动，非一代人的事业，有一个从兴起、发展到完成的过程。

北宋王朝建立之初，文坛上沿袭的依然是唐末五代以来的衰世遗风。新政权吸收了不少南唐、西蜀文士（后周旧臣姑置不论），一般说来这些人具有较高的文化素养。作为两朝贰臣，他们虽然生活安逸，但其精神上多少有些失落、空虚乃至萎靡颓废。他们所带来的文化生活，难免弥漫一些靡靡之音。特别是赵匡胤的“杯酒释兵权”，这种君臣之间的“权钱交易”，实质上是鼓励、怂恿一部分功臣宿将、上层官员享乐腐化，醉生梦死。影响所及，自然更加助长了宋初社会风气的奢靡浮华和文风的萎靡不振。

然而，作为一个收拾了五代残局而昂扬向上的新兴政权，需要的则是与之相适应的新气派、新精神。于是，便有一些有识之士振臂而起，要求改变当时卑弱不振的风气，首先是文风。其中最为著名者如柳开、王禹偁、穆修、苏舜钦兄弟、尹洙、石介等人，都可称之为北宋诗文革新运动的前驱。但是，他们或由于地位不高，影响不大，或由于思想偏激，接受者不多。直到范仲淹系统地提出了他的诗文革新的思想和主张，才从理论和实践的结合上为北宋诗文革新运动的健康发展指明了道路。这里仅举其荦荦大端：

（一）范仲淹几次上书朝廷，从宏观上正确地指出了文风与世风、文运与国运、文脉与国脉的密切关系，振聋发聩地提出了“救文弊”的主张：

臣闻国之文章，应于风化；风化厚薄，见乎文章。是故观虞夏之书，足以明帝王之道；览南朝之文，足以知衰靡之化。故圣人之理天下也，文弊则救之以质，质弊则救之以文。质弊而不救，则晦而不彰；文弊而不救，则华而将落。前代之季，不能自救，以至于大乱，乃有来者，起而救之。故文章之薄，则为君子之忧；风化其坏，则为来者之资。惟圣帝明王，文质相救，在乎己，不在乎人……伏望圣慈，与大臣议文章之道，师虞夏之风……可敦谕词臣，兴复古道；更延博雅之士，布于台阁，以救斯文之薄，而厚其风化也，天下幸甚。[①]（《奏上时务书》）

他甚至痛切指出：

人主纳远大之谋，久而成王道；纳浅末之议，久而成乱政。方今圣人在上，贤人在侧，取舍之际，岂有未至？然而刑法之吏言丝发之重轻，钱谷之司举锱铢之利病，则往往谓之急务，响应而行。或有言政教之源流，议风俗之厚薄，陈圣贤之事业，论文武之得失，则往往谓之迂说，废而不行。岂朝廷薄远大之谋、好浅末之议哉！伏望圣慈纳人之谋，用人之议，不以远大为迂说，不以浅末为急务，则王道大成，天下幸甚。[②]（《奏上时务书》）

这里需要特别指出的是，对于范仲淹上述文与道、文运与国运关系的思想和见解，欧阳修并非一开始就有明晰而深刻的认识。他在给别人的书信中甚至这样说过：“其救弊之说甚详，而革弊未之能至。见其弊而识其所以革之者，才识兼通，然后其文博辩而深切，中于时病而不为空言……然近世应科目文

① [宋]范仲淹著，李勇先、王蓉贵校点：《范仲淹全集》文集卷第九，成都：四川大学出版社，2002年，第200页。

② [宋]范仲淹著，李勇先、王蓉贵校点：《范仲淹全集》文集卷第九，成都：四川大学出版社，2002年，第205页。

辞,求若此者盖寡……文章系乎治乱之说,未易谈,况乎愚昧,恶能当此。”[①](《居士外集》卷十八《与黄校书论文章书》)即以他的“文学止于润身,政事可以及物”而论,仅从“润身”“及物”的角度立论,仅从个人和微观角度看待两者对于社会的不同功能,显然具有较为狭隘的片面性和局限性。故而笔者认为,他的“润身”与“及物”之见,显有偏颇,不足为训,已论如前。反观范仲淹的文风国风、文运国运、文脉国脉之说,显然是从宏观上、久远上看待整个国家和社会问题,把文章、文风看作一个朝代盛衰的标志,把它提到了一个时代的风向标和晴雨表的高度。

范仲淹的《奏上时务书》上于天圣三年(1025),其时尹洙刚登进士第不久,欧阳修则晚于此后五年的天圣八年(1030)方中进士。而后他们与梅尧臣等一大批青年才俊会聚于洛阳,欧阳修开始向尹洙学作古文。其时判河南府兼西京留守者,为“西昆派”重要人物钱惟演,河南府通判则是深受“西昆派”领袖杨亿赏识的谢绛。谢绛既为梅尧臣的内兄,又是范仲淹的同年好友。谢绛早以文学知名当世,成为当时这批文学青年的实际领袖。次年春(1031)范仲淹由贬降地河中府(今山西永济)调任陈州(今河南淮阳)通判,途经洛阳访友,结识了这批年轻人,并且留下了一批唱和诗篇。当代学人朱东润先生对这群年轻人聚会洛阳的情形有一段十分精辟的评述:

> 宋代诗文革新的发动是从这里开始的,但是在当时并没有提出革新的要求。梅尧臣、尹洙、欧阳修只是在西昆派诗人钱惟演和得到西昆派领袖推崇的谢绛两人领导下,进行创作活动。他们不但没有强烈的政治主张,甚至连韩愈、柳宗元、元稹、白居易那样的创作动机也没有。这不是贬低梅尧臣等这一班人,而只是当时的事实。[②]

由此不难看出,正是在范公“救文弊”的思想感召和大声疾呼之下,欧公等人对于“文章系乎治乱”的认识,才从“未易谈”开始,有一个逐步转变和提高的过程,其创作活动才有一个从不自觉逐步走向自觉的过程。

(二)范仲淹在发出“救文弊”呼吁的同时,还指出了救治的根本路径,在

---

① [宋]欧阳修撰,李逸安点校:《欧阳修全集》卷六十八,北京:中华书局,2001年,第987-988页。

② 朱东润著:《梅尧臣传》,北京:中华书局,1979年,第18页。

于“劝学”和“宗经”：

夫善国者，莫先育材；育材之方，莫先劝学；劝学之要，莫尚宗经。宗经则道大，道大则才大，才大则功大。盖圣人法度之言存乎《书》，安危之几存乎《易》，得失之鉴存乎《诗》，是非之辨存乎《春秋》，天下之制存乎《礼》，万物之情存乎《乐》。故俊哲之人，入乎六经，则能服法度之言，察安危之几，陈得失之鉴，析是非之辨，明天下之制，尽万物之情。使斯人之徒辅成王道，复何求哉！①

修辞者不求大才，明经者不问大旨。师道既废，文风益浇，诏令虽繁，何以戒劝！士无廉让，职此之由。其源未澄，欲波之清，臣未之信也。倘国家不思改作，因循其弊，官乱于上，风坏于下，恐非国家之福也。倘为长久之策，则愿与大臣特新其议，澄清此源，不以谤议为嫌，当以治乱为意，此国家之福也。②

（三）范仲淹进一步指出，“劝学”和“宗经”都不是目的，目的在于辅成风教，共理天下，经世致用：

今朝廷思救其弊，兴复制科，不独振举滞淹，询访得失，有以劝天下之学，育天下之才，是将复小为大，抑薄归厚之时也。斯文丕变，在此一举。然恐朝廷命试之际，谓所举之士，皆能熟经籍之大义，知王霸之要略，则反屏而弗问。或将访以不急之务，杂以非圣之书，辨二十八将之功勋，陈七十二贤之德行。如此之类，何所补益！……若如所量，恐非朝廷劝学育才之道也。何哉？国家劝学育材，必求为我器用，辅我风教。③

恭惟前圣之文之道，昭昭乎为神器于天下，得之者昌，失之者亡。

① ［宋］范仲淹著，李勇先、王蓉贵校点：《范仲淹全集》文集卷第十，成都：四川大学出版社，2002年，第237－238页。

② ［宋］范仲淹著，李勇先、王蓉贵校点：《范仲淹全集》文集卷第九，成都：四川大学出版社，2002年，第203－204页。

③ ［宋］范仲淹著，李勇先、王蓉贵校点：《范仲淹全集》文集卷第十，成都：四川大学出版社，2002年，第238页。

后世圣人开学校、设科等，率贤俊以趋之，各使尽其心、就其器，将以共理于天下。……如能命试之际，先之以六经，次之以正史，该之以方略，济之以时务，使天下贤俊，翕然修经济之业，以教化为心，趋圣人之门，成王佐之器。十数年间，异人杰士必穆穆于王庭矣，何患俊乂不充、风化不兴乎！救文之弊，自相公之造也。[①]

范仲淹"救文弊"的呼吁和主张，终于有了回应，引起朝廷重视，并且由皇帝下诏加以申戒：

朕试天下之士，以言观其趣向。而比来流风之敝，至于会萃小说，磔裂前言，竞为浮夸靡曼之文，无益治道，非所以望于诸生也。礼部其申饬学者，务明先圣之道，以称朕意焉。[②]

如果说，此前仲淹等先驱人士的"救文弊"，不论奔走呼号还是创作示范，都是以其个人的力量，此后则是由皇帝下诏，以国家政权的力量推动文风的转变。与国家政权的力量相比，任何个人的力量总是渺小而有限的。所以笔者认为，在这个问题上，任何夸大个人作用的说法都是不适当的，也是不符合事实的。正是由于范仲淹等人坚持不懈地奔走呼号，终于引起朝廷重视，成为推动北宋诗文革新运动健康发展的最大动力，才对诗文革新运动的成功具有无可比拟的决定性作用。

（四）范仲淹主张，要把"救文弊"的实际措施与科举取士的制度结合起来：

呈试之日，先策论以观其大要，次诗赋以观其全才。以大要定其去留，以全才升其等级。有讲贯者，别加考试，人必强学，副其精举。复当深思治本，渐隆古道……敦之以诗书礼乐，辨之以文行忠信，必

① ［宋］范仲淹著，李勇先、王蓉贵校点：《范仲淹全集》文集卷第十，成都：四川大学出版社，2002年，第239页。

② ［宋］李焘撰，上海师范大学古籍整理研究所、华东师范大学古籍整理研究所点校：《续资治通鉴长编》卷一百八，北京：中华书局，2004年，第2512页。

有良器，蔚为邦材……行可数年，士风丕变，斯择材之本，致理之基也。[①]（《上执政书》）

仲淹关于科举改革的主张，在庆历新政期间基本上都被朝廷采纳。科举考试的导向作用，对于北宋诗文革新运动的巨大影响，我们绝不应低估。

（五）庆历新政的最大历史功绩，是由皇帝诏令天下州县普遍兴学。庆历新政虽然从总体上归于失败，但由各级政府兴办学校却从此成为制度，被永久地继承下来。从中央到地方兴办的各级官学，一般说来学制是规范而稳定的，所用教材主要是儒家经典，这就为人才培养打下了坚实而雄厚的基础。加上科举考试的导向作用，这就为彻底转变学风和文风提供了最为广泛的社会基础。

（六）关于诗文创作，范仲淹不仅提出了正确主张，而且针对当时的不良风气提出过尖锐批评：

诗之为意也，范围乎一气，出入乎万物，卷舒变化，其体甚大。故夫喜焉如春，悲焉如秋，徘徊如云，峥嵘如山，高乎如日星，远乎如神仙，森如武库，锵如乐府，羽翰乎教化之声，献酬乎仁义之醇，上以德于君，下以风于民。不然，何以动天地而感鬼神哉！

而诗家者流，厥情非一。失志之人其辞苦，得意之人其辞逸，乐天之人其辞达，觏闵之人其辞怒。如孟东野之清苦，薛许昌之英逸，白乐天之明达，罗江东之愤怒，此皆与时消息，不失其正者也。

五代以还，斯文大剥，悲哀为主，风流不归……因人之尚，忘己之实，吟咏性情而不顾其分，风赋比兴而不观其时。故有非穷途而悲，非乱世而怨，华车有寒苦之述，白社为骄奢之语。学步不至，效颦则多。以至靡靡增华，愔愔相滥，仰不主乎规谏，俯不主乎劝诫，抱郑卫之奏，责夔旷之赏，游西北之流，望江海之宗者有矣。[②]（《唐异诗序》）

① ［宋］范仲淹著，李勇先、王蓉贵校点：《范仲淹全集》文集卷第九，成都：四川大学出版社，2002年，第220页。

② ［宋］范仲淹著，李勇先、王蓉贵校点：《范仲淹全集》文集卷第八，成都：四川大学出版社，2002年，第185－186页。

（七）范仲淹不仅提出了“诗之为意也，范围乎一气”“文以气为主”[①]的创作主张，而且将其创作主张贯彻于自己的教学实践和创作实践，引领了北宋的诗文革新之路。

先看其教学实践。早在天圣五六年间为母丁忧之时，仲淹应南京留守晏殊之请，掌管南京应天府学，他即以自己的教学实践和创作实践为学生做出示范。据司马光记载：

> 晏丞相殊留守南京，仲淹遭母忧，寓居城下。晏公请掌府学，仲淹尝宿学中，训督学者，皆有法度。勤劳恭谨，以身先之。夜课诸生读书，寝食皆立时刻。往往潜至斋舍诇之，见有先寝者，诘之……出题使诸生作赋，必先自为之，欲知其难易，及所当用意，亦使学者准以为法。由是四方从学者辐辏。其后宋人以文学有声名于场屋朝廷者，多其所教也。[②]

我们不仅要看到仲淹为应天诸生创作出一批律赋范文，教授出一批“有声名于场屋朝廷”的生徒，尤其应当看到的是，这批生徒后来有许多成为国家的栋梁（比如富弼、张方平、孙复等）。他们或执掌政柄，或著书讲学，模范天下，影响深远，这对于当时文风的转变起到了不可估量的示范引领作用。

再看仲淹本人的创作实践。纵观仲淹文集，诸体皆备，各有名篇，为当时的诗文革新树立了样板。举其要者：一是他的不少诗篇可与号称宋诗开山的梅尧臣媲美。二是他的词作，虽然传世仅五首，但其一阕《渔家傲》，苍凉悲壮，堪称中国文学史上边塞词第一，且为词坛豪放派之嚆矢；其《苏幕遮》《御街行》，缠绵悱恻，开婉约派之先河；其《剔银灯》一词，又可称为借咏史而以议论入词的滥觞。三是其政论文章，逻辑严密，说理透彻，铿锵有力而又大气磅礴。四是以《岳阳楼记》《严先生祠堂记》等为代表的一批散文，毫不逊色于唐宋八大家的任何篇章。

（八）范仲淹勇立潮头，始终密切关注着当时诗文革新运动的进展和动向。远在仁宗嘉祐二年那场科举风波之前，是范仲淹率先回顾总结了当时诗

---

① ［宋］范仲淹著，李勇先、王蓉贵校点：《范仲淹全集》文集卷第八，成都：四川大学出版社，2002年，第178页。

② ［宋］司马光撰，邓广铭、张希清点校：《涑水记闻》卷第十，北京：中华书局，1989年，第182页。

文革新的历程和创作实绩，率先肯定了欧阳修古文创作的成就，为欧阳修的文坛领袖地位一锤定音：

予观尧典舜歌而下，文章之作，醇醨迭变，代无穷乎。惟抑末扬本，去郑复雅，左右圣人之道者难之。近则唐贞元、元和之间，韩退之主盟于文，而古道最盛。懿、僖以降，浸及五代，其体薄弱。皇朝柳仲涂（开）起而麾之，髦俊率从焉。仲涂门人能师经探道，有文于天下者多矣。洎杨大年（亿）以应用之才，独步当世。学者刻辞镂意，有希仿佛，未暇及古也。其间甚者专事藻饰，破碎大雅，反谓古道不适于用，废而弗学者久之。洛阳尹师鲁（洙），少有高识，不逐时辈，从穆伯长（修）游，力为古文。而师鲁深于《春秋》，故其文谨严，辞约而理精，章奏疏议，大见风采。士林方耸慕焉。遽得欧阳永叔（修），从而大振之，由是天下之文一变而古，其深有功于道欤！① （《尹师鲁河南集序》）

三、关于北宋诗文革新运动中几个基本问题的比较和辨析

范仲淹与欧阳修自洛阳相交之日起，欧公不仅视范公为长者（年长欧公18岁），而且视之为人生楷模。当范公入朝任右司谏时，欧公即写信勉励他以“天下之失得、生民之利害、社稷之大计”（《居士外集》卷十七《上范司谏书》）而敢于直谏为言②；当范公因触怒当朝宰相而再遭贬谪时，欧公不仅挺身而出，抱打不平，盛赞范公“平生刚正，好学通古今，其立朝有本末……班行中无与比者”（《居士外集》卷十八《与高司谏书》）③，而且以与之俱贬为荣。但是，当范公奉命守边而举荐欧公为经略安抚司掌书记时，欧公却加以拒绝，表示愿“同

① ［宋］范仲淹著，李勇先、王蓉贵校点：《范仲淹全集》文集卷第八，成都：四川大学出版社，2002年，第183页。

② ［宋］欧阳修撰，李逸安点校：《欧阳修全集》卷六十七，北京：中华书局，2001年，第973页。

③ ［宋］欧阳修撰，李逸安点校：《欧阳修全集》卷六十八，北京：中华书局，2001年，第989页。

其退不同其进可也”①。此外，欧公对于范公在政治上的重大主张和作为，几乎全都不遗余力地给予支持。事实上，当范公庆历新政推行之际，诗文革新已被纳入其中，成为新政的重要内容。庆历新政虽然从总体上归于失败，但在欧阳修的主导之下，诗文革新运动继续推进，并且最终取得了完胜。如果论及二公对于北宋诗文革新运动的贡献，笔者以为，两人的贡献，都不容忽视，而两人所发挥的作用，则各有侧重：范公主要是以其先见之明、理论建树为诗文革新指明了方向、开辟了道路；欧公主要是自己的创作实绩彰显其文学成就，并且扶植团结了一大批文学青年，从而成就了其文坛领袖的地位。如果以现代工程作比：合而言之，两人皆可称为这项工程的高工巨匠；分而言之，范公好比是确定理念、绘制蓝图的总设计师，欧公则为精心组织施工，并且最终落成这座丰碑的总建筑师。对于两人默契配合、为推动北宋诗文革新运动的健康发展所发挥的作用，本文拟通过如下几个基本问题做些比较分析。

（一）关于“文”与“道”、“时文”与“古文”的关系

正确处理它们之间的关系，在北宋诗文革新运动中是贯穿始终的基本问题。北宋前期的一些儒生，特别是柳开、孙复、石介、李覯诸人，他们有感于宋初之文格卑弱，一是以“尊韩”“复古”为号召，片面强调文以载道，重“道”而轻“文”，有的甚至将“文”仅仅看作“载道”的工具；二是他们极力推崇韩柳“古文”而贬抑当时为应试而风行的“时文”。范仲淹和欧阳修则较好地处理了这些关系。他们重“道”而不轻“文”，“不薄今文爱古文”，在致力于“古文”创作的同时，并不拒绝“时文”某些表现手法的运用。比如欧阳修后来就曾说过：“偶俪之文苟合于理，未必为非，故不是此而非彼也。”②（《居士外集》卷二十二《论尹师鲁墓志》）正是范、欧二公在诗文革新运动中认识上的目标一致和实践上的默契配合，才使得北宋诗文革新运动走上健康发展的坦途。

（二）关于“西昆体”

北宋诗文革新运动的一大目标，便是扫清“西昆体”的影响。“西昆体”起于真宗景德年间而盛于仁宗前期。以杨亿、刘筠等为代表的一批馆阁之士，养

---

① ［宋］欧阳修撰，李逸安点校：《欧阳修全集》附录卷三，北京：中华书局，2001年，第2707页。

② ［宋］欧阳修撰，李逸安点校：《欧阳修全集》卷七十二，北京：中华书局，2001年，第1046页。

尊处优，相互唱酬。其诗歌既有丰赡典雅的一面，又有雕琢藻饰、浮艳虚空的一面。以石介为代表的"尊韩""复古"派，对于西昆体的贬抑和排斥，可谓不遗余力，范、欧二公则持比较客观公允的态度。范公对西昆派领袖杨亿的人品和文学成就给予充分肯定，称赞他"以应用之才，独步当世"[①]，认为问题不在杨亿本人，而是出在其"后学末流"："刻辞镂意，有希仿佛，未暇及古也。其间甚者专事藻饰，破碎大雅"[②]（《尹师鲁河南集序》），是其"后学末流"尤其"其间甚者"将诗文创作引入歧途。欧阳修入仕之初即受到西昆派重要人物钱惟演的青睐，因而欧阳修诗词创作是从积极方面向钱惟演。

（三）关于"太学体"

"太学体"形成于仁宗中期，其领袖人物正是徂徕先生石介。石介与欧阳修为天圣同年，两人相尚以道，情谊深厚。欧公对石介的人品称誉有加，但对他的行为怪异、好走极端，虽早有觉察，却取谅解乃至偏爱的态度。直到石介去世以后，其险怪奇涩的"太学体"反而愈演愈炽，方引起欧公的深恶痛绝。当嘉祐二年欧公知贡举时，始下决心"痛排抑之"[③]。

北宋诗文革新运动可概括为"三大战役"：一战残唐五代以来的卑弱柔靡之风，二战西昆体的绮丽浮华之风，三战太学体的奇涩险怪之风。嘉祐二年欧公对太学体的痛加排抑，是北宋诗文革新运动的最后一战，其功勋自不可没。此战胜利之后，北宋的诗文革新便走上了坦途。

反观范仲淹，石介虽然是他的忠实"粉丝"，其耳边也不乏对石介的称誉之声，但他对石介的看法始终有自己的思考。即以石介的《庆历圣德颂》为例，颂扬正义、鞭挞邪恶，在石介本人，固然是出于至诚，但在仲淹看来，诗中公然指斥声威正盛的权臣夏竦为大奸，极易激化矛盾，增加对立面，于改革事业不利，因而批评其"怪鬼坏事"[④]。至于别人对石介的荐举，也受到仲淹的压抑。比如：

---

① [宋]范仲淹著，李勇先、王蓉贵校点：《范仲淹全集》文集卷第八，成都：四川大学出版社，2002年，第183页。

② 同上。

③ [元]脱脱撰，中华书局编辑部点校：《宋史》卷三百一十九，北京：中华书局，1985年，第10378页。

④ [宋]范仲淹著，李勇先、王蓉贵校点：《范仲淹全集》附录十，成都：四川大学出版社，2002年，第1346页。

> 庆历中，余靖、欧阳修、蔡襄、王素为谏官，时谓之“四谏”。四人者力引石介，而执政亦欲从之。时范仲淹为参知政事，独谓同列曰：“石介刚正，天下所闻，然性亦好为奇异。若使为谏官，必以难行之事，责人君以必行。少拂其意则引裾折槛，叩头流血，无所不为矣。主上虽富有春秋，然无失德，朝廷政事亦自修举，安用如此谏官也？”诸公服其言而罢。①

范公去世较早，没能看到“太学体”的泛滥，对于当时文风的不良影响，也未能看到欧公的痛加排抑。但我们所应佩服的，是范公对于时代风向的把握以及识人用人的先见之明。

（四）关于对待释道的态度

韩愈为恢复儒家道统，力排释道。宋初一些儒生为捍卫儒家道统的纯洁性，在“尊韩”“复古”的旗帜下，同样继承了韩愈排斥释道的传统。而仲淹则大为不然。由于他从小曾在佛寺、道观生活，接触过一些高僧、道长，研读过一些佛典、道藏，因而对于释道两家乃至诸子百家，能够知其所短，取其所长，持开放包容和兼收并蓄的态度，并且加以融会贯通。

他一方面认为：

> 《老子》曰“名与身孰亲”……《庄子》曰“为善无近名”，此皆道家之训，使人薄于名而保其真。斯人之徒，非爵禄可加，赏罚可动，岂为国家之用哉！……如取道家之言，不使近名，则岂复有忠臣烈士为国家之用哉！②（《近名论》）

他甚至进一步指出：

> 夫释道之书，以真常为性，以清净为宗。神而明之，存乎其人，智

---

① ［宋］范仲淹著，李勇先、王蓉贵校点：《范仲淹全集》附录十一，成都：四川大学出版社，2002年，第1433页。

② ［宋］范仲淹著，李勇先、王蓉贵校点：《范仲淹全集》文集卷第七，成都：四川大学出版社，2002年，第154－155页。

者尚难于言，而况于民乎？君子弗论者，非今理天下之道也。其徒繁秽，不可不约。① (《上执政书》)

但另一方面，在指出释道两家消极思想不能为国家所用的同时，他还认为，两家博大精深的宗教哲学特别是其清心寡欲、清静无为思想，对于引导人们祛恶向善、修身养性具有很好的作用。我们知道，仲淹由于自幼发愤苦读而饘粥不继，长期身体孱弱且患有肺疾。由于得益于释道两家的养生之道，虽历经长期案牍劳形和锋镝风霜的磨难，他还能活到 64 岁，这在当时，已属高龄。

在他以参知政事身份宣抚河东途中，发现了一部佛家《大藏经》所漏收的《十六罗汉因果识见颂》，引起他极大的兴趣：

余颇异之，启轴而观，乃十六国大阿罗汉为摩拏罗多等诵佛说因果、识见、悟本、成佛大法之颂也。一尊七颂，总一百一十二颂，皆直指生死之源，深陈心性之法，开定慧真明之宗，除烦恼障毒之苦。济生戒杀，诱善祛邪。立渐法，序四等功德；说顿教，陈不二法门。分顿渐虽殊，合利钝无异。使群魔三恶，不起于心；万法诸缘，同归于善。余一句一叹，一颂一悟，以至卷终，胸臆豁然，顿觉世缘大有所悟。倘非世尊以六通万行圆明慧鉴之圣，则无以至此。方知尘世之中有无边圣法，《大藏》之内有遗落宝文。② (《十六罗汉因果识见颂序》)

正是因为仲淹在坚守儒生本色、儒家正统的同时，又能兼收并蓄，从各家学说中汲取有益的营养，方能成就这位学识渊博、世事洞明、外和内刚、应对裕如的千古伟人。

欧阳修青年时期受韩愈思想濡染较深，后又受其同年石介等人影响较重，对释道思想从内心有所鄙夷和排斥。后来大约受到仲淹思想感化，不仅结交了一批僧道朋友，对于两家学说的认识也发生了不小的变化(其中起中介作用的，大约还有石延年、梅尧臣、苏舜钦诸人，因为他们一边为范、欧共同的好友，

---

① [宋]范仲淹著，李勇先、王蓉贵校点：《范仲淹全集》文集卷第九，成都：四川大学出版社，2002年，第 217 页。

② [宋]范仲淹著，李勇先、王蓉贵校点：《范仲淹全集》别集卷第四，成都：四川大学出版社，2002年，第 507 页。

一边又喜欢结交僧道朋友）。研究范欧诸公与释道两家的关系，特别是他们吸取的释道两家思想精华，对于研究北宋诗文革新运动的深入发展，似乎也是一个不应忽视的课题。

试论范仲淹对我国医学的贡献

范仲淹一生，出将入相，功业彪炳，道德文章，千秋共仰。这中间包含他对祖国医学的贡献。然而，这方面的贡献长期被他政治、军事、教育、文学、哲学等方面的成就所掩，未能引起人们的足够注意。笔者囿于见闻，时至今日，所见专门论述这方面成就者不多。故不揣浅陋，略加表出。

一、青年时期的志向——不为良相，愿为良医

北宋王朝是一个重文人、重文化的朝代。尤其是到了第三任皇帝真宗时期(998—1022)，文化事业更有了长足发展。据传为真宗所作的一首《劝学诗》曾经脍炙人口，风靡天下：

> 富家不用买良田，书中自有千钟粟。安居不用架高堂，书中自有黄金屋。娶妻莫恨无良媒，书中自有颜如玉。出门莫恨无人随，书中车马多如簇。男儿欲遂平生志，五经勤向窗前读。[①]

此诗不论是否为真宗赵恒所作，那时的年轻人只要条件允许，普遍热衷于读书向学，已蔚为风气，这是不争的事实。

"黄金屋"也好，"颜如玉"也好，年轻人的理想追求，都得通过科举考试才能实现。"学而优则仕"是当时知识分子、特别是出身下层知识分子步入仕途的基本路径。但是，不论崇尚读书的风气多么浓烈，真正能通过科举考试而顺利步入仕途者，毕竟是少数。对于大多数读书人来说，面对未必都能做官的社

① ［清］郑志鸿撰，颜春峰、叶书奇点校：《常语寻源》卷下，北京：中华书局，2019年，第265页。

会现实，他们不得不做“两手准备”。正是出于这个原因，使得宋代教育的课程设置开始增多，除了应试科目之外，还催生了分斋、分科教学。除了儒家经典必修科目，一般还都要授予一技之长，以便将来自谋职业。学医从医，便是最重要的“两手”之一。

仲淹青少年时期，就是在这样的社会氛围中度过的。我们知道，仲淹出生于历代仕宦之家，深受儒家民本思想濡养。由于父亲早逝，母亲带他改嫁，使得仲淹从小沦落下层，陷入极度的贫困和屈辱中。正是这种苦难经历，使得仲淹较早接触社会，较多地了解民间疾苦。仲淹十分清楚，只有发愤读书，才能改变命运。据载，当初朱氏家人曾“试以商贾技艺”，但他“一无所乐”[①]。那么，青年仲淹立下什么样的志向，并做好什么样的两手准备呢？原来，他的志向既不在“千钟粟”和“车马簇”，也不在“黄金屋”和“颜如玉”。他的志向，不但是要通过读书改变自己的命运，还要“以天下为己任”。南宋吴曾《能改斋漫录》为我们留下了一则有关他青少年时期的立志佳话：

> 范文正公微时，尝诣灵祠求祷，曰：“他时得位相乎？”不许。复祷之曰：“不然，愿为良医。”亦不许。既而叹曰：“夫不能利泽生民，非大丈夫平生之志。”他日，有人谓公曰：“大丈夫之志于相，理则当然。良医之技，君何愿焉？无乃失于卑耶？”公曰：“嗟乎，岂为是哉。古人有云：‘常善救人，故无弃人；常善救物，故无弃物。’[②]且大丈夫之于学也，固欲遇神圣之君，得行其道。思天下匹夫匹妇有不被其泽者，若己推而内之沟中。能及小大生民者，固惟相为然。既不可得矣，夫能行救人利物之心者，莫如良医。果能为良医也，上以疗君亲之疾，下以救贫民之厄，中以保身长年。在下而能及小大生民者，舍夫良医，则未之有也。”[③]

大约与吴曾同时的沈作喆，在其《寓简》中亦有类似记载：

---

① 嘉庆《长山县志》卷十，清嘉庆六年刻本。

② 语见《老子》第二十七章。

③ [宋]吴曾撰，刘宇整理：《能改斋漫录》卷十三，《全宋笔记》第37册，郑州：大象出版社，2019年，第105页。

> 范文正公微时，尝慷慨语其友曰："吾读书学道，要为宰辅，得时行道，可以活天下之命。不然，时不我与，则当读黄帝书，深究医家奥旨，是亦可以活人也。"①

这两则记载告诉我们，范仲淹青年时期所立的志向是"学道"和"行道"。为此而准备的两手便是"不为良相，愿为良医"。不论将来从事什么职业，目的都是为了"救人利物""利泽生民"，一句话：为了"活人"。

既有远大志向，还得脚踏实地。《宋史》本传称他"泛通六经，长于《易》"②。其实，他所擅长的，不止六经，亦不止于《易》。除了儒家经典之外，还有"医家奥旨"。

《黄帝内经》历来被尊为我国医学的最高坟典，同时也被后世目为最难攻读的医学典籍。而仲淹在写给好友韩琦的信中说："《素问》奇书，其精妙处三五篇，恐非医者所能言也。"(《与韩魏公书》)③他这里所说的《素问》，为《黄帝内经》的一部分。"其精妙处"不是一般医者所能言说，而他却能道出其中"奥旨"。不仅如此，从他"不为良相，愿为良医"的这段话，我们还可窥知仲淹曾深受医圣张仲景的影响。张仲景在其《伤寒杂病论》自序中这样说：

> 余每览越人入虢之诊，望齐侯之色，未尝不慨然叹其才秀也。怪当今居世之士，曾不留神医药，精究方术，上以疗君亲之疾，下以救贫贱之厄，中以保身长全，以养其生；但竞逐荣势，企踵权豪，孜孜汲汲，唯名利是务；崇饰其末，忽弃其本，华其外而悴其内，皮之不存，毛将安附焉！卒然遭邪风之气，婴非常之疾，患及祸至，而方震栗，降志屈节，钦望巫祝，告穷归天，束手受败。赍百年之寿命，持至贵之重器，委付凡医，恣其所措……进不能爱人知人，退不能爱身知己，遇灾值祸，身居厄地；蒙蒙昧昧，蠢若游魂。哀乎趋世之士，驰竞浮华，不固

---

① [宋]沈作喆撰，俞钢、萧光伟整理：《寓简》卷五，《全宋笔记》第40册，郑州：大象出版社，2019年，第45页。

② [元]脱脱等撰：《宋史》卷三一四，北京：中华书局，1985年，第10267页。

③ [宋]范仲淹著，李勇先、王蓉贵校点：《范仲淹全集·范文正公尺牍卷中》，成都：四川大学出版社，2002年，第670页。

根本，忘躯徇物，危若冰谷，至于是也。[①]

当我们读过张仲景的这篇自序，可知仲淹的重医思想和医学造诣渊源有自，对于他的仁者胸怀也会有更深一层的认识。我们甚至可对范仲淹的“两手准备”作如是设想：当年若不是金榜题名步入仕途，他肯定也会走上一条从医之路，成为一颗光耀千古的医家明星。

二、当政时期的建树——开创了我国医学教育体系

明道二年(1033)，仁宗亲政不久，范仲淹被调进朝中做了一名谏官。适逢江淮、京东两路发生蝗旱灾害，仲淹奏请皇帝派员赈济，未能引起仁宗重视。仲淹十分着急地对仁宗说：“宫掖中半日不食，当何如？今数路艰食，安可置而不恤？”结果仁宗就派他前往救灾[②]。仲淹深知，在当时的社会条件下，大灾之后，必有大疫。于是他在调运粮食、布匹等救灾物资的同时，还特别调去价值三十五万贯的香药等物资，用于防疫治病[③]。

北宋王朝特别是仲淹生活的北宋中期，由于国家基本统一，社会比较安定，不仅经济繁荣、文化昌盛、科技进步，医药方面也比以往任何朝代都有更大发展。那时不仅官方已建有较为完备的医疗管理机构和服务机构，随着活字印刷术的发明，一些医药典籍也得到了整理、编撰、刊刻和传播。人们身处太平岁月，为追求健康长寿，对医药卫生条件和医生素质也有了更高要求。

庆历三年(1043)八月，范仲淹就任参知政事，开始大刀阔斧地推行各项改革。其中重要一条，就是由朝廷颁布命令，要求天下诸路州县普遍建立学校，大力普及教育。与此同时，他把发展医学教育、提高医生素养相应提上了日程。他在写给仁宗皇帝的一道奏章中说：

臣观《周礼》，有医师掌医之政令，岁终考其医事，以制其禄。是

---

① [汉]张仲景著，刘世恩、毛绍芳点校：《伤寒杂病论·原序》，北京：华龄出版社，2000年，第1页。

② [宋]李焘撰，上海师范大学古籍整理研究所、华东师范大学古籍整理研究所点校：《续资治通鉴长编》，北京：中华书局，2004年，第2623页。

③ 参见范之柔《范文正公年谱补遗》“明道二年九月”，[宋]范仲淹著，李勇先、王蓉贵校点：《范仲淹全集》附录二《年谱》，成都：四川大学出版社，2002年，第912页。

先王以医事为大,著于典册。我祖宗朝,置天下医学博士,亦其意也,即未曾教授生徒。今京师生人百万,医者千数,率多道听,不经师授,其误伤人命者日日有之。臣欲乞出自圣意,特降敕命,委宣徽院选能讲说医书三五人为医师,于武成王庙讲说《素问》《难经》等文字,召京城习医生徒听学,并教脉候及修合药饵,其针灸亦别立科教授。经三年后,方可选试。高等者入翰林院,充学生祗应。仍指挥今后不由师学,不得入翰林院。如在外面私习得医道精通,有近上朝臣三人奏举者,亦送武成王庙比试,更委宣徽院覆试。取医道精深高等者,方得入翰林院祗应。如内中及诸宫院使,不经官学百姓医人,有功效者,只与支赐。如祗应十年以上,累有效者,即与助教或殿侍、三司军大将安排,即不得入翰林院。

所有诸道州府,已有医学博士,亦令逐处习医生徒,并各选官专管,仍指挥转运使、提点刑狱、转运判官,所到点检其学医生徒,候念得两部医书精熟,即与免户下诸般差配。如祗应州府,累有功效者,即保明闻奏,与助教安排。所贵天下医道各有原流,不致枉人性命。所济甚广,为圣人美利之一也。(《奏乞在京并诸道医学教授生徒》)①

仲淹这道奏章,至少为我们提供了如下信息:

第一,我国古代自周秦汉唐以来,直至北宋王朝开国之后,虽然历代都曾设医官,置博士,掌管"医之政令",但并未形成官办的医学教育体系。

第二,那时的京城开封,人口已达百万,从医者已达数千。但是,亦无官办的医学教育机构。

第三,在京城的数千名从医人员中,"率多道听,不经师授",大多数没有经过正规而系统的专业学习和训练,"误伤人命者日日有之"。京城尚且如此,地方可想而知。

第四,针对当时现实的需要和可能,仲淹提出了如下一套完整的医学教育实施方案:

---

① [宋]范仲淹著,李勇先、王蓉贵校点:《范仲淹全集》政府奏议卷下,成都:四川大学出版社,2002年,第641-642页。又见《续资治通鉴长编》卷一四七"庆历四年",文字较简。参见[宋]李焘撰,上海师范大学古籍整理研究所、华东师范大学古籍整理研究所点校:《续资治通鉴长编》,北京:中华书局,2004年,第3569-3570页。

一是规模，在庆历兴学的热潮中，除了中央和地方普遍建立为培养官员后备队伍的儒学之外，是他建议从中央到诸道州府还要普遍建立医药卫生学校；

二是师资，从中央到府州，所开办的医药卫生学校，均赋予各地的医学博士以教学任务；

三是生源，不论京城还是府州，招生对象都是“习医生徒”；

四是教材和教学内容，必修课有《素问》《难经》等，并且“教脉候及修合药饵，其针灸亦别立科教授”；

五是学制，规定为三年，经过考试确定等第，根据等第分派工作；

六是待遇，在学期间，如“念得两部医书精熟，即与免户下诸般差配”，毕业分配以后，祗应（服务）“累有功效”者，可授予助教资格；

七是明确主办主管，朝廷由宣徽院（后有变动）负责考核选录，地方则由各路转运使、提点刑狱、转运判官督办；

八是对于未经此项正规教育的民间“私习”者，既给予参加资格考试和安排使用的机会，在资质待遇上给以必要的限制，使之低于正规教育出身的学生；

九是亲自筹办。地方各府州的医学教育，责成各路转运使、提点刑狱、转运判官督责。至于京城的校址，仲淹已亲为选定，即利用现有的武成王庙。如此亲力亲为，可见其呕心沥血。

庆历四年（1044）三月二十五日，也就是在仲淹推行新政的高潮中，宋仁宗采纳国子监的建议，正式下诏令太医局教习学生、培养医师，具体事务由太常寺负责。这是国家正式建立医科专门学校，官办医疗教育制度化的开始。而仲淹奏章中提到的宣徽院，不再参与“覆试”。据《宋会要辑稿》：

诏国子监于翰林院选能讲说医书三五人为医师，于武成王庙讲说《素问》《难经》等文字，召京城习学生徒听学。……本监奏：“以儒者讲学之地，不宜令医官讲说对列。窃见唐制，太常寺有八局，太医隶焉，有博士以教之，其考试登用，如国子监之法。乞令太常寺管勾施行。所有合借经书，即令本寺移文于当监取索应副。”诏付太常寺施行。①

① ［清］徐松辑，刘琳、刁忠民、舒大刚等校点：《宋会要辑稿》职官二二《太常寺・太医局》，上海：上海古籍出版社，2014 年，第 3633 页。

随着仲淹被解除参政职务，新政总体归于失败。不过，由他创立的医学教育体系，从此得到延续并不断发展。

此后十年间，在校医学学生多达200人。到了仁宗嘉祐六年(1061)，下诏各地普遍建立医疗教育机构，师资主要由太医局培养的生员充任，课程设置也仿照太医局。对此，《宋史·选举志三》有比较翔实的记载：

> 医学，初隶太常寺，神宗时始置提举判局官及教授一人，学生三百人。设三科以教之，曰方脉科、针科、疡科。凡方脉以《素问》《难经》《脉经》为大经，以《巢氏病源》《龙树论》《千金翼方》为小经，针、疡科则去《脉经》而增三部《针灸经》。常以春试，三学生愿与者听。崇宁间，改隶国子监，置博士、正、录各四员，分科教导，纠行规矩。立上舍四十人，内舍六十，外舍二百，斋各置长谕一人。其考试：第一场问三经大义五道，次场方脉试脉证、运气大义各二道，针、疡试小经大义三道，运气大义二道；三场假令治病法三道。中格高等，为尚药局医师以下职，余各以等补官，为本学博士、正、录及外州医学教授。[①]

其后，北宋的医疗管理机构、教育机构、服务机构、慈善机构等也都纷纷建立和完善，形成了比较完备的医药卫生体系和医疗救助体系。比如京城开封的福田院，嘉祐八年由两所增加到四所，元丰年间设置了安济坊、养济院，北宋末年又设置居养院，作为官办医疗和救助机构，用于安置贫病无助之人。同时还设有官办太平和剂局、惠民局、熟药所等，专门制售正宗药材和成药。

宋室南迁之后，即便国事维艰、战乱频仍，亦不废医学教育：

> 绍兴中，复置医学，以医师主之。翰林局医生并奏试人，并试经义一十二道，取六通为合格。乾道三年，罢局而存御医诸科，后更不置局而存留医学科，令每举附省闱别试所解发，太常寺掌行其事。淳熙十五年，命内外白身医士，经礼部先附铨闱，试脉义一场三道，取其二通者赴次年省试，经义三场一十二道，以五通为合格，五取其一补医生，俟再赴省试升补，八通翰林医学，六通祗候，其特补、荐补并停。

① [元]脱脱等撰：《宋史》卷一五七，北京：中华书局，1985年，第3689页。

绍熙二年,复置太医局,铨试依旧格……(《选举志三》)[①]

南宋濠州人何大任编纂一部《太医局诸科程文格》,专收医学诸科程文。他在序言中说:"皇朝崇宁中,课试有式,而取士之制备矣。"[②]清代四库馆臣在此书的"提要"中也说:"《太医局程文》九卷,宋时考试医学之制也……盖有宋一代,于医学最为留意。"[③]我们从这里可以获知,宋仁宗皇祐年间(仲淹去世于皇祐四年,1049—1054),考试医学诸科的内容、程式已经建立,到徽宗崇宁(1102—1105)时期已大体具备。这就足以说明,此后的医学教育制度不仅渐趋完善,其考试制度和考试办法亦趋于严密。

另据《唐六典》卷十四《太常寺》:"宋(此指南北朝之刘宋)元嘉二十年(443),太医令秦承祖奏置医学,以广教授。"[④]这大约是我国由官方创办的最早的医学专科教育。不过,这里说的只是于政府创办,一则它未能延续下来,二则未能在地方普遍推行。隋唐时期,医学教育虽有一定发展,唐代还曾一度在各州推广,但都未能坚持下来形成制度。到了北宋庆历兴学之后,情形就大为改观。王安石熙丰变法,医学教育得到进一步发展。到了徽宗时期,虽说徽宗治国无方,发展文化教育却功不可没,尤其是医学达到了宋代极盛。他不仅亲自组织力量纂成大型医药书籍《圣济总录》《大观本草》《政和本草》等,颁行于世,还在太医局之外建立专门的医学教育机构"国子监医学",隶属尚书省礼部,成为与太学、武学、律学、算学、艺学并重的官学之一,用来教养上医,为州县输送医学师资。[⑤]

我们切不可小看医学教育于"崇宁间,改隶国子监"这一举措。这一隶属关系的改变,标志着我国的医学教育自此从医政管理和医疗服务部门分离出来,正式纳入了国家的教育体系,改由教育行政部门统管。当我们了解了这一发展变化之后,理应想到范仲淹在其中所起的作用,而不应忘记他庆历兴学的

---

① [元]脱脱等撰:《宋史》卷一五七,北京:中华书局,1985 年,第 3689 页。

② [宋]何大任:《太医局诸科程文格》,《景印文渊阁四库全书》第 743 册,台北:台湾商务印书馆,1983 年,第 5 页。

③ [宋]何大任:《太医局诸科程文格》,《景印文渊阁四库全书》第 743 册,台北:台湾商务印书馆,1983 年,第 1-2 页。

④ [唐]李林甫等撰,陈仲夫点校:《唐六典》卷十四,北京:中华书局,1992 年,第 410 页。

⑤ 参见韩毅:《政府治理与医学发展:宋代医事诏令研究》,北京:中国科学技术出版社,2014 年,第 265 页。

开创之功。

三、晚年的医疗实践——求民疾于一方，分国忧于千里

宰相治国医国，医生治病救人，治法虽异，医理相通。因为两者都是建立在《易经》天人合一的哲学基础之上。我国自古就有“医易同源”之说。大约于战国时期发展起来的“阴阳五行”学说，既形成解释《易经》的理论架构（以“十翼”为代表），亦构成《黄帝内经》的理论基础（以“阴阳相应、五行生克”为核心）。良相治国，讲究审时度势，“治未乱”，消弭祸患于无形，谓之参天两地而“燮理阴阳”；良医治病，讲究辨证施治，“治未病”，教人以养生之道，谓之调经脉使“阴阳平衡”。“《易》与天地准，故能弥纶天地之道。”[①]《易经》云：“天地之大德曰生”[②]，又说：“地势坤，君子以厚德载物。”[③]《黄帝内经》说：先师“上以治民，下以治身，使百姓昭著，上下和亲，德泽下流，子孙无忧，传于后世，无有终时”[④]。又说：“是故圣人不治已病治未病，不治已乱治未乱，此之谓也。夫病已成而后药之，乱已成而后治之，譬犹渴而穿井，斗而铸兵，不亦晚乎？”[⑤]长于《易经》阴阳之道的范仲淹，自然深谙《内经》医家之理。

庆历五年（1045）正月，仲淹被免去参知政事，以陕西沿边四路安抚使的身份坐镇邠州（今陕西省彬州市）。随着宋夏和议成功，边境形势缓和，仲淹请求调回内地养病。他的首选之地便是南阳邓州。为什么选择此地？从主观上说，此时的仲淹积劳成疾，身患多种疾病，长子纯祐也在戎马倥偬的年代患上了“心疾”（精神病），都需要到内地休养治疗。从客观上说，南阳是中国古代“医圣”张仲景的故乡。仲淹到了这里，依然可以效法古人，边行政边行医，“求民

---

① 《周易·系辞上》，[清]阮元校刻：《十三经注疏》，北京：中华书局，影印清嘉庆刊本，2009年，第160页。

② 《周易·系辞下》，[清]阮元校刻：《十三经注疏》，北京：中华书局，影印清嘉庆刊本，2009年，第179页。

③ 《周易·坤卦》，[清]阮元校刻：《十三经注疏》，北京：中华书局，影印清嘉庆刊本，2009年，第32页。

④ 姚春鹏译注：《黄帝内经·素问·天元纪大论篇第六十六》，北京：中华书局，2010年，第531页。

⑤ 姚春鹏译注：《黄帝内经·素问·四气调神大论篇第二》，北京：中华书局，2010年，第32页。

疾于一方，分国忧于千里”(《邓州谢上表》)①。

儒家有一著名信条，叫作“达不离道，穷不失义”：“古之人得志泽加于民，不得志修身见于世；穷则独善其身，达则兼善天下。”②作为一代大儒的范仲淹，在严守儒家“艮止之时，思不出位”(《与谢安定屯田》)③的同时，从来不甘于“独善其身”。不论居庙堂之高，还是处江湖之远，只要还有施展作为的一方天地，他就要在力所能及的范围之内有益于社会，惠泽于他人。离开朝廷，仲淹虽然失去了“忧国”“治国”“医国”的平台，但他考虑的依然是如何在“一方”“千里”的范围之内分“国忧”，解“民疾”。早在被贬放饶州之时他就说过“今被罪而来，尚有民人，是亦为政，岂敢怠哉”(《谢安定屯田》)④，“岂辞云水三千里，犹济疮痍十万民”(《依韵酬吴安道学士见寄》)⑤。这次到邓州，他在写给好友韩琦的信中说：“君子之道如阳春白日，于照临生育之意，岂择其小大之限哉？”(《韩魏公》)⑥他不仅以此自勉，并且勉励韩琦：“未大用间，亦处处有仁义可行。”(《韩魏公》)⑦我们知道，汉末名医张仲景虽然官做到长沙太守，但当从政与从医发生矛盾的时候，他的选择是毅然放弃做官，专事行医。正是这一取舍，成就了他的心愿，也成就了他千古“医圣”的美名。仲淹在邓州是怎样效法古人的呢？他说：“今之刺史古诸侯，孰敢不分天子忧？”(《依韵答贾黯监丞贺雪》)⑧关于他如何关心民瘼，分忧疗疾的直接记载不多，我们只能从其尺牍中窥知一二：

一是救治尹洙。庆历新政失败，尹洙被贬监均州(今湖北省丹江口市)酒税。师鲁血性刚烈，无端遭此打击，心情之郁闷可想而知，到达贬所不久便抑

---

① ［宋］范仲淹著，李勇先、王蓉贵校点：《范仲淹全集》文集卷第十八，成都：四川大学出版社，2002年，第419页。

② 《孟子·尽心上》，［清］阮元校刻：《十三经注疏》，北京：中华书局，影印清嘉庆刊本，2009年，第6016页。

③ ［宋］范仲淹著，李勇先、王蓉贵校点：《范仲淹全集》尺牍卷下，成都：四川大学出版社，2002年，第693页。按：语见《周易·艮卦·象传》。

④ ［宋］范仲淹著，李勇先、王蓉贵校点：《范仲淹全集》尺牍卷下，成都：四川大学出版社，2002年，第693页。

⑤ ［宋］范仲淹著，李勇先、王蓉贵校点：《范仲淹全集》文集卷第五，成都：四川大学出版社，2002年，第109页。

⑥ ［宋］范仲淹著，李勇先、王蓉贵校点：《范仲淹全集》尺牍卷中，成都：四川大学出版社，2002年，第677页。

⑦ 同上。

⑧ ［宋］范仲淹著，李勇先、王蓉贵校点：《范仲淹全集》文集卷第三，成都：四川大学出版社，2002年，第58页。

郁成疾。仲淹闻讯，为他配制了“花蛇散”，交代服法，连配方一并寄去。均州知州赵某曾为仲淹往日的“棋友”，但因政见不同，反而对师鲁养病不利。于是仲淹报请朝廷批准，索性将师鲁接到邓州救治。

二是关爱韩琦。庆历新政失败后，作为改革中坚的韩琦、富弼等人也都被贬放外地。仲淹在感叹自己年老衰病的同时，对比他年轻的韩、富等人寄予厚望，频频去信，勉励他们为国自重，爱惜身体，并专门去信指导韩琦如何养生：

> 人之生也，分天地之气，不调则其气不平，气不平则疾作，此理之必然矣。今人于十二时中，寝食之外，皆徇外事，无一时调气治身，安得而不为疾耶？请挪十日之功，看《素问》一遍，则知人之生可贵也，气须甚平也。和自此养，疾自此去矣。……宜少服药，专于惜气养和，此大概养生之说也。道书云“积气成真”是也。惟节慎、补气、咽津之术可行之，余皆迂怪。贪慕神仙，心未灰而意必乱，宜无信矣。(《韩魏公》)[①]

三是关心家人健康。长子纯祐，颇有才智，少年时即随父御边，立有战功，可惜20岁即告病废。在仲淹的精心调护下，虽然未能痊愈，还能带病生存19年。仲淹之兄仲温，远在家乡苏州。因家事烦恼，疾病缠身。仲淹不仅为他频开药方，还从精神上给予开导和劝慰。比如在其《家书》第二帖中说：

> 缘三哥此病因被二婿烦恼，遂成咽塞，更多酒伤着脾胃，复可吃食，致此吐逆。今既病深，又忧家及顾儿女，转更生气，何由得安？但请思之，千古圣贤，不能免生死，不能管后事，一身从无中来，却归无中去，谁是亲疏？谁能主宰？既无奈何，即放心逍遥，任委来往。如此断了，既心气渐顺，五脏亦和，药方有效，食方有味也。只如安乐人，忽有忧事，便吃食不下，何况久病，更忧生死，更忧身后，乃在大怖中，饮食安可得下？请宽心将息将息。今送关都官服火丹砂并橘皮

① [宋]范仲淹著，李勇先、王蓉贵校点：《范仲淹全集》尺牍卷中，成都：四川大学出版社，2002年，第670页。

散去，切宜服之服之。[①]

其《家书》第四帖指导仲温说："宜调饮食，不得吃湿面，脾恶湿。亦少吃羹汤，宜食焦饼、蒸饼、软饭。道书云，宜食轻干物，盖益脾也。"[②]第六帖又说："昨晚见与小监簿书，知体候不安，不知因何也？但气海著灸三百壮（笔者按：艾灸，一炷谓之一壮）即安。某在南阳，灸得五百，至今得力。"[③]

四是关注家乡疫情。其《家书》第五帖说："水灾人疫，奈何奈何！家中用术入井中或水瓮中浸之，充日用，其水辟瘟。以竹篮子盛之，以篾钓却，贵不沉也。但传与人，甚妙。"[④]仲淹此处所称之术，当为苍术，又称赤术、仙术。《本草纲目》称："张仲景辟一切恶气，用赤术同猪蹄甲烧烟。陶隐居亦言术能除恶气，弭灾沴。故今病疫及岁旦，人家往往烧苍术以辟邪气。"[⑤]以此可知仲淹对于医术之精通。家乡苏州发生了瘟疫，仲淹由家族想到了乡亲。他的这一做法，显然还受到了葛洪《神仙传》中苏仙翁"橘井"的启发[⑥]。

仲淹知邓州，除了自身养疴，兼为"分国忧""求民疾"而来，他显然是在效法南阳乡贤张仲景，运用自己的医药知识，在力所能及的范围内治病救人。至于仲淹如何为南阳百姓治病，虽然未见记载，但他对于远方亲友以及故乡百姓尚且如此，对于治下的邓州子民，当然会恫瘝在抱，牵系于心。我们知道，仲淹一生宦海沉浮，除却做过几段短暂的京朝官之外，做地方官犹如走马灯一般，一生中大约就任二十六七处。仲淹自嘲说："常调官好做，家常饭好吃。"[⑦]邓州却是一个例外，他在这里一连做了两任。当他首任期满，朝廷调他改知荆南府时，受到了邓州百姓遮道挽留，从中亦可见其深受当地百姓之爱戴。

---

① [宋]范仲淹著，李勇先、王蓉贵校点：《范仲淹全集》尺牍卷上，成都：四川大学出版社，2002年，第650页。

② [宋]范仲淹著，李勇先、王蓉贵校点：《范仲淹全集》尺牍卷上，成都：四川大学出版社，2002年，第651页。

③ 同上。

④ 同上。

⑤ [明]李时珍编纂，刘衡如、刘山永校注：《新校注本〈本草纲目〉》，北京：华夏出版社，2011年，第516页。

⑥ 葛洪《神仙传·苏仙公》："母曰：'汝去之后，使我如何存活？'先生曰：'明年天下疾疫，庭中井水，檐边橘树，可以代养。井水一升，橘叶一枚，可疗一人。兼封一柜留之，有所阙乏，可以扣柜言之，所须当至，慎勿开也。'"见谢青云译注：《神仙传》卷九，北京：中华书局，2017年，第359页。

⑦ [宋]罗大经撰，王瑞来整理：《鹤林玉露》甲编卷一，《全宋笔记》第86册，郑州：大象出版社，2019年，第12页。

四、范仲淹崇医、重医思想对后世的影响

"宋之为治，一本于仁厚，凡振贫恤患之意，视前代尤为切至。"(《宋史·食货志上六》)[①]客观地说，北宋诸帝，自太祖始，便有重医传统。这一传统，既非始于仲淹，也非仲淹独具。所以说，我们对于仲淹的重医思想在宋代所起的作用，既不应忽视、也不应高估。笔者这里想说的是，仲淹崇医、重医思想对后世的影响：

(一) 范仲淹"不为良相，愿为良医"的精神及其崇医、重医思想，极大地提高了医生的社会评价和实际地位

我们知道，上古时期，"巫"的地位极高，而"医"的地位相对低下。迨至周秦以降，民智渐开，"巫"的地位逐渐下降，以至今天被视为装神弄鬼、骗财害人的代名词。但在相当长的历史时期内，人们依然习惯于"巫""医"并称，或者以"医、卜(算命的)、星(占星的)、相(相面的)"并称，将医生排除在"士农工商"四民之外，可见其地位卑微。直到唐宋八大家之首的韩愈，写出的名篇《师说》，还将"医"排在"巫"后，说成"巫医乐师百工之人"。

自范仲淹及其庆历兴学之后，情形则大为改观。他的"不为良相，愿为良医"之说，将医生与宰相相提并论，认为不论从政还是从医，所行皆为"仁术"，这就在儒家以"仁"为核心的最高层面将从政与从医并列。做官，就是以仁心行仁政，泽民利物，惠及天下；行医，也是以仁心行仁术，救死扶伤，治病救人。这就是说，如果从"仁"的角度来看待人们的社会职业，除了能够为民排忧解难的官员，大约便是悬壶济世的医生。

范仲淹的崇医、重医不仅极大地改变了人们对医生的传统偏见，极大地提高了医生的社会地位，还极大地鼓舞和感召了一般读书人。从此以后，一般士人不论入仕与否，普遍以习医、懂医、论医、行医为荣，从而在我国古代知识分子中形成了"儒医兼通"的风气和传统。其中最为明显的标志是对医生称谓的变化。自仲淹之后，不仅"良医""良相"并称的观念为人们普遍认可和接受，"巫""医"并举的鄙称逐渐淡出，而在一般人的心目中，医生也被普遍尊称为"先生"。不仅如此，作为古代官员品阶的"大夫""郎中"，逐渐转变为对医生的

① [元]脱脱等撰：《宋史》卷一七八，北京：中华书局，1985年，第4335页。

敬称；民国以降，“大夫”更成为医生的专称。“仁术”，本指“儒术”，即儒家施行仁政之术，后世也转变为主要指医术。本来，信奉儒家学说，讲求“修齐治平”之士被称为儒生、儒士，庆历兴学之后，医学生员则兼修儒家经典和医学经典，学有成就者则被称为“儒医”，直至成为后世对德高望重、医术精湛者的尊称。称谓上的这种变化最早见于历史文献者，比如：

> （政和七年）八月十日，臣僚言：“伏观朝廷兴建医学，教养士类，使习儒术者通黄素，明诊疗，而施于疾病，谓之儒医，甚大惠也。”①

医生社会地位和社会评价的提高，反过来又增强了医生的职业自豪感和责任感，从而促进了其医术和医德的全面提高。精神的力量、文化的力量、信仰的力量、道德的力量、人格的力量、社会风气的力量，其影响力无比巨大。如果说，“人从宋后少名‘桧’”是“负能量”影响的结果，那么医生社会地位的提高以及人们对医生称谓的变化，则可溯源于范仲淹的“正能量”。

（二）范仲淹庆历兴学开创的普及医学教育之路，极大地促进了我国医药事业的发展

如果说，我国古代的读经和科举主要是为国家培养官员后备队伍和选拔治国理政人才，那么，医学教育的普及则是为全社会培养救世济民的医药卫生人才。自从范仲淹庆历兴学、开办医学教育之后，中经王安石的熙丰变法和宋徽宗的“崇宁”（尊崇熙宁），使得宋代的医药卫生事业包括许多社会救助事业有了较大发展，堪称达到了中世纪的顶峰。单就医药卫生人才的培养而言，不仅有宋一代逐渐形成了比较完备的教育体系，即便宋亡以后，接续统治中国的金元两代少数民族政权，也都把这一医学教育制度继承下来。据《金史》记载：“凡医学十科……三年一次试诸太医，虽不系学生，亦听试补。”（《选举志一》）②到了元代，不仅医学教育分科更细（大方脉杂医科、小方脉科、风科、产科兼妇人杂病科、眼科、口齿兼咽喉科、正骨兼金疮科、疮肿科、针灸科等），而且还特别强调医

---

① ［清］徐松辑，刘琳、刁忠民、舒大刚等校点：《宋会要辑稿》崇儒三“医学”，上海：上海古籍出版社，2014 年，第 2800 页。

② ［元］脱脱等撰：《金史》卷五一，北京：中华书局，1975 年，第 1153 页。

学生员必须通晓《四书》，注重德行。必须“医明行修、孝友忠信、为众所称者”①，方得参加考试，“不习《四书》者，禁治不得行医”（《新元史·选举志一》）②。

在此，我们不妨以范仲淹的庆历兴学为界，把我国医药卫生事业的发展从以下四个方面做一简要的前后对比：

第一，从医生的培养模式看。此前，我国古代医生的培养模式，主要是靠社会、靠民间。或者是父子家传，或者是师傅带徒弟，或者是无师自通，或者是巫医相兼。因而在此前的数千年间，医生培养的规模和数量都很有限，出现的名医更是寥若晨星。此后，由于有了官办的医学教育体系，医生的培养规模不断扩大，造就了我国宋代以后名医辈出，灿若繁星的局面。

第二，从社会风气看。自从庆历兴学以后，从士大夫阶层到一般读书人，习医、通医、行医成为风尚。北宋理学代表人物程颢的名言“事亲者亦不可不知医”成为人们的共识。“儒医兼修”，大约是我国古代士人不同于西方知识分子的一大特点。对此，旧时有句民谚：“武将落魄，打拳卖艺；文官落魄，行医卖药”，可从反面反映这一特点。

第三，从医药卫生事业和社会慈善事业的发展来看。北宋以后，读书人为了实现经世济民的远大理想，除了入仕做官之外，还可“悬壶济世”。按照儒家传统观点，既然两者所行皆为“仁术”，也就皆可称为“兼善天下”之途。许多人不仅热心于医药卫生事业，还热心于经验心得的记录和撰述，并且以此奉献于社会为荣耀。经过官府和民间的共同努力，不仅促进了医药事业的兴旺，还促进医药文化的繁荣。即以宋代为例，不仅许多古代的医药典籍得到了很好的校勘、整理、刻印和传播，还为我们留下了比以往任何朝代都多的医学著作。

第四，反映在中国的人口增长上。此前的数千年间，即便盛如汉、唐，每个朝代的人口增长，充其量不过千万；而自北宋以后，中国人口的增长不断加快。其间固然有天灾、战乱等诸多影响因素，而医学教育的发展和医药卫生事业的进步，无疑为中华民族的繁盛做出了巨大贡献。

总而言之，中华民族的繁衍昌盛，离不开中国的医药卫生事业。而在我国医学发展的历史进程中，我们不应忘记范仲淹的贡献。

---

① [清]柯劭忞撰，张京华、黄曙辉总校：《新元史》卷六四，上海：上海古籍出版社，2018年，第1628页。

② [清]柯劭忞撰，张京华、黄曙辉总校：《新元史》卷六四，上海：上海古籍出版社，2018年，第1627页。

略论范仲淹在宋夏战争中的战略思想及其治军用人方略*

战争是政治的极端形式。自西夏元昊称帝始，在长期的宋夏边境对峙和边境战争中，范仲淹的三年戍边对于稳定边境局势起到了中流砥柱作用。从另一方面看，正是这场战争造就了一位出将入相彪炳千秋的历史伟人。笔者限于学力，对于这场战争的全貌以及范氏在这场战争中的地位和作用尚难做出全面论述，本文仅就其战略思想和治军用人方略略陈浅见，以就教于方家。

一、居安思危的备边之道

北宋王朝惩唐末五代军阀割据拥兵自重之弊，自建立以来，采取了强干弱枝、守内虚外和右文抑武的治国方略。这对于巩固中央集权起到了十分有效的作用。但从另一方面看，它又造成了全国性的武备废弛和边防空虚，成为北宋王朝边患频仍的一个基本原因。范仲淹从历史上治乱兴亡、成败得失的经验教训和北宋王朝建立几十年的社会实践中，总结提炼出一句千古名言："历代之政，久皆有弊"①(《答手诏条陈十事》)，并且在当时整个社会弥漫着轻武讳兵的风气之下，提出了加强武备的重要思想。早在天圣三年(1025)，他在《奏上时务书》中提出："圣人之有天下也，文经之，武纬之。此二道者，天下之大柄也……善安国者，当太平之时，不谓终无危乱，于是有教化经略之备焉。我国家文经武纬，天下大定……休兵余二十载，昔之战者，今已老矣；今之少

* 本文系提交中国宋史研究会1998年银川年会之论文，2000年删节版发表于《固原师专学报》。

① [宋]范仲淹著，李勇先、王蓉贵校点：《范仲淹全集》政府奏议卷上，成都：四川大学出版社，2002年，第523页。

者，未知战事。人不知战，国不虑危，岂圣人之意哉？而况守在四夷，不可不虑。”[①]后来，他在给宰相吕夷简的信中更对当时武备废弛的现实做了透辟分析：“五代衰乱，专上武力，诸侯握兵，外重内轻，血肉生灵，王室如缀，此武之弊也。皇朝罢节侯，署文吏，以大救其弊，立太平之基。既而四夷咸宾，忘战日久，内外武帅，无复以方略为言，惟文法钱谷之吏，驰骋于郡国，以克民进身为事业，不复有四方之志。一旦戎狄叛常，爰及征讨，朝廷渴用将帅，大患乏人，此文之弊也。”[②]仲淹于天圣五年(1027)在丁忧守制中冒哀上万言书，痛陈时弊，其中一项重要内容，就是针对当时“天下久平则倚伏可畏、兵久不用则武备不坚”的严峻形势，向朝廷提出了“育将材，实边郡”[③](《上执政书》)的剀切建议。

为国家长育人才，是仲淹的一贯思想。他认为：“天下治乱，系之于人，得人则治，失人则乱。”[④](《奏杜杞等充馆职》)“国家之患，莫大于乏人……材不乏而天下治，天下治而王室安。”[⑤](《邠州建学记》)“臣之至忠，莫先于举士；君之盛德，莫大于求贤。”[⑥](《奏为荐胡瑗李觏充学官》)因此，仲淹“每对，未尝不为上力陈治乱之道，皆由用人得失。”[⑦]天圣三年，他建议临朝听政的刘太后与年幼的仁宗皇帝应当“与大臣论武于朝，以保天下。先命大臣密举忠义有谋之人，授以方略，委之边任；次命武臣密举壮勇出群之士，试以武事，迁其等差。壮士蒙知，必怀报效，列于边塞，足备非常”[⑧](《奏上时务书》)。在天圣五年的万言书中，仲淹进一步阐述了他“育将材”的用人方略：“今西北和好，诚为令

---

① [宋]范仲淹著，李勇先、王蓉贵校点：《范仲淹全集》文集卷第九，成都：四川大学出版社，2002年，第200-201页。

② [宋]范仲淹著，李勇先、王蓉贵校点：《范仲淹全集》文集卷第十一，成都：四川大学出版社，2002年，第256页。

③ [宋]范仲淹著，李勇先、王蓉贵校点：《范仲淹全集》文集卷第九，成都：四川大学出版社，2002年，第212页。

④ [宋]范仲淹著，李勇先、王蓉贵校点：《范仲淹全集》政府奏议卷下，成都：四川大学出版社，2002年，第624页。

⑤ [宋]范仲淹著，李勇先、王蓉贵校点：《范仲淹全集》文集卷第八，成都：四川大学出版社，2002年，第195-196页。

⑥ [宋]范仲淹著，李勇先、王蓉贵校点：《范仲淹全集》政府奏议卷下，成都：四川大学出版社，2002年，第615页。

⑦ [宋]范仲淹著，李勇先、王蓉贵校点：《范仲淹全集》附录一，成都：四川大学出版社，2002年，第820页。

⑧ [宋]范仲淹著，李勇先、王蓉贵校点：《范仲淹全集》文集卷第九，成都：四川大学出版社，2002年，第201页。

图，安必虑危，备则无患……礼乐之朝，未尝废武。今孙吴之书，禁而废学。苟有英杰，受亦何疑？且秦之焚书也，将以愚其生人，长保天下；及其败也，陈胜、吴广岂读书之人哉？况前代名将，皆洞达天人，嗣续忠孝，将门出将，史有言焉。今将家子弟，蔑闻韬钤，无所用心，骄奢而已。文有武备，此能备乎？今可于忠孝之门，搜智勇之器，堪将材者，密授兵略，历试边任，使其识山川之向背，历星霜之艰难。一朝用之，不甚颠沛，十得三四，不云盛乎？至于四海九州，必有壮士，宜设武举，以收其遗……又臣僚之中，素有才识，可赐孙吴之书，使知文武之方，异日安边，多可指任。此皆育将才之道也。又沿边知、同，精加举择，特授诏命，专谋耕桑，三五年间，丰其军廪。此则实边郡之道也。将材既育，边郡既实，师战而不衄，城围而不下，狄疑且畏，敢深入乎？纵有骚动，朝廷可高枕矣。”[①]（《上执政书》）

仁宗康定元年（1040）三月，三黜之后的范仲淹于败军之际受命守边。仲淹究竟有无将才？是一位只会发迂阔之论的腐儒，还是“腹中自有数万甲兵”？须由实践检验。他在赴任不久所作《举欧阳修充经略掌书记状》中说：“臣叨膺圣寄，充前件职任，即日沿边巡按。其有将帅之能否，军旅之勇怯，人民之忧乐，财利之通塞，戎狄之情伪，皆须广接人以访问，复尽心以思度。”[②]纵观三年塞下，仲淹以他卓越的才智出色地实践了他的战略思想和治军待人方略。

二、柔远怀来的战略思想

战争决定其战略方针及其治军用人方略。反过来说，战略方针及其治军用人方略，应体现、服从于战争。因此，我们研究范氏在宋夏边境战争中的治军用人方略，对于其战略思想的把握，就不能不特别注意。

诚然，由于受历史局限，范仲淹同样具有以宋廷天子为中心的天朝至上和大一统思想。但是，一生忧国忧民、以天下心为心的范仲淹，毕竟与那些穷兵黩武、嗜杀成性，以开疆拓土、混一宇内为“英雄业绩”者有所不同。在他看来，

① [宋]范仲淹著，李勇先、王蓉贵校点：《范仲淹全集》文集卷第九，成都：四川大学出版社，2002年，第222－223页。

② [宋]范仲淹著，李勇先、王蓉贵校点：《范仲淹全集》文集卷第十九，成都：四川大学出版社，2002年，第432页。

“普天之下，莫非王土；率土之滨，莫非王臣”，作为“守在四夷”的边疆少数民族，只要奉正朔、通贡使、名义上臣服宋王天子，就可以允许其建立相对独立的政权，可以仿效中国设百官置百司，享有充分的地方自治。即使有所侵扰，仲淹仍主张怀柔安抚，不得已使用武力征讨，也主张“王者之师，有征无战”①。其总的目的无非是使其臣服，接受羁縻，实现长期和平相处。范氏的这种主张，固然与当时北宋王朝积贫积弱、力所不逮的客观形势有关，但与他仁民爱物的一贯思想不得不说有着更为直接的关系。

其实，对于要求摆脱宋朝羁縻、希望实现本民族完全独立的元昊来说，无非是想谋取与宋王朝的平等地位，未必有吞并宋朝的霸王野心。即便如此，也是“唯我独尊”的大宋君臣所不能容忍的。至于经常发生的边境纠纷，其曲未必尽在西夏，宋王朝居高临下的大国思想、边事的举措失当（特别是限制边贸等）以及边将的骄横跋扈、邀功滋事，不能不说是更重要的原因。当时熟谙边事并作为仲淹副使一道宣抚陕西的田况为我们提供了如下史实：“宝元初（1038），拓跋元昊初叛命，遣人诣阙，表言诸蕃推奉，求朝廷真册。议者杂然，莫知所从……皆谓小羌不足忧，遂拒绝之。乃命夏竦帅泾源、秦凤，治回中，范雍帅鄜延、环庆，驻高奴，并拥节钺。虽城洫未完，兵力尚寡，然元昊戒其下，未尝小有侵轶，盖不欲曲之在己也。竦谍知其情，坚守不动，元昊亦逾年不敢辄侵其疆。雍守延既久，以谓羌真小而怯也，屡遣裨校率兵纵掠。元昊既忿，且以为辞，遂并集丑类，入寇延安。”②

由此可见，元昊虽然“僭号”，尚求宋廷“真册”，并不想绝两国之好。是宋廷妄自尊大，既绝之于前，又开衅于后，才导致两国绵延持久的边境战争。衅端开启之前，宋方还有过一次严重的措置失误：“元昊未叛前，其部落山遇者归延州，告其谋。时天章阁待制郭劝守延州，乃械锢还贼，示朝廷不疑之意。贼戮其族无遗类，由是西人怨惧，向化之心绝矣……贼党益固矣。”③

笔者以为，范仲淹总结了我国历史上处理与少数民族关系的经验教训，尤

① ［宋］范仲淹著，李勇先、王蓉贵校点：《范仲淹全集》文集卷第十，成都：四川大学出版社，2002年，第246页。

② ［宋］田况撰：《儒林公议》，朱易安、傅璇琮主编：《全宋笔记》第一编五，郑州：大象出版社，2003年，第88－89页。

③ ［宋］田况撰：《儒林公议》，朱易安、傅璇琮主编：《全宋笔记》第一编五，郑州：大象出版社，2003年，第116页。

其是当时与契丹、西夏关系中极为现实的经验教训，形成了他的以练兵实边、增强实力为基础的积极防御的战略思想，从而实现两国边境持久和平的最终目的。

范仲淹这种战略指导思想，在他的《答赵元昊书》中有着充分体现。仲淹这封信在指陈和则两利、战则两伤的道理和事实之后，这样晓谕元昊："朝廷以王者无外，有生之民，皆为赤子，何蕃汉之限哉？何胜负之言哉？……莫若通问于大王，计而决之，重人命也，其美利甚众……汉唐故事，如单于、可汗之称，尚有可稽，于本国语言为便，复不失其尊大……但臣贡上国，存中外之体，不召天下之怨，不速天下之兵，使蕃汉边人，复见康乐，无死伤相枕、哭泣相闻之丑……又大王之国，府用或阙，朝廷每岁必有物帛之厚赐，为大王助……某今日之言，非独利于大王，盖以奉君亲之训，救生民之患，合天地之仁而已乎！惟大王择焉。"①（《答赵元昊书》）值得注意的是，由于这次"擅答"，仲淹几乎招致杀身之祸。但对仲淹在这封书信中提出的见解和主张，宋廷似无异议。

如果说，对于这封动之以情、晓之以理的书信，我们嫌其有对敌宣传的意味，那么，在他写给仁宗皇帝的《奏上陕西河北攻守策》中总该是直陈己见的："三代以还，皆有戎狄之患……为今之谋者，莫若择师练兵，处置边事，日夜计略，为用武之策。以和好为权宜，以战守为实事。彼知我有谋有备，不敢轻举，则盟约可久……彼不背盟，我则抚纳无倦；彼将负德，我则攻守皆宜。如此，则结好之策，未有失也。"②

仲淹因擅答元昊书而被贬官耀州，翰林学士王尧臣曾被派往陕西体量边事。仲淹在《答安抚王内翰书》中对于这场战争的见解表述得更为清楚："某处事疏略，忤朝廷意。既去职任，而尚怀国家之忧。如卞生献璧，不知其止，足虽可刖，而璧犹自贵……昔秦汉威加四夷，限长城，勒燕山，困弊中国，终成大悔。至如西晋之衰，群胡乱华。五代以来，屡有侵侮。累朝欲刷大耻，终无成功。真宗皇帝取汉文之策，结和通使，休宁北陲，为天下景福四十年矣……其备边之议，虽复纳好，固不可懈也。陕西沿边二千里……不必大决胜负，但观衅而

---

① ［宋］范仲淹著，李勇先、王蓉贵校点：《范仲淹全集》文集卷第十，成都：四川大学出版社，2002年，第249－250页。

② ［宋］范仲淹著，李勇先、王蓉贵校点：《范仲淹全集》政府奏议卷下，成都：四川大学出版社，2002年，第586－588页。

攻,使来不厚获,去不全胜。纵边患未息,而无长驱之害,亦足为御边之策。”[①]

仲淹既然主张招纳安抚,通和结好,由此决定了他的战争目标和策略举措:

战争目标。仲淹御边,充其量以规复横山、收复灵夏、恢复旧疆为最高目标,从未动过开疆拓土,甚至倾人社稷、覆人政权,灭人种族、赶尽杀绝之念。

网开一面。当朝廷决定于庆历元年正月五路进讨之后,仲淹坚请留下鄜延一路,“第按兵不动,以观其衅,许臣稍以恩信招来之。不然,情意阻绝,臣恐偃兵无期矣。若臣策不效,当举兵先取绥、宥,据要害,屯兵营田,为持久计,则茶山、横山之民,必挈族来归矣。拓疆御寇,策之上也”[②]。

置榷场通和市。自从元昊称帝建国,宋廷即主张对元昊实行经济制裁,企图以禁绝贸易的方式困弊元昊。殊不知,越是如此,元昊因得不到所需物资而越是加剧对边境地区的抢掠侵扰。仲淹一再提出,要增置榷场,扩大贸易。特别是禁绝青盐贸易,仲淹感慨尤深:“禁青盐,欲以困西贼,非困贼之要,却有所害。”“今兵士处于穷边,冒矢石,负星霜,若饮食失所,更禁绝盐味,何以聊生?未能困贼,先困我师。”[③]

综上所述,笔者认为,范仲淹最为难能可贵的,就是他在这场边境战争中始终基于仁民爱物的民族平等思想。在他心目中,则是“王者无外,有生之民皆为赤子”。他所表现出来的博大胸怀,实为当时乃至后世的许多人难以企及。明乎此,有助于我们对其治军用人方略的理解和探析。

三、以人为本的治军待人方略

仲淹守边之道:以人为本,以仁为本。南宋朱熹评价说:“范文正公经理西事,看得多是收拾人才。”[④]仲淹自己则表示:“盖将尽天下之才,成天下之

① [宋]范仲淹著,李勇先、王蓉贵校点:《范仲淹全集》文集卷第十,成都:四川大学出版社,2002年,第251-252页。

② [元]脱脱等撰:《宋史》卷三百一十四,北京:中华书局,1985年,第10270页。

③ [宋]范仲淹著,李勇先、王蓉贵校点:《范仲淹全集》附录十一,成都:四川大学出版社,2002年,第1496页。

④ [宋]范仲淹著,李勇先、王蓉贵校点:《范仲淹全集》附录十,成都:四川大学出版社,2002年,第1299页。

务。”[①]（《荐李觏并录进〈礼论〉等状》）欧阳修称赞仲淹“为文章论说必本于仁义”[②]；富弼称仲淹“凡所设施，必本仁义而将之以刚决”[③]；苏轼称仲淹“其于仁义礼乐忠信孝悌，盖如饥渴之于饮食，欲须臾忘而不可得”[④]。仲淹自己则表示：“国家以仁获之，以仁守之者百世。”[⑤]（《答赵元昊书》）“吾儒之职，去先王之经，则茫乎无从矣……但唯精唯一，死生以之。”[⑥]（《胡安定屯田》）笔者以为，以仁爱为心、以人才为着眼点，堪称范仲淹经理西事的基本方略和指导思想，也是我们今天探讨仲淹治军用人方略所应遵循的基本线索。

（一）待将士

拣汰。士兵是军队的基础，是最基本的战斗力；将校是军队的骨干中坚，决定战斗力的强弱。为提高军队的整体素质，仲淹狠抓了冗弱将士的裁汰。“军气强弱，系于将校。今来边上诸军人员，甚有年老病患全不得力之人……欲乞朝廷……共拣选。如内有年高、脚手沉重，并疾患尫弱，不堪披带，及愚戆、全无精神、不堪部辖者，并开坐申奏……所贵将校得人，士卒增气。”（《奏乞拣沿边年高病患军员》）[⑦]为从源头上杜绝尫弱士卒被派往边境，仲淹请求：“臣窃见去年以来，自京差拨禁军往陕西边上屯戍……内有小弱怯懦之人，道路指笑。及到边上，不堪披带教阅，虚破禁军诸般请受支赐……依次勾来本司，仔细拣选……更不令发往边上。”（《奏乞拣选往边上屯驻兵士》）[⑧]仲淹这样做，既着眼于军队的战斗力，更是对老弱病残人员的体恤。

教练。仲淹初到边上，发现一个十分突出的问题，便是军队缺乏训练。他

---

① [宋]范仲淹著，李勇先、王蓉贵校点：《范仲淹全集》文集卷第二十，成都：四川大学出版社，2002年，第451页。

② [宋]欧阳修著，李逸安点校：《欧阳修全集》卷二十一，北京：中华书局，2001年，第332页。

③ [宋]范仲淹著，李勇先、王蓉贵校点：《范仲淹全集》附录一，成都：四川大学出版社，2002年，第823页。

④ [宋]苏轼撰，[明]茅维编、孔凡礼点校：《苏轼文集》卷十，北京：中华书局，1986年，第312页。

⑤ [宋]范仲淹著，李勇先、王蓉贵校点：《范仲淹全集》文集卷第十，成都：四川大学出版社，2002年，第247页。

⑥ [宋]范仲淹著，李勇先、王蓉贵校点：《范仲淹全集》尺牍卷下，成都：四川大学出版社，2002年，第693页。

⑦ [宋]范仲淹著，李勇先、王蓉贵校点：《范仲淹全集》政府奏议卷下，成都：四川大学出版社，2002年，第613页。

⑧ [宋]范仲淹著，李勇先、王蓉贵校点：《范仲淹全集》政府奏议卷下，成都：四川大学出版社，2002年，第612页。

决定从加强训练入手来整顿军队，提高战斗力："今延安兵马二万六千，患训练未精，将帅无谋。问以数路贼来之势，何策以待？皆不知所为，但言出兵而已。此不可不为忧也。或得其人，精练士卒，山川险恶，据以待寇，俟有斩获，乘胜深入。贼势一破，鸟散穷沙，复旧汉疆，宜有日矣。如未克胜，贼势不衰，纵入讨除，岂肯逃散？或天有风雨之变，人在山川之险，粮尽路穷，进退有患，此宜慎重之秋也……某今与延安当职议定约束，急于训练，俟其精强，可御可伐。"①(《上吕相公书》)"先是，诏分边兵，总管领万人，钤辖领五千人，都监领三千人，寇至御之，则官卑者先出。仲淹曰：'将不择人，以官为先后，取败之道也。'于是大阅州兵，得万八千人，分为六，各将三千人，分部教之，量贼众寡，使更出御贼。"②后来，仲淹还在军中推行一种"新议八阵之法"，"使各知奇正循环之术，应敌无穷"(《奏陕西河北和守攻备四策》)③。

厚养。仲淹深知，守边将士远离父母妻子，委命塞下苦寒之地，寄身箭镞锋刃之间，没有优厚的待遇，何以抚众？没有丰厚的赏赐，何以激劝？他认为："陕西禁军、厢军不下二十万众……在乎丰以衣食，使壮其力；积以金帛，示有厚赏。牛酒以悦之，律罚以威之。如此，则兵有斗志，将以增气。虽二十万众，合为一心，有守必坚，有战必强，平寇之期，臣可卜也。"④(《奏论陕西兵马利害》)正因为此，当监察御史梁坚劾奏庆州帅滕宗谅、渭州帅张亢等使用"公使钱"过度，并将他们逮捕入狱的时候，仲淹义愤填膺，竭尽全力为他们辨雪："一旦以小过动摇……边上臣僚见此深文，谓朝廷待将帅少恩，于支过公用钱内搜求罪戾，欲陷边臣。且塞下州郡，风沙甚恶，触目愁人，非公用丰浓，何以度日？岂同他处臣僚，优游安稳，坐享荣禄。陛下身居九重，当须察此物情，知其艰苦，岂可使狱吏为功，而劳臣抱怨？"(《再奏辩滕宗谅张亢》)⑤

---

① [宋]范仲淹著，李勇先、王蓉贵校点：《范仲淹全集》文集卷第十一，成都：四川大学出版社，2002年，第255页。

② [宋]范仲淹著，李勇先、王蓉贵校点：《范仲淹全集》附录一，成都：四川大学出版社，2002年，第843-844页。

③ [宋]范仲淹著，李勇先、王蓉贵校点：《范仲淹全集》政府奏议卷下，成都：四川大学出版社，2002年，第594页。

④ [宋]范仲淹著，李勇先、王蓉贵校点：《范仲淹全集》政府奏议卷下，成都：四川大学出版社，2002年，第600页。

⑤ [宋]范仲淹著，李勇先、王蓉贵校点：《范仲淹全集》政府奏议卷下，成都：四川大学出版社，2002年，第630页。

约束。军无威不肃，令无威不行。仲淹治军，恩威并用，必使“畏法而爱己”[①]，从而建立严明的纪律号令。“巡检李惟希下兵士王羲等四人作闹，扇摇军人。公到延州，据司理院勘到，并断送葛怀敏军前要斩。”[②]“鄜州曹司马勋、张式、黄贵，减克兵士请受……遂牒鄜州将马勋等三人对诸军处斩。”[③]“虎翼军第九指挥王琼夺长行于兴斫到人头作自己功……公书断云：‘夺戎士死战之功，误朝廷重赏之意。其王琼，集军员等处斩。’”[④]

爱抚。仲淹常言：“军民亿万，生死一战，得为小事耶?”(《朱校理》)[⑤]“自古将帅与士旅同其安乐，则可共其忧患，而为国家之用。故士未饮而不敢言渴，士未食而不敢言饥。今边兵请给粗供樵爨醋盐之费，食必粗粝，经逾岁年，不沾肉味。至有军行之时，羸不胜甲，弃而埋之；负罪以逋，未能远去，皆捕而斩之。臣虽痛而不忍，岂敢慢法!”(《让观察使第一表》)[⑥]仲淹初到延州，发现“沿边逐寨虽有险固，只有三二百人……但令坚守，徒陷一城军民性命……相度……小寨，但只量兵士差百十人把截道路。如探得贼马大段入寇，便令归侧近大城寨内一处防守”[⑦]。仲淹闻知“知保安军王信、西路巡检狄青自来入阵勇猛，公恐其为贼所诱……令持重，不须身自斗敌”[⑧]。韩琦派尹洙约仲淹同时进兵，仲淹以为未可，韩琦认为：“大凡用兵，当先置胜负于度外。”仲淹大不以为然，他说：“大军一动，万命所悬，而乃置于度外，仲淹未见其可。”[⑨]仲淹于

---

① [宋]范仲淹著，李勇先、王蓉贵校点：《范仲淹全集》附录一，成都：四川大学出版社，2002年，第814页。

② [宋]范仲淹著，李勇先、王蓉贵校点：《范仲淹全集》附录二，成都：四川大学出版社，2002年，第917页。

③ 同上。

④ [宋]范仲淹著，李勇先、王蓉贵校点：《范仲淹全集》附录二，成都：四川大学出版社，2002年，第919页。

⑤ [宋]范仲淹著，李勇先、王蓉贵校点：《范仲淹全集》尺牍卷下，成都：四川大学出版社，2002年，第705页。

⑥ [宋]范仲淹著，李勇先、王蓉贵校点：《范仲淹全集》文集卷第十七，成都：四川大学出版社，2002年，第402页。

⑦ [宋]范仲淹著，李勇先、王蓉贵校点：《范仲淹全集》续补卷第一，成都：四川大学出版社，2002年，第786页。

⑧ [宋]范仲淹著，李勇先、王蓉贵校点：《范仲淹全集》附录二，成都：四川大学出版社，2002年，第915页。

⑨ [宋]范仲淹著，李勇先、王蓉贵校点：《范仲淹全集》附录十一，成都：四川大学出版社，2002年，第1432－1433页。

军中“所得赐赉，皆以上意分赐诸将，使自为谢。”①“凡军伍以杂犯降黜者，例皆改刺龙骑指挥。”②“初，西人籍为乡兵者十数万，既而黥以为军，惟公所部，但刺其手，公去兵罢，独复得为民。”③大凡爱抚将士者，将士亦恒爱之、信赖之：“边上自有龙图公为长城，吾属何忧！”④

重乡兵。“初，京师岁遣戍兵，脆懦不习劳苦，贼常轻之，目曰东军”⑤，边民组织起来御敌者，则称之为乡兵或曰土兵。仲淹主张：“久守之计，须用土兵，各谙山川，多习战斗，比之东兵，战守功倍……关内诸州土兵多在边上，或得代归营，而数月之间，复出远戍，岂徒星霜之苦，极伤骨肉之恩……如得并迁其家于缘边住营，更免出军。父母妻子，乐于完聚，战则相救，守则相安。”⑥倘得实行，还可“移减东兵入次边州军驻泊，以就粮草，有事宜则勾赴边上”⑦。

重边任。仲淹戍边，始终不忘为国家培养人才。“今西北二方……不仅战将乏人，其知州、知军并驻泊都监、大寨寨主，常要有心力人勾当，方可主兵马、安缉蕃部、严治城寨、体探事机……或边上仓卒要人，终是怯惧，不堪任使。欲特降圣旨……拣选少壮有精神者，并与三路边上差遣，令惯习边事……充边上知州军、驻泊都监勾当……所贵边上多得有精神心力之人，既久于其事，则渐增胆勇，缓急可用。此乃养育将材，御备戎寇之要也。”⑧“今后……沿边次边州军，三千户以上县令员阙，并差奏举磨勘新转京官人充填……所贵边远之地，人受其赐，亦使才俊之流，谙练边事，他日选用，不乏人。”⑨

---

① ［宋］范仲淹著，李勇先、王蓉贵校点：《范仲淹全集》附录一，成都：四川大学出版社，2002年，第814页。

② ［宋］叶梦得撰，宇文绍奕考异，侯忠义点校：《石林燕语》卷十，北京：中华书局，1984年，第151页。

③ ［宋］范仲淹著，李勇先、王蓉贵校点：《范仲淹全集》附录一，成都：四川大学出版社，2002年，第815页。

④ ［宋］范仲淹著，李勇先、王蓉贵校点：《范仲淹全集》附录十一，成都：四川大学出版社，2002年，第1480页。

⑤ ［宋］范仲淹著，李勇先、王蓉贵校点：《范仲淹全集》附录十一，成都：四川大学出版社，2002年，第1487页。

⑥ ［宋］范仲淹著，李勇先、王蓉贵校点：《范仲淹全集》政府奏议卷下，成都：四川大学出版社，2002年，第589页。

⑦ ［宋］范仲淹著，李勇先、王蓉贵校点：《范仲淹全集》政府奏议卷下，成都：四川大学出版社，2002年，第596页。

⑧ ［宋］范仲淹著，李勇先、王蓉贵校点：《范仲淹全集》政府奏议卷下，成都：四川大学出版社，2002年，第611页。

⑨ ［宋］范仲淹著，李勇先、王蓉贵校点：《范仲淹全集》政府奏议卷下，成都：四川大学出版社，2002年，第608页。

重荐拔。“得地千里，不如一贤”[①]，仲淹派其长子纯祐“与将卒错处，钩深摘隐，得其才否。由是仲淹任人无失，而屡有功。”[②]沈括记范仲淹常言：“史称诸葛亮能用度外人……能用度外人，然后能周大事。”[③]叶梦得则称范文正公用人：“多取气节，阔略细故……为帅府辟置，多谪籍未牵叙人。或以问公，公曰：‘人之有才能无瑕纇者，自应用于宰相。惟实有可用，不幸陷于过失者，不因事起之，则遂为废人矣。’”[④]故而在范仲淹眼中，到处都有可用之才。受其举荐之人，仅见之于其文集、年谱所载者，即逾百人，其自行简拔辟用者，更不知其数。仲淹守边期间，经其亲自选拔而终成一代名将者，如狄青、种世衡、杨文广等，更为后世所称道。狄青作战勇猛，所向披靡，仲淹“一见奇之……以《左氏春秋》授之曰：‘将不知古今，匹夫勇尔。’青折节读书，悉通秦、汉以来将帅兵法，由是益知名。”[⑤]种世衡倡议并主持修筑延州清涧城有大功，且深得边地蕃部之心，仲淹力荐其知环州，使之终成世代戍边名将。[⑥] 杨文广将门之后，仲淹“宣抚陕西，与语奇之，置麾下”[⑦]，使之复成一代名将。

（二）待僚友

仲淹对待同僚战友，以公忠为心，以诚信为本，在处理战时各种复杂的人际关系方面，亦为我们树立了典范。兹举三个典型，以概一般：

与韩琦。仲淹以主持公道、敢于直言而被誉为“立朝有本末，天下所共知”[⑧]，但同时也被对立面攻击为朋党。韩琦不避嫌疑，力荐仲淹一道为国守边。然而，两人在战略指导思想上屡现分歧。范主招纳安抚，韩主武力征讨；韩琦派员赴延州约范同时进兵，范坚不为动；韩琦定川之败，范主动率军驰援；水洛城之筑，君洙与刘沪产生巨大分歧，“韩琦则是尹洙而非刘沪，仲淹则是刘

① [宋]范仲淹著，李勇先、王蓉贵校点：《范仲淹全集》别集卷第三，成都：四川大学出版社，2002年，第495页。

② [元]脱脱等撰：《宋史》卷三百一十四，北京：中华书局，1985年，第10276页。

③ [宋]沈括撰，金良年点校：《梦溪笔谈》，北京：中华书局，2015年，第250页。

④ [宋]叶梦得撰，宇文绍奕考异，侯忠义点校：《石林燕语》卷十，北京：中华书局，1984年，第151页。

⑤ [元]脱脱等撰：《宋史》卷二百九十，北京：中华书局，1985年，第9718页。

⑥ [元]脱脱等撰：《宋史》卷三百三十五，北京：中华书局，1985年，第10741－10744页。

⑦ [元]脱脱等撰：《宋史》卷二百七十二，北京：中华书局，1985年，第9308页。

⑧ [宋]欧阳修著，李逸安点校：《欧阳修全集》卷六十八，北京：中华书局，2001年，第989页。

沪而非尹洙”[①]。意见一致，则联名上章；同居枢府，则公然廷争。世人并称“韩范”，欧阳修则誉之为“忠臣有不和之节”[②]。两人既有公忠体国的激烈争论，又相互关怀、相互称美，一世相知，终成死生不渝的道义之交。

与张存。仲淹受命为陕西经略安抚副使，一到任便赴延州前线巡边。其时延州王师新丧，孤城危悬，人心震恐，一夕数惊。此时知延州为龙图阁直学士张存。此人虽然吏事明敏，但不谙边事，其怯懦不下于前任范雍。张表示，只愿管理政务，不愿参与军事，且以奉养老母为名，要求调回内地。面对此种情形，仲淹不便强留，而是体量他的难处，看到他的长处，替他向朝廷打了这样一个报告：“张龙图吏道精强，但亲年八十，寓于他郡，复言不练兵律。延安重镇，数郡仰赖，若不主戎政，所失则大。段待制西人所望，明镐亦细知边事，惟相府裁之。”[③]这里，仲淹既对张存表示理解，又举荐了他的两位同年段少连和明镐，认为二人才堪将帅，皆可前来为国戍边。当段、明二人因故不能前来时，仲淹再次上书，“如佥议未谐，即某不敢避”[④]，遂请求由自己兼知延州。仲淹这种与人为善、顾全大局、临危难而勇当大任的胸襟，不仅博得张存的感激和同僚的赞赏，而且深得朝廷的器重和赏识。“得道者多助”，不能不说是仲淹守边成功的重要原因之一。

与吕夷简。仲淹守边，最难相处的，大约要数关系微妙的吕夷简。夷简当政，仲淹曾数攻其过而三次遭贬。及至仲淹赴边，夷简亦再入相。仁宗谕仲淹使释前憾，仲淹为免将来掣肘，亦想与之解和，于是乘势顿首曰：“臣向论盖国家事，于夷简无憾也。”[⑤]两人为国家而释私怨的气度，博得朝野赞赏。最初有人提出，仲淹赴边不应只任转运使而不预戎事，夷简当即附和“应予超迁”，以此博得了“厚重长者”之名。然而，当仲淹与元昊擅通书信之事传到朝廷时，夷简颇不以为然，方才引发宋庠轻率劾奏“范仲淹可斩”[⑥]。后来，当朝议给仲淹重奖的时候，夷简乘机提出拟以仲淹所任的文职经略安抚使改换为任武职的观

① [宋]欧阳修著，李逸安点校：《欧阳修全集》卷十一，北京：中华书局，2001年，第846页。

② [宋]欧阳修著，李逸安点校：《欧阳修全集》卷一百七，北京：中华书局，2001年，第1627页。

③ [宋]范仲淹著，李勇先、王蓉贵校点：《范仲淹全集》文集卷第十一，成都：四川大学出版社，2002年，第255页。

④ [宋]范仲淹著，李勇先、王蓉贵校点：《范仲淹全集》文集卷第十一，成都：四川大学出版社，2002年，第260页。

⑤ [元]脱脱等撰：《宋史》卷三百一十四，北京：中华书局，1985年，第10270页。

⑥ [宋]司马光撰，邓广铭、张希清点校：《涑水记闻》卷第八，北京：中华书局，1989年，第162页。

察使。按待遇,观察使比经略安抚使优厚不少,但当时重文轻武,观察使却得听从经略安抚使的节制指挥。仲淹深知其中利害,给朝廷连上三表予以坚辞①(《让观察使三表》)。同时他又直接上书吕夷简,剖白自己的心迹:"万一某辈移帅朔方,居大使节度之下,见利而举,则加以擅兴之诛;持重而谋,则诬以逗留之咎。坚城深池之内,自拥其精甲;救危赴难之际,而授以羸兵。利害不得言,进退不得专。大敌在前,重典在后,当此之时,儒臣文吏何以措手足于其间哉!"(《上吕相公书》)②通过几次推心置腹的坦率沟通,不仅前嫌尽释,还进一步增进双方的理解和友谊。其实,在钩心斗角的官场上,臣僚之间往往有一种"螳螂捕蝉,黄雀在后"的微妙关系。比吕夷简更为老谋深算、更为奸险的,是仲淹的那位顶头上司陕西经略安抚使夏竦。多留个心眼儿与吕、夏等颇具城府的上司巧妙周旋,是仲淹戍边成功的一个特别重要的原因。

(三)待边民

宋夏边境战争是一场旷日持久的民族战争,长期在两国民族杂居地带进行。获取沿边各民族的支持,对于稳定边境形势尤为重要。抚绥汉民、争取蕃部,便成为仲淹御边的一大基本任务。

1. 抚绥汉民。一是体谅沿边人户饱受战乱之苦,尽量减免他们的差科徭役,使其稍得休息,二是妥善安置战争难民归业。仲淹入陕不久,于康定元年正月十五日"牒陕府指挥逐县乡村拘管上件逃移人户屋业生产,不得烧毁斫伐。其逃移人口,即与倚阁去年秋税,招诱归业……并牒逐州,亦请相度安恤"。③ 仲淹后来坐镇庆州,"以贼羌臣属日久,忽于储备,一旦重兵宿野,亡所取济。凤翔府天兴令持监司符檄来摄州事,以刍粮数百万计暴加于民,促图己功,沸若羹鼎。至有力不堪弊,群窜他邦,甚者断吭绝脰,死以期免。公是时方经略四路……即日走符,檄放天兴令者还任。凡百苛敛,一切罢去。未几,公

---

① [宋]范仲淹著,李勇先、王蓉贵校点:《范仲淹全集》文集卷第十七,成都:四川大学出版社,2002年,第400-409页。

② [宋]范仲淹著,李勇先、王蓉贵校点:《范仲淹全集》文集卷第十一,成都:四川大学出版社,2002年,第258-259页。

③ [宋]范仲淹著,李勇先、王蓉贵校点:《范仲淹全集》附录二,成都:四川大学出版社,2002年,第913页。

即受命专本路之师，窜者还，危者安，里巷相保，卒如平时之乐”。[①] 三是请求朝廷选派得力官员充任沿边县令，办集边事。“陕西军州自西事以来，应副军期，科率百出。如官员得人，稍能均济，或知宽猛，则不致于残民”。[②] 四是体恤边民劳役之苦。“修城及搬运粮草……丁役辛苦，地又严寒，日有逃亡，乞每月支酱菜钱。”[③]“时关中诸郡……配纳粮草……或值雨雪，艰难寸进，至有离家四五十日，裹缠干粮并尽，却更那人归取盘缠……奏乞朝廷建鄜州为军……所有同、华、河中府以来州军……只于此处送纳，且减得一半恶路。至春却那减鄜延军马于此处屯泊，就得贱价粮草，稍减得百姓劳弊辛苦，亦且近便往复。”[④]五是奏请朝廷，“赈恤被战灾民，存养阵亡之家，边陲之民被戎狄驱虏者，量支官物，赎还本家”[⑤]。

2. 招纳蕃部。一是对一向归顺宋廷的各少数民族部落（即熟蕃熟羌），多方给予慰问安抚。遭战争洗劫、流离失所者，则拨给土地妥善安置；缺少口粮的，按月支给；缺少农具、种子的，官为贷借。二是对所谓生蕃，则多方给以招纳、争取，以分化瓦解敌国。“初，元昊反，阴诱属羌为助……仲淹以其反复不常也，至部即奏行边，以诏书犒赏诸羌，阅其人马，为立条约……诸羌皆受命，自是始为汉用。”[⑥]仲淹认为：“熟户蕃部……皆能辛苦，熟于战斗，如抚驭之间，恩威得所，大可防托边界，减得兵马。”[⑦]一开始，他曾选任“抚驭蕃部最有畏爱”的种世衡、蒋偕等人，后来为“激劝边臣于熟户用心”，他建议陕西主帅都应兼任押蕃部使之职[⑧]。在仲淹军营中，“诸蕃质子，纵其出入，无一人逃者；蕃酋来见，召之卧内，屏人撤卫，与语不疑……既得熟羌为用，使以守边，因徙

---

① ［宋］范仲淹著，李勇先、王蓉贵校点：《范仲淹全集》附录五，成都：四川大学出版社，2002 年，第 1101－1102 页。

② ［宋］范仲淹著，李勇先、王蓉贵校点：《范仲淹全集》附录二，成都：四川大学出版社，2002 年，第 917 页。

③ ［宋］范仲淹著，李勇先、王蓉贵校点：《范仲淹全集》附录二，成都：四川大学出版社，2002 年，第 917 页。

④ ［宋］范仲淹著，李勇先、王蓉贵校点：《范仲淹全集》附录二，成都：四川大学出版社，2002 年，第 920 页。

⑤ ［宋］范仲淹著，李勇先、王蓉贵校点：《范仲淹全集》政府奏议卷上，成都：四川大学出版社，2002 年，第 547－548 页。

⑥ ［元］脱脱等撰：《宋史》卷三百一十四，北京：中华书局，1985 年，第 10271 页。

⑦ ［宋］范仲淹著，李勇先、王蓉贵校点：《范仲淹全集》政府奏议卷下，成都：四川大学出版社，2002 年，第 601 页。

⑧ 同上。

屯兵就食内地，而纾西人馈挽之劳”①。

皇祐四年(1052)五月，仲淹病逝于徐州。其时仲淹已离开边地八九年，其地相距数千里。然而，仲淹“死之日，四方闻者皆为叹息……邠、庆二州之民与属羌，皆画像立生祠事之。及其卒也，羌酋数百人，哭之如父，斋三日而去”②。这是仲淹“为政尚忠厚，所至有恩”的结果，这是人格的力量，精神的感召。功德在民长不朽，千年遗爱留人间。民心，是任何强权政治、高压政策乃至大军压境、武力征服者所抢不来、吓不来、压不来、骗不来的。前人的风范，后人应该深思。

(四)待降将叛人和游边豪士

1. 待降将。当初，元昊陷延安塞门寨，寨主高延德为贼所擒，后放归汉界，遂被发配远方。公言：“汉家将率有数人陷在贼庭，俱是苦战力屈，为贼所擒，即非背叛。如朝廷贷高延德，被以宽恩，仍与近边任使，使陷蕃将率闻之，必愿昊贼归顺，望再见其家，或即怀本朝之恩，不助贼计。如朝廷责其不死，来者远窜，其陷蕃将率更无归路，必怀怨望，其中或有助贼为孽，其患不细……此人情之可见也，乞朝廷留意。”③庆历五年九月，当年三川口之覆将石元孙，被元昊放回，被宋廷发配全州编管。仲淹再次上言：“素不与元孙相识，亦不知本人善恶。臣在延州，但闻刘平、石元孙部领军马救护延州，同战拒贼，日夜血战，兵少食尽，力屈被擒……纵不堪任用，亦且免其戮辱，少加存恤……使陷蕃将校等闻之，未绝向汉之心，不怨朝廷，不助夷狄，此御戎之一策也。”④

2. 待叛人。仲淹认为：“盖汉多叛人，陷于穷漠，衣食嗜好，皆不如意，必以苻坚、刘元海、元魏故事，日夜游说元昊……乃知非独元昊志在侵汉，实汉之叛人，日夜为贼之谋也。”⑤即便如此，仲淹并不主张采取严惩叛徒并株连其家属的办法。因为他深知，那样只会为渊驱鱼，把更多人才赶向敌国。唯有以

① [宋]范仲淹著，李勇先、王蓉贵校点：《范仲淹全集》附录一，成都：四川大学出版社，2002年，第814-815页。

② [元]脱脱等撰：《宋史》卷三百一十四，北京：中华书局，1985年，第10276页。

③ [宋]范仲淹著，李勇先、王蓉贵校点：《范仲淹全集》续补卷第一，成都：四川大学出版社，2002年，第771-772页。

④ [宋]范仲淹著，李勇先、王蓉贵校点：《范仲淹全集》附录二，成都：四川大学出版社，2002年，第938-939页。

⑤ [宋]范仲淹著，李勇先、王蓉贵校点：《范仲淹全集》政府奏议卷下，成都：四川大学出版社，2002年，第587页。

“遗才”自责，并示以宽大为怀，方可争取其向汉之心。所以他明确表示：“国家以四海之广，岂无遗才？有在大王之国者，朝廷不戮其家，安全如故。宜善事主，以报国士之知。惟同心向顺，自不失其富贵，而宗族之人，必更优恤。”①

3. 待游边豪士。据洪迈记述：“自古夷狄之臣来入中国者，必为人用……皆立大功名，不可殚纪……倘使中国英俊，翻致力于异域，忌壮士以资敌国者，固亦多有……西夏曩霄之叛，其谋皆出于华州士人张元与吴昊……张元、吴昊、姚嗣宗皆关中人，负气倜傥，有纵横才，相与友善。尝薄游塞上，观觇山川风俗，有经略西鄙意。姚题诗崆峒山寺壁，在两界间，云：‘南粤干戈未息肩，五原金鼓又轰天。崆峒山叟笑无语，饱听松声春昼眠。’范文正公巡边，见之大惊……张、吴径走西夏……乃表姚入幕府。张、吴既至夏国，夏人倚为谋主，以抗朝廷，连兵十余年，西方至为疲弊，职此二人为之……自是边帅始待士矣……张、吴之名，正与羌酋二字同，盖非偶然也。”②今天，我们从范氏文集中不仅可以看到仲淹举荐姚嗣宗、雷简夫等人的奏章，仲淹提携青年才俊张载的经过更成为一段历史佳话：“张载，字子厚，长安人。少喜谈兵，至欲结客取洮西之地。年二十一，以书谒范仲淹，一见知其远器，乃警之曰：‘儒者自有名教可乐，何事于兵？’因劝读《中庸》。”③从此，导张载以入圣人之门，使之终成一代大儒、关学之祖。我们甚至可以反过来设想：假如当初仲淹慢待甚至冷落了青年张载、姚嗣宗、雷简夫等人，他们会不会也像张元、吴昊那样投奔西夏，为敌国效力？仲淹有一段名言：“怀才抱艺之人，一落散地，终身不齿。兽穷则变，人穷则诈，古人之所慎也。”④在他看来，有人才而不用，被埋没、被遗弃不是一般的损失，还有可能造成人才外流、“忌壮士以资敌国”，直至酿成国与国之间的祸端。仲淹念念不忘为国家收拾人才，汲汲于奖掖人才，特别留意于草野之间举荐遗才，实在是大有深意在焉。

---

① [宋]范仲淹著，李勇先、王蓉贵校点：《范仲淹全集》文集卷第十，成都：四川大学出版社，2002年，第250页。

② [宋]洪迈撰，孔凡礼点校：《容斋随笔》三笔卷十一，北京：中华书局，2005年，第554－555页。

③ [元]脱脱等撰：《宋史》卷四百二十七，北京：中华书局，1985年，第12723页。

④ [宋]范仲淹著，李勇先、王蓉贵校点：《范仲淹全集》续补卷第一，成都：四川大学出版社，2002年，第774页。

结　语

纵观范氏三年戍边，其功业不仅在于治军，更在于治民；不仅在于聚拢人才，更在于汇聚人心。范氏对中华民族的伟大贡献，不仅在于当时，更在于后世。有人认为，仲淹守边三年，没有打过一场大仗恶仗，没有给敌人以有力杀伤，也没有收回多少疆土，因而认为对他守边的功劳和作用，不宜评价过高。笔者大不以为然。《孙子》曰："不战而屈人之兵，善之善者也。"杜甫《前出塞》诗云："苟能制侵凌，岂在多杀伤！"成都武侯祠前赵蕃的联语说得更好："能攻心则反侧自消，自古知兵非好战。"仲淹守边，实行以增强实力为基础的积极防御战略。对于敌国的征服，不在于力服而着眼于心服；从西夏元昊一方来说，在于对仲淹精神上的慑服和人格上的折服。这在中国古代针对边境少数民族的战争中，它与赵充国之抚绥西域、诸葛亮之收服南蛮，堪称同样成功的范例。宋廷不失时机地调仲淹入参大政，正是对其守边功劳和作用的充分肯定。尽管仲淹的军事思想和一些守边主张当时并未得到完全实施，但他为我们如何处理民族关系、民族矛盾，乃至民族战争提供了宝贵的经验和光辉的范例。我们今天研究范氏在宋夏战争中的思想和实践，其意义正在于从这些方面多获取些教益。

后 记

范仲淹是北宋政坛上的一颗超级巨星，是中国历史上一座罕见的丰碑。范仲淹的一生，如光风霁月，如峻岭渊海，仰之弥高，探之弥深。在他身上有取之不尽的精神财富，有说不完的严肃话题。现在奉献到读者面前的，虽说是我积 30 余年的心血结晶，实不足以展现范公的高深于万一。

本书经广泛征求意见后，终于正式出版了。我除了感谢提出过中肯意见的师友之外，特别感谢南京大学图书馆史梅馆长和李丹主任的鼎力相助，帮我联系南大出版社并给予我正式出版的机会。

我研读范仲淹著作并撰写相关文章始于 20 世纪 80 年代的“书荒”岁月，当时查阅古籍还是相当困难的。兼之后来文章发表于不同刊物、提交给不同的会议，时间跨度长达 30 余年，以致出现不少体例不一、注释不规范之类的情形。李丹主任有鉴于此，邀请南大莫砺锋先生的高足向伦常同学复为书中引文详注其出处，且大都采用近些年校点出版而又较为通行的古籍版本，这就为读者查找和核对原文提供了不少方便。南大出版社编辑张靖爽为本书的出版呕心沥血，描花刺绣般地字斟句酌，仔细推敲，我在此一并致以衷心的感谢。

身为一名机关干部，从事范仲淹研究，我完全是由景仰而生的志趣，是一种业余爱好和精神寄托。30 多年来，我只是对涉及范仲淹生平中的一些基本问题进行了初步研究。本书则是这一初步研究的文章结集。需要首先说明的是，由于所收文章作于不同时期，对于某些事物的看法（比如对吕夷简的评价），以及对于某些概念的使用（比如对“封建”一词的使用）难免会有前后不一的情形。这反映了本人对于同一事物在不同时期的不同认识，一般未作改动。这是需要请读者给予谅解的。

我长期从事党政机关的文字秘书工作，并非学界中人，但我自幼喜读范仲淹诗文，仰慕其为人，虽不能至，然心向往之。但是，由喜爱、仰慕而最后走上一条专心致志的研究之路，这在我自己也始料未及。作为学界“门外汉”，我从事与本职工作无关的历史人物研究，其难度之大可想而知。唯一的补救办法就是虚心求教，转益多师，并且得到了多方支持。

我首先要感谢的是南京大学卞孝萱先生、河北大学漆侠先生两位前辈，他们是我学术研究之路上的明灯和引路人，耐心地给予我指导。除此之外，便是本人所在单位蚌埠市人大常委会的各位领导和同事，是他们对我的“不务正业”给予理解和支持，从不同方面为我提供较为宽松的环境和条件。20 世纪的 80 年代，社会上曾广为流行一个响亮的口号：“理解万岁！”而我当时最需要的，正是心灵上的理解和鼓励。蚌埠市广播电视局钱秀香局长的几句话让我终生难忘：“人家忙着下海挣钱，你却甘愿坐冷板凳——耗费的是自己的心血，追求的是社会效益，得到的是精神富足。”最不能忘怀的是市委原党史办公室主任葛仁娴同志。葛主任的外祖父范国才为范仲淹之第 26 世裔孙。其青年时代与柏文蔚、陈独秀等安徽同志同为中华民族民主革命的先驱，且为《怀远范氏宗谱》的纂成人。葛仁娴同志闻知我正醉心于范仲淹研究，将她珍藏数十年的外公手泽《怀远范氏宗谱》慷慨出示，供我观瞻研摩，这对我破解范仲淹身世之谜提供了直接帮助。

与此同时，需要真诚感谢的，还有当年帮我调出市委办公室的同志。卸去力难胜任的烦剧职责，其实是一种很好的解脱，有了较多的时间读书写作，回顾和反思，才有了后来的种种机缘巧遇。这自然让我想到范仲淹的三次贬谪。若没有那三次遭贬，他怎会有那么丰富的人生阅历？若没有那么丰富的人生阅历，哪来对社会的深刻认识，哪来庆历新政的决心和壮举？若没有那场庆历新政的壮举，哪来这位历史伟人？要不然，中国历史上很可能多一个可有可无的官僚，却少了一个为后世留下巨量精神财富的千古圣贤。从这个意义上说，范仲淹的贬谪，并不是上天的惩罚，倒是对他的曲意成全。

我当初离开市委办公室时，有朋友前来安慰，我的回答是：“如释重负。”若问那时的心情，除却因失去为百姓进言的机会而略感惆怅之外，我并没有一般老干部随着离退休制度的初建而带来的失落感。于是操起鱼竿，学了三个月的钓鱼。其间还哼成了《钓曲》一组：“尘嚣暂撇身临画，烟水云山一钓翁”；“老妻观钓抚垂柳，犹补当年两地情”。诗前小序我是这样说的：“夏秋得暇，湖滨学钓，盘桓烟水，荣辱皆忘。获鱼不丰，得诗数首，聊寄情怀，洵可乐也。”这是我此生在职期间唯一一段惬意休闲的时光。可谓“其乐也融融，其喜也洋洋”。

友人的安慰，出于关心，却未必理解我当时的心情。

我常讲："此生好比一条蚕，吃了一辈子桑叶，大小总得结个茧。"年轻时所谓的"雄图壮志"，本来就未必切合实际，结局难免归于虚妄。现在不管大小，这个"茧"总算结出来一个，可以无憾地告慰家人和亲友：值了。

我应该感谢的，还有中国范仲淹研究会现任会长范国强先生。国强先生是范文正公第30代孙。致力于传播范公思想、弘扬范公精神，用心之苦、用力之勤、奉献之大，堪称当今第一人。早在20世纪末，他在创办杭州外国语学校期间，便斥巨资影印出版了一套线装版本的清代苏州范氏岁寒堂版《范文正公全集》，分送全国各大图书馆、科研机构以及相关专家学者。与此同时，他还耗费多年心力搜集到20世纪海内外发表的有关范仲淹研究的各种文章，汇编成一部大型资料书《范仲淹研究文集》，同样准备分送各家。当他大体收集齐备之后，适逢我正式退休，他便邀我前往帮助做点整理校对工作。这真是一次难得的机缘巧合。在帮助整理校对过程中，通过对这270多万字各色文章的细心阅读，使我大体了解到当今范仲淹研究的现状和水平、成就和不足、不同时期不同地域文章的不同风格特点和不同的价值取向。有这些文章垫底，进而使我明确了自己今后努力的方向和目标。此后写起文章来比较顺手，既可避免拾人牙慧，还可避免与人"撞车"，即与此大有关系。

我应该感谢的还有诸多学界前辈和同道学人。

"经济是基础"，这话适用于一切事业。我不仅一无学位，二无职称，更为现实的问题是没有经费。本人所在单位并非研究机构，没有这方面的开支项目，更何况退休以后。我每次外出参加相关会议，不论路程远近，路费一般自理。承办方凡收取会务费的，大都允许我免交；凡需要本人承担住宿费的，也曾由几位同仁代我结付。

其间甘苦，自不待言。让我难以忍受的是精神上的歧视，难以忘怀的也是精神上的支持。当初中国宋史研究会会长漆侠老人看过我的几篇考证文字，破例吸收我为会员；当我第一次参加宋史年会，漆侠先生便以自己的亲身经历鼓励我"树起信心，来日方长"。南大卞孝萱老人先是在治学上给予我点拨，当闻知我加入宋史研究会后，他又致信漆侠会长给予我关照。尽管如此，在初入会的一段时间内，我却未能避免某些尴尬境遇。

"半路出家"走上一条历史人物的研究之路，我自知其间的艰难。所好者，本人大学读的是中文系，专业爱好在古代文学。中国向来有"文史不分家"之说，这使我在阅读古籍方面占到不少便宜。参加宋史研究会以后，周围同道，亦师亦友，皆为可以随时请益之人；他们提交会议的华章，便是我平时难得的“美食”。

我之跻身历史学界，本来是想避开纷扰的现实，寻求一片可以寄托心灵的绿洲。此时自谓一心向学，可以与世无争。然而，入会不久我便发现：矛盾无处不在，学界亦非净土。而我于无意之间却成了民间寓言中的那只“蝙蝠”：有羽者翩翩然不以我为同类，被毛者翼翼然也不再认我为同属。出自“另类”的文字，自然易为人轻，甚至无端招来一些讥评。而我厕身其间之所以能坚持下来，除了内心的自信，还得由衷地感谢学界诸多同仁。安徽师范大学历史系教授杨国宜先生，我们本来就有师生之谊。中国社会科学院历史研究所研究员郭正忠先生给我以学术上的指导，河南《中州学刊》资深编审张天周先生、宋史研究会会长王曾瑜先生、四川师范大学张邦炜教授等都给予我学术上的指点和道义上的支持。

回顾起来，除了应该感谢以上诸位先生外，还有几位曾经诘难过我的同仁。因为我一向把事业上遇到的困难和障碍，看作钝刀子遇到磨刀石，它只会砥砺我的锋芒和锐气。我深知，解脱困境的办法无他，“止谤莫若修身”，最好的办法便是拿出自己的成绩。为了尽量避免可能遇到的非议和挑剔，这就迫使我在落笔为文时不得不格外小心，更加注意史料的运用、阐述的方式和说理的逻辑。“良工不示人以璞”，何况鄙人。坦率地说，正是得益于一些诘难和挑剔，才使我每当为文如临深履薄，格外经心，才把自己其中的一些篇章打磨得较为满意。

不过把话说回来，我虽然自视这些文字为“成果”，但我毕竟是半路出家，没有接受过正规的史学教育和严格的专业训练，难免会说些外行话，暴露出某些偏见、陋见和先天不足。我之所以把它奉献给读者，目的有三：一是我把散篇结集起来，便于向各方进一步请教，以便修改提高，力求使之符合历史的真实。二是我希望此书的出版能为范公的仰慕者、崇拜者、研究者做一铺垫，贡献一块进德修业的铺路石和垫脚石。三是我还想通过这颗“茧子”表明一个道理：虽说术业各有专攻，但基本学理皆可相通。尤其是人文社会各科之间，并无不可逾越的鸿沟。人们切不可画地为牢，更不应互设藩篱。无论做官还是从事其他职业者，皆可结合本业或在本业之外，培养自己的高雅志趣，并且按照自己的志趣把追求、感悟、心血，成功的经验和失败的教训随时总结出来，记录下来，积攒起来。但凡有益于社会、可启迪人生者，就把它公之于世，遗诸后人。

最后想说的是我的遗憾和心愿。

如何实现从人情社会向法治社会过渡？依然是今天绕不开的重大课题。不论今天我们如何仰慕、赞美范仲淹，但他毕竟是生活在10—11世纪的古人，他的思想不可能超越时代而脱离凡尘。我本想分别写出《范仲淹姻亲考》和《范仲淹同年考》两篇文章，从解剖其盘根错节的姻亲、同年关系入手，从中寻找一些古今社会具有共性的东西。这对于我们如何正确认识当今社会、实行全面依法治国或许具有借鉴意义。遗憾的是本人学养不足，兼之精力不济，且顾虑与别人“撞车”，故而迟迟未能成文。

我本来还打算写一篇《试论范仲淹对于孟子的超越》。这一念头最初得自南宋状元王十朋。王十朋自称“平生敬慕范文正”。他的诗篇《读岳阳楼记》开头就说：“先忧后乐范文正，此志此言高孟轲。”王十朋毕竟也是生活在800多年前的古人，他“高孟轲”的评语，是以传统的儒家标准所作的比较。范公比孟子高明，主要是由于两人所处的时代不同。倘若以今天的标准来衡量，我们会发现范公的思想不仅比孟子高明得多，而且会发现比他的同代人乃至许多现代人也要高明得多，超前得多。我们今天研究范公思想，主要目的不在于范公如何实现对孟子的继承和超越，而应在于我们今天如何实现对于范公思想的继承和超越。为此，我们必须首先明确，所谓中华民族优秀的传统文化，包括儒家文化、包括范仲淹的思想，是古人智慧的结晶，是古人所能达到的思想高度。作为“文化遗产”，应该继承和借鉴，但是说到底，今天它需要与时俱进以适应现代社会的需要，因为今天的社会生活比过去要丰富得多，先进得多，也更复杂得多。单靠优秀的传统文化远远不足以解决现实社会各种纷繁复杂的问题。我们只能是在继承和借鉴古人智慧的基础上古为今用，以适应今天社会的发展和创新。可叹笔者除了学力不逮，加之精力不济，同样无力完成。所可喜者，今天仰慕范公精神、研究范公思想者越来越多。我相信在不久的将来，在今天众多学人中一定会涌现出许多无愧于时代的成果。

最后还要感谢的是蚌埠市社科联的新老朋友，是他们的热心相助，帮我解决难题，才使得本书得以顺利出版。

李丛昕

2018年春节汇稿于儋州东坡书院侧畔客寓

2021年春节定稿于蚌埠市龙子湖畔安居轩